COGNITION AND ACQUIRED LANGUAGE DISORDERS

An Information Processing Approach

# 인지-의사소통장애

## 정보 처리 접근

Richard K. Peach · Lewis P. Shapiro 공저
이미숙 · 김수련 공역

학지사

Cognition and Acquired Language Disorders:
An Information Processing Approach
by Richard K. Peach and Lewis P. Shapiro
ISBN: 9780323072014

# 역자 서문

고령화는 전 세계적인 화두이자 당면 과제이다. '후천성 인지-의사소통장애(acquired cognitive-communication disorders)'나 '후천성 언어장애(acquired language disorders)'는 이 같은 추세에 따라 더욱 급증할 것으로 예상되는 언어장애 영역이다.

특히 뇌손상으로 인한 후천성 언어장애의 인지적 양상은 언어병리학 분야에서 비중 있게 다루어야 할 영역 중 하나이다. 언어재활사는 임상에서 후천성 인지-의사소통장애를 진단하거나 중재하고, 후천성 언어장애의 인지 문제를 다룬다. 연구를 통해 해당 장애군의 인지-언어적 양상이나 상관관계 등을 탐구하기도 한다. 이 과정에서 언어병리학뿐 아니라 언어심리학, 인지심리학, 신경과학, 신경심리학 등이 광범위하게 연계된다.

언어병리학의 다학문적 속성은 언어재활 현장에서 후천성 언어장애의 인지-언어적 결함을 다루는 데 있어 어려움을 가중시키는 요인이 된다. 또한 인지-의사소통장애를 진단하는 표준화 도구가 부족하고 중재적 접근법의 활용도가 낮은 국내 현실을 감안할 때 이 분야의 현주소는 그리 낙관적이지 않다.

번역 작업은 이 같은 문제의식에서 출발하였다. 이 책은 후천성 언어장애 및 인지-의사소통장애의 인지-언어적 양상을 이론적으로 깊이 있게 다루면서도, 그 임상적 함의와 실질적인 접근법을 상세히 소개하고 있다. 따라서 인지-언어에 대한 이론적 기초는 물론 다학문적인 상관성과 단계별 처리 과정을 전반적으로 이해하는 데 유용하다. 또한 이론적 틀을 임상적으로 적용함으로써 진단적 정확도와 중재의 효과성을 증진시키는 데 활용할 수 있다.

요컨대, 이 책은 후천성 언어장애와 인지-의사소통장애 환자를 직접 다루는 언어재활사뿐 아니라 신경심리나 재활 분야의 다양한 전문가들에게 유용한 지침서로서 활용될 수 있다. 나아가, 심도 있게 논의된 연구 사례들은 언어병리학 및 유관 분야의 연구에 학문적으로 기여할 것이다.

다만, 번역자로서의 부족함 때문에 원저의 탁월함과 효용성을 매끄럽게 표현해 내지 못한 점에 대해서는 미리 독자들께 양해를 구한다. 이 책이 출간되기까지 수고해 주신 학지사 측과 담당자들께 깊은 감사의 말씀을 전한다.

2020년 4월
역자 일동

# 저자 서문

후천성 언어장애를 임상에서 다루는 문제는 언어와 인지 간의 상관성에 대한 인식과 함께 지난 30년간 계속 발전해 왔다. 1982년 미국언어청각협회(Committee on Language of the American Speech-Language-Hearing Association: ASHA)의 정의에 따르면, 언어는 최소한 5개의 변수, 즉 음운, 형태, 구문, 의미, 화용과 관련된 규칙으로 통제되는 행동이며, 언어의 학습과 사용은 생물학적 · 인지적 · 심리사회적 · 환경적 요인의 영향을 받는다(ASHA, 1983). ASHA의 언어-인지 분과는 언어와 인지 간의 분리를 강조함으로써 인지장애의 훈련과 재활에서 언어재활사의 역할을 제시했다(ASHA, 1987). 이는 Neisser(1967)의 정의에 근거한 것으로, 인지는 감각적 입력의 변형, 감소, 정교화, 저장, 회복, 사용과 관련된다. 이러한 과정은 언어와 별개로 이루어진다. 또한 '인지-언어의 관계'에서 '언어에 영향을 미치는 특정 인지장애'는 언어의 의미, 구문, 음운, 화용의 결함에 영향을 미친다. 이 같은 '인지' 결함에 기인한 의사소통 문제는 다른 유형의 언어장애와 다르므로, 소위 인지-의사소통 손상(cognitive-communication impairments)으로 분류되었다. 이는 '언어적 및 비언어적 인지 과정의 결함으로 인한 의사소통장애'이다(p. 54). 인지-의사소통장애와 언어장애 간의 구분은 언어병리학에서 두 장애의 임상 분야를 분류하면서 보다 강조되었다(ASHA, 1990). 이는 임상 문헌에서 지속적으로 언급되는데(ASHA, 2003, 2005, 2007), 특히 인지-언어적 결함(cognitive-linguistic deficits)이라는 용어는 논란의 여지가 많다.

Davis(제1장)와 마찬가지로, 이 접근들은 "'언어'와 '인지'가 독립적인 영역이므로 인지는 언어 및 의사소통에 기여하거나 상호 연관된다"고 주장한다. 그러나 이는 사실이 아니다. 언어는 인지, 즉 고차원적 정신작용의 일부이다. 언어를 연구함으로써 인간의 본성을 이해하고 인지과학을 탐구하며 정신생활의 과학을 심화시킬 수 있다(Boeckx, 2010). 이는 심리언어학의 목표이며, 정신작용에 관한 연구이자 구어 및 문어를 이해하고 산출하는 지식 유형에 관한 연구이다. 심리언어학에서는 "듣기, 말하기, 읽기 및 쓰기의 기반이 되는 인지 체계와 지식 구조, 그리고 이들이 언어 행동에서 어떤 역할을 하는지(De Groot, 2011, p. 2)"를 규명한다.

주의력, 기억력, 언어, 집행기능 등 본질적인 인지 처리의 장애가 언어장애를 동반하기도 한다. 언어 능력과 '상호작용'하는 과정이 아닌 언어 자체의 기본 처리 과정에서 결함이 발생한다. 따라서 이 책에서는 인지와 언어의 결합을 강조하는 인지-의사소통장애 대신 후천성 언어장애라는 용어를 사용하였다. 인지신경심리학적 관점에서 후천성 언어장애는 보다 광범위한 인지장애의 한 유형에 불과하다(Lezak, Howieson, & Loring, 2004; Rapp, 2002). 후천성 언어장애의 다양한 처리 장애를 규명하면 언어의 중재 및 재활에 접근할 수 있는 기반을 제공한다.

이 책은 대학원 과정의 기초 교재로서 의사소통의 인지적 양상을 다루는 데 중점을 두었다. 여기에는 ① 성인 언어의 정상적 인지 처리, ② 다양한 신경학적 조건에서 나타나는 언어장애의 기반이 되는 인지적 손상, ③ 현존하는 평가 및 치료 전략이 포함된다. 특히 정보 처리 접근법에 기반해 후천성 언어장애를 다루므로 증후군 중심의 전통적인 접근법(예: 뇌졸중, 치매, 외상성 뇌손상)과는 다르다. 증후군 중심의 접근법은 후천성 언어장애를 유발하는 여러 신경학적 조건(예: 종양, 감염, 퇴행성 질환, 다양한 뇌졸중)을 간과하는 경우가 많다. 정보 처리 접근법의 관점에서 볼 때 신경학적 조건에 따른 언어장애의 원인은 모두 다르지만 인지적 양상은 유사하다. 예를 들어, 작업기억과 주의력은 다른 유형의 장애에서 '보편적으로' 결함을 보이는 영역이다. 신경학적 문제와 상관없이 특정 인지 문제가 있으면 보편적인 논의와 치료가 적용된다.

이 책의 각 장들은 주의력, 기억력, 언어, 집행기능의 처리가 언어기능과 어떻게 결합되는지를 설명한다. 또한 특정 결함으로 인한 언어장애의 평가와 치료, 처리 장애를 일으키는 여러 신경학적 조건과 각각의 언어 특성이 제시되었다. 이 책이 언어병리학과 임상 신경심리학 대학원의 심화 학습에 활용되고, 임상가를 위한 참고자료가 되기를 희망한다.

이 책은 총 4개 영역으로 구성된다. 제1부에서는 인지와 언어에 관한 개관, 정상적 언어 처리 과정 및 후천성 언어장애와 관련된 신경학적 조건을 소개한다. 제2부에서는 주의력, 기억력, 언어, 집행기능의 정상적 처리 과정을 심도 있게 논의하는데, 이는 이후의 언어장애를 이해하는 데 기초가 된다. 제3부에서 후천성 언어장애의 인지적 특성을 논의한 후, 이에 대한 임상적 중재 방법이 제4부에 제시된다.

특히 증거에 기반한 평가 및 치료 프로토콜을 소개하는데, 주의력, 기억력, 언어 작용, 집행기능의 저하로 인한 언어장애를 다루는 학생과 임상가에게 임상적 지식을 제공하기 위함이다. 개괄적인 내용을 다룬 후 세 장에 걸쳐 정상적 처리 과정, 장애의 특성, 임상적 접근법을 소개한다. 각 장의 내용은 모두 독립적이나, 임상적 적용(즉 장애와 중재)에 앞서 모든 인지 영역의 정상적 처리 과정을 숙지하도록 구성되었다. 즉 신경학적 손상으로 인한 후천성 언어장애의 인지 결함을 논의하기 전에 인지 영역들 간의 관계(예: 주의력과 작업기억, 작업기억과 중앙 집행기능)를 파악하는 데 중점을 두었다.

저자로 참여한 관련 분야의 모든 전문가에게 감사를 표한다. 이 책은 폭넓고 심층적이며 수준 높은 지식을 제공하기 때문에 인지 및 후천성 언어장애를 다루는 가장 영향력 있는 저서가 될 것이다. 끝으로, 이 책을 출간하기까지 아낌없는 지지와 도움을 제공한 Elsevier의 Jolynn Gower 편집장에게 감사드린다. 이 책이 후천성 언어장애에 관한 임상적 지식을 학습하는 데 활용되기를 고대한다.

RKP

LPS

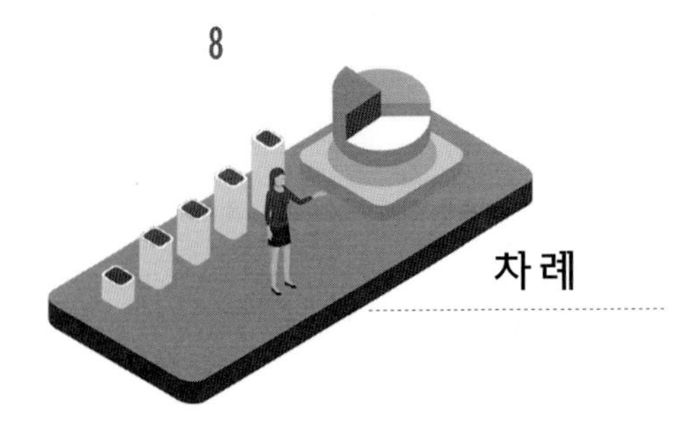

차례

## 제14장 언어장애의 의사소통 결함에 대한 중재 431



## 제15장 집행기능장애로 인한 의사소통장애의 임상적 접근 467

# 제1부

# 도입

# 제1장 언어 및 의사소통 관련 인지

G. Albyn Davis

개 요

1. 인지 연구의 가설들
2. 인지 연구에 대한 접근
3. 주의력
4. 기억력
   1) 장기기억
   2) 작업기억
5. 집행기능
6. 언어와 의사소통
7. 편집자 맺음말
8. 결론

일반인뿐 아니라 재활 전문가들은 오랫동안 언어와 인지 간의 관계에 관심을 보였다. 관련된 장애들은 각 범주로 분류 및 통합된 후 진단되었다. '언어'는 언어학(예: 음운론, 형태론, 구문론)의 관점에서 설명되는 반면, '인지'는 넓은 의미의 '지능'으로 주의력, 지각, 기억력 등의 정신기능으로 세분화되었다. 실제로는 기억 속에 형태소가 저장되어 있으나 형태소와 기억을 별개의 영역으로 보기도 한다. 이에 따라 기억력은 인지 검사를 통해 평가하고, 형태소를 파악하는 데에는 실어증 검사를 활용한다.

인지가 언어와 의사소통에서 중요한 역할을 하거나 이들과 관련된다는 견해는 '언어'와 '인지'를 별개의 영역으로 보는 데 기인한다. 그러나 인지와 언어가 모두 정보 처리 과정임을 감안하면 언어기능은 당연히 인지에 포함된다. 즉 언어 이해와 표현은 인지 체계의 일부로 기억 속에 저장되어 있다.

본 장에서는 인지에 대해 소개하고, 주로 인지심리학 분야의 연구 현황을 살펴보고자 한다. 또한 심리언어학과 언어병리학의 관점에서 언어 처리를 다룰 때 활용하는 방법들을 검토할 것이다. 주의력, 기억력, 집행기능, 언어 등을 개괄적으로 훑어보고, 인지가 언어 이해와 형성, 의사소통에 미치는 영향에 대해서는 이후에 보다 상세하고 광범위하게 다룰 예정이다. 여기서는 주로 인지와 관련된 연구를 소개할 것이다.

# 1. 인지 연구의 가설들

인지는 "모든 고차원적 정신과정을 의미하는 포괄적인 용어이다…… 지각, 기억, 사고, 이해를 위한 정신과정과 활동의 총체이다"(Ashcraft & Radvansky, 2010, p. 9). 인지의 역사에 있어 인지심리학자들은 "인지심리학이 1956년에 태동했다는 견해에 보편적으로 동의한다"(Matlin, 2009, p. 7). 당시의 주요 문헌과 학회를 살펴보면 행동주의가 심리학에서 배제되었음을 알 수 있다. 이는 교육과 본성에 관한 Skinner-Chomsky 논쟁, 7개 영역의 단기기억을 평가하는 George Miller의 검사, 인간의 정보 처리와 유사한 컴퓨터에 대한 카네기-멜론 대학교(Carnegie-Mellon University)의 관심 등에서 비롯되었다. 이 같은 변화는 1980년대 초반 『구어 학습과 구어 행동 저널(Journal of Verbal Learning and Verbal Behavior)』의 등장으로 더욱 견고해졌다. 즉 정신과정이 존재한다는 사실을 심리학계에서 인정해야만 했다.

제1부에서는 정신과정에 대한 연구의 기초가 되는 4개의 가설 중 세 가지를 소개한다. 이는 [그림 1-1]의 이분 체계에 제시되었다. 첫 번째 가설에 따르면, 행동(증거)과 뇌에서 일어나는 작용(이론) 간에는 차이가 있다. 임상적 진단과 마찬가지로 관찰할 수 있는 것(증상)과 관찰할 수 없는 것(진단된 장애)의 관계를 고려한다. 부주의나 혼동을 피하기 위해 과학자들은 "이해는 하나의 행동이다"라고 규정하지 않는다.

두 번째 가설에서는 인간의 사고가 제한적임을 고려하여 실체로서의 뇌와 정신작용으로서의 인지를 구별한다. 인지는 뇌의 기능이기 때문에 사실상 분리될 수 없으므로 이러한 이중성은 대개 연구 전략에서 비롯된다. 인지심리학에서는 "정신이 뇌와 별개로 연구될 수 있다"(Johnson-Laird, 1983)는 접근법을 취했다. 1980년대의 인지심리학 문헌들은 뇌를 거의 언급하지 않았다. 당시 Flanagan(1984)은 인지심리학이 정신-뇌의 문제를 거의 고려하지 않는다고 주장했다.

당시에는 뇌를 관찰하는 기술(예: 희미한 구조 영상)이 정신작용의 구조를 잘 반영하지 못했기 때문에 이러한 이중적 접근이 필요했다. 오늘날 기능적 신경과학의 미세 조정 기술이 발전하면서(Cabeza & Kingstone, 2006; Gazzaniga, Ivry, & Mangun, 2008), 뇌에 대한 논의가 인지와 관련된 문헌에 포함될 뿐 아니라 다채로운 뇌영상 사진도 제공된다(예: Ashcraft & Radvansky, 2010). 인지심리학에서 뇌를 고려하지 않고도 실험이 가능하나 기능에 대한 이론을 정립하는 데에는 한계가 있다(예: 뇌의 작용과 구별되는 기억의 작용).

일상에서 '뇌'와 '정신'은 동일한 단어로 취급되기도 한다. 그러나 '분별력을 잃는다(lost

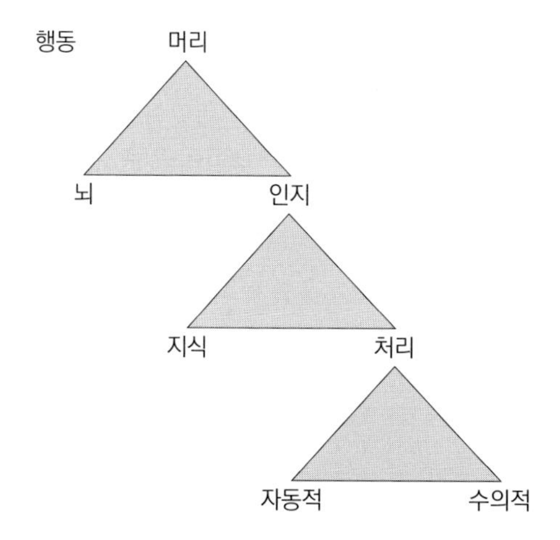


그림 1-1 인지 연구의 기초가 되는 세분화된 가설 체계

글상자 1-1 1988년 드라마 〈Miami Vice〉에 삽입된 대화

**질문자**: 그가 자신의 행동을 전혀 기억할 수 없다는 사실을 어떻게 생각하세요? 기억력의 문제는 아니죠?

**의 사**: 전 신경외과 의사예요. 당신은 Crockett 탐정의 정신기능을 의심하고 있군요. 그건 정신과 의사가 판단해야 할 문제예요.

his mind)'는 말이 뇌를 제자리에 두지 못했다는 의미는 아니다([글상자 1-1]).

Davis(2007a)의 언어병리학 관련 문헌에 따르면 인간은 뇌에 발생한 것(예: 뇌졸중, 외상)과 인지에 발생한 것(예: 실어증, 기억상실)을 논리적으로 구분한다. 즉 뇌졸중이 실어증을 유발한다고 인식한다(실어증이 뇌졸중을 유발하는 것이 아님). 신경외과의는 뇌를 다루고, 언어병리학자는 인지 등을 다룬다. 인지-언어 치료가 뇌의 기능을 개선하는지 여부는 입증되지 않았으나, 적어도 실어증의 본질을 이해하려면 몇몇 인지적 문제들을 파악해야 한다.

세 번째 가설은 뇌와 별개로 인지에 중점을 둔다. 인지는 매우 안정적인 기초 지식과 빠른 속도의 처리 과정들로 구성된다. 이는 임상의 선구자인 Hildred Schuell의 주장을 뒷받침한다(Sies, 1974). 그에 따르면, 실어증을 어떻게 다룰지는 이를 어떻게 정의하느냐에 달려 있다. 실어증의 원인이 언어 지식의 소실인지, 아니면 언어 처리의 결함(지식이 보존된 경우)인지는 명확히 규명되지 않았다. 원인에 따라 치료 접근법이 달라지는데, 단어를 재교육할지(지식의 '소실'을 실어증의 원인으로 간주) 또는 손상된 정신과정의 훈련을 통해 보존된 단어에 접근할지를 결정해야 한다. 실어증을 언어의 '소실'로 간주하는 경우가 많으나, Schuell(1969)은 임상 경험을 통해 "언어 저장 체계는 비교적 보존된다"(p. 336)고 주장했다. 이에 근거해 '자극' 접근법이 제시된 이래 현재까지 계속 연구되고 있다.

## 2. 인지 연구에 대한 접근

고고학자가 트로이의 유적을 발굴했듯이 인지과학자는 정교화된 여러 실험을 통해 정신의 '기능적 구조'를 구축한다. 이론적 모델은 지나치게 광범위하거나 미미하고 너무 오래되거나 모호해 일상에서 경험하거나 육안으로 파악할 수 없는 현상을 다룬다(Davis, 1994). "단지 이론에 불과하다"는 말처럼 '이론'을 폄하하는 경우가 많은데, 이는 이론에 근거한 해석이 추측일 뿐이라고 보기 때문이다. 그러나 과학 이론은 적절한 증거를 기반으로 조직화된 가설의 집합체이다(Stanovich, 2007). 예컨대, 지구의 기후 변화에 대한 적절한 증거는 창밖을 바라보는 것이 아니라 세계 기후의 장기적인 동향에 근거한다([글상자 1-2]).

**글상자 1-2** 적절한 증거란 무엇인가?

적절한 증거에 기반하여 모호한 현상을 논리적으로 규명한다. 동물의 이동을 주제로 한 〈내셔널 지오그래픽 네트워크〉 다큐 시리즈에서는 코끼리물범이 1년 중 10개월 동안 바다에서 어떻게 생활하는지를 보여 주지 않았다. 다만 코끼리물범이 다이빙하는 모습만 보여 줄 뿐이었다. 몸에 감지기를 부착한 코끼리물범이 수영하는 모습을 추적함으로써 결국 과학적 이론을 세울 수 있었다. 이는 두개골에 전극을 부착하여 뇌의 신경 활동을 분석한 실험과 유사했다.

임상 연구에서 활용하는 사후분석(post hoc analysis)은 자료를 수집한 다음 관찰된 행동의 원인을 이론적으로 검토한다. 반면에, 이론 중심의 임상 연구는 실험보다 이미 정립된 이론에 더 의존한다. 유용한 이론은 선험적으로 타당한 방법과 몇 가지 예측(즉 '적절한 증거')을 유도한다. 이론과 실험 과제는 반드시 연관되므로 이론에 근거하여 논리적이고 명료하게 수행을 예측한다. 이때 연구자는 과제를 수행하는 데 필요한 정신작용을 충분히 고려해야 한다. 특정 목적(예: 임상 검사)을 위해 고안된 과제를 시행할 때 필요한 인지적 요소를 고려하지 않으면 바람직한 접근이 아니다. 과제가 처리 과정을 어떻게 보여 줄지에 대해 연구자의 설명이 필요할 수도 있다. 이와 같이 통제되고 통합적인 전략은 이론의 신뢰도를 높인다.

실험에는 집단이나 조건 간에 적어도 하나 이상의 비교가 포함된다. 임상 연구에서는 두 가지 유형을 비교하기도 한다. 단어 빈도 효과, 의미 점화(semantic priming) 효과, 길 혼돈(garden path) 효과 등 특정한 '효과'를 통해 조건들 간의 차이를 분류하기도 한다. 어휘집(lexicon)에 접근하는 이론은 단어 빈도 효과를 예측하며, 이 효과가 발생하거나 발생하지 않는 이유를 설명해 준다.

이론은 기본적으로 반증할 수 있는 것이어야 한다. 즉 "어떤 현상이 발생하거나 발생하지 않을 수 있음을 모두 설명해야 한다. 발생해서는 안 될 현상이 일어나면 이론이 틀렸음을 의미한다"(Stanovich, 2007, p. 20). 반증할 수 없는 이론은 대개 너무 보편적이어서 어떤 현상이든 설명할 수 있다(Shuster, 2004 참고). 욕구에 따른 행동처럼 검증하기 어려운 것은 반증하기도 어렵다. 몇 가지 비교를 통해 이론과 일치하는 결과가 도출되고 또 다른 이론을 유도할 수 있어야 한다. 기본적으로 이러한 비교에 활용되는 몇몇 인지과학적 접근법은 다음과 같다.

실험의 고전적 접근법으로 심리 시간 분석법(mental chronometry) 또는 부가/공제 기법(additive/subtractive methodology)이 있다. 1800년대 네덜란드 의사인 Franciscus Donders는 신경 자극의 속도를 측정하는 연구에 기반하여 공제 기법을 활용했는데, 빛에 대한 단순한 반응을 통해 정신작용의 속도를 알아보기 위함이었다. 실험의 유사한 과제들을 상호 비교한 결과, 특정 과제를 수행하는 데 소요되는 시간이 더 길면 그 시간의 차이가 반응을 지연시키는 요인이었다. 1960년대 Sternberg(1975)는 두 과제의 방법이 다르면 이론적 해석이 어려워진다고 우려했다. 이를 해결하기 위해 단기기억 검사에서 한 가지 요소를 다르게 설정한 몇몇 조건들(즉 부가 기법)을 비교했다.

심리 시간 분석법은 통제된 실험 연구의 기틀을 마련하는 한편, 인간 정신 분야에 컴퓨터를 연계해 컴퓨터 모델링이나 시뮬레이션(computational modeling or simulation, '연결주의 모델'에 기반)의 연구를 촉진시켰다. '인간의 몇몇 인지기능을 모방하는 컴퓨터 프로그램'을 활용해 비교 연구가 가능하다(Eysenck, 2006). 시뮬레이션을 임상에 적용할 때 장애를 모방하는 프로그램을 고의로 손상시키기도 한다(Dell & Kittredge, 2011). Wilshire(2008)는 인지 이론가들이 주로 선호하는 시뮬레이션 접근법인 이론적 절제성을 지지했는데, 이는 최소한의 가정을 통해 최대한 포괄적인 현상들을 설명하는 기법이다.

세 번째 접근법인 인지 신경심리(cognitive neuropsychology: CN)는 뇌손상 환자를 대상으로 인지 이론을 검증한다. 넓은 의미에서 이 분야는 뇌손상과 관련된 인지 연구의 대부분을 포함하며, 기능 저하뿐 아니라 정상적인 기능을 이해하는 데 목표를 둔다. 'CN'은 이 분야의 하위 영역에서 병리적인 단일 사례에 중점을 두는데, 병변을 파악한 후 가설에 근거해 단순한 과제의 처리 모델을 정립한다(Rapp, 2001; Whitworth, Webster, & Howard, 2005). [그림 1-2]에는 소리 내어 읽기 과제의 전형적인 모델과 손상될 수 있는 영역이 제시되어 있다. CN은 대개 언어 이론을 검증하는 데 초점을 두지만 연구에서는 단단어만 사용한다. Wilshire(2008; Davis, 1989)는 이와 같은 제한적인 언어 연구, 자동 제어된 처리의 유사성에 관심을 두었다. 또한 컴퓨터 시뮬레이션을 통해 인지기능이 어떻게, 그리고 어느 정도로 저하되는지를 설명했다.

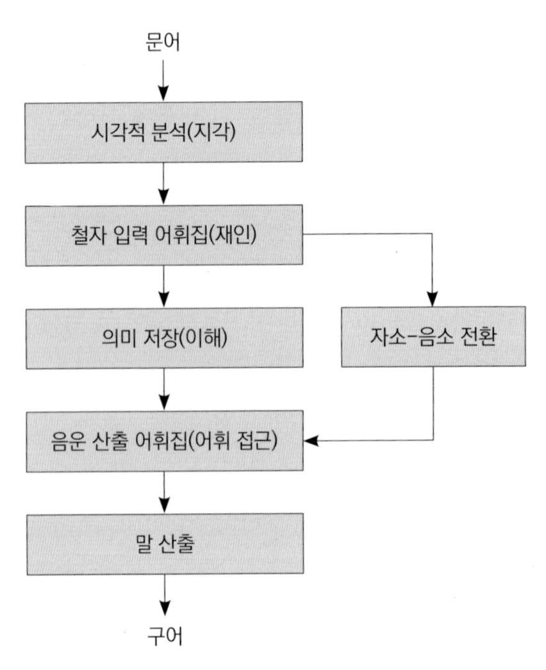


**그림 1-2** 소리 내어 단어 읽기 단계에 관한 전형적 인지 신경심리 모델

기능적으로 동일한 용어는 괄호 안에 기재됨.

Davis, G. A. (2007). *Aphasiology: Disorders and clinical practice* (2nd ed.). Boston: Allyn & Bacon/Longman. 참고.

## 3. 주의력

의도적인 의사소통을 위해서는 각성이나 환기(즉 의식적) 상태여야 하는데, 이 경우 환경을 인식함으로써 간단한 의사소통을 이해한다. 이는 주의력의 기초적인 수준이다. 대화하면서 동시에 여러 자극을 받으면 잘 처리하기 위해 특정한 무언가에 집중한다. 무관한 자극으로 인해 주의력이 분산되면 의사소통이 어려워진다(즉 '칵테일파티 문제').

"광범위한 현상을 기술할 때 주의력이라는 용어를 사용한다"(Ashcraft & Radvansky, 2010, p. 112). 주의력은 대개 정신의 노력을 외부 자극 또는 내부 표상이나 사고에 집중하는 인지 과정이다. 외부 자극에 관심을 두면 '입력주의력(input attention)'에 해당하는데, 이는 인지 처리를 위한 감각 정보를 선택하는 데 기초가 되는 기제이다. 여기에는 예상치 못한 자극으로 주의를 돌리는 지향 반사(orienting reflex), 중요성과 새로움, 사회적 단서 등 외부 요소로 향하는 주의력이 포함된다.

높은 수준의 주의력과 관련된 기제들은 이와 다르다. 선택주의력(selective attention, 즉 집중)은 주의의 분산을 막아 인지를 통제하도록 한다. '주목주의력(spotlight attention)'은 예측에 근거해 정보를 처리하는 집중 기제이다. 선택주의력 과제는 제시된 두 자극 중 하나에만 반응하도록 한다. 분리주의력(divided attention)은 여러 자극을 제시하거나 동시에 처리하는 과제로 구성된다. 이중과제(dual task)에서는 대상자가 두 자극에 반응하거나 두 과제를 동시에 수행한다. 이때 두 자극이나 과제를 비교함으로써 효과를 검토한다. 주의력 기제는 작업기억(working memory: WM)의 자원을 할당하고 다양한 집행기능 과제를 수행하는 데 관여하기 때문에 인지의 다른 양상들과 유사하다.

## 4. 기억력

Ashcraft(1989)는 인지를 "다요소적 기억 체계 내의 활성화된 정신 처리들 간의 협업(p. 39)"이라고 정의했다. 기억력은 뇌에 정보를 보유하는 것으로, 외부 자극이 남아 있는 경우(즉 최소한의 기억)는 제외된다. 이는 정신(혹은 뇌)이 지각 및 재인 등의 가장 단순한 기능을 수행하는 데에도 필수적이다. 기억 체계는 주로 정보의 수동적 저장을 위한 장기기억(long-term memory: LTM)과 처리 활동을 관장하는 작업기억으로 구성된다.

기억의 두 유형을 설명하기에 앞서 다음과 같이 질문해 보자. 정보는 뇌에서 어떻게 표시되며 그 형태는 무엇일까? 이러한 내부의 형태를 내적 표상(mental representation)이라 하는데, 이는 영구적으로 저장되거나 일시적으로 작용한다. 신경 표상(neural representation) 이론은 신경조직과 화학물질에 근거한다. 기억을 심적인 측면으로 제한하는 것은 논란의 여지가 있다. 시각 입력의 내적 표상은 자극을 사진처럼 그대로 복제한다. 청각 자극은 테이프(또는 디지털)의 녹음처럼 복제된다. 검증할 수 있는 내적 표상에 관한 가설은 언어기능 이론의 기초 가설에 포함된다.

### 1) 장기기억

LTM 체계를 설명하는 데 자주 활용되는 비유는 도서관이다. 도서관은 책의 구비와 저장, 접근과 인출이 가능하다(즉 입력-저장-산출). 도서관처럼 LTM은 다양한 정보들로 구성된다. 지식에는 소설과 유사한 구어 표상, 그림책과 같은 시각적 표상이 있다. Tulving(1972)은 지식의 유형을 다음과 같이 분류했다.

- 개인적으로 경험한 사건에 대한 일화기억(episodic memory, 자전적 기억)
- 보편적 개념의 세상 지식에 대한 의미기억(semantic memory)
- 단어의 형태 및 정보에 대한 어휘기억(lexical memory)
- 골프채 휘두르기 기술과 같은 절차기억(procedural memory)

실어증학에서는 특히 단어와 세상 지식이 별도로 저장되는 데 주목했다. 나무의 개념은 의미기억의 보편적 요소이나, '나무'라는 단어는 언어마다 다양하고 어휘기억에 저장된다. 실어증 환자는 단어를 표현하고 싶어도 단어에 접근할 수 없음을 알고 있다. 신경병리학적 질환으로 인해 특정한 유형의 기억에 접근할 수 없어도 다른 기억에는 접근할 수 있다는 사실이 여러 사례 연구에서 입증되었는데, 이는 LTM 저장 체계의 타당성을 반영한다(Schacter, 1996).

언어에 중점을 두려면 의미기억에 주목해야 한다. 대개 사물과 행동, 생물과 무생물에 대한 기초 지식이 동일하므로 의미기억의 핵심 개념은 보편적이다. 세상 지식의 기초는 지역, 문화, 전문 분야에 따라 다양하며, 의미기억은 단어를 이해하고 의미 있게 사용하는 데 중요하다. 실제로 의미기억은 단어의 의미를 내포한다. 의미기억의 최소 단위는 사물이나 행동 유형에 대한 표상으로 정의되는 개념이다. 개념과 단어는 별도로 저장되지만 상관성이 크다([글상자 1-3]).

**글상자 1-3 독립적이면서 연결된 관계**

의미기억과 어휘기억이 상호 연결되면서도 독립적인 관계임을 입증하는 여러 사례들이 있다. 단어 망(web)은 여러 개념 영역들과 연결되어 어휘집에 오랫동안 저장된다. 최근에는 인터넷의 새로운 개념이 이전의 단어 망에 연결되었다. 이와 대조적으로, 모자의 개념은 보편적으로 공유되나 어휘의 형태는 다르다(즉 chapeau, sombrero, hat). 단어의 확장이란 새로운 단어 형태를 이전의 개념에 연결하거나 새로운 개념을 이전의 단어 형태에 연결하는 것이다. prebituary(죽기 전 부고), slackonomics(경제에서의 창조적 파괴), refudiate('반박하다'와 '거부하다'의 합성어)' 등의 신조어가 그 예이다.

도서관에서 책을 쉽게 찾으려면 저장과 접근을 위한 조직화가 필요하다. 이처럼 정적인 구조는 역동적인 행동에 영향을 미친다. 의미기억 구조(즉 특성 목록, 체계)에 관한 이론들은 다양한데, 의미 네트워크(semantic network)를 이룬다는 견해가 지배적이다. 네트워크를 도식화하면 다른 마디들에 연결된 마디 1개가 하나의 개념이다([그림 1-3]). 연관된 개념들은 '이웃'처럼 서로 가깝고, 연관성이 적은 개념들은 보다 멀리 떨어져 있다. 정신이 자극에 반응하면 마디가 활성화되고, 뉴런망(web of neurons)처럼 주변의 마디들로 전달된다. 개념들 간의 상대적인 '거리'는 가설들 중 하나이며, 이를 통해 처리 시간을 예측한다(Collins & Loftus, 1975). [그림 1-3]의 읽기 모델에서 의미 네트워크는 저장한 의미의 내용을 나타낸다.

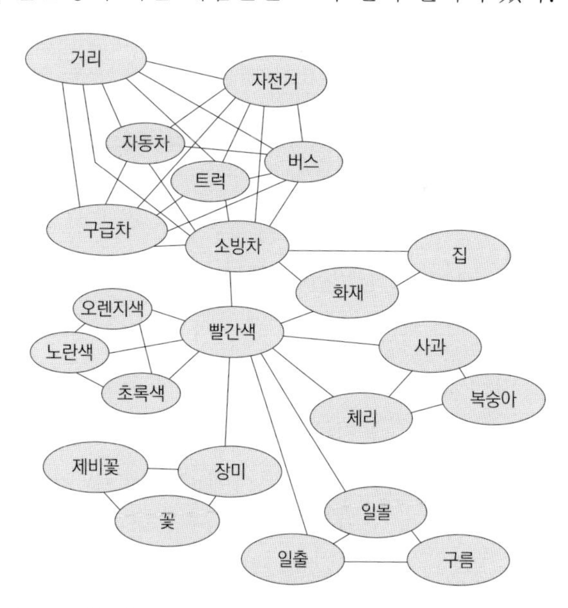


**그림 1-3** 단어의 개념들로 구성된 의미 네트워크

거리는 개념들 간의 상관성을 나타냄.

Collins, A. M., & Loftus, E. F. (1975). A spreading-activation theory of semantic processing. *Psychological Review, 82*, 412. American Psychology Association, publisher. 참고.

LTM 장애와 관련된 모호한 견해들은 최근 들어 보다 상세하고 명확해졌다. 정보가 전체적으로 또는 부분적으로 소멸되거나 퇴화되면 또 다른 장애가 발생한다. 알츠하이머성 치매(Alzheimer's dementia: AD)의 '우아한 퇴화'는 "AD의 신경변성 효과로서 특성과 개념 간의 연결이 점차 사라진다"는 의미이다(Almor et al., 2009, p. 9).

## 2) 작업기억

치매 노인의 경우 과거의 기억(즉 LTM)은 사라지고 현재의 기억은 손상된다. 현재의 기억은 입력에 대한 표상이나 방금 전 발생한 일에 관한 것이다(즉 현재 읽는 부분의 앞에 나온 구나 문장). 이러한 단기기억(short-term memory: STM)은 일시적 표상의 용량이 제한적이다. STM의 정보는 감소하기도 하고, 쏟아져 들어오는 자극(즉 방해물)으로 인해 밀려나기도 한다. 인지 연구와 임상 평가에서 숫자 폭(digit span) 검사는 필수적이다. 또한 "기억 폭은 대부분의 지능 검사에 포함된다"(Ashcraft & Radvansky, 2010, p. 148).

Baddeley(2004)는 1970년대 기억 연구에 대해 "어느 날 점심 때 커피를 마시면서 당시 STM의 영역들을 고민하며 논의하기 시작했다"(p. 41)고 밝혔다. 일시적 기억의 억제는 정보를 저장하는 데 필요한 만큼의 용량이 소요된다. Baddeley와 동료들에 따르면, 'STM'의 개념은 WM 또는 인지 활동을 위한 '작업 공간'까지 확장되어야 한다. 완충기(buffer)라 불리는 STM은 WM의 구성 요소 중 하나이다. 기억 폭 검사는 완충기에 나타나는 자극의 양을 반영할 뿐이다. 즉 완충기의 입력을 탐지하고 저장된 개념을 활성화하는 등 동시적인 처리 능력을 파악하기는 어렵다.

WM의 용량이 제한적이므로 환경과 LTM에서 입력되는 정보를 어떻게 처리할지가 중요하다. 이는 분리주의력 및 WM의 자원과 관련된 이론들 간에 중첩되는 부분이다. 두 영역은 다중과제(예: 운전하면서 문자메시지 보내기)와 연계된다. Eysenck(2006)는 다중과제에 대해 "우리는 두 과제를 동시에 수행할 수 있다고 믿는다…… 과제를 한 번에 하나씩 수행하던 전통적 접근에 비해 소중한 시간이 절약되기 때문이다"(p. 127)라고 강조했다. 다중과제에 익숙한 이들과 그렇지 않은 이들을 비교한 스탠퍼드 대학교의 연구에서는 다중과제에 익숙한 이들이 몇 가지 영역에서 더 낮은 수행력을 보였다. 특히 이들은 관련 없는 정보를 걸러내지 못했다([글상자 1-4]) (Gorlick, 2009).

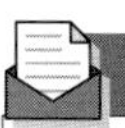

**글상자 1-4** 분리주의력

유머 작가 David Lodge의 소설 『청각장애 선고』에서 화자는 난청을 앓는 은퇴한 언어학 교수이다. TV를 보는 것은 다중과제에 해당한다. "…… 자막을 보면서 헤드폰으로 들으면 자막 없이 헤드폰만으로는 못 들었을 단어와 구를 듣게 된다. 나의 뇌가 두 의사소통 채널을 계속 확인할 것이다…… 이는 심리언어학계에서 주목할 만한 주제이나 나는 신경 쓰지 않는다" (Lodge, 2008, pp. 36-37).

### 작업기억의 정보 처리

의미 네트워크의 활성화와 같이 인지 처리는 자극에 대한 빠른 정신 반응이다. 이는 '전구 켜기'와 유사하다. 인지 처리를 전구와 회전 기어의 작동에 비유한 예시가 Ashcraft와 Radvansky(2010)의 저서에 기술되어 있다. 처리는 일시적이며, 처리 시간은 시간 분석법의 기본 전제이다. 전구는 빠르게 작동하고 회전 기어는 느리다. [그림 1-1]과 같이 처리는 자동화되거나 조정될 수 있다.

자극이 제시되면 뇌는 무의식적으로 반응한다. 이때 어떤 인지기능이 작용할까? '무의식적' 활성화는 대개 자동적 처리라 일컫는데, 그 특성은 다음과 같다.

- 잠재의식적(무의식적)이거나 의식 아래에 있다.
- 필수적(즉 의무적)이다.
- WM에서 차지하는 비중이 거의 또는 전혀 없다.

시각 처리에 관한 저서인 『전반부(First Half Second)』 (Ögmen & Breitmeyer, 2006)에 따르면 "행동적으로 연관된 정보 처리는 대개 무의식 수준에서 일어난다"(p. ix).…… "250~500ms 내에 시각 체계가 많은 표상들을 수정하거나 새로 만들어야 한다"(p. 1). 빠른 처리 과제에 관한 컴퓨터 프로그램을 활용해 자극들 간에 짧은 간격(ms)을 두고 빠른 반응시간을 측정할 수 있다. 직관이나 자기보고만으로는 자동적 처리를 파악하지 못하고, 빠른 처리 과제가 '직관에 어긋나는' 결과를 산출하기도 한다.

재활 전문가들은 주로 통제된 처리 능력을 평가하는데, 그 특징은 다음과 같다.

- 의식적이거나 인식할 수 있다.
- 의도적이므로 선택할 수 있다.
- 노력이 요구되며 WM의 일부이다.

전략적 처리로 알려진 통제된 처리는 의식적인 의사결정이나 사전 계획을 위한 시간이 충분히 주어지는 느린 처리 과제를 활용해 연구한다. 자동적 처리와 달리 전략적 처리는 WM을 방해한다. 그림 선택을 통한 이해 과제는 의식적인 처리를 할 시간이 충분하다. 특히 원고 편집하기, 모호한 강의의 요지 파악하기 등과 같은 '메타언어' 과제에서 언어를 처리하려면 노력이 요구된다. 반면에, 느린 처리 과제로는 자동적 처리를 '분별'할 수 없다.

WM은 인지 체계의 외부와 내부, 즉 두 '방향'으로부터 입력 정보를 받는다. 지향 반사나 주의력 유지 등의 처리는 상향식(bottom-up, 즉 자극이나 데이터 중심)이다. 문장의 길이와 복잡성은 이해를 처리하는 데 영향을 준다. 주목주의력 등의 처리는 하향식(top-down, 즉 개념 중심)으로 기존에 습득한 지식에 기반한다. 실험에 따라 둘 중 하나에 초점을 두나, 대부분의 인지 활동은 두 가지 방식에 모두 의존한다.

두 처리 방식은 인지 활동의 변인이 자극의 조작된 외적 요인뿐 아니라 내적 요인으로 구성되어 있음을 나타낸다. 예컨대, 글자의 일부가 빠진 읽기 과제(즉 음운 회복 효과)는 하향식 처리로서 언어 지식을 활용해 '빈칸 채우기'가 가능하다. 문맥을 제시하고 동기를 해석하기 위해 '행간을 읽는다'. 대화를 이해하는 능력은 주제와 관련된 지식이나 상대자와의 친숙도에 달려 있다.

마지막으로, 인지 연구의 공통적인 가설은 처리의 모듈(modularity)과 관련된다. 모듈 가설은 다양하게 정의된 뇌 기능을 구분하는 데 필수적이다. 인지 체계(즉 주로 언어)나 처리(즉 어휘 접근)가 다른 체계나 처리와 다른지는 명확하지 않다. 모듈 가설에 근거한 선택적 처리는 독립적이거나 '압축적'이다. 인지기능은 하나 이상의 처리를 요하므로 다양한 처리들이 순차적으로(즉 연속적 발생) 혹은 평행적으로(즉 동시 발생) 일어나는지도 의문스럽다. 구성 요소나 처리가 중복되지 않고 한 번에 하나씩 일어나기 때문에 많은 인지 신경심리학 모델들은 순차적인 특성을 띤다. 순차적인 처리는 시간 분석법(부가/공제)의 전제이기도 하다. 그러나 최근에는 대부분의 인지기능이 동시에 또는 중복적으로 처리된다는 주장이 많다(Ashcraft & Radvansky, 2010).

## 5. 집행기능

집행감독 체계(executive supervisory system)나 '뇌 속에서 행동을 지시하는 작은 인간

(Andrewes, 2001, p. 135)'을 언급한 인지심리학 문헌은 매우 드물다(예: Ashcraft & Radvansky, 2010). 이중과제의 주의력을 관장하는 '중앙 집행기(central executive)'는 Baddeley가 주장한 WM의 일부이다. 그러나 그는 초기의 정의가 "너무 모호해서 대부분 잡동사니에 불과하며, 여기에는 복잡한 전략의 선택과 계획, 인출의 확인이 포함된다……"고 우려했다(Baddeley, 1996, p. 6). 이는 본질과 역할이 규명되어야 함을 의미한다.

1958년 카네기-멜론 대학교(Carnegie-Mellon University)의 정보처리학회에서 집행기능이 처음으로 언급되었다. 이를 계기로 Miller, Galanter, Pribram(1960)은 의미 있는 저서를 집필했는데, 목표를 성취하려는 복잡한 인간의 행동을 관장하는 감독 체계의 중요성에 관한 것이었다. 이후 Norman과 Shallice(1986)가 제시한 집행 체계의 몇 가지 구성 요소는 다음과 같다.

- 시작, 즉 인지 체계의 활성화
- 목표의 유지 또는 과제의 지속
- 행동-순서의 조직화
- 인식, 즉 자기 모니터링과 수정(유연성)

이후 집행 체계의 구성 요소가 좀 더 다양해졌으나 시작, 계획, 조직화가 주로 포함된다.

현재의 세분화된 집행기능은 주로 신경심리학의 발달과 관련되며, 외상성 뇌손상으로 인한 결함에 적용된다. 이는 전두엽과 상관성이 크다(예: Collette & Van der Linden, 2002). Andrewes(2001)는 복잡하고 유동적인 체계가 다른 검사들과 모호하게 연관되므로 이에 대해 '별도의 용어를 사용해야 할지' 의문을 가졌다. 평가는 대개 논리적으로 배열된 여러 단계의 과제로 구성되어 있다.

## 6. 언어와 의사소통

네덜란드의 대규모 사례 연구에서는 실어증 치료에 두 보상적 접근법을 적용했다(De Jong-Hagelstein et al., 2010; Martin, Thompson, & Worrall, 2008). 하나는 손상 중심 접근법으로, 언어나 인지의 결함을 회복하는 데 중점을 둔다. 다른 하나는 의사소통 또는 결과 중심 접근법이다. 여기에서는 주로 손상 영역, 즉 언어기능을 관장하는 인지 체계에 중점을 두므로 손상 중심 접근법을 강조한다.

언어와 관련된 쟁점들은 심리언어학이라 불리는 실험 인지심리학에서 다룬다(Traxler & Gernsbacher, 2006). 초기에는 순차적인 처리에 기반하거나 시간 분석 전략을 활용해 문장을 분석했다. 실어증 연구에 시간 분석법을 적용함으로써 각 정신과정별 조건에 대한 반응시간을 예측한다(Just, Davis, & Carpenter, 1977). 제1부에서는 단어와 문장, 담화의 이해, 화용적 의사소통을 논의할 것이다.

전술한 바와 같이, 연구에서는 단어를 이해하기 위한 정신작용을 신중히 고려한다. 친숙한 단어는 순간적으로 이해될 수 있다. 그러나 인지 측면에서는 사건을 연상적으로 처리한다는 점이 문제이다. 뇌는 의미를 자동적으로 활성화하며, 의미 네트워크의 개념을 통해 의미를 표현한다. 인근 영역에까지 자동적으로 개념이 활성화되고, 이는 뒤에 나오는 단어를 처리하는 데 영향을 미친다. 이 과정은 한 단어가 다른 단어에 선행하는 의미 점화 과제의 근거가 된다(McNamara, 2005). [그림 1-3]에서 첫 번째 단어인 '빨간색'은 두 번째 단어인 '불'을 더 빨리 인식하도록 인근 영역을 활성화하는데, 이는 첫 번째 단어가 '초록색'인 경우보다 더 빨리 일어난다. 첫 번째 단어 다음에 발생하는 잠재의식적 활성화는 두 번째 단어에 대한 영향을 통해 파악한다. 단어 사이의 간격이 10분의 1초만 주어져도 점화 효과가 일어나며, 이는 순간적인 사건의 증거가 된다.

주어진 문장을 듣거나 읽을 때 뇌와 같은 인지 체계가 자동적으로 활성화된다는 것이 문장 이해에 대한 가정이다. 온라인 방식은 실시간으로 일어나거나 '상황이 발생하는' 순간의 처리를 파악할 수 있다. 피험자는 대개 한 문장이 모두 제시되기 전에 특정 부분에 대해 반응한다. 반응시간은 처리를 위한 상대적인 부담을 나타낸다. 문장 내의 한 단어를 이해하거나 구문 구조를 배열하는 연구에서 온라인 기술을 많이 활용한다(Carreiras & Clifton, 2004).

단어와 달리 문장 구조는 듣거나 볼 수 없어 어렵게 느낄 수 있는데, 이로 인해 언어 연구에서 구문이 배제되기도 한다. 언어학자들은 구문 관계를 시각적으로 나타낸 '트리 구조'를 제시한다. 다음에 제시된 「USA 투데이」의 기사 제목은 하향식 구조임을 알 수 있다.

Cruise ship dumping poisons
seas, frustrates U.S. enforcers

첫째 줄까지 읽으면 '배가 독약을 버린다(the ship is dumping poisons)'는 의미이다. 둘째 줄도 읽으면 '투척으로 인해 바다가 오염된다(the dumping poisons the seas)'는 의미이므로 본래의 구조적 배열을 수정해야 한다. 의미의 차이는 미미하나, 이러한 구조적 모호성(일명 '길 혼돈 문장[garden-path sentence]')을 통해 구조 관계가 해석에 영향을 미침을 알 수 있다. 온라인 방식을 활용한 연구에서는 처리 부담을 평가하여 최소한으로 비교하는데, 이는 모호하지 않은 유사한 문장에서도 오류가 동일하게 인식된다는 데 근거한다.

구문 분석(또는 구조적 배열)의 이론에 관해서는 이견이 많다. 구문 처리기가 처음부터 분리되어 자동적으로 작동하는지, 문장이 시작되면 구문 배열이 반드시 모든 문맥 정보와 상호작용하는지 등이 기본적인 쟁점이다. 모듈 이론에 따르면, 분석기는 가장 단순하면서도 가능성이 큰 구조(즉 '배가 독약을 버리고 있다[*Ship is dumping poisons*]')를 잠재의식적으로 빨리 배열한 후 오류가 발견되면 스스로 수정한다. 수정 과정에서 '길 혼돈 효과'를 예측할 수 있는데, 이는 문장의 주요 부분을 처리하는 데 추가적인 시간이 필요한지 여부와 관련된다. 주요 부분에 대한 처리 부담을 파악하기 위해 읽기 과제에서 나타나는 시선 고정(안구 추적)을 평가하기도 한다. 길 혼돈 효과 없이 처리의 상호작용 이론을 뒷받침하는 문맥 효과에 관한 연구들도 많다(Traxler & Gernsbacher, 2006 참고).

기초적인 단어와 문장은 처리 용량 내에서 쉽게 이해된다. 반면에, 담화(또는 글)의 이해는 입력의 양이 많고 LTM의 해석 정보를 요하기 때문에 WM에 크게 의존한다(Baddeley et al., 2009; Zwaan & Rapp, 2006). 이러한 담화 처리의 어려움을 '병목 현상(bottleneck problem)'이라 한다. 언어의 입력에서 긴 문장 내 또는 여러 문장들 간의 요소들을 2개 이상 연결하거나 통합하기가 어렵다. 몇몇 인지 기제에만 의존해 다양한 현상을 이해하는 이론도 있다. 예를 들어, 대명사의 이해와 간격-삽입(gap-filling)은 의미적으로 '비어 있는' 공간을 긴 문장이나 다른 문장의 지시물과 통합한다([글상자 1-5]).

**글상자 1-5** 심리언어적 작용

대명사와 위치를 이해하는 것이 유사하다는 사실은 실어증 연구에서 입증되었다(Zurif et al., 1993). 첫 번째 문장에서 지시물('아기[*baby*]')에 연결해야 할 성분은 'who'이고, 두 번째 문장에서 우유를 먹이는 대상이 들어갈 곳은 [t]이다.

- 기차역에서 한 승객이 파란색 잠옷을 입고 우유를 먹는 아기를 향해 웃었다(The passenger smiled at the baby in the blue pajamas who drank milk at the train station).
- 기차역에서 분홍색 상의를 입은 여자가 우유를 먹이고 있는 [t] 아기를 향해 한 승객이 웃었다(The passenger smiled at the baby that the woman in the pink jacket fed [t] at the train station).

각 문장을 이해하려면 이미 언급된 지시물과 의미적 차이를 연결해야 한다.

마지막으로, 의사소통 또는 결과 중심의 재활에 관한 인지 연구를 다시 한번 살펴보고자 한다. 이러한 연구의 주요 특징은 메시지를 교환할 때 또 다른 참가자(즉 이해 과제에서의 화자, 표현 과제에서의 청자)가 존재한다는 가정이다. 인지심리 중 사회인지가 이와 관련된다(Fiske & Taylor, 1991; Moskowitz, 2005). 이는 대화 참여에 관한 심리로, 인지 화용론의 신생 분야에서는 실제 의사소통 문제가 발생한 경우의 심리 전략뿐 아니라 정신작용의 자동성을 다룬다. Davis(2007b)는 "실제 의사소통 상황에서 발생하는 문제를 정확히 반영하면서도 인지 연구의 기본적인 패러다임을 보여 주는 실험을 구상하기는 어렵다"(p. 114)고 밝혔다.

개별적인 의사소통에서는 발화를 문자 그대로의 의미 이상으로 해석하여 전달하고 이해한다. 인지 화용론은 문자 이외의 의미를 추측하고 전달할 때 의사소통 맥락을 어떻게 활용할지에 관한 것이다. 인지 화용론에서는 다양한 의미의 활성화와 같은 일반적인 심리언어 처리를 활용하는데, 적절한 의미는 문맥에 맞게 선택하지만 부적절한 의미는 차단한다(Long, Johns, & Morris, 2006). 이는 우반구 손상 시 나타나는 이해의 결함을 파악하는 데에도 유용하다(예: Tompkins et al., 2004).

## 7. 편집자 맺음말

서두에서 언급했듯이, 언어와 인지는 상호 연관되어 있으며 이는 특히 실어증의 본질에 적용된다. 여기서 언어와 인지를 별개로 간주하면 문제가 된다. 그러나 실어증의 경우 다른 인지기능이 대체로 보존된 언어장애이다. 실제로 '실어증, 지능이 아닌 언어 능력의 상실'과 같은 견해들이 많다. 반면에, 언어 처리 이외의 인지적 결함에 대한 연구들도 있다. 예를 들어, Murray와 Clark(2006)은 "실어증은 주로 주의력, 기억력, 집행기능의 문제를 동반한다"고 강조했다(p. 30). 이는 다른 주장들과 대립되는 견해일까? 실어증 환자는 인지적 결함이 있을까?

McNeil, Hula, Sung(2011)은 실어증의 특징에 관한 이론에서 인지와 언어기능 간의 관계를 매우 독창적으로 설명했다. 이들은 최근 "간략히 말해 실어증의 독특한 양상들은 언어와 직결되는 (집행) 주의 체계의 손상에 기인하며, WM 체계에서 언어적 해석이나 STM이 추가적으로 손상된다"고 강조했다(p. 569). 언어와 직결되는 집행 및 언어적 해석/STM은 본래 통합될 수 있으나(본 장의 STM 관련 논의 참고), 이는 주로 언어기능을 인지의 하위 영역으로 간주하기 때문이다. 언어적 해석(또는 심리언어)의 기제들(예: LTM 내 활성화의 확대, 구조적 배열, 간격-삽입 등)이 완화된 입력을 일시적으로 저장하여 WM에서 작용한다는 견해도 있다. 이처럼 인지적 요소들을 다양하게 통합하여 실어증을 설명하면 난감해하는 임상가들도 있을 것이다.

또한 McNeil과 동료들의 주장은 '중심과 통로(centers and pathways)'라 불리는 '언어 능력의 상실' 견해와 대립된다. 이전의 위치를 없애는 것에 관한 언어 이론을 추가하여 실어증의 유형 중 하나에 적용하기도 한다(Grodzinsky, 1989). McNeil과 동료들에 따르면, '대다수의 연구자들'이 상실/중심 견해에 '거의 맹목적인 집착'을 보이며, '비교적 소수의 연구자들'만이 인지 처리 견해를 갖는다. 그러나 지식-처리 이분법(knowledge-process dichotomy, Brookshire, 2007; Davis, 2007a 참고)에 관한 논의에서 언급했듯이, Schuell 이후에 '언어 능력의 상실' 이론이 변화했다는 견해들이 많다. 현재 '상실'이라는 용어는 이론과 상관없이 대중적인 슬로건과 저서명에 주로 사용된다.

즉 실어증의 언어 처리를 인지 능력의 손상으로 설명하려는 추세로 점차 변화하고 있다. McNeil 등('소수 의견')은 보편적인 수준의 주의력과 기억력을 다루었다. 의미기억 저장소 및 구문적 간격-삽입의 활성화와 같은 특정한 처리가 강조될 수도 있다(예: Copland, Chenery, & Murdoch, 2002; Shapiro & Levine, 1990; Tompkins et al., 2004; Zurif et al., 1993). 다른 분야를 무시하거나 일상생활과 맞지 않는 동떨어진 영역이라고 간주하기도 한다. 인지 영역이 다른 견해의 기초가 되어 상호 보완적으로 통합되면 이러한 대립을 피할 수 있다.

그렇다면 McNeil의 주장, 특히 실어증의 본질에 관한 견해의 의미는 무엇일까? Shuster와 Thompson(2004)은 "자원 이론이 틀렸음을 입증할 수는 없다…… 왜냐하면 너무 모호하고 불분명해서 어떤 결과이든 모두 설명할 수 있기 때문이다"(p. 852)라고 강조했다. McNeil 등(2004)은 이러한 한계를 인정하면서도 WM의 결함과 실어증 간의 상관성을 배제하는 근거들 중 하나라고 여겼다. Murray와 Kean(2004)은 보편적인 인지 처리에 주목하되, 앞서 언급했던 '동반된'이라는 어구에 유의해야 한다고 조언했다. 즉 병변의 위치와 크기에 따라 편마비, 마비말장애, 말실행증이 실어증에 동반될 수 있듯이, 의식 상실, 지연된 사고, 몇몇 분열 증상이 함께 나타날 수 있다. 특히 McNeil은 보편적인 인지 처리 과정을 통해 실어증의 본질을 설명할 수 있다고 주장했다. Murray는 언어장애 외에 전반적인 인지 능력이 손상될 수 있다고 강조하기도 했다.

실어증에서 인지의 역할이 무엇인지를 입증한 소송이 있었다. 매사추세츠주의 요양원 환자인 Ruby McDonough는 간병인이 저지른 끔찍한 폭행의 피해자였다(Miller, 2010). 표현성 실어증 환자인 그녀에게 기본적인 인지 능력이 있었지만, 지방 법원은 그녀의 증언을 인정하지 않았다. 나중에 매사추세츠 최고 법원은 그녀의 증언을 허가해야 한다고 판결했다. 주의력과 자원 운용의 결함이 있으나 상황 인식, 일화기억, 추론력이 정상이므로 증언이 가능하다는 설명이었다. 그녀의 증언은 예-아니요 질문에 대답하는 수준이었고 반응시간도 길었다. 이는 실어증 환자의 보편적인 보상 행동으로, 언어 지식은 보존되어 있으나 언어 처리상의 몇몇 결함 때문에 나타난다.

## 8. 결론

인지 연구를 위한 몇 가지 개념들을 본 장에서 소개했다. 또한 주의력, 기억력, 집행기능의 보편적 인지 체계를 소개하고, 이 체계 내에서 언어가 처리된다는 점을 강조했다. LTM에 저장된 지식에 기반한 이해 및 표현 능력은 WM의 용량에 따라 다르다. 이들은 상향식 및 하향식 정보의 흐름을 통해 작용하며, 자동적이거나 수의적으로 발생한다. 언어 이해는 표상, 탐지, 활성화, 통합적 조화(예: 간격-삽입) 등의 기초적인 기제가 관장한다. 심리언어적 처리는 기능 중심의 인지 기제이므로 '인지'를 질적으로 다른 영역이라 간주해서는 안 된다.

실어증의 본질에 관한 논쟁은 주제별로 다양하다. 본 장에서는 자원 이론에 근거하여 실어증에 인지를 적용하는 견해를 소개했는데, 자원 이론의 지지자들도 대부분 이를 강조했다. 미래 지향적인 연구를 위해서는 특정 영역의 다양한 이론들을 적절한(논리가 아닌) 실험을 통해 상호 비교해야 한다. 험난한 여정을 겪고 나서야 보편적이면서도 특수하고 자동적이거나 수의적인 인지 기제가 언어를 어떻게 처리하는지를 완전히 이해할 수 있다. 이는 높은 수준의 교육을 통해 이루어지며, 인지심리학, 특히 이 분야의 초기 연구자들이 발전시킨 인지언어학이 주로 해당한다. 언어 이해와 형태, 의사소통에서 인지가 어떻게 작용하는지에 관해서는 이후에 상세히 논의할 것이다.

# 제2장 언어 및 의사소통에 대한 노화의 영향

Susan Kemper

개요



[글상자 2-1]에 제시된 두 자발화를 살펴보자. 이는 4년제 대학을 졸업한 75세 남자들의 발화이다. 이들은 신경학적 질환, 당뇨, 허혈성 심장 질환, 중증 청력 손실, 기타 의학적 이상 소견이 없다. 화자 A의 발화는 유창하고 조음이 정확하다. 그는 반복 없이 정확히 표현하는데, 다양한 문법 구조와 어휘, 몇몇 삽입어를 사용한다. 화자 B는 표현하는 데 어려움이 있으며, 유창하지 않고 반복과 삽입어가 많은 발화를 산출한다. 어렵게 완성한 문장은 길이가 짧고 문법적으로 단순하다. 본 장에서는 화자 A와 B의 발화를 통해 유창성, 문법적 복잡성, 언어적 내용의 두드러진 차이를 다양한 관점에서 논의할 것이다.

## 1. 작업기억, 노화, 언어 처리

화자 A와 B는 작업기억 용량이 다르다. 대화 과제를 통한 작업기억 폭 검사에서 화자 A는 청년층과 유사한 높은 수행력을 보였다. 그는 숫자 바로 따라말하기(Forward Digit Span)에서 7.6점, 숫자 거꾸로 따라말하기(Backward Digit Span)에서 6.3점, 읽기 폭 검사에서 4.5점을 받았다. 반면에, 화자 B는 숫자 바로 따라말하기 5.4점, 숫자 거꾸로 따라말하기 3.0점, 읽기 폭 2.0점으로 작업기억 용량이 더 낮았다.

대개 나이가 들수록 작업기억이 떨어지면서 언어 및 의사소통 능력이 저하된다. 1부에서는 작업기억에 대한 개괄적인 내용을 소개한다. 즉 작업기억 용량의 제한, 그리고 억제의 결함과 같은 집행기능의 제한 등 두 유형의 결함을 평가하는 데 중점을 둔다. 먼저 노화가 작업기억의 신경학적 토대에 어떤 영향을 미치는지 간략히 살펴보고, 작업기억이 노인의 언어 처리 및 의사소통에 미치는 영향을 평가하는 것에 대해 논의할 것이다.

### 1) 작업기억의 개념

작업기억은 일상생활의 많은 과제에서 정보를 보유하는 데 필요한 능력으로, 정보를 단기적으로 저장하고 조작하는 기능을 한다. Baddeley(1986) 및 Baddeley와 Hitch(1974)가 제안한 보편적인 작업기억 모델에는 시각 정보(예: 시각 잡기장[visual scratchpad]) 및 청각 정보(예: 음운 고리[phonological loop])를 저장하는 두 임시 저장 기제와 하나의 중앙 집행기(central executive processor)가 포함된다. Baddeley(2000)는 이 모델에 장기기억과 관련된 임시 완충기(episodic buffer)를 추가했고, Cowan(1995, 2001), McElree(2001), Oberauer와 Kliegl(2006)은 주의력과 작업기억을 연계한 혼합 모델을 제안했다. 이러한 다영역 체계는 정보를 임시로 저장하거나 처리 과제들 간에 주의력을 분산시키기 위한 용량이 제한적이다. 각 영역별로도 차이가 있는데, 청각 완충기는 말에 기반을 두는 반면 시각 완충기는 공간적 정보와 관련이 있다.

**글상자 2-1** 작업기억 용량이 다른 화자들의 발화 예시

**화자 A**

질문: Lawrence에서 사는 것의 장단점은 무엇인가요?

Lawrence에 사니까 장점이 많다고 생각해요. (*I find* [MAIN] *that there are* [THAT] *mostly good things about Lawrence*.)

그리고 (*And* [FILL]) >

단점이라면 일상이 너무 단조로워서 장점을 잘 느끼지 못한다는 점이지요. (*The bad ones are* [MAIN] *so routine that you don't notice* [THAT] *them*.)

어디에나 장점이 있지요. (*You'll see* [MAIN] *them anywhere you are* [REL].)

하지만 Lawrence는 독특한 점이 많아요. (*But Lawrence has* [MAIN] *a lot of uniqueness to it*.)

그리고 학생들이 도시를 다양한 모습으로 만들어 가고, 시민과 대학 관계자들은 사이가 좋지요. (*And the students make* [MAIN] *the town in a lot of ways and there's* [MAIN] *a good relationship between town and gown*.)

난 캔자스주 Shawnee에서 이웃집 여인을 만났죠. (*I ran* [MAIN] *into a lady who was* [REL] *my neighbor down in Shawnee Kansas.*)

그녀는 KU를 졸업한 뒤 고향으로 돌아와 결혼했죠. (*She graduated* [MAIN] *from KU and then she went* [MAIN] *back and got married.*)

그리고 그녀는 가정을 이루면서 모든 걸 갖게 됐죠. (*And she had* [MAIN] *a family and everything like that.*)

그리고 그녀의 딸은 Lawrence에 살고 있어요. (*And her daughters are living* [MAIN] *in Lawrence.*)

그리고 "아빠도 안 계신데 여기로 돌아오는 게 어때?"라는 말을 듣죠. (*And they said [MAIN] "why don't you just come* [MAIN] *back here, now that dad's* [SUB] *gone."*)

그러니까 (*You know* [FILL] >)

그래서 (*So* >)

그녀는 Lawrence로 이사를 왔어요. (*She moved* [MAIN] *back to Lawrence.*)

그리고 그녀는 아주 재미있어 해요. (*And she just is [MAIN] so excited about it.*)

있잖아요. (*You know* [FILL] >)

그녀한테는 정말로 자극이 된 셈이죠. (*It's* [MAIN] *just really a turn-on for her.*)

그리고 그녀는 나보다 나이가 많아요. (*And she's* [MAIN] *older than I am* [REL].)

그녀는 정말로 단정하답니다. (*She is [MAIN] really neat.*)

하지만 어쨌든 몇 가지 어리석은 일들을 겪었던 걸 빼면 난 무엇보다도 여기가 아주 좋아요. (*But anyway, except for some stupidity that goes* [REL] *on in the city commission I think [MAIN] basically it's* [THAT] *pretty good here.*)

**화자 B**

질문: Lawrence에서 사는 것의 장단점은 무엇인가요?

로렌스의 장점 (*The good things about Lawrence* >)

……은 (*Is* [MAIN] >)

솔직히 음~ (*Honestly uhh,* >)

난 Wichita에서 한동안 살았어요. (*I spent* [MAIN] *some time in Wichita.*)

그리고 음 (*And* [FILL] *umm* >)

나한테 그건(그건) 문화 충격이죠. (*That (that) to me is* [MAIN] *cultural shock.*)

Lawrence는 지금 (*Lawrence is* [MAIN] *now* >)

Lawrence는…… (*Lawrence is* [MAIN] >)

아, 아~ (*Ahh, ahh* >)

참 좋은 곳 (*A very good place* >)
무슨 말이냐면, 아 (I *mean* [MAIN] *ahh* >)
아주 많은 것들이 있죠. (*There's* [MAIN] *pretty much* >)
모든 사람들 (*Everybody* >)
사실 내 이웃은 (*As a matter fact the neighborhood I'm* [MAIN] *in* >)
중간에 (*Halfway between* >)
사이에 음~ (*Between umm* >)
고등학교와 (KU *The high school and KU* >)
그래서 (*So* [FILL] >)
사실 내 이웃은 (*The neighborhood I'm* [MAIN] *in* >)
대부분, 아~ (*Most, ahh* >)
많은 사람들이 KU에서 일해요. (*A lot of people work* [MAIN] *for KU.*)
하지만 (*But* [FILL] >)
그리고 음 (*And* [FILL] *umm* >)
도로 건너편에 (*Across the street* >)
두 학생이 지나갔어요. (*A couple of students did* [MAIN] *move in.*)
하지만 그들은 졸업생들이에요. (*But they're* [MAIN] *graduates.*)
그들은 대학원생들이죠. (*They are* [MAIN] *graduate students.*)
Lawrence의 안 좋은 점이 뭐죠? (*What's* [MAIN] *bad about Lawrence?*)
당신은 할 수 없어요. 아~ (*You can't ahh* >)
토요일에 (*On a Saturday* >)
당신은 할 수 없어요. 아~ (*You can't ahh* >)
주차할 곳이 없네요. (*There's* [MAIN] *no place to park* [INF].)
저긴 문제가 있어요. (*I have* [MAIN] *trouble there.*)
하지만 틀림없이 많은 사람들이 그럴 거예요. 음 (*But I bet* [MAIN] *a lot of people have umm* >)
응 (*Yeah.*)

주: [MAIN] 모든 주절의 동사, [INF] 부정사, [GER] 동명사, [REL] 관계절, [THAT] that절 보어, [SUB] 종속절, [FILL] 어휘 삽입어, > 문장 분절.

일반적으로 집행기능 자체의 정의는 매우 광범위하다. 즉 "독립적이고 목적이 있으며 자신을 위한 행동을 잘 수행하는 능력"(Lezak et al., 2004, p. 35) 또는 "시작, 계획, 가설 수립, 인지적 유연성, 의사결정, 통제, 판단, 피드백의 사용, 자기 인식 등 약간의 상관성이 있는 여러 고차원적 인지 처리를 의미하는 다차원적 구조"(Spreen & Strauss, 1998, p. 171),

그리고 "다양한 인지적 하위 처리 과정에 관여하는 보편적인 목적 통제 기제"(Miyake et al., 2000, p. 50)로 정의된다. 집행기능에는 주의력의 할당 및 선택, 억제, 정보의 업데이트와 같은 다른 기능들도 포함된다.

정상군과 장애군을 대상으로 다음과 같은 다양한 과제들을 시행함으로써 작업기억의 기능을 확인할 수 있다. ① 즉각 순서 회상(immediate serial recall) 과제에서 음운적으로 유사한 단어들에 대한 수행력이 가장 낮은데, 이는 구어 정보의 음운이 단기적으로 저장되기 때문이다. ② 단어 길이와 읽기시간에 따라 순서 회상 능력이 다른 것은 음운에 기반한 완충기의 용량이 제한적이기 때문이다. ③ 불규칙한 말을 연속적으로 산출하면(예: "그, 그, 그……"와 같은 반복) 회상에 방해가 되고 음운 유사성 및 단어 길이 효과가 사라진다. 이는 완충기가 구어에 기반한다는 사실을 재차 입증한다. ④ 눈을 가린 채 소리가 어디에서 들리는지 가리키는 공간 추적(spatial tracking) 과제에서 공간 기억 점수가 낮게 나타나는데, 이는 잡기장이 본래 공간적인 성격을 띠기 때문이다.

### (1) 작업기억의 평가

작업기억 능력을 평가하는 과제들이 다양해 언어 및 의사소통과의 상관성을 파악하기가 어렵다. 작업기억을 평가하는 데는 작업기억 폭과 집행기능 검사가 주로 활용된다([글상자 2-2]). 위스콘신 카드 분류 검사와 같은 신경심리학적 검사, 억제 관련 검사, 시분할 검사, 업데이트 검사, 전환 검사로 집행기능을 평가한다. 이는 〈부록 2-1〉에 간략히 소개되어 있다. 이들을 응용한 다른 검사들도 많다. 작업기억의 정보 처리 속도도 언어와 의사소통에 영향을 미치는데, 이에 대한 평가 방법도 다양하다.

이러한 검사들에 대한 이견도 많다. 즉 개별적이면서도 상호 연관된 집행기능을 평가하는지, 혹은 단일 능력을 평가하는지, 그리고 일반적인 지능과 어떤 관계인지 등에 관한 논쟁들이다. 예컨대, Engle, Tuholski, Laughlin, Conway(1999)는 폭 검사가 단기기억을 평가하는 단순한 폭 검사와 집행기능 등의 복잡한 폭 검사로 분류된다고 주장했다. 작업기억이 구어와 비구어(또는 시각/공간) 영역으로 세분화된다는 견해도 있다. 또한 Conway, Kane, Bunting 등(2005)이 개발한 '사용자 지침서'에는 숫자세기, 연산 폭, 읽기 폭 검사를 활용해 작업기억 용량을 평가하는 방법과 절차가 많이 소개되어 있다.

**글상자 2-2** 작업기억 및 집행기능 검사들

- 작업기억 검사
  - 구어 폭
    - 숫자 바로 따라말하기 및 거꾸로 따라말하기
    - 숫자세기 폭
    - 읽기 및 듣기 폭
    - 연산 폭
  - 시공간 폭
    - 코지 블록(Corsi Blocks)
    - 시각 패턴(Visual Patterns)
- 집행기능 검사
  - 신경심리학적 검사
    - 위스콘신 카드 분류
    - 기호 잇기(Trail-Making)
    - FAS 구어유창성
    - 하노이 탑(Tower of Hanoi)
  - 억제
    - 스트룹 과제
    - 정지 신호 과제
  - 시분할(Time-sharing)
    - 거꾸로 숫자세기와 연결
    - 추적과 짝 연상
  - 업데이트
    - 숫자 모니터링
    - N-Back
  - 전환
    - 덧셈/뺄셈 전환
    - 문자-문자 전환
    - 부분-전체 전환

집행기능을 평가하는 데 '최적의 표준'이 되는 유일한 검사는 없다. Salthouse, Atkinson, Berish(2003)는 집행기능의 개념이 복잡하고 광범위하다는 점에 고려해 18~84세의 성인 261명을 대상으로 집행기능에 대한 구성 타당도를 검증했다. 즉 집행기능과 주로 연관된 신경심리 및 인지 과제들, 그리고 구어 능력, 유동성 지능(fluid intelligence), 일화기억, 지각 속도를 평가하는 심리측정 과제들 간의 수렴 타당도와 판별 타당도를 분석했다. 순차적인 구조방정식 분석을 통해 검사 변수들 간의 관계를 알아본 결과, 신경심리 검사들 간의 상관성은 적은 반면 신경심리 검사와 유동성 지능 등 다른 변인들과의 상관성이 매우 컸다. 이로써 작업기억의 개인차는 실제 유동성 지능과 같은 보다 광범위한 능력의 차이와 관련됨을 알 수 있다.

Miyake와 동료들(Friedman & Miyake, 2004; Miyake et al., 2000)도 이와 유사한 문제를 제기했으나 접근법이 달라 상이한 결론을 내렸다. Miyake 등(2000)은 '집행기능의 통합과 다양성'(p. 49)에 관한 연구에서 확인적 요인 분석과 구조방정식 모델을 사용해 3개 요인을 추출했다. 이를 통해 집행기능이 개별적인 세 영역으로 분류됨을 알 수 있었다. 또한 집행기능의 세 영역(업데이트, 전환, 억제)이 '상호 변별적'이며, 이들이 위스콘신 카드 분류 검사, 하노이 탑 검사 등 더 복잡한 집행기능 검사에서 각각 다른 역할을 했다.

### (2) 노화와 작업기억

노화가 작업기억에 미치는 영향에 관해서는 Salthouse나 Miyake의 연구를 통해서도 명확히 규명되지 못했다. 단순하거나 복잡한 폭 검사로 작업기억을 평가하면 아동기에 높아졌다가(Dempster, 1980; Gathercole, 1999; Park et al., 1996; Pickering, 2001) 노년기에 저하된다. 작업기억이 U자형으로 향상된 후 낮아진다는 주장은 논란의 소지가 크다. 예를 들어, Salthouse(1994, 1996)는 처리 속도가 작업기억의 기본적인 기제라고 강조했으며, Lindenberger와 Baltes(1994; Baltes & Lindenberger, 1997)는 감각의 예민성에 관련된 신경 통합과 자세의 균형, 보행을 중요 요소로 꼽았다. Hasher와 Zacks(1988)는 억제 기능의 실패에 주목했다. 억제는 무관한 정보가 유입되는 것을 막거나 이러한 정보를 작업기억에서 삭제하며, 과도하게 우세한 반응을 제한하는 기능을 한다. 이 가설에 따르면, 억제성 기제가 제대로 작동하지 않는 노인은 주의가 산만할 뿐 아니라 한 과제에서 다른 과제로 빠르게 전환하기 어렵고, 이미 학습된 '고정관념, 경험적 지식, 도식'(p. 123)에 의존한다(Yoon, May, & Hasher, 1998). Lustig, May, Hasher(2001)는 노인의 작업기억 폭이 검사 방식에 따라 매우 다르다고 주장했다. 즉 전통적인 기억력 폭 검사에서 한 세트의 자극 수는 2, 3, 4, 5개로 많아지거나 간섭을 최소화하기 위해 5, 4, 3, 2개로 적어진다. 이러한 방식은 청년층에 비해 노년층의 수행력에 영향을 미치는데, 전통적인 검사 방식이 작업기억 용량뿐 아니라 억제도 평가하기 때문이다.

나이가 들수록 인지 능력들 간의 차이가 없어지면서 서로 상관성이 높아지는지 여부도 쟁점 사안이다(Cornelius et al., 1983; Li et al., 2004). 이러한 탈분화(dedifferentiation)는 처리 속도와 같은 기초적인 기제가 저하되어 발생하는 반면, 분화(differentiation)는 과정 중심적 기제의 발달이나 결함에 기인한다. Rabbitt와 Lowe(2000; Rabbitt, 1993)에 따르면, 노화로 인해 이러한 개인차가 커지고 관련된 과정과 신경 구조 혹은 둘 중 하나가 변화하는 비율 및 양상이 달라진다.

이와 관련해 Hull, Martin, Beier 등(2008)은 Miyake 등(2000)과 유사하게 접근했는데, 중년층과 노년층에게 집행기능의 두 규준 검사인 위스콘신 카드 분류 및 하노이 탑 검사, 구어 및 비구어 지식 검사를 통해 전환 · 업데이트 · 억제 능력을 평가했다. 그 결과 전환과 업데이트 간에 다소 중복되는 부분이 있었다. 작업기억에 정보를 유지하고 규칙의 변화를 따르는 능력인 업데이트는 두 규준 검사를 통해 가장 잘 반영되었다. 반면에, 대안적인 규칙을 실행하는 능력인 전환은 위스콘신 카드 분류 및 하노이 탑 검사의 수행력에 영향을 주지 않았다. Hull 등은 스트룹 검사와 항단속성(antisaccade) 검사의 민감도가 낮아 억제의 영향을 설명하지 못했다. 노화도 관련 요소들에 상대적인 영향을 미치는데, Miyake 등(2000)의 연구에서는 전환이 카드 분류 검사의 주요 예측 인자이나 Hull 등은 업데이트가 최적의 예측 인자라고 보고했다. 이처럼 노화는 작업기억의 각 영역에 영향을 주므로, 이미 보존된 능력들 간의 상대적인 균형이 달라질 수 있다. 작업기억 용량이 낮을수록 효율성에 더 의존한다. 따라서 청년층의 집행기능은 다양한 표상을 저장하는 작업기억 용량과 더 관련되는 반면, 노년층의 집행기능은 (저하된) 작업기억에 정보를 추가하거나 삭제하는 효율성의 영향이 더 크다.

McDowd 등(2011)은 청년층과 노년층의 다양한 구어유창성이 처리 속도, 억제, 작업기억 용량, 구어 능력 등의 다른 인지 능력과 어떻게 연관되는지를 비교한 연구에서 위와 유사한 결론을 내렸다. 구어유창성은 글자유창성(예: 'M'으로 시작하는 단어), 의미 유창성(예: '색깔' 또는 '음료수'), 행동 유창성(예: '말하는 방법') 검사, 처리 속도는 숫자 상징 및 글자 비교 검사(추후 논의), 작업기억 용량은 숫자 바로 따라말하기 및 거꾸로 따라말하기 검사, 읽기 폭 검사, 억제는 위스콘신 카드 분류 검사, 스트룹 검사, 기호 잇기 검사, 구어 능력은 보스턴 이름대기 검사(Kaplan, Goodglass, & Weintraub, 1983)로 평가했다. 세 유창성 검사의 결과는 매우 유사했는데, 청년층은 대개 정반응률이 높고 보속과 삽입이 거의 없는 반면 노년층은 정확도가 낮고 보속과 삽입이 많았다. 연속적인 회귀 모델(regression model)을 적용해 청년층과 노년층에서 처리 속도, 구어 능력, 작업기억, 억제의 개인차가 구어유창성에 어떤 영향을 미치는지 알아보았다. 청년층의 경우 유의미하지 않은 것으로 나타났는데, 이들의 수행력이 검사에 제한적으로 반영되고 각 인지 영역들이 서로 독립적이기 때문이다. 반면에, 노년층의 처리 속도와 억제는 구어유창성을 예측할 수 있는 변인이었다. 이는 인출을 선택하고 집중하는 능력뿐 아니라 의미 기억에서 정보를 인출하는 속도가 구어유창성의 핵심 요소임을 나타낸다. 또한 단어의 양과 작업기억 용량은 노년층의 문자, 범주, 행동을 인출하는 능력에 영향을 주지 않으나, 처리 속도와 억제는 이들에 영향을 미친다. 나이가 들수록 단어의 양은 증가하고 작업기억 용량은 떨어지므로, 속도와 효율성이 구어유창성에 더 크게 관여하기 때문이다.

### (3) 작업기억의 신경학적 기초와 노화

작업기억과 집행기능은 전전두피질(prefrontal cortex)(Raz, 2005)과 흑질선상체(nigrostriatal)의 도파민 신경전달 체계가 관장한다(Arnsten, Cai, Steere, & Goldman-Rakic, 1995; Volkow et al., 1998). 두 영역은 노화의 영향을 받으며, 작업기억과 집행기능의 수행에 관여한다. 나이가 들수록 뇌의 크기가 전반적으로 줄어드는데, 특히 뉴런이 수축하고 시냅스의 밀도가 감소되면서(Huttenlocher & Debholkar, 1997; Peters, Morrison, Rosene, & Hyman, 1998) 전전두피질이 더 활발히 축소된다(Dennis & Cabeza, 2008; Raz, 2005; Raz et al., 1997; Raz et al., 2005; Salat, Kaye, & Janowsky, 1999). 즉 뇌의 크기가 줄어들어 전전두피질의 기능이 떨어진다(Grady, McIntosh, & Craik, 2005; Grady et al., 1999). 정상 성인의 뇌에서 영역별로 나타나는 크기의 변화를 [그림 2-1]에서 비교했다.

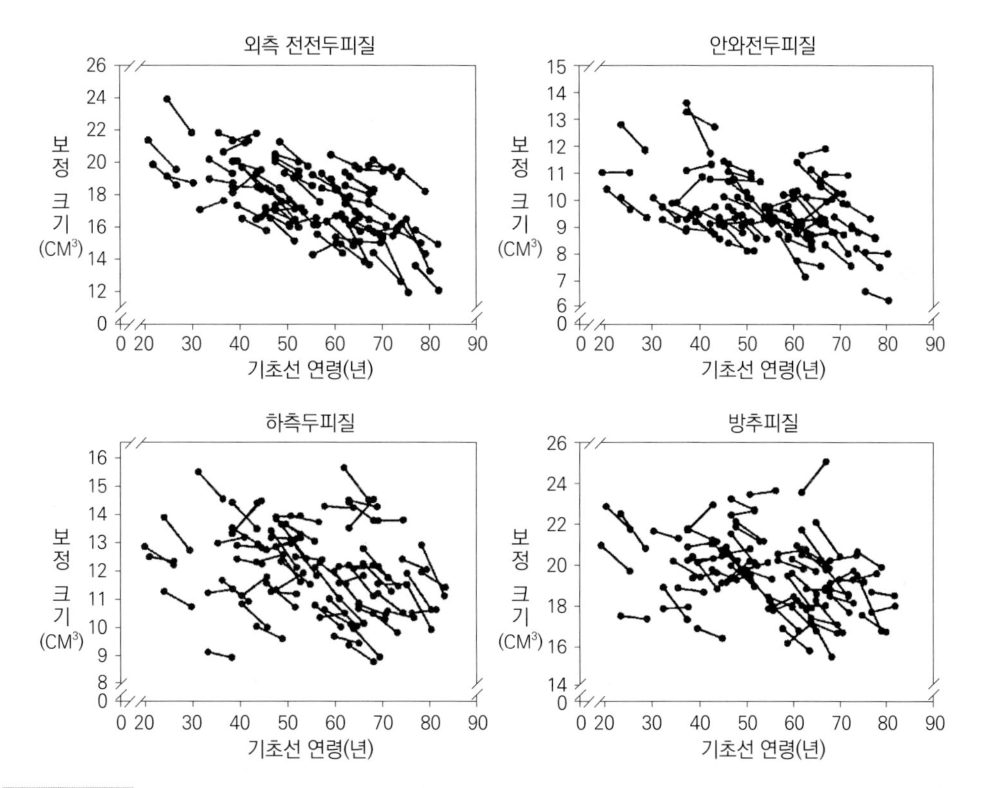


그림 2-1 기초선 연령의 기능적 측면에서 외측 전전두피질, 안와전두(orbito-frontal)피질, 하측두피질, 방추(fusiform)피질 크기의 장기적 변화

"Regional brain changes in aging healthy adults: General trends, individual differences, and modifiers" by N. Raz, U. Lindenberger, K. M. Rodrigue, D. Head, A. Williamson, C. Dahle, D. Gerstorf, and J. D. Acker, 2005, *Cerebral Cortex, 15,* 1676-1689. Copyright 2005 by Oxford University Press. 승인하 재인쇄됨.

대부분의 신경전달 체계는 노화의 영향을 받으나 도파민 체계에서 가장 큰 변화가 나타난다(Bäckman & Farde, 2005; de Keyser, Herregodts, & Ebinger, 1990; Suhara, Fukuda, & Inoue, 1991; Volkow et al., 1998). 노화로 인해 도파민 체계가 변화하면서 전두엽의 기능이 떨어지는데, 이는 전두선상체(frontalstriate) 회로가 기능적으로 상호 연결되어 있기 때문이다(Volkow et al., 2000). 도파민의 통로는 [그림 2-2]에 제시한 바와 같다.

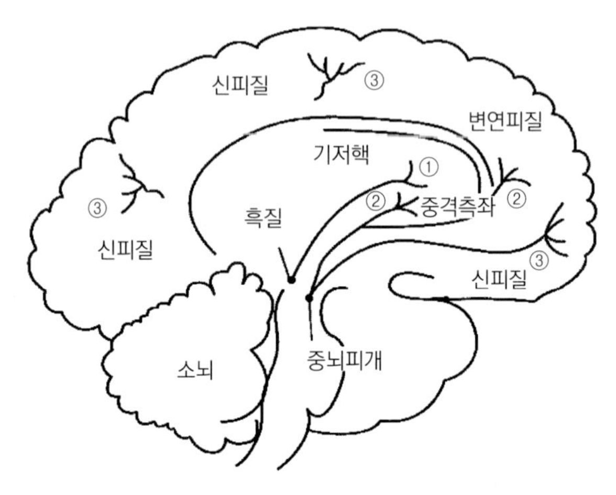


그림 2-2 인간 뇌의 주요 도파민 통로

① 기저핵으로 투사되는 흑질선상체 체계, ② 중격측좌(accumbens, Acc)와 변연피질로 투사되는 중간변연(mesolimbic) 체계, ③ 신피질(neocortex)로 투사되는 중뇌피질계(mesocortical system).

Bäckman, L., & Farde, L. (2005). The role of dopamine systems in cognitive aging. In R. Cabeza, L. Nyberg, & D. Park (Eds.), *Cognitive neuroscience of aging*, pp. 59-84. Copyright 2005 by Oxford University Press. 승인하 재인쇄됨.

Cabeza(2002)에 따르면, 전두엽의 기능에 있어 노인은 청년층에 비해 반구 간의 편재화가 두드러지지 않는다. 특정 과제를 수행할 때 청년층은 하나의 반구만 활용하지만 노인은 양 반구를 모두 활용해 신경인지적 결함을 보완하기 때문이다. 연령에 따른 비대칭적 축소는 구어 작업기억뿐 아니라 짝 연상 학습(Cabeza et al., 1997), 어간 회상(Bäckman et al., 1997), 단어 재인(Madden et al., 2002) 검사에서도 나타난다.

뇌의 구조와 체계 외에도, 노화는 뉴런들 간의 신호 전달을 수정하거나 조정함으로써 인지의 신경화학적 측면에도 영향을 미친다(Li, 2005; Li & Silkström, 2002). 이로 인해 자극-반응 관계가 수정되거나 자극에 대한 민감도가 줄고, 반응의 시간적 변이, '소음'이나 무작위 활동이 늘어날 수 있다(Li, Lindenberger, & Fransch, 2000). 또한 사건과 자극이 부호화될 때 명확히 구별되지 않기 때문에, 이들의 상호 연관성이 커질수록 일화기억이 저하되고 수행이 변이적이며 인지 능력이 탈분화된다(Li et al., 2005).

전전두피질과 도파민 체계, 기능의 편재화, 신경 조절의 변화로 인해 노인의 작업기억은 점점 저하된다. 이로 인해 언어의 처리가 다양하게 나타난다.

### (4) 언어 처리 시 작업기억의 제약들

작업기억은 노인의 언어와 의사소통에 영향을 주는 여러 인지 능력에 있어 중요하다. 노인의 작업기억이 저하되면 언어 표현 및 이해 능력이 떨어진다는 견해가 많다. 이와 관련된 다양한 연구들이 있다. 예를 들어, Daneman과 Carpenter(1980)는 읽기 · 듣기 폭 검사의 수행력이 읽기 및 듣기 이해력, 읽기 학습, 읽기 및 계산 능력, 추론력과 관련된다고 보고했다(Daneman & Blennerhassett, 1984; Daneman & Green, 1986; Daneman & Tardif, 1987; Hitch et al, 2001; Leather & Henry, 1994). Daneman과 Merikle(1996)은 6,179명을 대상으로 한 77개의 연구를 분석하여 읽기/듣기 폭과 언어 이해 간의 상관성을 확인했는데, 전반적인 언어 이해 및 심화 검사와 각각 .41 및 .52의 상관계수를 보였다.

청년층에 비해 노인은 대개 작업기억 폭이 낮고, 언어 처리 능력과도 상관성이 있었다(Borella, Carretti, & De Beni, 2008; Norman et al., 1991; Stine, Wingfield, & Myers, 1990; Tun, Wingfield, & Stine, 1991). 또한 자발화에서 분석된 언어 처리 능력과 폭 검사 등을 통한 작업기억 간에도 상관성을 보였다. 자발화 분석에서는 유창성, 문법적 복잡성, 내용 등 언어를 평가하는 다양한 지표를 활용한다. [글상자 2-3]에는 자주 활용되는 지표들을 제시했고, 보다 다양한 지표들은 〈부록 2-2〉에 첨부했다. Chapman과 Miller(1984)가 개발한 언어 전사의 체계적 분석(Systematic Analysis of Language Transcripts: SALT), 명제밀도 컴퓨터 측정기(Computerized Propositional Idea Density Rater: CPIDR) (Brown et al., 2008) 등의 다양한 전문 소프트웨어는 자발화를 분석하는 데 유용하다. 또한 온라인 계산기인 Coh-metrix(Graesser, McNamara, Louwerse, & Cai, 2004)는 추가 검사용으로 활용되는데, 원래 글의 일관성을 평가하기 위해 개발되었으나 자발화를 분석하는 데에도 유용하다. 〈표 2-1〉은 이러한 지표들을 적용한 예로, [글상자 2-1]의 자발화 2개와 추가로 제시될 세 번째 자발화를 비교한 것이다. 두 자발화는 작업기억 능력이 높은 노인과 낮은 노인의 발화이다.

**글상자 2-3** 자발화 분석용 지표들

- 평균발화길이(Mean Length of Utterance: U): 단어의 길이
- 발화당평균절수(Mean Clauses per Utterance: CU): 절의 길이
- 발달수준(Developmental Level: DLevel): 문장 복잡성
- 명제밀도(Propositional Density: PDensity): 명제의 내용
- 어휘다양도(Type-Token Ratio: TTR): 어휘의 다양도
- 삽입어(Fillers): 인출 실패, 시작 오류, 헤지(hedges) 표현
- 분절(Fragments): 인출 실패, 시작 오류, 분산
- 말속도(Speech Rate): 분당 단어 처리 속도

〈표 2-1〉 3개 예시에 적용한 자발화 지표들

| | 화자 A | 화자 B | 화자 C |
|---|---|---|---|
| MLU | 10.00 | 4.70 | 4.86 |
| MCU | 1.35 | 0.48 | 0.83 |
| DLevel | 2.50 | 1.13 | 0.21 |
| PDensity | 5.82 | 2.02 | 5.13 |
| 말속도, wpm | 124 wpm | 96 wpm | 84 wpm |
| TTR | .62 | .87 | .59 |
| 분절, % | 20 | 71 | 66 |

주: MLU: 평균발화길이; MCU: 발화당평균절수; DLevel: 발달수준; PDensity: 명제밀도; TTR: 어휘다양도; wpm: 분당단어수

Cheung과 Kemper(1992)는 구조 모델을 사용해 청년층과 노년층의 자발화에서 작업기억 용량과 구어 능력 간, 여러 자발화 지표들 간의 상관성을 알아보았다. 그 결과 노화로 인해 작업기억이 낮아질수록 문법적 복잡성이 저하되었는데, 이는 문법 성분의 길이를 반영하는 지표들로 평가되었다. 한 문장에 포함된 절의 수와 절이 내포된 형태도 분석되었다. 이를 확장하여 Kemper와 Sumner(2001)는 구어 능력, 작업기억, 구어유창성에 대한 일반적인 검사와 자발화의 분석을 실시했는데, 문법적 복잡성과 작업기억 폭 검사 간에 상관성이 있었다. 반면에, 처리 속도와 효율성은 정보가 언어적으로 전달되는 방식에 관여하기 때문에 명제의 내용이 구어유창성 및 읽기 속도와 상관성을 보였다. 단어로 평가한 구어 능력은 문법적 복잡성이나 명제의 내용과 상관성이 없었다. 요컨대,

작업기억은 얼마나 많은 문장 관계들을 동시에 만들 수 있는지에 대한 한계점을 제시한다. 안긴문장이나 종속절은 수의 일치, 대명사의 선택, 형용사의 선형적 배열, 다른 문법 규칙의 적용이 추가되어야 하므로 작업기억이 더 많이 요구된다.

① 언어 표현의 한계

노인의 언어 표현 능력이 낮으면, 단어나 문장의 일부를 제시한 후 하나의 문장으로 표현할 수 있는지를 청년층과 비교해야 한다. Kemper, Herman, Lian(2003a)과 Kemper, Herman, Liu(2004)는 명사의 수와 동사의 유형을 다르게 제시한 다음 각 문장의 길이, 문법적 복잡성, 명제나 정보의 내용, 반응시간을 분석했다. 2~3개의 단어가 제시되면 두 집단의 반응이 유사하나, 4개의 단어가 주어지면 노인의 반응시간은 더 느리고 오류가 많았다. 또한 청년층에 비해 문장의 길이가 더 짧고 복잡성이 떨어졌으며, 정보의 수가 더 적었다. 다른 유형의 동사가 제시되면 두 집단은 단순한 자동사(웃었다[*smiled*])와 타동사(대신했다[*replaced*])로 유사하게 반응했으나, 노인들은 안긴문장(예: 짐이 운반될 것이라고 기대했다[*expected the package to be delivered*])으로 표현되는 동사를 잘 사용하지 않았다. 또한 노년층은 매우 느리게 반응하면서도, 더 짧고 문법적으로 단순하며 명제의 정보가 적은 문장을 산출했다.

글의 이해 및 회상 검사를 통해 작업기억과 노인의 언어 처리가 상호 연관됨을 설명할 수 있다. Kwong See와 Ryan(1996)은 글의 처리에서 나타나는 개인차가 작업기억 용량, 처리 속도나 억제 처리의 실패와 관련되는지 알아보았다. 작업기억 용량은 숫자 거꾸로 따라말하기, 처리 속도는 색깔 이름대기 속도 검사, 억제는 스트룹 검사로 평가되었다. 검사 결과, 글의 처리에서 나타나는 결함은 노인의 작업기억이 낮아서가 아니라 처리 속도가 느리고 효율성이 떨어지기 때문이었다.

Van der Linden 등(1999)은 구조방정식 모델을 활용해 다양한 언어 능력을 평가했다. 이를 통해 작업기억의 손상으로 인한 결과와 처리 속도의 저하나 억제 처리의 실패로 인한 효과를 구분하고자 했다. 청년층과 노년층을 대상으로 글의 이해 능력, 문장 및 단어의 회상 능력뿐 아니라 처리 속도, 작업기억 용량, 주의력을 방해하는 사고 억제 능력도 평가했다. 보편적인 세 요소들(속도, 작업기억, 억제)이 연령과 언어 처리의 상관성을 설명해 주었다. 또한 "연령에 따른 언어, 기억력, 이해 능력의 차이는 작업기억 용량의 감소에 기인하며, 이는 속도의 저하, 방해에 대한 민감도의 증가와 관련된다……"(p. 48).

② 구문 처리의 제약들

언어 표현과 관련된 연구들은 회상, 이해, 전반적 읽기 속도 검사를 통해 연령에 따른 언어 처리 능력의 변화를 분석했다는 점에서 한계가 있다. 이 가설은 작업기억이 구문 처리에 미치는 영향을 보다 '직접적으로' 살펴본 연구들에서 명확히 입증되었다. Just와 동료들(Just & Carpenter, 1992; Just & Varma, 2002; King & Just, 1991; MacDonald, Just, & Carpenter, 1992)에 따르면, 작업기억 용량은 일시적으로 모호한 구문을 해석하는 데 영향을 미친다. 따라서 노인이나 읽기 폭 능력이 낮은 사람은 모호한 구를 다양하게 해석하고 유지하는 능력이 떨어진다. Just와 Carpenter(1992)의 용량 제한(capacity-constrained: CC) 이론(3CAPS 모델. Just & Varma, 2002 참고)에 근거할 때, 노인이나 읽기 폭 능력이 낮은 사람은 일시적으로 모호한 구문을 잘 처리하지 못하고 길 혼돈 효과를 보인다. 길 혼돈 효과란 줄어든 관계절 구조를 처음에 주요 동사로 잘못 해석하는 것으로, 정확한 정보를 접하면 구조를 다시 해석한다. 청년층이나 읽기 폭 능력이 높은 사람은 모호한 구를 구문적으로 다양하게 해석하고, 정확한 정보를 접할 때까지 이를 유지하므로 길 혼돈 효과가 나타나지 않는다.

Caplan과 Waters(1999)는 실어증 및 치매 환자, 청년층과 노년층을 대상으로 한 연구에서 즉각적이고 해석적인 구문 처리와 해석 이후(post-interpretative)의 의미 및 화용 처리 간에는 차이가 있다고 설명했다. 즉 작업기억은 즉각적인 구문 처리와 상관성이 없으며, 작업기억이 저하되면 정보의 회상이나 활용을 위해 정보를 보유하는 것과 관련된 해석 이후의 처리에 영향을 준다(예: 질문에 대답하기, 문장과 그림 짝 맞추기). Caplan과 Waters(1999)는 작업기억의 수준에 따라 성인 집단을 비교했는데, 구문적 복잡성이 읽기나 듣기 폭의 수행력에 영향을 주지 않았다. 작업기억 외에 추가적인 과제가 있어도 복잡한 문장을 처리하는 데 영향이 없었다. Caplan과 Waters는 숫자 폭이 2~3개 수준이지만 복잡한 문장을 정상적으로 다양하게 산출하는 B. O. 등의 실어증 환자를 연구했다. 작업기억 용량이 매우 낮은 알츠하이머 치매 환자들도 복잡한 문장 과제에서 정상군만큼 정확하고 빠르게 판단했다.

Waters와 Caplan(1996a, 1996b, 1997, 2001)은 청각 이동창 패러다임(auditory moving windows paradigm)을 사용해 노인의 작업기억과 복잡한 문장 처리 간의 상관성에 관한 가설을 직접 검증했다. 즉 청자가 문장의 표현을 시작하거나 멈추도록 하고, 단어나 구에 따라 읽기시간을 분석하는 시각 이동창 패러다임과 같이 구마다 듣기 시간을 분석했다. 이를 통해 다음과 같은 주격 및 목적격 관계절의 처리를 검증했다.

목적어-주어 관계절: 무용가는 감독을 기쁘게 할 음악을 찾아냈다. (*The dancer found the music$_{i,\ j}$ that* ($t_j$) *delighted the director.*)

주어-목적어 관계절: 무용가가 찾아낸 음악은 감독을 기쁘게 했다. (*The music$_{i,\ j}$ that the dancer found* ($t_i$) ($t_j$) *delighted the director.*)

목적어-주어 관계절 구조는 처리의 부담을 주지 않으며, 주절($t_i$)의 목적어는 관계절($t_j$)의 주어이다. 주어-목적어 관계절 구조를 듣거나 본 후에는 구문적 관계를 파악해야 하고, 주절($t_j$)의 주어를 안긴문장($t_i$)의 목적어로 해석해야 한다.

Waters와 Caplan(2001)은 청년층과 노년층이 읽기 과제에서 관계절 문장 내 주요 구의 듣기 시간을 어떻게 배분하는지 비교했다. 그 결과 작업기억의 차이와 상관없이 두 집단의 듣기 시간이 유사하게 배분되었는데, 단순한 주격 관계절에 비해 복잡한 목적격 관계절 문장의 동사를 들으면 쉼이 더 길었다. 따라서 연령이나 작업기억에 따라 처리 전략이 다르다는 이론을 뒷받침할 만한 증거가 없었다.

Crow와 Kemtes(2004)는 안구 추적(eye-tracking) 기법을 활용한 연구에서 이를 재검토했다. 안구 추적은 보다 자연스러운 과제로, 읽기 과제에서 거의 부담이 되지 않는다. 예컨대, 단어나 구를 건너뛰거나 미리 읽고, 다시 돌아가 읽거나 전체를 다시 읽을 수도 있다. Kemper 등은 안구 추적 기법을 통해 핵심 구에 대한 첫 번째 시선 고정, 앞에 나온 구로 되돌아가기, 핵심 구에 시선이 머문 총 시간 등 읽기의 세 양상을 살펴보았다. 이때 활용된 짧은 관계절 문장은 다음과 같다.

짧은 관계절 문장: 몇몇 분노한 노동자들은 고소하기로 한 저임금 문제에 대해 경고했다. (*Several angry workers warned about the low wages decided to file complaints.*)

주절 문장: 휴가 기간에 몇몇 분노한 노동자들이 저임금 문제에 대해 경고했다. (*Several angry workers warned about the low wages during the holiday season.*)

집약적인 관계절 문장: 고소하기로 한 저임금 문제와 관련해 분노한 노동자들만 경고를 했다. (*Only angry workers warned about the low wages decided to file complaints.*)

Waters와 Caplan의 이론에 부분적으로 동의한 Kemper, Crow, Kemtes(2004)에 따르면, 청년층과 노년층이 시선을 두지 않고 처음으로 지나간 부분은 유사했으며, 두 집단 모두 '길 혼돈' 효과가 두드러졌다. 즉 짧은 관계절 문장의 두 번째 동사에는 길게 시선을 둔 반면, 주절 문장에서는 그렇지 않았다. 이 효과로 인해 처음에는 모두 첫 번째 동사를 주요 동사로 해석하나, 짧은 관계절 문장의 두 번째 동사를 보고 재분석하게 된다. 이때 대부분의 노인들이 짧은 관계절 문장에서 앞에 나온 단어나 이미 지나친 부분으로 되돌아갔는데, 이는 분석이 잘 이루어지지 않음을 의미한다. 또한 읽기 폭의 수행력이 낮으면 문장을 잘 분석할 수 없기 때문에, 짧은 관계절 문장에서 앞에 나온 단어나 이미 지나친 부분으로 더 자주 되돌아갔다. 집약적인 관계절 문장에 대한 안구 추적을 분석한 결과도 Caplan과 Water의 이론과 달랐다. 읽기 폭 능력이 높으면 먼저 첫 번째 명사구를 추가적으로 처리할 시간을 배분한 다음 '길 혼돈' 효과를 피할 수 있는데, 이는 '단지' 첫 번째 동사구를 짧은 관계절로 해석하는 능력이 있기 때문이다.

Kemper와 Liu(2007)도 청년층과 노년층의 안구 추적을 통해 모호한 목적격 및 주격 관계절의 처리 능력을 비교했다. 이를 위해 주절의 위치와 안긴문장의 형태가 다른 문장들이 제시되었다. 두 집단은 분리된 두 문장과 목적어-주어 관계절 문장에서 유사한 양상을 보였는데, 처음에 시선을 두지 않고 지나가기, 지나친 부분으로 되돌아가기, 중요한 부분으로 되돌아가기 등이었다. 그러나 노인들은 대개 주어-목적어 관계절 문장을 처리하는 데 시간이 더 많이 걸리고 주절과 안긴문장의 주어 위치로 더 자주 되돌아가기 때문에 중요한 부분으로 되돌아가는 시간이 더 오래 걸렸다. 이는 작업기억과 문장 처리 간에 상관성이 없다는 Waters와 Caplan의 가설(2001)과 매우 대조적이다. 또한 연령에 따른 작업기억의 차이가 영향을 줄 수 있으나, 모든 유형의 문장에 해당되지는 않는다. 두 집단의 시선 고정 유형은 분리된 주어 및 목적어 문장, 목적어-주어 문장에서 모두 유사하지만, 주어-목적어 문장의 경우 앞으로 되돌아가기, 되돌아간 후 시선 고정하기의 측면에서 연령의 차이가 두드러진다. 분리된 주어와 목적어-주어 문장은 연속적인 2개의 절로 나뉘며, 주절 다음에는 앞의 명사구와 연결된 'that'이 이끄는 안긴문장이 나온다. 분리된 목적어 문장에서는 목적어가 안긴문장의 목적어로도 사용되므로 구별하기가 더 어렵고, 안긴문장이 처리될 때까지 완충기에 일시적으로 저장되어야 한다. 주어-목적어 문장의 경우 주절의 주어가 안긴문장의 목적어로도 사용되어 구별하기가 어려우며, 안긴문장이 주절을 방해하므로 주절의 주어가 동사와 잘 연결되려면 완충기에 일시적으로 저장되어야 한다. 복잡성을 분석하기 위한 역치가 있는데, 이를 넘어설 때까지 연령과 작업기억 폭의 차이는 뚜렷하지 않다. 주어-목적어 문장의 구문 분석에 필요한 일시적인 완충기는 크기가 다양하다. 이는 보편적인 폭 검사에서 나타나는 작업기억의 연령별 차이와 관련된다. 청년층에 비해 구문 처리 완충기가 더 작은 노년층은 앞부분으로 더 자주 되돌아가고, 주어-목적어 문장에서 주절과 관계절의 주어를 구분하기 위한 처리 시간을 추가로 배분해야 한다.

분리된 주어: 코트를 수선한 사람은 재단사였다. (*It was the tailor that altered the suit coat.*)

분리된 목적어: 재단사가 수선한 것은 코트였다. (*It was the suit coat that the tailor altered.*)

목적어-주어: 무용가는 감독을 기쁘게 할 음악을 찾아냈다. (*The dancer found the music that delighted the director.*)

주어-목적어: 무용가가 찾아낸 음악은 감독을 기쁘게 했다. (*The music that the dancer found delighted the director.*)

## 2. 주의력 저하, 노화, 언어 처리

[글상자 2-1]에 화자 C의 세 번째 자발화를 추가해 보자. 사실 화자 C는 화자 A와 동일인으로, 교육수준이 높고 작업기억 능력이 뛰어나다. 그는 매우 빨리 움직이는 시각적 목표물을 눈으로 추적하면서 말하는 중이다. 어려운 시각 운동 과제를 수행하면서 동시에 발화하는 것은 발화 속도뿐 아니라 문법적 복잡성에 영향을 미친다. 화자 C는 문장의 분절과 삽입어를 많이 산출했고, 완성된 몇몇 문장들의 구문 구조는 대부분 단순했다. 화자 A의 발화와 다른 이유는 무엇일까? 작업기억 외에도 다양한 연령 관련 요인들이 언어 처리에 영향을 미치는데, 억제의 결함, 주의력 저하(distraction), 이중 또는 다중과제의 수행 등이 이에 포함된다.

### 1) 억제의 결함

주의력 저하로 인해 연령에 따라 언어 처리가 악화될 수 있다. Hasher와 Zacks(1988)에 따르면 나이가 들수록 억제성 기제가 약화되어 주의력 저하가 두드러진다. 즉 무관한 사고, 개인적 관심사, 특이한 연상 작용이 노인의 이해 및 회상 능력을 저하시킨다.

Hasher, Zacks, May(1999)는 무관한 정보가 작업기억에 유입되지 않도록 차단하는 기능, 무관한 정보를 작업기억에서 삭제하는 기능, 반응이 적절하다고 판단될 때까지 규제하는 기능을 억제의 세 기능으로 꼽았다. 노인은 이러한 억제성 기제가 약화되어 다양한 처리장애를 겪는다. 이로 인해 흥분성 기제는 노년층과 청년층의 언어 처리에서 유사하게 작용하지만, 주의력 저하를 막고 무관한 정보를 삭제하거나 활동들 간에 전환하기 위해 억제성 기제가 요구되면 노인의 언어 처리에 결함이 생긴다. 억제성 기제가 약화된 노인은 주의력이 저하될 뿐 아니라 한 과제에서 다른 과제로 빠르게 전환하기가 어렵고, 이미 학습된 '고정관념, 경험적 지식, 도식'(p. 123) (Yoon, May, & Hasher, 1998)에 의존한다.

### (1) 목표에서 벗어난 장황한 발화

Hasher와 Zacks(1988; Zacks & Hasher, 1997)에 따르면, 억제 기능이 저하된 노인은 목표에서 벗어난 장황한 발화를 산출한다(Arbuckle & Gold, 1993; Pushkar Gold & Arbuckle, 1995). Pushkar Gold 등(1988)은 몇몇 노인들이 산출하는 발화의 양은 많지만 주제 간의 전환이 빈번하고 무관한 주제들이 많다고 보고했다. 이를 '목표에서 벗어난 장황한 발화(off-target verbosity)'라 한다.

Pushkar Gold 등(2000)과 Arbuckle 등(2000)은 목표에서 벗어난 장황한 발화를 산출하는 노인들의 발화, 사회적 기술, 대화 양식, 참조적 의사소통 기술을 살펴보았다. 노인 455명에 대한 구조화된 면담을 시행한 후 지나치게 많은 양의 발화, 질문과 무관한 내용 등 목표에서 벗어난 장황한 발화를 분석했다. 이러한 발화가 가장 많은 35명의 노인들은 스트룹 검사 등의 억제 과제에서 점수가 더 낮았으나, 여러 사회적 지지 및 사회적 기술은 다른 노인들과 유사했다. 또한 다른 노인과의 친숙한 대화에서 발화의 양이 더 많고 사적인 정보를 더 자주 산출했으며, 상대자에 대한 질문이나 회상이 적었다(Pushkar Gold et al., 2000). 참조적 의사소통에서는 지시의 효율성이 떨어지고, 모호하거나 제한적이며 장황한 지시가 많았다(Arbuckle et al., 2000). Pushkar Gold 등은 이들이 자기 자신에게만 몰두하는 성향이 있으며, 목표에서 벗어난 장황한 발화는 몇몇 노인에게만 나타날 뿐 보편적인 특징이 아니라고 강조했다. 즉 인지 능력이 저하된 노인은 의사소통에서 자기 확신이 더 강하므로 대화 시 자기중심적인 성향을 보인다.

### (2) 의사소통 목표

억제 능력의 결함으로 목표에서 벗어난 장황한 발화가 산출된다는 견해와 대조적으로,

Burke(1997)는 청년층과 다르게 과제를 이해하는 사회적 환경에서만 이러한 발화를 보인다고 주장했다. 즉 노인은 과제를 독백으로 이해하는데, 이는 내적으로 일어나는 일련의 연상 작용에 반응하는 것이다. James 등(1998)에 따르면, 노인들은 개인적이고 자전적인 주제에 대해서만 장황하게 발화했다. 이는 청년층이 산출한 핵심적이고 덜 장황한 발화에 비해 정보가 더 많고 흥미로웠다. Trunk와 Abrams(2009)에 따르면, 연령별로 의사소통 목표가 다르다는 사실은 목표에서 벗어난 장황한 발화와 관련되는데, 청년층이 표현과 정교함의 측면에서 간결성 및 효율성을 중시하는 데 반해 노년층은 '더 수다스럽다'. Burke(1997)는 "노인이 문맥과 무관한 의미를 통제하는 능력이 부족하거나 무관한 의미 정보를 더 활성화시키며, 우세하거나 보편적인 정보를 더 자주 인출한다"(p. 257)라는 견해가 의미 점화, 단어 의미의 활성화, 모호성의 탐지에 관한 연구를 통해 '입증되지 않았다'고 주장했다.

## 2) 주의력 저하

소음이나 다른 방해물을 신경 쓰지 않으려는 경우처럼 주의력이 저하되는 상황에서 노인은 언어를 잘 처리하지 못한다. 예컨대, 배경 소음이 있으면 자발화가 더 비유창해진다(Hassol, Margaret, & Cameron, 1952; Heller & Dobbs, 1993; Jou & Harris, 1992; Southwood & Dagenais, 2001). 이러한 비유창성에는 주저함, 시작의 오류, 발화 중간이나 중단 시의 쉼, 모호한 표현, 비체계적인 산발적 발화가 포함된다. 주의력의 요구로 인해 언어 처리가 어려울 수 있는데, 억제 능력이 떨어지면 주의력의 저하를 막거나 무시하려는 요구가 커지기 때문이다. 또한 감각 및 지각을 처리하는 데 더 많은 노력이 요구되면 주의가 산만해질 수 있다. 이러한 요구는 의미 및 구문 정보에 관여하고 처리 능력을 저하시킨다.

### (1) 주의력이 저하된 읽기

청각적 및 시각적 주의력의 저하가 노인에게 어떻게 영향을 미치는지는 관련 연구들의 주요 패러다임이었다. 이는 글자체가 다른 단어들로 구성된 글이 읽기에 관여하는지를 모니터한다. 청년층은 주의력을 저하시키는 요소가 글과 관계있는 것이어도 이를 무시할 수 있으나, 노년층은 그럴 수 없기 때문에 읽기 속도와 이해력이 떨어지고 기억이 왜곡된다(Connelly, Hasher, & Zacks, 1991; Zacks & Hasher, 1997). Dywan과 Murphy(1996)

는 이러한 억제 결함 이론과 다른 관점으로, 주의를 산만하게 하는 삽입 요소에 대해 단어 재인 검사 등으로 알아보았다. 그 결과 청년층은 산만한 단어에 대한 재인기억이 더 뛰어났으나, 이것이 주의력을 저하시키는 데 대한 억제 처리 능력의 영향인지는 규명되지 않았다. Kemper와 McDowd(2006)는 지각의 결함이 글자체의 변화를 탐지하는 데 영향을 준다고 보고했다. 목표와 주의력 저하 요소를 변별할 수 없는 노인은 이의 부적절성을 판단할 때 의미 및 구문 처리에 의존해야 하는데, 이 과정에서 판단이 지연되고 노력이 요구되어 읽기 속도와 이해에 영향을 미친다.

### (2) 청력 손실과 부자연스러운 노력

연령에 따른 감각의 변화로 시각적 · 청각적 민감도가 떨어지고 고차원적 인지 및 언어 처리가 어려워지는데, 이는 주의력의 저하를 통해 드러날 수 있다. Murphy 등(2000)은 조용하거나 소음이 있는 상황에서 청각 자극을 제시한 후 회상 능력의 곡선을 비교했다. 소음은 마지막 두 단어를 회상할 때에는 영향을 미치지 않으나, 첫 세 단어를 회상하는 데 방해가 되었다. 즉 노인은 단어를 잘 들을 수 있으나 부호화해 기억하기를 어려워한다. 따라서 청년층과 노년층은 모두 마지막 두 단어를 잘 회상하지만, 노년층은 첫 세 단어를 회상하는 능력이 크게 떨어진다. 노화와 배경 소음으로 인해 신호가 약화되어 빨리 기억하지 못하기 때문이다(Schneider & Pichora-Fuller, 2000 참고).

Wingfield, Tun, McCoy(2005)에 따르면 노인의 청력 손실은 주파수 변별 및 시간 해상도(temporal resolution)의 측면에서 어음을 탐지하고 변별하는 능력에 영향을 주며, 노력이 더 많이 요구되는 의미 및 구문 처리에도 관여한다. 즉 경미한 청력 손실을 극복하려고 애쓰기 때문에 고차원적 처리에 할애될 수 있는 자원이 소모된다. 예컨대, McCoy 등(2005)은 연속 단어 회상 과제에서 마지막 세 단어를 회상할 때 갑자기 방해 요인을 삽입했다. 청년층과 노년층은 마지막 단어를 잘 회상했으나, 청력이 손실된 노인은 앞의 두 단어를 회상하는 데 큰 어려움을 보였다. 새로운 목표어를 일일이 확인하는 데 추가적인 노력이 요구되어 기억 속에 단어를 부호화하지 못하기 때문이다.

이러한 '부자연스러운 노력(effortfulness)' 가설(Rabbitt, 1966)은 '무관한 발화(irrelevant speech)' 패러다임과 관련되는데, 시각이나 청각 기억 과제를 수행할 때 청각적인 방해 요소를 제시하는 연구에서 활용된다. 백색소음과 달리 무관한 발화가 제시되면 대개 회상 능력이 떨어진다. 회상 능력이 연령과 상관없이 저하된다는 보고도 있으나(Bell & Buchner, 2007; van Gerven et al., 2007), 노년층이 더 낮은 수행력을 보이기도 한다(Bell,

Buchner, & Mund, 2008). Tun, O'Kane, Wingfield(2002)는 두 연령 집단을 대상으로 의미가 있거나(영어로 읽기) 없는(동일 화자가 네덜란드어로 읽기) 무관한 발화에 신경 쓰지 않고 단어 목록을 듣도록 했다. 청년층은 무관한 발화를 신경 쓰지 않았으나, 노인의 목표어 회상은 무관한 발화로 인해 크게 저하되었다. 이 효과는 네덜란드어(영어의 음운 및 운율과 매우 유사한 언어)보다 영어일 때 노인에게 더 큰 영향을 주었다. Tun 등은 무관한 발화를 차단하려는 요구 때문에 노인의 목표어 회상이 저하된다고 설명했다. 말속도의 증가나 구문적 복잡성 때문에 목표 정보를 처리하기가 더 어려운 것처럼, 무관한 발화로 인해 노화와 청력 손실의 영향이 더 커진다(Murphy, Daneman, & Schneider, 2006; Schneider, Daneman, & Murphy, 2005; Tun, McCoy, & Wingfield, 2009; Wingfield, Peelle, & Grossman, 2003).

'노력 가설'은 이중 또는 다중 과제에 대한 노인의 수행력을 포괄적으로 반영한다. 예를 들어, Stine, Wingfield, Myers(1990)는 텔레비전 뉴스를 들려준 후 청년층과 노년층의 정보 회상을 평가했는데, 이때 자막이나 시청각 녹음 원본도 함께 제공되었다. 자막과 시각 자료는 청년층의 정보 회상에 유용한 반면, 노년층은 다른 양식의 정보 간에 주의력을 분산시킬 수 없어 도움이 되지 않았다.

### 3) 이중 및 다중 과제

가능한 한 빠르면서도 정확히 반응해야 하는 과제처럼 대립되는 요구 간에 균형을 어떻게 유지할지는 이중과제를 통해 파악할 수 있다. 과제 및 과제들이 통합되는 전략적 차이를 선택할 때(Meyer & Kieras, 1997a, 1997b) 이중과제의 부담에 따라 주요 방해물이 무엇인지를 알 수 있다(Pashler, 1994). 청년층에 비해 노년층은 이중과제를 수행하는 데 더 큰 노력이 필요하며, 특히 과제의 전환, 시분할(time-sharing), 업데이트 등의 집행기능뿐 아니라 통제된 처리 과제에서 더욱 그렇다(Riby, Perfect, & Stollery, 2004; Verhaeghen et al., 2003 메타분석 참고). Göthe, Oberauer, Kliegl(2007)은 청년층과 노년층이 두 과제를 결합하는 방식에서 일관적인 차이가 있다고 보고했는데, 이는 사전에 많이 훈련된 과제에도 해당된다. Göthe 등에 의하면, 노인은 이중과제의 요구로 인해 정확도가 높아질수록 말속도가 느려지는 '보수적인' 접근법을 취하나, 청년층은 정확도보다 말속도를 중시하는 모험적인 접근법을 사용한다.

과제들을 동시에 수행하는 이중과제 접근법을 통해 노화 및 과제의 요구가 언어 산출에 어떠한 영향을 주는지 파악할 수 있다. 인지와 운동 과제를 동시에 수행할 때 노인은 대개 더 큰 노력이 요구되는데(Li et al., 2001; Lindenberger, Marsiske, & Baltes, 2000), 이중 과제를 수행하기 위한 노력의 균형을 유지하는 방식은 연령별로 다르다(Doumas, Rapp, & Krampe, 2009; Li et al., 2001; Verrel et al., 2009).

이중과제 연구들(Kemper, Herman, & Lian, 2003; Kemper, Herman, & Nartowicz, 2005; Kemper et al., 2009)에서 걷기, 손가락으로 두드리기 등의 간단한 운동을 하면서 말하거나 소음을 듣는 상황일 때 두 집단은 요구에 대해 다르게 반응했다. 기초선 및 단일 과제 조건에서 청년층은 복잡한 발화 양식을 사용하나, 노년층은 더 짧고 단순한 문장의 제한된 발화를 산출했다(Kemper et al., 1989). 이중과제 조건에서 두 집단은 더 느린 속도로 말했고, 노년층뿐 아니라 청장년층도 더 짧고 단순한 문장을 사용했다. 따라서 노인은 저하된 작업기억과 처리 속도에 적응하면서 제한적으로 발화하며(Kemper & Sumner, 2001), 과제를 동시에 수행할 때 이러한 발화를 유지할 수 있어 이중과제의 요구가 줄어든다.

Kemper 등(2009)은 노인의 언어 산출 과제에 회전날개 추적(pursuit rotor tracking) 기법(McNemar & Biel, 1939)을 적용해 이중과제 조건에서 발화 양식의 유지를 방해하는 요인이 무엇인지를 심층적으로 알아보았다. 질문에 대답하면서 컴퓨터 화면의 움직이는 목표물을 추적하는 과제를 활용했는데, 이는 언어 표현에 대한 기록을 지속적으로 제공한다. 목표물을 추적하면서 발화하기 위한 노력은 두 집단에서 유사하게 나타났고, 기초선 조건에 비해 이중과제에서 추적 능력이 더 낮았다. 추적 능력은 목표물에 이르는 평균 시간 및 목표물로부터 떨어진 평균 거리로 산정되었다. 추적이 언어 산출에 미치는 영향은 두 집단 간에 다르게 나타났다. 두 집단은 이중과제 조건에서 더 천천히 발화했는데, 청년층의 발화가 이중과제의 영향을 더 많이 받았다(Kemper et al., 2003b, 2005). 특히, 추적 과제는 청년층의 구어유창성과 문법적 복잡성을 저하시켜 기초선 조건보다 더 짧고 단순한 문장이 산출되었다. 반면에, 노년층은 이중과제의 요구에 비교적 덜 취약했다. 즉 추적 과제로 인해 발화 속도는 떨어졌지만, 기초선 조건과 비교할 때 유창성, 문법적 복잡성, 언어 내용에 차이가 없었다.

그러나 [글상자 2-4]에 제시된 화자 C의 발화를 고려할 때 노인이 발화 양식을 유지하는 데에는 한계가 있다.

**글상자 2-4** 시각 목표물을 눈으로 추적하는 화자의 자발화

화자 C

질문: 당신은 대통령 중 누구를 가장 존경하며 그 이유는 무엇인가요?

난 항상 트루먼 대통령을 존경했죠. (*I've* [MAIN] *always admired President Truman.*)
그러니까 (*You know* [FILL] >)
기억이 나네요. 음~ (*I can [MAIN] remember umm* >)
내가 기억하는 첫 번째 선거는 (*The first election I ever remember* [REL] *was* [MAIN] >)
루스벨트 대통령, 어, 음~ (*President Roosevelt, uh, umm* >)
1932년 (1932 >)
난 네 살이었죠. (*I was* [MAIN] *four years old.*)
기억나는 것 같아요. (*I think* [MAIN] *I remember* [THAT].)
1936년이 매우 정확히 기억나요. 음, 음~ (*I remember* [MAIN] *very well the 1936 umm, umm* >)
그런데 (*Well* [FILL] >)
그리고 내 기억에는 그가 바로 대통령이 됐죠. (*And then well* [FILL] *he was* [MAIN] *president right up until I was* [SUB] >)
그러니까 아~ (*You know* [FILL] *ahh* >)
열일곱 (*seventeen* >)
난 고등학생이었죠. (*I was* [MAIN] *in high school.*)
놀랍네요. (*Amazing* >)
그러고 나서 트루먼이 나타났죠. (*And then Truman came* [MAIN] *along.*)
그러니까 음, 루스벨트. (*I mean* [MAIN] *umm, Roosevelt.*)
그런데 아~ (*Well* [FILL] *ahh* >)
난 그러지 않을 거예요. (*I won't* [MAIN] *go into that.*)
하지만 어, 어~ (*But uh, uh* >)
트루먼이 나왔어요. (*Truman came* [MAIN] *along.*)
그리고 내가 말했듯이 (*And as I say* [SUB] >)
난 말하기를 좋아하죠. 음~ (*I am* [MAIN] *fond of saying* [GER] *umm* >)
난 그가 마지막이라고 했죠. 어 (*I say* [MAIN] *he was* [THAT] *the last uh* >)
그는 민간인 대통령이었어요. (*He was* [MAIN] *a civilian president.*)
그리고 그는 음~ ([MAIN] *umm And he was* >)
실은 (*The fact that* >)
난 존경했죠, 어, 아~ (*I admired* [MAIN] *uh, ahh* >)

그러니까 (*Well* [FILL] >)
난 그가 똑똑해서 좋았어요. (*I admired* [MAIN] *him because of his intelligence.*)
그는 지성인이었죠. (*He was* [MAIN] *an intelligent man.*)
그는 정직했어요. (*He was* [MAIN] *honest.*)
그는 정직했던 것 같아요. (*I think* [MAIN] *he was* [THAT] *an honest man.*)
그리고 대통령으로서 (*And for a president that is* [MAIN] >)
글쎄요. (*Well* [FILL] >)
그는 판단을 잘했죠. (*He was* [MAIN] *a man of great decisions.*)
그는 유명했어요. (*He was* [MAIN] *known for* >)
그리고 (*And* [FILL] >)
그에게 음~ (*In his umm* >)
우리나라를 통치하는 것 (*Running* [GER] *this country* >)
그런데 아, 음~ (*Well* [FILL] *ahh, umm* >)

주: 주절 동사 [MAIN], 부정사 [INF], 동명사 [GER], 관계절 [REL], that절의 보어 [THAT], 종속절 [SUB], 삽입어 [FILL], 문장 분절 >.

Kemper 등(2010)은 두 집단에게 추적의 속도를 다양화한 과제를 적용했다. 화자 C는 매우 빨리 움직이는 시각 목표물을 추적하면서 발화하는 과제에서 문법적 복잡성과 명제의 내용이 감소되어 매우 분절된 발화를 산출했다. Kemper 등에 따르면 노인은 이중과제의 요구에 저항하지만 영향을 받기 때문에 단순한 발화 목록을 산출하며, 문법적 복잡성을 줄이기 위해 속도를 늦춘다. 그러나 이중과제의 요구가 역치를 넘어서는 경우가 많아 단순한 발화를 유지할 수 없고, 삽입어와 비유창성, 짧고 단순한 문장으로 인해 발화의 분절이 매우 심해진다. 이는 치매 노인의 발화와 유사한데(Kemper et al., 1993; Lyons et al., 1994), 짧고 단순할 뿐 아니라 문장의 분절이 많으며, 의미적 응집성, 정보성, 어휘의 다양성이 부족하다. 매우 분절적이고 비문법적이며 일관성이 떨어지는 발화, 낱말 찾기의 어려움이 크고 반복적·중복적 발화는 확실히 노인의 부정적인 언어 양식이다(Hummert et al., 2004). 즉 지연, 명료화 요구, 혼동, 다양한 의사소통장애를 초래하므로 기능적이지 못한 발화가 된다.

## 3. 결론

[글상자 2-1]과 [글상자 2-4]의 세 자발화를 비교하면 노화, 작업기억 및 주의력 저하가 발화에 어떤 영향을 미치는지 알 수 있다. 이 장에서는 작업기억 및 주의력 저하로 인한 언어 산출의 어려움 등을 다양한 관점에서 살펴보았다. 연령에 따른 언어 능력의 변화는 전전두엽의 기능 및 기능의 편재화, 신경조절에 영향을 주는 뇌 구조 및 조직의 정상적인 변화에 의한 것으로, 건강한 노인의 발화에서 나타난다. 또한 노인의 작업기억이 제한적이기 때문에 복잡한 문법 구조를 표현하고 이해하는 데 어려움이 있으며, 주의력 저하, 감각 상실, 이중 및 다중과제의 요구로 인해 더 크게 영향을 받는다.

### 감사의 말

본 장의 일부는 국립보건원(NIH)이 캔자스 대학교의 지적 장애와 발달장애연구센터(P30 HD-002528) 및 의사소통장애 생물행동 신경과학센터(P30 DC-005803)에 제공한 지원금, 그리고 국립노화연구소가 Susan Kemper에게 제공한 지원금(RO1 AG06319, RO1 AG09952, RO1 AG025906)의 도움을 받았다. 본 장의 내용은 저자에게 책임이 있으며, NIH의 공식적인 견해와 다를 수 있다.

# 〈부록 2-1〉 작업기억 및 집행기능 검사들

작업기억 검사에는 구어 및 시공간 폭 검사 등이 있다. 집행기능 검사로는 억제, 시분할, 업데이트, 전환 등의 심화 검사와 신경심리학 검사가 있다.

## 작업기억 검사

### 구어 폭

- 숫자 바로 따라말하기와 거꾸로 따라말하기 검사(Forward and Backward Digit Span tests) (Wechsler, 1958)는 일련의 숫자들을 요구하는 순서대로 회상한다. 세트별로 2에서 9까지 숫자가 증가하도록 구성된다. 3개 중 2개 세트에서 정반응을 보이면 해당 세트의 숫자들 가운데 가장 큰 숫자가 작업기억 용량에 해당한다. 문자 및 단어 폭 검사들도 다양하게 개발되고 있다.
- 숫자세기 폭 검사(Counting Span tests) (Case, Kurland, & Goldberg, 1982)는 간편하기 때문에 아동을 포함해 널리 적용된다. 예를 들어, 노란색 점 등 여러 모양들 사이에 무작위로 흩어져 있는 초록색 점의 수를 센 후 기억하도록 요구한다. 세트마다 1개에서 5개까지 숫자가 늘어나도록 배열되어 있다. 3개 중 2개 세트에서 정반응을 보일 경우 이 중 가장 큰 숫자로 수행력을 산정한다.
- 읽기 폭 및 듣기 폭 검사(Reading Span and Listening Span tests) (Daneman & Carpenter, 1980)는 문장을 읽거나 들은 후 각 문장의 마지막 단어를 기억하도록 요구한다. 세트별로 문장의 길이가 점차 늘어나는데(13개에서 15개 단어), 3개 세트의 난이도가 각각 다를 뿐 아니라 한 세트의 문장 수가 2개에서 6개까지 증가한다. 3개 중 2개 세트에서 모두 정반응을 보이면 이 수준을 읽기 폭으로 간주한다. 읽기 폭은 읽기 능력을 예측하는 주요 지수로 알려져 있다(Daneman & Merikle, 1996; Daneman & Tardiff, 1987).
- 연산 폭 검사(Operational span[Ospan] test) (Turner & Engle, 1989)의 각 세트는 2개에서 5개 쌍의 연산 및 단어 기억 과제를 번갈아 제시한다. 수 연산(예: 9/3−2=1)을 소리 내어 읽은 후 맞는지 틀리는지를 확인한다. 그리고 연달아 제시되는 목표어를 소리 내어 읽은 후 기억하도록 요구한다. 3개 중 2개 세트의 단어를 말하면 이 수준을 연산

폭으로 간주한다.

### 시공간 폭

- 코지 블록 검사(Corsi blocks test) (Milner, 1971)는 순서대로 또는 거꾸로 순서를 가리키는 과제를 통해 연속된 공간적 위치를 기억하도록 요구한다. 평평한 선반 위에 나무 블록이 무작위로 흩어져 있고, 검사자가 블록의 순서를 가리키면 피검자는 똑같이 또는 거꾸로 순서를 가리킨다. 순서는 무작위로 제시되며, 가리키는 블록의 수가 늘어날수록 난이도가 높아진다. 난이도별로 세 번씩 시행한다. 3개 중 최소 2개의 순서가 정반응일 때 가장 긴 반응이 공간 폭이 된다.
- 시각 패턴 검사(Visual Pattern Test) (Logie, Zucco, & Baddeley, 1990)는 비구어적 시각 단기기억을 평가한다. 구어로 부호화하기 어려운 체커판 모양이 제시되며, 격자무늬의 사각형 중 1/2을 채우면 시각 양식이 완성된다. 격자무늬의 크기는 가장 작은 232 매트릭스(2개의 셀 완성)부터 가장 큰 536 매트릭스(15개의 셀 완성)까지 증가되며, 이전의 것에 2개의 셀을 더 추가할수록 점차 복잡성이 높아진다. 양식들이 일련의 자극 카드로 제시되고, 이와 똑같은 크기로 사각형을 채워 양식을 완성하도록 요구한다. 2~15개의 범위 내에서 가장 복잡한 양식으로 채워진 셀의 수를 수행력으로 간주한다.

## 집행기능 신경심리학 검사

- Kimberg, D'Esposito, Farah(2000)이 개발한 위스콘신 카드 분류 검사(Wisconsin Card Sorting Test)의 컴퓨터 버전은 색깔, 수, 모양에 따라 카드를 분류하도록 구성되어 있다. 피검자에게 분류 기준을 알려 주지 않는 대신 반응에 대한 피드백을 제공한 후, 분류 기준이 변경되면 8개를 잘 분류할 때까지 한 번에 하나씩 계속 분류하도록 한다. 8개의 분류가 완성될 때까지 카드들을 다시 분류해야 한다. 15개의 분류 범주나 288개의 분류가 완성되어야 검사가 종료된다. 변경된 분류 기준에 맞춰 양식을 바꾸지 못하면 이를 보속 오류(perseverative errors)의 수로 산정한다.
- 기호 잇기 검사(Trail Making test) (Spreen & Strauss, 1991)도 집행기능을 평가하는 데 보편적으로 활용되는 신경심리 검사로, 총 2개의 과제가 포함된다. 과제 A는 숫자가 적힌 점을 순서대로 연결하는 간단한 과제이고, 과제 B는 문자와 숫자를 교대로 순서에 맞게 연결하는 것이다. 점수의 차이(B−A)나 점수 비율의 차이(B−A/A)로 수행력을 산

정한다.

- FAS 구어유창성 검사(FAS verbal fluency test) (Benton & Hamsher, 1989)는 신경심리 평가에서 널리 활용된다. 제한된 시간 내에 특정 문자(예: F, A, S)로 시작하는 단어를 말하는 등 몇 가지 기준에 부합하는 단어를 최대한 많이 산출한다. 전체 정반응 개수로 수행력을 판단하되, 보속(즉 반응의 반복)과 방해(즉 오반응)의 오류가 점수에 포함될 수 있다. 의미 범주나 동작 유창성 검사 등 기본적인 유창성 검사들이 많으나, 이들이 수행력을 얼마나 잘 반영하는지는 논쟁 중이다(Kemper & McDowd, 2008 참고).
- Hume 등(1997)이 개발한 하노이 탑 검사(Tower of Hanoi test)의 컴퓨디 버진은 3개의 나무 막대에 끼워진 고리 세트를 목표에 맞게 재배열하도록 구성되어 있다. 한 번에 하나의 고리만 움직일 수 있고, 작은 고리 위에 큰 고리를 놓을 수 없다.

**집행기능: 억제**

- 스트룹 검사(Stroop task)는 두 가지 과제로 구성된다. 첫 번째 과제에서는 여러 개의 'XXXX'들이 다른 색으로 제시되면 1분 동안 색깔의 이름을 최대한 많이 말한다. 두 번째 과제는 단어의 실제 의미와 다른 색으로 쓰인 '빨간색', '초록색', '파란색', '노란색'이라는 단어들에 대해 색깔명을 1분 동안 최대한 많이 말한다. 점수의 차이(색깔 단어들-단어들)나 비율의 차이(색깔 단어들-단어들/색깔 단어들)로 수행력을 판정한다.
- 정지 신호 검사(Stop signal task) (Logan, 1994)는 2개의 과제로 구성된다. 24회로 구성된 첫 번째 과제에서는 단어를 동물/비동물로 최대한 빨리 분류한다. 192회를 시도하는 두 번째 과제의 경우 소리가 들리면(정지 신호는 무작위로 48회 제시됨) 반응하지 않는다. 정지 신호에 대한 정반응의 비율로 점수를 산정한다.

**집행기능: 시분할**

- 거꾸로 숫자세기와 연결 검사(Counting backwards plus connections task) (Salthouse et al., 2003)는 3까지 거꾸로 세면서 숫자들이 적힌 점을 순서대로 연결한다(페이지 내에 점이 흩어져 있음). 점을 하나씩 연결하는 데 소요되는 평균 시간을 산정한다.
- 추적과 짝 연상 검사(Tracking plus paired associates task) (Salthouse & Miles, 2002)는 짝 연상 학습 과제를 수행하면서 동시에 마우스의 트랙볼을 사용해 커서로 흰색 원을 임의로 움직인다. 추적 검사는 미리 규정된 정확도의 수준에 일일이 맞추어 수행해야 하는 점이 어렵다. 학습 과제에서는 여러 개의 단어 쌍을 들은 후 각 쌍의 첫 번째 단

어가 제시되면 짝이 되는 단어를 회상한다. 정반응의 개수로 점수를 산정한다.

**집행기능: 업데이트**

- 숫자 모니터링 검사(Digit monitoring task) (Salthouse et al., 2003)는 일련의 숫자를 듣고 세 번째 홀수가 나올 때마다 'Z'를 누르고, 나머지는 모두 'M'을 누르는 것이다. 정반응의 백분율로 점수를 산정한다. 문자 기억(Letter memory) (Morris & Jones, 1990)에서는 문자 목록이 제시되는데, 목록에 제시된 것들 중 마지막 4개의 문자를 회상한다. 문자의 개수(5, 7, 9 또는 11)는 매번 무작위로 제시된다. 정반응을 보인 문자의 비율로 수행력을 파악한다.
- N-back 검사(Mackworth, 1959)에서는 숫자를 순서대로 들은 후 *n*번째 이전의 수를 말한다. 1-back, 2-back 검사 등이 있으며, 오류의 수로 점수를 산정한다.

**집행기능: 전환 검사**

- 덧셈/뺄셈 전환 검사(Plus-minus switching task) (Miyake et al., 2000)는 숫자 2개로 이루어진 3개의 목록을 시행한다. 첫 번째 목록에서는 각각에 3을 더하고, 두 번째 목록에서는 3을 뺀다. 세 번째 목록에서는 교대로 각 수에서 3을 더하고 뺀다. 교대 목록의 수행 시간과 덧셈 및 뺄셈 목록의 평균 수행 시간 간의 점수 차이가 산정된다.
- 문자-문자 전환 검사(Letter-letter switching task) (Miyake et al., 2000)에서는 컴퓨터 화면의 사분면 중 한 곳에 숫자와 문자 한 쌍이 제시된다. 이때 숫자가 홀수인지 짝수인지, 숫자-문자 쌍이 사분면의 위쪽 두 곳 중 하나에 있는지, 숫자-문자 쌍이 사분면의 아래쪽 두 곳 중 하나에 제시될 경우 문자가 모음인지 자음인지 등에 반응해야 한다. 숫자-문자 쌍은 사분면의 위쪽에 제시된 다음 아래쪽에 제시되는데, 각각 32회씩 시도된다. 이후의 32회는 사분면의 모든 위치에 번갈아 제시된다. 반응시간의 차이는 마지막 32회의 반응시간에서 앞의 두 시도의 평균 반응시간을 뺀 값이며, 비율 차이도 산정된다.
- 부분-전체 전환 검사(Local-global switching task) (Navon, 1977)는 전체 그림(예: 삼각형 1개) 또는 그 일부인 '부분' 그림들(예: 작은 사각형들)에 집중하는 과제이다. 전체 그림의 선의 개수(원 1개, X 2개, 삼각형 3개, 사각형 4개)나 부분 그림들의 선의 개수를 소리 내어 말하도록 단서가 제공된다. 이때 상호 간의 전환에 중점을 둔다. 반응시간의 차이는 전환과 비전환 과제 간의 반응 대기시간이며, 비율 차이도 점수로 계산된다.

## 〈부록 2-2〉 자발화 분석용 지표들

- 평균발화길이(Mean Length of Utterance: MLU)는 자발화에 나타난 문장의 평균 길이를 의미한다.
- 발화당평균절수(Mean Clauses per Utterance: MCU)는 주절, 안긴문장, 종속절을 각각 확인한 후 전체 자발화에서 발화당 절의 평균 개수를 산정한다.
- 척도에 기반한 발달수준(Developmental Level: DLevel)은 Rosenberg와 Abbeduto(1987)가 처음 개발했다. 척도의 범주에는 단순한 1개 절의 문장(1점)부터 여러 안은문장 및 종속절을 갖는 복잡한 문장(7점)까지 포함된다. 이에 근거하여 산정된 문장당 평균 점수가 자발화 1개의 DLevel이다.
- 명제밀도(Propositional Density: PDensity)는 Turner와 Greene(1977)이 개발한 절차에 따라 각 발화를 명제들로 나누어 산정하며, 이는 명제의 구성 요소 및 이들 간의 관계를 나타낸다. 각 자발화의 PDensity는 발화 100개당 명제의 평균 개수이다.

  어휘다양도(Type Token Ratio: TTR)는 자발화 1개에 대한 어휘의 다양성으로 평가한다. 즉 단어(토큰)의 총 개수와 대비하여 다른 종류(유형)의 어휘 수를 산정한다. 대명사, 조동사, '폐쇄 유형(closed-class)' 등은 TTR에서 제외된다.
- 삽입어 빈도(Incidence of fillers). 단어와 비단어 삽입어는 자발화에 흔히 나타난다. 단어 삽입어는 '글쎄'와 '있잖아요' 등이고, 비단어 삽입어에는 '웅', '음', '훙' 등이다. 삽입어는 화자가 단어를 인출하거나 구문을 만들 시간을 '벌충할' 때 위치를 표시하는 역할을 하고, 개념이나 언어적 오류를 나타내거나 헤지 표현(hedging), 완곡한 주장 등의 화용적 기능을 한다.
- 문장 분절 빈도 또는 문법적 문장의 백분율(Incidence of sentence fragments or the percentage of grammatical sentences). 문장 분절은 주어나 서술어, 기타 필수 문법 요소가 빠진 불완전한 문장이다. 이는 낱말 찾기나 구문적 계획의 문제, 주의력 저하나 방해로 인해 발생한다. 문장 분절은 구어나 글에서 이미 완성된 문장에 정보를 추가할 때 접속사 없이 연결되는 '무종지문(run-on sentence)'의 형태로 나타날 수 있다.
- 말속도는 주어진 시간 내에 자발화에서 산출된 단어(또는 음절)의 수로 산정한다. 쉼, 비단어 삽입어, 주저함 등으로 인해 말속도가 떨어진다.

# 〈부록 2-3〉 DLevel 및 PDensity 지표의 적용

## 발달수준(DLevel)

각 문장마다 점수를 부여한 후 평균을 산정한다. 문법적 복잡성에 따라 점수화하는데, 이는 아동의 발화에서 특정 구조가 출현한 순서를 나타낸다. 점수는 다음과 같이 산정한다. 1개의 주절이 포함된 문장(0점), 1개의 주절과 1개의 부정사가 포함된 문장(1점), 1개의 주절과 서술부 내 1개의 의문사절 또는 접속문이나 중문이 1개씩 포함된 문장(2점), 1개의 주절과 서술부 내 관계절 또는 that절이 포함된 문장(3점), 1개의 주절과 서술부 내 1개의 동명사 또는 비교문이 포함된 문장(4점), 1개의 주절과 관계절, 의문사절, that절, 부정사절 또는 주어에 사용된 동명사가 포함된 문장(5점), 1개의 주절과 1개의 종속절이 포함된 문장(6점), 1개의 주절과 2개 이상의 구조가 포함된 문장(7점).

## 명제밀도(PDensity)

자발화의 100개 단어 중 명제의 평균 개수로 산정한다. 서술어와 관계, 논항이 명제에 해당되며, 다른 명제에 포함되거나 2개 이상의 명제와 연결되기도 한다. 행동, 사건, 상태를 나타내는 서술어는 대개 동사에 해당하며, 사람, 사물, 시간, 장소 등을 가리키는 논항은 명사에 해당한다. 관계는 명제들 간의 논리적·원인적·시간적 연결을 의미하는데, 부정, 결합이나 분리, 질과 양, 다른 유형의 논항들이 포함된다.

### 예시

영국의 수필가 William Hazlitt는 "훌륭한 문체란 지적이고 교육수준이 높은 도시인이자 재치 있고 여행 경험이 많은 사람이 평소에 말하는 방식과 유사하다"고 기술했다.

DLevel=7

1개의 주절: 문체란 (*style is*……)

2개의 비교문: (방식은[*way is*]) 보다 더(*more than*)…… (방식은[*way is*]) 보다 덜(*less than*)……

1개의 관계절: 어떤 사람이 말한다(*man speaks*)

5개의 등위 관계절:

어떤 사람이 지적이다(*man is intelligent*)

어떤 사람의 교육수준이 높다(*man is well-educated*)

어떤 사람이 도시에 산다(*man is urbane*)

어떤 사람이 재치가 있다(*man is witty*)

어떤 사람은 여행 경험이 많다(*man is well traveled*)

PDensity=6.52 (15개 명제, 23개 단어)

1. is, style, good
2. speaks, man, way
3. neither, p4
4. more than, p1, p2
5. nor, p6
6. less than, p1, p2
7. speaks, man, normally
8. is, man, intelligent
9. is, man, educated
10. educated, well
11. is, man, urbane
12. is, man, witty
13. is, man, traveled
14. traveled, well
15. and p8, p9, p10, p11, p12, p13, p14

# 제3장 후천성 언어장애 관련 신경병리학

Liana S. Rosenthal & Argye E. Hillis

## 개요



언어장애가 뇌의 특정 영역, 특히 좌반구 피질의 손상과 관련된다는 사실은 오래전부터 인식되었다(Broca, 1865; Dax, 1865; Wernicke, 1881). 그러나 이는 뇌손상의 원인(원인 질환 또는 다른 원인) 측면에서 그다지 흥미롭지 않다. 예컨대, 브로카는 최초로 불명확한 진행성 질환 환자인 Tan의 실어증을 언급했는데, 그 원인에 관한 견해들은 일치되지 않았다. 실어증의 회복과 재활에 관한 연구에서는 여러 원인들을 통합하여 설명하기도 하나, 이는 원인을 간과하는 태도일 수 있다.

언어장애를 일으키는 신경학적 및 전신성 질환은 의학적 원인(혈관성, 감염성/감염후, 외상성, 자가면역성, 대사성/중독성, 특발성, 종양성, 선천성/유전성, 퇴행성)이 다양하다. 이들에 대한 약물 및 수술 치료 후에는 다양한 결과가 나타나는데, 효과적인 중재를 통해 기초선 상태로 회복되거나 안정화될 수 있고 그렇지 않을 수도 있다. 그러나 급격한 진행성 질환이 뚜렷이 향상되더라도, 다른 재활 전문가뿐 아니라 언어재활사와의 상담이 필요하다. 질환의 경과 및 의학적 처치 여부에 따른 과정을 기본적으로 이해하면 환자와 가족을 상담하고 치료의 한계와 기대를 모두 파악하는 데 효과적이다.

특정 질환에 대한 예측을 잘 이해하기 위해 질환의 경과에 따라 언어장애의 원인을 분류했다([글상자 3-1]). 이에는 급성 발병 후 느리게 호전되는 질환, 호전 또는 악화되는 질환, 일시적인 질환, 시간이 지나면서 기능이 점차 악화되는 질환 등이 포함된다. 뇌졸중(stroke)은 급성 발병 이후 의학적 처치와 치료를 통해 대부분 서서히 향상되는 질환이다. 증상이 호전되거나 악화되는 질환의 경우 초기에는 악화된 상태의 중간 수준까지 회복되나, 결국에는 대부분의 결함들이 점차 축적되어 서서히 악화된다. 다발성 경화증(multiple sclerosis: MS)이 이에 해당한다. 현재 치료 방법이 없는 원발성 진행성 실어증(primary progressive aphasia) 등의 신경퇴행성 질환도 많다. 이들은 시간이 지나면서 서서히 악화되고, 최대한의 조치에도 불구하고 증상이 늘어나는 경우가 많다. 일시적인 신경학적 질환으로서 발작(seizure), 편두통(migraine), 일과성 허혈 발작(transient ischemic attack: TIA) 등의 세 유형이 있는데, 이들은 항상 기초선으로 회복된다.

**글상자 3-1** 언어장애와 관련된 신경학적 질환

- 변화가 없거나 호전되는 급성 발병 질환
  - 뇌졸중(Stroke)
  - 급성 허혈성 뇌졸중(Acute ischemic stroke)
  - 뇌내출혈(Intracerebral hemorrhage)
  - 지주막하출혈(Subarachnoid hemorrhage)
  - 경막하출혈(Subdural hemorrhage)
  - 외상성 뇌손상(Traumatic brain injury)
  - 농양(Abscesses)
  - 뇌염(Encephalitis)
  - 급성 파종뇌척수염(Acute disseminated encephalomyelitis: ADEM)

- 면역손상 환자
  - 진행다초점백색질뇌증(Progressive multifocal leukoencephalopathy)
  - 면역복원성염증 증후군(Immune reconstitution inflammatory syndrome: IRIS)
  - HIV 감염/에이즈(HIV infection/AIDS)

- 재발 및 완화 후 주로 악화되는 질환
  - 다발성 경화증(Multiple sclerosis: MS)
  - 전신성홍반성루푸스(Systemic lupus erythematosus: SLE)
- 점진적으로 악화되는 질환
  - 알츠하이머병(Alzheimer disease: AD)
  - 파킨슨병(Parkinson disease: PD)
  - 원발성 진행성 실어증(Primary progressive aphasia: PPA)
  - 행동 변이형 전두측두치매(Behavioral variant frontotemporal dementia: bvFTD)
  - 진행성 핵상마비(Progressive supranuclear palsy: PSP)
  - 피질기저 퇴행성 증후군(Corticobasal degeneration syndrome: CBD)
  - 다계통 위축증(Multisystem atrophy: MSA)
  - 크로이츠펠트-야콥병(Creutzfeldt-Jakob disease: CJD)
  - 뇌종양(Brain tumors)
- 일시적 질환
  - 일과성 허혈 발작(Transient ischemic attack: TIA)
  - 발작(Seizure)
  - 편두통(Migraine)

## 1. 변화가 없거나 호전되는 급성 발병 질환

뇌졸중은 언어장애를 보이는 질환으로 가장 잘 알려져 있다. 미국에서 발생하는 뇌졸중의 대부분은 급성 허혈성 뇌졸중(acute ischemic stroke: AIS)으로, 원발성 뇌내출혈(primary intracerebral hemorrhage)의 하위 유형 중 상당한 비중을 차지한다(Brazis, Masdeu, & Biller, 2007). 반면에, 지주막하출혈(subarachnoid hemorrhage: SAH)의 비중은 훨씬 적다. 고혈압, 흡연, 당뇨, 비만 등은 공통적으로 AIS와 뇌내출혈(ICH)의 위험 요인이다. AIS나 ICH가 뇌의 언어 네트워크에 영향을 미치면, 신경학적 증상이 추가될 뿐 아니라 표현이나 이해 능력이 갑작스럽게 저하된다. 지주막하출혈은 대개 이와 매우 다르나, 혈관 경련으로 인해 AIS가 나타날 수 있다. 지주막하출혈로 인해 직접적으로 나타나는 광범위한 인지적 결함 등의 증상 및 중재법은 추후 상세히 논의할 것이다.

### 1) 급성 허혈성 뇌졸중

급성 허혈성 뇌졸중(AIS)의 발병 후 초기 며칠간은 일부 뇌 조직이 회생하는 중요한 시기이다. 발병 후 몇 시간 내에 입원하면, 혈전용해제, 혈전 재생, 수술적 처치 등으로 허혈성 조직에 대한 혈류를 먼저 회복시킨 후 뇌 조직을 회생하고 뇌 기능을 즉시 회복시키는 데 주력한다. 뇌부종이나 신경학적 결함이 악화될 위험을 줄이기 위해 뇌졸중 전문 의료진이 혈압, 포도당, 체온을 조절한다. 또한 재발을 방지하기 위해 AIS의 원인을 찾는다. AIS 환자의 30일내 치사율은 약 25%(뇌졸중 전문 병동은 더 높음)로, 사망에 대한 가장 큰 예측 인자는 뇌졸중의 중증도이다(Hankey, 2003). 대개 뇌졸중 자체 및 이차적 증상으로 사망하게 된다. 특히 발병 후 3~5일까지 이탈증(herniation)과 사망을 초래하는 심각한 뇌부종이 발생할 수 있다. 그러나 병변이 작거나 중간 크기인 AIS 환자들은 대개 발병 이후 첫 주에서 한 달 이내에 빠르게 호전되고, 1년에 걸쳐 서서히 회복된다. 1년 이후에는 회복률이 미미하다는 보고도 있으나, 이에 대한 근거는 없다. 수행력을 높이기 위해 새로운 방법을 지속적으로 학습하면, 남은 생애 동안 기능이 꾸준히 회복되는 경우가 많다. 발병 후 며칠 내에 조직의 기능이 회복되면 언어 능력도 조기에 회복된다. 손상되지 않은 뇌 영역이 손상된 영역의 기능을 대신하는 구조-기능 관계의 재조직은 AIS의 발병 초기인 아급성기의 회복에 중요하며, 집중적인 언어치료(그리고 신경전달물질의 방출과 재흡수에 영향을 주는 특정 약물 치료로 보완됨)를 통해 촉진된다(Hillis, 2005). 또한 발병 이후 수개월 또는 수년에 걸쳐 언어의 기초가 되는 인지 처리의 재조직과 보상이 일어나며, 언어재활사, 가족 성원, 다른 코치의 도움을 받아 가정에서 집중적으로 연습함으로써 촉진된다.

AIS의 언어기능은 발병 후 며칠에서 몇 주 내에 달라질 수 있는데, 이는 뇌 혈류의 변화를 반영한다(Croquelois et al., 2003; Hillis, 2007; Ochfeld et al., 2009). 또한 동기 부여, 기분, 재활에 대한 반응, 약물 치료에 대한 긍정적 및 부정적 반응 등의 변화로 인한 신경전달물질의 방출과 재흡수가 달라졌음을 의미한다. AIS의 원인은 경과, 재발 및 회복의 가능성을 파악하는 데 중요하다. 예를 들어, 암으로 인한 응고병증(coagulopathy) 때문에 발병한 AIS는 암이 치료되지 않으면 재발한다. 동맥내막 절제술(endarterectomy)을 시행하면 경동맥 협착증(carotid stenosis)에 의한 AIS가 전혀 재발하지 않는다. 심방세동(atrial fibrillation)에 기인한 AIS는 심장율동전환(cardioversion)을 통해 정상적인 심장박동을 회복하면 심방세동이 훨씬 덜 발생하고, 만성적으로 혈액이 희석되어 혈액응고가 일어나지 않을 경우 재발의 가능성이 줄어든다. 열공뇌졸중(lacunar stroke, 1~1.5cm 미만의 뇌졸중)의 경과는 대개 변화가 없고, 중대뇌동맥이 좁아져 발생한 뇌졸중은 수일에 걸쳐 조금씩 변화하거나 진행된다([그림 3-1]).

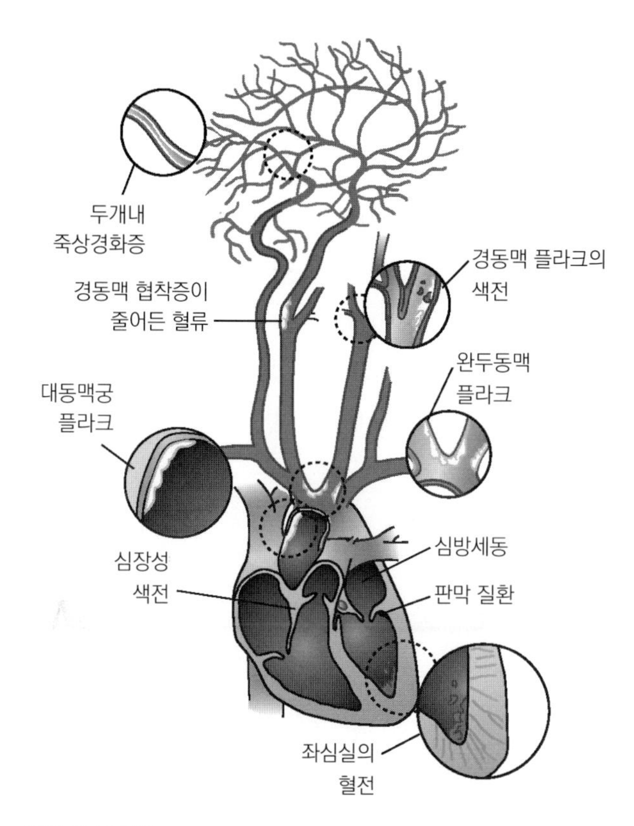


**그림 3-1** 뇌졸중과 관련된 심장성 및 동맥 죽상경화증

Townsend, C. M. (2007). *Sabiston textbook of surgery* (18th ed.). Philadelphia: Saunders Elsevier. 참고.

AIS의 결함은 손상된 혈관 영역과 연관된다. 실어증의 전통적인 분류에는 혈관 증후군이나 동반되는 언어 증상이 포함되는데, 기능이 특정 혈관 영역의 영향을 받기 때문이다. 많이 회복된 후에도 병변이 여전히 남을 수 있으므로, 만성 뇌졸중에 비해 급성기일 때 특정 영역의 기능 저하(낮은 혈류나 혈관 경색)와 특정 실어증 증후군 간의 상관성이 훨씬 더 높다(Croquelois et al., 2003; Ochfeld et al., 2009). 예컨대, 좌반구 중대뇌동맥(middle cerebral artery: MCA)의 위쪽이 막히면 대개 좌반구 후측 하전두피질의 허혈과 브로카실어증을 유발한다. 발병 후에는 대개 비유창하고 운동성이 떨어지며, 발화가 탈문법적이다. 또한 따라말하기 능력이 저하되고 단순한 구문 구조에 대해 최소한의 이해 능력을 보인다. 운동 영역도 관련되므로 대개 오른쪽 다리보다 오른쪽 얼굴과 팔의 약화가 더 보편적이다. 시야뿐 아니라 얼굴 · 팔 · 다리의 왼쪽은 영향을 받지 않는다. 좌반구 MCA의 위쪽만 손상되면 대부분의 증상들이 비교적 빨리 회복되고, 6개월 후에는 결함이 사라질 수 있다(Ochfeld et al., 2009). 이와 대조적으로, 좌반구 MCA의 아래쪽 폐색으로 인한 후측 상측두피질의 허혈은 베르니케실어증을 유발해, 유창하지만 의미 없는 발화를 산출하고 따라말하기 및 이해 능력이 떨어진다(Croquelois et al., 2003; Ochfeld et al., 2009). 또한 위쪽 사분맹(quadrantanopia)뿐 아니라 임상적으로 흔히 과소평가되는 경미한 우측공간 무시증후군(neglect)이 관찰되나, 팔다리의 약화는 없다. 심장 색전성 뇌졸중(cardioembolic stroke)은 색전(emboli)이 MCA의 위쪽으로 올라가지 않고 아래쪽으로 내려가기 때문에 브로카실어증보다 베르니케실어증을 더 많이 동반하는데(Urbinelli et al., 2001), 이를 통해 혈관성 증후군임을 다시 한번 확인하게 된다([그림 3-2]).

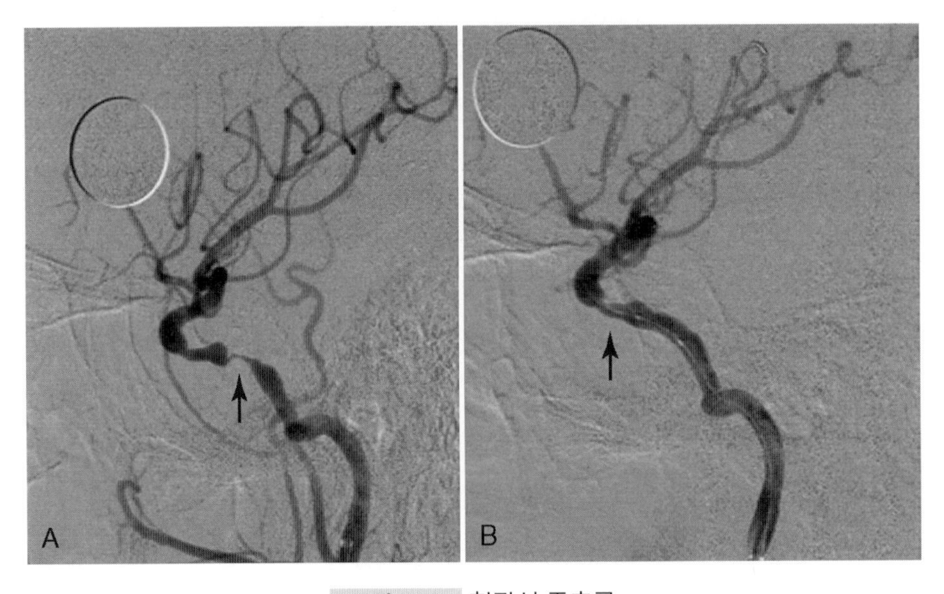


그림 3-2 혈관성 증후군

A: 두개내 고등급 증상 협착
B: 적극적인 의학적 치료 효과가 없고 혈관성형술과 스텐트에만 반응함
Ferri, F. F. (2010). *Clinical advisor 2011*. Philadelphia: Elsevier Saunders. 참고.

'분수계' 뇌졸중('watershed' stroke)은 AIS의 특수한 사례로, 1개 동맥의 혈류가 손상되는 단순한 폐색과 기제가 약간 다르다. 이는 혈압이 갑자기 떨어지면서 하나 이상의 대뇌 혈관에 심한 협착이 생길 때 발생할 수 있다. 정원에 물을 공급하는 두 물뿌리개가 있다고 가정하자. 정원 전체에 물을 주면서도 중복되는 영역이 없도록 두 물뿌리개의 위치를 조정한다. 수압이 갑자기 떨어지면 물이 공급되지 않는 영역이 생길 것이다. 이와 마찬가지로, 혈압이 갑자기 떨어질 경우, 특히 MCA 및 전대뇌동맥(anterior cerebral artery: ACA)과 연결되는 경동맥이 좁아지면 MCA나 ACA로부터 혈액이 제대로 공급되지 않는 영역이 생긴다. 좌반구 MCA나 ACA 사이의 분수계 영역에 허혈이 생기면 주로 초피질운동실어증이 나타나는데, 이해와 따라말하기 능력은 비교적 양호하나 반응을 시작하고 조직하는 데 어려움이 있어 발화가 비유창하다(Hillis, 2007). 팔과 얼굴에 비해 내측 운동 영역인 다리는 '분수계'에 포함되기 때문에, 초피질운동실어증에서는 오른쪽 팔보다 다리의 약화가 더 두드러지고 얼굴 근육은 비교적 양호하다. 좌반구 MCA와 후대뇌동맥(posterior cerebral artery: PCA) 사이의 분수계 영역이 손상되면 초피질감각실어증을 유발해, 이해 능력이 떨어지고 무의미한 발화를 산출하나 따라말하기는 비교적 양호하다. 반맹증과 편측감각저하증(hemihypesthesia)으로 인해 손상된 쪽에 두점식별(two-point discrimination) 및 촉각실인증(stereoagnosia)이 나타나는 이유도 감각의 일부가 분수계 영역에 포함되기 때문이다. 혈관 증후군에 해당되지 않아 본 장에서 제외된 실어증도 많다([그림 3-3]).

우반구 뇌졸중은 엄밀한 의미에서 실어증을 유발하지 않으나 의사소통장애를 동반한다. 언어와 문맥을 잘 해석하지 못해 유머, 의도, 함축, 감정적 운율을 이해하는 데 어려움이 있다. 또한 단어와 문장의 비문자적 의미를 잘 이해하지 못한다. 예컨대, 책을 많이 든 사람이 옆에 있는 우반구 손상 환자에게 "(저를 위해) 문 좀 열어 주실래요(*could you open the door for me*)?"라고 요청하면 "네(*yes*)"라고 대답할 것이다. 이때 대부분의 사람들은 책을 든 이가 실제로는 그들 모두를 위해 문이 열리기를 원한다는 사실을 이해한다(Mitchell & Crow, 2005). 우반구가 손상되면 목소리의 어조에 실린 감정을 잘 이해하지 못하거나 운율을 통해 감정을 표현하는 데에도 어려움이 있다(Ross & Monnot, 2008). 예를 들어, "그녀가 내 돈을 훔쳤다(*She stole my money*)"라는 문장은 '그녀(*She*)', '내my', '돈(the money)' 중 어느 것을 강조하느냐에 따라 의미가 다소 다르다. 우반구 피질 손상 환자는 은유에 대해서도 어려움을 보인다. 이들에게 '그의 마음은 무거웠다(*he had a heavy heart*)'를 의미하는 사진을 고르도록 하면, 우는 모습이 아니라 등에 큰 심장을 지고 비틀거리는 문자적 의미의 사진을 선택한다(Winner & Gardner, 1977). 사진이나 대화의 주제와 같은 담화 이해 과제를 잘 수행하지 못할 수도 있다(Hough, 1990). 우반구 허혈성 뇌졸중으로 인한 의사소통장애에서 병변과 유형 간의 관계는 아직 명확히 규명되지 않았다.

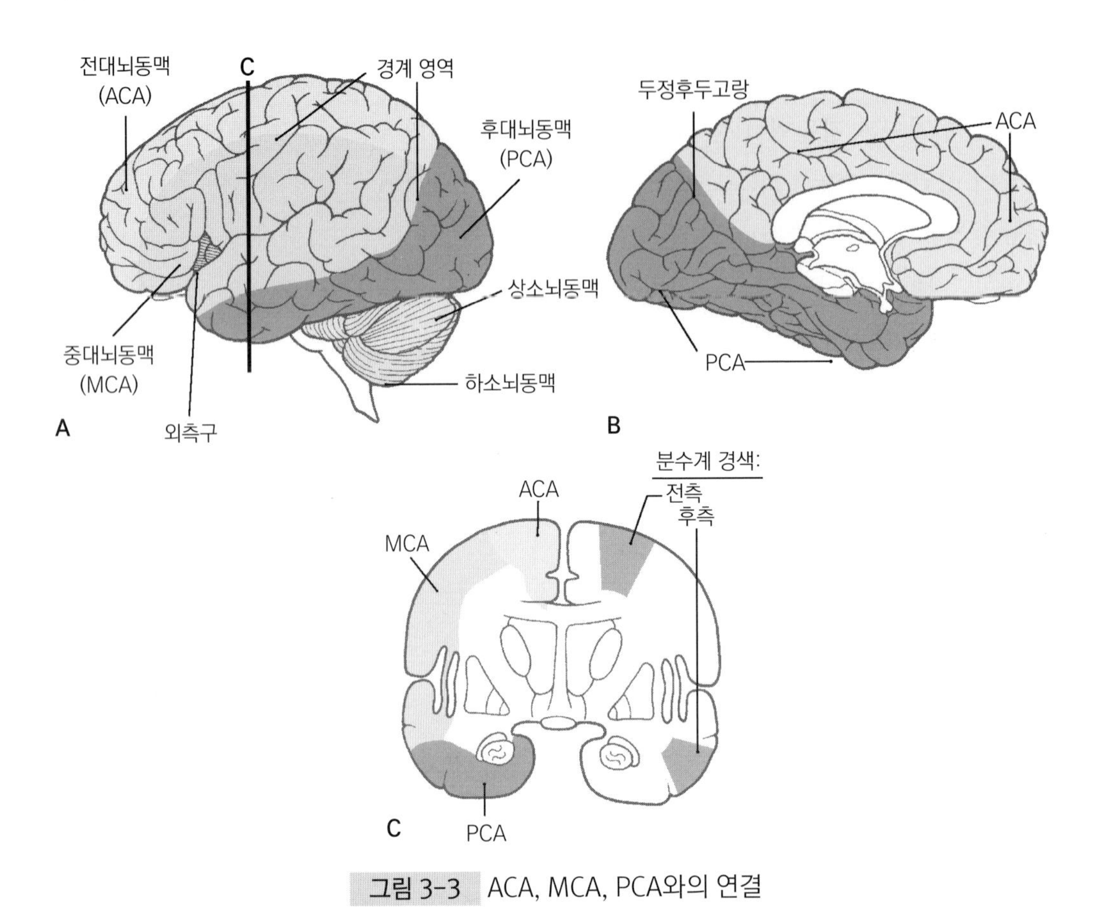


그림 3-3 ACA, MCA, PCA와의 연결

ACA(옅은 회색), MCA(중간 회색), PCA(진한 회색)와 연결되는 반구의 영역들로, A는 외측, B는 내측, C는 횡단면을 나타냄. 이들과 떨어진 영역은 외측에서 겹치고 경계를 이룸. 혈관상의 관류저하가 있을 경우 경계 영역에 경색(C)이 발생하기 쉬움. 상소뇌동맥(무색)과 하소뇌동맥(연한 회색) 사이에 작은 경계 영역이 있음.

Haines, D. E. (2006). *Fundamental neuroscience for basic and clinical applications* (3rd ed.). St Louis: Elsevier. 참고.

## 2) 뇌내출혈

뇌내출혈(ICH)은 미국에서 전체 뇌졸중의 약 10~15%를 차지하며, 사망률은 발병 후 1년이 지난 AIS(38%)에 비해 훨씬 높다(Qureshi et al., 2001). 글래스고 혼수척도(Glasgow

Coma Scale: GCS)상 낮은 점수, 큰 혈종, 초기 CT상 심실 내 혈액의 존재는 높은 사망률과 지속적으로 관련된 세 요인이다(Qureshi et al., 2001). 심실 내 혈액으로 인해 사망률이 증가하는 것은, 혈액이 직접적으로 뇌실 주위 구조에 큰 영향을 미치거나 폐색성 뇌수종(obstructive hydrocephalus)으로 발전하기 때문이다.

심실 내 혈액과 관련된 이환율과 사망률을 줄이기 위해 뇌실에 카테터(catheter)를 삽입하여 대뇌척수액이 외부로 배출되도록 촉진할 수 있다. 이를 통해 혈액 응고로 인한 뇌실의 압력과 뇌수종을 완화시킨다. 그러나 카테터는 감염률이 높고 배출하려는 혈액을 응고시키기도 하므로 바람직한 치료법이 아니다. 따라서 이 접근법뿐 아니라 심실내 출혈 환자의 뇌실에 혈전용해제를 투여하는 방법을 통해 사망률을 감소시킨다(Qureshi et al., 2001).

ICH는 응고된 혈액을 외과적으로 제거하여 처치한다. 이 수술은 뇌의 혈압을 낮추고, 신경병의 부산물이 혈종에서 방출되지 못하도록 한다. 또한 혈액과 손상되지 않은 뇌 조직 간의 상호작용이 연장되지 못하도록 한다. 실제로 피질 내 뇌 구조가 너무 많이 손상되면 내측의 기저핵(basal ganglia)과 시상(thalamus)에 발생한 출혈이 제거되지 않는다. 반면에, 소뇌와 피질의 출혈은 외과적으로 잘 제거되나 영역이 광범위하면 수술 효과가 없다.

AIS와 마찬가지로 ICH에 기인한 결함은 병소 부위와 직접적으로 관련된다. 그러나 ICH는 혈관 영역과 연관되지 않으므로 전통적인 실어증의 증후군이 나타나지 않는다. ICH는 대뇌엽('대엽 출혈'), 기저핵, 시상, 뇌간, 소뇌 등 5개 영역([그림 3-4])에서 주로 발생한다. 기저핵, 내포(internal capsule), 주변 백질(white matter) 등 좌반구 내측의 뇌 구조에 출혈이 있으면 이해 및 이름대기, 조음 능력이 손상된다. 좌반구 시상의 병변은 이름대기 및 따라말하기 장애를 유발하며, 우반구 시상이 손상되면 담화가 정교하지 못하고 문맥 내의 성분들을 통합할 수 없다. 예를 들어, 우반구 시상의 병변은 그림 설명하기 과제의 수행력을 저하시킨다(Radanovic & Scaff, 2003). ICH의 범위가 넓으면 대개 의식 수준이 낮아진다. 또한 두개내압이 높아져 두통, 매스꺼움, 구토를 동반하고, 뇌실의 출혈로 인해 수막증(meningismus)이 나타날 수 있다.

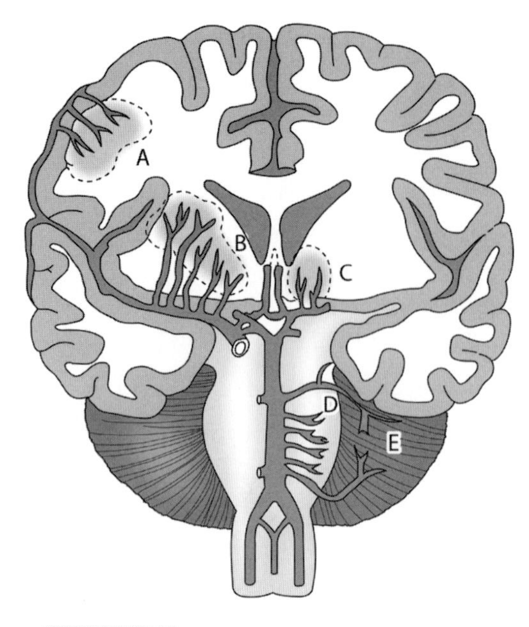


그림 3-4 ICH의 주요 병변 위치 및 기전

ICH는 대뇌엽과 가장 연관성이 크며, 피질 쪽의 전대뇌동맥, 중대뇌동맥, 후대뇌동맥 가지를 지나면서 뻗어나감. A: 기저핵, 중대뇌동맥의 렌즈핵선조체 가지로 올라감. B: 시상, 후대뇌동맥의 시상무릎(thalamogeniculate) 가지로 올라감. C: 뇌교, 뇌기저동맥의 정중열에서 뻗어나감. D: 소뇌, 후하소뇌동맥, 전하소뇌동맥, 상소뇌동맥인 E의 가지를 지나 뻗어나감.

Qureshi, A. I., Tuhrim, S., Broderick, J. P., et al. (2001). Spontaneous intracerebral hemorrhage. *New England Journal of Medicine, 344*, 1450–1460. 참고.

ICH의 가장 흔한 위험 요인은 특발성 고혈압으로, 특히 기저핵, 시상, 뇌간에 발생하는 경우이다. 그러나 ICH는 아밀로이드혈관병(amyloid angiopathy), 동정맥기형(arteriovenous malformation), 두개내 동맥류(intracranial aneurysm), 기타 혈관 기형에 의해 발생하기도 한다. 동정맥기형은 동맥과 정맥 간의 비정상적인 교류로서 대개 출혈을 동반하며, 치료 여부와 상관없이 재출혈이 흔해 방사선수술, 수술, 색전술 등 치료법에 대한 논쟁이 많다(Stapf et al., 2006). 경막정맥동혈전증(dural venous sinus thrombosis)도 원발성 두개강내 종양(intracranial primary neoplasm)이나 침투성 종양(systemic neoplasm)의 전이처럼 ICH를 유발할 수 있다. 흑색종(melanoma), 신세포암(renal cell carcinoma), 융모막암(choriocarcinoma)은 흔히 출혈을 동반하며, 유방암과 폐암도 뇌에 전이되어 출혈을 유발할 수 있다. 코카인과 알코올도 ICH와 관련되며, 항응고제로 인해 가장 흔히 나타나는 응고병증(coagulopathy)도 ICH의 원인이 된다(Qureshi et al., 2001). 정맥 출혈은 대뇌정맥(일명 '대뇌동')의 혈전에 의해 발생할 수 있다. AIS가 심하면 주로 출혈성 전환을 일으키지만, 병변이 크지 않고 급성 두개내압이 증가하지 않으면(예: 혈전 용해 후의 사례들) 예후에 영향을 주지 않는다. 또한 허혈성 뇌졸중이 출혈성으로 전환될 경우 ICH로 간주하지 않는다.

AIS에 비해 ICH는 초기에 훨씬 더 상태가 나쁘고 의식 수준이 낮지만, 급성기 이후에는 대체로 잘 회복된다. 출혈이 재흡수되고 나면 영구적인 손상이 거의 없다. 다만 대엽 출혈의 가장 흔한 원인인 대뇌 아밀로이드혈관병이 60세 이상 노인에게 발병하면 예후가 좋지 않다. 이는 주로 피질 내 다발성 미세출혈([그림 3-5])을 통해 진단된다. 반복적인 대엽 출혈 및 진행성 치매의 발병과 크게 연관되며, 경색 및 SAH와 어느 정도 상관성이 있다.

#### 대뇌 아밀로이드혈관병의 사례

53세의 건강한 여성이 진행성 혼돈, 망각, 환각이 심해지고, 일상 활동을 수행하는 데 어려움을 보였다. 그녀는 먼저 항정신병제와 항우울제를 복용했고, 환각 때문에 정신병동에 잠시 입원했다. 그녀의 상태는 계속 악화되어 발병한 지 7개월 후 심화 검사를 위해 응급실에 왔다. 신경학적 검사에서는 사람에 대한 지남력, 간단한 사물 이름대기 및 지시 따르기가 가능했다. 간이정신상태검사(Mini-Mental Status Examination) 점수는 30점 중 19점이었다. 응급실에서 촬영한 뇌 CT를 통해 확산성 뇌실주위 반점형 미세감쇠(patchy hypoattenuation) 및 좌반구 맥락막총(choroid plexus)의 심실내 출혈이 확인되었다. MRI상에서 작은 출혈들이 많이 관찰되었다([그림 3-5]). 림프종에 대한 정밀검사, 전이 과정, 사르코이도시스(sarcoidosis)는 음성이었다. 젊은 환자임을 감안하여 진단을 확인할 목적으로 뇌 조직검사를 시행한 결과, 베타 아밀로이드를 포함한 피질 및 연수막(leptomeningeal) 혈관에 병변이 있어 대뇌 아밀로이드혈관병(cerebral amyloid angiopathy: CAA)으로 진단되었다. 이는 가족력에 의한 CAA의 지침증례에 해당되었다.

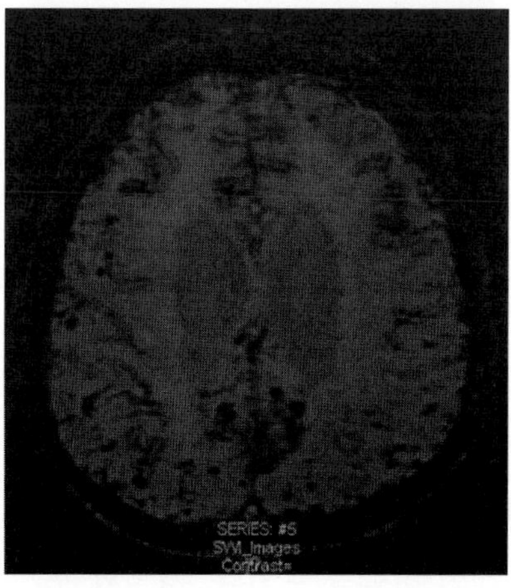


**그림 3-5** 대뇌 아밀로이드혈관병의 사례: MRI상의 여러 저강도 영역은 작은 출혈 부위를 의미함

## 3) 지주막하출혈

지주막하출혈(SAH)은 뇌졸중의 나머지 2~5% 중 대부분을 차지하며, 평균 치사율은 약 51%이다. 뇌졸중으로 인한 사망률 중 SAH의 비중은 5%이나, 65세 이전 뇌졸중 환자의 사망률 중에서는 27%를 차지한다(Suarez, Tarr, & Selman, 2006). 이러한 높은 이환율은 SAH가 다른 뇌졸중에 비해 젊은 연령에서 발생함을 의미한다. 전체 비외상성 SAH의 약 85%는 파열된 두개내 동맥류에 기인한다(Van Gijn & Rinkel, 2001). 뇌 외상은 SAH의 가장 흔한 원인이나, 단일한 손상인 경우는 거의 없다([그림 3-6]).

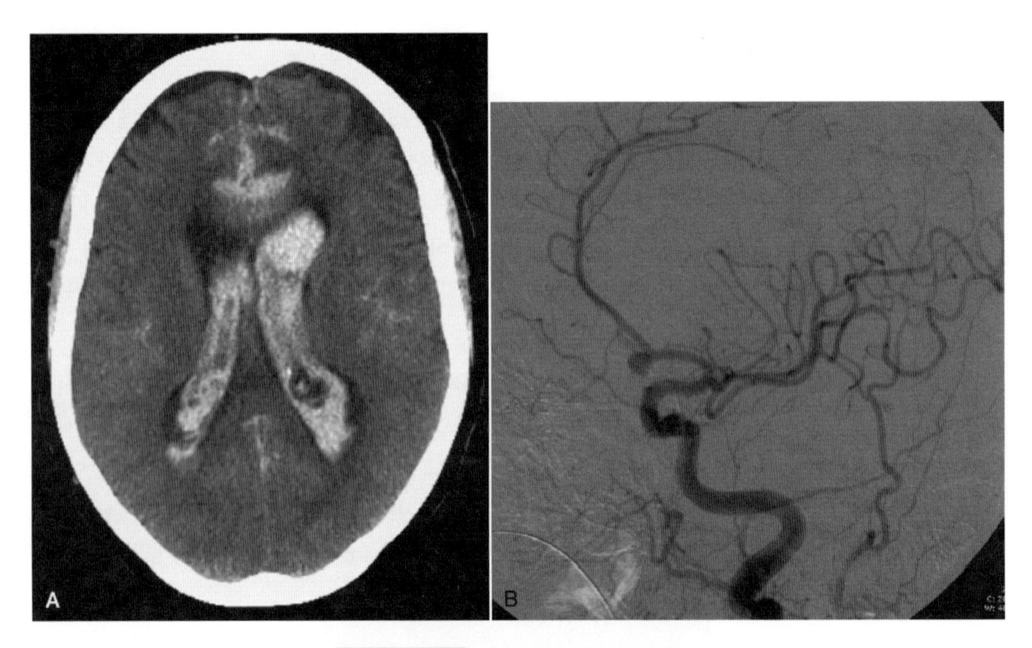


**그림 3-6** SAH의 다양한 사례들

A: SAH뿐 아니라 심실내 출혈을 보이는 좌반구 전교통동맥 동맥류 환자의 CT 영상
B: 좌반구 경동맥 뇌혈관조영상 중 카테터의 사선 전후 위치에서 보이는 동맥류

Haaga, J. R. (2009). *CT and MRI of the whole body* (5th ed.). Philadelphia: Elsevier Mosby. 참고.

동맥류 SAH로 인해 두통 및 의식 수준의 저하가 가장 두드러진다. 특정 위치의 결함은 파열된 동맥류 및 이차 출혈의 병변과 관련된다. 초기에는 주로 제3 및 제6 신경마비, 양측 하지 약화, 무의지증, 시공간 무시증, 반신부전마비, 실어증이 동반된다. SAH의 46%가 혈관경련으로 인해 부차적인 결함을 보인다. 경색과 두개내압을 증가시키는 지연 대뇌 혈관경련은 동맥류 SAH로 인한 사망 및 결함의 주된 원인이다(Brazis et al., 2007).

SAH의 20%는 뇌수종, 7%는 재출혈을 보일 수 있다(Suarez et al., 2006).

SAH와 관련된 동맥류를 검사하기 위해 주로 초기에는 전통적인 혈관조영상을 촬영한다. 동맥류가 발견되면 미세혈관의 외과적 결찰술(clipping)이나 혈관내 고리(coiling)를 시행하여, 조기 사망률을 낮추고 신경학적 합병증에 대해 적절한 조치를 취한다(Whitfield & Kirkpatrick, 2001). 이들은 모두 효과적인 치료법으로, 환자와 동맥류의 특성을 고려해 선택한다.

치료 후에는 예방 목적으로 항간질약을 복용하고 합병증을 모니터한다. 경두개 도플러초음파(transcranial Doppler ultrasound)를 통해 혈관경련을 모니터하고, 증상이 발생하면 고혈압, 과다혈증(hypervolemia), 혈액희석(hemodilution)과 함께 치료한다. 뇌수종을 보이면 심실내 카테터를 삽입한다. 또한 폐부종(pulmonary edema)이나 전해질 이상(electrolyte abnormalities)과 같은 합병증의 위험이 있으므로 중환자실에서 모니터하고 적절한 치료를 시행한다.

SAH 환자들은 대부분 가족과 함께 지낼 수 있고, 일상생활에서 독립적으로 활동할 수 있다. SAH 이전에 직업을 가졌던 환자들 중 2/3는 1년 후에 복귀했는데, 이들이 일하지 못한 시기는 평균 20주였다(Hackett & Anderson, 2000). 이 같은 긍정적인 결과에도 불구하고 신경심리적 기능은 낮은 수준이다. 발병 후 1년이 지난 SAH 환자는 건강 관련 삶의 질(health-related quality of life)이 매우 낮고 기억력, 기분, 발화, 자기관리에 어려움이 있다고 호소한다. 환자들 중 1/3~1/2이 전반적으로 사회적 역할을 수행하는 능력이 떨어졌다고 보고했다(Hackett & Anderson, 2000). SAH의 등급이나 중증도를 통해 인지 및 기억력 장애를 가장 잘 예측할 수 있다(Ogden, Mee, & Henning, 1993). 따라서 인지 재활은 사회생활로 복귀하는 데 크게 기여한다.

### 4) 경막하혈종

뇌졸중과 마찬가지로, 경막하혈종(subdural hematoma: SDH) ([그림 3-7])은 실어증이나 다른 국소적인 신경학적 결함에 동반될 수 있다(Dell, Batson, Kasdon, & Peterson, 1983; Kaminski et al., 1992; Mori & Maeda, 2001; Moster, Johnston, & Reinmuth, 1983). 뇌에 밀려드는 혈액으로 인해 피질의 기능이 억제되면서 국소적 증상들이 나타난다. 두통, 발작, 정신이상은 선택적으로 동반될 수 있다(Ernestus et al., 1997). SDH는 급성이거나 만성일 수 있고, 외상에 기인한 경우가 가장 흔하다. 항응고제 치료, 응고병증, 알코올 중독이 원인일 경우 신경외과적 치료를 요한다(Mori & Maeda, 2001; Ernestus et al., 1997). 치료 시에는 주로 응고병증을 완화하는 데 중점을 두며, 예방적 간질약이나 외과적 배출(surgical evacuation)도 고려된다. 급성 SDH에 대한 외과적 배출은 10mm 이상의 두께 또는 5mm 이상의 중간선전위(midline shift)가 권고된다. SDH가 작거나 중간선전위가 미미하면 GCS 점수의 급격한 저하, 동공 확장, 20mmHg 이상 두개내압의 증가를 보이는 환자에게 외과적 배출을 시행해야 한다(Bullock et al., 2006). 만성 경막하혈종의 외과적 배출도 이와 유사하다. 신경학적 후유증이 잔존하고 병변이 작은 만성 SDH나 수술의 위험성이 너무 큰 경우는 추후에 처치하는 것이 바람직하다. CT를 여러 번 시행하고 신경학적 증상들을 모니터하는데, 시간이 경과하면 SDH가 자연스럽게 사라지기도 한다(Parlato, Guarracino, & Moraci, 2000).

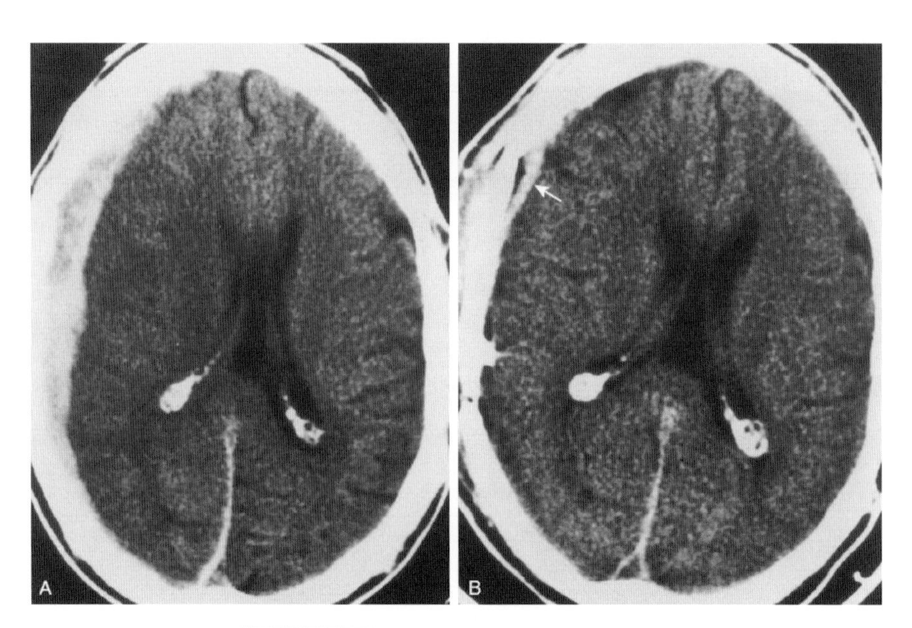


그림 3-7 수술 전후의 급성 경막하혈종

A: 후측 반구간열로 확장되는 우반구 대뇌의 볼록한 곳에 급성 경막하혈종이 관찰됨
B: 수술 후 영상에는 작은 혈종이 잔존함(화살표)

Haaga, J. R. (2009). *CT and MRI of the whole body* (5th ed.). Philadelphia: Elsevier Mosby. 참고.

급성 SDH의 사망률은 대체로 높은 편이나 연구에 따라 환자의 12~60%로 차이가 크다(Bershad et al., 2008; Koc et al., 1997). 혈액의 외과적 배출을 요하는 환자의 사망률이 더 높기 때문에, 예후는 주로 외과적 중재가 가능한지 여부에 달려 있다(Senft et al.,

2009). 고령, 입원 시의 낮은 GCS 점수, 두개내압 상승의 임상적 징후, CT상 큰 혈종, 중간선전위에 해당하면 예후가 나쁘다. 급성 SDH 이전에 항응고요법에 의해 많이 발생하는 응고병증도 예후를 낮추는 요인이나(Bershad et al., 2008), 사망률에 차이가 없다는 보고도 있다(Senft et al., 2009). 이처럼 사망률에 대한 견해가 다양해 신경학적 이환율의 근거가 명확하지 않다.

외과적 배출을 시행한 경우에 한해 급성보다 만성 SDH의 예후가 좋은 편이다. 환자들 중 약 89%가 잘 회복하는 반면, 8%는 변화가 없고 약 2%는 악화된다(Mori & Maeda, 2001). 환자가 치료에 잘 반응하고 SDH가 완화되면 신경학적 결함도 향상된다. 104명의 환자를 대상으로 한 사례 보고에 따르면, 약 70%가 신경학적 결함이 없거나 경미한 결함만 보이는 상태에서 퇴원했다(Ernestus et al., 1997).

### 5) 외상성 뇌손상

외상성 뇌손상(traumatic brain injury: TBI)은 본 장의 범주를 벗어나는 신경정신병적 및 신경학적 증상이 많이 나타날 수 있다. 미미한 손상이나 의식의 변화만 보이는 급성기의 경도 TBI는 지연기억 및 유창성에 영향을 준다(Belanger et al., 2005). 경도 TBI는 외상 후 3~12개월 내에 주로 회복되지만, 신경학적 결함이 고착되거나 악화되면 회복이 불가능하다(Carroll et al., 2004). 혼수상태와 같은 의식 상실이 대개 한 주 이상 지속되는 심도 TBI는 정신병적 증후군, 인지 및 사회 기능의 감소로 장기간 어려움을 겪는다. 이는 독립적인 기능뿐 아니라 직업생활의 측면에서도 어려움이 있다(Hoofien et al., 2001). 심도 TBI에서 향상되는 영역은 인지 속도, 시각구성, 구어 기억 등이다(Millis et al., 2001). TBI 아동은 급성기와 만성기에 모두 언어 능력이 저하되는데, TBI 이후 3년이 경과하면 발화의 명제 및 인지적 구성에 어려움을 보인다(Ewing-Cobbs, Brookshire, Scott, & Fletcher, 1998).

### 6) 감염 및 감염후염증 질환

뇌 실질성 조직(parenchymal tissue)의 염증으로 인해 언어장애가 나타나기도 한다. 이러한 뇌 염증의 원인은 농양(abscess)이나 뇌염 등의 감염, 그리고 급성 파종뇌척수염(disseminated encephalomyelitis)과 같은 염증성 질환이다. 뇌 감염은 면역적격성 및 면역

손상성 환자에게 모두 발생할 수 있으나, 면역손상의 경우 추가적인 감염과 염증 반응의 위험이 있다. 수막염(meningitis)은 보다 널리 알려진 뇌 감염 중 하나로, 뇌를 둘러싼 뇌막에 발생하는 염증이어서 환자의 고통이 크나 언어장애를 유발하지는 않는다.

### 7) 뇌농양

뇌농양은 미국에서 드물게 나타나는 감염으로, 연간 약 1,500~2,500건의 사례가 보고된다(Mamelak et al., 1995). 외과적 기술과 항생제 치료의 발달로 사망률이 1970년대 이후 급감했으며, 1990년대 이후에는 10% 미만으로 안정화되었다(Mathisen & Johnson, 1997; Yang & Zhao, 1993). 뇌농양([그림 3-8])은 국소적인 뇌내 감염으로서, 국소적 뇌염에서 시작해 혈관이 잘 발달된 캡슐에 둘러싸인 고름 덩어리로 발전한다(Mathisen & Johnson, 1997). 농양은 감염되기에 가장 적절한 부위의 입구에 따라 분류되는데, 부비강(paranasal sinuses), 중이, 치아의 감염에서 주로 시작해 직간접적으로 퍼져 나간다. 심장 판막 등 멀리 떨어진 두개외 영역에서 뇌로 전이되는 경우도 감염의 주된 원인이다.

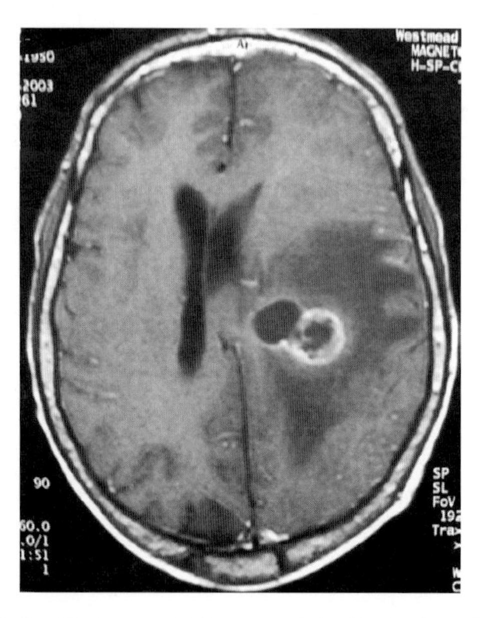

그림 3-8 뇌농양: 노카르디아(Nocardia) 뇌농양이 확인된 MRI 영상

Mandell, G. L., Bennett, J. E., & Dolin, R. (2010). *Mandell, Douglas, and Bennett's principles and practice of infectious diseases* (7th ed.). Philadelphia: Churchill Livingstone. 참고.

경미한 비특이성 두통이 뇌농양의 가장 흔한 증상이다. 이는 약 30~60%의 환자에게 나타나며, 정신상태의 변화, 국소적 신경 결손, 열도 자주 동반된다. 뇌졸중과 마찬가지로, 국소적인 결함이 농양 부위의 뇌 기능과 연관된다. 농양이 큰 경우 졸림의 증가, 혼돈의 일반화, 유두부종(papilledema) 등 두개내압이 높아진 징후들이 나타난다(Tunkel, 2005). 주로 CT나 MRI 등의 영상을 통해 농양을 진단하고, 항균성 치료와 농양의 배농으로 처치한다(Mathisen & Johnson, 1997). 예후는 입원 시의 신경학적 상태와 가장 크게 관련되는데, 약 62%는 식물인간 상태가 아니며 독립적인 일상 활동이 부분적으로 가능해진다(Xiao et al., 2005).

뇌농양은 특정 위험 요인과 상관성이 있다. 예컨대, 치료되지 않은 당뇨병은 특히 진균농양(fungal abscess)의 위험성이 있다. 또한 허혈성(Chen, Tang, & Ro, 1995; Miyazaki et al., 2004) 및 출혈성 뇌졸중(Nakai et al., 2006)과 관련된 혈뇌장벽(blood-brain barrier)이 붕괴되면 해당 위치에 농양이 발생할 가능성이 크다. 종양(neoplasm) 부위에 대한 외과적 조치 때문이 아니어도 종양은 감염의 병소가 될 수 있다. 균혈증(bacteremia)과 부비동염(sinusitis)이 주요 원인이며, 혈액을 통해 퍼져 나간다(Kalita et al., 2008).

## 8) 뇌염

농양은 뇌에서 고름이 실제로 축적되는 것이나, 뇌염은 뇌의 이상발육조직(parenchyma)이나 조직 자체에 생기는 염증이다. 뇌염 환자들은 졸림 증상이 있어 검사 도중 잠들기도 한다. 병소가 미치는 영향은 비교적 작은 편으로, 전체 환자의 약 10~20%만 영향을 받는다(단순헤르페스뇌염에서는 훨씬 더 많음). 뇌염은 뇌에 직접 침투하는 바이러스나 균혈증 또는 감염후 자가면역 염증성 질환으로 인해 나타날 수 있다.

원인과 상관없이 뉴런의 괴사나 손상으로 인해 급성 염증성 반응이 일어난다. 이로 인해 뇌 조직이 부종성과 탈수초성으로 변하고, 출혈, 관류저하, 뇌혈관 예비력(cerebrovascular reserve)의 감소, 백질 병변이 동반된다(Goozee & Murdoch, 2009). 신경학적 후유증부터 사망에 이르기까지 뇌염의 원인과 의학적 조치는 사망률 및 이환율과 연관된다. 환자들은 여러 가지 인지 및 언어 문제를 겪는다. 바이러스성 뇌염에 중점을 둔 연구들이 많고, 마비말장애에서 무언증까지 지속적인 의사소통 문제가 보고된다(Goozee & Murdoch, 2009).

바이러스 및 세균성 뇌염([그림 3-9])은 본 장에서 논외로 하되, 단순헤르페스뇌염

(herpes simplex encephalitis: HSE)은 상세히 언급하고자 한다. 가장 흔한 뇌염인 HSE는 치사율이 높은 산발성 질환으로, 미국에서 연간 약 2,000건이 발생한다. 치료를 받지 않을 경우 약 70%가 사망하며, 치료 없이 정상 기능을 회복하면 3% 미만의 사망률을 보인다. 치료를 받은 환자의 사망률은 약 20～30%이다(Whitley, Alford, & Hirsch, 1986). HSE 환자는 혼돈, 열, 성격 변화, 실어증과 같은 국소적인 신경학적 증상을 보일 수 있으며, 범주 중심의 의미 결함은 주목할 만한 증상 중 하나이다(Warrington & Shallice, 1984). HSE의 신경학적 증상에 관한 연구들이 치료 패러다임보다 많기 때문에, 이환율이 증상을 과대평가할 수 있다. 환자 중 약 38%만 정상 기능을 회복하므로(Whitley, 2006), 신경학적 장애가 심한 환자들이 많다. 바이러스의 신경학적 증상은 내측 측두엽과 관련되며, 심한 명칭실증(dysnomia), 구어 지능의 감소, 중도에서 심도의 학습 및 기억 장애를 보이기도 한다.

이와 유사하게, 웨스트나일(West Nile) 바이러스는 실어증 및 구어 기억의 결함을 동반한 뇌염을 일으킨다.

**단순헤르페스뇌염의 사례**

기분장애(mood disorder) 병력이 있는 32세 남성 환자가 전반적 강직간대발작(tonic-clonic seizure) 이후 신경학적 치료를 위해 입원했다. 입원하기 3일 전 정신과 치료를 받았는데, 도중에 원인 불명의 발열 증상을 보였다. 정신과 병동에서 퇴원한 후에는 두통, 열, 오한, 혼돈 및 망각 증상이 나타났다. 입원 당시 신경학적 검사에서 베르니케실어증으로 진단되어, 유창하고 문법적으로 발화하지만 내용의 제한, 빈번한 의미착어, 단어 이해의 어려움을 보였다. 특히, 생물 범주(동물, 과일, 채소)의 이름대기 능력이 저하되었다. 단순헤르페스뇌염이 의심되어 정맥내 아시클로비르(intravenous acyclovir)를 투여했다. 요추천자(lumbar puncture)를 통해 림프구성 세포증가증(lymphocytic pleocytosis)으로 진단되었고, 며칠 후 단순헤르페스 바이러스 폴리메라아제 연쇄 반응(polymerase chain reaction)은 양성으로 나타났다. MRI상 좌반구 측두엽에서 고강도가 관찰되었다. 입원기간 동안 흥분과 혼돈 증상을 보였고, 이후 CT상 좌반구 측두엽의 광범위한 출혈과 갈고리이랑탈출(uncal herniation)이 관찰되었다. 증가된 두개내압을 적극적으로 치료한 결과 증상이 회복되어 퇴원했는데, 이때 저빈도 단어 이름대기, 복잡한 구에 대한 따라말하기, 구어 기억의 어려움 및 의미착어를 보였다. 단순헤르페스뇌염으로 진단받은 지 9년이 지난 최근 시점에서 검사를 시행했다. 그는 직장으로 복귀해 전일제 고위직을 맡고 있었는데, 단어 인출과 구어 정보의 회상에서 여전히 어려움을 보였다. 그러나 신경심리검사 결과는 정상 범주였다.

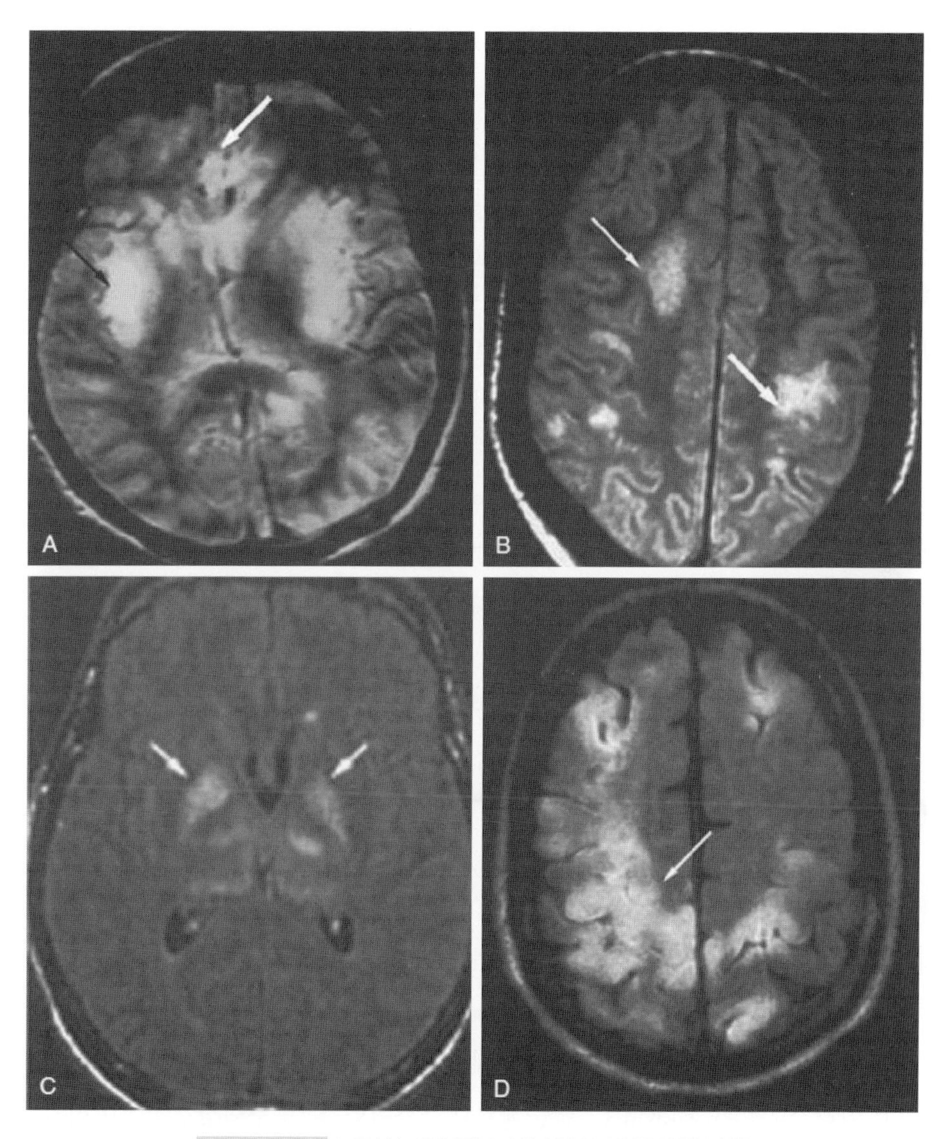


그림 3-9 MRI상 바이러스성뇌염의 전형적인 변화

A: 양측 전두엽의 고강도 신호역을 보이는 T2 영상에서 단순헤르페스 바이러스 유형 1 뇌염이 확인됨. 고강도 신호는 섬피질(연한 화살표)을 지나쳐 확장되지 않으나 대상회(진한 화살표)까지 도달함. B: 양 반구의 여러 영역에 경색이 나타난 양성자밀도 MRI 영상을 통해 수두대상포진바이러스 맥관병(varicella-zoster virus vasculopathy)이 확인됨. C: 기저핵(화살표)에서 고강도 신호역을 보이는 FLAIR MRI를 통해 웨스트나일 바이러스 뇌염이 확인됨. D: FLAIR MRI상 양 반구에서 고강도 신호가 나타나고 우반구 후대뇌반구(화살표)에서 더 증가된 장바이러스(enterovirus) 뇌염이 확인됨.

A, B, D: Gilden, D. H., Mahalingam, R., Cohrs, R. J., & Tyler, K. L. (2007). Herpesvirus infections of the nervous system. *Nature Clinical Practice Neurology, 3,* 83. 참고. C: Debiasi, R. L., & Tyler, K. L. (2006). West Nile virus meningoencephalitis. *Nature Clinical Practice Neurology, 2*, 264. 참고.

## 9) 급성 파종뇌척수염

뇌염은 감염 후 면역매개 염증장애에서 발생하며, 급성 파종뇌척수염(acute disseminated encephalomyelitis: ADEM)이 가장 흔하다. ADEM은 뇌와 척수의 백질에 큰 영향을 미치며, 성인보다 소아에게 더 두드러진다. 재발의 위험이 크나, 단상성(monophasic) 장애로 분류된다. 뇌염의 발병 시기가 빠르고, 중추신경계 내 병변의 위치에 따라 실어증 등의 다병소성 신경학적 결함이 나타난다. ADEM의 치료에 관해 규정된 바는 없으나, 대개 염증성 장애의 치료에 기반해 고선량 스테로이드, 정맥내 면역글로불린, 혈장 교환을 복합적으로 시도한다. 사망률은 소아가 5% 미만, 성인이 8~25%로 양호한 편이다(Sonneville et al., 2009). ADEM의 6~50%가 행동적 및 인지적 증상을 보이는데, 이에 대한 실질적인 보고는 드문 편이다(Tenembaum et al., 2007). 완전히 회복한 아동의 경우에도 발병 후 3년 이상이 지나면 주의력, 집행기능, 행동에서 경미한 신경인지적 결함을 보인다(Hahn et al., 2003). 구어의 처리가 느리며(Jacobs et al., 2004), 집중 치료병동에 입원해야 하는 성인들 중 35%는 감각 및 운동 측면의 증상이 지속된다(Sonneville et al., 2009).

## 10) 면역손상

면역손상을 일으키는 주요 신경감염에는, 최근 화학 요법을 받은 환자나 암 환자, 면역억제제가 투여된 경우, 인간면역결핍바이러스(human immunodeficiency virus: HIV) 감염, 후천성 면역결핍 증후군(acquired immunodeficiency syndrome: AIDS) 등이 있다. 뇌염을 일으키는 면역손상 환자에게 여러 유형의 헤르페스바이러스가 흔히 발견되는데, 사이토메갈로바이러스(cytomegalovirus), 단순헤르페스바이러스, 수두대상포진바이러스가 이에 포함된다. 톡소플라즈마증(toxoplasmosis)도 면역손상의 주된 원인이다. 이 감염들은 열, 권태, 정신상태의 저하 등을 주로 동반하며, 병소의 위치에 따라 실어증과 같은 국소적 결함이 나타날 수 있다.

## 11) 진행다초점백색질뇌증

진행다초점백색질뇌증(Progressive multifocal leukoencephalopathy: PML)은 또 다른 유형의 바이러스로, AIDS의 공포스러운 합병증이며 CD4 세포라 불리는 100cells/mL 미만의 특수한 백혈구를 보유하고 있다. 널리 퍼진 존 커닝햄 바이러스(John Cunningham virus: JCV)가 재활성화된 PML은 병변의 위치에 따른 국소적 증상뿐 아니라 정신상태의 변화를 보이는 아급성 발병을 일으킨다. 치명적인 상태일 경우 항레트로바이러스 치료(antiretroviral therapy: cART)를 통해 적극적으로 처치하면 사망률이 크게 감소한다(Clifford et al., 1999). 정보 처리 및 운동 기능의 결함을 보이는 AIDS와 유사하게 인지적 문제를 동반한다(Levine et al., 2008). 면역억제 나탈리주맙(immunosuppressant natalizumab)으로 치료받은 MS 및 류머티스성 관절염에도 PML이 나타난다. 이에 대한 검증된 치료법이 없어 대부분 치명적인 영향을 미친다(Jilek et al., 2010).

### 12) 면역복원성염증 증후군

cART로 치료받은 환자들은 감염률이 높을 뿐 아니라 면역복원성염증 증후군(immune reconstitution inflammatory syndrome: IRIS)으로 알려진 면역반응의 위험이 있다. IRIS는 cART를 시작하면서 나타나는 특수한 합병증으로, 치료를 시작한 지 4~8주 후에 주로 나타나며, 치료 전에 심한 면역억제를 보이던 환자에게 더 많이 발생한다(McCombe et al., 2009). IRIS는 환자의 임상적인 상태가 불합리하게 악화되는 것이 주요 특징이며, 부종과 신경학적 합병증을 유발하는 뇌의 염증성 반응이 나타난다. 기회감염(opportunistic infection)이 동반될 수 있으며, 심한 염증 때문에 두개내압이 증가되기도 한다. 뇌 염증이나 기회감염의 재활성화로 인해 국소적 증상이 나타나는데, 기회감염이 원인일 경우 병소는 뇌의 감염 위치와도 연관된다. IRIS와 관련된 가장 흔한 감염으로는 톡소플라즈마증, CMV, PML이 있다(Singer et al., 2010).

### 13) 인간면역결핍바이러스 감염

인간면역결핍바이러스(HIV)만으로 인지적 변화가 일어날 수 있다. HIV 환자의 45%가 HIV 관련 신경인지장애(HIV-associated neurocognitive disorder: HAND)를 겪는데, 이에는 심한 HIV 관련 치매뿐 아니라 경미한 신경정신과적 결함도 포함된다(Grant, 2008). HAND는 대개 피질하 유형의 치매로 간주되며, 주의력, 집중력, 정신운동의 처리 속도, 집행기능, 구어 기억, 특히 저장된 정보의 인출에서 결함을 보인다(Heaton et al., 1995). 항레트로바이러스 치료를 시작한 환자들은 인지와 기능이 두드러지게 향상된다.

## 2. 재발 및 완화 후 주로 악화되는 질환

### 1) 다발성 경화증

다발성 경화증(MS)은 면역매개 염증성장애로, 대개 ADEM과 동일한 유형으로 간주된다. MS는 유럽계 여성에게 가장 흔한 질환이다. 전 세계적으로 1백만 명 이상의 환자들이 있는 것으로 추정되며, 미국에서 환자 1인당 지출되는 연 평균 비용은 47,215 달러이다(Marrie et al., 2010). MS는 주로 재발과 완화의 과정을 거치는데, 증상이 두드러지다가 신경학적으로 정상 수준까지 회복된다. 결국에는 대부분 신경학적 결함이 악화되며, 도중에 거의 또는 전혀 회복되지 않은 채 서서히 제2의 과정으로 전환된다. 치료가 소개되기 전에는, 장애가 전혀 없는 수준에서 약 15년 후에 보행용 보조기나 지팡이가 필요한 수준까지 악화되었다(Weinshenker et al., 1989). 자연사 연구에 따르면 비슷한 기간에 몇몇 기능장애 외에는 완전한 보행이 가능한 수준으로 진전된다(Brex et al., 2002). 한편, MS는 소뇌, 감각, 인지장애뿐 아니라 장 및 방광 기능, 평형, 시력, 기타 뇌신경 이상과 같은 문제가 심화될 수 있다.

MS의 약 50%는 기억, 지속주의력, 정보 처리 속도, 집행기능 등의 인지장애를 보인다(Bobholz & Rao, 2003). 언어 문제는 흔하지 않으나 만성적인 인지 변화의 일부로서 나타나기도 한다. Kujala 등(1996)은 다른 인지 문제와 구별되는 의미적 결함 및 에두르기를 확인했다. 급성 실어증을 보이는 MS 환자도 있다. 이는 0.7~3% 정도 나타나므로 비교적 드문 편이다(Lacour et al., 2004). 브로카실어증이 가장 흔한 유형이며, 전도실어증, 초피질운동실어증, 전실어증, 분류되지 않는 유형, 실독증-실서증은 상대적으로 적다. 급성 실어증 환자 중 약 64%는 완전히 회복된다(Lacour et al., 2004).

### 2) 전신성홍반성루푸스

언어장애와 관련되며 재발 및 완화 과정을 겪는 자가면역 질환으로 전신성홍반성루푸스(systemic lupus erythematosus: SLE)가 있다. 병명이 암시하듯, SLE는 관절염, 피로, 관절 통증 및 부종, 볼과 콧대의 피부 발진을 유발하는 전신장애이다. 약 22~80% 이상이 말초신경계나 중추신경계와 부분적으로 연관된다. 광범위한 신경정신과적 양상은 다양한 진단 기준 및 감별의 지표로서 활용된다(Muscal & Brey, 2010). 항체 반응에 의한 뇌혈관의 혈관폐색 때문에 허혈성 및 출혈성 뇌졸중이 발생하기도 한다. 이와 연관된 뇌 영역의 기능이 상실되어 언어장애가 나타난다(Rhiannon, 2008). 다른 원인으로 인한 뇌졸중과 마찬가지로 치료 효과에 따라 추가적으로 허혈이 발생할 수 있으나, 이는 시간이 경과하고 치료가 진행되면서 호전된다. 신경정신과적 루푸스와 연관된 기분, 불안, 인지장애 때문에 허혈성이나 출혈성 뇌졸중에서 회복되기가 어려울 수 있다(Huizinga & Diamond, 2008).

## 3. 점진적으로 악화되는 질환

신경학적 질환은 최상의 의학적 치료에도 불구하고 시간이 지날수록 서서히 악화되는 경우가 많다. 이러한 퇴행을 보이는 가장 광범위한 신경학적 질환군은 신경퇴행성 질환이다. 가족성 또는 산발성 크로이츠펠트-야콥병(Creutzfeldt-Jakob disease: CJD), 변종 CJD(nvCJD), '광우병' 등의 프라이온병(prion disease)은 널리 알려져 있으며, 일단 증상이 나타나면 빠르게 악화된다. 초기 뇌종양(brain tumor) 및 뇌에 전이된 많은 암들도 매우 공격적이어서 대부분의 환자들이 회복되지 않은 채 사망에 이른다.

알츠하이머병(Alzheimer disease: AD)과 파킨슨병(Parkinson disease: PD)은 가장 흔한 신경퇴행성 질환이다. 이들의 주요 증상이 수년간 나타나면 진단하기가 쉽다. 그러나 AD나 PD와 유사한 증상을 보이는 다른 신경퇴행성 질환들도 많은데, 파킨슨플러스 증후군(Parkinson-plus syndrome), 전두측두병(frontotemporal disease) 또는 전두측두엽변성(frontotemporal lobar degeneration) 등이 이에 속한다. 병리적인 진단에 대해서는 전두측두엽변성, 그리고 비유창한 변이형 원발성 진행성 실어증, 의미 변이형 원발성 진행성 실어증, 행동 변이형 전두측두치매(behavioral variant frontotemporal dementia: bvFTD) 등의 증후군에 대해서는 전두측두병이라는 병명이 권고되기도 하나, 이들은 상호 보완적으로 사용된다. 전두측두병에 해당하는 세 증후군은 빈번히 발생하며, 전두엽과 측두엽의 비대칭적 위축으로 인해 주로 50~60대에 시작되어 일화기억과 시지각력에 비교적 뒤늦게 영향을 미친다. 뇌 세포에 타우(tau)나 유비퀴틴(ubiquitin) 등의 비정상적 단백질이 축적되어 발생하며, '타우증(tau-opathies)'이나 '유비퀴틴증(ubiquitinopath)'이라 불리기도 한다. 이는 다른 유형의 '타우증'인 진행성 핵상마비(progressive supranuclear palsy: PSP) 및 피질기저 퇴행(corticobasal degeneration)과 상관성이 매우 높다. 이들 중 하나 이상의 징후나 증상이 나타나면 특성화와 진단, 예후를 판단하기가 어렵다. 특정 임상적 증후군의 주요 증상들로 시작해 결국 다른 증후군들 중 하나의 특성으로 진전될 수 있다. 임상적 증후군과 이를 유발하는 병리적 질환 간에는 매우 밀접하면서도 불완전한 상관성이 있다.

### 1) 알츠하이머병

치매의 유형 중 약 2/3는 알츠하이머병(AD)에 해당한다(Nussbaum & Ellis, 2003). 2000년 미국에서 AD의 유병률은 450만 명이고, 2050년에는 1,540만 명까지 늘어날 것으로 추정된다(Brookmeyer, Gray, & Kawas, 1998). AD의 임상적 특징은 서서히 진행되는 기억장애이며, 실행증, 실인증, 집행기능, 실어증을 보일 수 있다. 직업이나 자원봉사, 가사노동을 수행하거나 관계를 유지하는 등의 기능과 독립적인 수행력이 크게 저하된다. AD로 진단되면 보통 기대 수명이 짧아져 진단 이후 4~10년 정도 생존한다(Brookmeyer et al., 2002; Larson et al., 2004). 치매가 진전되면서 PD, 실금(incontinence), 간대성근경련증(myoclonus) 등의 비전형적 증상이 나타날 수 있다. 행동상의 결함을 보이는 경우도 많다(Kelley & Peterson, 2007).

AD의 언어장애는 유창성 실어증으로, 다양한 수준의 에두르기, 의미착어, 음소착어를 보인다. 상세한 표현이나 특정 내용어가 부족하고, 쉼, 주저함, 구어 반응의 지연된 시작이 나타날 수 있다(Josephs et al., 2008).

### 2) 파킨슨병

파킨슨병(PD)은 언어적인 측면에서 길고 복잡한 문장의 처리, 동사 산출, 의미 점화, 은유적 의미의 이해에 결함을 보인다(Bastiaanse & Leenders, 2009). 파킨슨병 치매(Parkinson disease dementia: PDD)의 집행기능 및 다른 인지적 변화는 이러한 언어 문제에 큰 영향을 미친다(Monetta & Pell, 2007). PDD의 인지 결함은 AD와 다르다. 즉 느린 인지 및 운동, 집행기능과 기억 인출의 장애 등 인지적 결함에 근거하여 피질하 유형의 치매로 간주되며, 주의력, 시공간력, 집행기능의 결함이 더 두드러진다(Troster, 2008).

PD의 흔한 합병증인 PDD는 치매로 진단받은 PD 환자의 약 32%, 전체 치매의 3~4%를 차지한다(Aarsland, Zaccai, & Brayne, 2005). 인지 문제가 나타나기 전 최소 1년간 반드시 PD의 증상들을 보여야 PDD로 진단된다. 안정떨림(resting tremor), 운동느림증(bradykinesia),

강축(rigidity)이 PD의 세 가지 주요 특징이다. 자세 불안정은 대개 질환이 진전되면서 뒤늦게 나타나는 네 번째 특징이다. 세 가지 주요 증상 중 2개가 필수적으로 나타날 때 파킨슨병으로 진단된다. 다른 신경퇴행성 장애처럼 PD의 발생률도 연령에 따라 증가하는데, 전체 인구 중 10만 명당 약 10~17명(Bower et. al., 1999; Van Den Eeden et al., 2003), 50세 이상 인구 중 10만 명당 약 44명(Van Den Eeden et al., 2003)에게 발병한다.

### 3) 원발성 진행성 실어증

AD 및 PD와 달리, 원발성 진행성 실어증(primary progressive aphasia: PPA)은 언어장애가 두드러지며 독립적으로 나타난다. 특히 다른 인지 및 행동 장애가 나타나기 2년 전부터 언어 표현, 사물 이름대기, 구문, 단어 이해가 점차 저하된다(Mesulam, 2007). 다른 인지 영역은 뒤늦게 영향을 받으나, 언어 측면은 가장 많이 손상되고 가장 빨리 진전된다. PPA에는 다음의 유형들이 있다. 비유창성/탈문법성 변이형 PPA는 말실행증, 탈문법적 자발화 및 따라말하기, 비교적 양호한 단어 이해를 주요 특징으로 한다(주로 타우증). 의미 변이형 PPA는 내용이 제한적이고 단어 이해가 떨어지나 발화와 따라말하기가 유창하다(주로 유비퀴틴증). 로고패닉 변이형 PPA(logopenic variant PPA)은 명칭실증을 보이며, 문장 따라말하기 능력이 상대적으로 낮다(흔히 AD와 큰 상관성) (Gorno-Tempini et al., 2011). PPA의 변이형과 상관없이 대개 인지 문제가 추가적으로 발생하고 이를 잘 인식하지 못하며, 파킨슨병 및 다른 운동 증후군과 징후들이 악화되는 경우가 많다. 우울증의 발생률도 높기 때문에(Medina & Weintraub, 2007), 치료와 관련해 주의 깊게 모니터해야 한다. PPA의 후기에는 전두측두치매와 유사한 행동 문제가 나타날 수 있다(Marczinski, Davidson, & Kertesz, 2004).

## 의미 변이형 원발성 진행성 실어증의 사례

60세 남성 환자가 단어 인출, 읽기, 구어 기억의 결함을 평가하기 위해 내원했다. 그는 약 10년 동안 증상을 겪었다. 약 3년 전 직장에서 듣기의 어려움을 느꼈고, 약 6개월 전에는 아내와 법률 사무소의 동료들이 이를 지적한 바 있었다. 정신상태 검사에서 인지, 구어 기억, 구어 유창성이 저하된 것으로 나타났으나, 다른 신경학적 검사에서 특이 사항은 없었다. 언어 표현의 문제가 심화되어 이후 몇 개월간 업무를 수행하기가 매우 어려웠고, 더 이상 전처럼 법적 소송을 진행할 수 없었다. 초기 평가 후 약 1년 경과 시점에서 읽기, 집중력, 단어 인출의 저하가 두드러졌다. 그는 소송에서 1차 기소자로서의 업무를 더 이상 수행할 수 없었다. 초기 평가를 시행한 지 약 2년 후에는 직장을 그만두고 완전히 장애 상태가 되었다. 그는 구어 표현 및 이해 능력이 매우 저하되었고, 의미착어가 빈번할 뿐 아니라 동사에 비해 명사의 이름대기 능력이 떨어졌다. 사물 지식의 결함을 보였고, 신용카드와 보험카드를 혼동했다. 그림연상 검사에서도 오류를 보였다. 그는 더 이상 독립적으로 살 수 없고, 간단한 식사를 스스로 준비할 수 없었다. 상황이나 날씨에 맞지 않는 옷을 입으며, 익숙한 장소에서 길을 잃었다. [그림 3-10]의 MR 영상을 통해 좌반구 측두엽의 앞쪽에서 심한 위축을 확인할 수 있다.

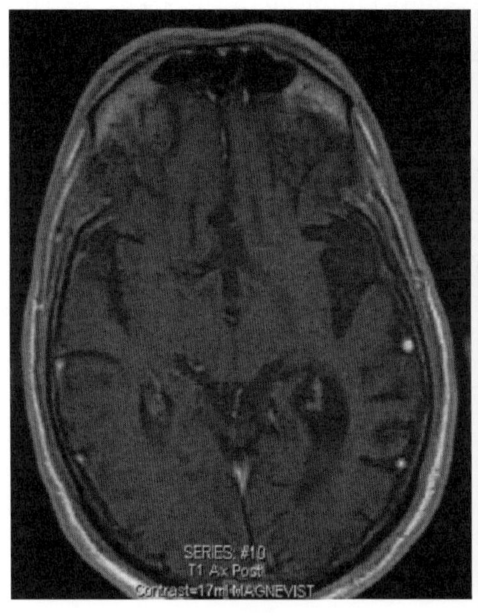

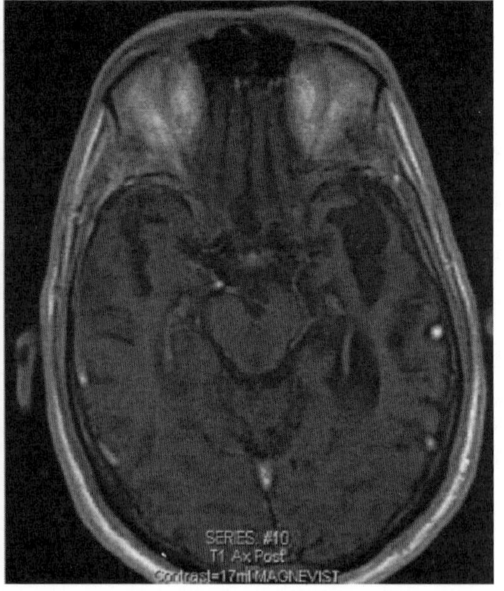


그림 3-10 의미 변이형 원발성 진행성 실어증의 사례

조영증강후의 T1 MR 영상을 통해 좌반구 측두엽의 심한 위축이 확인됨.

### 4) 행동 변이형 전두측두치매

행동 변이형 전두측두치매(bvFTD)의 행동적 어려움은 겉으로 드러나는 증상들이 많다. 특히 가족과 임상가는 성격 및 사회적 행동의 측면에서 큰 변화를 느낀다. 감정의 변화, 슬픔, 동정, 공감 등 기본적인 감정의 결함, 반복적이고 진부한 행동, 식사 습관의 변화도 나타난다. 집행기능의 저하도 질환의 특징 중 하나이다(Neary, Snowden, & Mann, 2005). 엄밀한 의미에서 bvFTD는 언어장애와 관련이 없다. 그러나 신경퇴행성 질환들 간에는 중복되는 증상들이 많다. bvFTD의 여러 증상을 보이는 환자에게 언어적 결함이 관찰되기도 한다(Grossman, 2002).

### 5) 진행성 핵상마비

진행성 핵상마비(PSP)는 신경퇴행성 질환과 매우 밀접하며, 약 50%의 bvFTD 및 대부분의 비유창성 변이형 PPA처럼 뇌에 타우가 축적되어 발생한다. PSP의 주요 특징으로는 불안정한 보행, 안구운동의 결함, 경직형 또는 '가성구(pseudobulbar)' 마비말장애, 실어증, 운동느림증, 경축, 전두엽 행동 변화가 있다(Golbe, 2001). 또한 비유창성 실어증(Boeve et al., 2003; Josephs et al., 2005; Mochizuki et al., 2003; Robinson, Shallice, & Cipolotti, 2006)이나 집행기능의 저하와 같은 피질 증상이 나타난다. PSP의 인지적 변화는 주로 피질하 영역과 관련되는데, 여기에는 정신완서(bradyphrenia), 회상 능력의 심한 저하 등이 포함된다. 질환의 초기이거나 운동느림증 등의 심한 경축을 보일 경우 PD와 혼동될 수 있지만, PSP는 대개 도파민 작용성 및 콜린억제성 약물 치료에 잘 반응하지 않는다. 안구운동의 결함, 특히 아래를 볼 수 없는 증상은 사지 경축보다 더 심하고 특징적이다.

### 6) 피질기저 증후군

전두측두 질환 및 PSP에 동반되는 추가적인 증후군으로 피질기저 퇴행성(corticobasal degeneration: CBD) 증후군이 있다. 주요 특징은 사지 실행증, 구성 및 시공간 장애, 무동성 경축, 실산증, 전두엽 기능장애 등이다. 손발을 통제하지 못한다고 느끼거나 제대로 움직일 수 없는 증상이 나타나기도 한다. 비유창성 실어증을 보이며, 실제로는 비유창성 변이형 PPA와 증상이 일치한다(Ferrer et al., 2003; Kertesz & McMonagle, 2010). CBD와 연관된 변이적인 실어증이나 명칭실어증, 브로카실어증, 초피질운동실어증을 보인다는 보고도 있다(Frattali et al., 2000). 모든 신경퇴행성 질환과 마찬가지로, 서서히 퇴행하면서 많은 기능들이 저하된다. 시간이 경과할수록 독립성과 운동성을 상실하는 경우가 많다(Reich & Grill, 2009).

### 7) 다계통 위축증

다계통 위축증(multiple system atrophy: MSA)은 하위 유형에 따라 자율신경장애로 인한 증상, PD, 소뇌 운동실조증, 추체로징후(pyramidal sign)가 다양한 중증도로 나타나는 신경퇴행성 질환이다. MSA는 10만 명당 약 1.9~4.9명에게 발생하는 희귀 질환이다. 고음도의 쥐어짜는 듯한 마비말장애가 나타나기도 하나(Wenning et al., 2004), 언어장애로 진전되는 경우는 드물다. 그러나 파킨슨병 증상을 보이는 MSA의 하위 유형(MSA-P)은 구어 유창성의 결함을 보인다(Kawai et al., 2008).

### 8) 크로이츠펠트-야콥병

신경퇴행성 질환이 서서히 진행되는 것과 달리, 크로이츠펠트-야콥병(CJD)과 같은 프라이온병은 신경학적 증상이 빠르게 악화된다. 산발성 CJD는 발병에서 사망까지 평균 약 5개월이 걸리고, 환자들의 90%가 1년 내에 사망한다(Brown et al., 1994; Johnson & Gibbs, 1998). 산발성이 가장 흔하며, 가족성 CJD는 훨씬 더 느리게 진전되어 발병한 지 약 5~11년 후에 사망한다. 하위 유형과 상관없이 연간 1백만 명당 약 0.5~1.5명에게 발병하는 매우 드문 질환이다(Johnson, 2005). 산발성 CJD의 주요 초기 증상은 크게 세 유형으로 전반적 피로, 수면장애, 식욕 감퇴를 보이는 유형, 행동 또는 인지 변화를 보이는 유형, 시력 상실, 소뇌 운동실조증, 실어증, 운동 결함을 보이는 유형이 각각 3분의 1 정도씩 차지한다(Bernoulli et al., 1979). 질환이 빨리 진행되면서 인지적 저하와 놀람에 민감한 간대성근경련증(startle-sensitive myoclonus)이 두드러진다. 발병 시점에서 실어증이 매우 선택적으로 나타난다는 데 주목해야 한다. 구어 이름대기와 단어 이해가 매우 저하되는 반면, 문어 이름대기 및 이해는 비교적 양호하다(Hillis & Selnes, 1999). 일관성이 없고 진부한 구와 보속 증상이 나타나기도 한다. 복잡한 구문을 이해하는 데 어려움이 있고, 따라말하기 폭 검사의 수행력이 4개 수준이다. 비유창한 발화와 음소착어를 보이기도 한다(Snowden, Mann, & Neary, 2002).

### 9) 뇌종양

CJD가 빠르게 진행하는 것과 달리, 1차성 뇌종양 및 뇌로의 전이는 암의 유형, 다른 합병증, 뇌 병변의 위치에 따라 속도가 다양하다. 언어 우세반구의 종양은 흔히 실어증을 유발하지만, 비우세반구의 종양은 운율 및 담화 이해의 결함을 초래한다. 암의 유형에 따라 기대 수명과 경과가 매우 다양한데, 몇몇 종양은 기대 수명이 매우 높은 반면 다형성교아종(glioblastoma multiforme: GBM) 등은 대개 치사율이 높다. GBM은 1차성 뇌종양 중 가장 흔한 유형으로, 전체의 50~60%를 차지한다. 치료를 전혀 받지 않을 경우 기대 수명은 약 3~4개월이나, 최근 적극적인 치료로 인해 높아지는 추세이다(Tran & Rosenthal, 2010). 발작과 두통은 1차성 뇌종양 및 전이의 초기 증상 중 가장 흔하며, 후속 평가를 통해 그 정도를 확인할 수 있다. 종양의 위치와 주변의 뇌부종에 따라 임상적 징후와 증상이 다르다.

## 4. 일시적 질환

다음의 세 신경학적 질환들은 일시적으로 나타난다. 언어장애가 동반되어도 완전히 회복될 수 있고, 치료 없이 회복되기도 한다. 일과성 허혈 발작(transient ischemic attack: TIA), 발작, 편두통(migraine)이 이에 속한다.

### 1) 일과성 허혈 발작

일과성 허혈 발작(TIA)은 뇌졸중과 매우 유사하나, 대개 몇 분 이내(통상 24시간 내)에 사라진다. 혈관의 종류에 상관없이 경도나 심도의 언어장애를 다양하게 유발할 수 있다. 24시간 정도 지속될 경우 MRI상에 병변이 확인되어 (TIA가 아닌) 뇌졸중으로 간주되는 경우가 많다. CT상 병변이 없어 TIA로 진단된 작은 경색들은 일시적 언어장애를 일으키는데, MRI, 특히 확산강조영상(diffusion-weighted imaging)을 통해 훨씬 더 명확히 확인할 수 있다. 이 같은 '작은 뇌졸중(mini-stroke)'의 병력을 갖는 환자들이 많다. 이는 TIA(MRI 상 병변이 없는 뇌졸중의 증상)나 MRI상 작은 병변(증상이 있거나 없음) 중 하나일 수 있다. TIA의 약 1/3은 발병 후 며칠 내에 주로 뇌졸중이 발병하므로, 이를 최소화하려면 평가와 치료가 빨리 이루어져야 한다.

### 2) 발작

전체 인구의 약 2~3%에게 발작 질환이 있으며(Hauser, Annegers, & Kurland, 1993; Kobau et al., 2004), 태어난 해나 75세 이상 노인에게 간질이 동반될 확률이 가장 높다(Hauser et al., 1993). 보편적인 긴장성-간대성(tonic-clonic) 발작은 대발작(grand mal seizure)으로도 불리는데, 발작의 유형 중 가장 잘 알려져 있다. 발작이 일어나면 의식을 잃은 채 상지와 하지가 규칙적으로 빠르게 흔들리다 느려진다. 졸림 증상이 잦고 회복이 느린데, 발작 후 기간은 초기 신경학적 상태와 다른 증상에 따라 몇 시간에서 24시간까지 지속된다. 긴장성-간대성 발작 후에는 편측 약화(일명 'Todd의 마비')나 실어증과 같이 회복이 느린 몇 가지 증상들이 나타난다. 부분발작과 같은 유형에서 실어증은 표면적으로 잘 드러난다. 즉 발작이 일어나면 언어 이해나 산출의 장애가 나타나고, 회복되면 이들이 거의 사라진다. 예외적으로, 랜도-크레프너 증후군(Landau-Kleffner syndrome, 일명 '후천성 간질 실어증')은 진행성 실어증 증후군으로서 3~6세 때 주로 발병하고 좌반구 측두피질의 발작으로 인한 간질이 원인이다. 이는 일시적 장애가 아니라 아동기의 진행성 언어장애이다.

### 3) 편두통

편두통은 매우 흔한 질환으로, 한 해 유병률이 11.7%에 이른다. 남성보다 여성에게 훨씬 더 많고, 중년기의 유병률이 가장 높다. 대부분 위험하지는 않으나 심신을 매우 약화시킨다. 편두통 환자들의 평균 건강 관리비용은 비교적 높은 편이며, 국가적 부담도 약 110억 7천만 달러에 이른다(Hawkins, Wang, & Rupnow, 2008). 주로 시각적 전조 증상이 나타난 후 매스꺼움과 잦은 구토, 강렬하고 울렁거리는 고통, 광선공포증(photophobia), 음성공포증(phonophobia)이 뒤따른다. 고통이 최고조일 때 인지 처리가 늦고 발화가 어렵다고 보고된다. 실어증과 반신마비는 드물게 나타날 수 있다. 고통이 완화되어도 인지, 발화, 운동의 결함이 반드시 회복되는 것은 아니다. 진단 및 치료 시에는 배제된 부차적 원인으로 인해 편두통이 발생할 수 있음을 고려해야 한다. 또한 적절한 기준에 부합할 경우 예방적 치료를 제공해야 한다.

## 5. 결론

언어장애와 관련된 신경학적 질환은 뇌, 특히 피질에 영향을 주는 많은 질병들이 포함된다. 이 중 뇌졸중과 SDH는 의학적 조치와 언어치료를 통해 회복될 가능성이 크다. 신경염증성 및 감염성 질환은 유형에 따라 항생제 치료나 면역 억제를 통해 크게 향상될 수 있다. MS처럼 호전과 악화를 반복하는 퇴행성 질환에서 실어증은 미미하게 나타난다. 신경퇴행성 질환은 대개 인지 및 언어의 결함을 보인다. 현재 질병 변경(disease-modifying) 의학 치료법이 부족한 실정이나, 언어치료는 증상의 일부인 의사소통장애에 도움이 된다. 발작이나 편두통과 같은 일시적 질환에서 실어증은 단기간 동안 나타나며, 발작 후 상태나 고통이 완화되면 신경학적 기초선 단계로 회복된다.

제2부

# 정상적 처리 과정

# 제4장 주의력: 구조 및 처리

Thomas H. Carr & Jacqueline J. Hinckley

## 개요

## 1. 주의력의 정의

'주의력의 구성 요소는 무엇인가? 주의력의 기능은 무엇이며 어떻게 작용하는가?'

위 질문들은 쉬울 수도 있다. 1890년 William James는 "주의력이 무엇인지를 모두 알고 있다. 그것은 동시에 떠오르는 몇 가지 대상이나 여러 생각 중 명확하고 강렬한 정신작용에 의한 것이다"라고 주장했다. 그러나 120년 후 수많은 연구로 인해 James의 견해는 보다 복잡해졌다.

### 1) 주의력이 높은 시나리오

이메일을 쓰다가 잠깐 상상의 세계로 빠져 행복한 공상을 하는 중이라고 가정하자. 동료가 문 앞에서 살짝 노크를 하며 "저, 잠깐 시간 있으세요?"라고 말한다.

당신이라면 동료의 질문에 어떻게 반응할까? 질문을 알아차릴 수는 있을까? 이 상황에서 동료의 요구가 합당할지라도 '주의를 기울이는 것'이 항상 옳을까? 주의를 기울이지 않아도 되는 경우가 있을까? '주의를 기울이는 것'이 어려우면 어떻게 해야 할까? 일이 제대로 진행될 수 있을까? '주의를 기울일' 때 실제로 주의력의 기능은 무엇이며 어떻게 작용할까?

당신이 "물론이죠, 들어와요."라고 말하면 동료가 앉아서 말하기 시작한다. 당신은 말을 경청하면서도 이메일에 썼던 내용을 읽으려고 애쓴다. 그리고 메시지의 다음 문장을 타이핑하기 시작한다. 이 다중과제를 완수할 수 있을까? 동료가 "제 얘기에만 집중할 수 있을까요?"라고 다시 요청하자, "좋아요, 좋아. 무슨 얘기죠?"라고 말한다.

"음, 당신이 수학을 싫어한다는 걸 알지만, 이 계산을 도와줄 사람은 당신뿐이에요. 여기, 이것 좀 봐요."라고 동료가 말한다.

우리는 주의력에 대해 무엇을 알고 있으며, 이 시나리오에서 주의력은 어떻게 작용하는가?

## 2. 인간 뇌의 주의력 체계

James의 주장 이후 100년이 지난 1990년, Posner와 Petersen은 주의력이 정신생활을 제어하는 데 있어 다양한 기능을 한다고 언급했다. 또한 주의력에 관한 두 핵심사항과 뇌에서의 기능을 설명했다.

## 1) 주의력의 개별성

주의력은 다른 정보 처리 영역과 구별되는 일련의 정신기능으로, 그것의 할당이나 거부와 관련된 정보를 처리하는 영역과는 다른 신경 체계를 통해 실행된다. 즉 전문적인 주의력 체계는 감각, 기억, 언어, 운동 정보의 처리 체계와 별개이다. 주의력 체계는 정보 처리 체계의 작용을 조절한다.

이러한 주장의 근거는 무엇일까? Corbetta와 동료들(예: Corbetta et al., 2000) 및 Kastner 등(1999)은 기능적 자기공명영상(fMRI)을 사용해 실제로 자극이 지각될 때와는 다른 영역이 활성화됨을 입증했다. 활성화는 연속적으로 제시되는 자극을 어디에서 찾을지를 알려 주는 공간적 단서에 반응하여 일어났다. 공간적 단서가 정확히 신호를 보내 다음 위치에 공간 주의력이 할당되면 지각 영역이 더 강하게 활성화되었다. '주의력 영역'에 해당하는 단서 처리 영역이 활성화됨으로써 지각 영역의 활성화뿐 아니라 과제에 대한 반응 속도 및 정확도가 예측되었다. 따라서 단서에 근거한 주의력 정보는 뇌의 다른 영역에서 생성되며, 여기에서 내보내는 억제 신호를 통해 실제로 자극의 처리를 담당하는 지각 영역의 기능이 조절된다. 이에 관한 Hopfinger(2000)의 우수한 연구 사례를 [그림 4-1]에 제시했다.

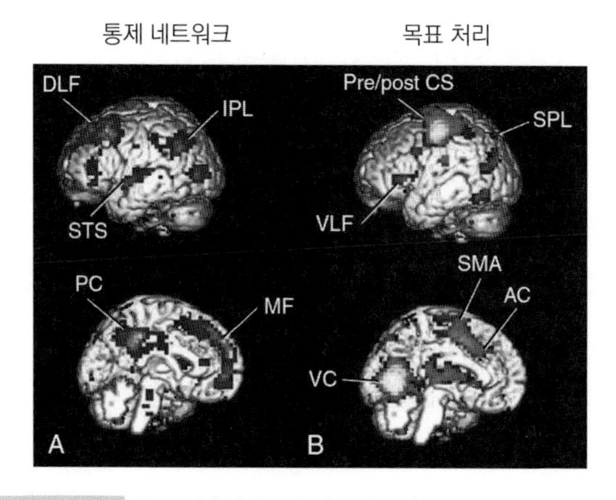


그림 4-1 정보 처리 영역과 구분되는 선택주의력 영역

Hopfinger, J. B., Buonocore, M. H., & Mangun, G. R. (2000). The neural mechanisms of top-down attentional control. *Nature Neuroscience, 3*, 284-292. 참고.

### 2) 주의력의 복잡성

Posner와 Petersen에 따르면, 주의력을 담당하는 뇌 영역 체계는 피질 및 피질하 구조에 걸쳐 분포되어 계층 구조를 이룬다. 이는 충분히 검증된 것으로, 이 중 몇 가지를 논의하고자 한다.

### 3) 주의력의 기능

주의력의 기능은 무엇일까? 이에 대한 논의들은 많다. Posner와 Petersen(1990)은 세 가지 주요 기능과 각각의 신경 구조 체계를 다음과 같이 제시했다. 체계 1은 각성(arousal), 환기(alerting), 경계(vigilance)에 관여한다. 체계 2는 정보의 근원을 추적하고 선택한다. 체계 3은 의도적이고 목표 중심적인 과제를 수행하는 데 있어 통제와 감독을 담당하며, 작업기억이 이에 포함된다.

## 3. 주의력 네트워크 검사

주의력의 세 체계를 논의하기에 앞서, 동일한 과제를 사용해 이들을 다룬 연구를 소개하고자 한다. 이를 통해 세 체계에 대한 자료를 일시에 확보하고, 자극과 반응, 그리고 주의력 체계의 본질과 직접 관련되지 않는 과제의 요구를 지속적으로 파악할 수 있다.

Fan 등(2005)은 주의력 네트워크 검사(Attention Network Test: ANT)를 활용해 각 체계에 해당하는 3개의 과제를 하나로 결합했다. ANT는 MRI 스캐너로 시행되었는데, 과제를 수행하는 동안 뇌 영역의 활성화를 알아보기 위해 뇌 전체의 혈중 산소 수준(blood oxygen levels)을 측정했다. 혈중 산소 수준은 뉴런이 활동하는 다양한 양상을 매우 직접적으로 반영하므로, fMRI를 통해 뉴런의 정보 처리 영역을 잘 파악할 수 있다.

[그림 4-2]는 컴퓨터 화면의 중앙에 고정된 표시물에 집중하는 ANT의 예이다. 매 시도마다 고정 십자가의 위나 아래에 목표가 되는 화살표가 바로 나타난다. 가능한 한 빠르고 정확하게 화살표의 방향을 가리키되, 화살표가 왼쪽을 가리키면 왼쪽 버튼을, 오른쪽을 가리키면 오른쪽 버튼을 누른다.

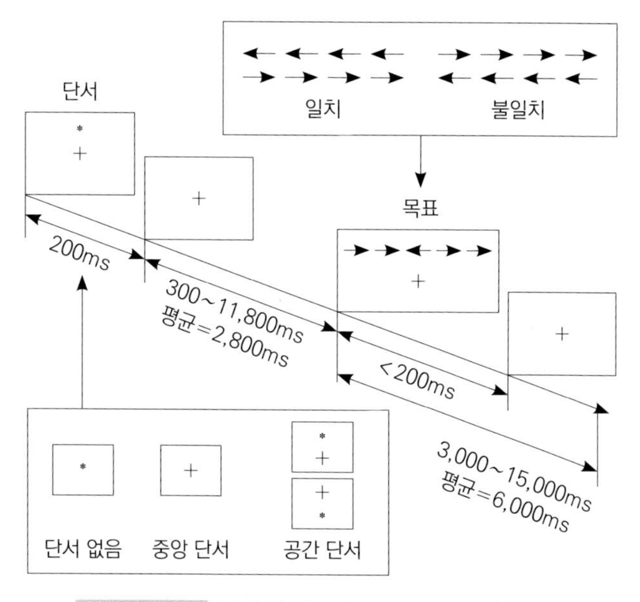


**그림 4-2** 주의력 네트워크 검사의 시행 화면

Fan, J., McCandliss, B. D., Fossella, J., Flombaum, J. I., & Posner, M. I. (2005). The activation of attentional networks. *NeuroImage, 26*, 471–479.

## 1) 세 가지 과제

[글상자 4-1]에는 이 연구에 사용된 과제들이 요약되어 있다. 집행 통제와 감독을 담당하는 체계 3의 과제를 먼저 논의할 것이다. 이는 ANT의 논리를 이해하는 데 기초가 되기 때문이다. 목표가 되는 화살표의 방향에 따라 반응해야 하나, 화살표가 자동적으로 나타나지는 않는다. 그것은 관련 없는 것으로 표기된 5개 화살표의 중간 부분에 나타나며, 가장자리 중 한 곳에 2개가 배치된다. 중간에 위치한 화살표에 따라 방향이 결정된다. 따라서 이 과제는 Eriksen과 Hoffman(1972)의 '수반 자극 과제(Flanker Task)'에 해당한다. 수반 자극이 목표 공간에 매우 가까이 있으면 무시되기 어렵고, 집중되어 있지 않을 경우 일부만 처리된다. 목표 자극이 단순하고 처리나 해석이 쉬우면 이러한 결과가 더 확실히 나타나는데(Lavie, 1995; 2006; Huang-Pollack, Nigg, & Carr, 2002 참고), 이때 목표 및 수반 자극에 해당하는 화살표는 모두 단순하며 처리하기가 쉽다.

**글상자 4-1** 주의력 네트워크 검사에 사용된 주의력 체계의 과제들

체계 1(각성, 환기, 경계): 준비 단계가 시작되면서 별표가 나타나거나 사라지는 과제

체계 2(정향 및 선택, 일명 선택주의력): 목표 자극이 제시될 위치(선택주의력을 유도함)나 화면의 중간(선택주의력을 유도할 만한 정보를 제공하지 않음)에 주의를 끄는 별표가 나타나거나 사라지는 과제

체계 3(집행 통제 및 감독): 목표 화살표와 같은 반응('일치' 조건) 또는 정반대의 반응('불일치' 조건)에 대한 신호를 받으면서 목표 화살표의 한쪽 옆에 위치한 수반 자극 화살표들이 나타나거나 사라지는 과제

이 상황에는 집행 통제가 필요하다. 수반 자극에 해당하는 화살표들이 목표 화살표와 같은 방향('일치' 조건)을 가리키면 중간 화살표에 온전히 집중하지 않아도 된다. 이 경우에도 옳은 방향을 가리키게 될 것이다. 그러나 수반 자극 화살표가 반대 방향('불일치' 조건)을 가리키면 방향을 결정하기 전에 중간 화살표에 최대한 집중해야 한다.

Fan과 동료들은 수반 자극 화살표의 '집행 통제'에 대한 부담 정도를 평가했다. 즉 갈등을 유발하는 더 까다로운 불일치 조건의 반응시간 및 정확도에서 좀 더 쉬운 일치 조건의 반응시간 및 정확도를 차감했다. 일치 및 불일치 조건의 혈중 산소 수준을 비교하면 부담에 관여하는 뇌 영역의 지도가 완성된다.

체계 1(각성, 환기, 경계)은 경고 신호를 보내거나 보류하도록 구성되며, 목표 화면에 대해 준비할 수 있도록 주의를 환기시키는 별표가 표시된다. 기초선 단계에서는 경고 신호가 없는 조건이 제시된다.

체계 2(정향 및 선택)에서는 공간 정보에도 주의를 기울여야 한다. 경고 신호 조건의 별표는 두 위치 중 한 곳에 나타난다. 즉 항상 고정되어 있는 표시 위에 추가되어 화면의 중간에 나타나거나(화살표에 대한 반응을 준비하도록 환기시키는 경고 신호를 보내나, 목표 자극이 제시될 위치의 공간 정보는 추가되지 않음), 목표 화살표가 나타날 것으로 예상되는 위치에 표시된다(경고 단서를 제공할 뿐 아니라 방향을 찾도록 주의를 집중시키는 데 유용한 공간적 단서를 제공함). 따라서 체계 2(정향 및 선택)를 통해 경고 신호를 주는 단서가 공간 정보를 주는지에 대해 파악하는데, 이러한 정보는 목표가 제시되기 전에 주의를 집중하는 데 유용하다.

집행 통제에서 적절한 반응시간과 정확도를 차감함으로써 환기, 정향 및 선택이 수행에 미치는 영향을 평가하며, 적절한 혈류 이미지들을 비교하여 행동과 연결된 활성화 영역의 뇌 지도를 완성할 수 있다.

환기, 선택주의력('정향'), 집행 통제('갈등') 효과에 대한 반응시간의 차이와 이들 간의 상관성이 〈표 4-1〉에 제시되었다. 즉 경고를 받으면 60ms(약 7.5%), 정향 정보가 주어지면 31ms(약 3.8%)만큼 더 빠르게 반응했고, 불일치 조건의 수반 자극으로 인한 갈등에 직면하면 102ms(약 12.5%) 정도 더 느렸다. 이들 간의 상관성은 모두 유의하지 않아 통계적으로 효과들이 상호 독립적임을 알 수 있다. 이는 주의력 체계의 구조에 관한 가설에서 각 체계가 독립적으로 작용한다는 Posner와 Petersen(1990)의 주장과 일치한다.

〈표 4-1〉 주의력 네트워크 검사에서 환기, 정향, 갈등 해결이 반응시간에 미치는 영향

| | 효과와 SD(ms) | 환기 | 정향 | 갈등 |
|---|---|---|---|---|
| 환기 | 60(34) | | | |
| 정향 | 31(34) | .258 | | |
| 갈등 | 102(57) | .258 | .155 | |
| 평균 반응시간 | 768(118) | .556 | -.180 | .385 |

*상관성은 .05 수준에서 유의함(양측 검정)

Fan, J., McCandliss, B. D., Fossella, J., Flombaum, J. I., & Posner, M. I. (2005). The activation of attentional networks. *NeuroImage, 26*, 471-479. 참고.

뇌 활성화 지도는 이러한 견해를 반영한다. 환기 효과는 시상과 전측 및 후측 피질 영역의 활성화와 관련된다. 정향 효과는 두정엽과 전두안구운동야(frontal eye field)가 관여한다. 집행 통제 효과는 양 반구 전전두피질의 전대상피질(anterior cingulate cortex), 복후측피질(ventral posterior cortex)의 좌우 방추형이랑(fusiform gyrus)에서 활성화된다. 2~3개의 지도에서 활성화되는 영역을 알아보는 논리곱 분석(conjunction analysis)에서 상호 중복되는 부분은 없었다. fMRI 결과에서도 ANT의 주의력 과제를 수행할 때 각각 다른 주의력 체계와 연관된 3개의 신경 네트워크가 활성화되었다.

## 4. 체계 1-각성, 환기, 경계: 과제 수행을 위한 준비

정신 에너지의 수준 및 참여에 대한 준비는 과제를 수행하는 데 중요하다. Fan과 동료들(2005)이 언급한 환기는 자극이 곧 제시될 것이라는 특정 경고를 받는 준비 단계로서,

이에 영향을 미치는 신경계의 특성이 있다. Kahneman(1973, p. 13)은 이러한 준비 과정을 '노력의 동원'이라 칭하고 신경 체계 전반의 생리적 활성화 수준인 각성의 개념으로 보편화했다. 이는 심방박동수, 전기 피부 반응, 동공의 직경, 청반(locus coeruleus) 또는 '망상활성계(reticular activating system)'의 활성화 등을 통해 검사한다.

### 1) 신경전달물질-각성, 환기, 경계의 전달 통로

신경화학에서는 아세틸콜린과 도파민이 관여하는 기저 전뇌(basal forebrain), 피질, 시상의 연결 통로뿐 아니라 주요 신경전달물질인 노르아드레날린과 관련된 청반-피질 간의 통로를 중시했다(Cools & Robbins, 2004; Parasuraman, Warm, & See, 1998; Ron & Robbins, 2003). 특히 전대상피질, 우측 전전두피질, 시상 내의 신경전달물질 체계와 관련된 통로는 각성 및 노력 동원 능력을 조절하는 데 중요하다.

### 2) 수행에 대한 각성과 리듬

환기, 각성, 경계와 관련된 신경계의 특성은 집중적인 연구 대상으로, 인지/행동 수준의 연구들이 매우 많다. 과제 수행의 준비 단계에서 나타나는 예측 양상은 변이적이며, 이는 최소한 두 가지의 다른 시간 척도에서 발생한다.

### 3) 24시간 주기 리듬

첫째, 준비 단계는 24시간 수면 각성 주기에 따라 다르다. Hasher, Zacks, May(1999)는 이 주기를 과제 수행의 속도 및 정확도와 연관시켰다. '아침형 인간'도 있고, '저녁형 인간'이나 '올빼미형 인간'도 있다. 즉 하루 중 가장 활력 있는 시간, 그리고 어려운 정신 및 신체 활동을 원하는 시간은 사람마다 체계가 다르다. 이는 정신측정법상 지속적이고 신뢰할 만한데, Horne과 Ostberg의 아침형-저녁형 설문지 등이 활용된다. Hasher와 동료들에 따르면, 피검자가 선호하거나 가장 적절한 시간에 검사를 시행하면 여러 과제에서 더 빠르고 정확히 수행하는데, 이는 피로할 때나 더 쉬운 과제를 선호할 때의 수행력과 차이가 난다.

시간에 대한 선호도는 연령에 따라 매우 다르다(〈표 4-2〉). 청년층은 저녁을 선호하는 반면, 노년층은 대부분 아침을 선호한다. 두 집단을 모두 저녁에 검사하면 연령에 따른 인지 차이가 커지는데, 저녁 시간은 주로 청년층에게 적합하나 노년층에게는 피로한 시간이므로 청년층이 유리하다. 아침에 검사하면 에너지와 준비 수준이 달라지므로 이와 정반대가 된다. 즉 과제에 따라 다르나 청년층에게 유리한 정도가 감소하거나 사라진다.

〈표 4-2〉 연령의 기능으로서 '아침형 인간' vs. '저녁형 인간'의 분포

| | 아침형-저녁형 | | | | |
|---|---|---|---|---|---|
| | 완전형 저녁형 (16~30) | 비교적 저녁형 (31~40) | 중간형 (42~58) | 비교적 아침형 (59~69) | 완전한 아침형 (70~86) |
| 집단 | | | | | |
| 청년층 (*N*=210) | | | | | |
| n | 15 | 78 | 105 | 12 | 0 |
| % | 7 | 37 | 50 | 6 | 0 |
| 노년층 (*N*=91) | | | | | |
| n | 0 | 0 | 24 | 45 | 22 |
| % | 0 | 0 | 26 | 50 | 24 |

연령 범위는 청년층 18~22세, 노년층 66~78세임.

May, C. P., Hasher, L., & Stoltzfus, E. R. (1993). Optimal time of day and the magnitude of age differences in memory. *Psychological Science, 4*, 326-330. 참고.

최적의 시간에는 대개 과제의 수행력이 향상되며, 그 이후에는 낮아진다. 과제 수행에 대한 각성과 준비 능력(노력 동원 능력)이 24시간 주기로 달라지기 때문에 이러한 수행력 주기가 형성된다.

## 4) 환기

보다 정교한 시간 척도로 환기를 평가해도 Fan과 동료들(2005)의 결과와 매우 유사할 수 있다. 예를 들어, Posner와 Boies(1971)는 글자들이 한 쌍씩 연속적으로 제시되는 동일-차이 짝짓기 과제를 통해 가능한 한 빠르고 정확하게 두 글자의 동일성 여부를 가려

내도록 했다. 그 결과 첫 글자에 앞서 경고 신호를 보내면 판단하는 속도가 빨랐다.

그러나 사전에 제공된 경고 신호의 수에 따라 향상의 정도가 달랐다. 초반 약 0.5초까지는 향상의 정도가 커지며, 경고 신호와 첫 글자의 시작 시점 사이에 최대 400~600ms의 간격이 발생했다. 이는 비교적 단순한 판단을 요하는 반응시간 과제에서 공통적으로 나타났다. 약 0.5초의 적절한 경고 후에는 몇 초간 향상의 정도가 감소하는데, 이는 장시간 동안 준비 단계를 최대한 유지하는 것이 어려움을 반영한다(Kornblum & Requin, 1984; Thomas, 1974).

## 5) 경계

분 또는 시간 단위로 준비 단계가 길어지면 문제가 된다는 사실이 입증되었다. '경계'에 대한 부담 때문에 실생활의 과제에서 많은 오류가 생기는데, 특히 행동을 요하는 사건이 거의 없거나 수면 각성 주기 내의 부적절한 순간일 때 더욱 그렇다(Parasuraman et al., 1998; Thomas et al., 2000). 수면박탈(sleep deprivation) 상태에서는 수행이 매우 변이적이며 몇몇 자극에는 정상적으로 반응하나, 반응이 매우 느려지거나 소거되는 자극도 있다(Doran, Van Dongen, & Dinges, 2001).

각성과 준비의 수준이 낮으면 수행력이 저조한데, 이는 두 다른 시간 척도에서 발생한다. 각성 상태가 최적의 수준 이상으로 올라가면 어떻게 될까? 이는 외부(예: 카페인이나 암페타민의 섭취, 매우 시끄럽거나 성가신 환경에서의 수행)이든 내부(예: 잘 수행하고자 하는 강력한 희망으로 인한 분노, 두려움, 과잉동기)이든 간에 극단적인 자극 조건일 때 발생한다. 각성 수준이 높을 때의 수행력은 최적의 조건에 비해 오히려 저조하다.

## 6) Yerkes-Dodson 법칙

Yerkes-Dodson 법칙은 특정 결과로 나타난 기능의 보편적인 형태를 의미하며, 각성의 수준을 수행의 질과 연관시킨다. 주어진 과제를 최대한 수행할 수 있는 가장 적합하고 보편적인 각성 및 준비 수준은 [그림 4-3]과 같다. 이 수준보다 더 낮거나 높으면 수행력이 낮아진다. 그림에서 알 수 있듯이, 최적의 각성 수준은 과제의 복잡성에 따라 다양하다. 가장 단순한 과제에서는 높은 수준의 각성이 유용한 반면, 과제가 복잡할수록 높은 각성 수준은 방해가 된다. 구성 요소의 단계가 많을수록 각성 수준이 낮아야 수행력이 높아진다. 또는 더 많은 작업기억 정보가 관여되거나 유지되어야 한다.

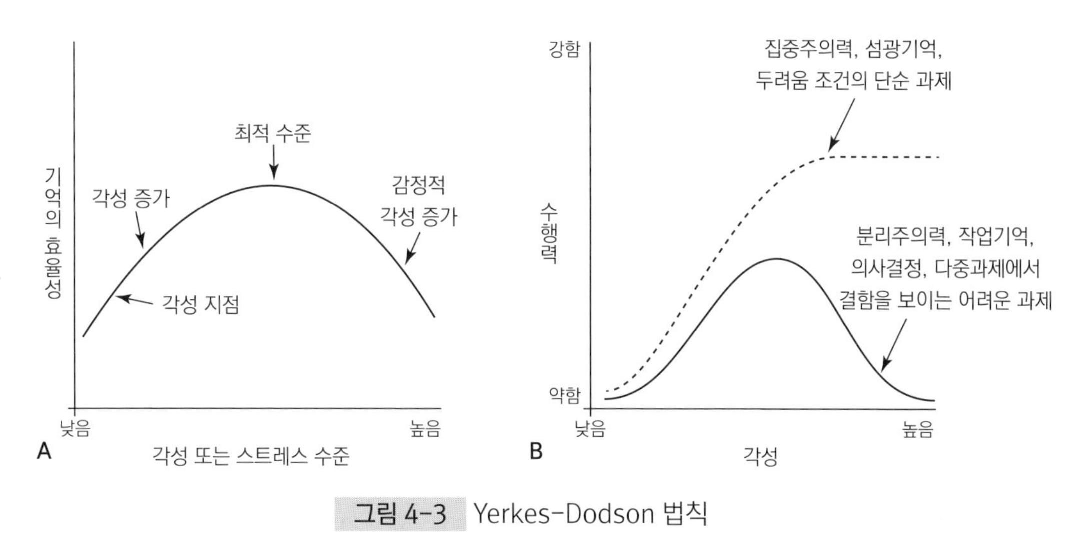


그림 4-3 Yerkes-Dodson 법칙

A: 보편적인 Yerkes-Dodson 법칙
B: 과제 복잡성의 기능과 관련된 Yerkes-Dodson 법칙
각성 수준이 높더라도 '단순한 과제(점선)'의 수행력이 항상 높은 것은 아니며, '어렵거나' 복잡한 과제만큼 수행력이 급감하지는 않음.

과제와 상관없이 최적의 수준보다 훨씬 더 낮은 각성은 수행을 크게 방해하는데, 원인은 다르나 이는 매우 높은 각성 수준일 때와 유사하다. 낮은 각성은 나른함이나 졸음도 유발해 수행을 제대로 준비하지 못하도록 한다. 각성 수준이 지나치게 높으면 주의력을 제한하며, 집행 통제와 의사결정을 방해한다(Anderson, 1994; Kahneman, 1973; Yerkes & Dodson, 1908. Yerkes-Dodson 기능에 관한 토론 참고).

## 5. 체계 2-선택주의력: 정보의 배치 및 선택

단순히 말해, 환경에는 인간이 기억하거나 인지하고 의미 있게 해석하거나 실행하여 기억에 저장할 수 있는 것보다 더 많은 정보들이 있다. 따라서 선택주의력에 관한 연구와 이론이 필요한데, 이는 정보의 흐름을 통제하고 우선권을 부여하거나 줄이며 자극을 억제함으로써 이전보다 자극을 인식하기 어렵게 만든다(Dagenbach & Carr, 1994; Keele, 1973; Pillsbury, 1908; Posner & Petersen, 1990; Treisman, 1969, 1988).

Keele(1973, p. 4)은 "주의력이라는 용어는 한 과제를 수행하면서 동시에 다른 과제를 수행할 수 없음을 의미한다"고 언급했다. 예를 들어, 타이핑은 주의력이 필요한 과제이므로 대화하면서 수행할 수 없다. 반면, 사색하면서 산책해도 걷는 데에는 거의 방해되지 않기 때문에 산책은 주의력을 크게 요하지 않는 과제이다.

### 1) 선택주의력의 득과 실

타이핑과 산책은 시간이 소요되는 복잡한 활동이다. 훨씬 덜 복잡한 지각 및 감각운동 과제를 통해 주의력의 영향을 파악할 수 있다. Fan과 동료들(2005)의 ANT에는 가장 단순하고 널리 활용되는 선택주의력 검사가 포함되었다. 자극은 시각적으로 다른 두 위치에서 제시되며, 이러한 제한성은 지각하는 데 어느 정도의 부담을 가한다. 이는 다음 자극이 제시될 위치로 주의를 돌리는 단서에서 도움을 얻는 것과 유사하다. 정보가 제시될 위치를 선택하고 모니터하는 능력을 부여하는 것은 지각 과제에서 유용하다. Fan의 실험은 주의를 산만하게 하는 단서가 제공되는 경우와는 달랐다. 즉 신호를 받은 후 자극이 제시되지 않을 위치로 주의를 환기시키는 단서는 포함되지 않았다. 단서가 전혀 제공되지 않는 경우와 비교할 때 반응시간과 정확도가 낮아졌다. [그림 4-4]에는 적절한 단서에 의한 촉진이나 이득 효과, 상관없는 단서로 인한 억제나 손실 효과가 제시되어 있다.

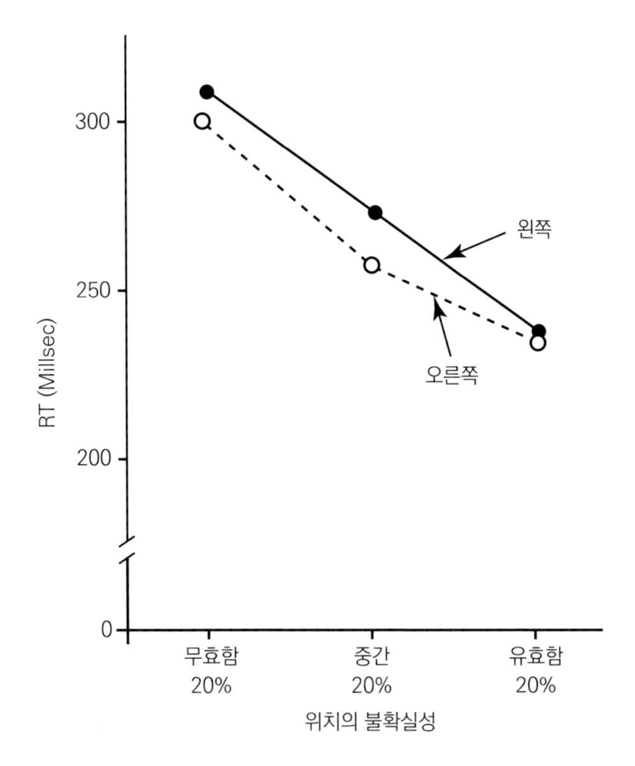


**그림 4-4** 다음에 제시될 자극이 발생할 위치에 대해 정확하게(적절한 단서, 805회 제공) 또는 부정확하게(상관없는 단서, 205회 제공) 신호를 보내는 공간적 단서의 영향

Posner, M. I., Snyder, C. R. R., & Davidson, B. J. (1980). Attention and the detection of signals. *Journal of Experimental Psychology: General, 109*, 163. 참고.

## 2) 선택주의력의 기능적 구조 및 해부

Posner와 Petersen(1990)은 시각 주의력을 활용했는데, 입력 정보의 근원을 찾고 선택하는 데 대략 세 요소들이 순차적으로 작용했다. 이는 '분리', '이동', '관여'로 구성된 선택주의력의 '기능적 구조'로서, 각각 다른 영역의 신경조직(선택주의력의 '기능적 해부')이 담당한다.

Posner와 Petersen의 가설에 따르면, '분리' 작용은 좌우반구 후두정피질(상측두피질의 후측에 인접)에서 이루어진다. 이는 현재 주의가 집중되는 위치에 정보가 우선적으로 입력되지 못하도록 판단함으로써 또 다른 자극으로 주의를 전환한다. 작업기억의 집행 통제 과정을 통해 의도적으로 시행되며, 하향식의 목표 중심적 지시로서 두정엽에 전달된다. 분리 작용은 새롭고 고강도의 특성을 지니며, 잠재적으로 중요한 자극이 환경 내에 갑자기 유입되면서 형성된 상향식 신호 때문에 발생하기도 한다. Posner와 Petersen의 해부 모델만으로는 내부에서 발생한 하향식 통제와 자극 중심적이고 외부적인 상향식 통제 간의 차이를 명확히 설명할 수 없으나, 이는 매우 중요한 쟁점이다. 특히, 외부에서 발생한 통제는 자동적 또는 반사적 주의력 점유라고도 하며, 이에 관한 연구들이 매우 많다(Folk, Remington, & Johnston, 1992; Folk, Remington, & Wright, 1994; Schriej, Owens, & Theeuwes, 2008; Yantis, 1995).

현재 집중하는 것에서 새로운 것으로 주의를 전환하려면 먼저 현재의 것을 분리해야 한다. 그러나 분리된 후에 주의력은 어디로 향할 것이며 어떻게 그곳에 도달할까? 선택주의력의 두 번째 작용인 '이동'은 후두정피질과 상둔덕(superior colliculus) 간의 상호작용에 의해 일어나는데, 두 영역은 환경적 공간을 보다 세부적으로 처리한다. 주의력의 전환은 상둔덕과 상호작용하는 측두피질 근처의 두정피질 중 아래쪽 영역에서 담당하는 반면, 집중할 순서를 계획하여 한 위치에서 다른 위치까지 체계적으로 이동하는 것은 두정엽의 위쪽 영역에서 추가적으로 처리한다(Corbetta et al., 1993).

새로운 곳으로 주의력이 전환되면 새로운 자극에 '관여'하여 우선적으로 입력해야 한다. '관여' 작용에는 시상(thalamus), 특히 베개핵(pulvinar nucleus)이 큰 역할을 한다.

Posner와 Petersen은 선택주의력을 관장하는 영역들 간의 네트워크를 '후측 주의력

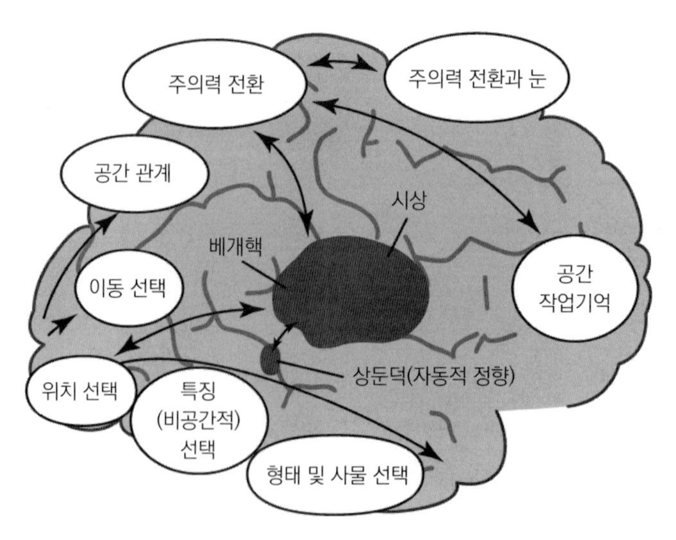


그림 4-5 체계 2와 관련된 기능적 해부의 개요: 정보의 근원에 대한 정향과 선택

Gazzaniga, M. S., Ivry, R. B., & Mangun, G. R. (2009). *Cognitive neuroscience: The biology of the mind* (3rd ed., p. 522). New York: Norton. 참고.

체계'라 명명했는데, 이의 기능적 해부는 1990년 이후 보다 정교해졌다. 널리 활용되는 인지신경과학 교재(Gazzaniga, Ivry, & Mangun, 2009)에서 인용한 [그림 4-5]를 통해 후측 해부 영역이 주의력에 주로 관여함을 알 수 있다.

### 3) 청각적 선택주의력

선택주의력에 있어 시각적 차원의 효과는 청각에도 매우 유사하게 나타난다. 즉 소리나 말이 들릴 위치에 대한 단서를 제공하면 탐지와 확인이 촉진된다. 반면에, 잘못된 방향으로 주의를 유도하는 부적절한 단서는 탐지와 확인을 방해한다(Mondor & Zatorre, 1995).

시각 및 청각 주의력은 상관성이 크다. Driver와 Spence(예: 1994, 1998)에 따르면 감각통합적 단서는 내적 단서만큼 효과적이지 않으나 시각 단서는 청각적 주의를 유도하며 그 반대도 마찬가지이다. 감각통합적 단서로 인한 득실을 고려할 때, 주의력 체계의 일부는 중복적이며 감각 영역 자체에 어느 정도의 주의력 체계가 있음을 알 수 있다. 그러나 이러한 특정 요소들은 순차적으로 입력되며, 다양한 감각을 제공하는 보다 보편적인 체계에 의해 조정된다.

### 4) 감각통합적 주의력과 구어

감각통합적 상호작용은 특히 구어를 지각하는 데 중요하다. 입술 모양에 의한 시각 정보는 구어의 음절과 단어를 확인하는 데 영향을 준다. 즉 입술 모양과 소리가 일치하면 확인이 촉진되는 반면, 입술 모양과 다른 청각 정보는 확인을 방해한다. 이를 'McGurk 효과'라 한다(McGurk & McDonald, 1976; Jones & Callan, 2003; Rosenblum, Yakel, & Green, 2000 참고). Driver와 Spence(1994)에 따르면, 좌우 공간에서 각각 제시되는 두 청각 메시지 중 하나를 선택적으로 따라 할 때 메시지가 들리는 쪽에서 화자의 영상을 보여 주면 매우 유용하다. 이와 같이 시각과 청각이 결합된 공간주의력은 정보의 통합을 촉진한다.

### 5) 어떻게 선택하는가? 우선적으로 활성화되는 표상들

주의력이 정보 처리에 어떻게 개입하는지는 여전히 논쟁 중이다. 1995년 Desimone과

Duncan(2004)은 주의력이 정보 흐름의 통로와 정보의 표상에 직접 개입하며, 이들을 우선적으로 활성화시킨다고 주장했다. 즉 목표와 상관없는 통로는 주의력이 관여하지 않는다. 통로는 활성화될 수도 있고 그렇지 않을 수도 있는데, 활성화되더라도 주의력이 개입할 때보다 더 많이 활성화되지는 않는다. 외부로부터 주의력 통제가 발생하기도 하는데, 이는 의도되지 않은 채 반사적으로 주의력이 전환된 경우이다. 이러한 '과대활성화' 자극에는 갑자기 새로 나타난 자극(Klein, 2004; Yantis, 1995), 특정 색깔이나 모양과 같이 현재의 목표를 매우 쉽게 인식하도록 돕는 자극(Folk, Remington, & Johnson, 1992; Folk, Remington, & Wright, 1994; Schreij, Owens, & Theeuwes, 2008), 오랫동안 중시되던 친숙한 자극(Cherry, 1953; Treisman, 1969; Carr & Bacharach, 1976)이 포함된다.

### 6) 언어 처리 및 의사소통 상호작용 시 주의력의 분배와 관리

의사소통을 위한 언어 사용에서는 상호 집중하는 것이 가장 중요한데, 이를 통해 대화로 정보를 교환하며 지각적 경험을 공유하거나 함께 계획하고 협력한다. 많은 언어 요소들이 이러한 상호작용을 촉진한다. 마치 주의력을 유지하고 대화 상대자의 인지 처리에 관여하도록 언어가 구조화되어 있는 듯하다.

### 7) 언어에 대한 청자의 주의력을 유도하는 화자의 신호들

말은 주의력을 유도하는 청각 신호임에 틀림없다. 그러나 일단 말이 시작되면 내부의 요소들이 청자의 주의력에 더 많이 관여한다. 비유창한 말은 다음에 나오는 단어에 집중하도록 유도한다. Collard 등(2008)은 사건 관련 전위(event-related potential: ERP)를 활용한 연구에서 예측할 수 있는 단어 혹은 예측할 수 없는 단어로 끝나는 문장을 적용했다. 50%의 피험자들이 문장의 마지막 단어에 앞서 주저하는 표현인 'er'을 산출했다. 이로 인해 청자는 앞 단어에 집중함으로써 예측할 수 없는 마지막 단어에 대한 novelty(P300) 반응이 감소된다. 따라서 주의력의 정향과 선택은 구어를 이해하는 데 중요하다.

### 8) 바라보기 및 가리키기를 통한 주의력의 발달

유아기 초기부터 의사소통 상호작용에 주의력이 관여한다. 부모는 아이와 상호작용하면서 얼굴을 쳐다본다(항상 그렇지는 않음). 이러한 일대일 상호작용에서 성인은 아이의 시선을 따라가며 "오, 넌 뭘 보니?"와 같은 단순한(발달상으로는 매우 의미 있는) 질문을 통해 구어로 반응한다. 나중에는 "오, 저것 좀 봐."와 같이 말한 후 시선과 위치를 바꾸어 지시적인 명령을 덧붙인다. 12~18개월의 유아는 이러한 시선과 위치를 따라가며 머리와 눈, 주의를 특정한 곳으로 향한다. 얼마 후 이들은 사회적 상호작용을 하면서 매우 의도적으로 바라보고 가리키며 소리를 내는데, 이때 상호작용 상대자의 주의를 끌려고 애쓴다. 18개월까지의 이 같은 변화는 주의력 및 공동 주의(joint regard)의 발달에 해당한다. Bruner(1975)와 Bates(1976)에 따르면, 이러한 발달은 언어에 대한 주의력과 기초적인 의사소통에 필요한 과정이다(Evans & Carr, 1984 참고).

## 9) 언어 이해에 대한 실시간 확인 과정으로서의 안구운동

고개를 돌리거나 시선이 향하는 곳은 일생에 걸쳐 중요한 주의력의 지표이며, 언어 이해의 실시간 지표로서 자주 활용된다(Henderson & Ferreira, 2004; Tanenhaus, 2007). 특히 모자처럼 착용하는 작고 가벼운 안구운동 모니터 장비는 획기적인 발명품으로, 사물 잡기나 찾기, 사물 움직이기나 지시에 따라 사용하기, 한 곳에서 다른 곳으로 걷기 등의 과제를 수행하면서 작동시킨다(Tanenhaus et al., 1995).

모니터 장비를 착용한 채 바닥에 놓인 4~5개의 사물을 배열한다고 가정하자. "칼 옆에 있는 사과를 접시에 놓으세요."와 같은 구어 지시가 이어폰으로 전달되면 이 과제를 수행한다. 주로 사물의 이름이 언급된 후 0.5초 이내에 목표물('사과')에 시선이 고정된다. 즉 목표물의 이름을 모두 듣기 전에 이미 사물이 있는 쪽으로 주의가 집중된다. 물론 목표물의 이름이 명확히 들리는 환경에 국한된다. 2개의 사과가 있고 '칼'이라는 단어가 들릴 때까지 목표물을 정확히 모른다고 가정하자. 이 경우 가능한 목표물의 수는 줄어든다. '칼'이라는 단어가 들릴 때까지 2개의 사과로 시선이 움직이다. 목표물로 판단되는 사과에 시선을 고정한 후 이를 잡으려고 손을 뻗기 시작한다. 요컨대, 안구운동 모니터에서는 주의를 끄는 위치에 시선이 고정되는데, 이를 통해 언어 이해 과정을 명확하고 다양하게 파악할 수 있다.

### 10) 언어적 설명의 영향: 기억력 검사의 활용

시각적 환경에 대한 언어적 설명이 추가되면 청자의 주의를 더 많이 유도할 수 있다. 공동 주의와 지시 수행의 발달에 대한 견해는 매우 다양하다. 특히 언어적 설명을 들으면 경험과 연관된 기억에 영향을 준다는 보고가 많다. Bacharach, Carr, Mehner(1976)는 5학년 아이들에게 두 사물이 그려진 선화를 보여 주었는데, 꽃 근처에서 날고 있는 벌과 자전거를 받치고 있는 소년 등의 그림이었다. 각 그림을 보여 주기 전에 "이것은 벌 그림이에요" 또는 "이것은 자전거 그림이에요" 등의 간단한 설명을 덧붙였다. 마지막에는 사물 1개가 그려진 그림을 하나씩 보여 주며 기억력 검사를 시행했는데, 각 사물이 그림 속에 있었는지 여부를 말하는 과제이다. 검사 결과, 언어적 설명이 제공되지 않은 기초선 조건에서는 그림 속의 모든 사물을 동일하게 기억했다. 기초선과 비교할 때 언어적 설명이 제공된 조건에서는 언급된 사물은 더 잘 기억하나 그렇지 않은 사물은 잘 기억하지 못했다.

## 6. 체계 3-집행 및 감독 통제: 목표와 과제 다루기

체계 3-집행과 감독 통제는 일명 작업기억에 관한 연구를 통해 이해할 수 있는데, Baddeley(2000)의 연구가 대표적이다.

Miller, Galanter, Pribram(1960)은 '행동의 계획과 구조(Plans and the Structure of Behavior)'에서 작업기억이라는 용어를 처음으로 사용했다. 이후에는 계산 모델 접근법(computational modeling approaches) (Newell & Simon, 1972)에서 사용되었고, 하루 이내에 반복적인 시도를 통해 정보를 보유하는 동물 학습 연구에도 언급되었다(Olton, 1979). 궁극적으로, 작업기억은 정보의 일시적인 유지와 조작에 관한 체계나 체계들을 통칭하는 인지심리학 용어로서 사용되었다. Atkinson과 Shiffrin(1968)은 작업기억을 단일한 단기 저장으로 간주했는데, 이는 다양한 요소를 포괄하는 하나의 체계로 보는 Baddeley와 Hitch(1974)의 견해와 대조적이다. 이들은 단순한 저장 용량이 아니라 체계의 기능적 중요성을 강조했다. 다요소적 작업기억에 관한 개념은 이후에 중점적으로 논의될 것이다.

작업기억과 집행 통제에 관해서는 제5장과 제7장에서 상세히 다룰 것이다. 여기서는 주의력 훈련과 기술 습득, 그리고 동기화, 감정, 자아개념, 압박감이 주의력과 그 수행력에 미치는 영향을 논의하고자 한다.

## 1) 작업기억의 기능적 구조 및 해부학

작업기억의 기능적 구조에 관한 기초는 [그림 4-6]에 제시되었다. 이러한 다요소적 체계를 포괄하는 정신기능은 집행 통제기, 3개의 '완충기' 또는 단기저장 장치가 담당한다. 완충기들 중 하나인 '음운 고리'는 반복을 위해 적은 양의 구어 정보(예: 3~9개의 무관한 음절. 하나로 묶이는 관련 단어들로 구성될 경우에는 더 많은 음절)를 유지한다. 음운 고리의 정확한 용량에 관해서는 논란이 있으나(예: Carr, 1979; Cowan, 2000; Jonides et al., 2008; Miller, 1956), 정보를 활성화시키고 즉각 활용하기 위해 반복이 필요하다는 견해는 대체로 일치한다. 다른 활동으로 주의가 전환되면 반복이 중단되고, 반복된 정보는 사라지거나 새로운 자료로 대체된다.

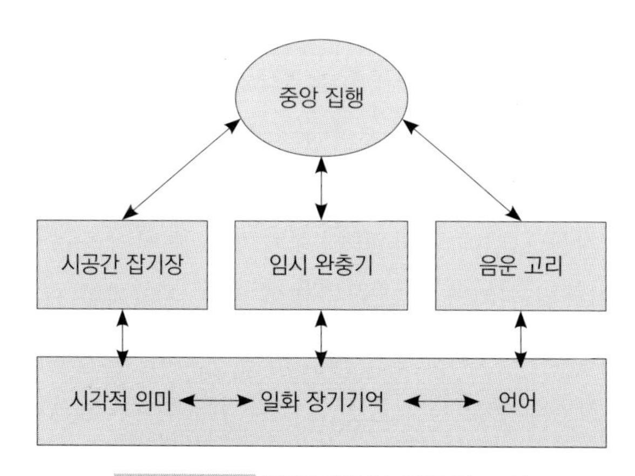


**그림 4-6** 작업기억의 구조적 조직

Baddeley, A. D. (2000). The episodic buffer: A new component of working memory? *Trends in Cognitive Sciences, 4*, 421. 참고.

두 번째 완충기인 '시공간 잡기장'은 시각 정보와 관련되는데, 소리, 음절, 단어보다는 이미지를 저장한다. 시각 저장 완충기의 작은 용량에 대해서도 논란이 있다(Alvarez & Cavanagh, 2004; Awh, Barton, & Vogel, 2007; Jonides et al., 2008; Vogel & Machizawa, 2004; Xu & Chun, 2006).

세 번째 저장 하위 체계인 '임시 완충기'는 중요한 구조 중 하나로 '장기 작업기억'(Ericsson & Kintsch, 1995)과 유사하나 작업기억 이론에 뒤늦게 추가된 개념이다.

작업기억의 기능적 해부나 뇌 회로에 대해 살펴보자. 뇌손상과 관련된 신경심리학 연구(Banich, 2004, 제10장 및 제11장)와 마찬가지로, 구어 및 공간 작업기억에 대한 초기 연구(Smith & Jonides, 1997)에서는 구어 작업기억의 기능이 좌뇌에 매우 편재되었다. 즉 문자에 대한 단기기억은 광범위한 좌반구 전전두피질과 일부 두정피질 영역을 활성화시킨다. PET이 아닌 fMRI를 활용한 이후의 신경영상 연구 결과는 Smith와 Jonides의 초기 견해와 매우 유사하다. 뇌손상과 관련된 신경심리 연구(Banich, 2004, 제7장 및 제10장)에 따르면 구어 작업기억과 달리 시공간 작업기억은 우반구에서 주로 관장한다. 예컨대, 점이 찍힌 위치에 대한 단기기억 과제는 우반구 전전두피질의 일부와 두정피질의 여러 영역을 활성화시킨다. 즉 구어 자료를 다루는 데 있어 '생각하기(전두피질의 기능)'는 '자료 저장하기(두정피질의 기능)'보다 부담이 더 크지만 공간 자료는 그 반대이다. 공간 자료를 저장하려면 구어에 비해 뇌 공간이 더 많이 필요하다. 이는 인간의 뇌에만 국한되나, 컴퓨터와 스마트폰의 경우에도 글이나 말에 비해 시공간 자료가 더 많은 공간을 차지한다.

기능적 구조에 관한 Baddeley의 도표에서는 우반구가 음운 고리를, 좌반구가 시공간 잡기장을 관장하는데, 이는 신경해부학을 퇴보시키는 견해일 수 있다. 이는 양 반구에 대한 보편적인 혼동에 불과하나, 기능적 구조 및 해부에 관한 도표를 살펴보는 데 있어 중요하다. 추상적 정보 처리, 정보 흐름 및 과정별 의사소통 유형은 기능적 구조로 설명되어야 하나, 이는 계산 모델에 국한된다. 실제 처리를 담당하는 뇌 구조 또는 뇌 지도(brain geography)상 연관된 위치가 기능적 구조와 반드시 일치할 필요는 없다. 이와 반대로, 기능적 해부의 도표는 뇌 지도와 일치하는 것을 목표로 삼아야 한다.

전전두피질은 작업기억의 중요한 기능적 요소를 담당한다. 전전두피질의 양은 실제로 매우 다양하다. 집행 통제와 작업기억에서 차지하는 전전두피질의 역할을 감안할 때, 이는 계획 및 복잡한 과제의 학습 능력에서 나타나는 차이와 관련된다. 언어에 있어 집행 통제와 작업기억의 역할이 무엇인지에 관해서도 살펴볼 필요가 있다.

### 2) 작업기억과 언어

언어에 대한 작업기억의 영향은 여전히 논쟁 중이다. 이론마다 작업기억의 역할이 다르나 언어 및 읽기 이해와 관련된 이론들은 대개 작업기억을 중시한다(Caplan & Waters, 1995; Daneman & Merikle, 1996; Snowling et al., 2008; Perfetti, 1985). 언어 산출의 측면에서도 마찬가지이다(Eberhard, Cutting, & Bock, 2005; Bock & Cutting, 1992). Gruber와

Goschke(2004)에 따르면, 언어와 연관된 작업기억 체계는 특정 영역에 한하며 좌반구에 매우 편재되어 있다. Baddeley(2000)는 언어 및 제2 언어의 습득에 있어 작업기억의 역할, 단순언어장애 등 언어장애에서 작업기억의 작용 등에 관해 다양하게 검토했다.

음운 고리의 기능적 해부, 특히 구어 저장과 작업기억 체계의 처리 요소에 관한 보편적인 내용은 [그림 4-7]에 제시되어 있다.

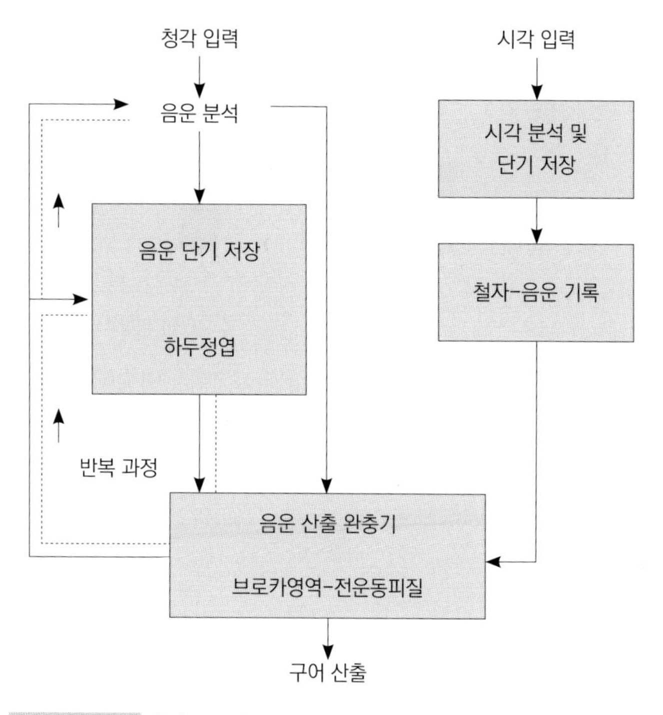


**그림 4-7** 음운 고리의 기능적 구조와 전반적인 기능적 해부

Baddeley A. (2003). Working memory: Looking back and looking forward. *Nature Reviews Neuroscience, 4*(10). In M. S. Gazzaniga, R. B. Ivry, & G. R. Mangun (2009)., *Cognitive neuroscience: The biology of the mind* (3rd ed.). New York: Norton. 참고.

Acheson 등(2011)은 음운 고리가 구어 산출 양상과 어떻게 연관되는지를 살펴보았는데, 구어 산출(소리 내어 읽기)에서 구어 작업기억과 음운/조음 요구 간에 직접적인 상관성이 있었다. 실험은 한쪽 반구의 피질에서 보내는 신경 신호를 일시적으로 뒤섞는 TMS(transcranial magnetic stimulation)를 활용해 3개의 다른 과제에서 수행을 방해하도록 구성되었다. 이 중 속도조절 읽기(paced reading)는 음운적으로 유사한 비단어 목록을 소리 내어 읽는 과제로, 특히 작업기억의 음운 및 조음 자원에 의존해야 한다. Acheson과 동료들은 작업기억의 기능적 해부에 관한 선행 연구를 바탕으로 상후측두이랑(다양한 읽기 기능, 구어 작업기억, 음운 고리와 관련된 영역)에 대한 TMS가 조절 읽기를 방해할 것이라 가정했다. [그림 4-8]은 이러한 가정이 반영된 도표이다.

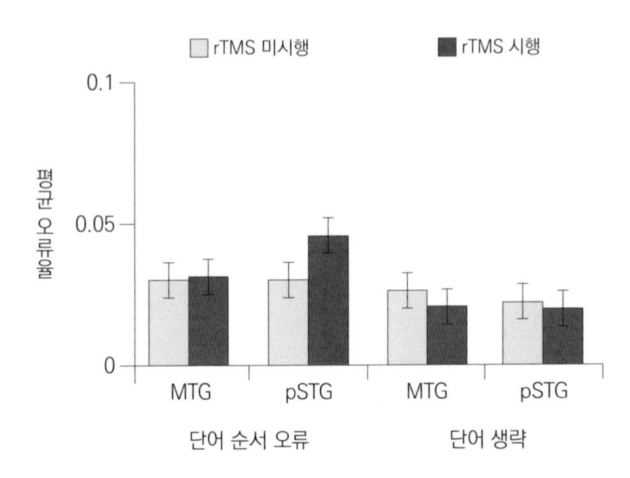


**그림 4-8** 중측두이랑의 후측 피질 영역이 아닌 상후측두이랑에 TMS 자극을 가하면 비단어 소리 내어 읽기 과제에서 순서 오류가 관찰됨

Acheson, D. J., Hamidi, M., Binder, J. R., et al. (2011). A common neural substrate for language production and verbal working memory. *Journal of Cognitive Neuroscience, 23*(6), 1358–1367. 참고.

### 3) 갈등 모니터링과 억제의 제한

1908년 Pillsbury Flour 가족 회사의 말썽꾼인 Walter Pillsbury는 주의력이 작용하는 두 가지 방식을 대조했다. 하나는 목표를 추구하는 데 필요한 정보의 촉진과 관련된다. 다른 하나는 억제에 관한 것으로, 불필요한 것을 억제함으로써 많은 목표를 성취할 수 있도록 주의력이 작용한다. 그러고 나면 마지막 표상들이 두드러져 기본적으로 통제를 주도한다.

Pillsbury는 두 가지 방식이 모두 작용한다고 간주했는데, 이는 최근에 명확히 입증되었다. 억제 과정이 불필요할 수 있지만, 갈등과 혼동이 발생하거나 상황에 대한 해석이 달라지면 새로운 목표나 정보를 위해 '오래된 뉴스'는 폐기되어야 하므로 억제가 작용하기 시작한다. 억제는 모든 과제의 수행을 뒷받침하는 갈등-모니터링(conflict-monitoring) 작용에 의해 일어난다(Botvinick, Cohen, & Carter, 2004 참고). 갈등이나 모호함의 탐지는 집행 및 감독 통제 체계를 각성시키며, 더 세심한 주의를 기울이도록 수행 속도를 늦춘다. 또한 추구될 목표를 업데이트하고 '인지적 혼란'을 줄이기 위해 현재의 무관한 정보를 삭제하며(Hasher, Zacks, & May, 1999), 체계가 갈등을 해결하고 모호함을 다룰 수 있도록 한다.

스트룹 색깔-이름대기 과제(Cohen, Aston-Jones, & Gilzenrat, 2004; MacLeod, 1991; Stroop, 1935)를 활용해 갈등의 문제를 다룬 연구들이 많다. 이 과제는 색깔이 다른 글자 단어들을 제시한다. 예를 들어, 파란색으로 쓰인 '파란색'이라는 단어, 파란색으로 쓰인 '빨간색'이라는 단어, 빨간색이나 파란색으로 쓰인 '의자'라는 단어, 색깔만 있는 자극 등이다. 모든 자극에 대해 색깔명을 말하되 단어를 읽어서는 안 된다.

가장 단순한 색깔 자극과 비교할 때 단어 자극은 느리게 수행하며, 이는 숙련된 독자에게도 해당된다. 이중과제의 방해 효과와 마찬가지로, 지각할 수 있는 단어가 포함된 자극에서는 단어를 무시할 수가 없고 자동적으로 연상되는 읽기 과제를 수행하기도 어렵다(Brown, Gore, & Carr, 2002).

색깔명을 써놓은 단어(예: 빨간색으로 쓰인 '빨간색'이라는 단어)나 다른 색깔명을 써놓은 단어(예: 파란색으로 쓰인 '빨간색'이라는 단어) 자극은 어떠할까? 이러한 상반된 조건은 보편적인 '스트룹 효과'를 일으킨다. 단어와 다른 색깔로 쓰인 자극일 때 반응시간이 훨씬 더 느리고 오류 수도 더 많다. 또한 단어의 색깔을 말하는 과제보다 단어를 읽을 때 더 많은 오류가 발생한다.

스트룹 효과에 대한 뇌영상 연구에 따르면 갈등이나 모호함, 오류로 인한 신경 활동은 주로 전대상피질(anterior cingulate cortex: ACC)이 담당한다. 이는 뇌 중앙에서 전전두피질의 하부 주변에 앞뒤로 나란히 위치한 2개의 큰 이랑으로 구성된다. ACC는 전전두의 다른 영역, 운동피질, 기저핵과 연결된 운동 통제 및 각성/환기 통로와 광범위하게 소통한다.

'효과적 연결' 또는 '기능적 연결'이라 불리는 뇌 영역들 간의 교류 유형을 살펴보면, ACC는 다른 전전두 및 두정피질 영역과의 네트워크에 연결되어 있다(Wang et al., 2009). 이는 갈등을 처리하거나 의외의 자극을 다루기 위한 것으로, 예상치 못하거나 드물게 발생하는 자극에 반응한다. 즉 두정피질, 특히 두정엽내고랑(intraparietal sulcus)이 의외의 자극을 인식하면 ACC와 배외측 전전두피질(dorsolateral prefrontal cortex: DLPFC)에 신호를 보내 예기치 못한 자극을 파악하고 행동하도록 요구한다. 갈등의 인식과 조정은 이와 반대로 작용하는데, ACC와 DLPFC의 감시 및 상호작용을 통해 집행-감독 통제에서 처리가 어떻게 조정될지 결정한다. 전전두영역 간의 이러한 교류에는 선택주의력에 의한 변화의 신호를 두정피질로 보내는 것도 포함된다. 따라서 두정피질은 의외의 자극을 처리하기 위해 네트워크 활동을 시작하는 반면, ACC와 DLPFC는 과제의 수행에 주의력을 분배하여 갈등을 해결하도록 상호작용한다.

시각과 청각 주의력 간의 부분적인 특이성 및 중복성에 관해 언급한 바와 같이, 갈등을 모니터하고 조정할 때 자극이 처리되는 감각의 양식이 어느 정도 영향을 준다. Roberts와 Hall(2008)은 표준화된 시각 스트룹 색깔-이름대기 과제를 유사한 청각 스트룹 과제와 비교해 갈등을 다루는 방식을 살펴보았다. 청각 스트룹 과제에서는 색깔 자극과 일치하는 중립적 단어인 '높은(*high*)', '낮은(*low*)', '하루(*day*)'가 제시되며, 고음도나 저음도의 음성으로 이들을 들은 후 음도를 구분하면 된다. 따라서 일치 조건에서는 고음도로 단어 '높은'을, 저음도로 단어 '낮은'을 들려주며, 갈등을 유발하는 불일치 조건에서는 이와 반대로 제시한다. fMRI상에서는 갈등을 모니터하고 조정하는 기본적인 활성화 영역뿐 아니라 시각이나 청각 스트룹 과제에만 나타나는 양식 특수적 영역도 확인되었다.

### 4) 목표 중심적 행동 vs. 과제와 무관한 사고 및 정신산란

갈등이란 하나 이상의 사고나 행동이 처리 또는 수행되기 위해 경쟁하는 것을 의미한다. 지금까지 갈등은 목표 중심적 과제 수행의 기능적 범주 내에서 나타난다고 알려져 왔다. 이러한 정신활동이 과제의 범주를 벗어나면 어떻게 될까? 이를 '과제와 상관없는 사고' 또는 '정신산란(mindwandering)'이라 일컫는다. 정신산란 과제는 수행을 방해하도록 구성되는데, 이는 과제와 관련된 사고와 그렇지 않은 사고를 비교하기 위함이다. 수행 시간의 30%까지 정신산란이 일어나며, 단순하거나 지루함을 느끼는 상황에서는 더 많이 발생한다(Antrobus et al., 1970; Kane et al., 2007; Smallwood & Schooler, 2006). 인간의 정신은 분주함을 추구하는 경향이 있다.

Christoff 등(2009)은 숫자가 2초마다 하나씩 제시되는 긴 과제에서의 뇌 활동을 fMRI로 측정했다. 예컨대, 숫자 '3'이 나오면 버튼을 눌러야 하고, 방금 전 어디에 주의를 기울였는지, 그리고 과제에 얼마나 집중했는지를 약 1분마다 한 번씩 질문한다.

과제에 대한 집중도를 알아보기 전의 간격과 검사 전 10초의 시간 간격을 fMRI로 비교했다. 정신산란으로 인해 오류율이 증가했고, 과제에 집중했는지를 알아보기 전에는 활성화되지 않던 뇌 영역의 특정 네트워크가 활성화되었다. 정신산란의 영역은 중앙 피질에 위치한 체계인 '기본 네트워크(default network)' (Buckner, Andrews-Hanna, & Schacter, 2008; Fair et al., 2008; Raichle & Snyder, 2007)에 속하며, 미래 계획이나 기억 회상, 타인의 관점을 취하려는 노력 등 내면적 과제에 집중할 때 활성화된다. 이는 자아성찰의 근거가 되고, 지각의 입력에 관여하는 선택주의력 및 정보 처리 체계에 부정적인 영향을 미친다. 따라서 정신산란은 과제에 대한 집중, 외부 세계-자아성찰의 대비, 자신에 대한 집중, 내면세계 사이를 오가는 주의력에 관련된다.

## 7. 주의력 훈련

자아성찰에 관한 주의력은 통제될 수도 있고 그렇지 못할 수도 있다. 이 현상은 외부와 내부에서 발생한 통제를 반영한다. 환경 내의 사건이나 사물이 주의를 끌면 특정 자극에 집중하게 되나 그 외의 것은 무시된다. 주의력의 방향을 결정할 수도 있으나 그렇지 못할 때도 있다. 원하는 활동에 주의를 기울여도 거의 수행하지 못하거나, 다른 데 정신을 빼앗겨 너무 쉽게 산만해지기도 한다. 주의력을 향상시키거나 훈련하면 어떻게 될까? 주의력의 양상들은 모두 훈련하기가 쉬울까?

Tang과 Posner(2009)에 따르면, 주의력 훈련(attention training: AT)은 집행 통제를 발달시키는 커리큘럼이다. 이는 어느 정도의 노력이 필요하고, 작업기억과 같은 비자율 신경 통제 체계와 연관된다. AT는 주의력 상태 훈련(attention state training: AST)과 다르다. AST는 명상, 마음챙김 훈련(mindfulness training), 통합 심신 훈련(integrative mind-body training)과 같이 심신 상태를 이완시키는 커리큘럼이다. 이는 자율 체계의 변화와 관련되며, 첫 단계를 완수하고 나면 의식적으로 노력하지 않아도 수행할 수 있다(Raffone & Srinivasan, 2010 참고). 두 훈련 간의 관계는 [그림 4-9]에 제시되었다. 극단적으로 보면, 주의 노력은 정신적 피로를 유발하나 부족할 경우 수행력이 떨어지고 정신산란이 일어날 수 있다.

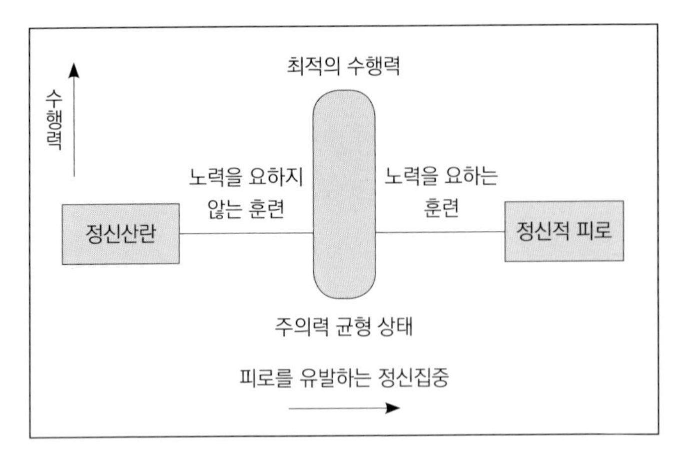


**그림 4-9** AT, AST, 정신산란, 정신적 피로는 훈련되지 않은 정신의 양극단에 해당함 (좌우측 회색 사각형)

AT는 수행의 향상을 위해 별도의 노력을 요하는 통제가 포함되나, AST는 노력이 필요 없는 연습을 통해 심신의 상태를 변화시킴. 최적의 균형(주의력 균형 상태)이 가장 효율적인 수행(가운데 원기둥 부분)을 유도함.

Tang, Y.-Y., & Posner, M. I. (2009). Attention training and attention state training. *Trends in Cognitive Sciences, 13*, 225. 참고.

두 접근법의 훈련 결과는 다른데(Tang & Posner, 2009), 이는 주의력 네트워크 검사(ANT) 통해 입증되었다(ANT에서는 목표가 어디서, 언제 제시될지에 관해 특정 단서가 주어지면 키를 눌러 목표 화살표의 방향을 찾는 수반 자극 과제를 활용함. 목표와 일치하거나 불일치하는 단서가 제공되며, 다양한 조건에서의 반응시간에 따라 환기와 정향, 갈등을 측정함). ANT를 활용한 연구를 통해 훈련의 다양한 결과들을 비교할 수 있다.

명상 훈련과 같은 AST는 대개 다양한 수준의 자극과 과제에 참여하는 능력을 향상시키는 데 목적을 둔다. 이를 통해 환기, 정향, 집행기능에서 주의력이 향상된다. 자연 속에서 마음을 이완시키거나 명상하는 것도 AST에 해당하며, 과제를 수행할 때 도시보다는 자연의 풍경을 응시함으로써 주의력의 세 체계를 효과적으로 증진시킬 수 있다. 또한 단순한 이완 훈련에 비해 구조화된 단기 명상 훈련은 ANT에서 환기, 정향, 갈등의 수행력을 향상시킨다. [그림 4-10]에 이러한 결과들이 제시되었다. 연구에 참여한 학부생들도 훈련을 통해 기분과 활력이 향상되었다고 보고했다.

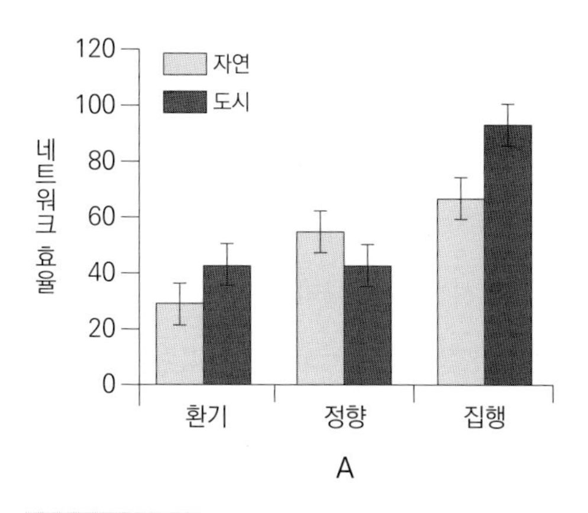


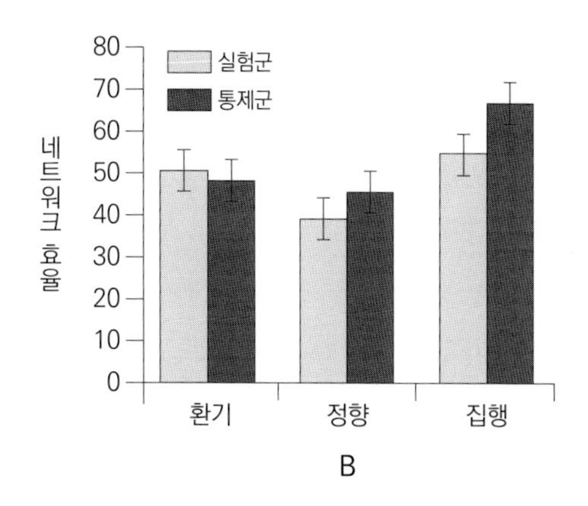


**그림 4-10** 자연 및 IBMT(integrative body-mind training)에 대한 주의력 네트워크의 비교

A: 자연 또는 도시 풍경에 노출된 이후 ANT의 수행력. N=12 [14]. B: IBMT 또는 이완 통제 이후 ANT의 수행력. N=40 [15]. 세로축은 환기, 정향, 갈등 점수에 대한 평균 반응시간(RT)의 차이를 나타냄. 갈등 점수가 높을수록 수행의 효율성이 낮음. 막대선은 ±1 표준 오차를 의미함.

Tang, Y.-Y., & Posner, M. I. 2009). Attention training and attention state training. *Trends in Cognitive Sciences, 13*, 225.

AT 프로그램은 보다 상세히 구성되어 있다. 대개 1회 이상 제공된 피드백을 참고해 특정 능력을 연습한 후, 주의력의 수행이나 관련된 잠재 능력을 평가한다. ANT는 미취학 아동에 대한 집행 주의 훈련 프로그램의 결과를 평가하며(Rueda et al., 2005), 아동용 ANT는 화살표 대신 헤엄치는 물고기로 구성되어 있다. 2~3주 동안 총 5회기(45분/회기)에 걸쳐 시각 통제 및 갈등 훈련에 중점을 둔 컴퓨터 훈련을 시행한다. 훈련을 받은 미취학 아동은 ANT의 갈등 검사에서 성인과 유사한 수행력을 보이나, 환기 및 정향 점수에서는 별다른 변화가 없다. 즉 컴퓨터 통제/갈등 훈련은 주로 집행 주의 기능에 초점을 둔 프로그램이다.

그러나 주의 및 인지 능력에 더 효과적인 컴퓨터 활동들도 있다. 비디오 게임은 여러 주의 요소들에 큰 영향을 미친다. 예를 들어, 액션 비디오 게임(action video game)은 감각 탐지, 선택주의력, 과제 전환, 작업기억, 방법 찾기, 이동을 활발히 사용하고 감정의 각성이나 위협을 통제하며, 과제와 무관한 자극을 억제해야 한다(Spence & Feng, 2010). 비디오 게임으로 인지 능력이 크게 향상되었다는 보고들이 많다. 예를 들어, 액션 비디오 게임을 하면 심적 회전(mental rotation) 과제의 점수가 더 높아진다. 비디오 게임을 하는 동안 공간 주의력이 크게 향상되고, 사전에 실시한 심적 회전 등의 공간 과제에서 보였던 성별 차이가 소거되었다. 비디오 게임을 통해 시야 검사에서도 높은 점수를 획득할 수 있다. 또한 액션 비디오 게임은 시각적 갈등 해결 및 시각 추적 검사의 수행력을 더 높일 수 있다(Green & Bavelier, 2008; Spence & Feng, 2010 참고).

몇몇 연구에서 액션 비디오 게임을 통한 훈련이나 중재가 활용되었다. 훈련에서 연습의 양과 비율은 항상 중요한 사안이다. 집중적 연습(60분간의 지속적 연습)과 분산된 연습(15분씩 4회의 연습, 각 회기 사이의 짧은 휴식)의 비율이 시각운동 과제의 학습에 미치는 효과를 비교한 연구(Studer et al., 2010)에서 훈련 회기, 사전 및 사후 검사 시의 EEG 수치들이 기록되었다. 마지막 과제에서 두 유형에 따른 차이는 없었으나, EEG의 양상에서 차이를 보였다. 집중적 연습 집단에서 감각운동피질에 대한 힘의 분배가 강하게 나타났는데, 이는 주의력과 인지적 노력이 많이 요구됨을 의미한다. 그러므로 이를 집중적으로 연습하면 노력이 많이 요구되는 반면 큰 이득은 없다.

명상과 같은 AST는 대개 주의력 체계에 미치는 효과가 광범위하다. 반면에, 액션 비디오 게임을 제외한 컴퓨터 과제가 활용된 주의력 훈련은 다른 주의력이나 인지 능력에 영향을 주지 않는다. 물론 주의력 체계에 대한 전이 효과를 모두 측정한 것은 아니다. 주의력 체계의 특정 요소에 효과적인 몇 가지 훈련들은 다음과 같다.

### 1) 체계 1에 영향을 주는 훈련: 각성, 환기, 경계

다양한 수행 조건에서 오류가 발생하는 것은 시간이 흐르면서 대개 경계가 감소하기 때문이다. 정상군을 대상으로 보편적인 경계 능력을 향상시키는 데 주목한 연구는 거의 없으나, 훈련의 두 가지 속성에 관한 효과는 보고된 바 있다. MacLean 등(2010)은 지각 탐지와 경계에 대한 집중적인 명상 훈련이 잠재적 효과가 있음을 검증했다. 대상군은 신경 질환이 없고 명상 수행과 일일 명상을 경험한 평균 49세의 성인들이었다. 5일간의 집중적인 명상을 수행하기 전과 후 및 도중에 주의력을 평가했는데, 선의 길이를 확인하고 변별하는 컴퓨터 과제가 활용되었다. 집중적인 명상에서는 호흡 유형에 대한 지속적인 선택주의력을 연습했다. 집중적인 명상 연습 직후에 시각적 선택주의력의 경계 능력이 향상되었고, 이는 이후 5개월 동안 유의미하게 유지되었다.

전이가 가능한 일반적인 훈련이 아니라 경계가 필요한 과제에 대해 특정 연습을 시행할 수도 있다. 예를 들어, 30분 간의 신호 탐지 연습을 총 20회기 시행한 결과 청년층, 중년층, 노년층의 수행력이 향상되었다(Parasuraman & Giambra, 1991). 목표 과제를 반복적으로 훈련했고, 탐지의 정확도를 통해 수행력을 평가했다. 사례 발생률이 낮거나(분당

15) 높은(분당 40) 정도를 비교했는데, 예상했던 효과가 나타났다(사례 발생률이 높을수록 정확한 반응이 더 빨리 나타나고 경계가 유지됨). 따라서 목표 과제에 대한 경계를 연습하면 이를 향상시킬 수 있다.

## 2) 체계 2에 영향을 주는 훈련: 정향과 선택

시각적 선택 능력은 훈련될 수 있으며, 유사한 과제 환경의 비훈련된 사물 및 배경으로 전이된다(Neider, Boot, & Kramer, 2010). 노년층과 청년층은 가상 및 실제 환경 내 유사한 배경들 중에 사물 그림을 변별하고 위치를 찾는 연습을 했다. 노인들의 능력은 청년층과 유사하게 향상되었고, 비훈련된 사물 그림과 배경으로의 전이 효과가 있었다. 즉 청년층과 노년층의 시각적 탐색 능력은 훈련되고 향상될 수 있다.

자아개념에 위협이 된다고 인식하면 선택주의력이 영향을 받는다. 특히 다른 사람들 앞에서 과제를 수행해야 할 때 수행력이 낮은 집단을 떠올리면서 주의가 산만해진다. 개인이나 수행력과 별개로 '고정관념의 위협'이 선택주의력에 미치는 영향을 살펴본 연구들도 있다.

예컨대, Dandeneau 등(2007)은 긍정적인 표정의 사진을 고르는 훈련이 수행에 대한 스트레스를 줄이고 특정 생활양식에 도움이 되는지를 알아보았다. 자존감이 높거나 낮은 성인들을 대상으로 거부하는 얼굴 표정들 가운데 수용적인 표정에 선택주의력을 발휘하는 훈련('미소 찾기' 훈련)을 시행했다. 훈련 이후 자존감이 낮은 집단의 코르티솔(cortisol) 스트레스 반응과 자기보고 스트레스의 수준이 감소했다. 시험 스트레스를 많이 경험하는 대학생들에게 유사한 선택주의력 훈련을 실시한 결과, 스트레스 수준은 더 낮아진 반면 시험 점수는 향상되었다. 통신판매원도 이 훈련을 통해 작업의 수행력이 향상되고 스트레스 반응이 감소했다.

Legerstee 등(2009)은 긍정적인 표정에만 집중하고 거부적이거나 부정적인 표정에는 주의를 기울이지 않는 선택적 능력을 분석했다. 이를 통해 긍정적 이미지에 대한 선택주의력과 분노장애 치료 간의 상관성을 알아보았다. 치료 전에 위협적인 그림을 신경 쓰지 않는 아동은 치료 성공률이 더 높았다. 선택주의력이 낮은 이들의 수행력을 향상시키는 데 있어 훈련 전의 상황이 영향을 미치는지는 규명되지 않았다.

### 3) 체계 3에 영향을 주는 훈련: 집행 및 감독의 통제

아동과 노인에게 집행 통제 중심의 훈련을 시행하면 훈련받은 기술을 향상시킬 수 있다. Thorel 등(2009)은 컴퓨터 작업기억 프로그램으로 학령 전 아동들을 훈련했는데, 지속/중지 및 수반 자극 과제에 근거한 억제 통제 훈련도 적용했다. 실험 집단은 5주간 매일 15분씩 훈련을 받았고, 통제 집단은 매일 15분씩 작업기억이나 억제 통제에 영향을 주지 않는 일반적인 컴퓨터 게임을 했다. 훈련을 통해 작업기억 능력이 향상되었으며, 비훈련된 주의력 과제로 전이되었다. Rueda 등(2005)은 Kaufman 간이지능 검사(Kaufman Brief Intelligence Test)에서 전이 효과를 입증했다.

이처럼 다양한 과제나 양식으로 구성된 컴퓨터 훈련 프로그램은 여러 유형의 주의력과 기억력을 향상시키는 데 유용하다. 그러나 정적인 과제 반복 훈련은 역동적 액션 비디오 게임으로 전이되기에는 한계가 있어 좀 더 연구될 필요가 있다(Green & Bavelier, 2008; Spence & Feng, 2010).

이중과제도 훈련을 통해 향상될 수 있다. Bherer 등(2006)은 12명의 노인(평균 연령 70세)과 청년(평균 연령 20세)을 대상으로 한 기초선 평가에서 청각 변별(주파수가 다른 어조의 선택) 및 시각 선택(다른 문자의 선택)에 대해 단일 및 이중 과제를 적용했다.

단일 및 이중 과제 조건에서 반복하는 훈련으로, 이중 과제에서는 단일과제 중 하나가 추가로 강조될 수 있다. 수행에 대해서는 피드백이 제공되었다. 훈련 후 두 집단은 모두 이중과제의 수행 속도와 정확성이 향상되었다. 이러한 과제 특수적 이중과제 훈련이 다른 기능으로 일반화될지 여부는 아직 검증되지 않았다.

노인이 이중과제나 분리주의력을 잘 수행하지 못하면 인지 외에도 낙상의 위험이 증가한다. Verghese 등(2002)은 '말하면서 걷기'의 수행력이 낮으면 12개월 내에 낙상할 가능성이 매우 높다고 주장했다. 따라서 노인에 대한 이중과제 훈련은 낙상의 위험을 줄이는 데 효과적임을 주지해야 한다.

과제 전환도 훈련으로서 고려할 만하다. 예를 들어, 두 과제를 장기간 훈련받은 성인은 전환 능력이 향상된다(Berryhill & Hughes, 2009). 과제 전환 훈련의 효과는 매우 지속적이어서 별도의 연습 없이도 10개월간 유지된다.

이중과제 훈련은 신경학적인 측면과도 연관된다. Erickson 등(2007)은 이중과제 훈련 후 뇌 조직의 활성화 범위는 감소하나 후측 전전두피질이 활성화된다고 보고했다. 이는 수행력이 향상되었음을 의미한다. 따라서 훈련은 수행의 통제를 다소 전환할 뿐 아니라 뉴런의 부담을 전반적으로 줄이는 효과가 있다.

요컨대, 다양한 입력과 반응으로 구성된 복잡한 주의력 훈련은 특정 과제의 수행력을 향상시키며, 훈련되지 않은 능력으로 전이되는 효과도 크다. 명상과 상호작용적 심신 훈련은 무관한 자극을 무시하면서 다양한 신체 및 정신 반응을 유지해 선택적으로 집중하는 훈련이다. 또한 액션 비디오 게임은 전략적 분석과 다양한 반응을 통해 주의력 및 다양한 입력의 처리를 요한다. 반면, 동일한 유형의 반응을 요하는 덜 복잡한 과제의 반복 훈련은 목표화된 주의력만 향상시킬 뿐 그 이상의 효과는 없다. 주의력 훈련은 평생에 걸쳐 유용하므로, 신경학적 질환이 없는 정상인에게 주의력 훈련을 시행하면 효과적이다.

## 8. 능력의 습득: 연습 및 전문지식의 증가에 따른 주의력 요구의 변화

이 장의 서두에 언급한 James(1890)의 주장에 따르면, 주의력은 선택적이므로 몇 가지 입력, 사고, 선택을 다른 요소에 우선하여 처리한다. 또한 연습에 따라 주의력의 필요성과 역할이 변화한다. 처음에는 고도의 주의력을 요하는 수행도 충분히 연습하면 달라지는데, 작업기억에 해당하는 주의력 체계가 지시와 일시적 저장, 의사결정 과정에 관여할 필요성이 줄거나 아예 요구되지 않을 수 있다.

이 같은 변화는 광범위하고 불가피하며, 모든 정신생활에서 발생할 수 있다. Bargh와 Chartrand(1999)에 따르면 인간이 인식하고 의도적으로 선택하거나 통제하는 등의 처리는 그 범위가 과대평가되어 있다. Whitehead(1911)는 "수많은 문헌과 유명한 연설가들이 행위에 대해 사고하는 습관을 길러야 한다고 주장하는 것은 매우 잘못된 진리이다. 사실은 정반대이다. 즉 문명이 진보할수록 사고하지 않고 수행할 수 있다. 사고하는 작업은 전투에서 기병대의 임무와 유사한데, 기병대의 수는 매우 제한적이고 활동적인 말이 필요하며 결정적인 순간에만 임무를 수행해야 한다"라고 주장했다.

James(1890)의 '습성(habit)'과 Whitehead(1911)의 여러 개념은 현대 인지과학의 '자동적 처리'와 유사하다. 실제로 Bargh와 Chartrand(1999)의 논문 제목은 '존재의 참을 수 없는 자동성(The unbearable automaticity of being)'이다.

능력 습득에 대한 이론들은 주로 본래의 처리 과정이 연습을 통해 자동적 처리로 대체된다는 개념에서 출발한다. 그러나 이에 강력히 반대하는 이론들은 연습을 요하는 지식의 증가를 강조하며, 수행력을 크게 향상시키는 유동성에 초점을 둔다. 즉 자동성은 바람직하지 않은 속성으로서, 이러한 연습의 부산물이 도움이 될 수는 있으나 영역별로 과제를 능숙하게 수행하는 데 큰 영향은 없다.

## 1) 다섯 가지 대안들

여기서는 연습과 전문지식에 따라 주의력의 역할과 사용이 어떻게 달라지는지에 관한 다섯 가지 대안을 논의하고자 하는데, 4개는 자동성의 발달과 관련된 접근이고 나머지는 유동적인 전문지식의 발달에 관한 것이다([글상자 4-2]). 이들은 모두 보완적인 것으로 간주된다. 각 대안마다 근거가 있는데, 이들은 능력의 습득과 전문지식에서 주의력의 역할이 무엇인지를 이해하는 데 필요하다. 다섯 가지 대안들은 하나로 통합될 수 있다.

**글상자 4-2** 능력 습득에 대한 다섯 가지 이론적 접근

1. 절차화/프로그래밍 이론(Proceduralization/Programming Theory): 연습은 과제의 수행을 자동화한다.
2. 전략 선택 이론(Strategy Selection Theory): 연습 초기에는 과제를 수행하기 위한 여러 전략들을 시도한 후 비효율적인 전략은 버리고 효과적이라고 판단되는 것을 선택한다.
3. 지속적 연습 이론(Consistent-Practice Theory): 동일한 자극에 대해 항상 동일한 반응을 요하는 과제는 수행력을 가장 빠르게 향상시키고, 연습으로 인한 자동화를 초래한다.
4. 사례 회상 이론(Instance Retrieval Theory): 과제를 재수행하고 이를 위한 지침으로 연습을 활용하면 특정 일화기억이 생성된다.
5. 전문가 수행 이론(Expert Performance Theory): 과제에 대한 경험, 특히 매우 다양한 상황에서 변이적인 과제를 경험하면 창의력뿐 아니라 고도의 수행력을 뒷받침하는 지식이 축적된다.

### (1) 기본 구조: 절차화/프로그래밍 이론

19세기 후반 Bryan과 Harte(1897)는 처음으로 전신 기사의 모스 부호 학습을 연구했고, 이후 Fitts(1964; Fitts & Posner, 1967)가 능력 습득에 관한 보편적인 이론을 발전시켰다. 연습 과정에서 수행의 통제는 가변적이다. 즉 작업기억의 단계적 통제에 의존할 수도 있고, 처음부터 자동적으로 운영되어 작업기억의 자원과 감독을 요하지 않는 통합적 절차나 일상생활, 프로그램에 좌우되기도 한다. 따라서 전략이나 알고리즘이 새로운 능력의 집행을 통제하며, 일련의 자기 지시 및 관련 정보가 작업기억에 저장된 후 수행을 통제

하고 발전시키면서 순차적으로 처리한다. 잘 연습된 전문적 수행은 '자동적'이어서, 자기 지시와 과제 관련 정보를 하나로 통합하는 절차적 지식에 의해 통제된다(예: Anderson, 1982, 1987; Brown & Carr, 1989; Beilock, Wierenga, & Carr, 2003; Keele, 1968, 1981; Newell & Rosenbloom, 1981; Proctor & Dutta, 1995 참고). 이러한 통합된 묶음은 컴퓨터 프로그래밍 내에서 '활용 가능한 하위 프로그램'과 매우 유사하게 기능하며, 일단 시작되면 이 과정은 완성된다. 통합된 묶음 내에 모든 단계들이 포함되거나, 과제의 일부만을 나타낸 후 다음 부분이 시작되어야 할 때 과제가 모두 완성된다. 연습의 수준 및 다음 단계의 통합 정도에 따라 또 다른 절차가 필요할 수도 있고, 작업기억의 단계적 통제 중 더 어려운 과정으로 돌아갈 수도 있다.

주의력이 자동성으로 전환되는 것은 사고하지 않고 수행할 수 있다는 Northhead의 견해와 일치하며, 이는 다중과제 능력을 향상시켜 전반적인 수행력을 증진시킨다. 다른 것과 관련되거나 2개의 자동적 절차가 동시에 진행되면 잠시 동안 주의력이 필요하지 않을 수 있다.

① 자동성과 다중과제

Brown과 Carr(1989)는 높은 수준의 과제를 연습하면 다중과제 능력이 향상됨을 입증했는데, 이를 위해 반응시간 과제를 몇 회기 동안 연습하도록 했다. 초기 학습은 다양한 길이로 구성된 6개의 숫자 세트를 기억하는 것으로, 각각에는 1개의 문자 라벨이 부착되어 있다. 각 과제별로 라벨들 중 하나가 제시되면 6개의 버튼이 있는 원형 배열에서 해당 숫자 세트를 눌러야 한다. 숫자 세트 누르기와 비교하기 위해 연습의 초기 및 종료 후에 검사를 시행했는데, 라벨을 확인하면서 세트를 찾는 이중과제에서 8개의 숫자에 대한 작업기억의 부담을 유지하는 검사였다. 세트 누르기를 끝내면 숫자 목록에 대한 회상 과제를 수행한다. 숫자 목록에 대한 기억의 부담과 숫자 세트 누르기 과제 간의 잠재적인 방해로 인해 이러한 과제를 수행하기가 어렵다. 결국 작업기억에 대한 부담이 사전 검사 시 세트 누르기의 속도와 정확성을 크게 방해했는데, 이는 전면적이지는 않으나 매우 큰 영향을 미쳤다. Fitts가 제시한 능력 습득의 절차화/프로그래밍 이론과 마찬가지로, 검사 후 방해의 양은 매우 감소되었다.

② 주의를 기울이지 않을 때

Beilock 등(2002)은 다양한 수준의 연습에서 주의력의 역할이 추가되거나 크게 달라지는지를 살펴보았다. 초보자와 전문 골프선수들이 실내 퍼팅 그린에서 짧게 퍼팅하면서 목표인 '구멍' 위에 공을 정지시키는 실험을 실시했다(대학 실험실에 구멍을 뚫어 실험한 것은 아니라고 추측됨). 퍼팅의 정확도는 목표의 중심에서 공이 멈추는 곳까지의 거리로 측정했다.

서로 다른 두 이중과제 상황에서 퍼팅을 시행했는데, 이어폰에서 들리는 다른 주파수의 음들 중 목표음에 귀를 기울이면서 퍼팅하는 과제이다. 상관성이 없는 추가 과제는 퍼팅에 집중하지 못하도록 한다. 퍼팅하면서 머리가 공에 일직선이 되는 것, 즉 공이 목표물까지 이어지는 선에 수직이 되도록 유지하는 것이 중요하며, 이를 모니터하면서 공을 접촉하는 순간 '일직선'이라 외쳐야 한다. 상관성이 없는 이중과제 조건에 비해 이러한 '능력 집중' 상황에서 초보자들의 퍼팅 수행력이 더 높았다. 반면, 전문가는 관련 없는 이중과제 조건에서 퍼팅 수행력이 더 높았다(초보자와 전문 축구선수들의 드리블을 비교하는 두 번째 실험에서도 유사한 효과가 나타남). Masters(1992)의 초기 연구 결과도 이와 유사했는데, 압박감이 주어질 때 무관한 추가 과제로 주의력이 저하되면 전문가의 수행에 도움이 되었다(후반부에 재논의). Beilock과 동료들도 과제가 일단 자동화되면 단계적인 통제 과정에 집중하지 않는 것이 더 유용하다는 데 동의했다. 이는 절차화/프로그래밍 이론을 통해 명확히 예측할 수는 없으나, 이 이론의 구조와 일치한다. 이는 연습에 따라 주의력의 역할이 변화한다는 점을 이해하는 데 매우 유용하다.

③ 학습 시 주의를 기울여야 할 것

Beilock과 동료들의 연구를 계기로 학습 시 수반되어야 할 것에 관해 의문이 제기되었다. 과제에 주의를 기울이면 초보자에게 유용하지만 그 이상의 의미는 무엇일까?

Wulf(2007; Wulf, Höß, & Prinz, 1998)에 따르면, 연습하면서 주의력이 어디로 향하는지가 능력의 향상 정도에 매우 중요하다. Beilock과 동료들은 복잡한 감각운동 기술과 관련해 전문가가 수행의 단계적 통제에 집중하는 것은 바람직하지 않으나 초보자는 그렇지 않다고 주장했다. Wulf는 '내적 집중'의 예로 과제의 구성 요소에 대한 주의를 꼽았다. 내적 집중은 구성 요소를 집행하는 단계에서 나타나는데, Beilock이나 Wulf의 실험에서처럼 특정 신체 부위의 형태 및 움직임 비율, 수행 도중 하나에서 다른 형태로 변화하는 지점 등 보다 세분화된 수준에서 가능하다. Wulf는 목표물 위에서 공 멈추기(또는 구멍에 넣기)와 같은 수행 결과에 대한 주의력과 '내적 집중'을 대조했다. 주의를 기울이는 대상이 수행하고 있는 것(내적 집중)인지, 혹은 성취에 관해 외부 세계로부터 입력되는 것(외적 집중)인지가 내적 집중과 외적 집중 간의 차이이다.

Wulf에 따르면 행동 자체의 각 요소들을 통제하기보다는 의도된 목표를 수행하는지에 관한 지각 정보에 집중하면 학습에 더 효과적이다. Powers(1978)는 공학 통제(engineering control) 이론을 바탕으로 목표 성취에 관해 이와 유사한 견해를 밝혔다. 즉 환경으로부터 제공되는 지각 피드백에 집중하고 모니터함으로써 가장 능숙하게 과제를 수행할 수 있다. Powers의 '지각 통제 이론'에 따르면, 과제의 목표를 잘 설정하기 위해서는 정보 처리 및 수행에 필요한 근육 통제 작업으로 보내는 신호가 아니라 성취한 후 제공될 지각 피드백이 중요하다(2008년 Powers는 이를 매우 강조함. "인간은 행동을 계획하고 실행할 수 없다. 강화된 방식에 따라 자극에 반응하지도 못한다. 인간은 통제한다. 경험하고자 하거나 변화하는 세계에서 경험을 유지하려는 경우를 제외하고 인간은 결코 행동을 표현하지 못한다. 행동이 아니라 지각에 관한 계획만 가능하다." 이 같은 주장은 반론의 여지가 없음.). Schütz-Bosbach와 Prinz(2007)는 James(1890)의 견해에 근거해 능력 습득에 관한 주장을 펼쳤다. 즉 학습이나 감각운동 기술에 있어 '운동에 대한 목표'는 주의력을 발휘하는 데 가장 효과적이다.

Wulf(2007), Powers(1978, 2008), Schütz-Bosbach, Prinz(2007)와 마찬가지로 Beilock과 동료들(2002), Masters(1992)의 주장은 몇 가지 시사하는 바가 있다. Beilock과 Masters는 잘 학습되고 자동화된 기술을 수행할 때 단계를 통제하기보다 상관없는 추가 과제에 집중하는 게 바람직하다고 주장했다. Wulf와 Prinz는 학습에 관한 초기 연구에서 단계를 통제하기보다 결과에 대한 지각적 증거에 주의를 기울일 것을 강조했다. Powers 및 Wulf와 Prinz는 높은 수준의 학습에 있어서도 결과의 성패에 대한 피드백에 집중하면 매우 효과적이라고 주장했다(여기서 중요한 고려점이 있다. Beilock과 동료들 및 Masters의 실험에서 전문가에게 유리한 주의력 저하 과제는 청각적 양식으로, 골프선수나 축구선수가 목표음에 대해 들으면서 눈으로는 여전히 퍼팅이나 공차기의 성패에 대한 시각 정보를 취한다. Wulf, Prinz, Powers는 이 실험에서 눈을 가리면 전문가마저도 다칠 것이라고 예측했다.).

Beilock은 Wulf의 분류상 내적 집중에 해당하는 집행 단계에 주의를 기울이면 퍼팅을 막 학습한 초보 골퍼들의 수행력이 향상된다고 주장했는데, 학습에서 단계적 통제가 아닌 성취된 결과에 집중할 때 그 효과가 얼마나 빨리 나타날지 의문스럽다. 이와 대조적으로, Fitts의 절차화/프로그래밍 구조에서는 학습 초기에 과제의 구성 요소별 단계들이 작업기억에 저장되어 있고 순차적으로 집중하도록 되어 있다. Wulf는 초기부터 곧바로 결과에 대한 피드백에 집중하라고 강조했다. 두 견해는 초보자가 수행 단계의 통제와 단계별 지각 피드백에 모두 집중해야 하는 이중과제에도 적용될 수 있고 상호 배타적이지 않다. 통합적인 견해가 합리적일 수 있으므로 향후 연구는 이러한 맥락에서 진행될 것이다.

### (2) 전략 선택 이론

능력 습득에 관한 다른 접근들은 절차화/프로그래밍 구조의 문제점을 많이 제기한다. 먼저 전략을 어떻게 구상하느냐가 중요하다. 이는 Newell과 Simon(1972: Newell, Shaw, & Simon, 1957) 등의 문제해결 모델에 기초하며, 특히 '퍼즐 상자'에서 탈출하는 법을 학습하는 Thorndike(1898)의 고양이 연구를 비롯해 시행착오 학습에 관한 선행 연구들에 기초한다. 1959년 Crossman은 쿠바 담배 공장 노동자들의 담배 말기 능력이 어떻게 향상되는지를 연구했다. 그 결과 시행착오와 문제해결, 훈련을 통해 연속적으로 과제를 수행할 때 단계적 순서가 더 효율화되었다([그림 4-11]은 전략의 근거에 관한 Crossman의 견해를 반영함). 이 전략들은 어떻게 더 잘, 더 빨리, 더 정확하게, 더 적은 노력으로 과제를 수행할지에 관한 가설이다. 일단 적절한 전략을 찾으면(또는 충족되어야 할 속도와 정확성에 근거해 매우 적절해 보이는 전략), 이를 지속적으로 사용함으로써 집행을 통합하고 강화한다. 즉 Fitts의 절차화/프로그래밍 이론의 자동화 과정이 시작된다. 담배 말기 속도에 관한 Crossman의 연구는 Bryan과 Harter(1897)의 메시지 전송 및 수신 속도에 대한 결과와 일치한다. '이득 감소 법칙'은 연습을 통해 얻는 이점에 관한 것으로, 초기의 빠른 향상뿐 아니라 수행력이 더 이상 증가하지 않는 점근선까지의 향상률도 포함된다. 즉 과제의

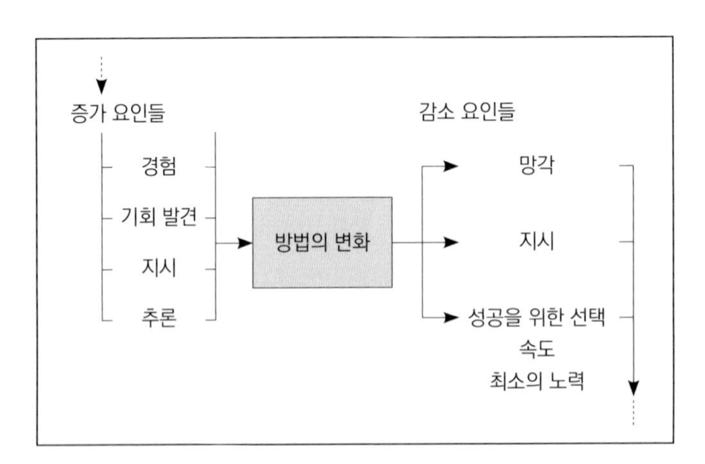


그림 4-11 새로운 능력 습득의 초기 단계에 시도되고 Crossman이 '방법의 변화'라 명명한 전략의 근거들

Crossman, E. R. F. W. (1959). A theory of the acquisition of speed skill. *Ergonomics, 2*, 164. 참고.

유형과 학습 법칙에 따른 연습 조건과 관련된다(Newell & Rosenbloom, 1981 참고).

전략을 구상하고 시도하는 초기 단계에는 작업기억 용량이 영향을 준다. 용량이 클수록 더 복잡한 수행 전략을 형성하고 유지하며, 보다 복잡한 훈련 전략을 이해하여 시도한다. 이는 더 크거나 작은 작업기억 용량의 효율성에도 적용되므로 인지 발달 분야에서 크게 인정받았다(Case, 1985).

### (3) 지속적 연습 이론

자동성을 발전시키는 데 있어 하나의 전략으로 시작하는 것이 유리하거나 필수적이라고 간주되기 쉽다. 몇 가지 다른 전략들을 적용하면 변화하는 조건을 다루거나 지루함을 피하는 데 유용하나, 전략들 중 한 유형에 대한 연습 시간과 반복 횟수를 제한한다. 이로 인해 자동성의 핵심으로서 특정 자극-반응의 연결을 지속적으로 연습하는 접근법이 대두되었다. 시각 탐색 과제는 이러한 효과를 입증하는 좋은 예이다. Shiffrin과 Schneider(1977)는 여러 비목표 자극과 1개의 목표 자극으로 구성된 시각 배열들 중 하나 이상의 목표 자극을 찾는 탐색 과제를 활용했다(실제로는 다른 종류의 자극으로 구성된 유사한 탐색 과제가 많이 활용됨). 즉 주의력을 분산시키는 비목표 자극들 가운데 목표 자극을 가능한 한 빠르고 정확히 찾아내는 과제이다. 존재 여부에 대한 판단은 중요하지 않으며, 과제의 유형과 상관없이 결과가 유사했다.

새로운 과제일수록 방해 요인의 수에 따른 차이가 컸는데, 방해 요인이 많을수록 탐색은 더 느려지고 정확도가 떨어졌다. 그러나 여러 번 시도한 후에도 수행이 일관적이고 방해 요인이 없다면 연습을 통해 수행력이 향상되고, 더 이상 방해 요인의 수에 영향을 받지 않는다. 즉 탐색이 '자동화'된다. 그러나 수행이 변이적이어서 특정 자극이 목표가 되기도 하고 방해 요인이 되기도 한다면 수행력은 거의 향상되지 않는다. 특히 속도와 정확성은 지속적으로 배열의 자극 수에 크게 의존한다. 그러므로 방해 요인의 간섭 없이 목표가 갑자기 떠오르는 상태인 탐색의 '자동화'는 지속적인 자극-반응 연결일 경우에만 발생하는데, 이때 목표에 항상 집중해야 하고 방해 요인은 언제나 무시되어야 한다.

이는 영향력 있는 견해이지만 시행하기가 항상 쉬운 것만은 아니다. Duncan(2004)에 따르면 효과적이고 지속적인 연결은 과제의 특정 목적에 대해 '자극'과 '반응'을 얼마나 잘 설명하느냐에 달려 있다. 즉 주의를 기울이는 것과 지각에서 행동에 이르기까지 연결하려는 것이 무엇인지가 중요하다. 이는 Jonides와 Gleitman(1972)의 연구에서 명확히 입증되어 널리 인용되었는데, 주의를 분산하는 문자나 숫자들 중 목표를 탐색하는 과제가 활용되었다. 모든 조건('원')에서 목표는 동일하나 문자 'o'나 숫자 '0'을 찾아야 한다. 목표 자체는 동일해도 숫자들 중 문자 'o'를 탐색하거나 문자들 중 숫자 '0'을 탐색할 때 훨씬 더 빠르고 방해 요인의 수에 덜 좌우된다. 따라서 어떻게 과제를 수행하고 자극을 범주화하는지에 관한 사고가 자극과 반응 간의 연결, 그리고 무시되어야 할 방해 요인과 목표 자극 간의 분리에 중요하다.

Richards와 Reicher(1978), Wang, Cavanagh, Green(1994)은 자극에 대한 친숙도의 역할을 추가했는데, 목표를 방해 요인과 구별할 수 있을 때, 특히 더 친숙한 방해 요인일 때 더 쉽게 무시하고 탐색 속도도 빨라졌다. Hout와 Goldinger(2010)에 따르면 방해 요인이 동일할 경우 탐사는 연습을 통해 기대만큼 효율적으로 향상되나, 동일한 방해 요인인데다 시각 배열상 위치가 동일하면 효과가 가속화된다(사물들 간에 지속적인 위치와 반복된 공간적 관계의 영향. Chun & Jiang, 1998 참고). 따라서 지속적인 연습은 효율적인 수행을 가속화하고, 과제의 많은 요인들이 더 유지되도록 연습 효과를 더 빠르게 증가시킨다. 이는 다양한 실제 훈련과 교육 환경에도 그대로 적용된다(예: Dulaney, 1998; Fisk & Eboch, 2003; Verdolini, 2000 참고).

### (4) 사례 회상 이론

과잉 학습된 자극-반응 연결에 대한 지속적인 연습은 James(1890)의 습성 개념에 기초한다. 자극과 반응 간의 상관성을 중시하는 조건화된 학습에서 습성을 형성하는 문제는 오랫동안 논의되었다. 능력 습득 이론, 특히 자동적 처리의 근거가 되는 이론에 이 개념을 더 많이 적용할 수 있을까? 이러한 맥락에서 능력 습득에 관한 '사례 이론('표본 이론' 또는 '일화기억 회상 이론')'이 제기되었는데, 수행의 특정 사례에 대한 기억을 저장하는 것은 자동성의 핵심이다. Logan(1988, 2003, 이후의 논문들)에 따르면, 절차, 프로그램, '활용 가능한' 과제의 부분적 표상이 형성되어도 작업기억의 단계와 절차(전략이나 알고리즘)에 의존하던 것에서 자동화 단계로 전환되지는 않는다. 자동성은 과거의 수행에 관한 개별적 일화들을 직접적으로 회상하는 데 달려 있다.

이는 어떻게 작용할까? 과제를 수행할 때마다 환경적 맥락, 행동 규칙, 지각된 자극, 표출된 행동이나 반응과 같은 일상적 사건에 대한 일화기억이 장기기억으로 저장된다. 과제가 재수행될 경우 맥락, 과제의 규칙, 자극은 회상의 단서로 작용하고, 행동이나 반응과 같은 과거 수행의 기억을 활성화시킨다. 이 기억은 알고리즘이 적용되어 해결 방안을 찾으려는 요구를 회피하거나 방해하며, 직접적으로 정보를 공급한다. 과제를 더 자주 수행할수록 과거 수행에 대한 기억이 더 많이 빠르게 인출된다. 작업기억은 단계적인 알고리즘을 계속 실행할 수 있으나, 광범위하고 일관적인 기억 저장소로부터 기억을 인출하는 것과 비교할 때 속도는 느릴 것이다.

따라서 과제를 더 많이 연습할수록 기억의 인출이 알고리즘을 더 감소시켜 수행의 속도를 높인다. 기억이 더 많이 축적될수록 기억의 인출이 수행을 촉진하는 '과정'이 보편화되고, 결국 작업기억이 알고리즘에 관여할 필요가 없어진다(기억이 정확하고 자극과 반응 연결이 동일하게 유지되는 데 한함). 이는 다중과제의 수행에도 기여한다. 즉 과제를 수행하는 데 작업기억이 요구되지 않으면 이를 다른 곳에 할애할 수 있다.

자동성에 대한 사례 인출 접근은 절차화/프로그래밍 접근과 매우 유사하게 예측하고 동일한 여러 현상을 설명할 수 있다. 실제로 Logan은 일화기억으로부터의 사례 인출이 자동화된 모든 수행의 기초가 된다고 주장했으며, 두 접근은 흔히 경쟁 관계로 간주되었다.

그러나 두 접근은 유사하지 않다. 사례 이론에서 가정하는 인출 가능한 기억이란 수행하면서 집중한 것에 국한된 매우 특수한 일상의 사건이다(Logan & Etherton, 1994). 즉 일화기억이 적용된 다른 경우와 마찬가지로 사례를 인출하고 사용하는 것은 자극과 맥락, 문제의 영향을 받는데, 이들은 실제 연습 중에 발생하여 기억 속에 인출 가능한 사례로 저장된다. 이는 사례 인출에 근거한 능력이 새로운 문제로 전이되기 어려움을 반영한다(Logan, 1988; Ericsson, 1999). 다만 이전에 제시된 자극부터 매우 유사한 새 자극까지 단순히 자극의 유사성을 처리하는 경우는 제외된다. 따라서 지속적인 연습으로 성취되는 정확한 반복은 자동성으로 전이되는 가장 효과적인 수단이며, 새로운 자극은 흔히 알고리즘으로 되돌아가도록 요구한다.

이러한 제약은 절차화/프로그래밍 이론에는 적용되지 않는다(예: Singley & Anderson, 1989 참고). 하나의 절차는 각 자극과 반응 짝을 개별적으로 보여 주는 게 아니라 비교적 추상적인 자극의 설명, 훈련에서 제시된 자극에 반응하기 위한 규칙, 자극에 대한 반응으로 구성되기 때문이다. 이는 각 접근을 구별하는 데 기초가 되며, 학습된 기술이 비훈련된 맥락으로 전이되는 현상을 통해 입증된다.

Koh와 Meyer(1991)는 자동화에 관한 두 이론에 근거해 전이의 유동성과 범위에서 나타나는 차이를 알아보았다. 감각운동 학습의 기초가 되는 정신적 표상 과제의 전이 현상을 분석함으로써 연습에 의한 감각운동 기술이 사례의 인출보다는 절차의 도움을 받는다는 사실을 입증했다. 이와 대조적으로, Beilock 등(2004)은 특정 유형의 복잡한 암산을 많이 연습해도 훈련 초기에 비해 동일한 해결 전략을 요하는 동일한 형태의 새로운 문제를 더 빠르거나 정확히 수행하지 못했다. 훈련 중에 발생하는 특정 문제, 즉 Logan의 이론에 근거할 때 사례로 저장되는 문제의 수행력이 매우 향상되었고, 횟수에 비례해 각 문제를 다룬 후 해결책이 제시되었다. 이러한 결과는 사례 이론과 완전히 일치한다.

절차화/프로그래밍 이론과 사례 이론은 대립적이라기보다 상호 보완적일까? 골프의 퍼팅, 축구의 드리블, 배구의 서브 등 다양하고 복잡한 감각운동 과제와 복잡한 암산 과제의 속성을 비교해 보자. Beilock, Weirenga, Carr(2002)에 따르면 암산과 같이 도중에 각 단계 간의 수행을 저장하는 데 작업기억이 필요한 인지 능력은 사례나 일화를 통해 자동화된다. 사례 이론에 근거할 때 이러한 사례나 일화는 장기기억 속에서 인출된다. 반면에, 감각운동 기술은 보다 추상적인 규칙이 지배하며, 광범위하게 전이되는 절차나 프로그램에 의해 자동화된다. Koh와 Meyer(1991)의 감각운동 과제와 Beilock 등(2004)의 암산 과제에서 나타난 전이의 차이는 보완적 가설의 기초가 된다.

### (5) 전문가 수행 이론

지금까지는 과제를 수행할 때 제한적인 작업기억 용량과 선택주의력의 영향이 적어 반복적 연습을 통해 자동화되는 데 중점을 두었다. 그러나 자동화에 따른 일상적이고 반복적인 양상은 위험 요인이 된다. 여기에는 손가락을 펼치거나 잡는 단순한 운동 과제, 여러 선택 반응시간 과제(Mowbray & Rhoades, 1959; Newell & Corcos, 1993), 명사에 맞는 동사를 선택하고 산출하는 과제(Raichle et al., 1994) 등 매우 다양한 과제가 포함되며, 자동성에 대한 절차화/프로그래밍 및 사례 인출 접근과도 동일한 맥락이다. 따라서 작업기억이 개입하지 않는 대신 유동성이 상실될 수 있다. 다양성이 안정적이고 신뢰할 만한 수행을 방해하기도 하므로 이러한 상황이 오히려 필요할 때도 있다. 그러나 특정 상황, 특히 매우 높은 수준으로 수행해야 할 경우 어렵거나 특수한 과제 및 상황의 요구에 적응하기 위해 유동성이 필요하다.

따라서 능력과 전문지식이 향상될수록 주의력이 더 중요해진다는 접근도 있다. 이러한 '전문가 수행' 접근(Ericsson, 2003)은 과제를 위한 지식의 기초를 연습하는 데 중점을 두는데, 이는 자동성의 기초가 아니라 최대의 수행을 위해 유동적으로 사용하기 위함이다. 특히 연습 시 문제가 발생할 경우, 그리고 능력이 수정되거나 약간의 조정 또는 향상이 필요한 경우 수행에 세심하게 주의할 것을 강조한다.

'전문가 수행 접근'(Ericsson, 2003; Chase & Simon, 1973)의 기본 개념은 지식이 많을수록 더 잘 수행한다는 것이다. 가장 유용한 지식을 획득하려면 단순히 과제를 반복 연습하는 것이 아니라 '계획적 연습'에 해당하는 특정 훈련과 경험이 필요하다. Ericsson(2006, p. 348)에 따르면, 높은 수준의 전문가들 간에 나타나는 차이는 사례 이론이나 절차화/프로그래밍 이론처럼 단지 반복적인 연습 횟수 때문이 아니다. 능력의 수준별 개인 차이는 '개별적인 연습을 통해 축적되는 시간의 양'에 좌우된다. 예를 들어, 음악가는 문제해결과 피드백 등의 수행력을 향상시키는 방법으로 교사 중심의 특정 연습 목표를 성취하고자 노력한다.

따라서 높은 수준의 능력은 단계적 수행(매우 친숙한 주의력)에 집중하는 데 이로우며, 이는 절차화/프로그래밍이나 사례 이론에는 없는 개념이다. 수행력의 향상 및 다른 결과의 성취를 위해 실행 변수를 변화시키는 데 중점을 두고 기존의 과정을 명확히 수정하는 것이 목표일 때, 단계적 통제 및 여러 단계를 거친 결과에 집중하면 연습을 통해 지속적으로 수행력을 향상시킬 수 있다.

이러한 사례들은 Beilock, Weirenga, Carr(2002)의 연구에 제시되어 있다. 전술한 바와 같이, 규칙적인 퍼팅 기술을 연습하고 향상시킨 골프선수는 목표어에 집중해야 하는 이중과제 상황에서 퍼팅의 정확도가 높았다. 또한 골프선수는 초보자에 비해 퍼팅하면서 들은 단어의 재인기억은 더 높은 반면, 특정 퍼팅에 대한 일화기억은 더 낮았다. 골프선수가 퍼팅에 주의를 덜 기울이고 청각적으로 제시되는 목표어를 모니터하는 데 '여분의' 주의력을 더 발휘하는 것도 이와 동일한 맥락이다. 그러나 골프선수의 연습 기제를 방해하는 S자형 '골프 퍼팅기'를 사용할 경우, 이중과제에서 퍼팅의 정확도가 낮고 특정 퍼팅에 대한 일화기억이 높을 뿐 아니라 추가 모니터 과제에서 단어 재인 능력이 낮았다. 따라서 골프선수는 퍼팅기의 변화에 따른 기술에 적응함으로써 완전히 다른 도구를 사용해도 조절할 수 있다. 이중과제 내 퍼팅의 정확도, 퍼팅과 관련된 기억, 추가 과제의 자극 등 주의력 평가의 결과는 골프선수와 초보자가 매우 유사했으나 완전히 동일하지는 않았다. 골프 퍼팅기를 사용한 골프선수의 퍼팅 정확도는 여전히 초보자에 비해 유의미하게 높았는데, 이러한 결과가 오래 유지되지는 않았다. Bertenthal, Hoerger, Carr(2008)의 후속 연구에서 골프선수는 '골프 퍼팅기'를 사용해 비교적 적게 연습할 경우 '보통 수준의 퍼팅 능력'을 보였다.

요컨대, 전문가 수행 이론에 근거해 신중히 연습하면 전문가의 장기기억 내 수행 영역인 지식 기반의 폭과 깊이, 조직화가 촉진된다(Chase & Simon, 1973; Ericsson & Charness, 1994). 기초 지식은 대부분 새로운 수행을 통해 인출되는 과거의 수행 유형으로 구성된다. 이들이 인출되면 새로운 수행이 가능하도록 직접적으로 의존하거나(사례 이론과 매우 유사한 개념), 유추를 통해 더 창의적으로 문제를 해결하는 데 활용된다(Ericsson, 1999). 두 경우 모두 주의력이 증가할수록 수행에 이롭다. 그러므로 전문가는 이전에 여러 번 해결했던 친숙한 문제, 즉 항상 변함없고 이미 경험했던 문제를 다룰 때 자동성을 유지할 수 있으며, 새로운 문제가 발생하면 이를 처리하는 데 집중하도록 돕는 거대한 기초 지식을 지닌다.

## 9. 분노, 위협받은 자아개념, 수행에 대한 압박감의 영향

이 장의 초반부에 언급했던 사무실을 상기해 보자. 동료는 "당신이 수학을 싫어하는 건 알지만, 제 주변에 당신밖에 없는데다 이 계산을 도와줄 사람이 필요해요. 자, 이것 좀 봐요."라고 말한다. "저한테는 쉽지 않은 일이에요. 수학이 두려워 죽을 것 같아요. 사람들도 제가 수학을 잘 못한다고 생각하거든요. 그래서 곤란할 때가 있어요. 압박감도 느껴요."라고 당신은 중얼거린다. 수학을 못한다는 인식 때문에 당신은 화가 나고 동료 앞에서 잘 못할까 봐 두렵다. 필사적으로 잘 해내어 무언가를 증명해 보이고 싶기도 하다. 당신은 "좋아요. 한번 해 볼게요."라며 큰 소리로 외친다.

마지막으로, 각성과 환기, 경계에 관한 에너지, 동기화, 감정, 수행을 위한 준비 등의 쟁점을 되짚어 본다. 준비하기 위해 노력이 동원된다는 점이 중요하다. 여기서는 동기화, 감정, 이로 인한 결과에 중점을 두고자 한다.

### 1) 주의력 요소로서 영역 특수적인 불안

Ashcraft와 Kirk(2001)에 따르면 만성적 수학 불안증 환자는 표준화 검사상 상대적으로 작업기억 용량이 작은데, 이는 컴퓨터 기반의 작업 폭 과제에 국한된다. 구어 작업기억에서는 수학 불안증과 정상 집단 간에 일관된 차이가 없다. 수학 과제에서 나타난 작업기억 용량의 감소는 암산 수행력의 속도와 정확성을 예측한다. 이는 특히 기억력 부담이 있는 다중과제에서 암산을 수행하는 경우(문자 목록처럼 숫자와 다르고 단순한 경우도 포함)에 해당한다. Ashcraft와 Krause(2007)는 "심한 수학 불안증은 이중과제 상황과 매우 유사하며, 수학 공포증과 불안에 대한 집착은 자원을 요하는 부수 과제와 같은 역할을 한다"(p. 243)라고 주장했다.

불안이나 공포 효과는 내적 또는 외적 언어 등의 산출에도 유사한 영향을 준다. 내적 언어는 상황이 전개될 때 사고를 도와 나중에 기억하도록 하며, 외적 언어는 대중 연설 상황과 같이 타인 앞에서 느끼는 공포와 관련된다. 사실 여부는 아직 규명되지 않았으나, 언어 이해와 산출에 영향을 주는 작업기억의 역할(예: Bock & Cutting, 1992; Gruber & Goeschke, 2004; Waters & Caplan, 2004, 2005)을 고려할 때 이러한 가능성을 검증할 필요가 있다.

## 2) 주의력 요소로서 '수행에 대한 압박감'

압박감을 주는 상황은 대개 하나 또는 셋 이상의 요소들로 구성되는데, 수행력이 높으면 보상을 얻고 낮으면 보상을 잃을 수 있다. 수행력이 좋은 상황이 선호되고, 이 경우 어느 정도의 사회적 책임이 부여된다. 또한 수행의 수준을 스스로 또는 타인이 판단하도록 감독과 외부의 평가를 받는다. 예를 들어, 골프 시합의 퍼팅, 농구 경기의 자유투, 대학 입학을 위한 대학수학능력시험 점수 등이 해당한다.

이러한 상황에서는 무슨 일이 일어날까? 압박감은 집행 통제와 선택주의력 체계에 두 가지 변화를 일으킨다(Beilock & Carr, 2001; Beilock et al., 2004; Markman, Maddox, & Worthy, 2006). 작업기억 용량의 일부는 상황에 대한 걱정과 중요성, 실패의 결과 등 과제와 관련된 것도 있으나 통제나 수행에 유익하지 않은 부정적인 생각들이 많다. 이는 작업기억을 요하는 과제의 요구가 수행에 할애되는 것보다 더 많음을 의미한다. 또한 영역별 정보 처리 작업의 순서, 성공적인 수행을 위한 행동이나 반응에 단계적으로 주의를 기울인다. 과제가 자동화되지 않으면 통제하에 수행하는데, 다만 통제에 할애될 용량이 작은 경우는 제외된다. Beilock 등(2002)의 초기 연구에 따르면 과제가 자동화되어 더 이상 통제할 필요가 없어지면 오히려 수행이 더 느리고 오류도 많다. 이는 절차/프로그램이나 사례 이론에서 통제되어야 하는 상황이다.

결론적으로, 과제 수행에서 민감한 영역들에 대한 압박감 때문에 주의력을 발휘하는 데 실패할 수 있다. 작업기억 용량이 감소하면 계산이나 초보자가 복잡한 감각운동 기술을 수행하는 경우와 같이 작업기억 중심의 과제를 잘 수행하지 못한다. 잘 훈련된 감각운동 기술의 수행력이 떨어질 수 있는데, 이는 이미 자동화된 과제에서 덩어리보다 더 작은 알갱이 크기의 구조에 주의를 기울이기 때문이다.

### 3) 유능한 사람이 실패하는 경우

이는 직관에 크게 어긋나는 결과로서, 작업기억 중심의 과제에서 나타난다. Beilock과 Carr(2005)는 학부생들에게 뺄셈과 나눗셈으로 구성된 암산 과제를 시행했다. 복잡성의 정도는 두 자릿수인지 여부, 뺄셈에서 자리내림이 필요한지 여부에 따라 다양했다. 모든 문제는 한 번씩만 제시되므로, 각각은 모두 새로운 문제들이고 일화기억에서 인출한 반응으로는 해결할 수 없다.

먼저 대체로 중립적인 연습 조건에서 속도와 정확성을 측정한 후, 연습 시에 비해 20%까지 향상될 수 있는지를 묻는 압박감의 조건에서도 평가했다. ① 참가자들은 5달러를 얻을 수 있고, ② 둘씩 짝을 지어 돈을 받기 위한 기준에 도달해야 하는 '팀 경기'로서 둘 중 하나는 이미 이를 경험한 적이 있으며, ③ 수학 능력에 관심 있는 교수 및 교사 회의에서 나중에 검토하기 위해 비디오로 녹화되었다. 이는 압박감 조건의 세 특성으로, 보상, 사회적 책임, 타인의 감독이나 평가를 의미한다.

작업 폭과 읽기 폭 검사의 평균 점수로 작업기억 용량도 평가했다. 2~42점 범위에 해당하는 점수의 평균에 기초해 큰 용량(평균 21.1)과 작은 용량(평균 9.8) 집단으로 분류했다. 여기서 어느 집단이 압박감의 영향을 더 많이 받을지 추측해 보자.

작업기억 용량이 크면, 암산과 같은 작업기억 중심의 과제를 수행할 때 압박감 속에서 용량이 감소되는 상황을 다루는 능력이 더 뛰어나다. 그러나 『유능한 사람들이 실패할 때: 작업기억 그리고 수학에 대한 극도의 압박감』이라는 책은 이러한 맥락과 동떨어진다.

어떻게 된 것일까? 두 집단은 압박감의 상황에서 더 빨리 수행했는데, 압박에 대한 각성이 어느 정도 반응을 서두르게 한 것이다. 두 집단은 모두 단순한 문제에 대한 정확도가 높았다. 그러나 보다 복잡한 문제에서 작업기억 용량이 큰 집단의 정확도는 유의미하게 떨어진 반면, 용량이 작은 집단은 약간 향상되었다. 용량이 큰 집단은 연습 과정에서 정확도가 크게 향상되었으나, 압박감의 상황에서 용량이 작은 집단과 수행력이 유사했다. 용량이 큰 집단은 작업기억 용량을 최대한 사용해 이득을 취하는 듯한데, 이러한 이득은 매우 의미 있다. 압박감이 있으면 용량이 큰 집단의 강력한 전략이 더 이상 발휘되지 않는 수준으로 용량이 줄어들어 수행력이 저하된다. 용량이 작은 집단은 초기에 이러한 복잡한 전략을 시도하지 않으며, 오히려 압박감이 더 단순한 전략을 통제하는 데 집중하도록 돕는다. 이는 단지 가설에 불과한 것이 아니며, 향후 연구를 통해 규명될 것이다.

# 10. 에필로그: 사무실 대화

이 장의 서두에서 '주의력이 필요한 순간'에 관한 여러 쟁점을 언급했다. 앞서 인용된 대화를 통해 이들을 다시 한번 살펴보고자 한다. 시나리오는 다음과 같이 시작된다.

> 당신이 사무실에 앉아 있다고 생각해 보자. 주로 이메일을 쓰고 있지만 사실 머릿속으로는 상상의 나래를 펴는 중이다.

정신산란은 실질적인 정신생활이며, 주의를 기울이는 정보의 근원을 반영한다. 언어에 중요한 역할을 하는 청각, 시각, 체성감각, 운동감각과 함께 외부에 있는 지각의 근원으로부터 입력이 이루어진다. 입력은 내부로부터 발생할 수도 있다. 이는 언어와 관련된 의미기억 및 구문기억 등의 장기기억과 상상이 관련되는데, 상상력은 장기기억과 지각으로부터 나온 작업기억의 산물이다.

외부와 내부에 있는 정보의 근원은 결국 내부적 · 외부적 원인에 의한 통제에 따라 구별된다. 이들 원인에 의해 선택주의력과 작업기억이 통제될 경우 중요한 상호작용이 발생한다. 이에 관한 일화는 다음과 같다.

> 프로젝트에 대해 말하고 싶어 하는 동료가 당신의 방에 다가와 조용히 노크한다. 그녀는 "이봐요! 잠깐 볼 수 있을까요?"라고 말한다.
> 당신은 동료의 요구를 어떻게 받아들일 것인가? 당신이 알아차릴 수는 있을까?

주변의 시각적 움직임, 특정한 청각적 특성(빠른 시작과 상쇄, 짧은 시간, 합의된 사회적 의미)을 지닌 소음, 구어 등 외부 세계로부터의 세 지각적 입력이 당신의 주의를 끌고 있다. 이 신호들은 주의력의 방향을 외부에서 통제하고, 주의를 전환하는 정향 반응을 유도한다(Posner, Snyder, & Davidson, 1980). 즉 내적인 공상에 집중하던 것에서 외부의 신호를 가져오는 지각 통로로 전환한다.

이 신호들 중 하나만으로는 주의를 끌 만큼 충분히 강력하지 않다. 그러나 시각과 청각 신호가 같은 곳에서 오면 그 영향을 상호 결합할 수 있어 추가된 여러 신호가 주의를 끌기에 충분하다.

구어 입력이 적절한 시기에 확장되면 정보 처리의 주요 구조상 매우 중요한 인지적 · 사회적 입력에 해당하므로, 입력의 근원지로 방향을 돌려 주의를 기울임으로써 구어를 인식하고 해석하기 시작한다.

물론 이 모든 과정은 빠르고 매우 반사적으로 일어난다. 상호작용을 통해 신호를 수용하기로 결정한(또는 동의한) 내부적 통제는 빠르게 발생하나 즉각적이지는 않다.

> 이 상황에서 동료의 요구가 합당해 보이기는 하나 '주의를 기울여야 한다'는 충고가 항상 옳을까? 집중하지 않는 것이 더 바람직할 때가 있을까?

이 질문들은 시나리오 자체와는 별개로 중요한 쟁점을 제기했다. 질문의 해답에는 다음과 같은 개념적 및 경험적 근거가 주로 포함된다. ① 정보가 매우 많은 상황이거나 주의력을 방해하는 정보가 많을 때 선택주의력의 필요성, ② 과제가 새롭거나 복잡할 때 집행 통제의 필요성, ③ 연습과 높은 자동성이 주로 통제하는 다중과제의 어려움 및 낮은 성공률, ④ 연습이 축적되고 전문지식이 늘어남에 따라 과제 수행에서 주의력의 역할 변화, ⑤ 자동성 및 그 향상에 관한 여러 이론들.

> '주의를 기울이는' 데 어려움이 있다면 어떻게 해야 할까? 무엇이든 할 수 있을까?

이 질문들도 시나리오 자체와 무관하지는 않으나 별개의 문제이다. 이는 동료가 세게 노크한 후 사무실로 걸어 들어와 한 번 더 큰 소리로 말해도 당신이 알아차리지 못했을 경우에 한한다. 전술한 바와 같이, 주의력 및 용량과 관련된 어려움과 언어 처리 및 재활은 향상될 수 있다.

> 당신이 '주의를 기울인다면' 이는 실제로 무슨 역할을 하며 어떻게 일어나는 것일까?
> 당신은 "물론이죠. 들어오세요."라고 말한다.

동료 덕분에 당신은 주의력의 전환, 즉 선택주의력의 과정을 수행할 수 있었다. 이후 상호작용에 적절히 반응하기 위해 내적으로 통제했는데, 이는 집행 및 감독 통제에 관한 논의에서 다룬 일련의 과정들이다.

> 동료가 앉아서 말하기 시작한다. 당신은 동료의 말에 귀를 기울이지만 이메일의 내용이 떠올라 읽으려고 한다. 당신은 메시지의 다음 문장을 타이핑하기 시작한다. 이러한 다중과제를 잘 수행할 수 있을까?

동료가 다시 요청한다. “잠깐만 집중해 줄 수 있을까요?”

확실히 당신은 이 다중과제를 수행하지 못했다. 실제로 수행할 수 있거나 수행한다고 믿을 때조차 과제가 너무 많다는 사실을 깨닫는다. 수행에 큰 문제가 생길 때까지 계속 착각한다. 다소 느려진 반응이나 작은 실수를 알아차리지 못할 수 있으나 큰 실수에는 주목한다.

특정 연습을 통해 다중과제를 더 잘 수행할 수 있다. 능력의 습득에 있어 한 과제가 대부분 자동화되면 다른 과제와 결합할 기회가 많아진다.

특정 과제를 함께 연습해도 다른 과제와 결합할 기회가 늘어난다. Spelke, Hirst, Neisser (1976)에 따르면, 충분히 연습할 경우 단어 받아쓰기와 동시에 읽기 이해, 기억 등의 여러 어려운 과제를 결합할 수 있다(구절에 대한 기억은 단일 과제 수준에도 미치지 못함).

당신은 “알았어요. 무슨 일이죠?”라고 묻는다. 동료는 “저기, 당신이 수학을 싫어하는 걸 알지만, 지금은 당신밖에 없으니 이 계산 문제를 좀 도와주면 좋겠어요. 여기를 봐요.”라고 말한다.

이 시나리오에는 두 가지 고려점이 있다. 첫째, 동료의 단서를 인식하고 처리하기 위해 두 사람의 공동 주의가 필요하다. “여기를 봐요”는 특정 환경에서 시각 자극이 사용될 수 있고 서로 대화에 참여하고 싶다는 의미의 단서이다. 또한 선택주의력에서 공동 주의의 필요성은 이미 언급한 바 있다.

둘째, 발생한 상황이 그리 바람직하지 않다. 당신은 동료와 공동 주의를 수행하나 계산을 좋아하지는 않는다.

당신은 “저한테는 쉽지 않은 일이에요. 수학이 두려워 죽을 것 같아요. 사람들도 제가 수학을 잘 못한다고 생각하거든요. 그래서 곤란할 때가 있어요. 압박감도 느껴요.”라고 중얼거린다. 수학을 못한다는 인식 때문에 당신은 화가 나고 동료 앞에서 잘 못할까 봐 두렵다. 필사적으로 잘 해내어 무언가를 증명해 보이고 싶기도 하다. 당신은 “좋아요. 한번 해 볼게요.”라고 크게 외친다.

우리는 이러한 문제가 발생하고 감정이 연루되는 현실 세계에 살고 있다. 잘 수행하려는 동기가 커지기도 하고, 너무 쉽게 실패를 두려워하기도 한다. 이 장의 후반부에서 이러한 감정과 동기의식이 주의력 및 수행 결과에 미치는 영향을 논의한 바 있다.

# 제5장 언어와 의사소통에서 기억력의 역할

Julie A. Van Dyke

개요



언어를 이해하려면 상이한 요소들을 언어적으로 연계시키는 능력이 필요하다. 예를 들어, '훈련 중인 운동선수가 매일 달리기를 한다(*The athlete[s] in the training program run[s] every day*)' 또는 '올림픽 금메달을 획득하기 위해 훈련 중인 운동선수가 매일 달리기를 한다(*The athlete[s] in the training program that was designed by an Olympic gold-medal winner run[s] every day*)'와 같이, 하나의 주어는 동사와 일치해야 하나 2개의 주어는 몇몇 단어나 구, 절로 인해 분리되기도 한다. 구어기억에 관한 선행연구에 따르면 고도의 주의력과 정보 처리 능력은 매우 제한적이다. 이로 인해 기능적인 언어 이해 체계가 필요하며, 새로운 정보를 고차원적 해석으로 완전히 통합하기 위해 이전에 처리한 항목을 인출해야 한다. 이후에는 기억의 제한된 저장과 인출이 언어 수행의 중요한 결정 요소가 된다. 또한 언어 체계는 의미를 생성하기 위해 언어 및 개념적 지식과 상호작용해야 한다. 예를 들어, 영어 원어민이라면 'Sam이 거리의 교차를 풀었다(*Sam uncrossed the street*)'는 틀린 문장이지만 'Sam이 팔짱을 풀었다(*Sam uncrossed his arms*)'는 용인되는 문장임을 즉시 알아차린다. 이는 두 번째 기능적인 요구로서, 특정 문법 요소(예시 문장의 'un')가 적용되면 인출의 필요성 때문에 단어의 의미에 대한 어휘 및 개념 지식을 수동적으로 유지한다. 이러한 두 요구를 통해 기억이 언어 처리에 크게 관여함을 알 수 있다. 또한 언어 처리와 후천성 언어장애를 잘 이해하려면 정상적인 기억 체계를 이해해야 한다. 본 장에서는 이에 관해 논의하고자 한다.

# 1. 기억력의 유형

과학보다 철학에 가깝던 초기 심리학은 기억의 현상을 강조했고, 저장된 정보의 유형에 기초해 기억을 구분했다. 예컨대, 프랑스 철학자 Maine de Biran은 자동적 기억, 민감한 기억, 표현적 기억 등 기제와 특징이 다른 기억의 세 유형을 제안했다(Maine de Biran, 1804/1929). Biran에 따르면 자동적 기억은 운동의 습득 및 구어 습관과 관련되고 무의식적으로 작용한다. 민감한 기억은 느낌과 감정이 무의식적으로 작용하는 유형이며, 표현적 기억은 생각과 사건에 대한 의식적인 회상이다. 이후 William James는 『심리학의 원리』(1890)에서 기억의 유형을 제시했는데, 기초적 기억(일명 '일차기억')이나 부차적 기억과 별개로 다음과 같은 특정 기억의 시간적 속성을 강조했다.

> 기초적 기억은 과거를 정확히 인식하도록 한다…… 이러한 직관적 과거 속의 대상은 적절하게 회상된 대상과 다르다. 회상된 대상은 의식 속에 없었고…… 수많은 다른 대상과 함께 가려져 보이지 않던 저장소에서…… 나온 것이다. 따라서 일차기억의 대상은 회상되거나 소실되지 않는다. 특정 순간의 날짜가 의식 속에서 단절되는 것도 아니다. 사실 그것은 실제 과거가 아니라 현재의 시간 중 후반부에 해당한다(pp. 646-647).

이러한 구분은 현재와도 관련된다. 기억 연구 분야와 마찬가지로, 보유한 정보의 유형에 중점을 둔 별도의 체계나 인출 및 망각 기제를 중심으로 한 개별적인 처리에 기초해 유형을 분류한다. 두 접근에 관해서는 추후에 논의할 것이다.

## 1) 다양한 기억 체계

다양한 기억 체계의 접근은 기능적 · 해부학적으로 구별되고 '습득 · 표상 · 지식 표현의 방법'이 다른 체계들을 확인하는 데 중점을 둔다(Tulving, 1985, p. 3). 여기에는 여러 유형들이 있다. 예를 들어, Squire(2004; Squire & Zola-Morgan, 1988)는 가장 기초적인 유형으로 서술기억(declarative memory)과 비서술기억(nondeclarative memory)을 제안했다. 서술기억은 보편적인 기억을 의미하는데, 기억상실증(amnesia)은 사실과 사건의 의식적 회상 능력이 손상된 경우이다. 따라서 서술기억은 외현기억(explicit memory)이라고도 불린다. 이는 외부 세계를 모방하는 표현적 어휘를 제공하며, 생성된 모델은 세상에 관한 진위 여부로 평가된다. 주로 회상이나 재인, 단서가 제공된 회상 검사를 활용한다. 반면에, 비서술기억은 다양한 기억을 의미하는 포괄적인 용어로, 특히 절차기억(procedural memory)이 포함된다. 비서술기억 또는 내현기억(implicit memory)은 대개 회상보다 행동을 통해 나타난다. 따라서 비서술기억은 진위가 아니라 학습 경험의 질을 반영한다. Milner(1962)는 초기 연구에서 기억상실증 환자를 대상으로 이를 입증했다. H. M.이라는 환자는 거울 그리기 과제(절차기억을 유도함)를 학습할 수 있으나 이전에 이를 연습한 기억(서술기억)이 없었다. 또한 학습에 대한 의식적인 자각 없이 다양한 기술을 정상적으로 학습했다(Squire, 1992. 비교 참고).

뇌손상 환자 및 동물 대상 연구에 따르면, 해마와 인근의 내비(entorhinal) 및 비주위(perirhinal) 피질, 해마곁 피질 등의 중측두엽 구조가 새로운 서술기억을 생성하는 데 중요하다(Buckner & Wheeler, 2001; Squire, Stark, & Clark, 2004). 이는 전두엽, 측두엽, 두정엽과 연결된 상호 통로를 통해 다양식적 감각의 입력을 수용하므로 중요한 구조들이며, 이때 통로는 연결된 영역들의 입력을 통합한다(Alvarez & Squire, 1994; McClelland, McNaughton, & O'Reilly, 1995). 중측두엽이 손상되면 감각 양식과 상관없이(예: Levy et al., 2003: Milner, 1972; Squire, Schmolck, & Stark, 2001) 2초 이상 경과된 사건을 심하게 망각한다(Buffalo, Reber, & Squire, 1998). 또한 서술기억은 독립적인 기억 체계로 구성되어 있으므로, 지각 능력과 지능이 정상적이어도 손상될 수 있다(Schmolck et al., 2002; Schmolck, Stefanacci, & Squire, 2000). 그러나 기억이 점차 중간에 위치한 구조의 영향을 덜 받으면서 측두엽 내 신피질 구조와의 상관성이 높아진다.

반면에, 비서술기억은 다양한 유형의 기억을 포함하므로 기억의 생성과 관련된 특정 뇌 체계가 없다. 예를 들어, 고전적 조건화를 통한 기억의 생성은 소뇌 및 편도체(amygdala) (예: Delgado et al., 2009; Thompson & Kim, 1996)가 관장하는 반면, 절차적 학습은 기저핵(basal ganglia), 특히 줄무늬핵(striatum)이 관련된다(예: Packard, Hirsh, & White, 1989; Poldrack et al., 2001; Salmon & Butters, 1995; Ullman, 2004). [그림 5-1]에는 두 기억력 체계의 하위 유형 및 인간과 동물의 관련된 뇌 구조가 요약되어 있다.

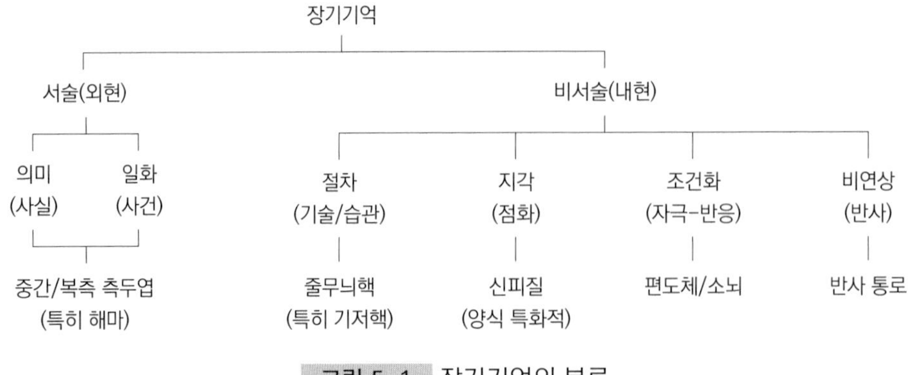


**그림 5-1** 장기기억의 분류

배외측 전전두피질(브로카영역 및 우반구 동일 영역)은 의미 · 일화 · 절차 기억에 관여함. 지각 표상 체계를 지원하는 뇌 영역은 지각의 양식에 따라 다르며, 복측 후두측두엽은 단어의 형태를 저장한다고 알려짐.

Squire, L. R. (2004). Memory systems of the brain: A brief history and current perspective. *Neurobiology of Learning and Memory, 82*, 171–177. 승인하 재인쇄됨.

Tulving과 동료들(Schacter & Tulving, 1994; Tulving, 1983)의 기억 체계도 자주 인용되는 분류이다. 이는 특히 서술기억의 두 하위 유형인 의미 및 일화기억과 관련되는데, 개인의 지식 중 일부와의 상관성을 기준으로 구분한다. 예를 들어, 치즈와 토마토소스로 피자를 만든다는 지식은 의미기억에 해당되고 모두가 공유하는 반면, Andrew가 버섯 피자 두 조각과 탄산수를 점심식사로 먹었다는 사실은 그와 식사한 이들만 아는 일화기억이다. 이밖에 지각 표상 체계(perceptual representation system: PRS), 절차기억, 작업기억(WM)과 같이 기능적이고 신경학적인 분류도 추가했다. Squire와 동료들은 PRS와 절차기억을 비서술기억으로 분류했고, WM은 별도의 기억 체계로 간주했다. 이후에 다섯 가지 체계의 행동적 · 신경학적 속성을 논의할 것이다.

## 2) 의미기억

보편적으로 의미기억은 사물 이름대기('이 그림은 ____이다')와 세상 지식에 대한 접근을 요하는 과제, 즉 무슨 나무가 이집트의 피라미드와 가장 연관되는지를 판단하는 피라미드와 야자수 나무 검사(Pyramids and Palm Trees test; Howard & Patterson, 1992)를 통해 평가된다. 1분 동안 해당 범주에 속하는 단어의 이름을 최대한 많이 말하는 동의어 산출 과제도 유창성과 정보의 범주에 접근하는 속도를 평가하는 데 활용된다. 세상에 대한 사실의 저장 외에 의미기억은 음운적(예: 'night'과 'kite'은 운율을 이룸), 형태론적(예: 'taught'는 'teach'의 과거형임), 문법적(예: 'hit'은 직접목적어를 취함), 의미적(예: 'sleep'과 'snooze'는 동의어임) 속성 등 단어에 대한 언어 지식의 저장소이다. 이러한 지식을 심상 어휘집이라 한다(Ullman, 2004, 제6장 참고).

인지심리학은 심상 어휘집의 구조, 특히 그 의미적 양상 및 이해와 의사소통의 기초가 되는 의미에 관심을 둔다(Murphy, 2002. 비교 참고). 개념과 그 관련성 정도 간의 관계를 확인하기 위해 반응시간들 간의 상관성을 살펴봄으로써 지식의 구조를 실험적으로 입증한다. 예를 들어, Collins와 Quillian(1969)의 초기 연구에서 '카나리아는 동물이다'에 비해 '카나리아는 새이다'라는 문장을 확인하는 시간이 더 짧았다. 이는 개념의 계층적 표상을 의미하는데, [그림 5-2]의 굵은 선은 범주들 간의 관계를, 점선은 각 사물의 속성을 나타낸다. 카나리아는 동물보다 새에 더 가까운 개념이므로, 이를 확인하는 데 관여하는 단계들이 더 적어 반응시간이 상대적으로 빠르다. 더 복잡한 후속 연구에 따르면, 개념적 구조가 같더라도 '울새는 새이다'처럼 전형적인 범주가 포함된 경우에는 '타조는 새이다'와 같이 비전형적인 문장에 비해 반응시간이 더 빠르다(Rips, Shoben, & Smith, 1973; Rosch & Mervis, 1975). 따라서 지식 구조는 개념들 간의 정적이거나 논리적인 관계뿐 아니라 세상에 대한 개인적 경험도 반영한다.

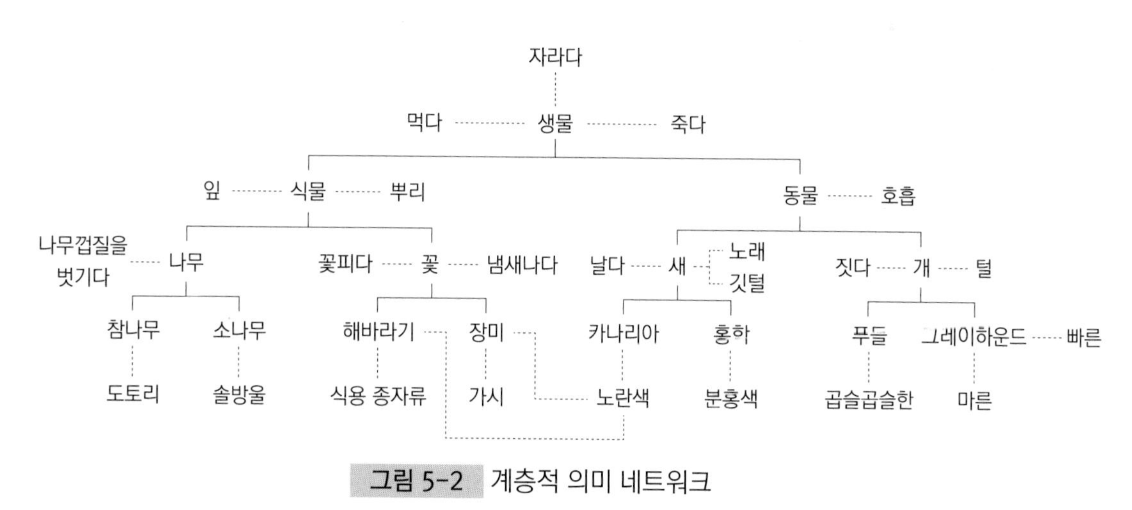


**그림 5-2** 계층적 의미 네트워크

개념들 간의 굵은 선은 범주 관계를, 점선은 각 개념의 속성을 나타냄. 속성은 다양한 개념에 적용될 수 있고, 특정 범주의 구성 요소가 범주 내 모든 속성과 연관될 필요는 없음(예: 타조는 새이나 날지 못한다). 그러나 범주의 상위 구성 요소는 범주 내 대부분의 속성을 포함함.

Collins, A. M., & Quillian, M. R. (1969). Retrieval time from semantic memory. *Journal of Verbal Learning and Verbal Behavior, 8,* 240-247. 인용.

최근 뇌영상 기술(예: PET, fMRI)을 통해 심상 어휘집이 세상 경험에 따라 뇌에 다르게 저장된다는 사실이 입증되고 있다. 예를 들어, 의미적으로 다른 신체 부위와 관련된 동작어(예: 차다, 집다, 핥다)를 읽으면 이를 통제하는 운동 및 전운동 피질이 활성화된다(Aziz-Zadeh et al., 2006; Hauk, Johnsrude, & Pulvermuller, 2004; Pulvermuller, 2005; Tettamanti et al., 2005). 이와 유사하게, 도구 행위와 연관된 단어의 읽기나 이름대기 과제는 도구의 지각과 사용을 담당하는 감각운동 네트워크를 활성화시킨다(Chao, Haxby, & Martin, 1999). 형상화 외에도 세상에 있는 사물의 다양한 속성은 측두엽이 처리하며, 이와 관련된 단어는 인접한 뇌 영역을 활성화시킨다. 예컨대, 색깔과 동작은 좌반구의 복측 측두엽과 중측두엽에서 각각 지각된다(Corbetta et al., 1990; Zeki et al., 1991). Martin 등(1995)에 따르면, 사물을 나타내는 색깔 없는 그림(예: 연필 선화)을 보거나 색깔명(예: '노란색') 및 사물과 관련된 동작어(예: '쓰다')를 말하는 과제를 수행할 때 복측 및 중측보다 앞쪽 영역이 활성화된다. 생물/무생물과 같은 문법 관련 속성(Chao, Haxby, & Martin, 1999)뿐 아니라 대상의 크기와 소리에 대한 결과도 유사하게 나타났다(Kellenbach, Brett, & Patterson, 2001). 따라서 심상 어휘집의 지식은 주로 측두엽이 처리하는 속성에 대한 특정 네트워크를 통해 표현되며, 해당 속성들 간에 활성화되는 범주가 다르다(Martin & Chao, 2001; McClelland & Rogers, 2003). 심상 어휘집 내 정보의 인출과 선택은 측두엽 외에 좌반구 복외측 전전두피질의 하전두이랑(브로카영역 등)과 브로드만영역 44, 45, 47번이 담당한다(Bookheimer, 2002; Thompson-Schill, 2003. 비교 참고). 이들은 기억력과 구문처리의 상관성에 관한 논의에서도 언급될 것이다.

### 3) 일화기억

다른 기억 체계의 결함은 거의 없으나 일화기억에서만 문제를 보이는 기억상실증을 통해 일화기억 체계가 독립적으로 존재한다는 사실을 알 수 있다. 즉 일화기억은 다른 기억 유형과 분리되어야 하고, 신경학적으로 다른 뇌 영역이 관여한다(Tulving, 2002, p. 12). 그러나 개인적 속성을 조작하고 정반응 여부를 파악하는 데 한계가 있어 일화기억을 평가하기가 쉽지 않다. 일화기억 연구에서는 기억될 자극의 속성에 대해 완전히 통제할 수 있는 목록 학습을 주로 활용한다. 단어 목록(또는 얼굴이나 무늬와 같은 시각적 항목)이 제시되면 부호화 단계에서 다양한 부차적 속성을 말하도록 한다(예: 특정 색깔로 쓰인 단어들의 대문자 및 소문자 또는 둘 다에 포함된 속성). 인출 단계에서는 이전에 본 항목

인지(재인) 여부를 판단하거나 항목 또는 연상물(회상)을 산출하도록 하며, 학습한 단어를 기억하는지 여부를 묻는다. 이를 통해 기억이 잘 유도되는 조건을 직접 파악할 수 있다. 예를 들어, 사후기억(post-hoc memory) 검사를 통해 기억하는 항목과 그렇지 않은 항목을 대조함으로써 '후속기억 효과'를 확인한다(예: Rugg, Otten, & Henson, 2002; Wagner, Koutstaal, & Schacter, 1999). 이로써 일화기억의 부호화에 관해 확인되지 않았던 뇌 영역을 알 수 있다. 또한 특정 기억과 관련된 뇌의 활성화가 과제의 처리 유형에 따라 다르다는 점을 보여 준다(예: Kelley et al., 1998; McDermott et al., 1999; Otten & Rugg, 2001; Wagner et al., 1998). 그러므로 의미 과제(즉 생물성 단어 판단하기)를 통해 부호화되는 단어는 중측 전전두피질 및 좌반구 하전두이랑의 배측 영역을 활성화하는데, 이들은 의미 작업기억과 관련된다(예: Buckner & Koutstaal, 1998; Gabrieli, Poldrack, & Desmond, 1998; Wagner et al., 1998). 반면, 음절 세기 과제에서 부호화되는 단어는 전전두엽이 아니라 음운 처리와 관련된 양측 두정엽 및 방추(fusiform) 영역, 좌반구 후두피질을 활성화시킨다(예: Mummery et al., 1998; Poldrack et al., 1999; Price et al., 1997).

과제 특수적인 활성화에 근거할 때, 특정 자극에 대한 기억은 맥락의 다양한 부차적 정보뿐 아니라 분위기나 인지 상태 등의 주관적인 요인까지 포함한다. 따라서 의미기억과 마찬가지로 일화기억은 뇌의 광범위한 네트워크에서 활성화되므로, 저장 영역 외에도 일화기억 상실증에 대해 보다 상세한 설명이 필요하다. 손상은 기억이 저장되는 방식이 아닌 재활성화되는 기제(저장된 장소와 상관없이)와 관련된다. Tulving과 Pearlstone(1966)에 따르면 대부분의 기억상실(더 이상 '사용'할 수 없는 기억)은 사실상 '접근성'의 실패이다. Tulving(1979)의 '부호화 특이성(encoding specificity)'의 원리는 "인출에 관한 정보와 기억에 저장된 정보 간의 중복이 많을수록 목표 항목을 더 잘 인출한다"(p. 408)는 개념이다. 최근 뇌영상 연구를 통해 부호화와 인출 단계에서 동일한 뇌 영역이 활성화된다는 사실이 입증되었다(Danker & Anderson, 2010). Thomson과 Tulving(1970)의 이전 연구에서도 유사한 결과가 나타났다. 즉 실험 단계에서 목표어인 '꽃'과 관련된 단어를 제공하지 않을 경우, 관련어를 제시하지 않거나 약한 관련어('과일')를 제시할 때보다 강한 관련어('꽃피다')를 제시할 때 검사 단계에서 목표어를 더 잘 회상했다. 이와 대조적으로, 실험 단계에서 약한 관련어를 제공한 후 이를 검사 단계에도 적용하면 강한 관련어를 제시할 때보다 훨씬 더 잘 회상했다(73% vs. 33%의 정반응률). 따라서 의미기억에 기반해 오래 지속되는 단서의 효과는 특정 일화기억이 생성되는 처리 과정에 따라 매우 다르다.

기억력 자체에 중점을 둔 연구들과 달리, 언어 이해에 대한 연구는 맥락을 부호화하는 역할, 인출에 활용되는 정보와의 상호작용 등을 반영한다. Van Dyke와 McElree(2006)는 부호화와 인출의 역할을 구분하기 위해, 맥락의 부호화를 일관되게 유지하면서 문장을 처리할 때 인출에 사용되는 단서를 알아보았다. 이를 위해 직접목적어가 동사의 앞으로 이동한 문법 구조를 사용했다(예: *It was the boat that the guy who lived by the sea sailed in two sunny days*). 동사 'sailed'가 처리될 때 명사구 'boat'를 활성화 기억으로 복구하기 위해 회상이 일어나야 하며, 이를 통해 명사구가 동사와 통합된다. 문장을 읽기 전에 세 단어 목록(예: TABLE-SINK-TRUCK)을 기억함으로써 문맥의 부호화를 조작했고, 기억 목록이 제시되는 조건('부담' 조건)과 그렇지 않은 조건('부담 없는' 조건)을 시행했다. 인출을 위한 단서로서 동사 'sailed'를 'fixed'로 대체했는데, 기억에 저장된 4개의 명사(즉 table, sink, truck, boat)가 동사 'fixed'에 적합하나('일치' 조건), 하나의 명사는 동사 'sailed'에 적합한 직접목적어가 된다('불일치' 조건). [그림 5-3]은 동사를 조작하는 데 따른 읽기시간을 나타낸다. 부담 없는 조건에서는 읽기시간에 차이가 없지만, 동사의 불일치 조건에 비해 일치 조건에서는 단어 기억 과제 후 읽기시간이 늘어났다. 따라서 부호화 특이성에 근거할 때, 동사에서 비롯된 인출 단서(예: 'fixable/sailable에 일치하는 직접목적어 찾기'와 관련된 단서)와 문맥 정보 간의 중복이 읽기를 수행하는 데 중요한 결정 요소이다. 그러나 Thomson과 Tulving(1970)의 연구와 달리, 인출에 사용할 수 있는 단서와 문맥 부호화 간의 일치가 부정적으로 작용했다는 데 주목해야 한다. 이는 문맥 단어와 목표어 간의 유사성(즉 '탁자, 싱크대, 트럭, 배'는 모두 '고칠 수 있음')이 인출을 방해하기 때문이다. 이러한 방해가 기억과 언어에 미치는 영향은 망각에 대한 논의에서 보다 구체화할 것이다. 다만, 부호화된 정보에 재접근하기 위한 인출 단서와 결합할 경우 문맥 부호화가 영향을 미친다는 점을 기억해야 한다.

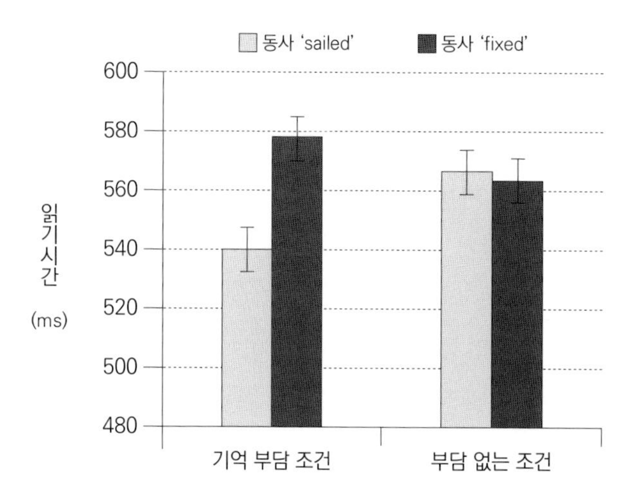


**그림 5-3** 단어 기억 목록이 선행되면 동사 'fixed'를 읽는 시간이 더 오래 걸리나 동사 'sailed'에는 영향을 주지 않음

Van Dyke, J. A., & McElree, B. (2006). Retrieval interference in sentence comprehension. *Journal of Memory and Language, 55*, 157-166. 참고.

일화기억과 의미기억 간의 관계는 아직 규명되지 않았으나 중요한 사안이다. 이러한 기억의 두 유형은 독립적인 체계로 간주되나, 체계를 결정하는 기준이 불분명하다는 지적이 있었다(예: Surprenant & Neath, 2009). 독립적인 체계는 대개 기능적이고 신경학적인 분류에 기초하므로, A 체계에 속하는 과제 또는 A 체계의 정상적인 기능과 관련된 뇌 영역은 B 체계의 기능을 활용하는 것과 다르다. 체계는 보편적으로 분리되는 반면, 독립적인 뇌 체계를 확인하는 수단의 근거에 대해서는 크게 의문시되었다(Ryan & Cohen, 2003; Van Orden, Pennington, & Stone, 2001). 예컨대, Parkin(2001)은 의미기억 표준화 검사의 수행력은 정상적이나 최근에 본 단어 목록, 점심 메뉴 등의 일화적 사건을 회상하는 능력이 떨어지는 기억상실증 환자를 연구했다. 최근에 저장된 기억일수록 가장 망각하기 쉬운 기억상실증의 속성에도 불구하고, 의미기억 검사가 성인기 초기에 얻은 정보를 평가한다는 점이 문제이나. 의미기억 검사에서 최근의 기억이 통제되면 체계들 간의 구분이 모호해진다.

언어적 관점에서 일화기억과 의미기억이 별도의 체계인지에 대한 논쟁은 계속되겠으나, 기본적으로 언어 처리와 관련되지 않는 자전적 일화기억을 문맥과 연관된 다른 기억과 구분하는 것은 유용하다(예: Conway, 2001). 자전적 일화기억과 의미기억 간의 관계는 본질적이며, 심상 어휘집 내 단어의 의미와 관련된 개념 지식을 선천적으로 지닐

수는 없다.[1] 이는 세계와 언어에 대한 경험을 통해 학습된다. 일화의 반복적 학습을 통해 개개 단어의 의미를 학습하고 문법적으로 사용할 수 있다는 점(유아도 해당)은 많이 입증되었다(예: Harm & Seidenberg, 2004; Mirković, MacDonald, & Seidenberg, 2005; Sahni, Seidenberg, & Saffran, 2010). 가변적이고 비일관적인 음운 형태, 보다 피상적인 의미 표상, 문법 기능의 불완전한 열거, 읽기 시 낮은 수준의 철자 표상 등 질적으로 낮은 어휘적 표상이 일화의 학습에서는 더 적게 나타난다(Perfetti, 2007). 개별 학습 사건과 장기기억(LTM)의 표상을 효율적으로 통합하는 과정은 읽기에 대한 신경영상 연구를 통해 입증되었다. 즉 단어에 반복적으로 노출되면 읽기와 관련된 뇌 영역, 특히 시각적 단어 형태와 연관된 복측 후두측두엽(McCandliss, Cohen, & Dehaene, 2003. 비교 참고)과 하전두이랑(예: Katz et al., 2005; Pugh et al., 2008)이 덜 활성화된다. 이는 지각 및 운동 기술의 학습과도 일치하는데, 초기(비숙련) 수행에서는 과제 특정적인 피질 영역이 활성화되나, 지속적으로 연습한 후에는 활성화가 줄어든다(예: Poldrack & Gabrieli, 2001; Ungerleider, Doyon, & Karni, 2002; Wang et al., 2003).

서술기억에 해당하는 일화기억과 의미기억은 대개 의식적인 이야기에 접근할 수 있어 외현기억의 특성을 지니나, 두 유형을 결합하는 학습 과정은 의식적으로 이루어지지 않는다. 반복적인 노출을 통한 학습은 예시에 기초해 통계적인 규칙을 이끌어 내는 뇌의 능력을 향상시키는데, 이는 무의식적으로 서서히 발생한다(Perruchet & Pacton, 2006; Reber, 1989; Reber, Stark, & Squire, 1998; Squire & Zola, 1996). 최근 여러 연구에 따르면, 8개월의 유아는 자연 언어에 존재하는 통계적 규칙에 민감하고 이를 사용할 수 있다. 규칙은 연속 발화에서 단어의 경계를 확인하고(Saffran, Aslin, & Newport, 1996; Sahni, Seidenberg, & Saffran, 2010), 문법 및 개념의 범주를 학습하는 데 사용된다(Bhatt et al., 2004; Gerken, Wilson, & Lewis, 2005; Shi, Werker, & Morgan, 1999). 계산 모델(즉 연결주의 모델)에서는 이러한 학습을 뉴런과 유사한 교점들의 각 표상에 적용함으로써, 생성된 네트워크를 통해 인간과 유사한 언어를 학습하고 이해할 수 있다(예: Seidenberg & MacDonald, 1999). 또한 언어를 학습하는 아동과 모호한 문장을 처리하는 성인에게 공통적으로 나타나는 오류도 있다.

---

1) 모국어에 적합한 문법 규칙을 추정하는 문법 지식을 선천적으로 갖고 태어난다는 소위 보편 문법 이론(Chomsky, 1986; Crain & Thornton, 1998)은 이와 대조적이다. 몇몇 언어 이론에서는 이 규칙을 절차기억에 적용하는데(추후 논의), 여기서 논의되는 통계적 학습법은 이에 대한 중요한 대안이다.

## 4) 비서술기억

[그림 5-1]의 전통적 분류는 외현기억과 내현기억을 명확히 구분한다. 이로 인해 기억상실증(예: 환자 H. M., Scoville & Milner, 1957)의 근거가 확실히 요구되었다. 기억상실증 환자는 학습했거나 이전에 경험한 게임을 회상하지 못하면서도 복잡한 인지 능력(즉 게임하기)이 향상되었다. 이에 대한 가정으로는, 중측두엽 구조의 손상이 서술기억에 대한 접근 능력을 떨어뜨린 반면 이와 상관없는 비서술기억(특히, 절차기억)은 유지된다는 것이다. 학습에 대해 의식하지 못하므로 비서술기억은 내현적 속성을 지닌다.

의미기억에 접근하지 못하는 기억상실증 환자의 내현기억 중 두 번째 유형은 점화(priming) 효과의 보존이다. 즉 동일하거나 다른 대상을 먼저 제시한 후 목표 항목을 재인하는 과제의 수행력이 향상되는데, 이때 제시된 대상과 목표 항목은 지각적 차원(예: 소리, 모양 등)이 동일하다. 환자는 점화 효과가 일어나는 것을 의식할 필요가 없고, 의식적으로 지각하지 못하도록 점화를 일으키는 대상이 매우 빨리 또는 모호하게 제시되는 경우가 많다.

Schacter와 Tulving(1994)은 절차기억 체계(추후 논의)와 지각 표상 체계(PRS)라는 두 독립적인 체계를 통해 점화 효과를 설명했는데, 이들은 점화 효과와 관련된 영역 특수적 단위들로 구성되어 있다(Schacter, Wagner, & Buckner, 2000). 전술한 바와 같이 시각 단어의 형태는 PRS를 구성하는 단위들 중 하나로(Schacter, 1992), 실어증 환자들이 의미기억에 저장되지 않은 새로운 단어 형상에 대해 점화 효과를 일으키는 데 근거했다(예: Cermak et al., 1991; Gabrieli & Keane, 1988; Haist, Musen, & Squire, 1991; Bowers & Schacter, 1992). 또한 기억상실증은 의미에 접근하지 못해도 철자가 틀리거나 모르는 단어를 읽기도 한다(예: Funnel, 1983; Schwartz, Saffran, & Marin, 1980). 이는 단어 형태의 표상이 의미와는 독립적으로 존재한다는 사실을 보여 준다.

## 5) 절차기억

내현기억 체계 중 절차기억은 무언가를 하는 방법에 대한 기억으로, 기억과 언어 영역 모두에서 가장 크게 주목받았다. 이는 자전거 타기, 전문적 게임 실행하기 등 새롭거나 이미 정립된 감각운동 및 인지의 특성과 기술을 학습하고 통제하는 것과 관련된다. 모든 내현기억 체계와 마찬가지로, 학습은 점진적인 속성을 지니고 의식적으로 설명될 수 없으며 다른 정신 체계의 영향을 받지 않는다. 이는 학습을 통해 정교하고 확고한 규칙을 형성하는 절차 체계에도 해당된다(Mishkin, Malamut, & Bachevalier, 1984; Squire & Zola, 1996). 신경학적으로 전두엽과 기저핵이 절차기억 체계를 담당하며, 두정피질, 상측두피질, 소뇌도 관여한다. 전두엽의 브로카영역과 우반구의 동일 영역은 운동 순서(Conway & Christiansen, 2001; Doyon et al., 1996), 특히 추상적이고 계층적인 구조의 순서(Dominey et al., 2003; Goschke et al., 2001)를 학습하는 데 중요하다. 기저핵은 확률적 규칙 학습(Knowlton, Mangels, & Squire, 1996; Poldrack et al., 1999), 자극-반응 학습(Packard & Knowlton, 2002), 순서 학습(Aldridge & Berridge, 1998; Boecker et al., 1998; Doyon et al., 1997; Graybiel, 1995, Peigneux et al., 2000; Willingham, 1998), 실시간 운동 계획 및 통제(Wise, Murray, & Gerfen, 1996)와 관련된다.

절차기억 체계를 문법의 습득과 사용에 기여하는 체계로 보는 언어적 관점도 제기되었다(Ullman, 2004). 이는 오랫동안 논란이 되었는데, 문법이 기본적으로 규칙에 근거한다는 언어 이론을 전제로 한다(예: Chomsky, 1965, 1980; Marcus, 2001; Marcus et al., 1995; Marcus et al., 1999; Pinker, 1991). 영어의 과거시제를 나타내는 규칙, 즉 '동사 어간+*ed*'는 보편적인 예시이다. 이 규칙은 새로운 단어(예: *texted*)의 활용과 유아의 과잉일반화 현상(예: Daddy *goed* to work)을 설명해 준다. 따라서 절차기억을 담당하는 신경 구조의 언어 관련 기능은 비언어기능과 유사하다. 즉 기저핵과 브로카영역(특히 BA 44)은 복잡한 언어 표상에서 계층적으로 구조화된 요소들을 통제하고 규칙을 학습하도록 돕는다.

이 접근은 통계적 학습 과정에서 형성된 광범위한 네트워크를 통해 언어 규칙을 설명하는 연결주의 모델과 다르다. 이 모델에는 규칙이 없으나 규칙에 기반해 과거 시제를 표현한다(Rumelhart & McClelland, 1986). 이는 과학자들 간의 논쟁을 과열시켰고, 각 견해별로 경험적 결과물이 출판되었다(예: Seidenberg, MacDonald, & Saffran, 2002 vs. Peña et al., 2002; Seidenberg & Elman, 1999 vs. Marcus et al., 1999; Keidel et al., 2007 vs. Bonatti et al., 2005). 별도의 서술기억 체계가 없어도 문법을 처리할 수 있다는 사실이 중요하다. 즉 규칙 없이 실용적인 체계를 통해 네트워크가 생성된다는 것으로, 서술기억에 저장된 정보를 통계적으로 학습함으로써 개개의 표상에 있는 필수 지식으로 구성된 네트워크를 이룬다. Even Ullman(2004)에 따르면, 동일하거나 유사한 지식이 서술기억과 절차기억 체계를 통해서도 획득되므로 양자를 구별하기 어렵다. 통계적 학습법, 특히 언어 습득에 관한 연구(Saffran et al., 1996)는 언어 규칙을 학습할 때 단서를 확인하고 사용하는 능력이 중요함을 강조했다. 연결주의 접근은 유아의 언어 습득을 촉진하는 단서가 성인의 언어 이해를 통제하는 제약이라고 주장했다(Seidenberg & MacDonald, 1999). 이후에는 이해에 관한 기억력 기제를 통해 단서가 성공적인 언어 사용의 중요한 결정 요인이 된다는 사실을 논의할 것이다.

## 6) 작업기억

작업기억은 일시적으로 정보를 보유하기 위한 독립적인 저장소로서, 통계학 용어인 '양식(mode)'에서 유래한 양식적 모델(Murdock, 1974)의 두 기억 저장소로 분류된다. 이는 지난 20세기 후반에 걸쳐 영향력이 매우 컸다. 실제로 2010년 여러 인지 및 심리학 개론서에서 자주 언급되었다. 양식적 모델은 구어 정보를 매우 짧은 기간에 저장할 수 있어 단기기억 저장소의 특성을 지니는데, 이는 조음을 지속적이고 활발히 연습해야 가능하다. 따라서 이 모델은 장기기억 저장소와 대조적이다. 장기기억은 의미기억, 일화기억, 절차기억 체계와 대체로 유사하며, 인출 단서가 적절히 제시되면 수동적인 기억을 의식적인 자각으로 복구하는 데 필요한 용량과 지속시간이 제한적이지 않다. [그림 5-4]는 양식적 모델을 설명하는 데 가장 자주 인용되는 Atkinson과 Shiffrin(1968)의 도식으로, 시각 · 청각 · 촉각 정보를 세분화한 세 번째 저장소가 제시되어 있다. 양식적 모델은 기억 유형들 간의 질적 차이뿐 아니라 각 '처리' 기제와 상호작용 방식을 모두 강조한다. 1950년대 초기 컴퓨터에 비유하면, 양식적 모델은 빠르게 지나가는 감각 정보를 지속적인 기억으로 변형시키는 특정 알고리즘으로 구성된다. 특히 매우 제한된 시간(1~3초; Sperling, 1960)의 감각 정보에 근거할 때 정보를 유지하기 위해서는 구어로 재부호화하고 반복해야 하는데, 이는 단기 저장소에서 일어난다. 정보가 단기기억에서 충분히 반복되면 수동적인 상태의 장기기억으로 이동하며, 의식적인 단기기억으로 다시 인출될 때까지 이 상태가 지속된다. 따라서 단기기억은 장기기억의 출입구로서, 장기기억으로 들어오는 모든 정보는 단기기억을 거쳐야 하고 정보가 인출될 때마다 다시 단기기억으로 들어가야 한다(원래의 정보가 실제로 이동하는 게 아니라 한 저장소에 다른 저장소로 복사된다는 사실이 중요함). George Miller(1956)의 유명한 보고서인 「마법의 숫자 7, 더하기 2 또는 빼기 2(The Magical Number Seven, Plus or Minus Two)」에 따르면 단기기억은 제한된 저장 용량으로 인한 인지 활동의 어려움을 반영한다. Miller는 다양한 패러다임의 자료를 검토했는데, 새로운 정보를 학습하는 과제에서 8개 이상의 항목으로 구성된 목록을 회상하는 능력이 매우 낮았다. 따라서 새로운 정보가 단기기억으로 들어갈 때 몇몇 오래된 정보, 특히 자주 반복되지 않은 정보는 위치가 바뀌어 사라진다. 또한 의미 있는 정보들을 하나의 단위로 묶는 청킹(chunking) 과정(즉 숫자 1, 4, 9와 2는 하나의 단위인 1492로 기억됨)을 통해 단기기억의 용량이 확장될 수 있음이 밝혀졌다. 그러나 활발히 유지될 수 있는 청크의 수는 3~5개 항목으로 제한된다(Cowan, 2001. 비교 참고).

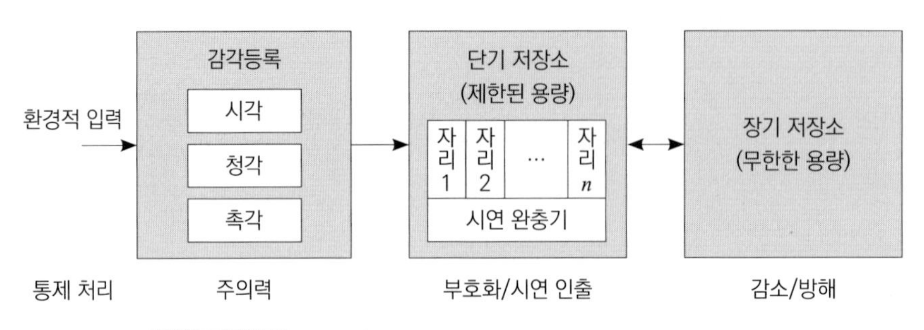


**그림 5-4** Atkinson과 Shiffrin의 양식적 모델(1968)

정보의 흐름은 매우 짧은 시간(<3초)이 소요되는 감각 등록 과정의 정보 처리에서 시작함. 주의력의 처리를 통해 정보가 감각 저장소에서 단기기억으로 이동되는데, 이 정보는 부호화되며 반복에 의해 유지됨. 부호화 과정에서 관련 정보가 장기 저장소로부터 인출됨. 정보의 부호화와 반복이 충분해지면 장기 저장소로 이동한 후 오래 보존되나, 감소와 방해로 인해 접근하지 못할 수 있음.

Atkinson, R. C., & Shiffrin, R. M. (1968). Human memory: A proposed system and its control processes. In K. W. Spence (Ed.), *The psychology of learning and motivation: Advances in research and theory* (Vol. 2, pp. 89–195). New York: Academic Press. 인용.

단기기억의 중요성으로 인해 인지 과제의 수행 시 정보가 어떻게 의식의 안팎으로 이동하는지를 반영한 모델들이 많이 개발되었다. 이 같은 활발한 정보의 작업 공간을 작업기억이라 하는데, Baddeley와 동료들(Baddeley & Hitch, 1974; Baddeley, 2003)이 제안한 가장 영향력 있는 모델은 [그림 5-5]와 같다.[2] 작업기억 모델은 단기기억을 독립적인 처리와 저장 체계들로 분류했다. 단기기억이 심하게 손상되어도 복잡한 인지 과제를 수행할 때 장기기억에 접근할 수 있으므로, 이러한 분류는 단기기억에만 중점을 둔 신경심리학적 손상에 근거했다(Shallice & Warrington, 1970). 작업기억 모델 중 중앙 집행기(Central Executive)는 중요하면서도 이해하기 어려운 영역으로, 세 '하위' 저장 체계에서 나오는 정보([그림 5-5]의 상자 내 기재)가 주의력의 초점 안팎으로 이동하는 통제 기제를 의미한

2) Baddeley 모델은 여러 작업기억 모델 중 하나이나 가장 크게 주목받았다. Miyake와 Shah(1999)는 계산 모델 등 10개의 작업기억 모델을 비교해 간략히 제시했다.

다(Baddeley, 2003). 이는 업데이트, 전환, 억제와 관련된 정보를 담당하며(Miyake et al., 2000), 전두엽, 특히 복외측 전전두영역(BA 9/46)과 하전두 영역(BA 6/44), 두정 영역(BA 7/44)이 신경학적으로 연관된다(예: Braver et al., 1997; Cohen et al., 1997).

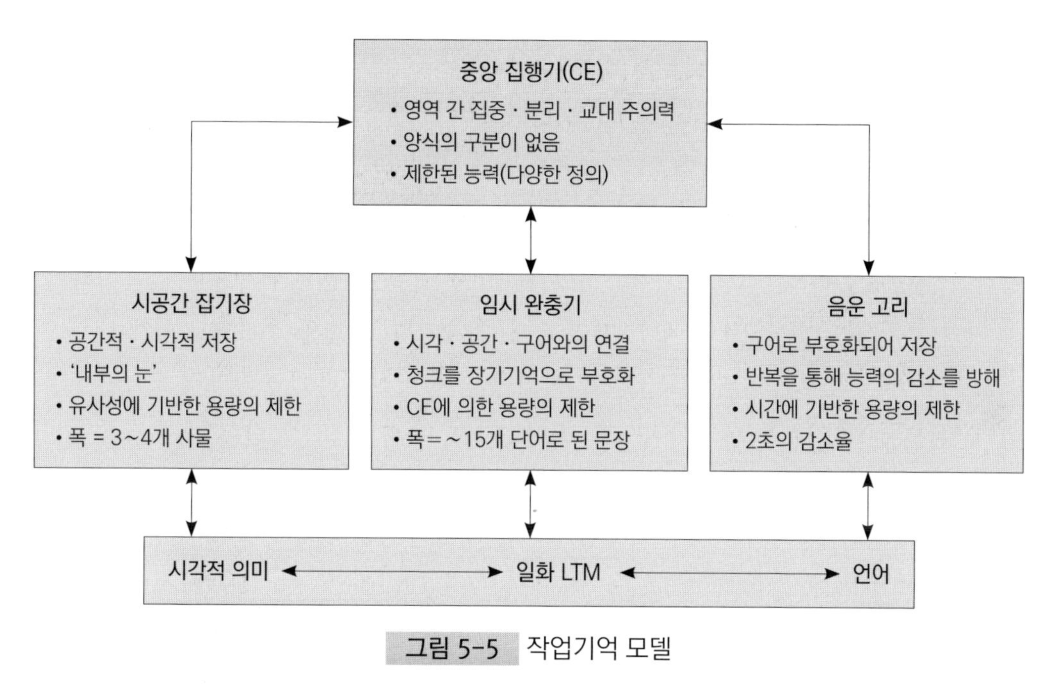


**그림 5-5** 작업기억 모델

모델은 중앙 집행기와 세 '하위' 체계로 구성됨. 음운 고리는 '내부의 목소리'로 작용하는 '조음 통제 체계'와 '내부의 귀'로서 기능하는 '음운 저장소'로 세분화됨. 이와 유사하게, 시공간 잡기장은 '내부 기록장치'와 '시각 저장소'로 분류됨. 임시 완충기는 나중에 추가되었으나(Baddeley, 2000), 다른 영역만큼 정교화되지 않음.

Baddeley, A. D. (2000). The episodic buffer: A new component of working memory? *Trends in Cognitive Science, 4,* 417–423, and Baddeley, A. (2003). Working memory: Looking back and looking forward. *Nature Reviews Neuroscience, 4,* 829–839. 참고.

세 하위 체계는 부호화 또는 처리하는 정보의 유형에 따라 구별된다. 시공간 잡기장(visuospatial sketchpad)은 시공간 정보(예: 이미지, 공간 배열, 색깔, 모양)에 관여하며, 시각 저장소(저장)와 내부 기록장치(시연)로 나뉜다. 추가된 임시 완충기(episodic buffer; Baddeley, 2000)는 의식할 수 있는 다양식적 청크를 형성하기 위해 장기기억에서 인출된 정보가 다른 두 하위 체계와 상호작용하는 데 관여한다. Baddeley의 임시 완충기는 장기기억의 일부인 일화기억과 별개이며, 생성된 청크가 다른 정보들 사이에서 일시적으로 연상되는 동시에 중앙 집행기에 의해 조작된다. 완충기가 보유한 정보량은 다양한 부호를 하나의 표상으로 결합하는 계산적 복잡성에 좌우된다(Hummel, 1999).

세 번째 '하위 체계'인 음운 고리는 이론적으로 가장 발달된 영역으로 실험을 통해 입증되었다. 이는 구어 정보를 활성화하는 수단인 음운 부호화와 시연을 담당한다. 이 같은 과정의 심리적 실체는 초창기의 주요 실험들을 통해 규명되었다(예: Baddeley, 1966; Conrad, 1964; Wickelgren, 1965). 예컨대, Murray(1967)는 정보를 재부호화할 때 내부 언어를 사용하지 못하도록 하는 '조음 억제' 기술을 개발했다. 기억해야 할 단어 목록이 주어지면 'the'라는 단어를 반복적으로 말하는 과제가 사용되었다. 이때 목록에 있는 단어들의 발음이 유사하면(즉 man, mad, cap, can, map), 조음 억제가 없는 기억 조건에서 음향학적 혼동으로 인해 회상에 오류를 보이는데, 주로 목표 항목과 유사한 발음이나 실제 기억 목록에는 없는 오류들이다. 반면, 조음 억제가 있으면 구어 과제로 인해 내부 언어를 사용하는 기억 단어의 재부호화나 시연이 방해를 받으므로 음향학적 오류가 나타나지 않는다. 즉 정보는 음향학적으로 부호화되며, 유지되는 정보량이 실제 조음 능력의 영향을 받는다. 또한 기억해야 할 항목의 수가 늘어나면 시연이 불가능해 기억으로 저장하지 못한다. 따라서 약 2초 내에 조음되는 정보량을 통해 음운 고리의 능력이 엄격히 제한된다(Baddeley, 1986; Baddeley, Thomson, & Buchanan, 1975). 신경학적인 병변 연구와 뇌영상 기법을 통해 좌측 측두두정 영역, 고리의 저장소인 BA 40, 시연을 담당하는 브로카영역(BA 6/44)이 음운 고리의 조작과 관련됨을 알 수 있다(Smith & Jonides, 1997; Vallar & Papagno, 2002).

## 2. 작업기억과 언어 이해

작업기억 용량이 제한적이라는 개념은 언어 처리 이론에 큰 영향을 미쳤다. 예를 들어, 주요 문법 요소가 종속 성분과 떨어져 있으면 처리하기에 더 어렵다(예: Grodner & Gibson, 2005; McElree, Foraker, & Dyer, 2003). 이는 모호하지 않은 문장(예: '책이 찢어졌다[*The book ripped*]' vs. '편집자가 칭찬한 책이 찢어졌다[*The book that the editor admired ripped*]')과 모호한 문장(예: '소년은 그 남자가 두려워하는 것을 알았다[*The boy understood the man was afraid*]' vs. '소년은 부두 근처에서 수영하는 남자가 두려워하는 것을 알았다[*The boy understood the man who was swimming near the dock was afraid*]')에 모두 적용된다(예: Ferreira & Henderson, 1991; Van Dyke & Lewis, 2003). 이를 통해 모호한 요소와 그렇지 않

은 요소 간의 차이가 클수록 재분석하기 어렵다는 사실을 알 수 있다. 인접하지 않은 요소(예시의 문법적 주어인 '책'과 '남자')를 '보유'함으로써 작업기억의 용량이 소모된다는 데 근거해 이를 설명하는 이론이 많다. 관련 이론들은 용량이 소모되기 전에 얼마나 많이 문장 요소를 방해하는가에 중점을 두며, 단어(Ferriera & Henderson, 1991; Warner & Glass, 1987)나 담화 참조물(Gibson, 1998; 2000)의 수에 따라 연관된 요소들 간의 차이를 파악한다. 종속 성분의 구조를 강조한 몇몇 이론들에 따르면, 내포문(Miller & Chomsky, 1963)이나 불완전한 종속 성분(Abney & Johnson, 1991; Gibson, 1998; Kimball, 1973)의 수에 따라 난이도가 다르다.

이중과제를 사용한 실험(Fedorenko, Gibson, & Rohde, 2006, 2007)이나 임상에서 용량이 감소하면 문장을 이해하기 어렵다는 사실이 확인되었다. 즉 수행력이 낮을수록 작업기억 용량도 낮았다. 예컨대, '낮은' 작업기억 용량을 갖는 대학생 수준의 독자는 '높거나' '중간' 정도의 용량을 가진 이들보다 구문적으로 복잡한 문장의 이해력이 낮고 읽는 시간이 더 오래 걸렸다(King & Just, 1991). Just와 Carpenter(1992)의 유사한 연구에서도 용량이 낮을수록 일시적으로 모호한 문장 구조를 해석하는 데 더 큰 어려움을 보였다. 이는 작업기억 용량이 클수록 모든 가능한 해석을 더 오래 유지하는 반면, 용량이 작으면 가능성이 가장 큰 해석만 유지하기 때문이다. 가능성이 낮은 해석이 궁극적으로 옳은 경우, 작업기억 용량이 작으면 올바른 해석이 기억에 '저장되어 있지 않아' 의미를 이해하기 어렵다.

읽기 발달에 관한 연구에서도 작업기억 용량과 이해력 간의 상관성이 입증되었다. Oakhill, Cain, Bryant(2003)는 정상적인 단어 수준(즉 해독)의 7~8세 아동을 대상으로 1년에 걸친 종단 연구를 실시해 작업기억 용량이 읽기 이해 능력을 예측하는 유의미한 변수임을 확인했다. Nation 등(1999)의 연구에 따르면, 이해 능력이 낮은 10~11세 아동의 구어 작업기억 용량(공간 작업기억 용량은 해당되지 않음)이 또래의 정상 아동보다 유의하게 낮았고, 해독 및 비구어 능력에 비해서도 낮게 나타났다. 이와 마찬가지로, 읽기장애 아동은 작업기억 용량이 가장 낮은 범주에 해당되었다(예: Gathercole et al., 2006; Swanson & Sachse-Lee, 2001). 이는 읽기 및 수학 능력 표준화 검사의 유의미한 예측인자이다.

이 연구들에서 작업기억 용량을 평가하는 데 활용한 방법은 모두 복잡한 폭 과제 검사이다(예: Turner & Engle, 1989; Daneman & Carpenter, 1980).[3] 읽기/듣기 폭 과제에서는 점차 길어지는 일련의 문장들을 읽거나 들은 후 각 문장의 마지막 단어만 말한다. 마지막 단어를 저장하도록 요구하는 문장 처리(종종 관련된 질문에 대답하기)를 통해, 중앙 집행기가 언어 정보의 유지 및 처리에 효율적으로 자원을 할당하는지 파악할 수 있다. 이러한 과제는 복잡한 언어 구조(예: 인접하지 않은 종속 성분)를 처리하기 위한 기능적 요구를 반영하며, 연관된 두 언어 요소들 사이에 실질적인 정보가 존재한다. 77개 연구에 대한 메타분석 결과, 단어 목록을 기억한 후 거꾸로 말하는 단순한 폭 과제(예: 숫자 폭)보다 읽기 폭 과제가 언어 이해 능력을 더 잘 예측했다(Daneman & Merikle, 1996).

작업기억 모델이 언어 처리 연구에 영향을 주나, 유사한 다른 연구에서는 이 모델이 언어 이해의 기능적 요구에 잘 부합되지 않는다(Lewis, Vasishth, & Van Dyke, 2006). 예를 들어, 앞서 언급한 유형의 문장(편집자가 칭찬한 책이 찢어졌다[*The book that the editor admired ripped*])을 처리하려면 연결된 정보를 처리하는 동안 작업기억에서 명사구 '책(*the book*)'이 활성화되어야 하는데, 이 과정이 원활하지 못할 경우 문장을 처리하기가 어렵다. 그러나 간섭하는 정보(책이 찢어졌다[*The book ripped*])를 처리할 필요가 없다 해도, 이해 과제를 수행하는 동안 이전에 처리된 요소를 충분히 반복해 문법적 연관성을 파악할 시간이 없다(Rayner, 1998). 또한 뇌손상의 경우 작업기억 폭이 감소하면서 언어 이해 능력이 떨어져야 하는데, 이는 전통적인 연속 회상 검사(Caplan & Hildebrandt, 1988; Martin & Feher, 1990)나 읽기 폭 검사(Caplan & Waters, 1999)를 통해 입증되지 않는다. 게다가 목록의 유지와 언어 이해 간에 과제 형식을 전환해야 하므로 정상적 이해가 아닌 의식적 집행 처리가 유도된다. 따라서 작업기억 용량의 지표로서 읽기/듣기 폭을 강조하면 상황이 더 복잡해진다. 즉 '낮은 작업기억 폭'을 갖는 환자가 실제로 더 작은 기억 용량, 더 느린 처리 속도, 주의력 전환의 어려움, 또는 이들의 복합적 양상을 보이는지 여부는 명확하지 않다. 이후에는 용량에 관한 견해의 문제점을 심도 있게 논의하고, 언어

---

3) 폭 과제 검사의 인용 횟수를 통해 그 영향력을 알 수 있다. ISI Web of Knowledge에 따르면, 읽기/듣기 폭 과제가 언급된 Daneman과 Carpenter(1980)의 논문 원본은 인용 횟수가 1,712회로, 2009년 125회, 2010년 7월 74회 인용되었다. 비언어 과제(즉 작업 폭)를 제시한 Turner와 Engle(1989)의 논문은 501회 인용되었는데, 2009년 49회, 2010년 7월 29회의 인용 횟수를 기록했다. '개인차와 문장 폭'의 구글 검색은 2,200,000건(구글 학술검색 103,000건)이었고, 2010년 7월 '개인차와 작업 폭'은 485,000건(구글 학술검색 366,000건)의 조회 수를 기록했다.

처리를 잘 설명하는 기억 모델을 추가로 살펴볼 것이다.

### 1) 용량 관련 견해의 문제점

개별적이고 제한된 용량을 갖는 일시적 저장 체계(단기기억 또는 작업기억)가 널리 수용되고 있으나, 이에 대한 검증은 미미한 수준이다. 개별적인 체계를 설명하는 신경심리적 이중 해리(double dissociation)에 근거할 때, 장기기억이 심하게 손상되어도 단기기억은 유지되며 그 반대도 성립한다(예: Cave & Squire, 1992; Scoville & Milner, 1957; Shallice & Warrington, 1970). 중측두엽(MTL)이 단기기억에서 차지하는 역할에 대해서는 여전히 논쟁 중이다. MTL이 장기 서술기억의 생성과 인출에 중요하다는 점을 고려할 때, 장기기억이 단기기억과 전혀 다르다면 MTL이 단기기억을 생성하거나 관련된 과제를 수행하는 데 전혀 관여하지 않을 것이다. 이중 해리에 대해서는 명확히 밝혀지지 않았으나, MTL이 단기기억 과제를 수행하는 데 관여한다는 사실이 많이 입증되었다(Hannula, Tranel, & Cohen, 2006; Nichols et al., 2006; Ranganath & Blumenfeld, 2005; Ranganath & D'Esposito, 2005).

두 유형의 기억이 구분된다는 견해의 또 다른 반증으로, 작업기억에 존재한다고 알려진 표상을 인출하는 방식이 장기기억과 질적으로 유사하다는 점을 들 수 있다. 최근 fMRI 연구에 따르면 작업기억과 장기기억에서 정보를 인출할 때 좌측 하전두이랑(LIFG)과 MTL 등 동일한 뇌 영역이 활성화되었다(Öztekin, Davachi, & McElree, 2010; Öztekin et al., 2008). 이는 최신 정보의 조작, 기억 세트의 크기와 같은 인출 과정의 속성에 해당하는 행동적 변인과 일치한다([글상자 5-1]). 작업기억 내의 정보는 특수한 작용을 거쳐 인출된다는 견해(예: Sternberg, 1975)와 대조적으로, 장기기억과 동일하게 직접적인 접근을 통해 인출된다는 사실이 입증되었다. 이때 기억 표상은 '연상적'이므로, 인출 맥락의 단서들이 관련 없는 표상을 탐색하지 않고 중복적인 내용의 표상에 직접 접근할 수 있다. 이에 관해서는 추후에 더 논의할 것이다.

## 글상자 5-1 중요한 개념들

### 연결주의/연결주의자 모델

뇌의 뉴런처럼 작동하는 일련의 '교점들' 사이에 지식이 연결되고 저장된다는 인지 계산 모델(즉 스스로 충분히 활성화되면 다른 교점으로 활성화가 전달됨). 통제된 학습 과정을 통해 지식이 습득되고 일련의 학습 일화에 대해 교점들 간의 연결이 조정된다는 것이 장점이다. 이로 인해 활성화가 체계에 전달되는 속도를 조절하는데, 자극의 특정 속성에 맞게 '조정된' 교점을 고려해 특정 맥락에서 더 많이 활성화된다.

- 계층적 내포: 문법 관계는 선형적이거나 계층적이다. 계층적 관계는 이전에 접한 항목을 인출하도록 요구한다. '어려운 시험 문제를 내주는 교장이라 불리는 선생님(*The teacher who gave the difficult test called the principal*)'과 같은 관계절에서 '선생님(*the teacher*)'이라는 명사구는 '불리는(*called*)'과 연결된 후 인출되어야 한다. 이와 반대로, '선생님은 어려운 시험 문제를 내셨고 그는 교장이라 불렀다(*The teacher gave the difficult test and the teacher called the principal*)'처럼 선형 관계 구조에서는 이러한 인출이 필요하지 않다.
- 원거리/인접하지 않은 종속 성분: 연관된 두 성분이 인접하지 않은 문법 구조를 의미한다. 예를 들어, '선생님이 불렀다(*The teacher called*)'라는 단순한 문장의 주어와 동사 사이에 '영어 수업에서 매우 어려운 시험 문제를 내신 선생님이 불렀다(*The teacher who gave the very difficult test during English class called*)'처럼 정보가 추가되면 원거리 종속 성분이 된다. 두 단어가 인접한 경우에는 이러한 인출이 요구되지 않는다. 관계절 외에도 다양한 구조들이 이 범주에 해당한다. 즉 <u>wh-의문문</u>(어제 어느 선생님이 우리 집에 전화했다고 하셨죠? [*Which teacher did you say called our house yesterday?*])에서 '선생님(*teacher*)'과 '전화했다(*called*)'는 연상적으로 인출된다. <u>분열문</u>(깜짝 놀란 여자는 전화가 울린다는 것을 알아차렸다[*It was the phone that the startled lady realized was ringing*])에서 '전화(*phone*)'는 '울린다(*ringing*)'와 연계해 인출되어야 한다. <u>동사구 생략문</u>(그 여자는 전화가 울리는 소리를 들었고 아이도 그랬다[*The lady heard the phone ring, and the toddler did too*])에서 '아이(*toddler*)'와 연관된 동사는 생략되므로 앞 절에서 인출되어야 한다.
- 순행/역행 간섭: 목표어를 방해하는 정보의 위치에 따라 두 가지 유형의 간섭으로 분류된다. 예컨대, [x1 x2 x3 A y1 y2 y3 B]에서 A가 인출 목표이고 B가 인출 단서라면 A를 인출하는 데 있어 x는 순행 간섭을, y는 역행 간섭을 일으킨다. 기억 연구(Öztekin & McElree, 2007)에 따르면, 순행 간섭은 기억/지식 과제에서 '안다'고 판단하는 것과 같은 자극 친숙도 평가에 주로 영향을 미친다. 언어에 관한 연구에서, 인접하지 않은 종속 성분을 처리하는 데 있어 순행 간섭보다 역행 간섭이 더 크게 작용했다(Van Dyke & McElree, 2011).
- 대명사 분석: 앞에 나온 담화의 성분과 대명사를 비교해 그 의미를 확인하는 과정. 예를 들어, '엄마와 아기가 대기실에 앉아 있다(*The mother and the baby sat in the waiting room*)'

라는 문장에 이어 '그녀가 울었다(*She cried*)'와 같은 문장이 나오면 두 가지 해석이 가능하다.

**인출 기제의 분석**

저장된 정보에 대해 다양한 계산적 인출 기제가 활용되는데, 이들의 실제 사용 여부 및 시기에 관해 실증적으로 연구되고 있다. 예를 들어, 목표 항목을 찾을 때까지 기억 속의 각 항목을 확인하는 일련의 탐색 과정을 통해 인출이 일어난다(Sternberg, 1966). 대안적 과정은 연상 인출로서, 인출에 사용하는 정보(단서)와 저장된 정보 간의 직접적인 상관성을 통해 발생한다. 이를 쉽게 이해할 수 있는 예시로 단어 'memory'에 대한 사전적 탐색이 있는데, 연상 기제는 'mem……'로 시작하는 단어가 포함된 페이지를 직접 찾는다. 세트의 다양한 크기 및 세트 내 위치를 인출하는 속도에 따라 이러한 기제를 분류한다. 연속적 탐색을 통해 인출이 일어나면 목표어보다 먼저 처리되어야 할 항목 수에 따라 특정 항목에 접근하는 시간이 다르다. 예컨대, 상대적으로 사전의 크기가 매우 크면 글자 'M'에 대한 탐색 기제에 소요되는 시간이 더 길다. 이와 마찬가지로, 알파벳 순서로 인해 일련의 탐색 기제에서 'M'보다 'D'로 시작하는 단어를 찾는 시간이 더 적게 든다. 그러나 직접 인출되는 상황에서는 세트 크기나 위치에 상관없이 속도가 일정한데, 인출에 활용할 수 있는 단서를 통해 목표어를 충분히 확인할 수 있기 때문이다.

기억에 있어 세트의 크기와 연속적 위치 효과는 다양하게 연구되었고(McElree, 2006 참고), 직접적인 접근 인출과 연속적 인출 기제를 요하는 조건에 대해 동의하는 시각이 많았다. 전술한 바와 같이, 직접적인 접근 인출은 내용이 인출되어야 할 때 발생하나, 관계(또는 순서) 정보가 필요한 경우 연속적 탐색 처리가 일어난다(예: Gronlund et al., 1997; McElree & Dosher, 1993). 직접적인 인출 기제가 더 많이 입증되었으나, 언어 영역에서는 최근에서야 검증되었다. 즉 종속 성분들 사이에 정보와 방해의 양을 늘려 세트 크기의 조건을 조작해도 인출 속도에 지속적인 영향을 미치지 않았다(예: McElree, Foraker, & Dyer, 2003; Van Dyke & McElree).

따라서 다른 유형의 정보를 동시에 처리하는 능력이 매우 제한적이라는 사실은 많이 입증되었으나(예: Broadbent, 1958), 이로 인해 장기기억과 별개인 일시적 저장 체계(단기기억 또는 작업기억)가 필요한지 여부에 대해서는 의문시되었다. 다중 저장소 모델에 반대해 단일 저장소 모델을 지지하는 견해들이 오랫동안 존재했다. 단일 저장소 모델은 단기기억/작업기억에서 나온 정보를 일시적으로 활성화되는 장기기억의 일부로 간주한다(예: Anderson et al., 2004; Cowan, 1988, 1995, 2001; Crowder, 1976; McElree, 2001, 2006; Oberauer, 2002; Verhaeghen, Cerella, & Basak, 2004). 다중 저장소 모델은 매우 다양한데, Cowan(2001)의 모델을 예로 제시했다([그림 5-6]).

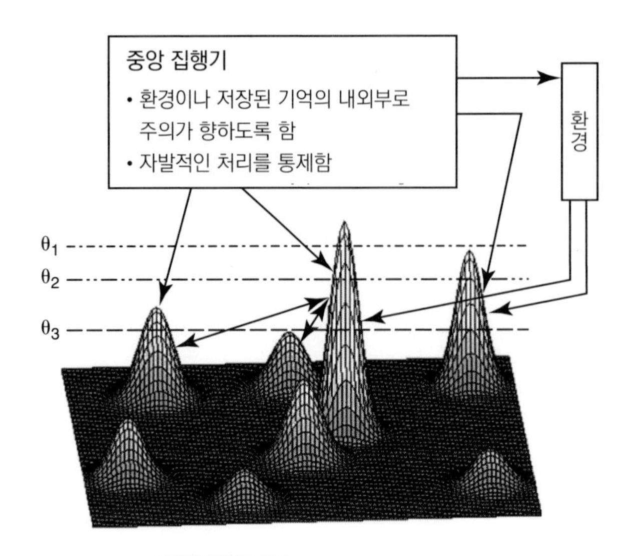


그림 5-6 단일 저장소 모델

기억은 동일한 저장소 내에서 다양한 수준으로 활성화됨. 환경 단서나 계획적인 주의력 처리 단서를 통해 활성화됨. 항목과 기억 간의 연관성 때문에 더 많이 활성화될 수 있음. 점선은 가능한 역치 수준(θ)으로, 이에 따라 활성화된 기억의 크기가 결정됨. 가장 엄격한 이론에서는 주의를 기울이는 단 하나의 항목이 활성화된 기억 속에 저장되는데, 가장 높은 역치($\theta_1$)가 이에 해당함. 상대적으로 낮은 역치를 가정하는 다른 이론에서는 활성화된 기억 속에 4개의 항목이 저장됨.

Cowan(2001)의 모델에 따르면, 알고 있는 정보에 관해 단 하나의 표상만이 장기기억 속에 저장되어 있다. 이 표상은 활성화의 강도가 다른데, 새로 발생한 경우나 발생 빈도 등의 변인에 좌우된다. 표상의 강도가 커지면 인출이 요구될 때 더 유용하나, 인출되기 전까지는 기억 속에 수동적으로 보존되어 있다. 단일 저장소 구조는 인출 속도를 정확히 측정할 수 있고, 장기기억과 달리 작업기억의 정보에 더 빨리 접근하도록 되어 있다. 이를 근거로, 방금 처리된(즉 주의를 기울이는) 항목에 대한 접근 속도의 '중단점'과 작업기억 및 장기기억 내에 활성화된 항목들 간의 또 다른 '중단점'을 찾을 수 있다. 그러나 이를 직접 관찰할 수는 없다. McElree(2006)는 순차적으로 제시되는 정보를 요하는 전반적인 과제에서 기억 인출의 속도와 정확성을 직접 측정했는데, 작업기억 폭 내에 저장되어 있다고 예측되는 항목이 우선적으로 접근하는 것이 아니라 오히려 그 외의 항목들과 동일한 속도로 인출된다. 항목 재인, 짝 연상 재인, 최신성의 판단, 각운과 동의어 판단, n-back 과제 등이 활용될 수 있다([글상자 5-2]). 이들을 시행할 때 활발히 처리되는 정보(실험과 검사 사이에 방해 작용이 없는 마지막 항목)는 주의를 기울이지 않는 항목보다 30~50% 더 빨리 접근한다.

## 글상자 5-2 기억 연구 방법

### 재인 과제

재인 과제는 기억해야 할 항목에 따라 명확히 구분된다. 따라서 회상에 비해 재인 과제의 수행력이 더 높고(추후 논의), 기억의 내용을 더 민감하게 반영한다. 동일한 문항에 대해 회상하지 못해도 재인 능력은 높을 수 있다. 과제의 예는 다음과 같다.

- 항목 재인: 대개 글자나 단어로 구성된 기억 세트가 제시되면 실험 단계에서 이를 기억해야 한다. 검사 단계에서는 기억 세트에 있거나 없는 항목 중 하나가 제시된 후 기억 세트에 있었는지에 대해 '예/아니요'로 판단한다. 단기기억의 처리를 검증하는 실험 이후에 곧바로 검사를 진행해도 실험과 검사 간의 시간 간격은 대체로 일정하지 않다.
- 짝 연상 재인: 두 항목(예: 문자 또는 단어)의 기억 세트를 활용하는 항목 재인 과제의 변형으로, 항목들이 짝으로 제시된다. 검사 단계에서 항목들의 짝이 제시되면 이전에 보았는지 여부(짝 형태)를 판단한다. 이전에 보았던 하나(또는 둘)의 항목을 다른 항목과 짝지어 제시해도 무방하다. 이때 짝을 이룬 두 항목과 관련된 특정 학습의 일화를 각 항목에 대한 보편적인 친숙도와 구별하도록 요구한다.
- 최신성 판단: 항목 재인 패러다임을 검사 단계에서 변형시킨 것으로, 두 항목 중 더 최근에 본 것을 판단하는 과제이다. 따라서 특정 항목을 이전에 보았는지 여부를 판단할 뿐 아니라 그 순서까지 기억해야 한다.
- 각운/동의어 판단: 항목 재인 패러다임의 검사 단계를 변형한 것으로, 두 항목의 각운이나 의미의 동일성을 판단하는 과제이다. 자료를 심층적으로 처리할 필요가 없는 단순한 항목 재인 검사와 달리, 항목의 내용과 관련된 양상에 집중하도록 요구한다.
- 기억/지식 판단: 항목 재인 패러다임의 검사 단계가 변형된 것으로, 실제 의식 속에서 항목을 회상할 수 있는지, 또는 항목이 있었다('방금 그것을 알았다')는 사실을 모호하게 직관하는지 여부를 판단한다. 이는 자극의 감각이나 지각적 특징에 따라 친숙도를 빨리 판단하는 내현적 기억을 외현적 인출 처리와 구분하는 데 유용하다.
- N-back 과제: 의식적인 작업기억 검사로서, 연속적으로 제시된 자극 문항이 이전 순서에서 제시된 n 항목과 일치할 때 반응한다(예: 버튼 누르기). 변수 n은 부담 요인에 해당하며, 과제의 난이도를 결정한다. 예를 들어, n=2라면 두 자극마다 한 번씩 반응하고, n=4라면 이전에 제시된 세 항목과 일치하는지를 기억하여 4개의 자극마다 한 번씩 반응한다.

### 회상 과제

- 자유 회상: 반응을 촉진하는 단서가 제공되지 않는 상태에서 방금 학습한 항목을 재산출하는 과제이다. 과제가 너무 어려우면 가능한 많은 정보를 회상하도록 격려한다. 잠재의식적(내현적) 기억에 접근하기 위해 추측을 활용할 수도 있다.

- 연속 회상: 자유 회상의 변형으로, 학습한 순서와 동일하게 정보를 회상하는 과제가 추가된다. 추가 과제로 인해 난이도가 대체로 높아진다.
- 단서 회상: 기억을 돕는 부분적 정보가 자유 회상 과제에 추가된다. 예컨대, 단어 목록을 기억하는 과제인 경우 단어의 첫 글자를 알려 준다. 연상 작용을 촉진하기 위해 이미 제시된 짝에서 한 항목을 단서로 제공하는 경우도 많다.

## 3. 언어 처리의 함의

언어 처리에는 주로 기본적인 기억과는 다른 작용이나 특수한 체계가 사용된다. 예를 들어, Caplan과 Waters(1999)는 언어 처리 과정에 별도의 작업기억 자원이 활용된다고 주장했다. 그러나 언어의 종속 성분은 전술한 인출 기제와 동일하게 기억에서 인출된다. 여기에는 동사 논항 종속 성분(McElree, 2000; McElree, Foraker, & Dyer, 2003), 주어-동사 종속 성분(McElree et al., 2003), 동사구 생략(Martin & McElree, 2008; 2009), 대명사 분리(Foraker & McElree, 2007) 등이 포함된다. 이에 관한 연구들은 속도-정확성 균형(Speed-Accuracy Tradeoff: SAT) 절차를 사용해(Dosher, 1979; Wickelgren, 1977; Reed, 1973, 1976), 인접하지 않은 종속 성분이 포함된 문장의 해석 속도 및 정확성을 복합적으로 측정한 후 이를 '거리', 즉 종속 성분들 사이에 포함된 문장 성분의 양과 연관시켰다.

예컨대, McElree 등(2003)은 '편집자가 웃었다'처럼 방해 성분이 없는 주어-동사 구조의 분석 속도를 주어와 동사 사이에 1~2개의 주격 또는 목적격 관계절이 포함된 문장과 대조했다. 그 결과 문장 성분끼리 서로 인접해 있을 때 주어-동사 구조를 매우 빨리 해석했다. 그러나 마지막 동사의 주어를 찾기 위해 멀리 떨어진 명사구(NP)에 접근하는 속도는 일정했는데, 문장에 포함된 단어, 담화, 안긴 성분의 수가 영향을 미쳤다. 이는 기억과 관련된 기초 연구와 두 가지 측면에서 일치했다. 첫째, 가장 최근에 처리된 항목과 다른 모든 항목의 처리 속도에는 '중단점'이 있는데, 이를 통해 처리가 활성화된 항목과 활성화를 위해 인출이 필요한 항목을 구분할 수 있다. 둘째, 인출 속도는 일정했는데, 이는 종속 성분의 복잡성이나 불완전한 종속 성분의 수, 선형적 거리와 상관없이 나타났다. 이는 직접적 접근의 속성으로, 연상 인출 단서를 통해 저장된 표상에 직접 접근한다. 인출 단계에서 올바른 문법 성분을 확인하기 위해 구조적 분석을 통한 단계적인 탐색(순행 또는 역행)을 거치지는 않는다(McElree, 2006).

3~4개 항목으로 구성된 전형적인 작업기억 저장 완충기가 생략된 처리 구조는 문장의 처리에 매우 제한적일 수 있다. 그러나 Lewis, Vasishth, Van Dyke(2006; Lewis & Vasishth, 2005 참고)는 기억 속에 활성화된 가장 최근의 항목만 유지하면 문장이 처리된다는 계산 모델을 제시했다. 즉 기억은 현재까지 형성된 구문 구조를 나타내는 청크로 구성되며, 현 상태를 분석함으로써 문장 성분을 예측한다. 청크는 기억 속에 활성화되어 저장되지 않고, 시간의 경과와 이전의 인출로 인해 기능이 떨어진다. 청크 하나를 보유할 만한 용량의 인출 완충기를 통해서만 항목에 접근할 수 있다. 이는 분석할 항목 및 관련된 청크와 같이 새로운 언어 관계를 형성하는 데 필요한 최소한의 용량이다. 분석할 항목에 주의를 기울이되 인출할 필요는 없다. 분석 항목이 포함된 청크는 항목의 특성과 관련된 단서를 통해 인출된다. 직접적인 접근을 통한 단서 기반 인출은 종속 성분을 즉각 형성하기 위한 계산 능력을 제공한다. 반응시간 분포의 수학적 분석(Ratcliff, 1978)과 속도-정확성 균형 패러다임(McElree, 2001)에 근거할 때, 인간은 약 80~90ms 내에 기억을 활성화해 복원할 수 있다. 인출 속도가 빨라 활성화된 기억의 양이 극히 적어도 분석 기제가 보상할 수 있으나, 분석을 결정하기까지는 약 200ms가 소요된다.

### 1) 망각

망각은 인간이 겪는 가장 성가신 문제일 것이다. 이는 고도로 진화된 인간의 뇌가 불가피한 한계를 지닌다는 사실을 비임상 환경에서도 끊임없이 상기시킨다. 일화기억에 대한 논의에서 언급한 바와 같이 장기간 저장되었던 정보를 망각하면 정보를 인출하지 못한다. 즉 정보에 접근할 수 없으나 기억에 남아 있고, 적합한 인출 단서가 제공되면 재활성화될 수 있다(Tulving, 1979). 따라서 망각된 정보를 상기시키거나 기억 보조 장치를 사용하면 도움이 되는데, 이는 망각에 관한 다른 견해들의 근거가 된다(예: Crowder, 1982; Keppel, 1984; Quartermain, McEwen, & Azmitia, 1972).

짧은 시간 내에 발생하는 망각은 하나의 절이나 문장을 처리하는 데 매우 중요한 문제이다. 이는 기억에 관한 문헌들의 쟁점 사안으로, 특히 감퇴의 역할에 주목하는 계기가 되었다(예: Nairne, 2002; Lewandowsky, Duncan, & Brown, 2004). 제한된 용량의 다중저장 모델에서는 감퇴 또는 전위가 망각을 조절하는 기제이며, 활성화 기제(예: 시연)를 통해 유지되지 않는 정보는 망각된다. 대안적인 단일기억 모델은 별도의 유지 기제 대신 필요한 만큼의 정보를 활성화 기억으로 복원할 수 있는 빠른 단서 기반 인출 기제에 근거한다. 그러나 필요한 정보를 충분히 확인할 수 있는 인출 단서가 부족하므로 저장되지 않는다. 이는 기억 내의 유사한 항목으로 인한 단서 과부하 상황에 해당하며, 이때의 인출 단서는 기억 내 다양한 항목과 연관되어 변별 기능이 떨어진다(예: Öztekin & McElree, 2007; Nairne, 2002; Watkins & Watkins, 1975). 따라서 간섭 작용이 일어나 목표 항목 대신 부적합한 항목이 인출된다. 간섭의 유형으로는, 유사한 항목이 목표에 선행하는 순행 간섭, 목표 뒤에 나오는 역행 간섭이 있다.

다중기억 모델이 널리 알려져 있으나, 감퇴를 뒷받침할 만한 증거가 미흡하다. 감퇴 가설은 기억 이론의 초창기부터 논리적으로 부적절하다는 비난을 받았고, McGeoch (1932)는 시간이 흐르면서 쇠가 녹슬 듯 기억도 소실되지만 시간이 인과적 요인은 아니라고 지적했다. 산화가 물질을 부식시키는 기제로서 알려진 반면, 망각을 일으키는 기제는 아직 규명되지 않았다. McGeoch는 간섭을 가장 설득력 있는 기제로 꼽았다.

감퇴 가설을 검증하기 위해 간섭을 대안적으로 고려해야 하는 점이 주요 문제들 중 하나이다. 예를 들어, Brown-Peterson의 이전 연구(Brown, 1958; Peterson & Peterson, 1959)에서는 3개의 자음군에 대한 기억 과제에서 시연을 방지하기 위해 조음 억제를 사용했다. 그 결과, 억제 과제의 길이가 3초에서 18초로 증가(실험과 검사 간의 시간 증가)하면 정반응이 약 10%까지 줄었다. 즉 반복되지 않는 정보는 약 18초 이내에 대부분 소실된다. 그러나 두 후속 연구를 통해 이에 대한 반증이 제기되었다. Waugh와 Norman(1965)은 16개 숫자 목록을 제시하는 속도를 다양화하여, 감퇴가 발생하는 4초의 빠른 조건과 16초의 느린 조건(초당 숫자 1개씩 제시)을 실험했다. 실험 목록에 이어 목표 숫자를 제시한 후 다음에 나올 숫자를 말하는 과제가 제시되었다. 시간이 흐를수록 더 많이 망각될 것이라는 예측과 달리 두 조건의 결과에 차이가 없었다. Keppel과 Underwood(1962)는 Brown-Peterson의 분석을 수정해 감퇴 가설을 입증하고자 했다. 간섭 기제에 근거할 때, 먼저 시행할수록 정보에 대한 방해가 적어 나중의 실험(즉 덜 순행적인 간섭)보다 더 쉽게 회상한다. 실험을 각각 분석한 결과, 18분 후 첫 번째 시도의 정확도는 100%였고 이후 더 많은 정보가 저장되면서 점차 수행력이 저하되었다. 이는 Brown-Peterson의 연구가 순행 간섭을 간과했음을 반영한다.

기억 연구에서 감퇴와 방해를 입증하기가 어려우나, Van Dyke와 Lewis(2003)는 두 작용이 모두 언어 처리에 관여한다고 주장했다. 이들은 간섭 성분이 없는 문장(1. 놀란 소년은 그 남자가 죽음에 대해 과대망상적이라는 것을 알았다[*The frightened boy understood that* <u>*the man was paranoid*</u> *about dying*].)과 간섭 절이 있는 문장(2. 놀란 소년은 부둣가에서 수영하는 남자가 죽음에 대해 과대망상적이라는 것을 알았다[*The frightened boy understood that the man who was swimming near the dock was paranoid about dying*].)을 비교함으로써 두 문법 성분(예시의 '남자[*man*]'와 '과대망상적이었다[*was paranoid*]') 간의 거리를 다르게 구성했다. 또한 문장 2와 3(3. 놀란 소년은 사람들이 위험하다고 말하는 남자가 죽음에 대해 과대망상적이라는 것을 알았다[*The frightened boy understood that the man who said the townspeople were dangerous was paranoid about dying*].)을 비교해 간섭 성분의 양을 통제했다. 간섭의 양은 동사구 '과대망상적이었다[*was paranoid*]'를 통한 인출 단서에 좌우된다. 동사구에는 인출 단서가 포함된다고 전제하는데, 이를 통해 문법적 주어를 확인함으로써 문장을 응집성 있게 해석한다. 따라서 간섭하는 명사구 '사람들(*the townspeople*)'은 문법적 부호화를 목표 성분과 공유하므로 문장 3이 2보다 간섭 성분이 더 많다. 여기서 명사구와 목표 성분은 모두 문법적 주어에 해당한다. 즉 동사로 인한 인출 단서는 가능한 주어인 '사람들(*the townspeople*)'과 '남자(*man*)'에 모두 부합한다. 그러나 문장 2는 동사구와 목표 명사구를 간섭하는 주어가 없으므로 간섭이 적은 조건이며, 간섭하는 명사구인 '부두(*the dock*)'는 전치사구의 목적어에 해당한다. 문장 2와 3에는 모두 6개의 간섭 단어가 있어 거리가 동일하다. 따라서 문장 1과 2는 거리 효과, 2와 3은 추가적인 간섭 효과가 나타나는 것으로 추정된다. [그림 5-7]의 왼쪽 그래프는 수용성의 판단 결과를 나타내는데, 동사구를 읽을 때에도 결과가 동일했다. 간섭(문장 2 vs. 3)은 영향력이 크지만 거리(문장 1 vs. 2)는 그렇지 않았다. 즉 인출을 방해하는 주요 요인은 정보량이 아니라 간섭 정보와 목표의 유사성에 달려 있다.

Van Dyke와 Lewis는 선호도가 떨어지는 해석이 잘 선택되지 않는 점을 고려해 앞선 조건에서 모호성을 제거함으로써 감퇴 효과를 알아보았다. 예컨대, 문장 1의 모호한 버전(4. 놀란 소년은 그 남자가 죽음에 대해 과대망상적이라는 것을 알았다[*The frightened boy understood the man was paranoid about dying*].)에서 동사 '알았다(*understood*)'는 직접목적어를 취하는 동사(비교: 소년은 질문을 이해하고 그것에 대답했다[*The boy understood the question and answered it*].) 또는 보어를 취하는 동사(비교: 소년은 질문이 어렵다는 것을 알았다[*The boy understood the question was difficult*].)로 해석될 수 있다. Van Dyke와 Lewis는 실험 단계에서 직접목적어로 해석되도록 유도하기 위해 삽입 항목에 직접목적어 문장을 많이 포함시켰다. 보어가 필요한 구문 구조를 사용하지 않음으로써 궁극적으로 '이해했다(*understood*)'의 보어로 해석하지 않도록 하는 것이다. 따라서 문장 2의 모호한 버전(5. 놀란 소년은 부둣가에서 수영하고 있는 남자가 죽음에 대해 과대망상적이라는 것을 알았다

[*The frightened boy understood* *the man* *who was swimming near the dock* *was paranoid* *about dying*].)에 대한 초기 해석은 '소년은 부둣가에서 수영하고 있는 남자를 알았고 그에게 미소 지었다(*The boy understood the man who was swimming near the dock and smiled at him*)'와 일치한다.[4] '알았다(*understood*)'와 '남자(*the man*)' 간의 유사한 관계는 간섭 성분이 많은 문장 3의 모호한 버전(6. 놀란 소년은 사람들이 위험하다고 말하는 남자가 죽음에 대해 과대망상적이라는 것을 알았다[*The frightened boy understood* *the man* *who said the townspeople were dangerous* *was paranoid* *about dying*].)에서 '과대망상적이었다(*was paranoid*)'보다 먼저 수용된다. '과대망상적이었다(*was paranoid*)'가 처리되는 시점에서 동사구가 문장으로 통합되려면 보어의 속성이 재활성화되어야 한다. 재활성화의 어려움은 잘못 해석하는 과정에서 보어의 속성이 얼마나 감소되는지에 따라 다르다. 따라서 거리 효과는 모호한 문장을 분석하는 능력에 영향을 미치며(비교: [그림 5-7]의 오른쪽 그래프), 이는 선호되지 않는 해석의 감퇴를 반영한다. 그러나 재분석에서 추가적인 간섭 효과는 없었다.

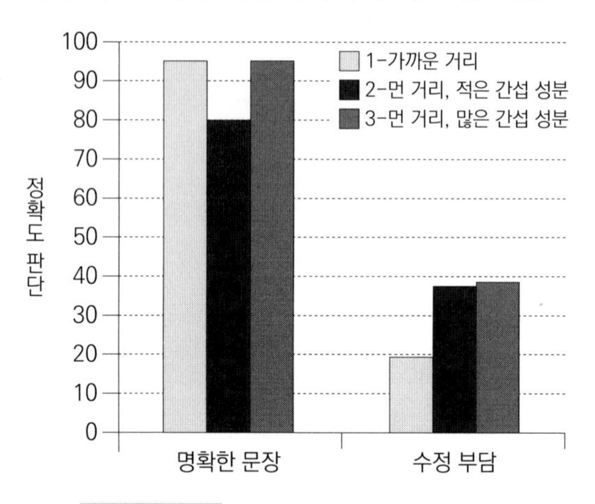


**그림 5-7** 문장의 문법성 판단 과제

수정 부담(repair cost)은 모호한 문장들 중 명확한 문장을 판단한 정확도의 점수를 뺀 값으로 산정함. 간섭을 통제하면(문장 2와 3) 인접하지 않은 주어와 동사의 통합 절차에 영향을 미치나 수정 부담에는 효과가 없음. 거리(문장 1과 2)는 수정 부담에 영향을 미침.

Van Dyke, J. A., & Lewis, R. L. (2003). Distinguishing effects of structure and decay on attachment and repair: A retrieval interference theory of recovery from misanalyzed ambiguities. *Journal of Memory and Language, 49*, 285–413, Experiment 3. 결과 참고.

---

4) 연속되는 부분인 '그리고 그에게 미소 지었다(*and smiled at him*)'는 '남자(*the man*)'가 '알았다(*understood*)'의 직접목적어로 해석됨을 강조하기 위해 포함되었다. 이는 실험에 포함되지 않았다.

이러한 결과는 문장 이해의 기초가 되는 기억 체계의 유형에서 중요한 의미를 지닌다. 우세한 용량 접근법에 따르면, 문장 2와 3은 긴 간섭 성분이 기억 자원을 소비하면서 동시에 '남자(*the man*)'가 작업기억 내에 유지되어야 하므로 처리하기가 어렵다(예: Gibson, 1998, 2000). 이와 달리, Van Dyke와 Lewis는 구문적으로 유사한 간섭 구조를 처리하는 데에만 어려움이 있다고 주장했다. 따라서 감퇴나 기억 자원의 부족 때문에 발생한다고 간주되던 거리 효과는 인출의 방해로 인한 것일 수 있다. 반면에, 감퇴는 정보가 완전히 소실된 후 재인출하는 능력에만 영향을 주며, 이는 특히 인출 기제를 유도하는 새로운 인출 단서 없이 이루어진다.

Van Dyke와 Lewis의 연구는 구문적으로 유사한 구조의 간섭 효과를 연구했으나, 문장 이해에 영향을 주는 다른 유형들도 있다. 예를 들어, Van Dyke(2007)는 후속 연구에서 구문적으로 유사한 위치가 아니더라도 의미적으로 유사한 성분 때문에 방해가 일어날 수 있다고 주장했다. 따라서 문장 2는 '부두(*dock*)' 대신 동사구의 의미 단서가 되는 '소녀(*girl*)'가 포함된 문장보다 더 쉽다(즉 '소녀[*girl*]'는 과대망상적일 수 있으나 '부두[*dock*]'는 그럴 수 없다). Gordon과 동료들(2001, 2004)은 다른 유형의 간섭인 지시적 간섭으로서, 주격 관계절(예: 이발사를 칭찬한 은행원이 등산을 했다[*The banker that praised the barber climbed the mountain*].)과 목적격 관계절(예: 이발사가 칭찬한 은행원이 등산을 했다[*The banker that the barber praised climbed the mountain*].)의 두 번째 명사(밑줄)의 역할을 연구했다. 주격에 비해 목적격 관계절이 더 어렵다는 견해가 많은데(예: King & Just, 1991; Staub, 2010; Traxler, Morris, & Seely, 2002), 각 구조를 처리할 때 기억에 대한 요구가 다르기 때문이라는 견해가 지배적이다. Gordon 등은 지시적 상태를 통제함으로써 간섭 효과를 입증했다. 이들은 몇몇 실험에서 '이발사(*barber*)' 대신 대명사(당신 또는 모든 사람[*you or everyone*])나 고유명사(*Joe*)를 제외하고 구조가 동일한 문장을 이전 문장과 대조했다. '이발사(*barber*)'나 '은행원(*banker*)'과 같은 보통명사는 간접적으로 지칭하나, 대명사와 고유명사는 현재의 담화 맥락에 나오는 특정 실체를 직접 가리킨다. 따라서 유사성에 기초한 간섭은 구문적 · 의미적 · 지시적으로 유사한 간섭 성분이 포함된 다양한 언어 맥락에서 발생한다.

고전적 기억 현상인 간섭 효과가 언어 이해에 미치는 영향을 통해 언어 특화적인 기억 용량(Caplan & Waters, 1999)을 비교할 수 있고, 장단기적으로 기억과 언어에 모두 작용하는 기억 기제의 통합을 보여 줄 수 있다. 이는 기억 인출과 관련된 뇌 영역을 확인하는 뇌영상 연구를 통해 입증되고 있다. 최근의 항목을 인출할 때 장기기억에서 인출하는 경우와 동일한 뇌 영역, 특히 좌측 하전두이랑(LIFG)이 활성화된다는 사실이 fMRI 연구에서 밝혀졌다(Öztekin et al., 2008, 2010). LIFG는 기억의 간섭과도 크게 연관되었다(Jonides & Nee, 2006 참고). 환자 대상 연구(예: Thompson-Schill et al., 2002) 및 여러 경두개자기자극법(transcranial magnetic stimulation) 연구(예: Feredoes, Tononi, & Postle, 2006)를 통해 LIFG가 간섭 효과에 직접적으로 작용한다는 사실도 규명되었다. 브로카영역을 포함한 LIFG가 언어(특히, 구문) 처리와 관련된다는 것은 이미 잘 알려진 사실이다(Rogalsky & Hickock, 2010 참고). 특히 LIFG의 BA 44 및 45번은 문장 3처럼 구문적으로 방해하는 문장 구조의 처리와 상관성이 크다(예: Cooke et al., 2001; Fiebach, Vos, & Friederici, 2004; Makuuchi et al., 2009; Stowe et al., 1999). 이와 마찬가지로, Van Dyke(2007) 이후의 fMRI 연구에서 BA 45번의 삼각부는 의미적 간섭 효과와 관련되었다(Guo et al., 2010). 기억의 인출에서 LIFG 내 하위 영역의 기능을 보다 세분화한 연구를 통해 언어 처리 과정이 잘 설명되는데, 특히 삼각부(BA 45)는 여러 대안들 중 선택하는 과제에 큰 영향을 미친다(Badre & Wagner, 2007; Badre et al., 2005). 결국 기억과 언어 영역으로 분리된 연구들은 일치된 경향을 보이는데, 인출의 방해를 다루는 능력은 임상과 비임상 환경 모두에서 기억 및 언어 손상의 근간이 된다. 간섭에 대한 민감도의 차이(Hasher & Zacks, 1988; Stoltzfus, Hasher, & Zacks, 1996)를 통해 연령과 관련된 기억력의 변화와 개인 차이를 보다 명확히 알 수 있다. 언어 손상에 대한 임상적 접근도 간섭에 근거해 논의되고 있다. 예컨대, 파킨슨병 환자의 이해력 문제는 인지적 유동성 및 무관한 정보에 대한 통제 능력의 손상과 관련된다(Hochstadt et al., 2006).

## 4. 결론

신경심리학 · 심리언어학 · 인지심리학 분야에서 오랫동안 기억과 언어 사이의 상관성을 밝히려고 시도했다. 이를 통해 진전된 바도 있으나, 언어 처리와 상관없는 기억 현상을 설명하는 모델을 적용함으로써 오히려 걸림돌이 되기도 했다. 연결주의와 통계 학습 이론 덕분에 눈부신 성과를 이루었으나, 두 체계가 어떻게 상호작용하는지에 관해 아직 밝혀지지 않은 바가 많다. 이 장에서는 기억과 언어 처리 체계가 동일한 기제에 의존하는(최소한 기능적으로) 정도를 알아보는 데 중점을 두었다. 즉 언어 처리는 단일 저장소와 빠른 단서 기반 인출 기제를 강조하는 기억 구조에 기반하며, 인출의 방해에 취약하다는 점을 강조했다(예: Lewis, Vasishth, & Van Dyke, 2006). 뇌손상과 노화로 인한 임상적 변인들이 이러한 체계에 미치는 영향을 파악하기 위해서는 기제를 보다 깊이 이해해야 한다. 기제는 새로운 언어 지식의 학습 수단이자 이해를 가능하게 하는 엔진으로서, 단서를 확인하고 사용하는 데 필요하다. 이에 대한 연구는 미미한 실정이나 점차 관심이 증대되고 있다. 통계적 학습에 대한 용량이 개인마다 다양한데, 이는 언어 및 읽기 수행력의 차이와 관련된다는 사실이 입증되었다(Ahissar et al., 2006, Ahissar, 2007; Conway et al., 2009; Evans, Saffran, & Robe-Torres, 2009). 기억과 언어 처리의 상호작용에 대해 보다 잘 이해하려면 단서 기반 학습과 인출의 신경학적 기초를 추가적으로 연구해야 한다.

## 감사의 말

본 장은 Haskins 실험실(Van Dyke, PI)의 NIH/NICHD 지원금(R21-HD-058944), Haskins 실험실(Shankweiler, PI)의 NIH/NICHD 지원금(R0-1-HD-040353), 뉴욕 대학교(McElree, PI)의 NIH/NICHD 지원금(R01-HD-056200)에 기초했다.

# 제6장 언어학 및 심리언어학의 기초

Josée Poirier & Lewis P. Shapiro

## 개요



화자(또는 수화 사용자)는 말하고자 하는 단어를 선택하고 적절히 병합해 메시지가 전달되기를 바란다. 상대방은 복잡한 일련의 소리, 표시, 글자에 노출되고, 이와 관련된 의미를 재구성해야 한다. 그러나 우리는 이전에 표현한 적 없는 문장을 매일 말하거나 쓰고 들으며 읽는다. 또한 언어의 표현과 이해는 빠르고 비교적 노력 없이 수행할 수 있으나(적어도 모국어인 경우), 언어 자체는 매우 복잡하다. 우리는 어떻게 복잡한 언어 지식을 다루고 의사소통에 잘 활용할 수 있을까?

이는 언어의 심리학적 토대를 연구하는 심리언어학의 핵심 쟁점이다. 본 장에서는 먼저 언어 구조의 복잡성을 뒷받침하는 언어학적 개념을 소개한다. 이를 통해 언어 처리(정상 및 장애)에 관한 정신의 작용을 이해하고 상술할 수 있으며, 문장의 처리와 이해가 가능하다. 또한 언어의 다양한 표현 및 처리 방식을 알아보기 위해 다른 관점에서 문장의 이해를 평가할 것이다. 본 장은 언어 처리에 관한 중요하고 정밀한 연구들을 고찰함으로써 근거 및 다양한 인지 처리를 학습하는 데 목표를 둔다.

# 1. 언어학의 도구들

여기서는 문장 처리의 관점에서 동사의 특징(속성)을 살펴본다. 왜 동사일까? 그 이유는 다음과 같다.

- 동사의 속성은 문장 내 구문을 결정하는 데 유용하다.
- 동사는 문장의 의미를 제한하는 특징이 있다.
- 동사는 문장에 표현된 명제의 '원동력'이다.

동사를 학습하기 전에 준비해야 할 주요 사항들이 있다. 언어 처리에서 문장은 분석의 기본 단위라는 전제에서 출발한다. 이는 명백한 사실이다. 우리는 궁극적으로 문장(담화에 포함)으로 말하며, 아이가 단어를 연결해 문장으로 말하면 놀란다. 이 전제를 명확히 뒷받침하는 가장 단순한 사실들도 있다. 다음 예시들을 살펴보자.

1. 존은 메리에게 키스했다(*John kissed Mary*).
2. 메리는 존의 키스를 받았다(*Mary was kissed by John*).
3. 존이 키스한 사람은 바로 메리였다(*It was Mary who John kissed*).

연속적인 세 단어들은 동일한 명제(키스했다, *John*, *Mary*)를 표현하는 듯하나, 단어의 순서는 상황별로 다르다. 또한 1950년대(언어학과 심리언어학에서 '근대'의 시작 시기로 간주됨) George Miller와 동료들은 몇몇 단어가 문장을 이루면 소음 환경에서도 단어를 정확히 지각할 수 있음을 입증했다. 따라서 문장은 최소한 지각과 산출에 있어 우선적인 역할을 하며, 이는 이해 측면에서도 마찬가지이다.[1)]

그러나 확실히 단어도 중요한 역할을 하는데, 인간이 마음 사전(mental dictionary)이나 어휘집(lexicon)을 지닌다는 전제 때문이다. 추상적인 의미에서 어휘집은 단어에 대한 지식의 저장소이다. 이 지식에는 적어도 어휘 범주의 정보(발화의 일부), 음운(단어의 소리 구조), 의미, 문법적 제약이 포함된다. 후자의 간단한 예로서 동사 '*kiss*'를 상기하자. '*John kissed Mary*'(위 문장 1)는 가능하나, '*John kissed*'는 불안전하게 느껴진다. 그러나 '*John slept*'는 전혀 어색하지 않다. 이 단순한 사실을 통해 동사가 삽입될 수 있는 문장

---

1) 주요 분석 단위로서의 문장에 관한 논의는 제2장의 Townsend와 Bever(2001)를 참고.

의 유형은 제한적임을 알 수 있다. 동사 '키스하다(*kiss*)'는 문장 내에 2개의 대상(*John*과 *Mary*)이 필요하나, 동사 '자다(*sleep*)'는 하나의 대상(*John*)만으로 완전하게 기능한다. 동사는 선택적이므로 구문과 의미의 대상을 선택한다. 어휘집의 주요 역할은 완성된 문장을 만들도록 돕는 것으로, 세상에 관한 단어를 사용하는 능력은 단어가 포함된 문장과 연관된다. 낱말 찾기 어려움과 이의 치료와 같은 단어 수준의 처리는 결국 문장의 처리를 통해 이루어진다. 문장의 주요 역할에 근거해 몇몇 구문 및 단어가 문장으로 병합되는 방식을 소개할 것이다.

### 1) 병합과 구의 구조

문장을 이룰 때 단어들이 순차적으로 연결되지는 않는다. 다음의 뉴스 표제를 보면 이를 알 수 있다.

4. Seven Foot Doctors Sue Hospitals

문장이 간략해서 해석이 모호하다. 키가 매우 큰 몇몇 의사들이 병원을 고소했다는 의미일 수 있으나, 7명의 발 전문가들이 병원을 고소했다는 의미일 가능성이 더 높다. 이러한 모호성은 다음과 같은 구조를 이룬다.

5a. $[_{NP}$[*Seven foot*] [*doctors*]] 병원을 고소한다(*sue hospitals*).
5b. $[_{NP}$[*Seven*] [*foot doctors*]] 병원을 고소한다(*sue hospitals*).

자연스럽게 구분되면서(즉 성분) 5a의 주어 명사구(noun phrase: NP)가 구조화되는데, [*Seven foot*]과 [*doctors*]가 각각 하나의 성분을 이루고 이들이 병합하여 복잡한 NP인 '7명의 발 전문가들'이 된다. 5b에서 [*Seven*]은 하나의 성분을 이루며, [*foot doctors*]와 병합되어 문장의 주어인 복잡한 NP를 형성한다. 이러한 모호성은 어휘의 모호성에 기인한 것이 아니다(예: "아이의 의자는 정원에서 사용하기에 좋다/크다[*Child's stool is great for use in garden!*]") 대신에 모호성은 특정 해석과 연관된 두 구조들 때문에 발생한다. 계층 트리 구조(hierarchical tree structure)를 통해서도 이러한 구조적 모호성을 설명하거나 고찰할 수 있다. [그림 6-1]은 5a와 5b를 도식화한 것이다.

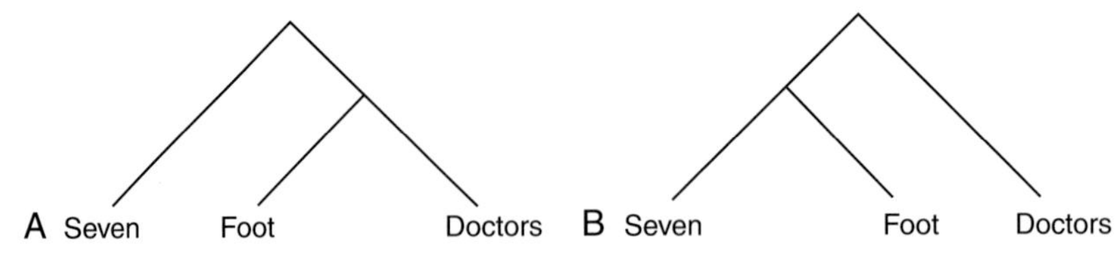


**그림 6-1** 두 가지 가능한 도식들: A는 7명의 '발 전문가들', B는 '키가 7피트인' 의사들을 의미함

A에서 단어 '*Seven*'은 하나의 성분을 이루는 반면, '*Foot*'과 '*Doctors*'는 고차원적 성분(두 가지의 교차점)을 형성하는 요소이다. 이들이 병합되면 7명의 '발 전문가들'이라는 의미가 된다. B에서 '*Seven*'과 '*Foot*'는 하나의 성분을 이루기 위해 병합되는데, 이 성분은 '*Doctors*'를 전체 구에 포함시킨다. 이는 결국 '키가 7피트인 의사들'이라는 의미가 된다. 이 표상은 5a 및 5b와 유사한 트리 구조이다. 요컨대 구의 구조를 참조하지 않고는 이러한 모호성을 설명할 방법이 없으며, 구조는 단지 단어의 선형적 나열이 아니라 계층적인 특성을 갖는다.

실제로 [그림 6-1]을 통해 문장 내 구의 배열을 설명하는 구의 구조를 파악할 수 있다. 이는 마디가 구분되어 있는 계층적 배열의 트리 구조다. 명사(N), 동사(V), 전치사(P)와 같이 어휘 범주를 나타내는 어휘 마디(즉 품사)가 있는데, 어휘 범주는 이들이 포함된 상위 구의 표제를 이룬다.[2] 따라서 동사는 동사구(VP), 전치사는 전치사구(PP)의 표제이다. [그림 6-2]를 살펴보자.

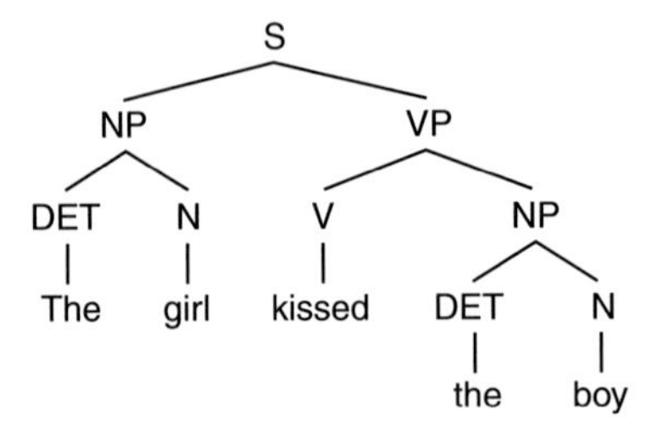


**그림 6-2** '소녀가 소년에게 키스했다(*The girl kissed the boy*)'를 단순화한 구문 트리

2) 어휘와 구 사이에 위치한 중간 마디도 있으나, 본 논의의 범주에서 벗어나므로 고려하지 않았다.

문법의 구문적 요소에는 '병합(merge)'이 포함되는데, 이는 두 범주를 입력해 통합적인 하나의 범주를 산출하는 과정이다. 그러므로 [그림 6-2]에서 한정사와 명사는 상위의 NP를, 동사와 NP는 상위의 VP를, VP와 주어 NP는 문장을 형성하기 위해 각각 병합된다.

여기서는 VP에만 중점을 둘 것이다. VP는 몇몇 형태로 확장할 수 있는데, [그림 6-3]은 세 가지 가능성을 제시한다. A에서 동사 '*sleep*'은 보어를 갖지 않는다. 즉 동사 뒤에 연결되는 단어가 없다. B에서 동사 '*kiss*'는 NP 보어를 취하므로, V가 NP와 병합해 VP를 형성한다(혹은 VP가 NP 보어를 포함시키기 위해 확장됨). C에서 동사 '*say*'는 VP를 형성하기 위해 보결구/문장절(S)과 병합하는데, 이를 통해 안긴절 자체가 확장한다([그림 6-2] 참고). 결국 각 동사는 특정 구문 구조를 선택한다. 즉 동사는 문장의 구문에 직접적으로 영향을 미친다.

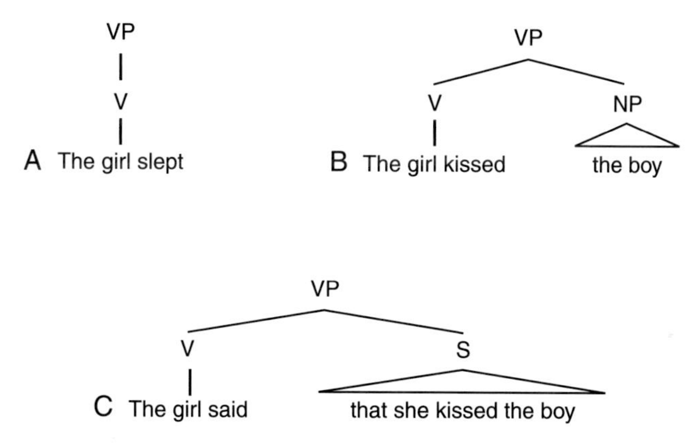


**그림 6-3** 자동사가 포함된 A, 직접목적어를 취하는 타동사가 포함된 B, 보어가 있는 문장 C로 구성된 구문 트리

한 문장을 산출하기 위해 먼저 일련의 어휘 항목을 형성한 후(기술적으로는 '계산') 연속적으로 병합한다. 예를 들어, [Kiss; V; girl, boy]와 같이 나열한 후 VP를 이루기 위해 동사 '키스하다(*kiss*)'를 이의 NP인 '소년(*boy*)'과 병합한다(8b 참고). 그리고 나서 NP인 '*girl*'을 선택한 후 이전에 형성된 VP와 병합해 문장 마디를 산출한다([그림 6-2] 참고). 문장의 실시간 처리를 위해 연속적인 병합을 의도하지 않으며, 병합은 언어 작용으로 간주된다. 이러한 병합이 심리언어적 측면인지 여부를 규명할 필요가 있다(실제적인 근거가 존재함).

또 다른 예시로 동사 '*kiss*' 대신 '*think*'[thinks, V; girl, boy]가 있다. [그림 6-4]에서는 '소녀가 소년을 생각한다(*The girl thinks the boy*)'를 도출하기 위해 연속적으로 병합이 일어난다(즉 NP를 형성하기 위해 DET와 N이, VP를 형성하기 위해 V와 NP가 각각 병합하고, 이후

VP가 병합해 S를 이룬다). 다른 구조([그림 6-4] 참고)와 비교할 때 병합의 결과는 명확히 구분된다([그림 6-3], B 참고). [그림 6-4]는 잘 형성된 구조이거나 문법적인 구조이다('소녀가 소년에게 키스했다[*the girl kissed the boy*]'). 반면, [그림 6-3]의 B는 잘 형성되지 않은 구조이거나 비문법적인 구조이다(*'소녀가 소년을 생각한다[*the girl thinks the boy*]', *은 문장이 비문법적임을 표시함). 여기서 병합은 매우 영향력이 커서 문법적 · 비문법적 문장을 모두 도출한다. 따라서 잘 형성된 문장만 도출하기 위해서는 병합을 제한해야 하는데, 동사의 속성을 고려하면 이론적으로 문법적인 문장만 도출할 수 있다. 이는 다음 장에서 논의할 것이다.

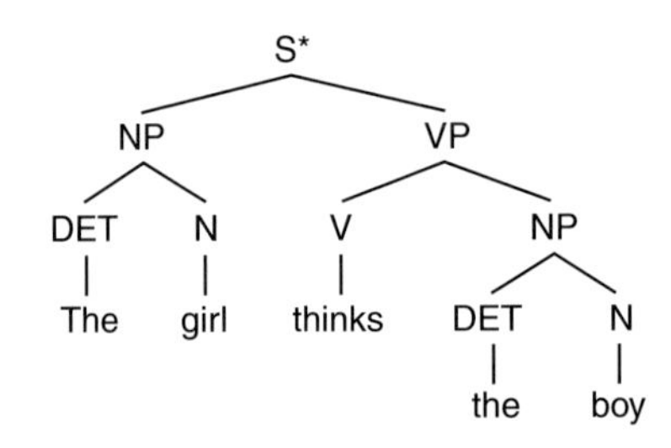


그림 6-4 병합으로만 형성된 비문법적 문장

## 2) 논항 구조

다음 예시의 동사와 문장을 살펴보자.

6a. 소년이 사라졌다(*The boy disappeared*).
6b. *소녀가 소년을 사라졌다(*The girl disappeared the boy*).
7a. 소녀가 소년에게 키스했다(*The girl kissed the boy*).
7b. *소녀가 키스했다(*The girl kissed*).
8a. 소녀가 소년을 벽장에 두었다(*The girl put the boy in the closet*).
8b. *소녀가 소년을 두었다(*The girl put the boy*).

각 동사는 그 대상이 사건이나 활동을 설명하도록 요구한다. 6a에서 동사 '*disappear*'는 하나의 대상이 필요하며, 7a와 [그림 6-4]에서 동사 '*kiss*'는 2개의 대상이 요구된다. 또한 8a의 동사 '*put*'은 3개의 대상이 필요하다. 비문법적 문장인 b의 예시들을 통해 이를 이해할 수 있다. 즉 '*disappear*'는 대상이 2개인 문장에는 사용되지 않고, '*kiss*'는 대상이 하나인 문장을 이룰 수 없다. '*put*'은 2개의 대상만으로 문장을 이룰 수 없다('**The girl put*'처럼 대상이 하나인 문장도 동일함). 따라서 동사는 문장의 환경을 선택한다.

술어-논항 구조는 동사가 환경을 제한한다는 사실을 반영한다. 논리적으로 문장은 1개의 동사(즉 술어)와 논항들로 구성된다. 동사는 활동이나 사건을, 논항은 사건의 대상을 의미한다. 따라서 동사 '*disappear*'는 1개의 논항(6a에서 NP인 '*the boy*'에 해당)만 취하므로 단일 환경 술어이다. 동사 '*kiss*'는 주어 및 목적어 NP의 두 논항을 취하므로 이중 환경 술어이며(예시 7), 동사 '*put*'은 3개의 논항을 요한다(예시 8a). 주어진 동사가 취할 수 있는 최대 논항 수는 3개로 간주된다. 최소 논항 수는 1개이나, 논항을 취하지 않고 사건을 표현하는 동사군, 즉 독립적인 동사도 있다. 날씨와 관련된 동사들이 이에 해당한다(예: 비가 내린다[*It is raining*], 눈이 내린다[*It is snowing*] 등). 여기서 주어(It, 용언 대명사)는 의미가 전혀 없고, 동사의 논항으로 간주되지 않는다.

### (1) 의미역

의미론도 논항 구조에서 중요한 역할을 한다. 다음의 예시를 살펴보자.[3)]

9. Dillon이 달렸다(*Dillon ran*).
10. Joelle이 웃었다(*Joelle laughed*).
11. Philip이 소리쳤다(*Philip yelled*).

9~11에서 동사는 명제 내 행위자의 역할과 결합하는데, 행위자는 반드시 동사가 나타내는 사건의 '유발자'나 선동자이다. 따라서 NP인 Dillon, Joelle, Philip은 모두 각 동사의 행위자이다. 이는 다음의 예시들과 대조적이다.

12. Dillon이 쓰러졌다(*Dillon collapsed*).
13. Joelle이 사라졌다(*Joelle disappeared*).
14. Philip이 넘어졌다(*Philip fell*).

앞의 동사들은 상태나 위치가 변하는 표현과 결합하는데, 이는 명제의 주제(theme)라

---

3) 이를 정립하는 데 기여한 두 문헌은 다음과 같다. *David Adger's Core Syntax: A Minimalist Approach* (2003), *Andrew Radford's Minimalist Syntax*(2004).

불린다. 따라서 예시 12~14의 NP들은 모두 각 동사의 주제에 해당한다. 따라서 술어는 요구되는 표현을 다른 의미 유형이나 의미역(thematic role)으로 세분화한다. 의미역은 다음과 같이 정의된다.

의미역: 술어와 관련된 논항을 통해 역할을 수행하는 의미 유형

의미역은 제한적이다. 언어학에서는 역할 자체의 세부 내용에 큰 관심을 두지 않으나, 주로 논의되는 사항이 있다. 다음의 간단한 문장을 상기해 보자.

15. 소녀가 소년에게 키스했다(*The girl kissed the boy*).
  행위자 주제

15에서 주어 NP인 '*the girl*'은 사건의 행위자이고, '*the boy*'는 주제이다.

16. Mitzi는 고양이를 사랑한다(*Mitzi loves cats*).
  경험자 주제

16에서 주어 NP인 '*Mitzi*'는 경험자의 역할을 한다. 경험자의 역할은 주로 몇 가지 정신 또는 마음 상태를 경험하는 실체를 나타낸다.

17. 소녀는 소년을 벽장에 두었다(*The girl put the boy in the closet*).
  행위자 주제 위치

18. 소녀가 소년에게 상을 주었다(*The girl gave the prize to the boy*).
  행위자 목표 주제

17에서 동사 '*put*'이 3개의 논항이 필요하므로 의미역은 세 가지이다. NP인 '*the girl*'에 해당하는 주어 논항은 사건의 행위자 역할, NP인 '*the boy*'에 해당하는 직접목적어 논항은 주제 역할, 논항 '*the closet*'에 해당하는 간접목적어 논항은 위치의 역할을 한다. 위치는 무언가가 놓여 있거나 발생한 장소를 설명한다. 18에서 '*the boy*'에 해당하는 세 번째 논항은 목표의 역할을 하는데, 이는 무언가가 움직이도록 하는 실체로 정의된다.

### (2) 어휘 입력

어휘집에 입력되는 과정에서 동사가 이러한 속성을 갖는다고 가정하자. 동사 '*kiss*'와

그 술어 논항 구조(predicate argument structure: PAS), 의미역에 관해 상기해 보자(〈표 6-1〉).

어휘 입력표에서 동사 '*kiss*'는 X와 Y로 구성된 두 논항이 필요함을 알 수 있다. 두 논항에는 특정 의미역이 할당되어야 한다(행위자, 주제). 의미역은 반드시 문법에 맞는 문장으로 '표시'되어야 한다고 가정하자. 그러고 나서 [그림 6-5]를 살펴보자.

〈표 6-1〉 동사 '키스하다(*kiss*)'에 대한 부분적 어휘 입력

| | PAS | 의미역 |
|---|---|---|
| 키스하다(*kiss*), V | X | 행위자 |
| | Y | 주제 |

〈표 6-2〉 의미역 표시하기

| | PAS | 의미역 |
|---|---|---|
| 키스하다(*kiss*), V | X | 행위자 |
| | Y | 주제 ✓ |

〈표 6-3〉 행위자의 역할 표시하기

| | PAS | 의미역 |
|---|---|---|
| 키스하다(*kiss*), V | X | 행위자 ✓ |
| | Y | 주제 ✓ |

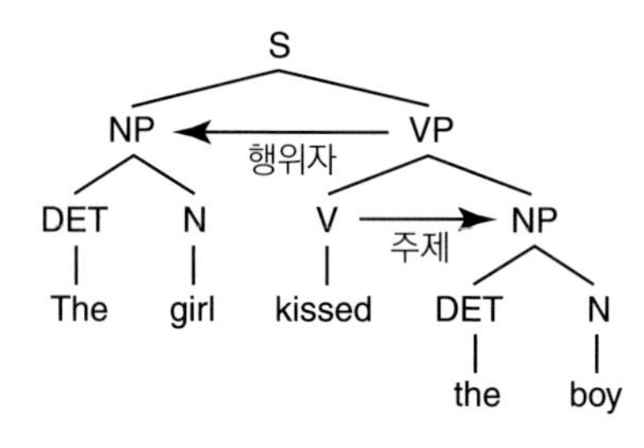


그림 6-5 간단한 타동사 문장에서 의미역의 구조

VP(*kissed the boy*)를 형성하기 위해 동사(V; *kissed*)가 어떻게 NP(*the boy*)와 결합하는지에 관해 전술한 바 있다. 또한 V가 보어 NP에 의미역(주제)을 부여한다는 가정하에 〈표 6-2〉를 제시했다.

의미역이 논항에 부여되면 이를 표시한다. VP는 주어 NP(*the girl*)와 병합한다. 이러한 병합의 일부로서 VP는 행위자의 의미역을 주어 논항에 부여하는데, 최종적인 결과는 〈표 6-3〉에 제시되어 있다. 즉 각 의미역이 부여되면 그 속성이 어휘 입력에 표시된다. 부여된 의미역을 포함해 동사의 논항 구조와 문장의 논항 수가 조화를 이루면 문장이 잘 형성되며, '누가 무엇을 누구에게 했는지'를 설명해 준다. 이를 통해 동사의 어휘적 속성이 문장에 반영된다.

특정 동사에 대한 어휘 입력 과정에서 의미역이 부여될 논항이 충분하지 않거나 너무 많으면 문장을 유도하는 데 '실패'해 비문법적 문장이 된다. 이는 〈표 6-4〉에 제시되어 있다.

〈표 6-4〉 동사 '두다(*put*)'에 대한 부분적 어휘 입력

| | PAS | 의미역 |
|---|---|---|
| 두다(*put*), V | X | 행위자 |
| | Y | 주제 |
| | Z | 목표 |

동사 '*put*'은 3개의 논항이 필요하다. 예시를 살펴보자.

19. *소녀는 소년을 두었다(*The girl put the boy*).

문장에는 2개의 논항만 존재한다(주어 및 목적어 NP, *the girl* 및 *the boy*). 따라서 의미역이 이 논항들에 부여될 때 표시되지 않은 어휘 입력에 하나의 의미역이 남아 있다(〈표 6-5〉).

〈표 6-5〉 필요한 3개의 의미역 중 두 곳에 표시하기

| | PAS | 의미역 |
|---|---|---|
| 두다(*put*), V | X | 행위자 ✓ |
| | Y | 주제 ✓ |
| | Z | 목표 |

동사에 요구되는 논항 수(〈표 6-4〉)와 문장에 존재하는 논항 수(예시 19)가 일치하지 않으면 비문법적인 문장이 된다. 병합 작용에 관한 논의에서 비문법적 문장뿐 아니라 문법적 문장도 언급된 바 있다. 동사의 속성(여기서는 논항 구조와 의미역 표상들)이 문장에

포함된다는 전제하에, 병합을 통해 문법적인 문장을 형성한다.

### (3) 복잡한 논항

동사의 NP 논항 외에 안긴문장의 절이나 보결구(CP)는 보다 복잡하다(Grimshaw, 1977; Shapiro, Zurif, & Grimshaw, 1987; Shetreet et al., 2007). 다음의 세 동사를 살펴보자.

20a. Yosef는 안다(*Yosef knows*) (NP: 시간을[*the time*]).

20b. Yosef는 안다(*Yosef knows*) (CP: 소녀가 소년에게 키스했다는 것을[*that the girl kissed the boy*]).

20c. Yosef는 안다(*Yosef knows*) (CP: 소녀가 누구에게 키스했는지를[*who the girl kissed*]).

21a. Yosef는 물었다(*Yosef asked*) (NP: 시간을[*the time*]).

21b. *Yosef는 물었다(*Yosef asked*) (CP: 소녀가 소년에게 키스했는지를[*that the girl kissed the boy*]).

21c. Yosef는 물었다(*Yosef asked*) (CP: 소녀가 누구에게 키스했는지를[*who the girl kissed*]).

22a. *Yosef는 궁금해했다(*Yosef wonders*) (NP: 시간을[*the time*]).

22b. *Yosef는 궁금해했다(*Yosef wonders*) (CP: 소녀가 소년에게 키스했는지를[*that the girl kissed the boy*]).

22c. Yosef는 궁금해했다(*Yosef wonders*) (CP: 소녀가 누구에게 키스했는지를[*who the girl kissed*]).

'예시 20~22'처럼 동사 '*know, ask, wonder*'는 선택 요소가 다르다. '*know*'와 '*ask*'는 하나의 NP 논항을 취하나 'wonder'는 그렇지 않으며, 3개의 동사는 모두 보결구(CP)를 취한다. CP는 다른 두 유형이 있는데, 20b 또는 20c~22c와 같은 형태로 보어 표시를 한다. 이는 복잡한 의미 유형과 연관된다(Grimshaw, 1977).

23a. Yosef는 안다(*Yosef knows*) (NP: 시간을[*the time*]).
주제

23b. Yosef는 안다(*Yosef knows*) (CP: 소녀가 소년에게 키스했다는 것을[*that the girl kissed the boy*]).
명제

23c. Yosef는 안다(*Yosef knows*) (CP: 소녀가 누구에게 키스했는지를[*who the girl kissed*]). 의문문

*that*을 동반한 구가 포함된 문장은 주로 명제인 반면, 의문사구가 포함된 문장은 의문문이다(감탄문과 부정사 등 추가적인 의미 유형이 있음; Shetreet et al., 2007). 이러한 복잡한 논항에는 내적 구조가 있다는 사실에 주목하자. 23b에서 명제의 역할을 하는 논항은 행위자-주제 구조로 세분화되는데, 안긴절의 주어 논항인 '*the girl*'은 행위자, 목적어 논항인 '*the boy*'는 주제로서의 역할이 각각 부여된다.

따라서 안긴절이 있는 복잡한 문장은 두 동사의 어휘적 요구를 충족시켜야 한다. 이는 [그림 6-6]에 제시된 바와 같다.

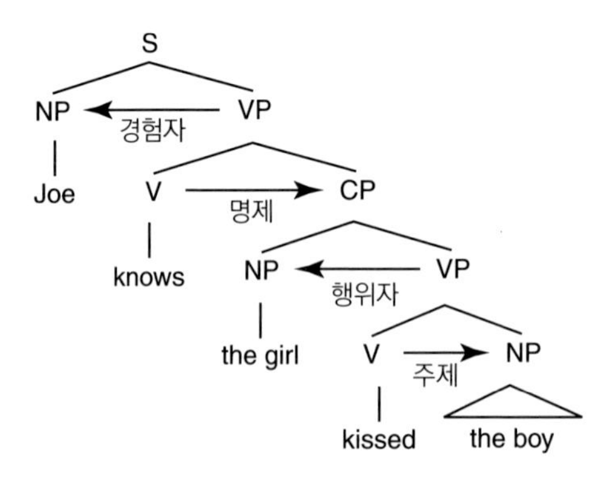


그림 6-6 복잡한 문장 내 의미역의 부여

[그림 6-6]과 같이, 안긴 V(*kiss*)가 NP 보어(*the boy*)와 병합되면 주제의 역할이 부여(그리고 표시)되어 VP를 이룬다. 위쪽으로 올라가면서 VP가 주어 NP(*the girl*)와 병합되면 행위자의 역할이 부여되어 CP를 이룬다. 또한 안긴절(CP; 소녀가 소년에게 키스했다[*the girl kissed the boy*])이 주요 동사(*know*)와 병합되면 명제가 부여되고 VP를 이룬다. 주요 VP(소녀가 소년에게 키스했다는 것을 안다[*knows that the girl kissed the boy*])가 주요 주어 NP(*Joe*)와 병합될 경우에는 경험자의 역할이 부여되고 S가 형성된다.[4), 5)]

4) 기술적인 측면에서 주어 NP는 동사에 의해 주제의 역할이 부여되지 않는다는 점에 주목하자. 그 대신 [그림 6-5]와 같이 VP 자체를 통해 역할이 부여된다.

### (4) 논항의 구문적 속성

논항의 구문적 형태는 주제의 속성을 통해 예측할 수 없다. 예시 23과 같이 안긴절의 CP는 명제나 의문문의 의미 형태를 취한다. 논항 구조를 통해 주어 위치의 단순한 NP에도 행위자, 주제, 경험자의 역할이 부여됨을 알 수 있다. 이는 동사가 의미역뿐 아니라 구문적 환경도 선택한다는 점을 반영한다. 다음 예시를 살펴보자.

24. 소녀가 달렸다(*The girl ran*).
    run: __Ø
25. 소녀가 밀었다(*The girl pushed*) [$_{NP}$*the boy*].
    push: __NP
26. 소녀는 주었다(*The girl gave*) [$_{NP}$ *the prize*] [$_{PP}$ *to the boy*]
    give: __NP PP
27. 소녀가 생각했다(*The girl thought*) [$_{CP}$ *that the prize was nice*].
    think: __CP

예시 24~27에서 보듯, 동사 '*run*'은 보어를 취하지 않는다(동사가 취한 논항의 구문적 형태로서 보어를 우선적으로 고려함). 보어는 주어를 포함하지 않으며, 주어와 보어는 모두 동사의 논항으로서 기능한다.

동사의 구문적 속성에 대한 정식 명칭은 C 선택(C-selection)이라 불리는 '구문적 하위 범주화'이다. 즉 동사는 구의 보어를 다양화하기 위해 하위 범주로 분류된다. 〈표 6-6〉은 보다 완성된 어휘 입력을 나타낸다.

---

5) 본 장에서는 구의 기하학적 구조에 관한 표상을 매우 단순화했다. 또한 [그림 6-5]처럼 각 구에 2개의 수준(어휘 마디 및 이에 상응하는 구 마디)만 존재한다. 그러나 문장 구조에 중간적 범주(어휘와 구 수준 사이에 위치)가 전제되어야 한다는 사실이 2000년대 초 언어학 연구에서 논의되었다(예: Chomsky, 1970; Jackendoff, 1977). 또한 동사의 모든 논항은 VP 내에서 형성되며, 이론의 내적 원인 때문에 주어는 트리 구조의 위로 '이동'한다. 논항이 동사와 관련되므로 동사구 내에서 형성되는 것은 당연하다. VP 위쪽에 간과되었던 추가 영역들도 있다. 시제와 일치의 속성을 확인하기 위한 활용구(Inflectional Phrase: IP)와 보결구(CP)가 있는데, 실제로 CP는 소위 '문장(또는 S)' 중에서 구의 범주를 의미한다. 이는 X-bar 이론으로, 모든 유형의 구를 포괄하는 단일한 구조에 기반한다.

〈표 6-6〉 동사 '발견하다(*discover*)'에 대한 부분적 어휘 입력

| | PAS | 의미역 | C 선택 |
|---|---|---|---|
| 발견하다(*discover*), V | X | 행위자 | NP |
| | Y | 주제 | NP |
| | | 명제/의문문 | CP |

〈표 6-6〉의 입력은 동사 '*discover*'의 속성을 나타낸다. 이는 2개의 논항 구조이며, Y 논항은 NP나 CP 중 하나를 보어로 선택할 수 있다. 문장에 직접목적어인 NP 논항이 있으면 의미역이 부여되고, 논항이 구문적으로 안긴절(CP)일 경우 명제나 의문문이 부여된다. 따라서 동사의 어휘적 속성으로 인해 다음과 같은 문장이 형성된다.

28a. Richard는 [발견했다 *discovered* [$_{NP}$ 물고기를 *the fish*]]

28b. Richard는 [발견했다 *discovered* [$_{CP}$ 물고기가 수프에 있는 것을 *that the fish was in the soup*]]

28c. Richard는 [발견했다 *discovered* [$_{CP}$ 물고기가 숨어 있는 곳을 *where the fish was hiding*]]

28a에서 VP인 '*discovered the fish*'는 의미역의 기능을 하는 NP 논항을 포함한다. CP 논항은 28b에서는 명제, 28c에서는 의문문의 역할이 각각 부여된다.

## 3) 이동과 반복-삭제

잘 알려진 바와 같이 언어 성분은 문장 내의 한 위치에서 다른 위치로 이동할 수 있다. 다음 두 문장을 살펴보자.

29. 소녀가 소년에게 키스했다(*The girl kissed the boy*).

30. 소녀가 어느 소년에게 키스했나요(*Which boy did the girl kiss*)?

29와 30은 명확히 관련성이 있다. 두 문장은 동사 '*kiss*'의 어휘적 요건을 충족시키기 때문에(2개 논항) 공통적으로 '*the girl*'이 주어 NP에 해당한다. 또한 두 문장은 매우 유사한 목적어를 갖는다(29의 '*the boy*'와 30의 '*which boy*'). 여기서 행위자의 역할은 주어 위치에, 주제는 동사의 목적어 위치에 적용된다. 그러나 30에서 목적어 NP는 동사 뒤(문장

29)의 본래 위치에서 동사 앞의 위치로 이동했다.

구문 측면에서 하나의 성분이 이동하면 그 흔적이나(1970년대 및 1980년대 연구 참고) 드러나지 않는 반복 어구를 남긴다는 점을 기억해야 한다(1990년대 연구 참고). 반복 어구는 문장이 해석되기 전에 삭제되어야 하는데, 그렇지 않으면 비문법적인 문장이 되고 문장 자체가 잘 유도되지 않는다(**Which boy did the girl kiss which boy?*). 통상적으로 반복된 어구를 표시하기 위해 [꺾쇠 괄호]를 사용하고, 삭제하기 위해서는 글자 위에 줄을 긋는다(~~strikethrough~~).

31a. 소녀가 키스했다(*Did the girl kiss*) [어느 소년*which boy*]$_i$

31b. 소녀가 어느 소년에게 키스했나요(*Which boy did the girl kiss*) 〈~~어느 소년which boy~~〉$_i$

문장이 형성되면서 기본 문법의 위치에 의미역이 부여된다. 즉 31a에서 '*which boy*'가 포함된 목적어 NP의 위치에 주제가 부여된다. 목적어 NP는 문장 내에서 이전의 위치로 이동해 반복 어구를 남긴 후 삭제된다(31b). 반복 어구와 그 이동 형태는 목적어가 동일하고 특징이 서로 유사하기 때문에 이동한 NP로 의미역이 이전된다.

31에 나타난 이동의 유형은 '의문사 이동'이라 불리며, 분열문과 관계절을 유도한다.

32. 소녀가 키스한 사람은 [소년]$_i$이었다(*It was [the boy]$_i$ [who]$_i$ the girl kissed* 〈~~who~~〉$_i$).

33. 아빠는 소녀가 키스한 [소년]$_i$을 싫어했다(*The father disliked [the boy]$_i$ [who]$_i$ the girl kissed* 〈~~who~~〉$_i$).

31과 마찬가지로 32와 33에서 목적어 NP(*who*)는 동사 '*kissed*'의 뒤에 오는 원래 위치('기본 위치')에서 이동했고, 반복 어구가 형성된 후 삭제되었다. 또한 31처럼 목적어는 기본 위치에서 의미역이 부여된다. 그러나 31과 달리, 32와 33에서 관계절의 앞부분(NP인 '*the boy*')은 공통적으로 관계대명사 '*who*'(공동 지표의 의미)의 선행사이므로 대명사의 지시어(그리고 의미역)가 된다.

### 4) 논항 구조, 반복 어구, 문장 처리

구문과 의미가 문장에 미치는 영향을 고려할 때 문장의 처리에서 동사는 중요한 역할을 한다. Fodor, Garrett, Bever(1968)는 동사가 문장의 처리에 미치는 영향을 처음으로 연구했는데, 2개의 구문 형태를 요하는 동사가 포함된 문장(NP나 CP[S] 보어)은 1개만 적용된 경우(NP 보어)보다 처리하기가 더 어려웠다. 또한 처리된 문장의 형태는 매우 단순하고 NP–V–NP 타동사 구조와 구문적으로 유사했다. 따라서 문장의 처리에 영향을 주는 것은 동사가 다른 구문 구조(즉 내적인 어휘 표상)로 변형될 가능성이지 이의 표면적인 실현이 아니다. Fodor 등(1968)은 의역과 철자 바꾸기 과제를 통해 동사 표상의 복잡성과 문장 처리 간의 상관성을 규명한 바 있다. Holmes와 Forster(1972)의 빠른 연속시각표시(rapid serial visual presentation: RSVP) 및 Chodorow(1979)의 시간단축 말하기 과제에서도 이와 유사한 결과가 보고되었다.

이와 관련해 Shapiro와 동료들(Shapiro, Zurif, & Grimshaw, 1987, 1989; Shapiro et al., 1991)은 다영역적 어휘 간섭 과제([글상자 6-1])를 사용해 논항 구조 형태의 수와 문장 처리 복잡성 간의 상관성을 입증했다. 즉 유사하고 단순하며 표면적인 형태의 문장에 다른 수의 논항 구조가 포함된 동사를 삽입했다. 정상 청자들에게 문장이 제시되었고, 연달아 제시되는 두 번째 과제를 시행했다. 보다 많은 논항 구조를 이룰 수 있는 동사는 처리 부담이 더 큰데, 문장에 동사가 있으면 가능한 모든 논항 구조의 배열이 활성화되기 때문이다. 지속적으로 의미역이 부여되므로 포괄적인 활성화가 일어난다. 즉 동사가 존재하고 활성화되면 논항 구조와 의미역은 문장 처리기가 정교하게 작용하기 위해 준비한다(Clifton, Speer, & Abney, 1991; Pritchett, 1988; Boland, Tanenhaus, & Garnsey, 1990).

### 글상자 6-1 실험 기술들

**오프라인 설문지**

주어진 시간 내에 자신의 판단, 평가, 분류, 문장 이해, 대안적 해석을 표기해야 한다.

**자기 속도조절 읽기**

문장의 일부가 스크린에 제시된다. 첫 번째 부분을 읽은 후 뒤로 이동하기 위해 버튼을 누르면 현재의 내용이 사라지며, 이는 문장이 끝날 때까지 계속된다. 각 부분을 읽는 시간(첫 번째와 두 번째 버튼을 누르는 사이)이 기록된다. 읽는 시간이 길수록 처리가 더 어렵거나 추가적임을 의미한다.

**다영역적 간섭**

문장을 들려주면서 스크린의 특정 위치에 글자들이 잠깐씩 제시된다. 최소 대립쌍을 이루는 두 문장의 글자들이 영어 단어인지 여부를 판단(어휘 판단 과제)하는 반응시간을 비교한다. 반응시간이 길수록 처리 부담이 더 크다는 의미이다.

#### 다영역적 점화

스크린의 특정 위치에 잠깐씩 제시되는 일련의 글자들에 대해 어휘 판단 과제를 수행하는데, 이는 문장의 청각적 제시를 방해한다. 시각적 단어(탐사)는 문장의 특정 명사와 관련되거나 전혀 무관하나, 피험자는 이를 인식하지 못한다. 특정 명사(점화)와 탐사 간의 의미 관계를 통해 연관된 시각적 단어를 더 잘 판단한다. 이러한 점화 효과는 특정 지점에서 적절한 시기에 특정 명사가 자동적으로 활성화되는지를 반영한다.

#### 안구 추적(읽기, 시각적 세계)

읽기 과제에서 문장이 스크린에 나타나고, 안구운동이 기록된다. 듣기에서는 관련된 사물들이 산발적으로 화면에 제시된다. 문장이 청각적으로 제시되면 시각적 화면의 안구운동이 기록된다. 안구운동에 관한 기록을 활용해 많은 자료를 평가하고, 하나의 요소(단어나 사물)에 소요되는 시간 및 제시되는 시간, 이전에 처리한 요소로 되돌아가는 시기와 빈도를 판단할 수 있다. 이 기술을 통해 이해에 관한 순차적이고 기초적인 과정을 매우 상세히 파악할 수 있다.

#### 사건 관련 전위(event-related potentials)

듣기나 읽기 과제를 수행할 때 전극이 부착된 모자를 착용한다. 최소 대립쌍을 이룬 여러 문장들에 대한 전기 활성화가 시간에 따라 1/1,000초 단위로 기록된다. 각 문장 유형별로 활성화를 비교하는데, 이를 통해 문장들 간에 진폭과 타이밍의 차이를 알 수 있다. 이해의 기초가 되는 문장 및 인지 처리의 속성에 따라 이러한 상대적 차이를 해석한다. 뇌영상 기법은 매우 상세한 시간적 정보를 제공하나, 심화된 분석 기술을 통해 활성화가 다른 뇌 영역을 파악하기도 한다.

위치 이동에 관한 구문을 통해 문장 처리의 의의를 파악할 수도 있다. 문장 이해 과제에서 청자는 직접목적어의 위치가 '비어 있을(직접목적어 NP가 동사 앞으로 이동)' 경우 동사 뒤에서 들리거나 보이지 않아도 해당 NP가 활성화된다. 이는 뇌가 언어를 이해하는 방식과 관련해 언어학 이론이 기여한다는 차원에서 중요하다. 제10장에서 논의한 바와 같이 위치가 이동되는 구조에 특히 어려움을 보이는 실어증 환자도 있다. 이러한 언어학적 논의에 기반해 문장의 처리를 다시 한번 살펴보자.

## 2. 이해

일련의 소리나 시각적 글자를 어떻게 처리하고, 단어와 구를 어떻게 확인하며, 이들로부터 어떻게 복잡한 의미를 유추하는가? 해석에 있어 이해 과정의 어느 시점에서 다른 유형의 정보(구문적 및 개연적 정보, 세상 지식 등)를 고려하는가? 이들은 언어 이해를 연구할 때 핵심적인 문제이다. 먼저 단어들이 어떻게 조직화되고 심상 어휘집으로부터 인출되는지를 논의할 것이다. 또한 정보가 어떻게 그리고 언제 문장을 해석하는지에 관해 논의하고자 한다.

### 1) 단어란 무엇인가

단어나 어휘의 입력은 개념을 구어적으로 나타낸 것이다. 여기에는 글자로 쓰인 단어나 음운 형태(예: dog 또는 /d⊃g/), 구문적 범주(명사, 동사, 전치사), 수(단수나 복수), 성(여성, 남성, 중성), 논항 구조, 단어가 가리키는 개념(짖고 물건을 물어오는 네 발 달린 동물) 등 많은 유형의 정보가 포함된다.

심리적으로 각 단어에 대한 모든 정보는 쉽게 보유되고 기억에서 인출되어야 한다. 단어의 정보가 부호화되는 방법을 단어의 심적 표상이라 하고, 이에 대한 접근을 어휘 인출 또는 접근이라 일컫는다. 단어를 구성하는 정보의 유형에 대해서는 보편적으로 합의된 반면, 심적 표상의 본질에 있어서는 견해가 엇갈린다.

단어 표상은 사전의 입력에 대한 심리적 대응물로서, 단어의 형태(문어나 음운)별로 세세한 정보들이 한꺼번에 자동적으로 인출된다. 단어는 하나의 단위로서 이해 체계를 통해 기초 요소로 활용된다. 이러한 견해는 단위와 형태에 기반해 문장 이해를 설명한다.

단어는 전체로서가 아니라 속성의 집합체로서 저장된다는 가정도 있다. 즉 각 유형의 정보는 단어에 대해 독립적으로 부호화되고, 단어를 입력하기 위해 특정 속성들이 결합된다(예: 명사이자 문어인 '개', '단수형', '네발 달린 동물', '짖는'). 이는 연결주의와 억제에 기반해 문장 이해를 설명하는데, 연결주의만 여러 속성을 포괄한다는 견해는 명확하지 않다.

단어 표상에 관한 위의 두 견해는 단어의 결합을 통제하는 규칙인 구문적 억제의 속성이 다르다. 이는 형태에 기반해 단어 표상과 별개로 존재한다. 구문적 규칙은 억제에 기반해 독립적으로 존재하지 않으며, 오히려 단어가 문장에서 어떻게 사용되는지에 대한 정보가 각각의 어휘 입력으로 통합된다. 독립적인 구문 규칙에 따른 특정 상태가 형태에 기반한 문장 처리 모델의 토대를 이룬다.

## 2) 단어 접근

청자(독자)는 소리(글자)를 확인한 후 입력된 단어를 인식함으로써 이해를 시작한다. 단어 재인 과정은 정확하고(오류가 거의 없음) 매우 효율적이며, 약 250ms 내에 발생한다. 이는 평균 65,000개의 어휘 입력으로부터 목표어가 선택되어야 한다는 점에서 매우 인상적이다.

첫째, '시각단어 재인(visual word recognition: VWR)'이 '청각단어 재인(auditory word recognition: AWR)'과 다르다는 데 주목해야 한다. VWR에서는 단어 전체가 보이고 앞부분은 필요할 때 다시 읽을 수 있다. 입력이 지속되고(재인이 일어날 때 신호가 변동되지 않음을 의미), 각 글자의 형태가 주변의 영향을 받지 않는다(글자 /t/는 문맥과 상관없이 동일하게 씀). 어휘집에 일치하는 정보가 있으면 시각단어를 확인할 수 있다.

이와 반대로 AWR에서는 단어가 서서히 제시되는데, 접근할 수 없는 각 음소가 한 번에 하나씩 제공된다(예: 단어의 뒷부분이 들리면 첫 음절을 다시 들을 수 없음). 신호는 첫 번째에서 마지막 음소까지 시간의 흐름에 따라 변하고, 이로 인해 지속적이고 점진적으로 단어를 처리해야 한다. 또한 조음은 문맥에 따라 다양하므로(동시조음, 동화), 음소를 확인하기가 어렵다. 시간에 따른 소거 과정을 통해 청각단어가 인식되며, 청각적으로 제시된 것과 일치하는 어휘집의 모든 정보를 찾기 위해 각 음소가 활성화된다. 이는 다음에 나올 음소의 후보군을 줄여 하나의 음소만 남을 때까지 계속된다.

단어의 재인 시점은 입력(시각이나 청각)과 일치되는 것을 찾으면서 어휘 입력이 선택되는 순간이다. 단어가 인식되면 어휘집에 접근해 어휘 입력이 진행된다. 빈도, 어휘 유사성(즉 목표어 및 그 주변과 1개의 글자/음소가 다른 단어 수), 단어 길이, 의미 점화(의미적으로 연관된 단어가 선행되면 처리가 보다 용이함), 특이성(단어 1개가 어휘집의 입력 1개와 비교될 수 있는 유일한 속성) 등 여러 요인이 영역과 상관없이 단어 인출 과정의 속도와 정확성에 영향을 준다. 선택을 확인하는 데 시간이 더 많이 요구되는 듣기(읽기) 조건의 경우 단어의 특이성이 추구된다. 단어 인출을 최대한 활용하는 속성은 [글상자 6-2]에 제시되었다.

**글상자 6-2** 보다 빠르고 정확한 어휘 접근을 촉진하는 요인들

- 빈도
- 인접한 단어 수가 적음
- 인접한 단어의 출현 빈도가 낮음
- 짧은 단어
- 문맥과의 의미적 연관성
- 초기의 특이성

어휘 접근이 이루어지면 단어를 결합하는 과정이나 구문 처리가 시작된다.

언어 이해 과정을 파악하려면 왜 단어 수준의 처리에서 벗어나야 할까? 언어학의 도구에 관한 논의에서 이해가 문장을 기본 단위로 삼아야 하는 이유를 언급한 바 있다. 즉 개개의 단어가 아닌 문장으로 말하며, 동일한 명제(*kissed: John, Mary*)도 단어의 순서를 바꾸어 해석상 미묘한 뉘앙스를 표현할 수 있다. 이는 George Miller와 동료들의 지각에 관한 연구에서 출발했다. Miller와 Selfridge(1950)는 처음으로 문장 구조의 상관성을 입증했는데, 영어의 규칙성을 따르면 연속적인 단어를 가장 잘 기억한다는 것이다. 즉 구조는 개개의 단어가 처리되는 것을 돕는다. 단어가 인식되기 전에도 구조는 이러한 역할을 하며, 소음 환경에서 문장을 형성할 때 단어가 더 정확히 지각된다(Miller, Heise, & Lichten, 1951; Miller & Isard, 1963). 실제로 단어는 의미 없는 문장(의미와 상관없이 무작위로 선정된 일련의 단어들)에서도 잘 지각되는데, 이는 구문 구조가 단어를 지각하는 데 영향을 미치기 때문이다(Miller & Isard, 1963). 이 연구들은 언어 처리에서 문장이 효과적이고 필수적인 단위임을 입증한다. 이후에는 문장 이해에 관한 주제 또는 구조화된 입력에서 어떻게 의미를 해석하는지에 관한 주제를 논의할 것이다.

### 3) 문장 이해 모델

문장 이해의 과정을 고려할 때 처리는 점진적이면서 즉각적이다. 즉 전체 문장의 각 부분 및 모든 가능한 위치에서 처리가 일어나며, 자료가 추가될 때까지 대개 분석이 지연되지 않는다. 이 과정에서 어떤 자료를 고려하는가? 많은 유형의 정보나 억제를 통해 문장이 해석된다. 문장 이해 모델에 따르면, 특정 시점과 위치마다 다른 유형의 정보가 활용된다. 문장이 어떻게 처리되는지에 관해서는, ① 구문 규칙을 무조건 적용하는 관점, ② 모든 가능한 정보를 고려하여 가장 적절히 해석하는 관점, ③ 최소한의 노력을 선택하는(계산적 자원의 측면) 관점 등 세 가지가 꼽힌다.

### (1) 구문 규칙의 맹목적 적용: 형태 기반적 원리

형태 기반적 원리(form-based accounts: FBAs)에서는 단어를 사전의 입력과 매우 유사하게 간주하므로, 형태가 형성되면(문어적 또는 청각적) 이에 속한 모든 정보가 인출된다. 이러한 모든 정보 중에서 단어의 구문적 범주(명사, 동사, 부사 등)는 적어도 초기에 FBA를 위한 입력을 분석하는 데 가장 중요한 요소이다. 이해 체계는 구의 규칙을 따름으로써 단어를 문장 구조로 통합한다. 전술한 바와 같이, 구문 규칙은 핵심 단어(N, V 등)와 구(NP, VP 등)가 어떻게 병합되는지를 결정한다. 따라서 단어의 결합 방식을 알려면 이해 체계를 통해 단어의 범주를 파악해야 한다.

Frazier의 길 혼돈 모델(1987)과 같은 FBA는 주로 연속적인 2단계 모델이다. 또 다른 과정이 시작되기 전에 하나의 과정이 발생하므로 연속성을 갖는다. 첫 번째 단계에서 구문 구조는 구의 규칙에 근거해 형성된다. 따라서 이는 맹목적으로 전체를 분석하는 형태이며, 문장의 구문적 구조를 이루기 위한 초기 결합은 내용이 아닌 단어의 범주에 의존한다. 다양한 규칙을 적용할 수 있는 경우(불명확한 구문), 경제성의 원리에 따라 한 가지만 선택된다(구조 및 처리 부담을 최소화할 목적). 의도된 해석에 대한 부담을 최소화하지 않으면 나중에 구문 구조를 수정해야 한다. 단어를 결합하고 새로운 구조가 구상되면 곧바로 두 번째 단계에 들어서는데, 이때 초기 분석이 틀렸음을 확인하고 재분석할 수 있는 모든 유형의 정보를 통합한다. 그러므로 구문에 맞게 결합되어야만 다른 유형의 정보(의미, 타당성, 세상 지식)가 해석에 궁극적으로 영향을 준다. 대개 마지막 분석에서 문장 전체의 표상(즉 전체 구문 트리)이 상세하고 완전하게 이루어진다(예외적으로, 처리 과정의 특정 시기에 피상적이고 불완전한 부분적 표상이 두드러짐: 적합 접근, Bailey, & Ferraro, 2002 참고).

① 단순한 문장의 처리

단순한 문장의 처리에 관한 예시는 다음과 같다.

34. 경찰관이 노래한다(*The policeman sings*).

'*The*'가 들리면 어휘 입력이 인출된다. 구문 구조를 형성할 이해 체계가 이 '한정사'를 즉각적으로 사용한다는 점이 중요하다. '*policeman*'을 인식할 때 인간, 남성, 법 집행관, 3인칭 단수 등 관련된 모든 어휘 정보가 인출된다. 이후 '*policeman*'은 명사의 역할을 하고, NP를 형성하기 위해 한정사와 병합된다. 이와 유사하게 동사의 어휘 입력이 인출되고(동적인, 3인칭 단수, 현재시제, 누군가 노래 부르다 등), 이 구문 범주는 즉각적으로 VP를 형성하는 데 영향을 준다. 그러고 나서 적절한 구의 규칙(IP → DP VP)에 따라 이해 체계가 이 구들을 병합한다([그림 6-7]).

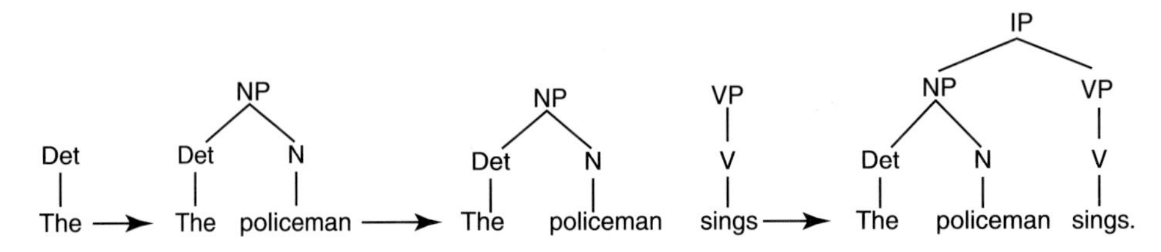


그림 6-7 좌측에서 우측, 문장 트리의 점진적 형성: *The policeman sings*

2개의 구가 결합되자마자 '*policeman*'과 '*sings*'의 세부적 의미가 구조화되고, 법 집행관이 노래를 부른다는 내용이 이해됨. 이 기본 예시에는 모호성이 없으므로 첫 번째나 두 번째 단계에서 혼란스럽지 않음. 그러나 언어에는 항상 모호성이 존재하며, 이해 체계를 통해 이를 매우 효과적으로 다루어야 함.

② 어휘 모호성의 해결

첫 번째 유형의 모호성은 다의성에서 비롯된다.

35. 방의 구석에서 몇 마리의 거미와 바퀴벌레, 다른 벌레들을 보았을 때 그 남자는 놀라지 않았다(*The man was not surprised when he found several spiders, roaches and other bugs in the corner of the room*).

예컨대, 단어 'bug'는 '곤충'이나 '감시 장치'라는 두 가지 의미가 있다. 하나의 의미('곤충')가 훨씬 더 자주 사용되나 'bug'를 확인하는 과정에서 청자는 두 의미를 자동적으로 활성화시키며, 이는 35와 같이 의미를 충분히 짐작할 수 있는 문맥에도 해당된다(Swinney, 1979). 따라서 처리의 첫 단계 중 두 가능한 구조(각 NP/의미 중 하나)를 이루는 이해 체계에서 2개의 N을 사용할 수 있다. 이때 관련된 다른 구가 아니라 단어 자체의 의미가 모호한 것이므로, 구의 트리는 모두 동일하다고 간주한다(즉 구조가 아닌 어휘의 모호성). 두 번째 단계에서는 문맥, 가능성, 빈도 등을 고려해 트리들 중 하나가 문장의 궁극적인 해석으로 선택된다(35의 문맥을 통해 '곤충'이라는 의도된 의미를 파악함).

③ 구문 모호성의 해결

문장의 구조와 해석은 불명확한 경우가 많다. 다음 문장을 살펴보자.

36. 스파이는 쌍안경을 가진 남자를 보았다/스파이는 쌍안경으로 남자를 보았다(*The spy saw the man with binoculars*).

이 문장은 '스파이가 남자를 보려고 쌍안경을 사용했다' 또는 '남자가 쌍안경을 갖고 있다'의 두 의미로 해석될 수 있다. 전치사구(PP)인 '*with binoculars*'가 동사(*saw*)나 명사구(*the man*) 중 하나와 연결되므로 문장의 전체 구조가 모호해진다. PP가 연결되는 방식이 문장의 해석을 결정한다. 즉 '남자를 보는 데 쌍안경이 사용되었다(동사 연결)'나 '남자가 쌍안경을 손에 들고 있었다(명사 연결)'로 해석된다. 따라서 이해 체계는 구의 구조들 중 어느 것([VP A V PP] 또는 [NP A N PP])을 적용할지 선택해야 한다([그림 6-8]).

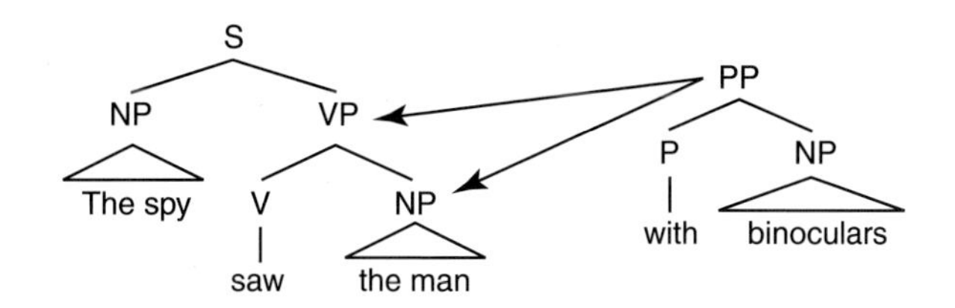


그림 6-8 PP 연결의 모호성: PP는 동사구나 명사구를 수정할 수 있음

FBA는 경제 원리에 따라 이들을 선택하므로 부담이 최소화되는 쪽을 선호한다. 예를 들어, 길 혼돈 모델(Frazier, 1987; Frazier & Clifton, 1996)은 '최소 연결' 원리에 근거해 PP를 연결할 때 필요한 마디의 수를 최소화한다. 두 가지 해석의 트리를 비교하면 PP를 VP에 연결하는(즉 '스파이가 쌍안경을 갖고 있다') 마디나 수준이 NP보다 더 적다.

실제로 이해 과정에서는 주로 이러한 해석을 선호한다. 그러나 남자가 쌍안경을 지녔다는 사실이 입증되면 트리 구조의 가정에 따른 해석이 틀릴 수 있다. 이와 유사하게 어휘 정보는 해석을 한정하는 정보를 제공할 수 있다. '*The spy saw the man [with nuclear weapons]*$_{PP}$'라는 문장을 살펴보자. 이 문장의 첫 번째 처리 단계에서 [그림 6-9]와 같은 구문 구조가 가정된다(PP가 $VP_{saw}$에 연결). 두 번째 단계에서 '사람이 핵무기로 무언가를 볼 수 없다'는 의미 정보를 통해 초기 분석이 틀렸음을 알 수 있다. 이후에 체계가 문장을 재분석해 PP를 $NP_{man}$에 적절히 연결한다.

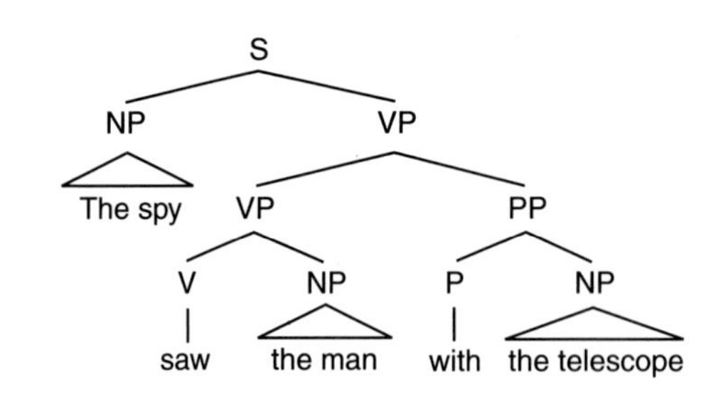


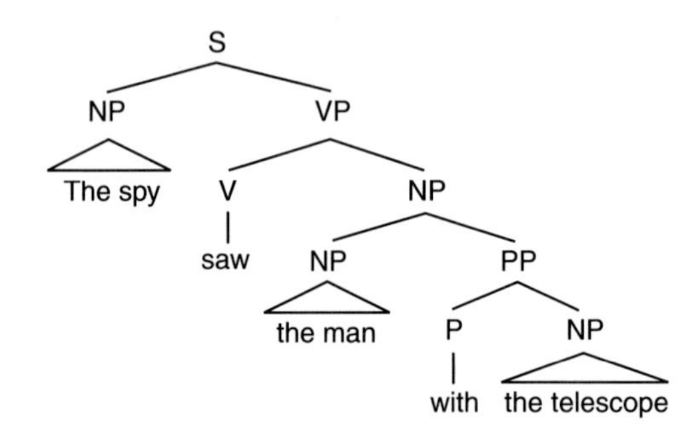


그림 6-9 PP의 최소 연결(위)과 그렇지 않은 연결(아래)

요컨대, 형태 중심 원리에 근거하면 각 단어와 별개로 구문적 억제가 존재한다. 이는 의미적 가능성, 빈도, 문맥과 같은 모든 유형의 억제보다 우선순위를 갖는다. 구문적 형태와 원리에 따라 입력을 먼저 분석하고 나서야 다른 억제들이 고려된다. 초기 분석이 틀린 경우 구조를 수정하기 위해 가능한 모든 정보를 고려해 재분석한다.

### (2) 가장 개연적인 해석의 추정: 억제 기반적 원리

FBA와 달리 억제 기반적 원리(constraint-based accounts: CBAs)는 독립적인 구문 규칙을 인정하지 않는다. 그 대신 어휘 입력 시 병합 방식에 대한 구문적 억제를 구체화한다. FBA는 단어를 하나의 단위로서 존재하고 저장되는 '덩어리'로 간주한다. 이와 대조적으로, CBA(억제 만족 모델; MacDonald, Pearlmutter, & Seidenberg, 1994, 가장 대표적임)는 단어가 전체로서 저장되지 않고 속성의 독특한 활성화 양식에서 비롯된다고 전제한다. 그러므로 구문적 억제는 단어를 구성하는 여러 속성 중 하나이다. 적용할 규칙이 없으므로 (구문적) 속성이 동일한 단어들을 연결해 구문적으로 처리한다.

FBA와 달리 CBA는 주로 평행적이고 한 단계로 구성된 모델이다. CBA는 가장 개연적인 해석을 추정하기 위해 모든 유형의 정보를 동시에 고려하며, 구문에 대한 우선순위가 없다. 의미, 가능성, 세상 지식 등이 이미 통합되어 있기 때문에 해석을 결정할 때 두 번째 단계가 필요하지 않다. 또한 각 단어의 속성과 억제에 근거해 체계가 모든 가능성을 평가하고, 가능성이나 개연성에 따라 해석의 순위를 매긴다(다양한 추정들이 모두 동시에 일어나므로 체계의 작용이 평행적이라고 전제함). 이 과정에서 활성화의 정도가 다른데, 옳게 해석할 가능성에 따라 활성화 수준이 결정된다. 이는 처리 과정에서 충족시켜야 할 억제가 점점 더 늘어나면서 변동된다. 마지막에 옳은 해석으로 선택되는 것은 가장 개연적인 것(유일하지 않을 경우)이다.

① 단순한 문장의 처리

CBA 접근법에 따라 어떻게 문장이 이해되는지를 34(아래 37)에서 살펴보자.

37. 경찰관이 노래한다(*The policeman sings*).

'*policeman*'이 입력될 때 단어 입력의 필수 요소인 X-bar 구조(NP)가 의미, 논항 구조, 가능한 의미역과 함께 활성화된다. 의미(살리다, 인간 등)는 행위자의 역할에 부합되므로, 행위자 의미역의 표상이 다른 역할(주제, 목표, 경험자 등)보다 더 활성화된다. 입력에 대한 다양한 해석이 이미 시작되고(즉 행위자나 주제, 목표 등으로 해석되는 '*policeman*'), 이는 나중에 평가된다(행위자로서의 '*policeman*': 첫 번째는 주제, 두 번째는 기타 역할).

다음으로 동사가 인식되고, 이러한 주제 연결망 및 논항 구조([VP A V]와 [VP A V NP]) 등의 속성이 활성화된다. 동사 '*sings*'는 다양한 주제 연결망과 관련되며(〈행위자〉, 〈행위자, 주제〉), 상대적인 빈도와 문맥 억제에 비례해 모두 활성화된다. 체계는 두 단어 간의 관계를 추정하는데, X-bar 구조가 어떻게 연결되고 어느 의미역이 '*policeman*'에 부여될지를 결정해야 한다. 논항 구조 및 주제 연결망의 빈도, 논항이나 주제로서 '*policeman*'의 빈도, 개연성, 다른 억제들을 고려해 체계가 동사에 대한 하나의 논항 구조와 의미 연결망을 결정한다. 이로써 활용 가능한 행위자의 의미역이 '*policeman*'에 부여된다.

② 어휘 모호성의 해결

FBA와 마찬가지로, CBA는 38의 '*bugs*'와 같은 다의어의 모든 의미를 동시에 활성화시킨다('*bugs*'는 '곤충'과 '감시 장치' 간에 해석이 모호함).

38. 방의 구석에서 몇 마리의 거미와 바퀴벌레, 다른 벌레들을 보았을 때 그 남자는 놀라지 않았다(*The man was not surprised when he found several spiders, roaches and other bugs in the corner of the room*).

그러나 CBA와 FBA는 단어의 의미에 접근하는 방식이 다르다. FBA의 두 번째 분석 단계에서 문맥과 다른 유형의 정보를 통해 옳은 대안을 선택할 때 모든 해석이 동일하게 활성화된다. 이와 달리, CBA에서는 가능한 모든 의미가 활성화되지만 수준이 다르다. 이러한 수준이나 서열은 모든 억제(의미, 개연성, 빈도 등)를 적절히 해석할 가능성을 반영한다.

③ 구문 모호성의 해결

상대적으로 하나의 구가 변이적이면 구문이 모호해진다. 예컨대, 39에서 PP인 '*with binoculars*'는 스파이가 남자를 보는 데 사용한 도구 또는 스파이가 본 남자에 대한 추가적인 정보를 설명한다.

39. 스파이는 쌍안경을 가진 남자를 보았다/스파이는 쌍안경으로 남자를 보았다(*The spy saw the man with binoculars*).

FBA의 모호성은 PP에 연결할 구의 구조에서 규칙이 2개이기 때문에 발생한다(동사와 명사). CBA는 구문 규칙이 없다. 따라서 구의 다양한 구조 규칙들 중 선택할 필요가 없어 구문이 모호해지지 않는다. 구문적 모호성은 어휘적 모호성의 유형 중 하나로, 한 단어가 다양한 구문적 속성이나 X-bar 구조를 갖는다는 의미이다. 이러한 모호성은 다의성과 유사하게 해결되는데, 모든 대안(구문적 모호성의 경우 모든 구문적 속성)이 활성화된 후 즉시 평가된다.

39에서 동사 '*saw*'는 단순 타동사(〈주제〉)나 변경된 타동사(〈주제, 도구〉)의 주제 연결망과 연관된다. 두 연결망은 사용 빈도 및 다른 억제에 따라 활성화되고 평가된다. 이와 유사하게, 명사와 전치사도 어휘적/구문적 속성을 활성화하고 평가한다. 예를 들어, 전치사는 속성(명사에 대해 더 의미적인 정보를 제공함)이나 도구(행동을 수행하는 데 사용된 도구를 설명함)의 의미역을 부여하기도 한다. 사용 빈도는 이러한 주제 연결망의 서열에 영향을 주나, 문맥과 관련된 억제(의미, 개연성, 세상 지식)도 영향 요인이 된다. 문맥과 관련된 억제에는 도구(보기 위해 무언가를 사용함)를 갖고 수행하는 동작 동사와 도구로서 기능하는 사물을 나타내는 명사 등이 포함된다. 궁극적으로 망원경의 사용과 보는 행동 간의 논리적 관계에 따라 스파이가 망원경을 도구로 사용한다고 분석된다.

요컨대, 어휘 입력 과정에서 구문적 억제가 부호화되어 단어를 사용할 수 있게 된다. 입력에서 단어가 처리될 때 구문적 속성(구의 구조, 논항 구조, 주제 연결망 등)이 활성화된다. 정보의 유형(의미나 구문)에 다양한 가능성이 있을 경우 대안들이 평가되고, 이 서열에 따라 활성화의 수준이 조정된다. 각 선택의 사용 빈도가 서열을 좌우하며, 대안이 문맥에 의한 억제를 충족시키는 정도가 추가적으로 영향을 미친다. 단어마다 문맥의 억제가 다르므로 문장이 형성되면서 서열이 변하는데, 이는 가장 적합하게 해석될 때까지 계속된다. 선택이 틀렸다고 판명되면 대안적 해석(옳지 않다고 간주되었던 해석)을 모색한다.

### (3) 부담을 최소화한 선택에 대한 가정: 자원 기반적 원리

전술한 두 원리는 주로 언어가 어떻게 표현되는지(속성들의 덩어리나 묶음으로서의 단어, 구의 구조 규칙이나 어휘 입력 내 억제로서의 구문), 다른 유형의 정보가 어떻게/언제 문장의 이해에 영향을 주는지를 설명한다. 즉 이들은 언어 체계에 대한 관점은 다르나, 공통적으로 언어 정보가 이해에 어떻게 기여하는지를 설명하는 데 목표를 둔다. 세 번째 원리는 다소 이질적인데, 이해 과정의 언어적 특징과 관련성이 적고 추정이 실현된 것을 이해하는 데 더 관심을 둔다. 이는 문장을 이해할 때 인지적 자원(기억력, 주의력, 불확실한 요소)이 요구되며, 자원의 소모가 클수록 처리하기가 어렵다고 전제한다. 따라서 자원 기반 원리(resource-based accounts: RBAs)는 이해의 난이도가 다른 두 문장을 비교하고(느린 반응시간과 높은 오류율이 어려운 문장의 지표로 간주됨), 추가적인 처리 부담과 문장의 특징을 연관시킨다.

예를 들어, 이해 구조는 단서에 기반한 기억 인출 기제이다(Lewis, Vasishth, & Van Dyke, 2006). 따라서 단어가 처리될 때 어휘 항목이나 관련된 구(예: 동사, 3인칭 단수, 주어 '*dog*')의 특성에 따라 몇몇 속성들이 작업기억으로 부호화된다(예: '*dog*': 명사, 단수……).

40. 갈색 점이 있는 개가 울타리 위로 껑충 뛰었다(*The dog with a brown spot jumped over the fence*).

| Dog: | Jumped: |
| --- | --- |
| 명사 | 동사 |

| 단수 | 과거시제 |
|---|---|
| 불특정 동사의 주어, 3인칭 단수 | 주어: 불특정 명사 |

이러한 속성의 표상은 동사로 인출될 때까지 기억 속에 보존된다. 여기서 '*jumped*'의 몇몇 속성들(동사, 3인칭 단수)과 이에 필요한 항목(즉 주어)은 '*dog*'를 인출하는 단서로 작용한다. 그러고 나서 '*dog*'와의 연상 작용과 선행 구조에 의해 동사가 통합된다. 이 모델에는 구문적 분석이 없고, 각 속성에 기초한 기억의 처리를 통해 단어가 연상된다. 특히 간섭이 있을 때 문장 이해의 난이도는 기억 내 표상을 유지하거나 기억에서 표상을 인출하는 어려움에 비례한다.

예상치 못한 측면에서 처리의 어려움을 설명하는 모델도 있는데, 이는 단어가 문맥에서 얼마나 부적절한지를 분석한다(Hale, 2003; Levy, 2008). CBA 구조처럼 여러 해석이 동시에 추정되고, 그 가능성에 따라 평가된다. 단어를 처리하는 어려움은 단어를 통합한 후 해석을 재평가하는 데 필요한 (기억) 자원에 비례한다. 따라서 문맥에 적합하고 개연성이 높은 해석을 유지하는 단어는 처리하기 쉽고 부담이 거의 없다. 그러나 개연성이 적은 단어는 체계의 재평가를 유도하고 자원의 부담을 가중시키므로, 이 같은 단어를 통합할 때 문장 이해의 부담이 더 커진다.

따라서 RBA는 인지적 자원을 이해에 어떻게 사용하는지, 자원 할당이 처리의 어려움과 어떻게 연관되는지를 설명하는 데 목적을 둔다. RBA는 언어적 특성이 해석에 관여하는 방식보다 해석으로 인한 인지 체계의 부담을 강조한다. 문장 처리에 적용되는 '자원 복잡성' 접근은 주로 인지적 자원이 부족한 언어장애를 연구하는 데 활용된다(제10장 참고).

요컨대, 단어의 구조나 여러 관련된 처리의 상호작용과 마찬가지로 문장 이해의 원리도 매우 다양하다. 모든 모델은 실험을 통해 검증되며, 새로운 자료들이 계속 제시된다. 현존하는 모델은 지속적으로 수정되며, 새로운 구조가 꾸준히 제시된다. 문장의 이해는 빠르고 점진적인 과정으로, 듣거나 본 것을 해석하기 위해 처리 및 정보 유형이 다양하게 요구된다([글상자 6-3]과 [글상자 6-4]).

### 글상자 6-3 용어

문장 이해와 관련된 용어는 다양하다. 처리는 순차적이거나 평행적일 수 있고(본문 참고), 제한적이거나 그렇지 않을 수 있다. 특정 시기에 고려되는 정보의 유형을 제한하면 그 원리는 억제된다. 따라서 FBA는 구문이 부적절한 정보를 차단하므로 제한적인 속성을 갖는다. 첫 번째 분석은 비구문적 요소의 영향을 받지 않으므로 이해 체계를 단위성(modular)으로 간주한다. 즉 구문에 대한 개별적인 인지 단위가 존재한다고 전제한다. 반면에, 모든 유형의 억제(의미, 구문, 개연성……)를 즉각적으로 고려하는 CBA는 비제한적 접근으로 간주된다. 이러한 비단위성 접근에서는 주어진 유형의 정보를 처리하기 위한 특정 모듈이 없다. 또한 이 원리는 주로 연결주의적 구조로, 모든 표상과 처리가 속성으로 부호화되고 뇌의 여러 영역으로 분산된다. 반면에, 단위성 모델은 주로 국소화와 관련되어 인지적 처리/표상이 뇌의 특정 영역에 '존재'한다(그러나 인지적 단위와 뇌 영역이 반드시 일대일 관계는 아님).

**글상자 6-4** 방법

심리언어학에서는 언어 처리의 기초가 되는 인지적 기제와 관련된 많은 기법을 선택적으로 활용한다. 그러나 특정 방법을 사용한 연구에 대해 이론적인 논쟁이 많고 기법을 실제로 활용하기가 어렵다. 주어진 결과의 이론적 영향을 파악하기 위해 기본적으로 기법의 강점과 한계를 평가해야 한다. 특히 문장 이해는 이론적 모델에 대한 타이밍이 매우 중요하므로 방법에 대한 논쟁과 반론이 많다. 실제로 인지적 처리 과정에서 이를 설명하거나 시행하는 방법이 다르다. 매 순간의 처리에 민감하면 온라인 기법으로, 최종적인 해석이 드러나면 오프라인 기법으로 분류된다. 시간에 대한 민감도가 실험 결과에 영향을 미치는 유일한 요인은 아니다. 예를 들어, 몇몇 패러다임에서는 불연속적으로 한 번에 하나씩의 단어나 구만 제시한다(전체 문장을 한꺼번에 계속 들려주거나 보여 주는 경우와 비교). 단어/구 사이에 여분의 시간이 포함되어 있으므로, 분리된 자극은 대개 일상생활에서 듣거나 읽은 언어 유형에 기반한 것이다. 따라서 이해 과정의 분리된 성분이 부자연스럽게 강조되거나 정상적인 처리가 변경된다. 또한 양식이 어떻게/얼마나 처리에 영향을 주는지 명확해진다. 처리 과정에서 자극을 수용하는 방식은 양식(청각이나 시각)마다 다르며, 이를 통해 다른 분석 기제와 전략(양식 특화적 처리)을 연관시킨다.

## 3. 문장 이해의 심리언어학

문장이 어떻게 이해되는지에 관한 경험적 증거를 살펴보고자 한다. 실험 자료는 주로 모델의 예측을 검증하고 직접적으로 지지하는 데 사용되나, 대안적 원리에 대해 불확실한 증거를 제공하기도 한다. 여기서는 다른 정보(구문, 의미, 세상 지식)가 상대적으로 기여하는 정도뿐 아니라 문장 이해에 관한 인지 처리에 초점을 둘 것이다. 문맥, 빈도, 개연성 등이 문장의 처리에 영향을 주는지 여부는 주요 쟁점이 아니다. 이 요소들이 처리 과정에서 언제 작용하는지(예: 즉시 또는 구문 중심의 분석 이후)가 중요하다. 주어진 요소(예: 의미적 개연성)가 이해에 어떻게 관여하는지를 판단하기 위해 언어과학자들은 최소대립쌍, 즉 특정 요소만 다른 두 구조(예: 의미적으로 개연성이 있는 문장과 그렇지 않은 문장)의 처리 과정을 비교한다. 따라서 두 요소들 간의 방법상 차이(반응시간, 정확도 등)는 이러한 특정 요소로 인해 발생한다. 과학자들은 관련된 어휘와 문장의 언어적 · 비언어적 속성을 이해해야 한다.

그러므로 과학자들은 문장의 세부적인 속성을 활용해 주어진 요소가 처리에 미치는 영향을 평가하거나 이해 과정의 특정 정신작용에 접근한다('간격-삽입' 참고). 심리언어학은 이러한 유형의 문장이 정확한 도구, 즉 처리기를 '속이고' 내적인 작업을 관찰하는 수단을 제공한다. 즉 특정 유형의 문장이 아니라 이를 이해하는 데 사용되는 처리 작용을 중시한다.

여기서는 실험적 증거를 제시하기 위해 두 다른 구조인 구문적으로 모호한 문장과 원거리 종속 구조(long-distance dependencies)의 처리 과정을 살펴볼 것이다. 전자의 경우 모호한 구나 구에 포함된 성분이 먼저 2개(최소한)의 가능한 분석을 제시하므로 처리기에 대한 딜레마에 빠진다. 이들을 사용해 특정 요소가 초기 분석을 선호하는지에 대해 평가한다. 원거리 종속 구조에서 먼저 나온 성분을 재검토해야만 하나의 문장 성분이 해석된다. 인접하지 않은 성분, 문맥, 의미 사이에 몇몇 단어, 구, 절이 삽입될 수 있고, 기억의 처리가 이해에 영향을 줄 수도 있다.

### 1) 구문적으로 모호한 문장

문장 이해 모델에서 전치사구 연결의 구조적 모호성을 논의한 바 있다(스파이는 쌍안경을 가진 남자를 보았다/스파이는 쌍안경으로 남자를 보았다[*The spy saw the man with binoculars*]). 즉 전치사구(*with binoculars*)가 '*the man*'이나 동사 '*saw*'를 변경시킬 수 있으며, FBA와 CBA가 초기 또는 모호한 부분의 분석을 어떻게 예측하는지를 설명했다. FBA는 초기에 최소한의 연결(단순한 구문)을 선택하고, 분석이 부적절하면 재분석해야 한다. CBA에서는 비구문적 정보가 최적의 해석을 선택하도록 돕는다.

전치사구 연결 문장의 후반부는 모호하게 해석되는데(전반적 모호성), '*with binoculars*'가 '*saw*'나 '*the man*'에 연결된다. 이러한 이중적 읽기는 '목동이 발코니에 있는 여배우의 직원을 쏘았다(*The cowboy shot the servant of the actress who was on the balcony*)'와 같

은 관계절의 연결 모호성과 유사하다. 관계절인 '*who was on the balcony*'는 '*the servant*'나 '*the actress*'에 연결된다. 관계대명사 'who'를 듣거나 읽으면 가능한 해석에 대해 두 구조를 형성한다. 즉 어떻게 선택되는지(사용되는 정보의 유형), 그리고 대립되는 이론적 원리를 구분하는 두 가지 쟁점이 언제(초기나 후기) 발생하는지와 관련된 구조이다. 예컨대, 낮은 연결성('*the actress*')에 대한 온라인 및 오프라인 선호도가 영어(Cuetos & Mitchell, 1988; Frazier & Clifton, 1996)와 다른 언어(예: 브라질에서 사용하는 포르투갈어; Miyamoto, 1998)에 나타난다. FBA의 예측과 마찬가지로, 낮은 연결성에 대한 선호도는 최소한의 구조를 취하는 전략에 기반한다. 그러나 스페인어, 프랑스어, 독일어 등 많은 언어에서 상반된 선호도가 나타난다는 점이 흥미롭다(Cuetos & Mitchell, 1988; Zagar, Pynte, & Rativeau, 1997; Konieczny et al., 1997). 이는 최소한의 구조로 충분히 설명될 수 없고, 처리와 언어 보편성 간의 상관성을 보장하지 않는다. 보편적으로 뇌가 언어를 어떻게 처리하는지에 관해 심리언어학에서 처음 논의된 바 있으나, 이러한 모호성이 해석되는 방식을 깊이 이해하려면 보다 많은 연구가 필요하다. 관계절의 연결 모호성은 이해 과정에서 다양한 해석이 선호됨을 반영한다. 그러나 이는 여전히 논쟁 중이다.

관계절의 연결 모호성과 달리, 문장을 해석하기 위해서는 다른 유형의 구조적 모호성이 온라인으로 해석되어야 한다(이는 일시적 구조의 모호성임). 즉 해석 과정의 특정 시점에서 1개 이상의 분석이 가능하더라도 문법적인 문장에 대한 적절한 해석은 오직 하나뿐이다. NP-CP의 모호성을 살펴보자.

41a. 나는 그 소녀가 물리학 문제의 답을 안다고 생각한다(*I suppose the girl knows the answer to the physics problem*).

41b. 그 소녀는 물리학 문제의 답이 맞다는 것을 안다(*The girl knows the answer to the physics problem was correct*).

41c. 그 소녀는 물리학 문제의 답이 맞다는 것을 안다(*The girl knows that the answer to the physics problem was correct*).

41a와 41b에서 NP인 '*the answer*'는 일시적으로 모호하다. 즉 동사 '*know*'의 직접목적어(41a)나 안긴절의 주어(41b)로 분석된다. 이러한 모호성은 동사 '*know*'의 다양한 보어 구조 때문이다. 길 혼돈 이론(FBA)에 따르면, 동사 뒤의 NP는 먼저 직접목적어로 분석되어야 한다(NP를 문장의 주어로 가정한 마디가 거의 없기 때문임). 이는 41b와 같이 처리하기 어려운 경우는 해당되지 않는다.

안구 추적 연구(Frazier & Rayner, 1982; Rayner & Frazier, 1987 참고)에서 41과 같은 문장의 읽기시간과 안구운동을 기록한 결과, 41a에 비해 41b와 같은 문장의 글자당 읽기시간이 평균적으로 더 길었다. 또한 41b와 같은 문장에서 안구운동의 역행 가능성이 더 높았다. 즉 문장을 읽을 때 현재의 위치에서 이전에 읽은 모호한 문장으로 초점이 이동하는 경향을 보였다(예: 먼저 제시된 동사구 '*knows the answer*'). 결국 관계대명사 '*that*'으로 인해 모호성이 없어진 41c에 비해 41b의 '*the answer*'를 읽는 시간이 더 오래 걸렸다. 그러므로 모호한 NP는 먼저 동사의 직접목적어가 된 후 읽기 속도를 늦추며, 틀렸다고 판단되면(41b) 초기 분석을 수정하기 위해 문장을 역행한다.

이후 안구 추적과 자기 속도조절 읽기에 관한 연구에서 직접목적어인 NP의 개연성에 따라 길 혼돈 효과가 약화된다는 사실이 규명되었다. 즉 몇몇 동사는 직접목적어를 선호하는 반면 다른 동사는 보어를 취하는데, 어휘의 선호도가 초기의 문장 분석을 주도한다(Garnsey et al., 1997; Shapiro, Nagel, & Levine, 1993; Trueswell et al., 1993). 이 쟁점과 관련해 Pickering, Traxler, Crocker(2000)는 이전의 실험 자극들이 해석의 개연성을 충분히 통제하지 않았다고 지적했다. 이들의 안구 추적 연구에 따르면 문장 분석에서 동사가 한쪽으로 편향되어 있어도 직접목적어를 선택한다. 또한 시간에 따라 개연성이 처리에 미치는 영향이 다르게 나타났다(Pickering & Traxler, 1998 참고). 모호한 부분에 부적절한 직접목적어가 있는 문장을 더 어려워했는데, 이는 NP-보어 이외의 분석이 선호되지 않는 경향과 일치했다. 모호하지 않은 부분에 적절한 직접목적어가 있는 문장도 어려워했는데, 이는 해석의 개연성이 클수록 NP-보어 분석을 선택한다는 점을 반영한다. 즉 처리 과정에서 NP-보어 분석이 선호되어 이를 외면하기가 더 어렵고 부담스럽기 때문이다. FBA에서 S-보어보다 NP-보어를 더 선호하는 이유는 NP-보어의 문장 구조가 더 단순하다는 데 있다. 반면에, CBA는 S-보어를 더 선호한다. Pickering과 동료들은 NP의 선호도를 새롭게 설명했는데, 읽기에서 S-보어에 비해 NP-보어의 적절성이 더 빨리 판단되어 대체로 더 많은 정보를 제공한다는 것이다. 따라서 분석을 통해 항상 최적의 선택이 이루어지지는 않으며, 오히려 더 빨리 확인되는 것을 선택한다. Pickering과 동료들은 선호도나 하위 범주화 구조의 상대적 빈도가 모호한 부분의 초기 분석에 영향을 주지 않는다고 주장했다. 실제로 최적의 해석이 아니어도 처리 과정에서 NP-보어 분석이 가장 선호된다.

구문이 초기 분석을 결정하는 데 크게 기여한다는 보고도 있다. 축소된 관계절에 나타난 구조의 일시적인 모호성을 살펴보자.

42a. 변호사에 의해 조사된 피고는 믿을 수 없는 사람으로 밝혀졌다(*The defendant examined by the lawyer turned out to be unreliable*).

42b. 변호사에 의해 조사된 증거는 믿을 수 없다고 밝혀졌다(*The evidence examined by the lawyer turned out to be unreliable*).

42a에서 '*examined*'를 처리할 때 모호성이 발생해 주요 동사나 과거분사로 분석될 수 있다(관계대명사로 인해 의미가 명확해지는 완전한 관계절에서는 모호성이 소멸됨; *The defendant who was examined by the lawyer ....*). 그러나 결국 '변호사가 피고를 조사했다(*the lawyer examined the defendant*)'는 의미로만 이해되어 두 가지로 해석되지 않는다. 따라서 동사의 모호성은 일시적이며, 문장이 끝나기 전에 잘 해결된다. 여기서 올바른 분석은 어떻게 결정되는가? 가장 단순한 구조가 먼저 제시된 후 필요시 수정되거나(FBA에 근거), 생물성(animacy)과 같은 비구문적 정보는 주어진 구조 분석을 선택한다(CBA에 근거).

42b의 구조는 42a와 유사하나 주어('*evidence*')가 무생물(42a에서는 생물)이다. CBA에 따르면 생물성과 같은 의미 요소는 FBA의 길 혼돈 효과를 약화시키거나 소거하기도 한다. 즉 유생물성 NP는 주어진 동사의 '적절한 행위자'인 반면 무생물성 NP는 동사의 '적절한 주제'로 간주된다. 그러나 FBA에서는 문장 내 구의 구조(형태나 구문)만이 초기 분석을 결정하는 데 중요하며, 구문이 전개된 이후에만 추가적인 구문 정보가 영향력을 발휘한다. 문장 이해와 안구운동에 관한 연구에서 이 문장들은 첫 번째 NP의 생물성 여부와 상관없이 완전한 관계절(관계대명사 '*who*'가 포함되어 모호성이 없는 문장)에 비해 처리하기가 어려웠다(Ferreira & Clifton, 1986). 이는 다음과 같은 사실을 반영한다. ① 관계대명사 '*who*'가 없으면 초기 처리 시 주요 동사의 해석이 부적절해진다. ② 의미적 억제(주어의 생물성 여부, 유생물성 주어에 대한 동사의 선호도)를 통해 부적절한 분석을 통제하지 못하며, 통제가 가능했다면 무생물성 주어로 인해 '*examined*'가 과거분사임을 파악했을 것이다.

그러나 Trueswell, Tanenhaus, Garnsey(1994)는 안구 추적에 관한 후속 연구에서 보다 엄격한 통제와 새로운 자료 분석을 통해 의미적 억제가 모호성을 해결하는 데 기여하는지 여부를 재평가했다. 그 결과, 42b에 비해 42a에서 'by' 구문(*by the lawyer*)을 1차적으로 읽는 시간(다른 부분으로 이동하기 전 특정 부분을 읽는 시간)이 더 오래 걸렸다. 즉 42a의 유생물성 주어로 인해 처리 과정에서 '*examined*'가 주요 동사로 간주된다. 뒤에 연결된 'by' 구문은 이러한 전제를 수정하고 '*examined*'를 재분석하도록 한다. 42b의 무생물성 주어는 '*examined*'의 단서라는 데 주목해야 하는데(무생물성 명사는 주요 동사의 행위자로서 부적절하기 때문임), 이로써 주요 동사가 아닌 과거분사로 해석된다. 따라서 42b는 수정할 필요가 없다. 또한 42a와 같은 문장에서 수정에 대한 부담은 주어로 인한 억제의 강도에 비례하며, 주어가 동사의 행위자로서 적절한 것일수록(그리고 부적절한 주제일수록) 축소된 관계절 구조에서 길 혼돈 효과가 더 커진다. 이는 길 혼돈 효과를 입증하지 못한 Ferreira와 Clifton의 연구와 대조적이다. Trueswell 등은 CBA에 근거한 분석에서 비구문적 정보가 즉각적인 효과(즉 주요 동사의 행위자로서 명사의 의미적 적합성)를 보인다는 사실을 입증했다. 또한 의미적 억제는 절대적인 유형이 아니라 제한성과 처리에 대한 영향력이 달라질 수 있다.

의미와 문맥 이외에 또 다른 정보원인 운율도 구조의 모호성을 해결하는 데 유용하다. 문장의 기초가 되는 운율 곡선이 일시적인 구조의 모호성을 해결할 수 있다. 다음의 문장을 살펴보자(Nagel et al., 1996 참고).

43. 기업주가 직원들에게 임금 인상을 약속했다(*The company owner promised the wage increase to the workers*).
44. 기업주는 임금 인상이 클 것이라고 약속했다(*The company owner promised the wage increase would be substantial*).

구조의 일시적인 모호성은 앞서 검토된 바 있다. 왼쪽에서 오른쪽으로 진행하는 연속발화에서 동사 뒤에 나오는 NP인 '*the wage increase*'는 동사 '*promised*'의 직접목적어(문장 43)나 축소된 보어 문장과 같은 안긴절의 주어(문장 44)로 분석된다. 길 혼돈 이론 등의 FBA는 항상 가장 단순한 방법(최소한의 연결 전략)을 선택하나, CBA는 다양한 보어를 취할 때 통계적 적절성이나 동사의 선호도에 의존한다.

Nagel과 동료들(1996)은 운율 정보(예: 음도와 지속시간)의 차이가 구조적 모호성을 해결하는 데 유용하다고 주장했는데, 이는 오프라인 연구(예: Beach, 1991; Price et al., 1991)에 근거했다. 동사는 지속시간이 더 길고 음도 곡선이 더 가파르게 나타났다. 동사 뒤에 보어가 오면(문장 44) 쉼이 훨씬 더 길었다(직접목적어가 오는 문장 43과 비교). 이는 연속발화에 정보가 있음을 의미하며, 원칙적으로 뒤에 연결되는 구조를 결정하는 데 유용하다. 그러나 이해 과정에서 이 같은 정보를 사용할지 여부와 그 시기에 대해서는 알려진 바가 없다. 예컨대, 운율은 분석에 영향을 주는 정보인가? 만약 그렇다면 분석의 모호성을 없애기 위해 즉각적으로 운율을 사용하는가? 아니면 구문 중심의 분석 이후 운율 정보가 통합되는가?

Nagel과 동료들(1996)은 온라인 처리에서 운율의 역할을 알아보기 위해 운율 단서와 구조에 관한 심리언어학 실험을 시행했는데, 후속 구조를 예측하기 위해 실제로 이러한 단서(모호성이 소멸되기 전에 사용할 수 있는 단서)가 활용되었다. 구문과 매우 유사한 운율 정보가 '형태'에 기반하기 때문에 형태 기반적 접근으로 문장이 처리된다는 보고도 있다. 자발화에서 다양한 문장 구조의 기초가 되는 명확한 음향 단서가 있는지를 판단해야 하는데(Ito & Speer 2006; Schafer et al., 2000 참고), 이에 관한 연구들도 있다(예: Engelhardt, Ferreira, & Patsenko, 2010; Speer, Kjelgaard, & Dobroth, 1996). 이해 과정에서 운율 정보를 사용할지 여부, 즉 정보 유형이 운율에 우선하는지 여부와 이에 해당하거나 그렇지 않은 정보의 유형 등은 추후 입증될 것이다.

## 2) 원거리 종속 구조

원거리 종속 구조의 이해와 문장 처리를 상기해 보자. 동일 지시 처리인 대용어 처리의 예시는 다음과 같다.

45. 권투선수는 최근의 부상에 대해 자기 팀 의사가 자신을/그를 탓할 것이라고 스키 선수에게 말했다(*The boxer told the skier that the doctor for the team would blame himself/him for the recent injury*).

언어학 이론에 따르면 재귀대명사(예: *himself*)는 앞서 언급한 가까운(예: *doctor*) 실체(또는 선행사)를 동일하게 지시해야 한다. 언어학적으로 재귀대명사와 그 선행사는 동일한 절 내에 있으므로 재귀대명사의 위치는 한정적이다. 인칭대명사(예: *him*)가 사용되면 위치가 제한적이지 않은 선행사(예: *skier* 또는 *boxer*)를 동일하게 지시해야 한다. 즉 선행사는 대명사가 없는 절에 사용되거나 담화의 문장 내에 명확히 언급되지 않은 대상을 지칭한다(예: Bill은 John이 그를 좋아한다고 말했다[*Bill said that John likes him*], him은 Bill 이외의 다른 사람을 지칭함).

Nicol(1988; Nicol & Swinney, 1989 참고)은 이 원리가 문장 처리 체계에 적용되는지를 알아보았다. 정상인에게 45와 같은 문장을 제시한 후 다양식적 어휘 점화(cross-modal lexical priming: CMLP) 과제 내 선행사의 활성화를 평가했다. 재귀대명사가 사용되면 '*boxer*'와 '*skier*'가 아닌 '*doctor*'를 탐색하기 위한 점화가 재귀대명사의 위치에 나타났다. 인칭대명사가 사용될 경우 '*doctor*'가 아닌 '*boxer*'와 '*skier*'에 대한 점화가 대명사의 위치에서 관찰되었다. 즉 대용어-선행사 관계를 설명하는 언어학적 원리가 문장 처리 체계에 실제로 적용된다.

다른 유형의 원거리 종속 구조인 삽입어-간격 종속 구조(filler-gap dependencies)도 심리언어학에서 크게 주목받았다. 다음 문장을 살펴보자.

46. 경찰은 파티 참석자들이 범죄 혐의로 고발한 소년을 보았다(*The cop saw the boy that the crowd at the party accused* [t] *of the crime*).

동사 '*accused*'는 두 논항인 주어와 목적어를 취한다. 46의 주어(*the crowd at the party*)는 동사 바로 앞의 정해진 위치에 있다. 그러나 목적어(*the boy*)는 동사 뒤의 원위치가 아닌 문장 초반부에 나오지만, 문법이 적절하고 '소년이 사람들에게 고발당했다'는 의미가 명확히 전달된다. 그러면 '*the boy*'는 '*accused*'와 어떤 상관성이 있을까?

언어학 이론에 따르면 이 구조에서 목적어 논항은 동사 뒤의 원위치에서 동사 앞의 적절한 위치(언어학상 '이동과 반복-삭제' 참고)로 이동한다. 이동의 일환으로 가목적어('*boy*'의 흔적[trace]이나 반복)가 대개 동사 뒤에 위치한다. 이동한 가목적어는 의미가 명확한 NP와 자동적으로 연결되어 두 위치가 동일 대상 지시의 기능을 한다(대명사 및 그 선행사의 동일 대상 지시와 매우 유사함). 처리의 관점에서 NP가 이동한 곳으로부터 떨어진 위치는 간격(gap), 이동한 NP는 삽입어(filler)라 칭한다. 삽입어-간격 종속 구조를 이해하는 데 중요한 두 질문은 다음과 같다. 첫째, 동사와 이동된 목적어('*the boy*')는 곧바로 혹은 문장 끝부분에 연결되는가? 둘째, 처리 과정에서 간격을 보완하는 적절한 삽입어가 어느 NP인지를 어떻게 알 수 있는가?

첫 번째 질문에 대한 명확한 해답은 문장의 끝부분에 연결되지 않는다는 것이다. 목적어 논항을 요하는 동사와 '빈(즉 논항의 명확한 표상이 없음)' 위치가 있으면 삽입어('*the boy*')의 의미와 빈 위치가 연결되는 간격-삽입이 유발된다. Swinney와 동료들(Nicol & Swinney, 1989; Balogh et al., 1998; Love & Swinney, 1996 참고)은 다양식적 점화 연구를 통해 간격-삽입 기제를 입증했다. 즉 동사의 바로 앞(*1*)과 뒤(간격 *2* 부분)에 나타난 점화 효과를 통해 삽입어의 활성화를 관찰했다.

47. 경찰은 파티 참석자들이 범죄 혐의로 고발한 소년을 보았다(*The cop saw the boy that the crowd at the party* *1* *accused* *2* *of the crime*).

삽입어(*2*)의 간격에서만 중요한 점화 효과가 나타났다. 즉 동사 바로 앞의 삽입어는 인식될 만큼 활성화되지 않았으나 간격 부분의 삽입어는 즉각적으로 재활성화되었다. '*crowd*'는 이와 반대의 경향이 나타났는데, 발화 이전의 위치에서 활성화되지만 간격에서는 그렇지 않았다. 따라서 간격-삽입 과정은 구문적으로 제한된 삽입어(흔적에 연결된 NP)에만 해당되고, 이전의 NP를 통해서는 전혀 기억을 탐색하지 못한다(혹은 '*the crowd*'에 대한 다른 점화가 간격에 나타남).

구문이 간격-삽입 과정을 억제한다면 비구문적 정보도 마찬가지일까? 이를 입증하기 위해 삽입어가 동사의 부적절한 목적어일 때 나타나는 간격-삽입 과정을 평가했다.

48. 어제 작은 소년이 매우 심하게 때린 거구의 헤비급 권투선수를 사람들이 쳐다보았다(*The crowd saw the enormous heavyweight boxer that the small boy had so badly* *1* *beaten* *2* *yesterday*).

구문적으로 적절한 삽입어(48의 밑줄 부분)는 동사의 부적절한 목적어에 해당한다(작은 소년이 거구의 헤비급 권투선수를 때릴 가능성은 그 반대보다 훨씬 적음). 개연성이 간격-삽입에 영향을 준다면 구문이 적절해도 개연성이 적은 NP의 재활성화를 방해하나 개연성이 가장 큰 NP(구문적으로 맞지 않더라도)의 재활성화는 유도될 것이다. 또 다른 다양식적 점화 연구에서 '*boxer*'에 대한 간격(*2)에 점화 효과가 크게 나타났다. 따라서 (비)개연성은 구문적으로 적절한 NP의 재활성화를 방해하지 않으며, 처리 과정에서 부적절한 NP를 재활성화하지도 않았다. 그러나 개연성은 억제가 너무 약해 간격-삽입에 영향을 주지 못한다는 견해도 있다. 실제로 세상 지식에 근거할 때 '소년이 권투선수를 때릴 수 있다'(아마도 특수한 상황일 때)는 해석도 가능하다. 해석이 부적절해도 처리 과정에서 더 이상 이를 추측하지 않는다. 즉 개연성의 억제는 너무 약해 간격-삽입에 영향을 주지 않으나, 개연성이 없는 해석을 추측하지 못하도록 더 강한 억제가 작용하기도 한다. 49의 실제적인 가능성을 살펴보자.

49. 그릇에 담긴 수프가 먹은 관할구역 경찰이 공공 서비스에 대한 의견을 제시했다고 경찰서장이 말했다(*The police captain said that the cop from his precinct that the soup in the bowl had eaten* *1* *was going to give a talk on public service*).

NP인 '관할구역 경찰(밑줄 부분)'은 동사의 목적어, 즉 삽입어이다. 그러나 실생활에서

'사람을 먹는 수프'는 불가능하다. 개연성이 강해 삽입어의 재활성화를 즉시 분석하지 못하도록 억제하면 '*cop*'은 간격(*1*) 위치에서 점화되지 못한다. 그러나 여전히 '*cop*'에 대한 점화 효과가 나타났다(Swinney, 1991). '사람이 수프를 먹는다(반대의 경우는 부적절함)'는 세상 지식 및 '수프'가 주로 동사의 목적어인 점에도 불구하고, 구문적으로 이동된 NP인 '*cop*'의 간격-삽입 과정이 소거될 정도는 아니다. 궁극적으로 간격-삽입은 문장이 전개될 때 발생하고 구문적 억제에 따라 유도된다. 이는 빠르고 자동적이며, 의미적 불가능성이나 높은 개연성과 같은 강한 억제의 영향을 받지 않는다. 이는 모듈 체계의 특징이자 FBA의 핵심 전제이다(Fodor, 1983).

모호한 간격-삽입에 해당하는 50과 51을 살펴보자.

50. 저 사람은 한국전쟁 당시 군인이 고의로 죽인 사령관이다(*That's the general that the soldier killed enthusiastically for [t] during the war in Korea*).
51. 저것은 다쳐서 병원에 가는 바람에 개가 걱정하고 있던 고양이이다(*That's the cat that the dog worried about [t] after going to the vet because of an injury*).

위에서 관계대명사(*that*)는 NP(*general, cat*)를 뒤에 나오는 간격과 연결된 삽입어로 간주한다. 따라서 NP는 동시 종속 구조가 나올 때까지 기억 속에 저장된다(이 전제는 사건 관련 전위의 자료에 근거해 추후 제시됨). 그러나 관계대명사는 NP의 삽입어가 어느 간격과 연관될지를 드러내기에 충분하지 않다. 그러므로 두 문장에서 간격의 위치는 일시적으로 모호하다. 50에서 간격은 동사 '*killed*(*the soldier killed the general*)'나 전치사 '*for*'의 뒤에 올 수 있다. 51에서 간격은 동사 '*worried*(*the dog worried the cat*)'나 전치사 '*about*'의 뒤에 올 수 있다. 전체 문장을 처리할 때 간격의 모호한 위치(즉 삽입어가 어느 성분에 연결되는지)를 고려해야 한다. 이를 해결하는 데 기초가 되는 기제와 관련해 두 이론이 대립된다.

첫 번째 접근(주로 FBA와 연관)에서는 동사가 목적어 보어를 취할 때 항상 삽입어-간격 종속 구조를 전제한다(제1 의존 또는 활동적 삽입어 전략; Clifton & Frazier, 1989; Pickering, 1993). 두 번째 접근의 가정은, 동사가 목적어 보어를 취하면 삽입어가 간격과 연결되며 보어는 가장 빈번한 하위 범주로 분류되거나 상보적 구조(특정 CBA의 보편적 관점)를 이룬다는 것이다. 이에 근거해 50과 51의 처리 과정이 다르게 나타난다. 즉 두 동사(*killed*와 *worried*)는 목적어 보어를 취하나, '*killed*'는 대개 NP 보어를 취한다('*worried*'는 '*worry about*'과 같이 전치사구를 보어로 취함). 제1 의존 유형의 전략은 처리 시 두 동사 및 그 간격에 즉시 삽입어를 부여한다(전치사 '*about*'에 대해서는 나중에 적절히 연결됨). NP 삽입어는 하위 범주화 구조의 상대적 빈도에 따라 동사 '*killed*'와 연관되기도 하나(50), '*worried*'와는 관련되지 않을 가능성도 있다(51). 이 같은 빈도에 근거해 삽입어가 처리 과정에서 동사의 목적어가 아닌 또 다른 성분의 보어로 가정된다(51, 전치사 '*about*'). 자기 속도조절 읽기시간과 안구 추적 연구에 따르면, 하위 범주화의 선호도와 상관없이 NP 삽입어가 동사에 먼저 연결된다(Pickering & Traxler, 2001, 2003). 즉 처리 과정에서 기억해야 한다는 부담 때문에 가능한 한 빨리 종속 구조를 해결하고자 한다(추후 논의). 그러나 동사가 유생물성 목적어를 요하더라도, NP가 무생물성이어서 삽입어로서 개연성이 없는 목적어가 나오면 간격이 소거될 수 있다. 즉 의미적인 측면에서 NP가 동사의 논항이 되기 위한 최소한의 개연성이 있는지를 확인하면(아마도 생물성에 대해) NP는 동사에만 연결되기도 한다(Pickering & Traxler, 2001, 2003).

자주 간과되는 요소인 운율은 종속 구조를 해결하는 데 훨씬 더 큰 영향을 미친다. 사실상 운율은 간격의 위치를 결정하는 데 사용하는 단서를 제공한다. 모호한 간격-삽입 구조를 살펴보자.

52. 감독관은 어느 의사에게 자신의 막내딸을 도와달라고 요청했는가(*Which doctor did the supervisor call* *1* [t] *to get help for his youngest daughter*)?
53. 감독관은 위기 상황에서 어느 의사에게 도와달라고 요청했는가(*Which doctor did the supervisor call* *1* *to get help for* [t] *during the crisis*)?

삽입어(밑줄 부분)가 원래 동사(*call*)의 목적어라는 점에서 이 문장들은 50 및 51과 유사하다. 이들의 운율 곡선은 독특한데, 간격이 나중에 나오는 53(전치사 '*for*' 뒤)에 비해 간격 뒤에 동사가 바로 위치하는 52는 동사의 지속시간이 더 길고 기본주파수가 더 급격히 하강한다. 이렇듯 운율 정보가 간격의 위치를 나타내지만, 처리 과정에서 문장의 모호함을 없애는 데 이를 사용할 수 있을까? 다양식적 점화 연구에서 '*doctor*'에 대한 점화는 52의 동사 뒤에서만 나타났다(Nagel et al., 1994). 즉 동사의 운율 곡선이 신호를 보낼 경우에만 간격이 발생한다. 이는 처리 과정에서 종속 구조가 가능한 빨리 형성된다는 점과 반드시 모순되는 것은 아니다(52 및 53 참고. 운율의 영향이 없는 읽기 과제를 통해 입증됨). 따라서 운율이 모호하면 가능한 간격이 무엇인지를 확인하게 된다.

요컨대, 간격-삽입 종속 구조가 부적절해도 가능한 빨리 추정하는 것이 선호된다. NP와 의미역의 할당 성분(동사나 전치사) 간을 연결하는 과정은 비구문적 요소의 영향을 피하기 위해 빠르고 정확하며 매우 강력히 이루어진다. 반면에, 처리기는 간격-삽입을 성공적으로 잘 유지하기 위해 운율 정보를 효율적으로 통합한다.

특히 실어증 환자의 삽입-간격 구조에 결함이 있을 수 있으므로, 신경학적 결함이 없는 정상인의 문장 이해를 실어증 평가의 기초선으로 간주한다(제10장 참고).

### 3) 복잡성

명확한 문장보다 모호한 문장을 이해하기가 더 어렵다는 사실은 직관적으로 알 수 있다. 이와 유사하게, 간격-삽입 구조는 기본적이고 능동적인 문장보다 이해하기가 더 어렵다. 왜 그럴까? 이는 의외로 간단한 문제가 아니다. 전술했듯이, 복잡성을 다루는(정의하는) 문장 처리 모델은 특히 많다. 이에 따라 복잡성의 의미에 대한 견해도 다양하며, 처리 부담과 복잡성을 심리언어적 요소와 연관시킬 경우 모든 언어 처리 이론은 복잡성에 좌우된다. 복잡한 문장을 처리할 만큼 자원이 충분하지 않아 결함이 발생한다는 점을 고려할 때 복잡성의 개념은 언어장애 분야에서 훨씬 더 중요하다(제10장 참고).

여기서 복잡성에 관한 의문을 제기하지는 않을 것이다. 그러나 언어와 언어장애를 연구하거나 임상에서 언어기능을 평가할 때 복잡성을 항상 비판적으로 생각해야 한다. 본 장에서는 과학적 문헌에 내재되거나 표면화된 바대로 복잡성의 몇 가지 정의를 간략히 제시할 것이다.

자주 활용된 다음의 두 문장(간격-삽입)을 대조해 보자.

54. 개는 소녀에게 키스한 소년을 보았다(*The dog watched the boy who* [t] *kissed the girl*). 주격 관계사
55. 개는 소년이 키스한 소녀를 보았다(*The dog watched the girl who the boy kissed* [t]). 목적격 관계사

두 문장에서 '소년은 소녀에게 키스했다'. 그러나 개는 소년(54의 주격 관계사)이나 소녀(55의 목적격 관계사)를 보았다. 개가 본 소년(또는 소녀)이 누구인지를 기술하기 위해 NP는 관계사의 선행사가 된다. 즉 NP의 추가적인 정보를 제공하는 관계절이 뒤따른다(54의 '*who kissed the girl*'). 흔적과 선행사 NP(밑줄 부분)는 동일 대상을 지시하는데, 이는 간격의 삽입어가 선행사 NP임을 의미한다(대명사에 의해). 따라서 54는 개가 소년을 보았고 이 소년이 소녀에게 키스한 것으로 해석된다.

간격-삽입과 관련된 이 구조는 간격이 없는 문장에는 적용되지 않는 과정이다. 따라서 관계절이 포함된 문장은 추가적인 분석을 요하지 않는 문장에 비해 대체로 더 어렵다고 간주된다. 이때 복잡성은 문장마다 다른데, 영어의 목적격 관계사는 주격 관계사보다 처리하기가 더 어렵다(Ford, 1983; King & Just, 1991 등 참고). 이는 다양한 방법(자기 속도조절 읽기, 안구 추적, 사건 관련 전위)을 통해 입증되었고, 구문 처리에 관한 fMRI 연구의 기초로서 매우 자주 활용되었다.

이렇듯 복잡성 효과가 입증되었으나 명확히 이해하기는 어렵다. 먼저 복잡성은 보편적인 현상이 아니다. 여러 언어(프랑스어, 스페인어, 독일어, 네덜란드어)에서 목적격 관계사(ORs)가 주격 관계사(SRs)보다 더 어렵지만, 중국어, 한국어, 일본어, 바스크어의 경우 이와 반대라는 보고도 있다(Hsiao & Gibson, 2003; Kwon, Polinsky, & Kluender, 2006; Ishizuka, 2005; Carreiras et al., 2010). ORs와 SRs 간의 처리에서 나타나는 차이를 설명하려면 이 언어들 간의 다른 속성을 고려해야 한다.

OR/SR의 복잡성 효과를 설명하는 가설이 많고, 문장 구조와 상관없이 보편 언어의 효과를 예측하기도 한다. 반면, 문장 구조에 근거해 복잡성을 정의하기도 한다. 구조적 속성에 기반하지 않는 가설은 접근성 체계(Keenan & Comrie, 1977; Dowty, 1991) 및 관점 이동 가설(MacWhinney, 2008 참고)과 관련된다. 접근성 체계는 문법적 기능 및 의미역을 접근성의 관점에서 평가하는데, 체계 내 주어의 위치가 높을수록 목적어보다 더 두드러진다(더 쉬운 처리). 또한 SRs는 ORs보다 난이도와 복잡성이 낮다. 관점 이동 가설에서는 처리 부담이 문장 내 모든 측면의 전환과 연관된다. '*The dog watched the boy who kissed the girl*'에서는 초점이 '*the dog*(주절 내)'에서 '*the boy*(관계절 내)'로 옮겨간다. 이는 처리에 부담이 되나 ORs(55의 '*dog*'에서 '*boy*' 및 '*girl*'로 이동)에 포함된 두 전환보다는 부담이 적다.

다른 많은 가설들은 복잡성을 구조적 관점에서 설명한다. 예컨대, 48에 비해 49는 삽입어가 기억 속에 더 오래 유지되어야 하므로 SRs보다 ORs를 처리할 때 작업기억의 부담이 더 크다. 많은 사건 관련 전위 연구에 따르면 SRs에 비해 ORs의 삽입어 뒤에서 강력하고 지속적인 좌전 음성도(전기 파형)가 나타났다(Callahan, 2008 참고). 즉 삽입어가 간격에 연결되어 해석될 때까지 이를 저장하기 위한 구어 작업기억의 자원이 요구된다(삽입어가 기억 속에 저장될 때 간격을 위치시키는 것은 매우 민감한 과정이므로 자원의 소모를 제한해야 함). 다음으로 간격 뒤에 단어가 나오면 300~500ms 후에 몇몇 전위가 나타나기 시작해 문맥 내에서 삽입어가 인출되고 통합된다. 구문 예측 위치 이론(syntactic prediction locality theory: SPLT; Gibson, 1998)에 근거할 때 이러한 통합은 기억 저장과 함께 처리 부담의 근원이다. 즉 구문적 종속 구조가 미해결된 상태에서 처리되어 할 각각의 새 담화 지시물(예: 새로운 NP)은 부담 요인이 된다. 종속 구조(예: 간격을 '탐색'하는 삽입어)가 기억에 더 오래 저장될수록 기억의 부담이 더 커지고, 간격과 이에 연결되는 단어 간의 차이가 클수록 통합의 부담이 증가한다. 여기서 거리는 두 성분들 간 구문적 범주의 수(기억의 부담) 및 구조를 형성할 새 지시물의 수(통합의 부담)로 정의된다. 부담의 유형(이로 인한 문장의 복잡성)은 거리의 개념에 좌우되나, 추정되는 부담의 유형에 따라 거리가 다르게 산정된다. 거리 및 거리와 처리 부담 간의 관계는 다르게 정의될 수 있다. 거리는 두 성분 사이에 있는 단어 수로 산정되고, 거리 효과는 활성화의 수준(기억의 저하)이나 두 성분 사이에 삽입된 유사한 NP의 수(기억 방해를 유발함. Lewis와 동료들의 '단서 기반 기억 인출 모델' 참고)를 반영한다.

삽입어-간격 거리의 측면에서 ORs와 SRs의 정의도 유사하다. 문장 내 구문의 역할(목적어/주제에 대한 주어/행위자의 역할) 및 관점 전환 체계는 이미 논의한 바 있다. ORs에서 선행사 NP는 두 의미역과 관련되는데, '*boy*'는 '*watched*'의 주제이자 '*kiss*'의 행위자이다. 반면에, SRs의 선행사 NP는 항상 의미역과 관련된다(소녀는 관찰되고 키스를 받는 대상임). '이중 역할'이나 '역할 전환'이 처리의 어려움에 영향을 미치는지 여부는 미지수이다. 또한 ORs와 SRs에 대한 예측이 다를 수 있는데, 문장 주어(밑줄 부분)의 생물성을 조작하면 ORs를 처리하는 어려움이 크게 감소된다는 안구 추적 연구도 있다.

56a. 그 영화를 본 감독이 영화제에서 상을 받았다(*The director that watched the movie received a prize at the film festival*). SR

56b. 그 영화를 즐겁게 본 감독이 영화제에서 상을 받았다(*The director that the movie pleased received a prize at the film festival*). OR

56c. 감독을 즐겁게 한 영화가 영화제에서 상을 받았다(*The movie that pleased the director received a prize at the film festival*). SR

56d. 감독이 본 영화가 영화제에서 상을 받았다(*The movie that the director watched received a prize at the film festival*). OR

Traxler와 동료들(2002, 2005)은 몇몇 안구 추적 연구에서 유생물 주어(*director*)를 포함한 관계사에서 OR/SR의 복잡성 효과를 입증했다. 무생물 주어('*movie*')가 포함된 문장에서 ORs는 SRs보다 훨씬 더 어려우나 OR/SR의 차이는 훨씬 더 작다. 유생물 또는 무생물 주어가 포함된 문장에서 삽입어-간격의 거리는 동일하므로 처리의 어려움은 부분적으로 주어의 생물성에 좌우된다. 즉 구문적 복잡성 자체는 매우 복잡하며, 다양한 요소들이 영향을 미친다.

복잡성의 양상을 논의하는 것은 분명히 향후 연구의 토대가 될 수 있다. 문장의 속성과 관련된 많은 요소(단어 순서, 공동 표지의 수, 의미 억제) 및 처리의 개념(동시에 활성화되는 목록들 간의 경쟁과 방해)도 복잡성에 영향을 미친다. 또한 이들은 상호 배타적이지 않으며, 상호 결합(보편적이거나 특화적인 언어)을 통해 '처리의 복잡성'에 크게 관여한다. 따라서 '복잡성'에 관한 논의를 통해 '인지 자원'이 무엇이며 처리의 어려움에 어떻게 관여하는지를 상세히 이해할 수 있다.

## 4. 문장 이해의 심리언어학에 대한 요약

지금까지 심리언어어학 측면의 문장 이해에 대한 실험적 증거를 살펴보았고, 다양한 예시를 통해 구문적으로 모호한 구조, 간격-삽입 구조, 문장 이해의 근원적 처리를 논의했다. 이 구조들이 문장 처리에 관한 모든 이론적 모델을 검증하는 데 활용될 수 있음을 기억해야 한다.

전술한 경험적 근거들은 제한적이고 집약적이나, (심리언어적) 연구의 기초적 양상을 반영하기에 충분하다. 입력된 정보를 이해하는 과정에서 뇌/정신이 어떻게 작용하는지에 관한 견해는 다양하며, 이는 FBA, CBA, RBA를 지지하거나 반대한다. 심리언어학에서는 활용 가능한 자료를 설명하기 위해 각 모델의 근거를 평가하고 수정한다. 날마다 새로운 견해가 제시되므로 현재의 상황은 계속 변할 것이다. 여기서는 논의된 내용을 통찰력 있게 수용(재활용)하기 위해 보편적 체계와 개념적 도구를 제공하고자 했다.

그렇다면 심리언어학의 향후 과제를 위한 메시지는 무엇일까? 경험적 근거에서 강조되는 문장 처리의 두 핵심 양상으로는, ① 해석 과정에서 타이밍의 결정적 중요성, ② 처리와 해석에서 동사의 핵심적 역할이 있다. 문장 이해가 지속적으로 일어난다는 사실이 실험을 통해 규명되면서 해석 과정에서 시간에 따라 발생하는 세부적인 정신작용이 강조되고 있다. 문장을 잘 이해하려면 구문적 모호성 및 간격-삽입 등이 적시에 빨리 처리되어야 한다. 정상적인 시간 경로를 변경하면 사실상 이해를 방해할 수 있다(제10장 '느린 발화 입력을 보이는 언어장애의 예시' 참고). 한편, 이론적 모델들 간 불일치는 주로 정보의 유형이 통합되는 정확한 시점에 관한 것이다. 따라서 타이밍은 문장 처리 체계를 이해하고 온라인 및 오프라인 처리 기술을 활용하는 데 영향을 준다(언어장애 분야에도 해당).

처리와 해석에서 동사의 기본적인 역할도 중요하다. 동사의 속성은 단순히 문장에서 '누가 누구에게 무엇을 하는가'에 대한 정의가 아니라 여러 처리 과정의 원인이나 동기화에 해당한다. 예를 들어, 문장에 동사가 있으면 논항 구조의 형태(또는 보어 구조)가 활성화되고, 동사의 하위 범주화 구조는 구조적 모호성을 일으킨다. 동사의 의미 억제를 통해 주제에 맞는 논항이 형성되며(생물성이나 개연성 등), 그렇지 않을 경우 처리가 어려워진다. 동사의 위치가 바뀐 논항은 동사와 빨리 통합되어 간격-삽입이 일어나야 한다. 따라서 적절한 동사 억제는 문장 이해의 동력이 된다.

요컨대, 논의된 사안들은 정보 유형들 간의 상호작용을 의미하기도 한다. 예를 들어, 구문은 NP를 삽입어로 간주하나 관련된 간격의 위치를 결정할 때에는 운율의 영향을 받는다. 운율 곡선 및 개연성 있는 목적어에 대한 동사의 억제를 고려해 구조적 모호성을 해결한다. 따라서 정보 유형에 대한 개별적인 처리나 기여도를 구분하기가 매우 어렵다. 이로 인해 문장의 복잡성과 처리의 어려움을 완전히 파악할 수 없다. 또한 비언어적 요소의 영향을 다룬 연구, 특히 안구 추적 검사를 통한 시각적 패러다임([글상자 6-1] 참고)이 적용된 연구도 있으나, 여기서는 문맥이 이해 처리 과정에 미치는 영향을 논의했다.

## 5. 결론

언어 처리는 언어적 혹은 비언어적 정보에 민감한 복합적인 인지기능이다. 이는 주의력, 기억력 등 다른 인지기능과 상호작용하며, 이러한 인지기능이 언어 처리 자체에 포함된다는 이론도 있다. 언어 처리는 시간에 매우 민감하므로 처리 과정에서 특정 유형의 정보가 먼저 또는 나중에 사용되기도 한다. 특정 과제를 통해 언어 처리를 입증하는데, 과제가 매우 다양하기 때문에 연구마다 결과가 다를 수 있다. 이는 당연히 과학적 노력의 산물이나, 불일치를 해결하기 위해서는 보다 심화된 연구가 필요하다. 또한 신경학적 체계의 복잡성에 기반한 처리 체계를 이해하기 위해 관찰 가능한 현상(예: 화자의 직관, 반응시간, 읽기시간 등)을 활용하는데, 이를 통해 본질적으로 관찰할 수 없는 것에 대한 이론이 정립되고 있다. 따라서 가설과 이론이 옳은지는 확신할 수 없으나, 이는 어느 과학 분야에서나 마찬가지이다. 그럼에도 불구하고 복잡한 체계를 통찰하려는 시도는 계속되고 있으며, 이 같은 노력이 지속될수록 더 많은 성과를 얻을 것이다. 궁극적으로 최적의 상황에서 작용하는 체계를 더 많이 이해할수록 모호한 체계를 파악하게 되므로 기초과학과 임상과학을 연결하는 데 더 많이 활용할 수 있을 것이다.

# 제7장 언어와 의사소통에서의 집행기능

Alfredo Ardila

## 1. 집행기능의 정의

행동과 인지에서 전전두피질의 역할에 대한 이해와 집행기능의 개념은 점차 발전해 왔다.

19세기 후반과 20세기 초 임상 연구자들은 전전두엽이 손상된 환자의 여러 행동장애를 보고했다. 전전두엽 병변이 감각/운동 장애를 유발한다는 근거는 뚜렷하지 않으나, 행동/인성의 변화를 동반하기도 한다. 전두엽 기능장애의 가장 전형적인 예시인 Phineas Gage는 행동에 있어 전두엽의 역할을 이해하는 데 크게 기여했다. Harlow는 1868년 철도 회사의 책임 부서장인 Gage가 막대에 전두엽을 관통당한 참사에 관해 보고했다. 사고 후 그의 성격이 급격히 변해 동료들은 그의 '불경스럽고 화를 잘 내며 무책임한' 행동을 고려할 때 '예전의 Gage가 아니'라고 평가했다. 인지기능(즉 기억, 언어 등)은 보존되었으나 성격(행동의 태도)이 크게 변한 점이 Harlow의 관심을 끌었다. Gage는 인지과학사에서 가장 전형적인 사례 중 하나로 알려졌고, 이를 분석한 연구들도 많았다(예: Damasio et al., 1994; Macmillan, 2000, 2008).

1880년 Oppenheim은 유치한 말과 농담을 부적절하게 산출하는 증상을 'witzelsucht'라고 명명했다(Oppenheim, 1890, 1891). 이러한 '농담증(moria; '어리석음'과 '장난스러운 태도'를 보임)은 전전두영역의 손상에 기인한다. Oppenheim의 부모는 모두 우측 전두엽에

종양이 있었는데, 이는 흔히 중측 및 기저 영역까지 전이된다. Jastrowitz(1888)는 우측 전두엽 병변으로 인해 무관심과 '부적절한 쾌활함'을 더 많이 보였다.

신경과학의 '집행기능'은 비교적 새로운 용어로, 최근까지 '전두엽 기능(또는 전전두엽 기능)'이 주로 사용되었다. 1923년 Feuchtwanger가 제시한 '전두엽 증후군'의 개념에 따르면, 전두엽 병변은 외적 언어, 기억력, 감각운동장애와 상관없는 행동에 연관된다. 즉 동기나 감정 조절장애 등의 성격 변화가 나타나며, 다른 행동을 통제하고 통합하는 능력이 저하된다(예: Fuster, 1989; Levin, Eisenberg, & Benton, 1991; Miller & Cummings, 1998; Perecman, 1987; Pribram & Luria, 1973; Stuss & Benson, 1986).

Luria(1980)는 '집행기능'이라는 용어를 처음으로 언급하고, 뇌의 세 기능적 영역을 다음과 같이 분류했다. ① 각성-동기 부여(변연계와 망상 체계), ② 정보의 수용, 처리, 저장(후중심고랑), ③ 활동의 프로그래밍 및 조절, 검증(전두엽). Luria는 이 세 영역이 집행기능을 담당한다고 주장했다. Lezak(1983)은 인간 행동의 '방식'이나 '유무'를 인지기능과 구분하기 위해 '집행기능'을 사용했다. 또한 집행기능의 유동적 속성에 주목하고, 기능의 인지적 및 감정적 측면이 '실행'에 얼마나 의존하는지를 강조했다. Baddeley(1986)는 계획 및 조직화, 탈억제, 보속, 유창성의 저하, 시작 단계의 문제 등 인지 영역으로 행동을 분류하고, '집행기능장애 증후군(dysexecutive syndrome)'이라는 용어를 제안했다.

집행기능의 정의에는 개념화에 따른 행동이 포함되는데, 이에는 방해의 차단, 주의력의 조절, 목표 지향적 행동에의 참여, 요약, 문제해결, 상위인지, 행동 결과의 예측과 이에 따른 재적응, 행동 · 진실성 · 의식의 시간적 통합, 정신적 유동성에 대한 적응의 개념(Denckla, 1996; Fuster, 2001; Goldberg, 2001; Grafman, 2006; Luria, 1969, 1980; Miller & Cummings, 1998; Stuss & Benson, 1986; Stuss & Knight, 2002) 등이 있다. 또한 도덕성 · 윤리적 행동 · 자의식에 대한 개념, 정신의 관리자 및 프로그래머로서의 전두엽 등도 포함된다. Elliott(2003)에 따르면 집행기능은 특정 목표를 성취하기 위해 몇몇 하위 과정들이 통합되는 복잡한 처리 과정이다. 전두엽의 정상적인 처리가 집행기능과 일치하지는 않으나 이 기능에 필수적으로 요구된다.

확장된 뇌 영역을 포괄하는 역동적 네트워크가 집행기능에 관여하나(Koziol & Budding, 2009), 특히 전전두피질은 통제와 모니터에서 큰 역할을 담당한다. 뇌영상 연구에서 후방 영역, 피질 및 피질하 영역과 집행기능 간의 상관성도 규명되었다(Roberts, Robbins, & Weiskrantz, 2002). 전전두피질이 집행 작용(순서화, 교대, 억제 등)뿐 아니라 인지와 감정을 조절하는 데에도 핵심적인 역할을 한다는 점은 매우 중요하다(Mitchell & Phillips,

2007). Phineas Gage 및 여러 전전두엽 증후군 환자들은 행동/감정 장애를 많이 보이고, 더 정확히는 인지와 감정/동기 부여의 조절장애가 있다. Harlow(1868)는 Gage의 인지기능이 정상적이라고 언급했다. 전전두엽은 피질하 및 변연계 영역과 연결되며(Barbas, 2006; Damasio & Anderson, 2003), 안와(orbital) 영역도 변연계의 확장으로 간주된다. Stuss와 Alexander(2000)는 전두엽의 가장 중요한 역할로서 감정적 반응, 사회적 행동, 인격 발달을 꼽았다. 특히 우반구 전두엽은 주로 공감과 관련되며, 타인의 정신 상태를 이해하는 능력인 '마음이론'에도 작용한다(Platek et al., 2004; Stuss, Gallup, & Alexander, 2001).

현재 전두엽 기능에 관한 연구는 기능적 뇌영상 기술을 사용해 여러 결과를 통합하거나 선례를 살펴보고, 신뢰도를 낮추는 변수를 제거하기 위해 대규모 표집 단위를 사용한다. 이를 통해 집행기능장애 증후군과 관련된 뇌 영역의 다양한 기능을 입증할 수 있다(Lloyd, 2000). 기능적 뇌영상에서 우반구 전두엽이 손상된 성인과 아동은 주의력 결핍, 반응에 대한 억제 상실, 활동의 지속 불능과 같은 행동 양상이 나타난다(Filley et al., 1999).

집행기능은 주로 다양한 연구 전략이 활용된 실험 조건에서 분석되는데, 다양한 문제 해결하기, 두 단어 간 유사성 찾기, 다른 요소를 억제하면서 반응하기 등이 그 예이다. 즉 패러다임이 형성되면 이를 해결하는 과제가 주어진다. 뇌의 활동은 전기 활동이나 영역별 활성화 수준에 기반해 실시간으로 기록된다(Osaka et al., 2004). 뇌의 다른 체계가 집행기능과 연관되는지를 알아보기 위해 뇌손상 환자를 분석하기도 하는데(예: Jacobs, Harvey, & Anderson, 2007), 이는 신경심리학에서 사용하는 고전적인 접근법이다. 그러나 자연스러운 생태학적 조건에서의 집행기능은 거의 분석되지 않는다.

### 1) 전두엽의 해부학

전두엽은 해부학적으로 뇌에서 가장 큰 엽이다. 전두엽은 롤란도열(Rolandic fissure)의 앞쪽과 실비안열(Sylvian fissure)의 위쪽에 좌우로 위치한다. 내측으로는 롤란도열과 뇌량(corpus callosum)에서 앞쪽으로 확장된 영역이다. 전두엽에서 ① 전두피질의 후방 영역(무과립 전두피질)은 운동과 관련된다. 그들은 일차운동영역([primary motor area], BA 4 또는 중심앞이랑[precentral gyrus])과 전운동영역([premotor area], 또는 운동연합영역[motor association area]; BA 6, 8-전두안운동야[frontal eye field], BA 44—브로카영역])으로 나뉜다.

그리고 ② 전전두피질(또는 과립 전두피질)은 [그림 7-1]에서 BA 9, 10, 11, 12, 24, 32, 45, 46, 47 영역이다. 전전두피질은 보통 후측면, 중간부, 안와부(orbital)로 다시 분류된다. 띠다발(cingulum)과 안와전두피질의 후방부는 전두엽의 변연계에 속한다(Damasio & Anderson, 2003; Fuster, 2008; Mesulam, 2002).

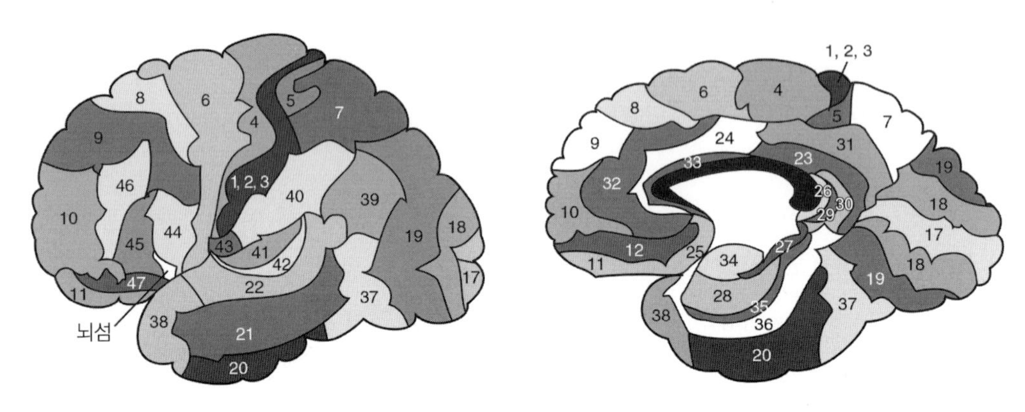


그림 7-1 브로드만영역

전전두피질은 9, 10, 11, 12, 24, 32, 45, 46, 47에 해당함.

Bernal, B., & Perdomo, J. (2009) 참고. Brodmann's interactive atlas 1.1. http://www.fmriconsulting.com/brodmann/

전두엽은 계통발생적인 진화를 거쳐 크기가 커진다. 인간의 전체 뇌 크기를 고려할 때 전두엽은 영장류의 뇌 크기에 대체로 비례하나(Semendeferi at al., 2002), 두 영역(일차 운동영역 및 전운동영역)이 상대적으로 작아 전전두영역은 실제로 더 크다(Schoenemann, 2006). 인간의 전전두피질은 유인원(침팬지, 고릴라, 오랑우탄)보다 훨씬 더 큰데, 전체 뇌 크기의 12.7%를 차지해 평균 10.3%인 유인원과 대조를 이룬다. 이러한 차이는 회백질보다 백질에서 주로 관찰된다. 인간(약 1,350cm$^2$의 뇌 크기)과 침팬지(약 311cm$^2$의 뇌 크기)를 비교하면, 전전두 회백질의 크기는 인간이 4.8배 더 크고 나머지 영역의 회백질은 4.2배 더 크다. 또한 인간의 전전두 백질은 약 5배, 나머지 영역의 백질은 3.3배 더 크다(Schoenemann, Sheehan, & Glotzer, 2005).

전전두영역은 연합 또는 내인성 피질 영역으로 간주된다. Luria(1980)는 전전두영역을 제3의 대뇌피질(다양한 유형의 정보 처리)이라 칭했다. 전전두엽은 다른 영역으로 널리 확장되는데, 특히 다른 피질 영역, 변연계, 피질 및 피질하 운동 영역, 감각피질 등과 연결된다.

### (1) 피질내 연결

주로 시각, 청각, 체성감각 피질이 연결되어 있다. 전전두피질은 전운동피질과도 연결되어 일차운동피질로 확장된다. 이들은 일방향성이거나(예: 꼬리핵[caudate nucleus]과 조가비핵[putamen]), 양방향성이다(예: 배내측 시상핵[dorsomedial nucleus of the thalamus]) (Damasio & Anderson, 2003). 대뇌피질의 앞뒤에 걸친 주요 섬유 다발인 위세로다발(superior longitudinal fasciculus)과 같은 피질내 영역은 다양하게 연결되어 있다. 갈고리섬유다발(uncinate fasciculus)은 측두엽의 앞쪽과 전두엽을 연결한다. 안와전두 변연피질과 중앙 전두피질은 상측두회(superior temporal gyrus)와 연결되며, 안와전두 영역은 하측두피질(inferior temporal cortex)로 이어진다. 띠다발은 전두엽과 해마곁이랑(parahippocampal gyrus)을 잇는다. 활모양섬유다발(arcuate fasciculus)은 뇌섬(insula)과 경계를 이루며, 하전두회 및 내측회를 측두엽과 연결한다. 안와전두 섬유다발은 전두엽의 뒤쪽으로 측두엽 및 후두엽과 연결된다([그림 7-2]).

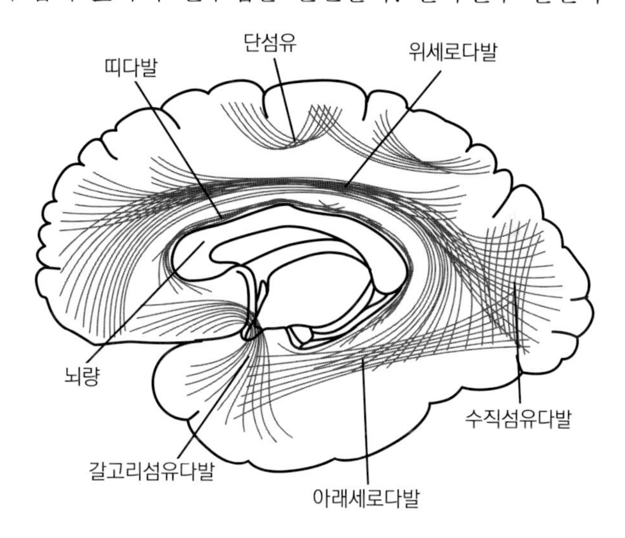


그림 7-2 전두엽의 피질내 연결

Gray, H., Standring, S., et al. (2005). *Gray's Anatomy: The Anatomical Basis of Clinical Practice* (39th ed.). Edinburgh: Elsevier/Churchill Livingstone Ltd. 참고.

### (2) 피질하 연결

Damasio와 Anderson(2003)은 전두-피질하 연결을 다음과 같이 분류했다.

① 시상하부(hypothalamus)로부터의 투사

시상하부와 전전두피질은 직접 연결되지 않고 시상을 통해 간접적으로 연결된다.

② 편도체(amygdala)와 해마(hyppocampus)로부터의 투사

전두엽의 중앙쪽으로 향하는 투사들이 있는데, 이들은 특히 곧은이랑(gyrus rectus)과 띠다발의 뇌량하 및 앞쪽 영역으로 연결된다.

③ 시상(thalamus)으로부터의 투사

시상으로부터의 투사는 주로 시상의 배측면 핵에서 안와전두피질로 향한다. 안쪽 베개핵(pulvinar nucleus)에서 BA 8까지의 투사 등 별도의 연결들이 추가된다.

④ 편도체와 해마로의 투사

띠다발과 갈고리섬유다발을 통해 간접적으로 연결된다.

⑤ 시상으로의 투사

이들은 배내측핵, 섬유판속핵(intralaminar nuclei), 시상베개를 향해 이어져 있다.

⑥ 시상하부로의 투사

이들은 핵을 이루는데, 중뇌(mesencephalon)와 수도관주위회백질(periaquaductal gray matter)을 지난다.

⑦ 줄무늬체(striatum)로의 투사

꼬리핵과 조가비핵으로의 투사는 유사하다. 특히 띠다발과 보조운동영역(supplementary motor area: SMA)으로부터의 투사가 중요한데, 이는 뇌의 운동 조절 체계와 관련된다.

⑧ 대상핵(claustrum), 시상하부, 중뇌로의 투사

이는 주로 안와 및 하부 후측면 영역에서 출발해 갈고리섬유다발과 외포(external capsule)를 지난다.

요컨대, 전전두피질은 변연계, 기저핵, 시상, 기타 영역뿐 아니라 대뇌피질의 다른 영역들과도 두루 연결된다.

집행기능의 다양성을 설명하는 단일 요소가 있는지에 관해서는 견해가 엇갈린다(예: Grafman, 2006; Kimberg, D'Esposito, & Farah, 1997; Stuss & Alexander, 2007). Friedman과 동료들(2008)에 따르면 집행기능들 간의 상관성이 매우 높고 보편적 지능의 범위를 넘어서는 공통 요소가 있다. 즉 집행기능은 유전성이 강한 심리적 속성 중 하나이다. 그러나 집행기능 검사의 상이한 결과들을 설명할 특정 단일 요소에 관해서는 입증된 바가 없다. 최근에는 다양한 제안과 해석도 제시되고 있다.

행동 억제는 집행기능의 수행에 관여하는 단일 요소로 추정되는데, 이는 집행기능만 평가(Barkley, 1997)하거나 작업기억을 함께 평가(Pennington & Ozonoff, 1996)할 경우에 적용된다. 반면, Salthouse(1996, 2005)는 집행기능의 기초 요소로서 추론력과 지각 속도를 꼽았다. 이는 집행기능을 평가하는 위스콘신 카드 분류 및 통제단어연상 검사의 수행력이 공통적으로 추론력 및 지각 속도와 상관성이 매우 크다는 결과에 근거한다(Salthouse, 2005).

집행기능에 관여하는 단일 요소를 비판하는 시각도 있다. 몇몇 전두엽 병변 환자들은 집행기능 검사에 따라 수행력이 다르다는 것이다(Godefroy et al., 1999). 여러 집행기능 검사 간의 상관성이 중간 정도이거나 낮으며, 통계적으로 유의미하지 않다는 결과도 매우 많다(Salthouse, Atkinson, & Berish, 2003).

중립적인 견해도 있다. 예를 들어, Miyake 등(2000)은 집행기능의 보편적인 세 양상들(교대, 업데이트, 억제) 간에 차이가 매우 크나 기본적인 공통점이 있다고 주장했다. 즉 집행기능 양상은 '서로 다르지만 일정 정도의 상관성'이 있어 집행 체계를 설명하는 단일 요소와 그렇지 않은 요소가 공존한다. 집행기능의 다른 하위 요소를 제시한 연구도 있다(예: Anderson, 2001; Delis, Kaplan, & Kramer, 2001; Denckla, 1994; Elliott, 2003; Hobson & Leeds, 2001; Lafleche & Albert, 1995; Piguet et al., 2002). Stuss와 Alexander(2007)는 집행기능의 범주 내에서 전두엽이 담당하는 주의력 처리로서 활성화(위 안쪽), 과제 설정(왼쪽 측면), 모니터링(오른쪽 측면)을 제안했다. 임상 및 실험 연구를 통해 전두엽의 하위 처리가 분류되고, 이것이 특정 영역과 연결되기 시작했다(Stuss & Levine, 2002). 집행기능의 하위 요소에 대해 요인분석을 시도한 연구도 있다(Mantyla, Carelli, & Forman, 2007; Stout et al., 2003).

### 2) 주요 집행기능장애 증후군: 정상적 및 비정상적 양상

특정 집행기능장애는 대개 세 가지 전전두 증후군으로 분류된다([글상자 7-1]).

**글상자 7-1** 세 가지 주요 전전두 증후군

**배외측 증후군(dorsolateral syndrome)**

- 세트 전환장애(심한 세트 보속증)
- 우울

- 경축(rigidity)
- 구체성
- 구어-행동 분리
- 지속불능증(impersistence)
- 구어 비유창성(좌반구)
- 구조 비유창성(design dysfluency; 우반구)
- 문제해결력 저하
- 운동 프로그래밍 저하
- 계획화 저하
- 작업기억 결함
- 재인에 비해 자발적인 회상 저하

### 내배측 증후군(mediodorsal syndrome)

- 무언증
- 무관심
- 느림
- 동기 상실
- 과제 유지 저하
- 무의지증/운동 저하
- 초피질운동실어증(좌반구)
- 자발성 결여
- 생성 인지장애
- 감정 저하
- 유머 이해 저하(우반구)
- 무동성 무언증(akinetic mutism; 양반구)

### 안와전두 증후군(orbitofrontal syndrome)

- 방해에 대한 민감성
- 도취/조증(euphoria/mania)
- 의사결정 저하
- 충동
- 마음이론장애
- 탈억제

- 사회적 · 도덕적 추론장애
- 농담
- 심한 세트 보속증(사물 교대 과제 시)
- 무책임성
- 부적절성
- 무분별성
- 사회적 판단장애

Chayer, C., & Freedman, M. (2001). Frontal lobe functions. *Current Neurology and Neuroscience Reports, 1,* 547-552. 참고.

### (1) 배외측 증후군

Cummings(1993)는 배외측 회로가 집행기능에 가장 중요하다고 강조했다. 새롭거나 복잡한 자극에 대해 행동 반응을 조직화할 수 없는 장애가 가장 보편적인 유형이다. 증후군은 연속성을 지니며, 인지적 세트의 전환, 가능한 전략의 사용, 정보의 조직 능력을 반영한다. 배외측 회로의 기능 저하는 작업기억, 억제 조절 등 필수적인 인지 처리를 방해한다(Anderson & Tranel, 2002). Luria(1969) 등 여러 연구자들은 보속증, 자극 기반 행동, 반향동작증(echopraxia), 반향어에 주목했다. Fuster(1997, 2002)에 따르면 외측 전전두피질과 관련된 가장 보편적인 집행기능은 행동 · 인지 · 언어 측면에서 목표 중심적 활동을 시간적으로 조직화하는 것이다. 좌반구 전전두엽의 손상은 인지 처리와 더 직접적으로 관련되는 반면, 우반구의 손상은 감정적 제한 및 통제 불능, 지각이나 감정적 정보의 이해 결함에 영향을 준다. 질병불각증(anosognosia), 공감 및 유머 이해의 결함(Shammi & Stuss, 1999)도 나타난다. 우반구 배외측 병변 이후에는 초피질운동 운율장애(aprosodia)가 나타날 수 있으나, 좌반구 배측 병변은 단어 생성 과제 시 구어유창성의 저하와 실비안외영역(extrasylvian, 초피질) 운동실어증을 유발한다.

전전두 기능의 계층적 모델에 따르면, 배외측 및 전두극 영역은 내부에서 생성된 정보를 평가하는 추론력 및 기억력 과제에 순차적으로 관여한다. 특히 배외측 전전두피질은 외부에서 생성된 정보, 전두극 영역은 내적 정보를 평가한다(Christoff & Gabrieli, 2000).

### (2) 내측 전두엽

앞쪽 띠다발-피질하 회로는 앞쪽 띠다발에서 출발한다. Goldman-Rakic과 Porrino(1985)

에 따르면, BA 24에서 앞쪽 줄무늬체까지 연결되어 있고 이에는 전내측 꼬리핵, 앞쪽 조가비핵, 중격의지핵(nucleus accumben)이 포함된다. 이 회로가 손상되면 무관심이나 무의지증(무관심의 심화 증상)을 나타낸다. 양측의 급성 내측 전두엽 병변은 무동성 무언증을 유발해, 자의식이 있는 각성 상태임에도 행동을 시작하지 않고 의욕이 저하된다. 또한 극단적인 양상에까지 이를 수 있다(즉 심하게 무감각하거나 거의 움직이지 않고 자제력이 상실됨. 먹여 줄 때만 식사를 하고 질문에 대해 단음절로만 대답함). 고통스러운 자극에도 감정적 반응이 없고 매우 무관심하다(Damasio & Damasio, 1989). 시상뿐 아니라 파킨슨병과 헌팅톤병처럼 피질하 영역이 손상되면 앞쪽 띠다발에 영향을 미쳐 무관심 증상이 나타나기도 한다.

### (3) 안와전두 증후군

안와전두 증후군은 탈억제, 부적절한 행동, 과민성, 기분가변성, 주의산만, 사건에 대한 의미 상실과 연관된다. Oppenheim(1890, 1891)의 초기 견해에 따르면 농담증(흥분)이나 말장난(빈정대거나 익살스러운 말의 반복)으로 인해 극단적인 감정에 이르기도 한다. 사회적 단서에 반응하지 못하고, 자극에 한해서만 반응한다. Cummings(1993)는 병변이 클수록 타인의 제스처를 자동 모방하는 증상을 보인다고 강조했다. 이들이 카드 분류 과제를 잘 수행하는 점은 흥미롭다(Laiacona et al., 1989). Eslinger와 Damasio(1985)의 '후천성 사회병증(sociopathy)'이란 통찰력의 부족 및 이에 대한 가책이 결합된 조절장애로, 자극에 국한된 속성을 지닌다. 안와전두피질은 변연계 및 기저 전뇌 영역과 직접 연결되며, 기저 전뇌로부터의 콜린성 신경 분포로 인해 기능적 각성 수준을 유지하는 데 관여한다(Mesulam, 1986). Fuster(2002)는 전전두피질의 전내측 영역이 감정적 및 본능적 행동의 표현과 통제를 담당한다고 주장했다.

세 유형의 전전두 증후군은 2개로 양분되기도 한다. Ardila(2008)에 따르면, 전전두엽은 상호 연관되나 형태가 다른 두 집행기능을 담당한다. 즉 ① 상위인지 집행기능: 문제해결, 계획화, 개념 형성, 전략의 개발 및 이행, 주의력 통제, 작업기억 등이며, 배외측 전전두피질의 활동과 관련된다. ② 감정적/동기적 집행기능: 인지와 감정/동기의 통합(즉 현 조건에 맞게 생물학적 요구를 충족시킴)을 의미하며, 안와전두 및 내측 전두피질이 담당한다. 이러한 '상위인지' 및 '감정적/동기적' 집행기능은 인간의 계통발생학에서 다른 진화 유형을 제시했고, 후자는 영장류와 유인원의 기능인 반면 전자는 진화한 인간에게만 해당된다(Ardila, 2008).

다른 피질 영역처럼 전전두피질도 편재화의 속성이 있다. 언어장애(실비안외 또는 초피질 운동실어증)는 좌반구 전두엽의 병변일 때 더 자주 관찰되는 반면, 사회적 · 공간적 장애 및 대부분의 비언어장애는 우반구의 손상에 기인한다. Goldberg(2001)는 두 유형의 인지 통제로서 내부 및 외부 단서에 의한 행동을 꼽았다. 전두엽이 손상되면 통합적 작업에서 보속(탈억제된 반복) 증상을 보이는데, 요구의 변화와 환경적 의존에 대응하는 행동 전환 능력이 감소하고 단서를 통해 각 행동을 유도하지 못하기 때문이다. 좌반구의 전전두 체계는 작업기억과 내적 임시 기능에 의해 인지 능력이 발휘되도록 돕는 반면, 우반구는 외부 환경의 일시적 상황에 좌우된다.

전두엽이 손상되면 집행기능장애(executive dysfunction)가 가장 흔하게(또는 가장 심하게) 나타나지만 집행 처리가 항상 전두피질에서만 일어나지는 않는다(Andres & Van der Linden, 2002). 거의 모든 뇌 영역의 병변이 집행기능장애와 관련된다(Hausen, Lachmann, & Nagler, 1997). 예컨대, 후두피질 뉴런도 시각 과제에 대한 전략을 조정한다(Super, Spekreijse, & Lamme, 2001). Andres(2003)는 두 집행 처리로서 억제와 이중과제의 조정을 꼽고 다음과 같은 결론을 내렸다. ① 집행 처리는 전두피질뿐 아니라 다른 뇌 영역들 간의 연결과도 관련된다. ② 전두엽이 손상되지 않으면 집행기능이 저하되지 않는다. ③ 전두엽이 손상되어도 집행기능이 반드시 저하되지는 않는다.

### 3) 전두엽 병변에 기인한 의사소통장애

전두엽이 손상되면 마비말장애, 실어증, 언어 화용장애, 상위언어 기능 손상 등 다양한 의사소통장애가 나타난다. 복잡하고 개념적인 구어 능력이 심하게 손상되기도 한다(Novoa & Ardila, 1987). 이는 주로 좌반구 병변에서 관찰되며, 장애의 특성은 손상된 영역 및 범위에 따라 다르다. Alexander, Benson, Stuss(1989)는 전두엽의 손상에 기인한 의사소통장애를 포괄적으로 분류했다(〈표 7-1〉).

〈표 7-1〉 전두엽 병변과 관련된 의사소통장애

| | 좌반구 | 우반구 |
|---|---|---|
| 하부운동피질 및 후방 덮개 | 운동성 실어증 | 운율장애 |
| 덮개 전체+하부운동피질 | 브로카실어증 | 운율장애 |
| 배외측 전두엽 | 초피질운동실어증 | 화용적 담화 손상 |
| 내측 전두엽 | 무언증 | 표현 감소 |
| 전전두엽 | 간결한 표현 감소; 제한된 담화 | 간결한 표현장애; 산만한 담화; 작화증(confabulation) |

Alexander, M. P., Benson, D. F., & Stuss, D. T. (1989). Frontal lobes and language. *Brain and Language, 37,* 656–691. 인용.

### (1) 좌반구 병변

① 운동성 실어증

운동성 실어증(aphemia)은 브로카가 초기에 사용한 명칭으로, 좌반구 후방 전두엽이 손상되어 나타나는 언어 표현장애이다(Broca, 1861). 이는 실어증(aphasia)이라는 용어로 대체되었다. 이후 10년간 운동성 실어증은 신경학 문헌에서 브로카실어증과 관련된 조음 문제를 지칭하는 데 사용되었다. 1983년 Schiff 등은 덮개부, 하부 롤란도앞이랑(피질 마비말장애)이나 이 영역 심층부의 백질 등 좌반구 전두엽의 병변으로 나타나는 마비말장애(dysarthria)를 운동성 실어증이라 명명했다. 오늘날에는 주로 추체계(pyramidal system)의 상부운동신경세포 손상에 기인한 경직형 마비말장애를 의미하는 용어로 사용된다. 이는 대개 브로카실어증과 관련되며, 내포(internal capsule)가 손상된 경우에도 관찰된다.

하부운동피질과 후방 덮개가 손상되어 나타나는 임상적 증상은 매우 일관적이다. 처음에는 무언증과 편측부전마비가 나타날 수 있으나, 이러한 증상은 빠르게 호전된다. 하부 안면부전마비는 지속될 수 있다. 언어기능은 보존되거나 경미하게 손상되며, 느리고 노력을 요하는 구어와 마비말장애를 보인다. 장기적으로는 증상이 변이적이고, 마비말장애가 잔존해도 언어기능은 대개 정상 수준으로 회복된다.

② 브로카실어증

브로카실어증(Luria가 명명한 '원심성 또는 운동성 실어증')의 주요 특징은 비유창한 언어로, 조음이 부정확하고 탈문법적이며 노력을 많이 요하는 짧은 구를 산출한다. 표현언어는 주로 결함이 많거나, 구문 구조 및 접사가 동반되지 않은 명사이다(탈문법증). 운동-조음적 결함을 지칭하는 용어는 다양한데, 주로 말실행증(apraxia of speech)을 사용한다.

항상 언어 이해 능력이 구어 산출에 비해 더 양호하나 정상적인 수준은 아니며, 특히 문법적 이해 측면에서 더욱 그러하다. 브로카실어증은 물체나 신체 부위를 쉽게 인지하지만, 특정 순서로 그 이름을 말하도록 하면 2~3개의 단어만 산출한다. 또한 문법 구조의 이해에서 오류를 보이며, 문법의 이해보다 산출 능력이 더 낮다.

따라말하기의 수행력이 낮고, 음성 왜곡, 음소착어, 음절군 단순화, 반복 등이 나타난다. 그러나 따라말하기보다 자발화의 산출 능력이 더 낮다. 흥미롭게도 자발화에는 나타나지 않으나 문법 구조를 따라 말할 때에만 관찰되는 선택적 결함이 있다. 예를 들어, "*the boy walks on the street*"를 따라 말할 때 문법 성분을 생략하여 "*boy walk street*"라고 산출한다. 주격 성분만 가까스로 따라말하기도 한다(예: "*boy, street*").

브로카실어증은 자발화보다 자동발화(숫자, 요일 등)의 수행력이 더 양호하다. 노래하기 과제도 구어 산출을 향상시키나, 노래와 자동발화는 자발화로 잘 일반화되지 않는다.

가리키기와 이름대기 능력은 항상 저조하나, 가리키기의 수행력이 상대적으로 더 높다. 구문 이해("*the dog bites the cat*", "*the cat bites the dog*")를 제외한 실질적인 이해 능력은 정상적인 경우도 있다. 그러나 이름대기에서 흔히 생략 및 음운 단순화뿐 아니라 음소착어와 유사한 조음 오류(음성 왜곡)가 관찰된다. 음운 단서를 제공하면 조음을 시작하는 데 도움이 된다. 또한 구 완성 과제("*I write with a ____*")를 통해 이름대기의 정반응을 유도할 수 있다.

브로카실어증은 주로 다음의 두 특성을 보인다. (1) 말실행증이라 일컫는 운동-조음적 요소(유창성의 부족, 말운동 멜로디의 분리, 구어-조음 장애 등), (2) 탈문법증(예: Benson & Ardila, 1996; Berndt & Caramazza, 1980; Goodglass, 1993; Kertesz, 1985; Luria, 1976). 실제로 전두두정측두 피질의 광범위한 영역이 구문-형태적 기능에 관여한다고 알려져 있다(Bhatnagar et al., 2000). 특히 말실행증은 좌반구 뇌섬의 중심앞이랑이 손상되어 나타난다(Dronkers, 1996; Hillis et al., 2004 참고).

병변이 브로카영역에 국한되면 이러한 증상이 모두 나타나지는 않고, 주로 조음 민첩성의 저하, 특정 '외국어 억양', 간헐적 문법 오류 등 문법적 단순화, 짧은 구의 산출, 낱말 찾기 어려움 등 경미한 결함만 관찰된다. 또한 약간의 반신부전마비가 흔히 나타난다. 이러한 제한적인 브로카실어증을 브로카영역 실어증(경미한 브로카실어증 또는 브로카실어증 I 유형)이라 한다. 전두덮개 영역, 중심앞이랑, 앞쪽 뇌섬, 뇌실곁(뇌실 옆쪽) 및 뇌실주위(뇌실 주변) 백질까지 광범위하게 손상되어야 브로카실어증의 확장된 형태 또는 모든 증상이 나타난다. 이러한 유형은 확장된 브로카실어증(브로카실어증 II 유형)에 해당한다.

③ 초피질(실비안외)운동실어증

따라말하기와 이해력이 보존되므로 동작성 실어증(dynamic aphasia) (Luria, 1980)이나 전방 고립증후군(anterior isolation syndrome; Benson & Geschwind, 1971) 등의 용어를 사용했으나, 초피질(또는 실비안외)운동실어증이 가장 보편적이다. 그러나 초피질운동실어증은 두 유형의 언어장애, 즉 좌반구 전전두엽의 병변과 관련된 구어 시작의 부족(Luria의 '동작성 실어증'), 좌반구 보조운동영역의 손상으로 인한 언어 시작의 결함(Ardila & Lopez, 1984)을 지칭하는 데 사용되었다. 내측 전두엽의 병변에 기인한 초기 무언증은 따라말하기가 정상에 가까우나 언어 시작에 어려움을 보이는 증상 다음으로 나타난다. 이는 좌반구 보조운동영역의 실어증에 해당한다(Alexander et al., 1989).

배외측 병변과 관련된 초피질운동실어증인 '집행기능장애 실어증(dysexecutive aphasia)'은 나중에 논의될 것이다.

④ 무언증

무언증은 말을 할 수 없거나 말할 의지가 없는 증상이다. 눈을 뜬 상태인지 여부와 상관없이 무동성 무언증은 말하거나 의도적인 움직임을 수행할 수 없다. 무언증은 띠이랑과 같은 전두엽 중심부의 병변과 연관된다. 부전마비가 나타날 수 있고, 팔보다 다리 쪽의 약화가 더 심하다. 일측성 운동불능증이나 운동저하증을 보이기도 한다.

⑤ 구어 산출의 감소

좌반구 전전두엽의 병변으로 인한 뚜렷한 증상 중 하나는 구어 산출의 감소로, 자발화의 부재나 감소, 표현언어 구성(즉 생각이나 의도를 표현언어로 전환)의 어려움, 구어 산출의 부족, 구어 추론력의 결함이 주로 나타난다. 준언어적 측면에서는 언어를 형성하고 조정하며 구조화하는 데 뚜렷한 결함이 있다.

그러나 양극단 영역에 국한된 병변은 언어 문제가 아니라 무관심, 과민성 등의 성격 변화와 연관된다.

### (2) 우반구 병변

① 운율장애

우반구 하부운동피질과 후방 덮개가 손상되면 감정적 운동 운율장애(affective motor dysprosody)가 나타나므로 구어에서 멜로디의 변화가 적다(Ross, 1981). 말이 단조롭고 적절한 운율이 없는데, 이는 노래할 때에도 나타난다. 의사소통에서 슬픔, 반어, 풍자, 기쁨 등의 감정을 부여하는 데 어려움을 겪기도 한다.

② 화용적 담화의 손상

우반구 배외측 전두엽이 광범위하게 손상되면 의사소통의 화용적 측면이 저하된다. 이야기를 일관적으로 구성하기 어려우며, 무관하거나 산만한 발화, 자유연상법을 사용한 발화를 산출하기도 한다(Ardila, 1984). 유추, 반어, 보편적이고 비유적인 언어를 해석하는 데 어려움을 보이며, 구체적이면서 직설적이고 무례한 담화를 산출할 수 있다.

③ 표현의 감소

병변이 우반구 내측 전두엽(보조운동영역 등)에 국한되면 언어 산출 및 운율이 저하된다. Alexander 등(1989)에 따르면, 양반구의 중앙 부위가 손상된 환자들 간에는 주로 양적인 차이가 나타난다. 모두 구어 산출이 감소되나, 우반구는 경도에서 중도 수준인 반면 좌반구는 중증도가 더 심하다. 우반구가 손상되면 운율에도 영향을 준다.

④ 구어형성(verbal formulation)장애

우반구 내측 전두엽이 광범위하게 손상되면 단조로운 감정, 부적절하고 종종 저속한 행동, 무관심, 작화증 등 심한 행동이상을 보인다. 예컨대, 사회적으로 수용 가능한 언어를 선택하는 데 어려움이 있다. 처음 연상된 것에 따른 충동적 반응이나 보속 증상이 빈번하며, 담화에서 조직화되지 않은 이야기와 연관된 작화증이 관찰되기도 한다(Alexander et al., 1989).

## 4) 전두엽의 언어 영역: 최신 뇌영상 연구

최신 뇌영상 연구는 전두엽이 언어에 미치는 영향을 이해하는 데 매우 유용하다. 또한 전두엽뿐 아니라 좌반구 측두엽과 후두엽 간의 네트워크가 언어와 관련된다(예: Binder et al., 1997; Calandra-Buonaura et al., 2002). 전두엽은 언어에 중요한 통제 기능을 하는데, 구어 과제에 따라 전두엽의 다른 영역이 활성화된다는 사실이 fMRI 및 PET를 활용한 연구에서 입증되었다. 이는 브로드만영역의 구조를 통해 살펴볼 수 있다([그림 7-1]).

#### (1) 브로드만영역 6번(보조운동영역을 포함한 측면 전운동피질)

기능적 연구에 따르면, BA 6은 다양한 기능에 관여한다. 그러나 주요 기능은 운동의 순서화 및 계획화이다(Schubotz & von Cramon, 2001). 외측 전운동 영역이 손상되면 운동성 실행증을 보인다. 보조운동영역은 운동의 시작을 담당하며, 특히 좌반구 보조운동영역은 언어의 시작과 자발화의 유지에 관여한다(Basho et al., 2007; De Carli et al., 2007). 좌반구 BA 6의 언어기능은 다양하나, 말 산출의 프로그래밍이 주요 기능이다(Fox et al., 2000; Shuster & Lemieux, 2005). 브로카영역은 전운동피질에 속하며, 외측 전운동 영역은 전두엽의 언어 관련 영역이 확장되고 활성화되어 언어기능을 발휘한다. 확장된 뇌 네트워크로 인해 BA 6이 기억력, 주의력, 집행기능에 관여하기도 한다(Burton, Noll, & Small, 2001; Fincham et al., 2002). 행동을 관찰(그리고 상상)할 때 활성화되는 거울 뉴런은 이해 및 사고, 계획에서 중요한 역할을 한다(Morin & Grèzes, 2008).

#### (2) 브로드만영역 44번(브로카영역, 하전두회, 덮개부)

전통적으로 브로카영역은 BA 44에 해당하나, 이후에는 BA 45가 포함되기도 했다(예: Foundas et al., 1998).

브로카실어증의 언어 문제를 BA 44와 연관시키기도 하는데, 이에는 언어 요소의 결합, 정보의 선택, 행동에 대한 의미의 생성/도출, 운동/표현 요소의 순서화, 문장의 구문 처리를 위한 인지적 통제 기제의 작용, 말 산출 시 상위 구문 구조의 형성, 구어 작업기억에 대한 관여 등이 포함된다(Ardila, 2010). BA 44의 핵심 기능을 파악하기는 어려우나, 주로 유창성과 순서화를 담당한다(Abrahams et al., 2003; Amunts et al., 2004; Heim, Eickhoff, & Amunts, 2008).

특히 BA 44가 동작의 표현 측면에서 거울 뉴런과 관련된다는 점은 매우 흥미로운데, 이를 통해 내적 언어(예: 내부에서 형성된 언어)에 대한 의문도 해결할 수 있다(Lawrence et al., 2006; Lotze et al., 2006; Manthey, Schubotz, & von Cramon, 2003). 우반구의 BA 44와 관련된 장애는 연구가 매우 미흡하다(Ardila, 2004). 최근의 기능적 연구에 따르면, BA 44는 고통의 예측, 촉각 자극의 지각, 동작의 후속 효과, 사물의 조작, 친숙한 냄새 맡기, 음악

즐기기 등 다양한 과제에 관여한다. 이때 BA 44의 활성화는 뇌의 복잡한 네트워크 중 일부에 불과하다. BA 44가 이러한 의외의 활동과 연관된다는 사실은 내적 발화를 통해 설명된다. BA 44와 작업기억의 상관성(Rämä et al., 2001)도 정보의 내적 시연을 반영하는 결과이다.

### (3) 브로드만영역 45번(브로카영역, 하전두회, 삼각부)

최근 뇌영상 연구에 따르면, BA 45와 44의 기능은 매우 유사하며(http://www.fmriconsulting.com/brodmann/ 참고), 모두 하나 이상의 뇌 체계에 부분적으로 관여한다. 그러나 BA 45는 은유(Rapp et al., 2004; Shibata et al., 2007)나 추론(Goel et al., 1997, 1998)의 처리와 같이 보다 복잡한 구어 기능에 관여한다. BA 45는 아직 파악되지 않은 다양한 기능(예: 친숙한 냄새 맡기)을 담당하는데, 특히 내적 언어와 연관된다. 또한 BA 45와 작업기억의 상관성(Rämä et al., 2001; Ranganath, Johnson, & D'Esposito, 2003)도 정보의 내적 시연을 반영한다.

### (4) 브로드만영역 8번(전전두피질의 일부, 측면 및 내측 보조운동영역)

BA 8은 흔히 '전두안운동야(frontal eye field)'로 간주된다. 그러나 기능적 연구에서 BA 8은 운동(Perry et al., 1999), 언어(Fox et al., 2000), 집행기능(Crozier et al., 1999; Kübler, Dixon, & Garavan, 2006), 기억력(Rämä et al., 2001), 주의력(Cheng et al., 1995) 등 매우 다양한 기능을 한다고 보고된다. BA 8의 안구운동(수평 급속눈운동)은 사실상 거의 연구된 바가 없다(Anderson et al., 1994; Miki et al., 1996). 보조운동영역이 운동의 학습에 관여한다는 점은 매우 흥미롭다(Brunia et al., 2000; Inoue et al., 2000; Matsumara et al., 2004). 보조운동영역은 특정 순서로 수행되는 복잡한 동작의 시작과 유지, 조정, 계획에 주로 관여한다. 좌반구 보조운동영역은 말 정지(arrest of speech) 및 '보조운동영역 실어증(약 2–10일간 지속되는 초기 무언증, 말 시작의 불능, 거의 정상적인 따라말하기, 정상적인 언어 이해, 반향어의 부재)'과 관련된다. 또한 BA 8은 기억의 처리를 담당하는데, 특히 구어 작업기억과 연관된다(Rämä et al., 2001).

### (5) 브로드만영역 9번 및 10번(전전두피질의 일부, 중전두회)

BA 9와 10은 기억력, 특히 기억의 부호화 및 인출, 작업기억에 크게 관여한다(Pochon et al., 2002; Raye et al., 2002; Zhang, Leung, & Johnson, 2003). 또한 '행동의 집행 통제'(Kübler et al., 2006), '추정적 추론'(Knauff et al., 2002), '의사결정'(Rogers et al., 1999) 등 다양한 집행기능에 관여한다. 복잡한 언어 처리 기능을 통해 집행 처리 시 구어 전략을 사용할 수 있으며, 이 과정(예: 구문 처리, 은유 이해, 문장 산출 등) (Brown, Martinez, & Parsons, 2006; Shibata et al., 2007; Wang et al., 2008)에서 여러 언어 관련 영역이 포함된 네트워크가 광범위하게 활성화된다.

#### (6) 브로드만영역 46번(앞쪽 중전두회)

좌반구 앞쪽 중전두엽은 언어(예: 구어유창성[Abrahams et al., 2003] 및 음운 처리[Heim et al., 2003]) 기능에 있어 다른 전전두영역과 구분된다. fMRI 연구를 통해 BA 46이 구어의 시작, 화용 등과 연관된다는 사실이 입증되었다.

#### (7) 브로드만영역 47번(하전두회, 안와부)

BA 47은 주로 의미(De Carli et al., 2007) 및 음운(De Carli et al., 2007) 처리, 의미 부호화(Li et al., 2000), 말에 대한 선택주의력(Vorobyev et al., 2004) 등 언어기능을 담당한다. 이 과정에서 BA 47은 언어 처리 네트워크의 여러 단계들 중 하나에 불과하다. 특히 하전두회는 감정/동기부여의 역할이 더 크다. 해부학적으로는 언어 관련 영역인 BA 45와 인접해 있다. 부정적 감정의 억제(Berthoz et al., 2002) 등 감정 관련 활동, 연역적 추론 등 집행기능(Goel et al., 1998)도 담당한다.

#### (8) 브로드만영역 11번(곧은이랑)

BA 11이 관여하는 언어기능은 명확히 밝혀진 바가 없다. 임상적으로 BA 11(전두극의 기저)은 '기질'과 관련된다. 외상성 뇌손상 후 나타나는 성격 변화는 이 영역의 손상에 기인한다. BA 11은 '반응 양식'이나 '감정적으로 특이한 성향'과 연관된다.

#### (9) 브로드만영역 24번 및 32번(앞쪽 띠이랑)

띠이랑은 변연계의 일부이므로 감정적 행동에 직접적으로 관여한다. 앞쪽 띠이랑이 손상되면 무언증과 무동증이 나타난다. 이 영역이 언어의 시작에 관여한다는 사실이 fMRI 연구에서 입증되었다(예: Nathaniel-James, Fletcher, & Frith, 1997). 뇌영상 연구에 근거한 전두엽의 언어 및 의사소통 기능은 〈표 7-2〉에 제시되었다.

〈표 7-2〉 뇌영상 연구에 따른 전두엽의 언어 및 의사소통 기능

| 브로드만영역 | 언어 및 의사소통 기능 |
|---|---|
| BA 6 | 좌반구 보조운동영역: 언어의 시작, 운동 프로그래밍 |
| BA 44(BA 45) | 말 실행 및 문법 |
| BA 8 | 동작의 순서화 |
| BA 9, 10 | 복잡한 언어 처리 |
| BA 46 | 구어유창성, 음운 처리 |
| BA 47 | 의미 및 음운 처리; 말에 대한 주의력 |
| BA 11 | 언어기능 없음 |
| BA 24, 32 | 구어의 시작 |

### 5) 브로카영역의 언어 및 인지 기능

지난 10년간 브로카영역의 기능을 재분석하는 연구가 많았다(예: Grodzinky & Amunts, 2006; Hagoort, 2005; Thompson-Schill, 2005). 브로카영역은 전통적으로 BA 44에 해당하나 BA 45가 추가되기도 한다. 실어증에 관한 이전 문헌에서는 브로카영역이 손상되면 브로카실어증이 나타난다고 간주했다. 그러나 CT 영상을 통해 브로카영역의 손상이 '전통적인' 브로카실어증을 유발하기에 충분하지 않다는 사실이 확인되었고, 뇌섬, 하부운동피질, 하위 피질하 및 뇌실주위 백질까지 확장되어야 한다는 주장이 제기되었다(Alexander, Naeser, & Palumbo, 1990). '브로카영역 실어증(경미한 브로카실어증)'은 경미한 비유창성, 비교적 짧은 문장, 경미한 실문법증이 주로 나타나며, 음성 왜곡과 음소착어(Mohr et al., 1978), 외국어 억양(Ardila, Rosselli, & Ardila, 1988)이 관찰되기도 한다.

BA 44와 45를 브로카영역에 모두 포함시키는 데에는 논란의 소지가 있다. BA 44는 전운동 무과립 영역인 반면, BA 45는 과립층 IV가 있고 이질적인 전전두엽(과립피질)에 해당한다(Mesulam, 2002). 즉 BA 44와 45는 세포구축학적 측면에서 매우 다르다. BA 44는 전운동영역인 반면, BA 45는 전전두피질에 속한다. BA 44(브로카 유형 실어증)와 45(초피질운동/동작성 실어증)가 손상되면 각각 다른 특징을 보일 수 있다(예: Luria, 1976). 또한 브로카영역은 다른 하위 영역들로 분류되는 집합적 용어라는 주장도 있다(Lindenberg, Fangerau, & Seitz, 2007).

Hagoort(2005, 2006)는 BA 45와 47(전전두피질) 및 44(전운동영역)를 합쳐 '브로카 복합

체(Broca's complex)'라 명명했다([그림 7-3]). 이는 언어에 특화된 영역이 아니라 동작을 나타내는 심상과 같은 비언어적 활동에서 활성화된다(Decety et al., 1994). 기능적 하위 영역들은 브로카 복합체 내에서 구분되는데, BA 47과 45는 의미, 44, 45, 46은 구문, 44는 음운 처리를 담당한다. Hagoort(2005)는 "개별 어휘 정보들이 여러 단어로 구성된 발화의 표상으로 결합되는 선택 및 통합 과정에서 브로카 복합체가 공통적으로 기여한다(p. 166)"고 주장했다. 따라서 언어 요소 간의 결합이 브로카 복합체의 핵심 기능이다.

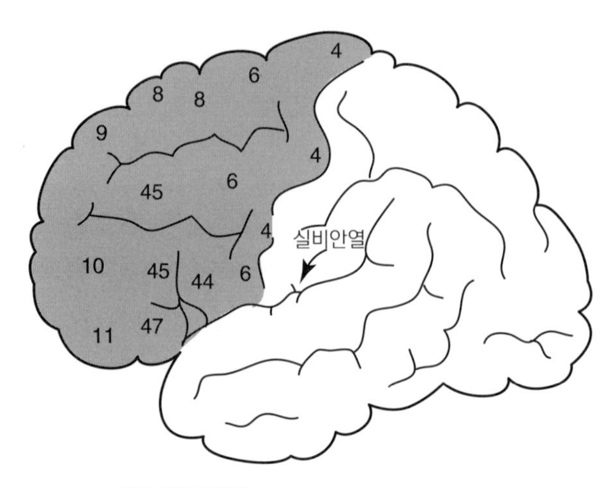


그림 7-3 브로카 복합체의 해부도

BA 45와 47은 의미 처리, 44, 45 46은 구문 처리, 44와 46은 음운 처리를 담당함.

Hagoort, P. (2005). Broca's complex as the unification of space for language. In A. Cutler (Ed.), *Twenty-first century psycholinguistics: Four cornerstones* (p. 162). Mahwah, NJ: Lawrence Erlbaum Associates. 인용.

Thompson-Schill(2005)에 따르면 브로카영역은 하나 이상의 기능을 하므로 손상 시 조음, 구문, 선택, 구어 작업기억에서 결함을 보인다. 또한 결함을 설명하는 하나의 체계가 있는데, 이는 브로카영역이 여러 정보들 중 특정 정보를 선택하는 데 관여함을 반영한다. Fadiga, Craighero, Roy(2006)는 행동의 의미를 형성/도출하는 것, 즉 개개의 의미 없는 움직임의 순서를 조직화/해석하는 것이 브로카영역의 고유 역할이라고 강조했다. Ardila와 Bernal(2007)은 핵심 역할로서 운동/표현 요소의 순서화를 꼽았으며, Novick, Trueswell, Thompson(2005)은 문장의 구문을 처리하기 위한 보편적 인지 통제 기제라고 제안했다.

Grodzinsky(2000, 2006)는 브로카영역의 역할을 광범위하게 분석했는데, 구문은 주로 브로카영역이 아닌 그 주변부(전두덮개, 뇌섬, 하위 백질)와 연관되었다. 이들은 구문 처리에 관여하나 매우 한정적이며, 변형된 구의 문장 성분과 그 위치(구문적 이동) 간의 관계를 평가하는 수용성 기제의 발원지이다. 반면에, 브로카영역은 보다 복잡한 구문 구조를 형성하는 데 관여한다. 흥미롭게도 복잡한 구문을 처리할 때 브로카영역의 혈류가 증가한다(Caplan et al., 2000). 구문은 신경학적으로 분리되어 있고, 그 구성 요소는 전통적인 영역(브로카 및 베르니케 영역)이 아닌 대뇌의 다른 위치에 저장되어 있다. 구문에 대한 새로운 뇌 지도에는 우반구 영역도 포함된다(Grodzinsky & Friederici, 2006).

요컨대, 지난 100년간 표현 언어장애가 좌반구 하전두회(이하 '브로카영역')의 손상에 기인한다고 알려져 왔으나, 최근에는 한계점과 특정 언어기능에 대한 이견이 많다. 예를 들어, 언어 요소의 통합(Hagoort, 2005), 정보의 선택(Thompson-Schill, 2005), 행동에 대한 의미의 형성/도출(Fadiga et al., 2006), 운동/표현 요소의 순서화(Ardila & Bernal, 2007), 문장 구문의 처리에 대한 인지 통제 기제로서의 작용(Novick et al., 2005), 발화 내 복잡한 구문 구조의 형성(Grodzinsky, 2000, 2006), 구어 작업기억에 대한 기능(Haverkort, 2005) 등을 통해 브로카실어증을 설명한다.

그러나 브로카영역은 언어뿐 아니라 비언어의 처리에도 관여하는데, 기억 중에서도 특히 작업기억(Rämä et al., 2001; Ranganath et al., 2003; Sun et al., 2005), 계산 과제의 해결(Rickard et al., 2000), 음악 감상(Koelsch et al., 2006), 표현적 제스처 및 행동 관찰 등 다양한 운동 과제(Lotze et al., 2006), 운동 심상(Grezes & Decety, 2002), 타인 행동의 이해(Fazio et al., 2009) 등을 담당한다. 인간의 거울 뉴런 체계는 이러한 BA 44의 기능에서 시작되었다(Rizzolatti & Craighero, 2004).

### 6) '집행기능장애 실어증'으로서의 초피질(실비안외)운동실어증

초피질(실비안외)운동실어증은 Luria의 동작성 실어증(Luria, 1976)에 해당하며, 비유창한 구어 산출, 구어 시작의 부족, 양호한 이해력 및 따라말하기 등을 주요 특징으로 한다. 최소한의 단어를 사용하며, 질문에 포함된 단어와 문법 구조를 반복적으로 사용해 대답하거나(반향어) 보속증을 보이기도 한다. 문장을 시작하되 완성하지 못하는 경향이 있다. 좌반구 전전두엽이 손상된 후에는 구어유창성, 이야기의 산출, 복잡하고 정확한 구문의 사용, 연관성이 큰 반응에 대한 통제 등이 저하된다(Kertesz, 1999). 일단 발화가 시작되면 연속적으로 발화를 잘 산출한다. 검사자가 먼저 시작하면 자장가 부르기나 요일 이름대기를 잘 수행하기도 한다. 개방형 구를 쉽게 완성하고, 대화상의 구어 정도는 잘 이해한다. 그러나 복잡한 연속 자료를 다루거나 관계어를 해석하는 데 결함을 보일 수 있다. 언어 이해 능력이 양호해도 구어에 대한 지시 따르기가 어려운 점은 흥미롭다.

대개 무관심과 행동적 위축이 심해 반응을 시작하기가 어렵고, 사회적 대화에 무관심하며 흥미를 보이지 않는다. Luria(1980)에 따르면, 동작성 실어증 환자의 행동은 언어로써 통제되지 않으며, 집행 통제장애 때문에 화용 언어가 저하되어 언어와 행동이 분리된다. 동작성 실어증은 구어 계획에서 선택적 장애를 보이기도 하는데(Costello & Warrington, 1989), 특히 새로운 사고와 개념을 연속적으로 생성하는 '거시적 계획(macroplanning)' 측면에서 어려움이 있다(Bormann, Wallesch, & Blanken, 2008). 이로 인해 실어증이 아닌 집행기능장애로 간주되기도 한다(Alexander, 2006). 따라서 실어증과 담화장애는 정교하고 기본적인 형태구문부터 이야기까지 절차적인 결함이 있음을 반영한다. 이는 후방 전두엽부터 전두극까지, 또는 전두엽 측면부터 내측까지, 또는 이 모든 영역의 손상에 기인한다.

비유창한 자발화와 달리, 따라말하기는 비교적 양호하다. 단어나 구에 대한 반향어가 나타나기도 하나, 대개 완전한 반향어는 아니다. 대면이름대기 능력이 떨어지는데, 다음과 같은 세 유형의 오류를 보인다. ① 보속증: 새로운 자극에 대해 이전의 반응을 지속한다. ② 분리: 자극 전체가 아닌 하나의 속성에 반응한다. ③ 과도한 착어: 목표어 대신 지나치게 왜곡된 자유연상 반응을 한다(Benson & Ardila, 1996).

쓰기 능력은 대체로 낮다. 문장이 불완전하며, 계속 쓰도록 끊임없이 격려해야 한다. 계획화, 이야기의 통일성, 주의력의 유지 등 쓰기의 복합적인 속성이 매우 저조하다('집행기능장애 실어증', Ardila & Surloff, 2006).

실비안외운동실어증의 신경학적 특징은 변이적이다. 반신부전마비는 거의 없으나, 마비가 없는 사지에서 병리적 반사가 관찰되기도 한다. BA 45(브로카영역 앞)와 주변 뇌 영역의 손상으로 동작성 실어증의 초기에 양쪽 눈의 편차와 편측 부주의가 나타난다.

특히 언어 사용에 영향을 주는 집행기능이 손상된다. 활동적이고 적절하게 언어를 산출하기가 어려우나 음운 · 어휘 · 의미 · 문법 기능은 보존된다. 이로 인해 '집행기능장애 실어증'이라고도 불린다(Ardila, 2009).

### 7) 전두엽의 언어기능과 상위인지

집행기능의 기초가 되는 잠재적 단일 요소에 관해서는 견해가 다양하다. '행동 표상(즉 내적 움직임)'은 하나 이상의 상위인지적 집행기능의 기본 요소이다. 사고, 추론, 복잡한 인지(상위인지) 기능은 행동의 내면화에 따라 다르다. 예를 들어, Vygotsky(1929, 1934/1962, 1934/1978)는 사고(대부분 복잡한 인지 처리)가 몇몇 내적 언어와 연관된다고 주장했다. Lieberman(2002a, 2002b)에 따르면, 특정 영역으로서의 언어와 전반적 인지는 운동 활동이 복잡하게 연속되어 나타난다. 전두엽, 특히 브로카영역이 타인의 행동을 이해하는 데 관여한다는 사실은 주목할 만하다(Fazio et al., 2009).

Vygotsky(1934/1962, 1934/1978)는 '고차원적 정신기능'을 '상위인지적 집행기능'과 매우 유사하다고 강조했다. Vygotsky(1934/1962)의 핵심 개념에 근거할 때 고차원적 인지('인지적 집행기능')는 특정 매개체(도구), 특히 언어에 의존한다. 이러한 도구를 발명(또는 발견)함으로써 큰 생물학적 변화 없이 새로운 발전(문화적 진화)을 이룰 수 있다(Vygotsky, 1934/1962). 사고는 드러나지 않는 운동('내적 언어')으로 간주된다.

Vygotsky(1929)는 사고와 말의 발달 양상과 근원이 다르다고 주장했다. 사고와 말은 2세 이전에 각각 발달한 후 2세경 통합되며, 언어는 사고의 매개체가 된다(구어적 사고). 따라서 언어는 개념화와 사고의 초기 도구가 된다. 외부의 의사소통적/사회적 언어, 자기중심적 언어, 내적 언어 순으로 발달한다(Vygotsky, 1934/1962).

내적 언어는 자신을 위한 것이나, 외적 및 사회적 언어는 타인을 위한 것이다. Vygotsky는 언어가 사고의 발달을 결정한다고 주장했다. 학교는 새로운 개념적 도구인 읽기 학습과 직접 관련되며, 문자 언어는 구어의 확장이자 가장 정교한 형태의 언어이다.

요컨대, 복잡한 심리 처리(상위인지적 집행기능)는 언어의 내면화에서 출발한다(Vygotsky, 1934/1962). 사고는 문화적 산물을 나타내는 도구(언어 등)의 발달과 관련된다. Lieberman(2002a, 2002b)은 특히 언어의 기원에 주목했다. 즉 피질하 및 신피질에 위치하면서 해부학적으로 분리된 뉴런이 활동하는 신경회로는 걷기, 말하기, 문장 의미의 이해 등 복잡한 행동을 통제한다. 유인원과 인간의 공통된 선조가 지닌 신경학적 기질(기저핵, 소뇌, 전두피질)은 운동을 통제하는 기능을 했으나, 인지 및 언어 능력이 강화되면서 변화가 발생했다. Lieberman(2002a, 2002b)은 운동 활동이 인지의 출발점이라고 강조했다. 인류의 언어 능력은 신경학적으로 복잡하며, 브로카 및 베르니케 영역 이외의 구조와 관련된다. 다양한 피질 및 피질하 영역이 신경회로의 일부를 구성하며, 어휘집, 말 산출 및 지각, 구문에 영향을 미친다. 피질하의 기저핵은 말 산출 및 복잡한 구문, 이들의 기초인 운동과 인지 유형을 생성하기 위한 학습 등을 제어하는 피질-줄무늬체-피질 회로를 이룬다. 이는 주로 의미적 참조물과 소리 유형을 학습하는 데 관여한다.

Vygotsky와 Lieberman의 접근법은 다소 상이하나, 공통적으로 언어 및 복잡한 인지의 발달이 운동 프로그래밍, 순서화, 행동의 내면화 등과 관련된다고 간주했다. Ardila(2009)는 언어가 두 단계, 즉 어휘/의미 체계, 문법 체계 순으로 발전한다고 강조했다. 문법은 상징/언어 요소의 순서화(행동의 내면화)를 나타내거나 사고 전략을 제공하며, 상위인지적 집행기능의 발달과 연관된다.

'거울 뉴런'의 발견은 내적 언어와 행동 표상을 이해하는 데 새로운 계기를 마련했다. 거울 뉴런은 다른 동물의 행동을 관찰할 때에도 직접 수행하는 경우와 동일하게 활성화되는 뉴런이다. 인간의 뇌 영역 중 전운동피질과 하두정엽에서 거울 뉴런과 유사한 활동이 일어난다(Rizzolatti & Craighero, 2004; Rizzolatti et al., 1996). 거울 뉴런은 관찰된 사건과 일치하는 체계를 반영하는데, 이때 사건은 내부에서 형성된 유사한 행동과 관련된다. 브로카영역은 타인의 행동을 이해하는 데 영향을 미친다(Fazio et al., 2009).

경두개자기자극법과 PET를 통해 제스처의 인식에 대한 거울 체계도 인간의 뇌에 존재하며, 브로카영역이 이에 관여한다는 사실이 입증되었다(Rizzolatti & Arbib, 1998). 브로카영역 내 거울 뉴런의 발견은 인간의 인지 구조와 발달을 이해하는 데 매우 유용하다(Arbib, 2006; Craighero et al., 2007). 거울 뉴런은 행동의 내적 표상에 관여한다. PET 연구에 따르면 내적 언어와 브로카영역의 활동은 신경학적으로 연관된다(McGuire et al., 1996).

## 2. 결론

'집행기능'이라는 용어는 불과 20년 전에 등장했으나, 이 개념은 인간의 인지를 이해하는 토대가 되었다. 집행기능은 뇌의 여러 영역에 걸쳐 확장된 역동적 네트워크에서 기능하는데, 전전두피질은 이를 조정하고 모니터하는 데 큰 역할을 한다. '집행기능'은 단일한 개념이 아니며, 여기에는 두 다른 속성인 감정적/동기부여적(행동) 및 상위인지적(인지) 영역이 포함된다.

전두엽이 손상되면 다양한 의사소통장애가 나타나는데, 우반구 전두엽은 언어 사용에 있어 사회적/감정적 장애와 더 직접적으로 연관된다. 좌반구 전두엽은 인지적 도구로서 언어를 사용하는 능력에 더 큰 영향을 주기도 한다. 초피질(또는 실비안외)운동실어증은 언어에 대한 집행 통제의 결함('집행기능장애 실어증')을 보일 수 있다.

뇌영상 연구는 언어에 대한 전두엽의 역할을 이해하는 데 크게 기여했다. 즉 다양한 구어 과제를 수행할 때 활성화되는 전전두영역을 뇌영상 기술로 확인할 수 있다.

전통적으로 언어 산출은 BA 44인 브로카영역이 담당한다고 알려져 왔으나, BA 45를 포함시키는 견해도 있다. 브로카영역의 손상이 브로카실어증의 임상적 증상과 관련되나, 병소가 브로카영역에만 국한되면 경미하게 비유창한 발화, 비교적 짧은 문장, 경미한 실문법증, 음성 왜곡이나 음소착어를 보인다. 완전한 브로카실어증은 병변이 덮개부, 중심앞이랑, 앞쪽 뇌섬, 뇌실곁 및 뇌실주위 백질 등으로 더 확장된 경우에 주로 나타난다.

브로카영역의 특정 역할에 관해서는 견해가 다양한데, 언어 요소의 통합, 정보의 선택, 행동 의미의 형성/도출, 운동/표현 요소의 순서화, 문장 구문 처리에 대한 인지 통제 기제로서의 작용, 발화 내 복잡한 구문의 형성, 구어 작업기억에 대한 영향 등이 있다. 그러나 브로카영역은 언어 처리뿐 아니라 표현적 제스처 및 움직임의 관찰, 운동에 관한 심상, 타인의 행동 이해 등 비언어적 처리도 담당하며, 특히 인간의 거울 뉴런 체계는 BA 44와 관련된다.

상위인지적 집행기능의 발달은 운동 프로그래밍, 순서화, 행동의 내면화에 영향을 미친다. 문법은 상징/언어 요소의 순서화를 반영하며, 상위인지적 집행기능의 발달과 연관된다.

## 감사의 말

이 장을 편집하는 데 도움을 준 Melissa Marsal에게 진심으로 감사를 전한다.

제3부

# 인지와 후천성 언어장애

# 제8장 주의력 결함에 의한 언어 및 의사소통 장애

Bruce Crosson & Matthew L. Cohen

개요



## 1. 주의력 결함 관련 언어 및 의사소통 장애

각성, 경계, 의지(intention), 주의력은 연관된 인지 처리와 완전히 분리될 수 없는 기초적인 인지 영역이다. 이들은 작업기억과 함께 언어 및 다른 고차원적 인지 처리를 수행하기 위한 토대가 된다. 따라서 뇌의 손상 및 질환은 이에 큰 영향을 미치며, 관련된 고차원적 인지 처리를 방해한다. 이는 인지 처리가 직접적으로 뇌손상의 영향을 받는지 여부와 상관없이 발생한다. 예를 들어, 각성, 경계, 의지, 주의력의 기초 구조가 약화되면 언어 처리의 효율성이 떨어지고 몇몇 언어기능이 심하게 손상된다. 각성, 경계, 의지, 주의력 기제를 통해 의사소통과의 상관성을 파악할 수 있는데, 이는 비교적 경미한 결함인 경우에도 해당된다. 언어 및 의사소통과 관련된 해부학과 장애의 영향도 이해해야 한다. 의지와 주의력에 있어 뇌의 편재화에 따른 영향을 파악하는 것도 중요하다. 본 장에서는 경계, 각성, 의지, 주의력을 정의한 후 각 처리장애가 언어 및 의사소통에 미치는 영향을 살펴보고자 한다. 이는 보편화되지 않은 내용일 수 있지만 임상가, 특히 연구자는 훌륭한 학습의 계기가 된다. 지난 수십 년간 홍미로운 성과가 많았는데, 이를 기반으로 향후에는 더욱 발전할 것이다.

## 2. 각성, 경계, 의지, 주의력 기제: 기초

의지 및 주의력 기제의 기초를 이해하면 언어와 의사소통에 미치는 영향을 파악할 수 있다. 인지심리학에서는 주의력 및 관련 처리들이 대부분 가설과 특정 속성으로 간주된다.

예컨대, 주의력은 한정된 자원의 일부가 몇몇 활동에 할당되는데, 이는 필요할 때 은행계좌에서 돈을 인출하는 방식과 동일하다. 이 같은 비유는 주의력 및 연관된 기능을 이해하는 데 크게 유용하지 않다. 오히려 이를 다양한 활동의 처리 과정으로 간주하는데, 이러한 활동은 처리하는 정보 또는 처리 가능한 수준의 행동을 통제한다. 많은 이들이 떠들고 있는 방에서 대화한다고 가정하자. 주의를 기울이면 3~5개의 대화가 들릴 수 있다. 이때 대화 상대자의 말에 어떻게 주의를 기울일 수 있을까? 이러한 능력은 주의력에 달려 있다(어느 것에 중점을 둘 것인가). 즉 주의력 기제를 사용해 무관한 정보원(다른 대화들)을 걸러낸 후 하나의 주요 정보원에 집중한다. 왜 하나에만 집중해야 하는가? 언어 이해를 담당하는 뇌 체계의 용량이 제한적이므로 입력되는 언어 정보를 한 번에 처리하는 데 한계가 있기 때문이다. 용량의 제한은 작업기억과 관련되는데, 이는 다른 처리 작업을 위해 항목을 일시적으로 저장하는 능력이다(예: 의사소통의 이해). 작업기억에 저장할 수 있는 항목 수는 제한적이다. Miller(1956)는 작업기억 용량을 정량화하고자 했는데, 이 같은 연구는 이후에도 지속되었다(Cowan, 2001). 작업기억과 그 용량을 설명하기 위함이 아니라, 자원을 처리할 수 있는 용량이 제한적이므로 한정된 양의 정보를 처리하는 데 지속적인 어려움이 있다는 점에 주목했다. 또한 다룰 수 있는 양보다 더 많은 정보 때문에 특정 자원이 제어되지 않도록 하는 과정이 있다.

두 번째 예시(산출 측면)로서 당신이 개에 대해 말하고 싶다고 가정하자. 개를 설명하기 위해 '개', '랩', '래브라도', '래브라도 레트리버', '노란색 랩', '거트루드(실명)', '트루디(애칭)', '반려동물' 등 다양한 단어를 선택할 수 있다. 선택된 단어는 부분적으로 문맥 및 청자와의 공유된 지식의 영향을 받으나, 개에 관해 기술하려면 개를 설명하는 단어를 선택해야 한다. 효율성을 고려해 개를 지칭하는 모든 단어를 매번 말하지 않고 하나의 단어를 선택한다. 이때 선택은 의지에 좌우된다(추후 논의). 행동하고자 할 때, 선택한 행동은 다른 행동을 수행하지 못하게 한다. 즉 단 하나 또는 매우 제한된 수의 행동을 선택한다. 행동을 어떻게 실행할지가 아니라, 목표를 성취하는 데 실제 수행할 수 있는 정도까지 어떻게 선택된 행동을 제한할지가 관건이다.

유입된 정보를 처리하거나 행동을 실행하기 위한 용량이 제한적이라는 전제하에 주의력의 요소를 명확히 정의할 수 있다. Posner와 Boies(1971)는 주의력을 각성, 경계, 선택 주의력의 세 요소로 분류했다. 그러나 선택주의력은 개별적 의지 및 주의력의 처리로 세분화되기도 한다(Heilman, Watson, & Valenstein, 2003). 각성과 경계는 보다 복잡한 주의력을 위한 기초 상태이다([그림 8-1]). 각성은 유입되는 정보의 수용과 처리, 행동을 준비하는 데 기초가 되는 심리 상태이다. 이와 대조적으로, 수면이나 혼수(coma)는 이러한 준비가 되어 있지 않은 상태이다. 각성에는 몇몇 수준들이 있는데, 지나치게 높거나 낮지 않아야 인지적 효율성이 가장 크다. 각성은 경계, 의지, 주의력의 기초가 되므로, 각성이 최적의 수준 이상이거나 이하이면 다른 형태의 주의력에 영향을 미친다.

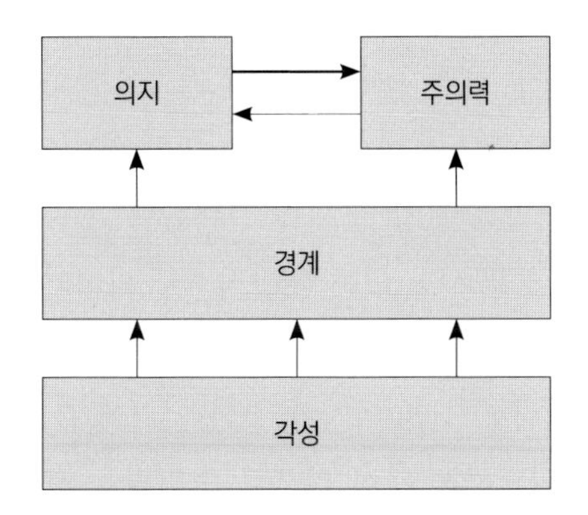


그림 8-1 각성, 경계, 의지, 주의력 간의 상관도

모든 주의력 요소가 최적의 각성 수준과 연관되므로 과잉 및 과소 각성은 주의력 체계의 결함을 초래할 수 있음. 대부분의 과제는 의지와 주의력의 유지 능력이 필요하므로, 경계도 행동 선택이나 정보 처리에 요구됨. 의지와 주의력 기제는 상호작용하는데, 외부나 내부 자극이 주의력을 유지시키고 의지에 영향을 미치나 무언가를 하려는 의지와 주의력 간의 상관성이 큼.

경계는 주의력이 상당히 오래 유지되는 상태이다. 입력되는 정보를 처리하거나 행동하도록 요구하는 과제에는 경계가 필요하다. 예를 들어, 운전 중에는 도로 상태, 노선, 교통량 등에 주의를 기울인다. 언어적으로는 회의를 이끌거나 대화를 유지할 때 경계가 필요하다. 각성 및 경계는 의지와 주의력을 선택하는 데 필요하며, 이에 대해서는 추후에 논의할 것이다.

의지와 주의력에 관한 연구를 발전시킨 러시아 신경해부학자 Betz(1874)에 따르면 뇌는 기본적으로 척수가 정교화된 구조이다. 즉 척수의 해부학적 구조(앞쪽의 운동 기능 및 뒤쪽의 감각 기능)는 뇌와 유사한데, 앞쪽 종뇌(telencephalon, 전두엽)는 행동의 계획과 실행, 뒤쪽 종뇌(측두엽, 두정엽, 후두엽)는 내외부 정보의 감각과 지각을 각각 담당한다. 이는 지나친 단순화일 수 있으나 뇌 조직을 개념화하는 데 유용하다(예: Fuster, 2003 참고).

주의력은 예측되는 여러 감각 정보들 중 하나를 면밀히 처리하기 위한 선택 능력으로, James(1890)의 정의와 본질적으로 일치한다. 후방 피질에서 처리하는 정보를 담당하므로 주의력은 감각 정보의 처리 및 처리 정도를 결정한다. 모임에서 다수의 대화를 듣고 처리하는 것과 달리, 한 사람과의 대화에 귀를 기울이고 처리하려면 언어적 주의력이 필요하다. 주변의 자극을 보고 처리하는 것과 대조적으로 책의 글자 정보에 집중해 처리하는 것도 이와 유사한 맥락이다.

의지는 주의력과 동일한 행동으로서, 실행하려는 여러 행동 중 하나를 선택해 개시하는 능력이다. 의지는 행동의 수행에 관여하므로, 의지 기제는 전방 피질에서 처리하는 많은 정보와 행동을 제어한다. 예를 들어, 언어 측면에서 하나의 새 이름을 말해야 할 때 이미 알고 있는 여러 종류 중에서 선택해야 한다. 또한 다수의 가능한 구조들 중 자신의 생각을 표현하기에 가장 적합한 문장 구조를 선택한다. Fuster(2003)는 의지를 '집행적 주의(executive attention)'라 칭했으나, 이는 본질적으로 의지와 동일한 개념이다.

의지와 주의력을 완전히 독립적인 기제로 간주했으나, 일상 환경에 적응할 때 두 기제는 상호 영향을 미친다. [그림 8-1]은 의지와 주의력 기제 간의 상호작용을 화살표로 표기했다. 무언가를 하고자 의도하는 것이 실제로 주의력을 결정한다. 예컨대, 커피를 따르려면 컵의 위치에 주의를 기울여야 한다. 의사소통의 측면에서 누군가와 대화하려면 상대방의 말에 집중해야 한다. Nadeau와 Crosson(1997)은 이를 의도적으로 유도된 주의력이라 간주했다. 의지는 주의를 기울이는 항목에 큰 영향을 미치므로 [그림 8-1]에서 굵은 화살표로 표기했다. 그러나 주의력도 의지에 영향을 준다. 예를 들어, 당신이 있는 야구 경기장의 관람석으로 공이 날아온다고 가정하자. 위험하기 때문에 당신은 공에 집중하고 피하려 할 것이다. 의사소통 측면으로는, 파티에서 당신이 친구에게 말하고 있는데 누군가 당신의 이름을 부른다고 상상해 보자. 이름을 부르는 자극은 일시적으로 주의를 끌 것이고, 그 사람이 누구인지와 어떤 행동이 필요한지를 결정하기 위해 자극에 주목한다.

신경학적 속성을 논의하기에 앞서 의지와 주의력 기제의 특성에 대해 좀 더 파악할 필요가 있다. 용량의 측면에서는 특정 영역 내의 제한된 용량을 중심으로 논의한 바 있다. 예를 들어, 언어 처리는 즉각적 주의력(즉 작업기억) 내에 보유할 수 있는 정보량에 달려 있다. McNeil과 동료들은 언어나 비언어 과제가 언어 과제와 경쟁하는 이중과제 패러다임을 사용해 주의력과 언어 간의 상호작용을 연구했다(Hula & McNeil, 2008). 언어와 비언어 과제를 거의 동시에 수행하면 서로 방해가 될 수 있는데, 두 과제가 공통으로 사용하는 기제에 대해 상호 경쟁하기 때문이다. 예컨대, 고음이나 저음 변별 과제는 그림 이름대기의 수행을 방해한다. 즉 주의력(또는 의지) 기제나 자원을 사용하기 위해 두 과제가 경쟁한다. 따라서 다른 유형의 처리를 요하는 과제(예: 휴대전화로 통화하면서 운전하기)를 동시에 수행하면 서로 방해가 될 수 있다. 따라서 실어증의 증상도 이러한 주의력 기제의 결함에서 비롯된다는 Hula와 McNeil(2008)의 견해는 주목할 만하다. 이에 동의하지 않더라도 언어, 주의력, 의지 기제의 손상이 실어증의 다양한 증상에 영향을 미친다는 점에는 이견이 없다. 논외에 해당하나 이러한 주장은 염두에 둘 만하다.

## 3. 각성, 경계, 의지, 주의력의 신경학적 속성

뇌간 망상체(brainstem reticular formation), 중뇌가 각성에 기여한다는 Moruzzi와 Magoun(1949)의 주장을 계기로([그림 8-2]), 중뇌 망상체는 각성에서 핵심 역할을 한다고 간주되었다. 이후 시상 등 다른 구조도 각성에 기여한다는 사실이 입증되었다([그림 8-3]). Sherman과 Guillery(2006)는 시상의 순환과 각성 간의 상관성을 연구했다. 예컨대, 시상중계세포(thalamic relay cell)는 수면 상태에서 규칙적으로 파열하기 때문에 정보가 피질로 정확히 이동할 확률이 낮다. 깨어 있을 때 시상뉴런은 주로 단일한 발아 상태여서 정보가 정확히 이동하고 산출과 입력이 조화롭다. 망상핵은 뉴런의 얇은 껍질로, 피질시상과 시상피질의 축삭이 사방으로 뻗어나간 측면 및 전방의 시상을 둘러싸고 있다([그림 8-3]). 다양한 시상핵의 세포는 망상핵 내 세포의 주요 억제성(GABA성) 목표물이 된다. 망상핵 내 세포의 활성화는 시상중계세포의 상태(파열 또는 단일 발아)에 영향을 미친다. 즉 중뇌 망상체는 망상핵으로 투사가 일어나고, 이러한 시상의 연결이 각성, 의지, 주의력에 영향을 준다(Heilman et al., 2003). Heilman 등(2003)에 따르면 중뇌 망상체와 관련된 특정 콜린성(cholinergic) 통로가 각성을 담당한다.

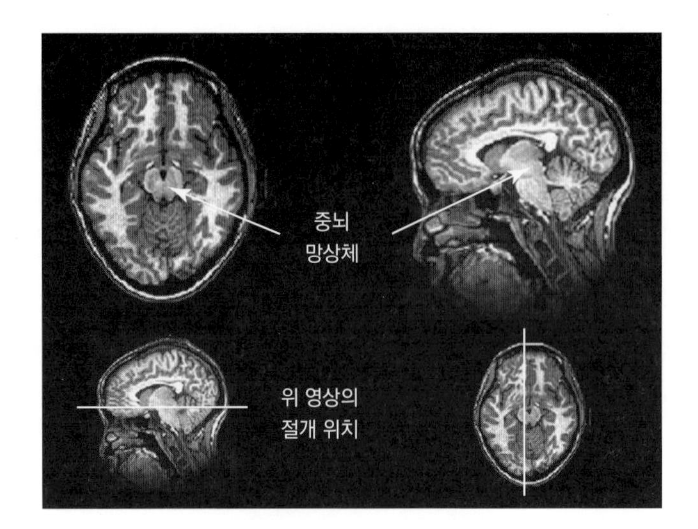


그림 8-2 중뇌 망상체

MRI의 축면(수평) 영상(상단 좌측)과 시상(수직, 전후) 영상(상단 우측)을 통해 중뇌 망상체의 대략적 위치를 파악할 수 있음. 축면 절개는 시상 영상 위의 흰색 가로선(하단 좌측), 시상 절개는 축면 영상 위의 선(하단 우측)으로 표시함.

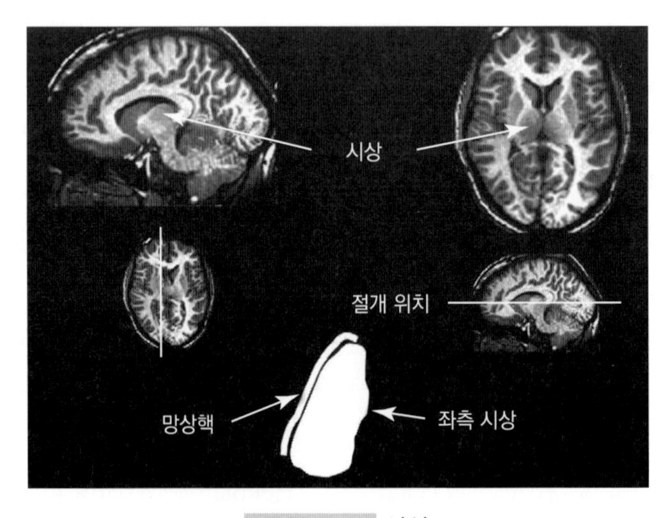


그림 8-3 시상

시상은 MRI의 시상(상단 좌측) 및 축면(상단 우측) 영상에서 확인됨. 절개 위치는 각 영상의 하단에, 망상핵과 좌측 시상의 모양을 축면으로 제시한 그림은 맨 아래에 제시됨.

각성에 비해 경계의 신경생물학은 크게 주목받지 못했다. 그러나 경계도 적절한 각성이 필요하므로, 각성 기제가 손상되거나 기능이 떨어지면 경계에 문제가 발생한다. 실제로 각성의 미묘한 문제는 경계의 결함 때문에 나타날 수 있다. 또한 의지나 주의력을 오래 유지하려면 경계가 요구된다. 따라서 의지에 관여하는 전두엽 기제(추후 논의)는 경계와도 연관된다. 예를 들어, 뇌교 망상체는 상행 망상체에 영향을 주고 각성을 유지하도록 조정하거나 돕는데, 그 주위에 전두뇌교섬유가 있다(Parent, 1996) ([그림 8-4]).

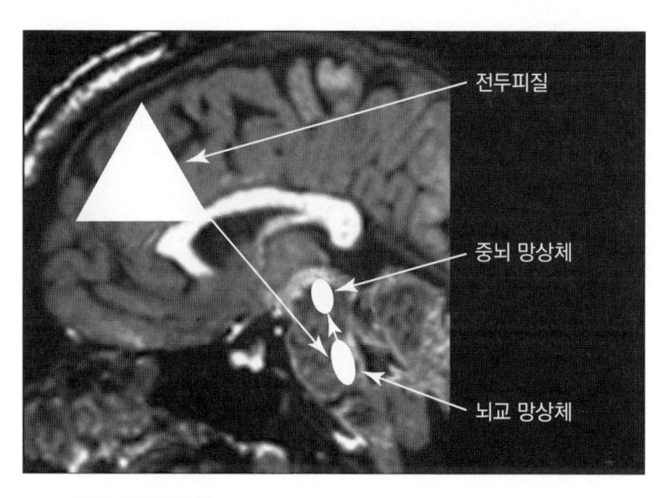


그림 8-4 전두엽이 중뇌 망상체에 미치는 영향

MRI의 정중 시상면을 통해 전두엽과 중뇌 망상체가 하나의 통로로 연결된 모습이 확인됨. 뇌교 망상체의 전두피질 시냅스에서 하행 섬유가 내려오며, 뇌교 망상체는 상행 섬유를 중뇌 망상체로 보냄.

Heilman과 동료들(2003)은 의지(그리고 주의력)의 해부학을 연구했다. 전술한 바와 같이 의지 기제는 전방 피질의 처리를 제어한다. 내측 전두피질은 언어의 의지 측면과 연관되므로 손상 시 무동성 무언증을 유발한다(Barris & Schuman, 1953; Nielsen & Jacobs, 1951). 이 증후군은 외부(외부 유발) 자극에 의해서만 발화(그리고 다른 활동)를 개시할 수 있기 때문에 상호작용하는 검사자나 타인의 영향이 매우 크다. 뇌량위 내측 전두피질([그림 8-5])은 전방 대상회, 입쪽 띠다발영역, 보조운동영역, 전보조운동영역(pre-SMA)으로 분리된다. pre-SMA와 입쪽 띠다발영역의 이음부 내 구조들은 낱말 찾기에서 가장 중요한 역할을 한다(Crosson et al., 1999; Crosson et al., 2001; Crosson et al., 2003).

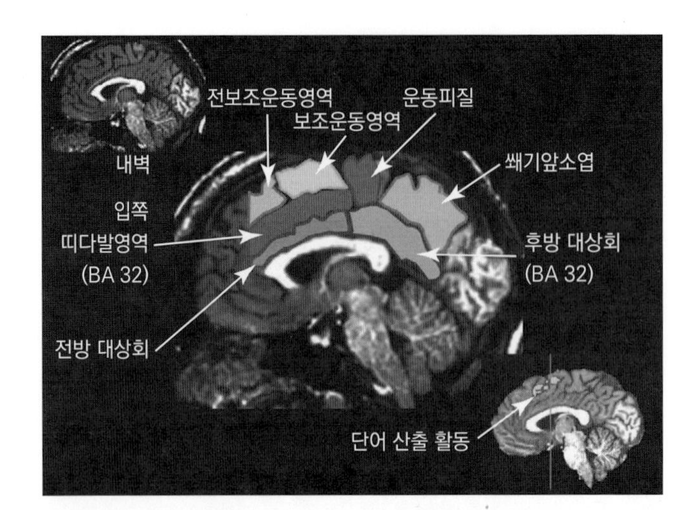


그림 8-5 언어와 관련된 내측 전두엽 및 후방 피질의 구분

상단 좌측 영상은 대뇌반구 내벽의 시상. 가운데 영상은 전방 대상회, 입쪽 띠다발영역, 보조운동영역, 전보조운동영역 등의 전두엽 구조. 내측 운동피질은 참조용으로 표시됨. 뒤쪽에는 후방 대상회 및 쐐기앞소엽이 위치함. 하단 우측 영상은 범주 이름대기 과제 시 내측 전두피질의 활성화를 보여 줌. 수직선은 전보조운동영역과 보조운동영역을 구분하며, 이들과 입쪽 띠다발영역이 활성화됨. BA 32는 브로드만영역 32번에 해당.

기저핵([그림 8-6])도 영향력은 미미하나 언어의 의지 측면에 연관된다. 주로 전두엽과 연결되는 피질-기저핵-피질 회로([그림 8-7])를 통해 이러한 영향이 부분적으로 조절된다(Alexander, DeLong, & Strick, 1986; Middleton & Strick, 2000). Crosson과 동료들(2007)은 기저핵이 언어에 미치는 영향을 입증하기 위해(Copland, 2003; Copland, Chenery, & Murdoch, 2000b; Crosson et al., 2003) 운동 모델(Gerfen, 1992; Mink, 1996; Penney & Young, 1986)을 적용했다. 기저핵은 실행하려고 선택한 활동을 강화하며, 이와 경쟁하는 대체 활동을 억제한다([그림 8-7] 참고). 즉 기저핵은 주어진 산출(행동)을 위해 신호대잡음비(signal-to-noise ratio)를 증가시키기도 한다(Kischka et al., 1996). Nambu와 동료들(Nambu, Tokuno, & Takada, 2002)은 기저핵이 행동을 전환하도록 체계를 정비하는 역할을 한다고 강조했다([그림 8-7] 참고).

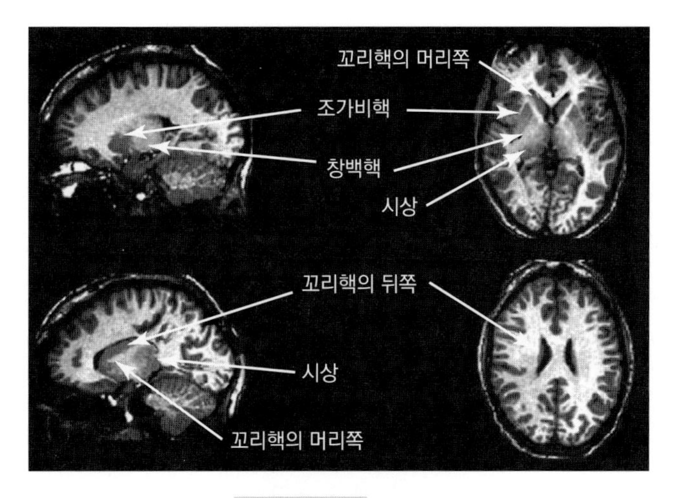


그림 8-6 기저핵

기저핵(꼬리핵, 조가비핵, 창백핵)과 시상이 MRI의 시상면(좌) 및 축면(우) 영상으로 제시됨. 상단에 비해 하단 영상이 정중 시상면임. 축면 영상 중 하단 영상이 보다 위쪽 영역을 나타냄.

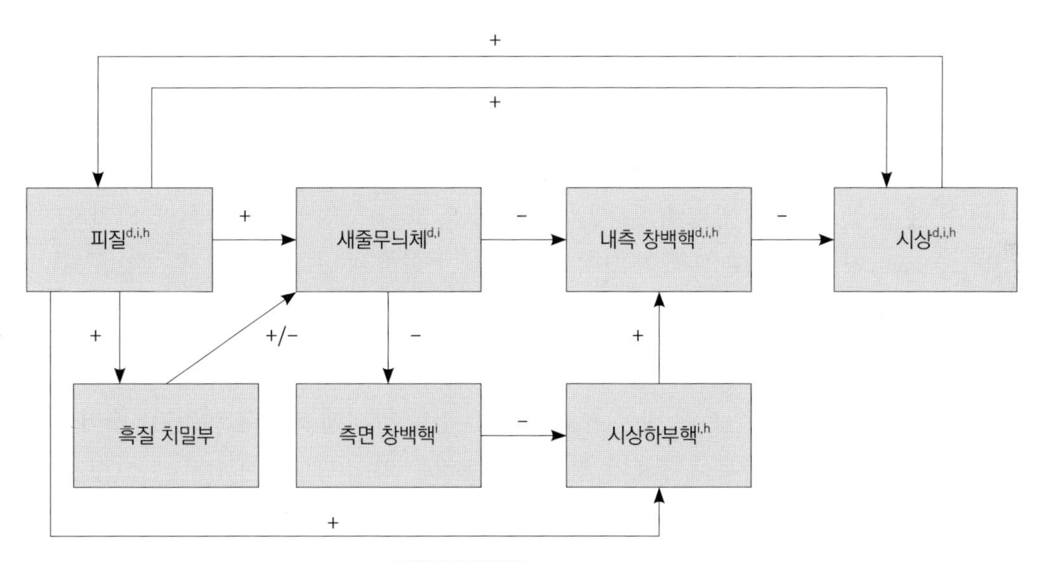


그림 8-7 기저핵 회로

3개의 일반적 순환에 대한 도식화. 순환은 피질 영역에서 시작하고 끝남. 직접적 순환은 '피질 → 새줄무늬체 → 내측 창백핵 → 시상 ↔ 피질(위첨자 'd'로 표시된 구조)'임. 간접적 순환은 '피질 → 새줄무늬체 → 측면 창백핵 → 시상하부핵 → 측면 창백핵 → 시상 ↔ 피질(위첨자 'i'로 표시된 구조)'임. 초직접적(hyperdirect) 순환 구조는 '피질 → 시상하부핵 → 내측 창백핵 → 시상 ↔ 피질(위첨자 'h'로 표시된 구조)'임. '+'는 흥분성 신경전달물질 글루타민산염(glutamate), '−'는 억제성 신경전달물질 GABA를 의미함. 도파민을 나타내는 '±'는 직접적 순환 과정의 새줄무늬체 뉴런에 대한 촉진 효과 및 간접적 순환 과정의 새줄무늬체 뉴런에 대한 억제 효과가 있음.

내측 전두엽과 비교할 때 기저핵의 손상이나 기능 저하가 언어에 미치는 영향은 미미하다. 기저핵의 손상만으로 실어증이 나타나지는 않는다(Hillis et al., 2002; Nadeau & Crosson, 1997). 따라서 파킨슨병이 동반되거나 기저핵이 손상된 환자에게 실어증 검사를 실시하면 저빈도어 이름대기, 단어 유창성(즉 주어진 글자로 시작하거나 제시된 의미 범주에 해당하는 단어를 최대한 많이 말하기) 등 매우 어려운 과제에서만 결함을 보인다(Copland, Chenery, & Murdoch, 2000a). 또한 단어 정의, 모호한 문장의 두 개념에 대한 설명 등 보다 복잡한 언어 과제의 수행력이 낮다. 내측 전두엽이 손상되면 자발적인 반응을 개시할 수 없어 파킨슨병이나 기저핵 손상에 비해 영향이 더 크다.

의지에 관해서는 명확한 분류가 필요한데, 이는 내부 및 외부에서 유발된 의지 간의 차이를 의미한다(Heilman et al., 2003). 내부에서 유발된 의지는 몇몇 내부적 동기나 상태에 기반한 행동(인지적 행동 등)의 선택과 시작을 의미하나, 외부에서 유발된 의지는 외부 자극에 의해 나타나는 행동이다. 파킨슨병의 무동증(운동의 부족이나 감소)은 내부에서 유발된 의지장애이므로, 내면의 사고나 동기에 기반해 행동을 시작하는 데 어려움이 있다. 그러나 강한 외부 자극(예: 누군가 '불이야'라고 외칠 경우)이 있으면 행동을 시작하는 어려움(예: 뛰어오르기, 위험을 피하기)이 완화된다.

주의력은 후방 피질에서 처리 작업을 하는 데 어느 정보원을 선택할지를 조정한다. 내측 후방 피질(후방 띠다발영역/쐐기앞소엽, [그림 8-5])과 두정엽이 주의력에 크게 관여한다(Heilman et al., 2003). 특히 두정엽이 손상되면 병변의 반대쪽 공간에 영향을 주기도 한다. 예를 들어, 두정엽 손상 환자는 병변과 같은 쪽에 자극이 제시될 때 언어 과제를 더 잘 수행한다(Coslett, 1999). 시상핵도 주의력에서 중요한 역할을 한다(Sherman & Guillery, 2006). 이 기제는 본래 시상 뉴런이 있는 점화 양식에 영향을 미친다. 주변으로부터 주의를 기울이는 항목에 정보가 정확히 이동하는 양식(단일 발아 양식)과 그렇지 않은 양식(파열 양식)이 있는데, 피질-피질 작용도 이와 유사한 기제를 통해 조절된다.

일상생활에서 의지와 주의력 체계는 지속적으로 상호작용한다. Nadeau와 Crosson(1997)은 이러한 두 체계 간의 관계를 의도적 주의력이라 전제하고 해부학적 기제를 적용했다([그림 8-8]).

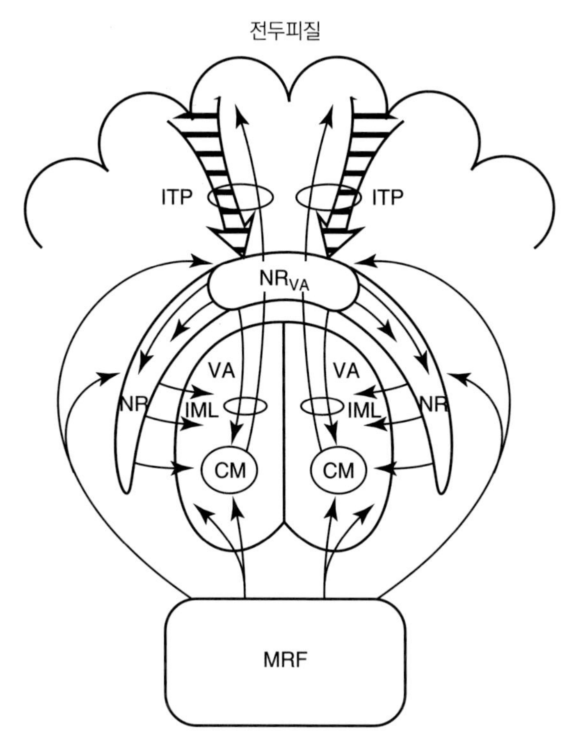


그림 8-8 하전두 시상각(frontal-inferior thalamic peduncle: ITP)-망상핵 (nucleus reticularis: NR) 기제

ITP를 지나 시상으로 투사하는 전두피질이 제시됨. ITP는 복측 앞쪽 영역을 지나 NR을 관통하며 (NR ventral anterior component: $NR_{VA}$), $NR_{VA}$로 나아가면서 NR의 뒤쪽 내 뉴런에서 수상돌기의 시냅스까지 연결됨. 여러 NR 영역의 뉴런이 다양한 주요 시상핵으로 억제성 투사를 보냄. Nadeau와 Crosson(1997)에 따르면, 이러한 구조와 연결은 의도적으로 유도된 주의력을 담당하는 기제에 해당됨. 중뇌 망상체(MRF)부터 NR 및 시상의 중심정중핵(centromedian nucleus: CM)까지의 투사도 포함됨. IML은 내수질판(internal medullary lamina)을 의미함.

*Brain and Language, Vol 58*(3), Stephen E. Nadeau and Bruce Crosson, Subcortical Aphasia, pp. 355–402, Copyright (1997), Elsevier 승인하 재인용.

본래 전두엽은 시상 주변에서 이를 제어(단일 및 파열 양식)하는 망상핵과 연결되어 시상핵에 영향을 준다. 따라서 이러한 전두시상 체계는 의지 및 주의력과 직접적으로 연계된다. 일상생활에서 의지는 주의력을 많이 통제하지만, 이에 대한 연구는 미흡한 편이다(Fuster, 2003).

의도적으로 유도된 주의력은 노화로 인해 손상될 수 있다. Cohen은 의미적 유창성 과제(특정 범주에 해당하는 단어를 최대한 많이 말하기)에서 70대와 80대 노인 간의 신경학적 차이를 입증한 후 이를 30대 청년층과 비교했다. 노인 집단 간에는 세 가지 주요 차이가 있었다. 첫째, 의미적 유창성 과제를 수행할 때 80대 노인은 양 반구의 여러 영역에서 뉴런이 더 많이 활성화되었다. 둘째, 80대 노인은 시각적 응시 과제에 비해 의미적 유창성의 활성화가 감소하지 않은 반면, 70대는 청년층보다 활성화가 다소 줄었다. 셋째, 80대의 영역별 활성화 수준 간에는 상관성이 매우 높으나, 70대는 정적 상관이 거의 없었다. 즉 80대 노인은 과제와 관련된 영역을 선택적으로 활성화하거나 불필요한 부분을 억제하는 능력이 떨어졌다.

의지와 주의력에 있어 또 다른 고려점은 편재화로, Heilman 등(2003)이 이를 상세히 연구했다. 의지의 측면에서, 활동을 수행하는 데 사용하는 손(오른손 및 왼손)과 활동을 수행하는 편측 공간(우측 및 좌측), 운동 방향(우향 및 좌향) 등은 모두 해당되는 손, 편측 공간, 방향 등과 반대쪽의 반구가 제어한다. 주의력에 있어서는, 신체 및 머리, 시선 중앙의 편측(우측 및 좌측)은 모두 주의를 기울이는 쪽의 몸, 머리, 시선과 반대쪽에 있는 반구가 영향을 준다. 이 같은 단순한 도식은 뇌 조직의 두 속성에 따라 조정된다. ① 오른손잡이의 경우 좌반구(우세 반구)의 운동 기제는 비우세 반구의 기제에 영향을 주거나 통제한다. ② 우반구 두정엽은 좌우 공간에 모두 영향을 주나, 좌반구는 우측 공간에 우선적으로 관여한다.

## 4. 각성, 경계, 의지, 주의력 손상이 언어 및 의사소통에 미치는 영향

각성, 경계, 의지, 주의력에 기초해 다른 인지 영역이 처리되므로, 이 기제들이 손상되면 언어와 의사소통에 영향을 준다. 영향력이 미미할 수 있으나, 기반이 되는 기제가 크게 붕괴되면 그 파급 효과는 커진다. 앞서 인용한 주의력장애의 예시를 확장해 주의력의 각 기제별(각성, 경계, 의지, 주의력)로 영향력을 제시했다.

### 1) 각성장애

혼수상태에서 회복되는 과정을 통해 각성이 의사소통에 미치는 영향을 파악할 수 있다. 혼수상태는 절대적인 현상이 아니라 단계적으로 변화하는 과정이다. Teasdale과 Jennett(1974)는 혼수상태의 중증도를 평정하기 위해 GCS(Glascow Coma Scale)를 개발했다. GCS는 구어 반응, 눈 뜨기, 운동 반응을 평가함으로써 의식 상태가 얼마나 저하되는지를 평가한다. 이는 급성 TBI 환자의 의식 수준을 평가하는 수단으로 널리 활용된다.

매우 심한 혼수상태일 경우 눈을 뜨지 않거나 소리 또는 움직임을 전혀 동반하지 않는다. 각성이 증가하고 의식이 돌아오면 의사소통장애가 없어지거나 경미해져 다음 단계로 발전한다. 따라서 환자가 혼수상태에서 벗어나면 초반에 끙끙거리거나 신음하는 소리 등 이해할 수 없는 소리를 내기도 한다. 이후에는 분절되거나 부적절한 단어 대신 애매하거나 혼란스러운 언어를 산출한다. 이러한 단계를 혼동상태라 한다. 언어와 의사소통은 매우 복잡하고 문법적으로 조직화되어 있으나, 주변 환경에 적합하지 않은 경우도 있다. 예컨대, 부적절한 시간과 장소에 해당하는 언어 및 의사소통을 사용하기도 한다. 또한 의사소통이 통제되지 않거나 부적절한 개인적 또는 성적 발화를 산출할 수도 있다. 혼동상태는 혼수상태에서 회복한 환자뿐 아니라 전두엽 손상(예: 전두엽 종양), 단순헤르페스뇌염(herpes encephalitis), 베르니케-코르사코프 증후군(Wernicke-Korsakoff's syndrome) 등에 의해 발생한다(Bauer, Grande, & Valenstein, 2003; Damasio & Anderson, 2003). 혼동상태에서는 영구적인 기억이 저장되지 않을 수 있다. 따라서 정보가 즉각 주의력의 범주를 벗어나면 말하거나 들은 것을 기억하지 못한다.

Hallberg(2002)는 정형외과적 부상 이후 급성 혼동상태에 있는 51명의 노인이 산출한 의사소통 샘플을 평가했다. 이들은 특정인과 대화하지 않은 채 계속 말하거나 갑작스럽게 주제를 전환하며, 대답을 듣지 않은 채 질문하거나 동일한 주제를 여러 번 반복했다. 또한 의사소통과 사건을 잘못 해석하고, 주변 상황을 설명하기 위해 자신의 예전 기억을 떠올리는 경향을 보였다. Wallesch와 Hundsalz(1994)에 따르면, 급성 혼동상태인 경우 그림 이름대기 과제에서 알츠하이머병과 유사한 오류율을 보인다. 그러나 치매 환자에 비해 목표와 무관한 반응을 더 많이 보인다. 즉 각성장애는 이름대기의 기본적인 언어기능에 관여한다.

### 2) 경계장애

경계장애는 정보원이나 과제 수행에 지속적으로 집중하지 못한다. 이는 주로 주의력결핍 과잉행동장애(attention deficit-hyperactivity disorders)에서 관찰된다. 피로 시에도 경계 능력이 저하될 수 있다. 경계장애 환자는 수행 중인 과제를 망각하며, 말하던 주제를 잊거나 대화 도중 타인의 말이 입력되지 않아 의미를 잘 이해하지 못한다.

### 3) 의지장애

의지는 가장 기본적인 수준에서 최대한 많은 행동 중 하나를 선택하고 실행하는 데 관여한다. 의지장애는 심하거나 매우 경미할 수 있다. 무동성 무언증은 심한 의지장애로서, 언어와 같은 자발적 행동을 개시하기 어렵다. 환자에 따라서는 단어나 짧은 구를 반복하기도 한다. 1950년대 주요 보고(Barris & Schuman, 1953; Nielsen & Jacobs, 1951)에 따르면, 무동성 무언증은 내측 전두엽이 광범위하게 손상된 데 기인하며, 임상적 증상은 편측성이든 양측성이든 상관없이 병변의 범위에 좌우된다. 편측성일 경우 대개 잘 회복되지만, 양측성은 몇몇 양상이 지속될 수 있다(Damasio & Anderson, 2003). 내측 전두엽 손상이 무동성 무언증의 보편적인 원인이나, 양측성 정중옆 동맥경색으로 인해 발생할 수도 있다(예: Cavanna et al., 2009; van Domburg, ten Donkelaar, & Notermans, 1996). 이 경우 증상이 오래 지속되기도 한다.

언어 측면에서 기저핵의 손상이나 질환은 보다 경미한 의지장애를 일으킨다. Nadeau와 Crosson(1997)은 피질이 손상되지 않으면 기저핵 뇌졸중에 의해 실어증이 유발되지 않는다고 주장했다. Hillis 등(2002)은 관류 자기공명영상(magnetic resonance perfusion imaging)으로 급성 줄무늬체피막경색(striatocapsular infarcts)을 확인함으로써 이를 입증했다. 따라서 언어와 관련된 실비안주변 피질에 영향을 미치지 않으면 우세 반구의 기저핵이 손상되어도 기본적인 언어기능이 보존된다. 퀸즐랜드 대학교 Copland 등의 연구팀이 이를 연구했는데, Copland 등(2000a)의 보고에서 만성 좌반구 기저핵의 손상 및 파킨슨병 환자는 단어유창성과 저빈도어 그림 이름대기를 제외한 실어증 하위 검사에서 거의 결함이 없었다. 그러나 보다 복잡한 언어 검사의 수행력은 비교적 낮았다. 예를 들어, 의미적으로 모호한 문장에 대해 두 선택적 의미를 유추하지 못하고 단어를 명확히 정의할 수 없다. Copland(Copland, 2003; Copland et al., 2000b)는 의미 점화에서 나타나는 변화에 주목했는데, 특히 점화와 목표 간의 간격 때문에 하향식 인지 처리가 점화에 영향을 주는 경우를 살펴보았다. Crosson 등(2007)은 선택된 행동의 증가를 방해하고(방해하거나) 억제함으로써 결함이 나타난다고 간주했으나, 이는 의미 점화에 관한 연구(예: Angwin et al., 2004)의 결과를 모두 설명하지 못한다. 파킨슨병으로 인해 언어 행동에 영향을 미치는 억제 변수에 주목한 후속 연구(예: Castner et al., 2007)를 비롯해 참조할 만한 연구들이 많다.

파킨슨병 환자는 복잡한 구문을 처리하는 데에도 어려움이 있다. 이는 의지 및 작업기억의 결함에 기인한다(예: Grossman, 1999; Lee et al., 2003; Novais-Santos et al., 2007). 1999년 Grossman은 "파킨슨병 환자가 보이는 문장 이해의 결함은 주로 인지 자원을 전략적으로 배분하는 데 한계가 있기 때문인데, 복잡한 자료의 처리에 영향을 주는 선택주의력의 저하가 그 예이다(p. 387)"라고 기술했다. 여기서 주의력에 대한 하향식 효과는 의도적으로 유도된 주의력을 일컫는다. 이 개념은 문장 처리 시 파킨슨병과 통제군 간에 전방 대상회의 활성화가 다르다는 점에 기반한다(Grossman et al., 1992).

행동을 전환하지 못하는 증상도 의지장애에 해당한다. 보속증은 이러한 증상이 가장 심화된 양상이다. 보속증 환자는 초기에 적절한 맥락 내에서 행동할 수도 있으나, 이 행동을 부적절한 맥락에서 반복한다. 대부분 자신의 수행을 모니터하지 못하고, 보속증으로 인한 부적절한 행동을 인식할 수 없다(Luria, 1973). 언어 측면에서는 단어 정의하기 과제로 확인된다. 예컨대, 침대를 정의할 때 '잠자는 곳'이라고 정반응하나, 꽃이나 TV와 같이 부적절한 단어에 '잠'의 개념이 사용되기도 한다. 이 같은 부적절한 반복은 임상 검사뿐 아니라 대화에서도 두드러진다.

다중과제에서 행동의 전환 능력이 경미하게 떨어지므로, 중단 없이 과제를 전환하지 못한다. 이러한 유형의 주의력은 분리주의력과 크게 연관되나 차이점도 있다(추후 논의). 언어적 다중과제를 수행하지 못하면 맥락에 맞지 않는 대화를 지속하거나 중단하는 행동 간의 전환 능력이 떨어진다.

두 가지 행동을 동시에 수행하지 못하는 것도 이와 관련된다. 이러한 동시 과제에서 하나의 행동은 수행되지 못할 수 있다. 예를 들어, 신경학적 정상군이 빠르고 반복적인 손가락 두드리기와 음운 유창성 과제를 동시에 수행하면 손가락을 두드리는 속도가 떨어진다(Bowers et al., 1978; Hellige & Longstreth, 1981; Simon & Sussman, 1987). 즉 이중과제에서 의지장애는 하나의 행동에 매우 부정적으로 작용한다. De Monte 등(2005)에 따르면, 급성 경도 TBI는 손가락 두드리기와 단어 따라말하기를 동시에 수행할 때 정형외과적 환자보다 손가락을 더 많이 두드린다. 따라말하기가 나머지 한 행동의 수행을 비정상적으로 방해(과제의 우선순위에 좌우)하기 때문이다.

역설적이게도, 이중과제에서 하나의 행동이 방해를 받는 정도는 손상으로 인해 오히려 감소되기도 한다. 이는 다른 행동에 대한 영향력이 변화됨을 의미한다. 예를 들어, Mennemeier와 동료들(1997)은 주로 좌반구 시상(즉 시상 섬유판속핵의 꼬리쪽)의 중심정중/다발곁(centromedian/parafascicular) 복합체에 작은 병변이 있으면 오른손 손가락의 두드리기 속도가 느려진다고 보고했다. 손가락 두드리기와 음운 유창성 과제를 동시에 수행하면 손가락 두드리기의 속도가 증가하고, 신경학적 정상군의 이중과제 수행력과 유사하게 나타난다. 이는 중심정중/다발결 복합체에서 기저핵으로의 투사가 손상되었기 때문이다. 즉 기저핵이 손가락 두드리기에 미치는 영향력이 감소해 억제 기능이 제대로 발휘되지 못한 데 기인한다.

주의력의 몇몇 유형은 의지의 편측성과 연관된다. 특정 병변이 상지 운동에 미치는 영향은 편재화될 수 있는데, Heilman 등(2003)이 이를 확인한 바 있다. 사지 무동증은 운동을 시작하는 데 큰 어려움이 있으며, 병변의 반대쪽 팔에 운동 기형을 보이나 이는 운동계나 주의력의 결함(예: 무시증)과 무관하다. Mennemeier와 동료들의 연구(1997)에서 오른손 손가락 두드리기(즉 단일 과제)의 감소된 속도는 경미한 사지 무동증(즉 운동저하증)과 관련되는데, 이는 좌반구 시상 섬유판속핵이 손상되었기 때문이다. 편측 공간 무동증 환자는 병변의 반대쪽 손과 팔을 움직이는 데 큰 어려움을 보인다. 예컨대, Coslett 등(1993)은 좌반구 병변 환자가 왼팔을 훨씬 더 잘 움직인다고 보고했다. 손상 부위는 좌반구 띠다발 및 측두두정 영역이었다. 방향성 무동증은 움직임의 방향이 병변의 반대쪽일 때 수행력이 더 낮고, 반대쪽과 멀수록 수행력이 높다. Heilman 등(2003)은 병변의 반대쪽을 응시할 수 없는 환자를 관찰했다. 이러한 증상은 뇌졸중 등으로 인한 병변 때문일 수 있으나 퇴행 과정에서도 나타난다(Cohen et al., 2010).

무동증의 편측성은 언어 측면에서 명확히 규명되지 않았다. 다만 좌반구 병변이 마비가 없는 오른손이나(Mennemeier et al., 1997) 오른쪽 편측 공간(Coslett et al., 1993)의 운동에 영향을 준다는 점을 고려할 때, 손상된 의지 기제와 언어 간의 상관성을 추측할 수 있다. 예컨대, Coslett 등(1993)은 병변과 동측으로 주의를 돌릴 때 더 높은 언어 수행력을 보이는 사례를 관찰했는데, 의지 및 주의력 기제와 연관된 구조가 모두 손상되어 원인을 파악할 수 없었다. 이후 Crosson과 동료들(Crosson et al., 2005, 2009; Crosson et al., 2007; Richards et al., 2002)의 연구에서 의지와 언어 간의 상관성이 부각되었다.

### 실어증 치료 시 의지 기제의 중요성

Crosson과 동료들은 의지 기제를 활용해 비우세 반구의 전두엽이 언어 산출을 담당하도록 재조직했다. 이는 비교적 심한 만성 실어증 환자의 우세 반구가 언어를 촉진하기 위해 스스로 재조직하지 않는다는 데 기초한다. Parkinson 등(2009)에 따르면, 좌반구 전두엽이 광범위하게 손상된 만성 실어증 환자는 이름대기 능력이 더 잘 회복되고 이름대기 치료의 효과가 크다. 이유가 무엇일까? 좌반구 전두피질이 손상 전의 언어기능과 연관되므로 수행할 수 없는 능력을 지속시키려고 노력하면서 다른 영역이 이름대기 기능을 하지 못하도록 방해한다. 따라서 우반구 전두엽 기제가 좌반구 전두피질보다 기능을 더 잘 수행할 수 있음에도, 좌반구 전두엽이 이를 방해한다. 좌반구 전두피질이 손상되면 우반구 전두피질의 수행을 방해하지 못하므로, 만성 실어증의 우반구 전두피질은 최소한의 언어 산출 기능을 재조직하기에 더 적절하다.

언어 산출 기능의 측면에서 우반구 전두엽 기제를 어떻게 활용하느냐가 관건이다. 우반구 전두엽의 의지 기제에서 언어 산출과 관련된 측면 전두엽 기제가 활성화될 수 있다. 의지 기제에 관한 연구에서 그림 이름대기를 시작하기 위해 왼손으로 좌측 상자를 연 후 여러 버튼 중 하나를 누르도록 했다. 신체 및 공간의 좌측을 모두 사용하는 것이 중요한데, 좌측 공간은 우반구의 의지 기제를 사용하기 위해 행동을 수행한다. 오류를 보인 후 정반응을 유도하면 환자는 왼손으로 둥근 모양의 제스처를 취한다. 치료는 비유창성 실어증에 근거했는데, 유창성 실어증에 비해 좌반구 전두엽의 병변과 밀접하게 연관되기 때문이다. 이때 언어와 손 운동에 관련된 의지 기제가 몇 가지 측면에서 중복된다는 데 주목해야 한다.

치료를 받은 비유창성 환자의 수행력이 향상되었고(Richards et al., 2002), 후속 연구(Crosson et al., 2007)에서 주의력을 다룬 통제 치료보다 의지 치료를 통해 단어를 더 빨리 재학습했다. 이후 Crosson 등(2009)의 연구에서 전두엽의 활동을 우측으로 전환하는 데 성공했다. 즉 비유창성 실어증 환자가 단어를 더 빨리 학습하며, 단어를 산출할 때 전두엽의 활동을 우측으로 전환할 수 있다. 따라서 의지 기제는 비유창성 실어증의 치료를 촉진한다.

### 4) 주의력장애

보다 복잡한 처리를 위해 여러 정보원 중 하나를 선택할 때 가장 기초적인 수준의 주의력이 필요하다. 주의력의 결함은 의지장애와 마찬가지로 명확하거나 다소 모호할 수 있다. 정보가 너무 빨리 소실되기 때문에 복잡한 처리를 위해 정보원을 선택할 수 없는 극단적인 유형도 있다. Martin과 동료들(Martin et al., 1994; Martin & Saffran, 1992; Martin, Saffran, & Dell, 1996)이 관찰한 베르니케실어증 환자는 숫자폭과 단어폭의 수행력이 낮았다. 다양한 결함과 몇몇 회복 양상은 입력 과정에서 정보가 매우 빨리 소실되는 모델에 부합했는데, 연구자들은 이를 청각-구어 단기기억의 결함으로 간주했다. 그러나 정보가 너무 빨리 소실되면 더 복잡한 처리에 사용될 수 없는 점을 고려할 때, 주의력장애로 분류하지 않더라도 최소한 주의력의 문제를 염두에 두어야 한다. 청각-구어 처리에 있어 심화된 처리 이전에 정보가 소실되면 이해 능력이 떨어진다. 이는 회복 초기에 베르니케실어증이 보이는 특징이다. 정보의 빠른 소실이 이해 능력을 저하시키는 데 얼마나 영향을 주는지는 명확하지 않다. 다만 주의력의 결함이 다른 영역의 처리뿐 아니라 이해 능력과도 연관됨을 기억해야 한다.

보다 경미한 주의력 결함도 의사소통에 영향을 준다. 예컨대, 가능한 여러 정보원들 중 하나를 선택하는 능력이 손상되면 무관하고 인접한 자극으로 인해 주의가 산만해진다. 의사소통 측면에서는, 여러 사람이 대화 중인 방에서 한 사람의 말소리에 집중하기가 어렵기 때문에 대화의 일부를 놓쳐 의미를 이해하지 못한다. 경도에서 중도의 TBI에게 이러한 양상이 빈번하다.

하향식 기제, 즉 의지 기제를 통해 유도되는 단계는 주의력의 주요 양상 중 하나이다. 무언가를 하고자 하는 것이 주의력의 대상을 결정하기도 한다. 특정 정보원에 집중하기 위해 의식적으로 결정하는 행동은 의지와 관련된다. 따라서 주의력에 대한 선호도는 행동 및 그 결정과 분리되기 어려우며, 의지 기제가 손상되면 주의력 결함을 보일 수 있다. 즉 사용할 수 있는 여러 정보원 중 심화 처리를 위해 하나를 효과적으로 선택하는 능력이 떨어진다.

더 복잡한 형태의 주의력은 의도적으로 유도될 수 있다. 이는 분리주의력에 적용되는데, 과제를 실행하기 위해 동시에 여러 자극(주의력 체계)에 집중해야 하는 경우이다(즉 의지 처리 등의 다중과제). 두 정보원에 주의를 기울이는 것은 무언가를 하려고 의도한 결과이다. 분리주의력의 결함은 주의력에 대한 요구가 높을 때에만 드러난다. 예를 들어, 계속 말하려고 하면서 이를 다른 활동과 동시에 수행할 수 없다. 이와 마찬가지로, 주의력의 전환(하나의 정보원을 단절하고 또 다른 정보원을 수용)은 대개 의도적으로 유도된다. 이러한 능력이 없으면 두세 번째 화자 등 다른 정보원으로 주의를 전환해야 할 때 한 화자 등 하나의 정보원에만 주의를 기울인다.

실어증은 이러한 유형의 주의력 문제가 나타난다. 예컨대, Murray, Holland, Beeson(1997)은 집중할 필요가 없는 산만한 상황(분리주의력의 억제 필요)이나 이중과제(분리주의력 필요)에서 신경학적 정상군에 비해 실어증 환자의 수행력이 낮다고 지적했다. 이는 실어증의 중증도와 무관하며 비구어적 방해물에 의해서도 발생하는데, 단지 실어증의 산물이 아니라 주의력의 결함이 별도로 동반되기 때문이다. 주의가 산만하거나 다중과제가 요구되는 상황에서는 이로 인해 기본적인 언어기능이 악화될 수 있다. Murray 등(1997)은 과제의 적극적인 수행(즉 주의력 기제와 의지)과 연관됨을 입증했다. 주목할 점은, 과제가 의지 및 주의력 기제와 모두 관련될 때 수행력의 변화가 어느 하나의 효과인지 혹은 두 기제의 상호작용 때문인지를 파악하기 어렵다는 것이다. 결함의 기제에 근거해 문제에 대한 접근법을 고려해야 하므로, 이는 재활에 있어 중요하다. 이중과제에서의 언어나 실어증의 문제를 검토한 Hula와 McNeil(2008)의 문헌은 참고할 만하다.

공간주의력의 문제는 언어, 특히 실어증과 관련된다. Heilman 등(2003)은 공간주의력이 신체, 머리, 시선의 중앙선을 기준으로 이분화(좌측 및 우측)된다고 주장했다. 우반구 두정엽이 손상되면 주로 신체의 왼쪽에 놓인 자극에 집중하지 못한다(즉 무시증). 좌반구 두정엽이 손상된 경우 오른쪽 공간에 대해서는 이러한 양상이 드물지만, 우반구는 공간의 양쪽에 모두 관여한다. 좌반구 병변으로 인한 공간무시증은 우반구에 비해 흔하지 않으나, 실어증은 오른쪽(병변의 반대쪽)에 공간주의력의 결함이 경미하게 나타난다. Petry와 동료들(1994)은 실어증과 신경학적 정상군에게 시선의 좌우측에 제시되는 목표에 대해 가능한 빨리 키보드를 눌러 반응하도록 했다. 목표가 제시되기 전에 목표와 같은 쪽에 단서가 반복적으로 제공되며, 가끔 반대쪽에 제공되거나 전혀 제공되지 않았다. 정상군은 반응시간에서 좌우측에 따른 차이가 전혀 없었다. 그러나 실어증 환자는 단서가 없거나 왼쪽에 먼저 단서가 제공되면 오른쪽 목표에 대한 반응시간이 더 느렸는데, 이는 공간주의력이 경미하게 떨어지기 때문이다.

주의력의 차이를 입증한 Coslett(1999)의 연구에서 두정엽이 손상된 환자에게 병변과 동측에 자극을 제시하면 언어 수행력이 향상되었다. 이는 좌반구뿐 아니라 우반구의 두정엽이 손상된 경우에도 나타났다. 실어증이 없어도(즉 우반구 두정엽 손상) 공간주의력의 결함이 언어 수행력과 연관된다. 그러므로 손상된 공간주의력 체계는 언어 수행에 영향을 준다.

공간무시증은 읽기 과제에 부정적으로 작용하는데, 무시실독증(neglect dyslexia)은 공간무시증과 언어 간의 접점에 해당되어 다소 이질적이면서도 흥미롭다(Ellis, Flude, & Young, 1987; Hillis & Caramazza, 1990). 이는 주로 단어의 좌측과 관련된다. 우반구가 손상되면 인쇄된 단어의 좌측에 있는 2개 이상의 글자를 잘못 읽고, 목표어의 글자와 동일한 대체 단어의 우측에 2개 이상의 글자를 추가해 읽는다. 그러나 좌반구 병변 환자는 단어의 좌측이 아니라 우측을 잘못 읽는다(예: Crosson, 1999; Hillis & Caramazza, 1990). 무시실독증은 순수무시증과 다른데, 목표 글자를 다른 글자로 대체함으로써 실제로 존재하나 목표와는 다른 단어를 만들기 때문에 손상된 반공간에 글자가 있다는 사실을 아는 듯하다. 반면에, 순수무시증은 단어나 페이지의 좌측에 있는 단어를 인식하지 못할 수 있다. 무시실독증으로 인해 잘못 읽힌 단어의 내적 표상이 손상되기도 하는데, 이는 읽기만큼 철자도 손상되기 때문이다. 그러나 읽기보다 철자 말하기를 더 잘하므로 이 문제는 시각 처리의 초기 단계에 나타날 수 있다(예: Crosson, 1999; Ellis et al., 1987). 요컨대, 좌반구나 우반구에 병변이 있으면 공간주의력이 언어에 영향을 준다.

**실어증 치료 시 주의력 기제의 중요성**

동측의 반공간으로 자극을 옮겨 수행력을 변화시키면(Coslett, 1999), 단어나 다른 언어 처리의 재학습을 촉진하는 데 유용하다. Dotson 등(2008)은 세 명의 유창성 실어증 환자에 대한 그림 이름대기 치료에서 동측 반공간의 45도 위치에 자극을 제시했는데, 2명의 수행력이 향상되었다. 유창성 실어증이 주로 뒤쪽 병변과 연관되고 주의력 기제는 후방 감각지각 체계와 관련되므로 유창성 실어증 환자가 선택되었다. 수행력이 향상된 두 환자는 중등도의 이름대기장애인 반면, 나머지 환자는 심도 장애로서 8개의 기초선 및 30회기의 치료에서 거의 정반응하지 못했다. 이는 의미 있는 결과일 수 있으나, A-B 연구 설계의 본질(치료 후 기초선 회기)을 고려할 때 주의력이 치료 효과 중 일부나 모두에 영향을 미쳤다고 단정 짓는 데 한계가 있다.

## 5. 결론

주의력의 처리는 각성, 경계, 의지, 주의력으로 분류된다. 이는 모든 인지기능의 기초이다. 따라서 뇌 병변이나 질환으로 인해 이들이 손상되면 경도에서 심도의 의사소통 문제가 발생한다. 또한 실어증 환자의 기초적인 언어 능력을 악화시킬 수 있으나, 치료를 통해 주의력 기제가 변하기도 한다. 주의력 처리와 언어 간의 상호작용을 이해하는 데 유용한 연구도 있으나, 검증되어야 할 사안들이 많다. 설명이나 진단뿐 아니라 치료 결과에 있어 이러한 상호작용을 이해하는 것이 중요하다. 본 장은 주의력장애 및 의사소통에 대한 영향을 파악하기 위한 기초 지식을 제공한다. 관련된 평가와 치료는 제12장에서 논의할 것이다. 향후 지속적인 연구와 개념화를 통해 의사소통 및 언어와의 다양한 상관성을 이해할 수 있을 것이다.

## 감사의 말

이 장은 제1저자에 대한 Veterans Affairs Rehabilitation Research and Development Senior Research Career Scientist Award(Grant B6364L) 및 National Institute on Deafness and Other Communication Disorders Award(Grant R01 DC007387)의 지원금에 기초했다. 본 장의 내용에 대해 Department of Veterans의 승인은 포함되지 않았다.

# 제9장 기억장애와 언어 및 의사소통 장애

Randi Martin & L. Robert Slevc

개요



## 1. 기억장애와 언어 및 의사소통 장애

언어 이해와 표현은 다양한 기억 체계에 의존하는 복잡한 인지 과제이다. 문장의 여러 부분에서 정보를 연결하려면 단기기억(STM)이나 작업기억(WM) 체계가 필요하다. 단어의 의미를 이해하고 문장의 구조를 분석하려면 단어의 의미에 대한 장기기억(LTM) 표상과 해당 언어에서 허용되는 문법의 순서를 활용해야 한다. 담화를 이해하고 적절하게 추론하기 위해서는 대화가 언제, 어디에서 이루어졌는지에 대한 사건과 사실에 해당하는 기억 및 일화기억이 요구된다. 따라서 STM과 LTM 체계의 손상은 언어 처리에 영향을 미치며, 이를 통해 언어장애를 이해할 수 있다. 이 장에서는 STM과 WM의 손상이 언어 처리에 미치는 영향을 살펴본 후 LTM 체계의 손상으로 인해 나타나는 양상들을 알아본다. [그림 9-1]은 여러 유형의 기억 체계를 도식화해 보여 준다.

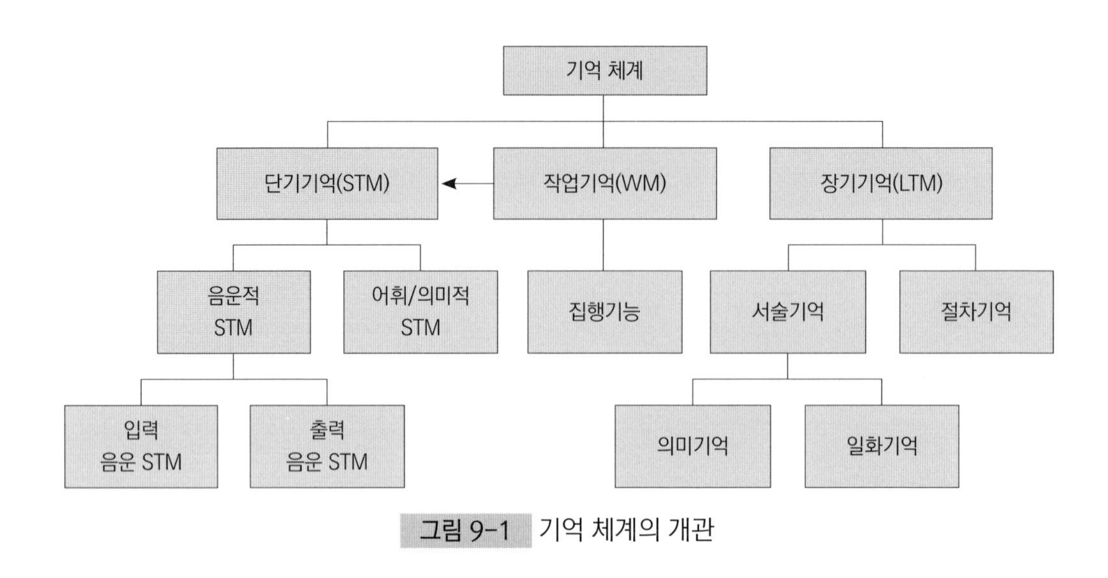


그림 9-1 기억 체계의 개관

## 1) 단기기억 및 작업기억 장애

제5장에서 살펴본 바와 같이, 현재의 이론가들은 수동적인 STM 체계와 WM 체계를 구별한다(Engle et al., 1999). 예를 들어, 수동적인 저장 체계는 숫자나 단어 목록을 기억하여 거꾸로 말하는 일반적인 폭(span) 과제와 관련된다. 반면에, WM 체계는 정보를 보유하고 해당 정보를 처리하는 능력을 모두 반영하므로 저장과 처리를 모두 포함한다(Daneman & Carpenter, 1980). WM 용량을 평가하기 위해서는 읽기 폭이나 작업 폭(operation span)과 같이 보다 복잡한 과제([그림 9-2])를 활용한다. 읽기 폭 과제에서 피험자는 문장을 크게 읽고 각 문장의 마지막 단어를 기억한 다음, 문장 세트(길이가 다양한 3~7개의 문장)가 끝나면 문장의 마지막 단어들을 회상해야 한다. 이와 유사한 작업 폭 과제에서 피검자는 계산 문제를 풀면서 뒤에 나오는 글자나 단어를 기억해야 한다(Turner & Engle, 1989). 일련의 계산 문제를 모두 풀고 나면 문자를 회상해야 한다. 이때 다른 처리가 실행되는 동안 정보를 유지해야 한다.

읽기 폭

세트 크기 3

Although the sun was warm, there was a strong BREEZE.
The cowboys herded the cattle through the mountain PASS.
All of the basketball players rode the bus to the nearby ARENA.

회상: breeze, pass, arena

작업 폭

세트 크기 4

9-(5*1)=? T
(5*2)-4=? F
8-(3*2)=? V
(4*3)-6=? A

회상: T, F, V, A

그림 9-2 읽기 및 작업 폭 검사의 예

## 2) 단기기억장애

### (1) 음운적 vs. 의미적 단기기억 장애

신경학적으로 건강한 성인의 STM 폭은 대략 숫자 7개와 단어 5개이나, 실어증 환자는 보통 1~3개 항목의 폭을 보인다. 실어증 환자의 STM이 손상되는 원인, 그리고 손상이 언어 이해 및 표현에 미치는 영향에 대한 연구들이 많다. 이론적으로 단어 폭 과제와 관련된 수동적 기억 저장소는 음운적 표상을 유지하는 완충기라고 가정된다(예: Baddeley, 1986). 언어 기반 접근법에 더 가까운 STM의 접근법에 따르면 음운적 및 의미적 정보는 모두 단어 목록을 기억하도록 돕는다. R. Martin과 동료들(예: Martin, Shelton & Yaffee, 1994), N. Martin과 동료들(예: Martin & Saffran, 1997)은 후자의 견해를 지지하는 사례를 제시했다. 예를 들어, Martin 등(1994) 및 Martin과 He(2004)는 음운적 정보를 유지하는 데 어려움을 보이는 환자가 있는 반면 의미적 정보를 유지하는 데 어려움을 보이는 환자도 있다고 주장했다. 음운적 STM 장애의 경우 음운 변수가 폭 과제에 영향을 주지 않으나(예: 목록에 있는 단어들의 음운적 유사성이 영향을 주지 않음), 의미 변수의 영향을 받는다(예: "pem, dat, tur"와 같은 비단어보다 단어 목록에서 더 잘 수행함). 의미적 STM 장애는 이와 대조적인 양상을 보인다(예: 단어 및 비단어 목록에서 수행력이 동일함). 범주 및 각운 탐사(rhyme probe)는 의미적 및 음운적 STM 장애를 변별하는 과제이다([그림 9-3]). 이 두 과제에서는 뒤에 탐사 단어가 배치된 단어 목록을 들려준다. 범주 탐사 과제를 수행하려면 탐사 단어가 단어 목록 중 어느 단어와 동일한 범주인지를 판단해야 한다. 각운 탐사 과제에서는 탐사 단어가 단어 목록 중 어느 단어와 각운이 맞는지를 판단해야 한다. 음운적 STM 장애 환자는 각운 탐사보다 범주 탐사 과제를 더 잘 수행하나, 의미적 STM 장애 환자는 각운 탐사 과제에서 수행력이 더 높다(Barde et al., 2010; Hoffman et al., 2009; Wong & Law, 2008 참고). N. Martin과 동료들은 의미 및 음운 처리 능력과 관련된 단어 회상에서 의미적·음운적 변수가 미치는 영향이 다양하다는 사실을 입증했다. 예를 들어, 의미 처리의 복합적 측정은 폭의 가시성(imageability) 효과와 관련된 반면, 음운 처리는 폭에서의 빈도 효과와 상관성이 있다.

• 각운 탐사(음운 보유)

| 단어 1 | 단어 2 | 단어 3 | … | 탐사 | 반응 |
|---|---|---|---|---|---|
| disc | frog | sock | … | lock | (y) |

• 범주 탐사(의미 보유)

| 단어 1 | 단어 2 | 단어 3 | … | 탐사 | 반응 |
|---|---|---|---|---|---|
| table | dog | sock | … | cat | (y) |

그림 9-3 범주 및 각운 탐사 과제의 예

이러한 분리성에 기초하여 Martin, Lesch, Bartha(1999)는 의미 및 음운 정보를 보유하기 위한 개별적인 용량이 포함된 구어 STM 모델을 제시했다([그림9-4]). [그림 9-4]의 좌측은 단어에 대해 갖는 지식 표상의 유형이고, 우측은 다양한 유형의 표상을 유지하기 위해 사용되는 완충기이다. [그림 9-4]와 같이, 의미 및 음운 정보를 위한 개별적인 완충기뿐 아니라 입력 및 출력의 음운적 표상을 유지하기 위한 별도의 용량이 있다고 가정된다.

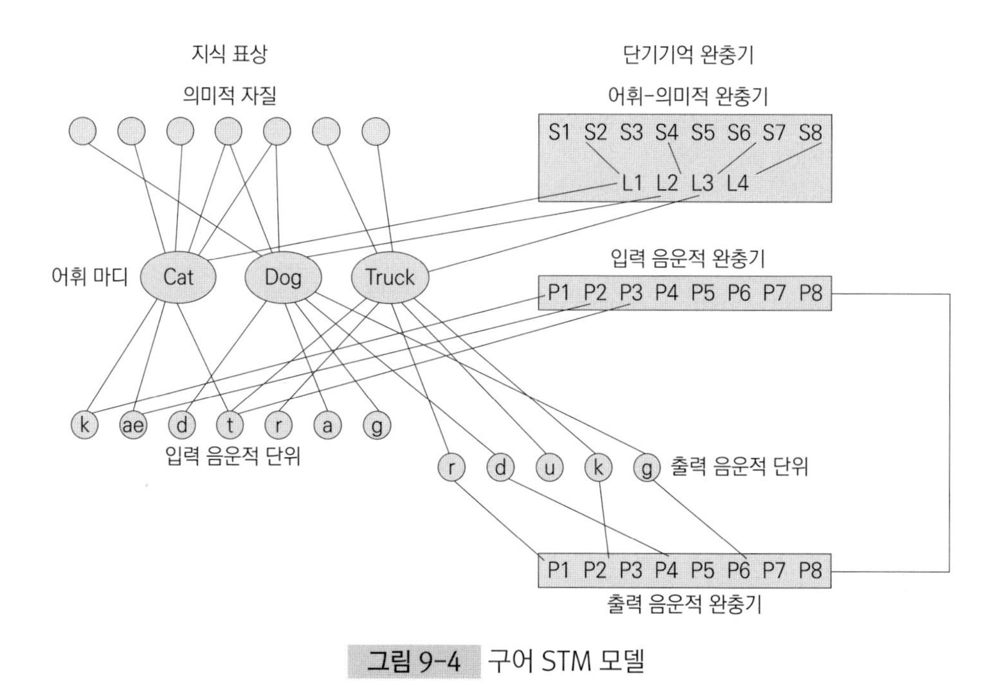


그림 9-4 구어 STM 모델

Martin, R. C., Lesch, M. F., & Bartha, M. C. (1999): Independence of input and output phonology in word processing and short-term memory. *Journal of Memory & Language, 41,* 3–29. 인용.

### (2) 단기기억장애가 언어 이해에 미치는 영향

1980년대 후반과 1990년대 초반의 연구들은 놀랍게도 음운적 STM의 결함이 문장 이해에 거의 영향을 미치지 않는다고 주장했다. 통합적으로 연결하여 이해할 단어들이 멀리 떨어져 있는 복잡한 문장을 이해하는 데에도 거의 영향을 미치지 않는다고 간주했다(Butterworth, Campbell, & Howard, 1986; Caplan & Waters, 1999; Martin et al., 1994; Martin & Romani, 1994). 또 Martin과 He(2004)는 의미적 STM 결함(음운적 STM 결함이 아님)은 특정 유형의 문장을 이해하지 못하는 것과 관련된다고 보고했다. 특히 문장의 적절성을 판단하는 과제에서 명사 앞에 여러 형용사가 있는 문장(예: "rusty old red wagon" vs. "rusty old red swimsuit"), 동사 앞에 여러 명사가 있는 문장(예: "glasses, vases, and mirrors cracked" vs. "rugs, vases, and mirrors cracked")에서 어려움을 보였다. 명사 뒤에 형용사가 있거나(예: "the wagon was old, red, and rusty") 동사 뒤에 명사가 있으면(예: "the movers cracked the mirrors, vases, and glasses") 훨씬 잘 수행했다. 즉 '전자'의 경우 명사나 동사가 처리될 때까지 형용사나 명사의 의미가 통합되지 않은 채로 유지되어야 하므로 STM의 제한된 용량에 과부하가 걸린다. 반면에 '후자'의 문장에서는 각 형용사가 들릴 때마다 명사의 수식어로서 바로 통합되고, 각 명사는 동사의 목적어로서 즉각 통합된다. 일단 통합이 일어나면 STM의 표상은 더 이상 필요가 없다. 의미적 STM이 손상되면 수행력이 낮지만 음운적 STM의 결함 시 수행력이 높은 것을 고려할 때, 통합 전 단계에서는 음운보다 의미 정보의 유지가 단어를 보유하는 데 중요하다.

### (3) 단기기억장애가 언어 표현에 미치는 영향

언어 이해에서 STM의 역할은 필수적이나, 언어 표현에서의 역할은 명확하지 않다. 그러나 보편적으로 한 단어를 인출한 다음 그 단어를 말하고, 그 뒤에 오는 단어를 인출하고 나서 해당 단어를 말하는 방식으로 표현하지 않는다. 대신에 유창하게 연결하여 말을 산출한다. 이는 2개 이상의 단어들을 미리 계획하기 때문이다. 이 과정에서 조음하기 이전에 여러 단어의 표상을 유지하기 위해 STM의 자원에 의존한다.

Marin과 동료들은 실어증 연구를 통해 이러한 사전 계획의 과정에서 의미적 STM 능력이 중요하다고 보고했다. Martin과 Freedman(2001)에 따르면, 의미적 STM 결함 환자는 형용사-명사 구(예: “long blonde hair”)를 표현하는 데 어려움을 보이며, 각 내용을 분리해 표현하는 경향이 있다([그림 9-5]). 예컨대, ‘small leaf’가 목표 발화라면 환자 AB는 “It’s a leaf. It’s small.”이라 표현했다. 또한 동일한 정보를 문장 구조로 표현하도록 요청하면 더 잘 수행했다(예: “The leaf is small”). 음운적 STM 결함 환자는 두 유형의 발화에서 모두 정반응을 보였다. Martin, Miller, Vu(2004)의 연구에서 의미적 STM 결함 환자는 단일 명사로 시작하는 문장(예: “the ball moved”)보다 명사구의 결합으로 시작하는 문장(예: “the ball and the block moved”)을 표현하는 데 더 어려움을 보였다. 음운적 STM 결함 환자는 두 유형의 문장에서 나타나는 반응시간의 차이가 정상 범주에 속했다. Martin과 동료들은 화자가 구 수준에서 계획을 세운다고 설명했다. 즉 구의 음운적 인출을 시작하기 전에 구 전체의 어휘-의미적 표상을 먼저 계획한다는 것이다. 두 연구에서 음운적 STM 결함 환자의 수행력이 정상인 것은, 음운적 수준이 제한되어 있거나(환자의 능력 범위 내에 있음) 입력과 산출을 위한 음운적 보유가 분리되어 있기 때문이다(Martin et al., 1999). 즉 말 지각 및 산출과 관련된 음운적 표상을 유지하는 능력이 개별적으로 존재한다(Shallice & Butterworth, 1977; Romani, 1992). Martin과 동료들이 연구한 환자는 산출이 아닌 입력상의 결함이 있었을 것으로 추정된다(Martin et al., 1999).

그림 9-5 'long blonde hair'를 유도하는 그림 자극

네모 안의 그림을 다른 그림과 구별해 설명하는 과제임.

Martin, R. C., & Freedman, M. L. (2001). Short-term retention of lexical-semantic representations: Implications for speech production. *Memory*, *9*, 261–280. 인용.

### (4) 단기기억장애가 학습에 미치는 영향

음운적 STM 결함이 문장 이해와 표현에 거의 영향을 미치지 않는다 해도 새로운 음운 형태를 학습(즉 새로운 단어나 이름의 학습)하는 데 영향을 준다(Baddeley, Papagno, &

Vallar, 1988; Freedman & Martin, 2001). Freedman과 Martin(2001)은 음운적 및 의미적 STM 결함 환자 간의 학습장애 양상이 대조적임을 입증했다. 음운적 STM 결함 환자는 이미 알고 있는 단어의 새로운 의미를 배우는 것보다 영어 단어를 외국어로 번역하는 법을 학습하는 데 더 어려움이 있었다. 의미적 STM 결함 환자는 이와 대조적인데, 새로운 의미 정보가 LTM으로 전달되기 위해서는 의미적 STM이 필요하기 때문이다. 따라서 단기 보유와 장기 학습은 부호 특화적 관계이다.

## 3) 작업기억장애

STM과 WM은 이론적 개념이 다르나, 이에 대한 검사에서 정상인들의 수행력은 중간 정도의 상관성을 보인다. 이는 WM의 실행이 부분적으로 수동적 저장 체계의 저장장치(예: 음운적 STM 완충기)에 좌우되고, STM 과제가 처리 과정에 어느 정도 의존하기 때문이다(예: 단어 목록을 기억하기 위해 어떤 전략이든 사용함) (Engle et al., 1999). 실어증 환자는 단순 폭 과제의 수행에 결함이 있으므로, WM에 영향을 주는 수동적 저장장치로 인해 WM 과제의 수행력이 매우 낮다. 따라서 알츠하이머형 치매(DAT)나 파킨슨병(예: 단순 폭 과제의 수행력이 보존됨) 환자 등 다른 환자군을 대상으로 WM 장애가 문장 처리에 미치는 영향을 살펴볼 수 있다.

### (1) 문장 처리의 해석적 및 사후해석적 측면

Caplan, Waters와 동료들(Caplan & Waters, 1999 참고)은 WM이 문장 이해에 미치는 영향에 대해 많이 연구했다. DAT와 파킨슨병 환자는 모두 음운적 보유와 시연은 보존되나, WM의 용량이 매우 감소되어 읽기 폭 등의 수행력이 낮다(예: DAT 환자의 WM 폭은 1 미만임). 두 환자군에서 구문적 복잡성의 영향은 정상군과 유사했다. 그러나 모두 문장 내 명제의 수에 매우 큰 영향을 받았다(〈표 9-1〉에서 '구문 복잡성과 명제 수의 변수' 예시 참고). Caplan과 Waters(1999)는 문장 처리의 해석적 측면과 사후해석적 측면은 WM의 다른 자원이 관여한다고 설명했다. 해석적 처리란 "단어를 인식하고 그 의미와 구문의 특징을 이해하는 과정, 구문적 및 운율적 표상의 구성, 의미역, 초점, 명제 및 담화 수준에서 의미의 다른 측면들……"이다(p. 78). 사후해석적 처리는 "문장 내용의 기억, 행동 계획을 위한 문장 의미의 사용, 문장 의미에 기초한 추론" 등의 처리이다(p. 79). 해석적 측면에서 WM 체계는 일반적인 폭 과제(단순하거나 복잡한 과제)에서 실행되지 않는 언어 처리에 활용된다고 가정한다. 반면, 사후해석적 처리에는 일반적인 WM 자원이 사용된다. 이에 근거하여 구문 복잡성의 변수는 해석적 측면에, 명제 수의 변수는 사후해석적 처리에 영향을 미친다고 가정한다.

〈표 9-1〉 구문 복잡성과 명제 수에 따른 문장 자료

| | |
|---|---|
| 단순한 구문 | The child spilled the juice that stained the rug. |
| 복잡한 구문 | The juice that the child spilled stained the rug. |
| 명제 1개 | The magician performed the stunt and the joke. |
| 명제 2개 | The magician performed the stunt that included the joke. |

Caplan, D., Alpert, N., & Waters, G. (1998). Effects of syntactic structure and propositional number on patterns of regional cerebral blood flow. *Journal of Cognitive Neuroscience, 10,* 541-552. 인용.

### (2) 작업기억과 집행기능

정상인을 대상으로 한 많은 연구에서 WM의 용량, 그리고 외적 자극 및 내적 표상에 주의를 할당하고 방해 요인에 대한 주의를 억제하는 능력 간에 상관성이 있음을 보여 주었다. 예를 들어, WM 용량과 일반적인 스트룹 효과의 크기는 서로 부적 상관성이 있다(Kane & Engle, 2003). 스트룹 효과는 글자의 잉크 색 이름을 말할 때 간섭의 정도를 반영한다(예: 초록색 잉크로 적힌 '빨강'이라는 단어를 보고 '초록'이라고 말하기). 주의력 할당은 목표 지향적 행동을 조절하는 집행기능(EF)의 측면 중 하나이다. McCabe 등(2010)에 따르면 WM의 요인 점수(복잡한 폭 과제를 통해 다양하게 측정됨)와 EF(위스콘신 카드 분류 검사와 같은 여러 표준화된 EF 과제를 통해 평가됨) 간의 상관관계가 높았다.

이는 WM 장애가 EF의 손상과 관련이 있음을 의미한다. Hamilton과 Martin(2005, 2007)은 의미적 STM 결함이 있는 실어증 환자(ML)에게 비언어적 정보가 아닌 언어적 정보를 억제하는 데 어려움이 있음을 보여 주었다. 예를 들어, 언어적 스트룹 효과는 정상 범주를 벗어났으나 공간적 스트룹 효과는 정상 범주 내에 있었다. 재인 탐사 과제(recognition probe task, 탐사 단어가 앞에 제시된 목록의 항목과 일치하는지를 판단하는 과제)에서 ML은 탐사 단어가 이전 목록의 항목과 일치하거나 음운적 또는 의미적 상관성이 있으면 간섭 효과가 매우 크게 나타났다. Hamilton과 Martin(2005)은 특히 상관없는 언어 표상을 억제하는 데 어려움이 있다고 설명했다. Biegler, Crowther, Martin(2008)의 연구에서 ML과 의미적 STM 결함 환자는 동일한 의미 범주 내에 있는 항목의 이름을 반복

적으로 산출하지 못했다. 이들은 동일한 범주 내에서 반복적으로 이름대기를 수행할 때 범주 내 모든 단어가 과도하게 활성화되었다. 부정확한 단어를 억제하는 데 어려움이 있어, 다른 범주보다 동일한 범주의 이름대기 과제에서 반응시간이 더 지연되었다. 이들의 손상된 좌측 하전두이랑([그림 9-6])이 언어적 억제와 관련이 있다고 추정되었다. 억제능력에 결함이 있으면 다음 단어를 말하기 위해 이미 말한 것을 억제해야 하는 자발화의 산출이 어려워진다.

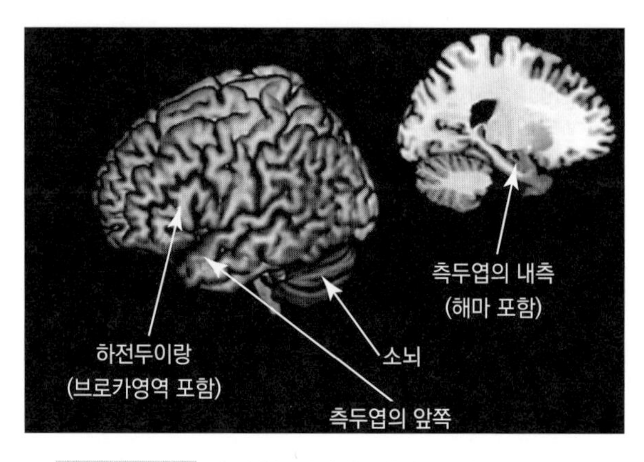


그림 9-6 다양한 기억 체계와 관련된 뇌 구조

Barde 등(2010)은 재인 탐사 과제에서 ML이 보인 간섭 효과에 대해 다른 해석을 제시했다(Hamilton & Martin, 2007). 즉 각운이나 의미적으로 연관된 탐사 단어에 의해 이전 목록의 항목이 재활성화되면서 탐사 단어의 의미적 또는 음운적 특성은 빨리 망각하기 때문에, 항목이 탐사 단어와 일치하는지 여부를 확인하기 어려워진다. 이는 다양한 중증도의 의미적 및 음운적 STM 결함이 있는 실어증 환자 20명의 자료에 근거했다. 가설에 따르면, 음운적 STM 결함의 정도에 따라 음운적 간섭의 정도가 설명되고 의미적 STM 결함의 정도에 따라 의미적 간섭의 정도가 설명된다. 그러나 ML이 스트룹 과제에서 보인 어려움(또는 그림-단어 간섭 효과가 크게 나타난 연구; Biegler et al., 2008)은 이러한 가설로 충분히 설명되지 않는다. 그럼에도 ML에게 단지 두 결함이 동시에 일어났거나, 결과적으로 STM 결함과 무관하다는 설명은 가능하다. 간섭과 관련된 단단어 과제와 함께 STM 결함 환자를 대상으로 한 대규모 연구를 통해서만 이러한 문제를 해결할 수 있다.

① 의미 통제

Hoffman 등(2009)은 EF의 결함으로 인해 실어증에서 의미적 손상이 일어난다고 주장했다(추후 추가적 논의 예정). 즉 실어증 환자는 의미 지식 자체가 손상된 것이 아니라 과제에 따라 적절히 의미 지식에 접근하는 데 문제가 있다. 좌측 전두엽 및 두정엽이 집행기능을 담당하므로 이 영역의 손상은 의미적 통제에 결함을 가져올 수 있다(Collette et al., 2006). 이는 의미치매(semantic dementia)에서 나타나는 의미 지식 표상의 결함과 대조적이다([글상자 9-1]). 의미적 STM 결함 환자는 가장 경미한 의미 통제의 결함을 보인다. 더 심한 의미 통제 결함일 경우 그림 이름대기나 그림-단어 짝짓기와 같은 단단어 처리에도 큰 어려움이 있다. 통제 결함이 경미한 환자는 단단어보다 단어 목록을 처리해야 할 때에만 의미 처리의 어려움이 나타난다. 그러나 특정한 압박 상황(즉 시간 압박이 있거나 강력한 간섭 단어들 중에서 단어를 선택할 경우)에서는 경도의 환자도 단단어 수준에서 의미적 결함을 보일 수 있다.

**글상자 9-1** 의미기억장애 관련 질환들

- 전두측두엽치매(frontotemporal dementia)의 하위 유형인 의미치매는 의미기억이 상실되는 신경퇴행성 질환으로 측두엽의 손상과 주로 관련된다(전두측두엽치매의 다른 유형들이 전두엽의 퇴행과 더 관련되는 것과 대조적임).
- 의미실어증(semantic aphasia)은 뇌졸중으로 인한 의미적 결함이며, 좌반구 전두엽과 측두두정엽 병변과 주로 관련된다. 의미기억 자체의 손상보다는 의미기억으로의 접근이 손상된 것을 주요 특징으로 본다.
- 단순포진바이러스뇌염(herpes simplex virus encephalitis: HSVE)은 뇌에 염증을 일으키는 중추신경계의 바이러스성 감염으로, 특히 측두엽에서 발생하고 일화기억과 의미기억의 손상에 기인한다(환각 및 성격 변화 등의 다양한 증상이 포함됨).
- 알츠하이머병(Alzheimer disease)은 광범위한 뇌 영역에서 위축이 일어나는 퇴행성 질환이다. 주로 일화기억의 손상과 관련되나 의미기억장애, 특히 생물에 대한 의미기억이 손상된다.

② 선택장애

전술했듯이 좌측 하전두이랑(LIFG, [그림 9-6] 참고)은 언어 표상의 억제와 관련된다. Thompson-Schill과 동료들은 LIFG가 선택, 즉 경쟁 대상들 중 목표 표상을 선택하는 데 관여한다고 주장했다(예: Thompson-Schill, Bedny, & Goldberg, 2005 참고). 예를 들어, 상관성이 매우 큰 단어의 동의어를 선택하거나 특정 차원에서 단어 의미의 관련성을 판단하는 것, 또는 그림 하나에 여러 이름이 있을 때 1개의 이름을 산출하는 것 등이다. Thompson-Schill과 Botvinick(2006)에 따르면, 목표가 아닌 정보를 억제하는 것보다 인지 체계를 목표 정보로 편향시키는 데 어려움이 있기 때문에 이러한 선택장애가 발생한다(Botvinick et al., 2001 참고). 이는 LIFG 손상 시 문장 이해의 결함을 설명하는 데까지 확장되었다. 특히 Novick 등(2005)은 LIFG가 상충되는 표상을 탐지하여 문장 처리에서 잘못 이해된 문장을 재분석하도록 하는 전두엽 체계의 일부라고 설명했다. 브로카영역은 LIFG의 일부이므로, 브로카영역이 손상된 환자의 문장 처리 결함은 구문 손상 자체보다는 재분석의 어려움 때문일 수 있다. Novick 등(2009)은 LIFG 손상 환자가 "Put the frog on the mat in the box"에서 'on the mat'를 목적지로 잘못 해석하는 양상을 극복하기 어려워했다고 밝혔다. 이에 비해 전두엽은 손상되었으나 LIFG의 손상이 없는 환자는 정상적으로 수행했다. LIFG 손상 환자는 경쟁을 해결해야 하는 비문장 과제에서 낮은 수행력을 보였으나 LIFG 손상이 없는 환자는 그렇지 않았다.

#### (3) 단기기억 및 작업기억 장애와 언어 처리에서의 역할 요약

실어증에서처럼 폭의 결함으로 음운 정보가 유지되기 어려운 경우에는 STM 폭이 감소되어도 언어 이해와 표현에 거의 영향을 주지 않는다. 반면, 의미 정보를 유지하는 데 결함이 있으면 언어 이해와 표현 모두에 문제가 발생한다. 그러나 음운적 STM은 새로운 음운 정보를, 의미적 STM은 새로운 의미 정보를 학습하는 데 중요하다. 의미적 STM 결함이 의미 정보의 급작스러운 손실이나 다양한 EF의 손상(억제의 결함 등)과 관련되는지 여부는 논란이 있다. 보다 복잡한 WM의 결함은 실시간의 해석적 측면보다는 문장 처리의 사후해석적 측면을 수행하는 데 영향을 미친다(Caplan & Waters, 1999).

### 4) 의미기억장애

지금까지 STM 체계, 그리고 LTM으로부터 의미, 사실, 보편적 세상 지식에 대한 표상을 인출하거나 유지하고 조작하는 STM의 역할을 중점적으로 살펴보았다. 이러한 표상은 의미, 개념, 특정 경험과 상관없는 보편적 세상 지식과 관련된 장기 의미기억의 일부로, 언어 처리에서 중요한 역할을 한다. 의미기억장애는 의미치매, 뇌졸중, 단순포진바이러스뇌염(HSVE), 알츠하이머병([글상자 9-1] 참고)을 비롯한 다양한 신경학적 질환으로 인해 발생하며 심각한 언어 문제를 초래할 수 있다.

### (1) 의미치매

의미치매는 전두측두엽 치매의 하위 유형으로(나아가 원발성 진행성 실어증[primary progressive aphasia]의 하위 유형으로 간주됨), 좌반구의 위축이 더 크나 양반구 모두에서 앞쪽 측두엽의 위축이 관찰된다([[그림 9-6] 참고) (Mummery et al., 2000). 의미치매 환자는 의미 지식이 감소되면서 표현 및 수용 어휘력이 점차 줄어든다(Hodges & Patterson, 2007; Snowden, Goulding, & Neary, 1989; Warrington, 1975). 특히 보편적이거나 전형적인 지식은 보유되나 개념의 세부적 지식은 먼저 손상된다. 따라서 단어는 좀 더 일반적인 용어(예: '낙타' 대신 '동물')로 대체되며, 그림을 그릴 때 덜 전형적인 특징은 생략된다(예: 의미치매 환자의 낙타 그림에 머리 1개, 귀 2개, 다리 4개는 있으나 혹과 같은 변별적 특징은 생략됨). 단어 표현과 그림 그리기에서 동일한 양상이 나타나는 것은 의미치매의 의미 지식이 다양식적으로 손상됨을 보여 준다. 이와 마찬가지로, 질병이 진전될수록 사물을 사용하는 방법에 대한 지식도 동일하게 손상된다(Bier & Macoir, 2010; Hodges et al., 2000). 의미치매 환자는 표층 실독증(surface dyslexia)을 보여 불규칙 단어(예: yacht)를 규칙 단어로 읽는다(Woollams et al., 2007). 이는 예외 단어(즉 자소-음소 불규칙 단어)를 처리할 때 의미기억의 역할이 중요함을 보여 준다.

의미치매의 결함이 의미기억에 국한되는 점이 특히 중요하다. 의미기억이 심하게 손상되어도 통사 처리, 음운, 계산 능력, 그리기 기술은 보존된다(적어도 초기 단계인 경우; Ash et al., 2006; Hodges et al., 1999). 의미치매는 전두측두엽치매의 다른 형태인 진행성 비유창성 실어증(progressive nonfluent apshasia)과 본질적으로 대조를 이룬다. 즉 진행성 비유창성 실어증 환자의 의미지식은 손상되지 않으나 통사 및 음운은 산출하기가 어렵다(Grossman, 2010). 의미치매 환자의 일화기억이 비교적 잘 보존되는 점도 주목해야 한다(즉 사건에 대한 기억. 그러나 의미기억 손상으로는 입증하기 어려움) (Hodges & Patterson, 2007).

의미치매의 의미기억장애가 특정 양식에 국한되지 않는다는 탈양식적 특징에 근거해, 앞쪽 측두엽이 의미기억에서 비교적 보편적인 역할을 한다는 점을 알 수 있다. 앞쪽 측두엽은 개별적인 양식 특정적 의미 정보를 통합하는 '중추' 역할을 한다(Jefferies et al., 2007; Jefferies & Lambon Ralph, 2006; Lambon Ralph & Patterson, 2008; Patterson, Nestor, & Rogers, 2007; Rogers et al., 2004; Damasio, 1989 참고). 이와 같은 이론은 의미치매 환자와 의미기억장애가 있는 뇌졸중 환자 간의 차이에서 비롯되었다.

### (2) 뇌졸중으로 인한 의미기억장애

의미기억장애는 뇌졸중으로 인한 실어증의 전형적인 증상은 아니나 좌반구 뇌졸중에 기인하므로 의미실어증이라고도 한다. 의미치매와 마찬가지로 의미실어증은 언어 및 비언어 과제 모두에서 의미적 결함을 보인다. 그러나 전술한 바대로 이 두 증상은 인지적 및 신경학적 기저가 다르다(예: Jefferies et al., 2007; Jefferies & Lambon Ralph, 2006; Patterson et al., 2007). 이는 의미치매와 의미실어증의 신경학적 손상이 다르기 때문이다. 의미치매는 주로 앞쪽 측두엽의 손상에 기인하지만, 의미실어증은 대개 좌반구 하전두 또는 측두두정 영역의 손상과 관련된다([그림 9-6] 참고. 뇌졸중은 혈관계의 기능과 연관되어 앞쪽 측두엽의 국소적 병변을 유발하는 경우가 매우 적음; Wise, 2003).

의미치매와 의미실어증에서 나타나는 의미기억장애의 차이는 행동주의적으로 입증되었다. 특히 이름대기장애(단어 찾기 어려움)는 의미치매와 의미실어증에서 흔히 나타나는 증상이나, 의미실어증은 단어를 탐색하는 데 어려움이 있는 반면 의미치매는 탐색할 단어 자체가 부족하다. 의미실어증 환자에게는 음운적 단서(즉 목표 단어의 첫 소리가 제시된 경우)가 유용하나 의미치매 환자에게는 그렇지 않다. 또한 의미치매 환자는 과제 간의 수행이 일관적이고(즉 '낙타'라는 단어를 표현하고 이를 그릴 때 모두 손상됨), 단어의 빈도/친숙도의 영향을 받는다. 이는 저장된 지식(예: 낙타)이 실제로 손실되었음을 나타낸다. 이와 대조적으로 의미실어증 환자는 다양한 유형의 의미 지식을 요구하는 과제에서 전반적으로 일관성을 보이지 않으며, 빈도가 수행에 영향을 주지 않는다. 이는 의미실어증의 의미 결함이 의미기억 자체를 손실한 것이 아니라 보존된 지식에 접근하는 데 결함이 있음을 보여 준다(Jefferies et al., 2007; Jefferies & Lambon Ralph, 2006; Warrington & Shallice, 1979).

탈양식적인 의미 중추의 손상(의미치매)과 의미 접근 체계의 손상(의미실어증) 간의 차이에 관해서는 다양한 반론이 제시되었다(예: Rapp & Caramazza, 1993). 의미실어증은 일부(특정되지 않은) 접근 체계의 장애가 아니라 의미기억의 인출을 관리하는 인지적 통제 처리의 결함에서 비롯된다(Jefferies & Lambon Ralph, 2006). 이를 고려할 때 의미실어증의 의미 인출이 반복되는 과제마다 반드시 다를 필요는 없으나(의미 접근의 결함과 유사함; Warrington & Shallice, 1979), 과제의 통제 요구에 따라 달라져야 한다. 이는 이미 입증된 바 있으나(Jefferies et al., 2007; Jefferies & Lambon Ralph, 2006), 의미적 통제 기제가 여러 복잡한 과제를 제어하고 조정하는 EF 체계의 일부(또는 모두)와 동일한지 여부는 모호하다(Miyake et al., 2000). 그럼에도 불구하고, 저장과 접근/통제를 구분하는 것은 의미기억장애를 이해하는 데 바람직하다.

#### (3) 단순포진바이러스뇌염과 알츠하이머병의 의미기억장애

HSVE와 관련된 가장 보편적인 기억장애는 의미기억보다는 장기 일화기억의 문제이다. 그러나 앞쪽 측두엽 손상이 있는 HSVE는 의미기억장애를 동반할 수 있다(Kapur et al., 1994). 이와 유사하게, 알츠하이머병은 주로 일화기억의 손상과 관련되나 후기 단계로 가면서 의미기억장애도 나타난다(Kramer et al., 2003). HSVE와 알츠하이머병의 의미기억장애는 생물에 국한되며, 인공물에 대한 지식은 보존된다(예: Silveri et al., 1984). 이는 생물과 무생물에 대한 신경학적 표상이 분리되어 있기 때문이다(Caramazza & Shelton, 1998, Barsalou, 1999 참고). 그러나 이러한 분리가 생물과 무생물 간의 차이에 기반한 단일 분포 의미 체계에서 비롯된다는 주장도 있다(예: Tyler et al., 2000). 예를 들어, 생물은 무생물에 비해 공통적인 특징이 많지만 변별적인 속성이 상대적으로 적어 혼동되기가 더 쉽다(Noppeney et al., 2007).

#### (4) 의미기억과 언어: 결론

의미기억은 단어와 개념에 대한 지식의 기초가 되는 기제로서 언어 처리에서 중요한 역할을 한다. 그러나 의미기억의 본질에 관해서는 다소 논란의 여지가 있다. 의미기억이 뇌의 광범위한 영역과 연관된다는 데에는 동의하나, 완전히 분리된 네트워크인지(예: Barsalou, 1999) 혹은 탈양식적인 의미 중추인지(예: Rogers et. al., 2004)에 대해서는 여전히 논쟁 중이다. 여기서 앞쪽 측두엽의 역할을 이해할 필요가 있으며, 신경심리학적 결함(특히, 의미치매)은 이 퍼즐을 맞추는 데 중요하다(Simmons & Martin, 2009 참고).

### 4) 절차기억장애

기억과 언어 처리(정상 및 언어장애 집단 모두) 간의 관계에 대한 연구는 대개 단기 및 WM 또는 장기 서술기억(예: 의미기억)과 같은 외현기억 체계의 역할에 중점을 두었다. 반면에 절차기억과 같은 비서술적 체계의 역할에는 관심이 적었는데, 직관적으로 비서술적 체계와 언어에서 사용되는 지식 유형 간에는 상관성이 적어 보이기 때문이다. 그러나 언어 처리에 있어 절차기억의 중요성을 보여 주는 증거가 있다. 일반적인 학습 기제(예: Elman et al., 1997)를 통해 언어가 습득된다는 점을 고려하면 이를 더 잘 이해할 수 있다. 구문 및 형태소 지식과 같이 언어 지식이 내현적으로 학습되는 영역에서는 절차기억이 특히 중요하다(예: Saffran, Aslin, & Newport, 1996).

언어 처리에서 절차기억의 역할이 중요한 외현 모델은 서술/절차 모델(*declarative/procedural model*)이다(Ullman, 2001, 2004, 2007; Ullman et al., 1997). 이 모델에서 서술기억과 절차기억은 명확히 구분된다. 서술기억은 정보와 사건을 의식적으로 회상하는 것으로, 내측 측두엽과 측두두정 영역이 담당한다. 절차기억은 일을 하는 방법에 대한 무의식적인 기억을 의미하며, 전두엽, 기저핵, 소뇌가 관련된다(Squire & Zola, 1996). 언어 처리에 있어 단어 지식(즉 심상 어휘집)은 서술기억(의미기억 포함)에 의존하는 반면, 언어 규칙(즉 형태 및 구문 지식)에 대한 지식은 절차기억 체계에 의존한다.

굴절형태소, 특히 규칙동사와 불규칙동사의 차이를 통해 언어 처리에 있어 서술기억과 절차기억의 다른 역할을 규명한 연구들이 많다(예: Ullman et al., 1997). 규칙동사 '*look*'의 시제는 형태론적 규칙을 활용하고(예: 과거 시제는 접미사 *-ed*를 사용해 '*looked*'가 됨), '*go*'와 같은 불규칙 단어의 시제 형태(예: '*went*')는 심상 어휘집에서 인출해야 한다(Dell, 1986). 서술/절차 모델에 근거할 때, 의미치매, 알츠하이머병, 순행성 기억상실증(anterograde amnesia)과 같이 서술기억이 손상되고 절차기억이 보존된 환자는 불규칙 형태에서 결함을 보이나 규칙 형태소와 구문 처리는 보존된다. (비교적) 서술기억이 보존되고 절차기억이 손상된 환자는 이와 대조적인 양상을 보인다.

이러한 '절차장애 가설(Ullman & Pierpont, 2005)'의 증거는 발달적 장애에 이어 후천성(또는 성인기 발병) 장애를 중심으로 추후 논의할 예정이다. 이 증거들은 대부분 대안적인 설명임을 알아둘 필요가 있다. 예를 들어, 규칙 및 불규칙 형태소가 다르게 처리되는 것은 규칙과 불규칙 단어가 질적으로 다른 기억 체계(또는 질적으로 다른 유형의 체계. 예: Pinker, 1994)와 관련된다는 의미가 아니다. 이러한 분리는 단일 체계 연결주의 모델(single-system connectionist models)에 근거하는데, 불규칙 형태소가 규칙 형태소보다 의미(그리고 간혹 음운) 정보에 더 의존한다고 가정한다(Joanisse & Seidenberg, 1999). 그러나 이 모델은 논쟁의 여지가 많으며(굴절 형태학의 제한된 영역에도 해당), 본 장에서 논의할 사안이 아니다. 여기서는 절차/서술 모델(Ullman et al., 1997)의 이중 기억 체계 접근에 기반하며, 이는 다른 모델들과 매우 다를 수 있다.

### (1) 절차기억 및 언어의 발달적 결함

암묵적 절차 기제를 통해 언어의 '규칙 기반적' 측면(특히 통사 및 형태소의 처리)을 습득한다는 개념에 근거할 때, 절차기억장애 아동은 이를 학습하는 데 어려움을 보일 것이다. 다음의 보편적인 세 발달장애, 즉 단순언어장애(specific language impairment), 난독증(dyslexia) 및 쓰기장애(dysgraphia), 자폐범주성장애(autism spectrum disorders)는 절차기억장애로 인한 언어장애이다([글상자 9-2]).

**글상자 9-2** 절차기억장애 관련 질환들

- 단순언어장애(specific language impairment: SLI)는 뇌 또는 청력 손상과 관련되지 않으며 다른 발달장애를 동반하지 않는다. SLI는 특히 언어의 구문적 및 형태학적 문제와 관련되고 기초적인 절차기억이 손상된 경우이다.
- 난독증(dyslexia)과 쓰기장애(dysgraphia)는 기초적인 음운 처리의 문제를 보이는 읽기 및 쓰기 상의 발달장애이다.
- 자폐범주성장애(autism spectrum disorders: ASD)는 주로 사회적 및 언어적 장애와 상동행동을 수반하는 발달장애이다. ASD는 인지 및 언어장애가 덜 심각한 아스퍼거증후군(Asperger syndrome)뿐 아니라 자폐증(autism)을 포함한다.

① 절차기억과 단순언어장애

단순언어장애는 지적 장애, 신경학적 및 청력 손상, 심리적 외상 등과 상관없이 언어에만 국한된 언어발달장애이다(Leonard, 1998). SLI가 '순수한' 언어장애라는 점에 대해서는 논란의 여지가 있으며, 매우 이질적인 집단으로 간주된다(van der Lely, 2005). 그럼에도 불구하고 SLI의 두드러진 증상 중 하나는 언어의 형태학적 및 구문적 측면의 결함이다(Rice et al., 2004). 이러한 결함은 '규칙 기반적' 측면으로, 절차기억이 손상되어 발생한다(Ullman & Pierpont, 2005).

SLI의 형태학적 결함은 불규칙 형태소보다 규칙 형태소에 더 큰 영향을 미친다. SLI의 구문적 결함은 논항 구조와 같은 구문의 어휘적 측면에는 영향을 주지 않는다(Ullman & Pierpont, 2005 참고). 이러한 분리는 상대적으로 나타난다. 즉 SLI는 불규칙 형태소에서 덜 심각한 결함을 보이지만, Ullman과 Pierpont(2005)에 따르면 이는 절차적 규칙에 기반한 처리에 의해 언어 양식을 저장하는 데 서술기억이 보완적으로 사용되기 때문이다. 또한 서술 및 절차 기억 체계가 다른 신경학적 체계에 의존하므로, 절차장애 가설에서는 SLI가 전두엽, 기저핵, 그리고 절차적 학습과 관련된 다른 영역에 손상이 있다고 전제한다. Ullman과 Pierpont(2005)는 이를 뒷받침하는 해부학적 증거를 제시했다(Jernigan et al., 1991). 그러나 SLI의 신경생리학적 및 신경해부학적 측면은 완전히 규명되지 않아

(Friederici, 2006), 이에 관한 해석에서 주의를 요한다.

절차장애 가설은 비언어 과제에서 SLI가 절차적 학습/기억장애(서술기억은 보존됨)를 보인다고 명시한다. Ullman과 Pierpont(2005)에 따르면 복잡한 순차적 운동 기술(예: Owen & McKinlay, 1997)의 문제가 절차 학습장애와 관련되며, SLI도 절차 학습 과제의 일부 유형에서 어려움을 보인다. 피험자가 버튼을 눌러 자극의 위치에 단순히 반응하는 연속 반응시간(serial reaction-time: SRT)이 이러한 과제의 예이다. 자극의 위치는 특정 순서 또는 무작위로 제시된다. 자극이 특정 순서로 제시되면 피험자는 그 연결순서를 내현적으로 학습하기 시작해 더 빨리 반응한다(무작위인 경우와 비교할 때). 이와 관련한 Tomblin, Mainela-Arnold, Zhang(2007)의 연구에서 SLI 청소년들은 몇몇 절차 학습이 가능했으나(즉 자극이 순차적으로 제시되면 더 빨리 반응함), 정상군보다 속도가 느리고 어휘량보다 문법적 장애와 연관된 학습이 더 느리게 향상되었다.

절차 학습과 관련한 Kemeny와 Lukacs(2009)의 기상 예측과제(Weather Prediction task; Knowlton, Squire, & Gluck, 1994)에서 피험자는 예측력이 다른 단서(예: 단서 1은 '맑음'을 77%, 단서 3은 42%를 예측함)를 본 후, 날씨를 예측하고('맑음' 또는 '비') 이것이 맞는지를 듣는다. 시간이 지남에 따라 기억장애 환자뿐 아니라 정상인도 예측력이 향상되어, 이 과제가 서술기억에 의존하지 않음을 보여 주었다(적어도 과제 수행의 초기 단계에 해당함. Knowlton et al., 1994). SLI 아동은 성인 또는 연령을 일치시킨 정상 아동에 비해 수행력이 낮고 크게 향상되지 않았다(Kemeny & Lukacs, 2009). 이는 SLI 의 비언어적 절차 학습 능력에 결함이 있음을 시사한다.

그러나 절차장애 가설(그리고 대개 서술/절차 모델)의 핵심은 서술기억이 보존된 상태에서 절차기억이 손상된다는 점이다. 반면에, SLI 아동이 비구어적 서술기억 과제를 잘 수행하나, 구어적 서술기억 과제의 수행력은 떨어진다는 보고도 있다(Lum, Gelgic, & Conti-Ramsden, 2010). 따라서 절차기억장애만 SLI와 관련되는 것은 아니나, 서술기억장애가 어느 정도로 나타나는지는 명확히 규명되지 않았다.

지금까지 SLI의 절차장애 가설을 어느 정도 뒷받침하는 결과들을 제시했는데, SLI가 복잡하고 잘 알려지지 않은 증후군이라는 모호한 설명도 존재한다. 예를 들어, SLI는 언어 특정적인 구문 및 형태소 기제(van der Lely, Rosen & McClelland, 1998), 청각적 처리(Tallal, Stark, & Mellits, 1985), 처리 속도(Bishop, 1994), 음운적 WM(Montgomery, 1995)에 결함이 있다고 간주된다. 이러한 결함들 중 일부(또는 모두)를 통해 절차기억의 기저를 이루는 체계가 손상되거나(Ullman & Pierpont, 2005) SLI의 진단이 이질적임을 알 수 있다.

② 절차기억과 난독증/쓰기장애

발달성 난독증과 쓰기장애는 각각 읽기와 쓰기의 어려움을 보이는 장애로, 시각 및 청각, 교육의 문제와는 연관되지 않는다(American Psychiatric Association, 1994). SLI와 마찬가지로 난독증과 쓰기장애의 근본 원인에 관해서는 논쟁적이며, 이는 부분적으로 두 장애의 상대적인 이질성 때문이다(Heim et al., 2008). 난독증(그리고 쓰기장애. 소수의 연구에 불과함)에 관한 연구에서 근원적인 음운장애(Ramus, 2004; Stanovich, 1988), 또는 거대세포(magnocellular)의 감각처리 과정의 결함(Livingstone et al., 1991)이 제시되었다.

난독증은 서투름 및 소운동(minor motor)장애와 관련되며, 여기에는 기술을 자동화하는 데 어려움을 보이는 것이 해당한다(Nicolson & Fawcett, 1990). 난독증과 쓰기장애는 절차 학습과 기억 체계가 근원적으로 손상된 것이다(Nicolson & Fawcett, 2007, 2011; Ullman, 2004). 하전두 영역, 소뇌 등 난독증에서 구조와 기능이 손상되는 뇌 영역은 절차기억과도 관련되기 때문이다(Demonet, Taylor, & Chaix, 2004). 그러나 난독증의 절차장애를 뒷받침하는 행동주의적 증거는 혼재되어 있다. 난독증이 있는 아동(Vicari et al., 2003)과 성인(Stoodley, Harrison, & Stein, 2006)은 모두 순차적 학습(SRT 과제)에서 비언어적 결함을 보인다. 그러나 SRT나 인위적 문법 학습 과제에서 결함이 나타나지 않는 경우도 있다(Russeler, Gerth, & Munte, 2006). 따라서 절차기억이 난독증에 미치는 영향은 아직 불확실하나, 뉴욕 과학아카데미 연보(Annals of the New York Academy of Sciences)의 최신 특별 호에서 '학습, 기술 습득, 읽기, 난독증'을 다룬 점을 감안할 때 관심이 증대되고 있음을 알 수 있다(Eden & Flowers, 2008).

③ 절차기억과 자폐범주성장애

절차기억장애는 사회적 장애와 의사소통장애를 광범위하게 보이는 발달장애인 자폐범주성장애(ASD)에서 중요한 역할을 한다(American Psychiatric Association, 1994). 다양한 신경학적 문제가 ASD와 관련되나(Courchesne et al., 2005 참고), 이들 중 일부는 소뇌, 전두엽과 같이 절차기억의 신경학적 특성과 연관된 영역이다(Carper & Courchesne, 2000). 절차장애 가설과 마찬가지로(Ullman et al., 1997), ASD는 구문과 규칙 굴절형태소를 사용하는 데 결함이 있다(적어도 언어장애를 동반한 하위 유형들에 해당함. Tager-Flusberg, 2006). 반면에, 서술적 언어 지식(예: 어휘, 불규칙 형태소)은 비교적 보존된다(Ullman, 2004; Walenski, Tager-Flusberg, & Ullman, 2006).

ASD의 절차 학습은 비언어적 영역에서도 연구되었다. 정상인에 비해 ASD 환자는

SRT(Gordon & Stark, 2007, Mostofsky et al., 2000) 등의 과제에서 절차 학습의 양이 더 적다. 그러나 이러한 차이가 없다는 연구 결과도 있다(Brown et al., 2010). 인위적 문법 학습에서 절차기억을 담당하는 전두-측두-두정 신경망을 분석한 fMRI 연구에 따르면, ASD 환자(보편적인 발달과 다름)는 추가적인 단서를 활용하지 못하고 학습 활동에 변화가 없다(Scott-Van Zeeland et al., 2010). 따라서 ASD는 절차기억의 기능이 매우 다름을 알 수 있다. 그러나 이러한 차이가 ASD의 언어장애를 충분히 설명할지는 불확실하다.

### (2) 절차기억 및 언어의 후천성 장애

서술/절차 모델은 절차기억이 규칙에 기반한 언어 습득뿐 아니라 규칙의 적용과도 관련된다고 전제한다. 따라서 절차기억장애는 후천성 언어장애와도 관련된다. 특히 절차기억장애는 실어증, 파킨슨병, 헌팅턴병에서 나타나는 언어장애의 기초가 된다. 이 질환들은 알츠하이머병에서 관찰되는 서술 지식의 후천적 결함과 대조적인 양상을 보인다(예: 규칙 형태소보다 불규칙 형태소에서 더 심한 결함을 보임) (Ullman et al., 1997).

#### ① 절차기억과 실어증

Ullman과 동료들(Ullman, 2004; Ullman et al., 2005, 1997)에 따르면, 유창성 실어증(수용성 또는 후방성 또는 베르니케 실어증)은 주로 서술적 체계의 손상으로, 비유창성 혹은 실문법적 실어증(표현성 또는 전방성 또는 브로카실어증)은 절차적 체계의 손상에 기인한다. 실제로 좌측 전두엽 병변의 실문법적 실어증 환자는 과거 시제의 불규칙 형태소보다 규칙 형태소에서 더 큰 어려움을 보였다. 반면, 좌측 측두두정엽 병변의 유창성 실어증 환자는 불규칙 형태소에서 더 큰 결함이 있었다(Ullman et al., 2005; Marslen-Wilson & Tyler, 1997; Miozzo & Gordon, 2005). 그러나 실문법적 실어증 환자가 불규칙 형태소를 더 어려워한다는 연구 결과도 있으며(예: de Diego Balaguer et al., 2004), SRT 과제와 같은 비언어적 절차기억이 보존된다는 보고도 있다(Goschke et al., 2001; Orrell et al., 2007). 흥미롭게도, 실문법적 브로카실어증 환자는 언어 자극(음운 순서; Goschke et al., 2001)이 포함된 절차기억 과제에서 결함을 보인다. 따라서 언어의 몇몇 절차 학습은 영역의 체계별로 다를 수 있다(Conway & Pisoni, 2008).

#### ② 절차기억과 기타 후천성 언어장애

Ullman(2004)은 파킨슨병, 헌팅턴병과 같이 절차기억의 근원적인 결함으로 인해 언어장애를 보이는 다양한 후천성 증후군을 제시했다. 언어장애가 이 증후군을 대표하지는 않으나 절차기억에서 중요한 영역, 특히 기저핵(basal ganglia; Albbin, Young, & Penney, 1989)이 손상되므로 절차장애 가설에 근거할 때 구문 및 불규칙 형태소를 처리하는 데 결함이 있다고 전제한다. 실제로 파킨슨병과 헌팅턴병 환자는 형태소를 비정상적으로 사용한다(파킨슨병은 규칙 형태소 사용의 결함을, 헌팅턴병은 규칙 형태소의 규칙에 대한 과도한 사용을 보임; Ullman et al., 1997). 이들은 SRT 과제에서 절차기억의 결함도 나타낸다(Knopman & Nissen, 1991; Siegert et al., 2006). 그러나 불규칙 형태소(Longworth et al., 2005)나 인위적 문법 학습과 같은 다른 절차기억 과제에서는 정상적으로 수행하기도 한다(Knowlton et al., 1996; Witt, Nuhsman, & Deuschl, 2002).

#### (3) 절차기억과 언어: 결론

전술한 바와 같이 절차장애 가설(Ullman & Pierpont, 2005)에 전혀 문제가 없는 것은 아니다. 규칙 및 불규칙 형태소가 별도의 기억 체계에서 처리된다는 가설(절차장애 가설의 근거)에는 논란의 여지가 있다(Kielar, Joanisse, & Hare, 2008; Pinker & Ullman, 2002). 또한 절차기억장애는 대개 언어의 규칙 기반적 측면에서 보이는 결함이 모호하다. [그러나 윌리엄스 증후군은 외현적으로 반대의 양상을 보이는데, 절차기억장애가 있는 듯하나(Vicari, Bellucci, & Carlesimo, 2001) 불규칙 형태소를 사용하는 데 어려움이 있음(Clahsen & Almazan, 1998). 이는 절차장애 가설의 전제와 대조적임]

그럼에도 불구하고 절차장애 가설은 서술기억과 절차기억의 차이를 기반으로 발달적 및 후천적 언어장애를 통합적으로 설명할 수 있다. 지각장애 가설(perceptual deficit hypothesis)에서는 향후 기억과 관련된 다양한 언어장애를 설명하기 위해 여러 유형의 절차기억을 고려해야 한다(즉 SRT 및 인위적 문법 과제에서 지각적 학습이 구분되는 것은 적어도 지각기억 체계가 변별적임을 나타냄).

### 5) 장기 일화기억장애

절차장애 가설은 의미기억 및 일화기억이 포함된 서술기억과 절차기억 체계를 대조한다. 의미기억장애(예: 의미치매)는 언어 처리에서 의미적 LTM의 중요성을 명확히 보여 준다. 그러나 언어 처리가 장기 일화기억, 즉 과거의 경험을 기억할 수 있는 체계에 얼마나 의존하는지는 규명되지 않았다(Tulving, 1972, 2002).

일화기억의 결함([글상자 9-3])은 측두엽 내측의 손상으로 인한 순행성 기억상실증과 관련된다. 심한 기억상실 환자도 STM의 범위가 정상적이고(Baddeley & Warrington, 1970) 구문 처리와 기억이 보존되며(예: Ferreira et al., 2008), 의미기억이 유지될 수 있다. 그러나 기억상실 환자는 대개 증상이 시작된 이후 새로운 단어의 의미를 포함한 정보를 학습할 수 없다(Gabrieli et al., 2003). 기억상실 이전의 사건에 대한 일화기억은 보존되나(Squire, Stark, & Clark, 2004), LTM의 단일 체계 내에서 새로운 LTM(의미적이거나 일화적인 기억)을 생성하는 능력이 손상된다(Wilson & Baddeley, 1988). 그러나 발달성 기억상실의 경우 의미기억이 상대적으로 보존되는 반면(Baddeley, Vargha-Khadem, & Mishkin, 2001; Vargha-Khadem et al., 1997), 일화기억은 심하게 손상된다. 일화기억장애는 해마의 손상에 기인하지만, 의미기억장애는 대뇌 피질의 손상과 관련된다(Mishkin et al., 1997).

**글상자 9-3** 장기기억장애 관련 질환

- 순행성 기억상실증(anterograde amnesia)은 새로운 서술기억을 생성할 수 없는데, 주로 외상성 뇌손상이나 몇 가지 약물 복용에 기인한다. 이는 해마를 포함한 측두엽 내측의 양쪽 손상과 관련된다.

언어 처리에 영향을 주는 장기 일화기억장애를 이해하는 데 한 가지 문제점이 있다. 즉 결함이 일화기억에만(의미기억은 아님) 국한된다는 것은 다소 논쟁이 될 수 있다. 또 기억상실은 대개 언어 문제를 수반하지 않는 것으로 간주되며(Milner, 2005), 의미기억이 보존되고 일화기억이 심하게 손상되어도 언어 능력은 정상일 수 있다(Vargha-Khadem et al., 1997). 이는 결국 언어 학습이나 처리에서 일화기억이 중요한 역할을 하지 않음을 보여 준다.

잘 알려진 기억상실 환자인 H. M.의 사례는 언어 능력이 보존된다는 보편적인 견해와 달랐다. H. M.은 중증 뇌전증을 치료하기 위해 내측 측두엽을 절제한 후 심한 기억상실을 겪었다(Scoville & Milner, 1957). 원래 언어 능력은 정상이라고 보고되었으나(Milner, Corkin, & Teuber, 1968), 추후 기억장애와 유사한 정도의 언어장애를 보였다. 특히 MacKay와 동료들의 연구에서 H. M.은 모호한 문장의 다양한 의미를 파악하지 못하고(MacKay, Stewart & Burke, 1998) 구문 처리장애가 있으며(MacKay, Burke, & Stewart, 1998; MacKay et al., 2007), 저빈도 단어를 처리하는 데 결함을 보였다(James & MacKay, 2001; MacKay & Hadley, 2009).

앞서 언급했듯이, 이러한 장애는 일화기억장애가 아니라 새로운 의미기억을 형성하는 데 문제가 있음을 나타낸다(예: H. M.의 손상된 언어 처리는 의미 지식의 점진적 저하를 반영함). 이러한 결과에 좀 더 주목할 필요가 있다. H. M.의 언어장애를 발견하지 못하거나(Kensinger, Ullman, & Corkin, 2001; Skotko, Andrews, & Einstein, 2005; Skotko, Rubin, & Tupler, 2008), 언어장애가 개인 특정적이며 측두엽 병변과 상관없다는 견해도 있기 때문이다(Schmolck et al., 2002; Stefanacci et al., 2000). 후자와 관련해 고려할 문제는, H. M.이 난치성 간질을 치료하기 위한 수술을 받았고 간질이 비정상적인 언어 처리와 연관된다는 점이다(Mayeux et al., 1980).

**일화 장기기억과 언어: 결론**

일화기억을 관장하는 별도의 체계가 있다는 논쟁뿐 아니라 일화 LTM에 국한된 장애가 드물다는 사실 때문에(Squire et al., 2004), 장기 일화기억과 언어 처리의 관계는 거의 규명되지 않았다. 그러나 H. M. 및 다른 기억상실 환자들이 새로운 의미 정보를 학습하는 데 큰 어려움이 있다는 것은 분명하다(물론 일화기억장애에 관한 논의는 거의 없음).

## 2. 결론

언어와 의사소통장애는 일반적으로 언어적 결함으로 간주되지만, 언어적 문제의 대부분은 기억 체계에 기반한 기능상의 문제로 인해 발생한다. 이는 당연한 사실이다. 즉 언어는 인지적 요구가 많은 복잡한 체계이고 대부분(아마도 모두) 기억에 크게 의존한다. 단기기억 및 WM 장애는 단어를 학습하고 구와 문장을 계획하며 복잡한 명제를 이해하는 능력에 영향을 미친다. 또한 장기 의미기억장애는 단어 지식과 의미 정보에 접근하는 데 영향을 준다. 절차기억장애는 통사적 처리(예: 구문과 형태소)에 관여하고, 일화기억장애는 의사소통 맥락에 영향을 미친다. 의문과 쟁점이 많은 것은 당연하나, 언어에 있어 기억 체계의 역할에 대한 향후 연구를 통해 이를 이해할 수 있을 뿐 아니라 언어 및 의사소통장애의 진단과 치료를 향상시키는 데 기여할 것이다.

# 제10장 언어 처리장애

Tracy Love & Kathleen Brumm

개요



## 1. 서론

우리는 정상적인 대화에서 이루어지는 언어 이해와 표현의 놀라운 과정들을 당연시한다. 즉 타인에게 자신을 표현하고 타인이 전달한 것을 이해함으로써 빠르고 쉽게 대화할 수 있다. 그러나 언어 이해와 표현은 매우 복잡한 과정으로, 정상적인 언어 처리에 있어 여러 과정을 거치며 기본적인 음운 처리, 어휘 접근, 구문 분석, 담화 수준의 처리 등 다양한 언어 수준이 요구된다. 본인이나 지인이 신경학적 손상을 경험한 후에야 언어 처리가 얼마나 복잡하고 전문화된 과정인지를 인식한다. 초기 과학자들은 여러 유형의 신경학적 손상으로 인한 언어장애를 통해 언어 처리 과정과 언어 체계의 구조를 파악하기 시작했다. 이러한 초기 연구는 언어의 보편적인 요소(표현 및 이해)를 행동주의적으로 폭넓게 설명했으며, 최근에는 각 구성 요소별로 처리 단계가 논의되었다.

이 장에서는 뇌손상 환자를 대상으로 언어 처리의 본질과 과정을 살펴볼 것이다. 또한 후천성 언어장애와 정보 처리 관점에서의 근거를 알아본다. 특히 후천성 언어장애에서 보이는 문장 수준[1]의 언어 처리장애에 대한 심리학적 근거를 논의할 것이다. 이러한 비정상적인 언어 처리의 원인이 되는 특정 신경학적 부위도 살펴보고자 한다.

이 장의 내용과 관련된 몇 가지 원칙이 있다. 첫째, 언어 처리의 본질을 이해하기 위해

1) 第6장에서 살펴본 바와 같이, 문장은 대개 언어 처리의 기본적인 분석 단위이며, 이 장에서도 전반적으로 문장 수준의 언어 처리장애를 다룰 것이다(단, 담화를 포함한 모든 수준에서 뚜렷한 어려움이 있음).

서는 먼저 해당 분야의 연구에서 사용되는 다양한 방법을 파악해야 한다. 여기서는 이러한 방법들과 각각의 장단점을 논의할 것이다.

둘째, 언어를 처리하는 데 있어 뇌는 다양한 기술과 접근법을 사용한다. 여기에는 자동화 과정, 문제해결, 전문적 전략, 상위언어적(meta-linguistic) 속성 등이 포함된다. 초기나 자동화 작업부터 최종적인 이해에 이르기까지 언어 처리의 어느 단계에서 문제가 발생하는지를 알아본다. 광범위한 영역(말소리 지각부터 담화까지의 과정 및 모든 중간 과정)을 다루어야 하므로, 실어증의 양상과 크게 연관된 청각적 언어 처리의 어휘 및 문장 구조에 초점을 둘 것이다.

셋째, 국소적이고 후천적인 신경학적 손상(특히 뇌졸중)으로 인한 언어장애는 언어 처리에 (크게) 관여하는 뇌 영역의 기능을 조명하는 데 유용하다([글상자 10-1]).

### 글상자 10-1 국소적 vs. 광범위한 신경학적 외상과 언어장애

#### 후천성 언어장애(Acquired language disorders)

후천성 언어장애는 신경학적 외상(뇌졸중, 외상성 뇌손상) 또는 신경학적 질환(예: 알츠하이머병, 파킨슨병, 조현병)으로 인해 발생하는 언어장애이며, 이들은 일정 정도의 언어 손상을 일으킨다.

#### 뇌졸중(Stroke)

혈액 공급이 원활하지 않을 경우 뇌 세포들 중 일부가 소실된다. 이는 막힘(허혈성 뇌졸중)이나 출혈(출혈성 뇌졸중)로 인해 발생한다. 뇌졸중은 손상된 특정 뇌 영역이 문제행동과 연관되므로 이를 대상으로 한 실어증 연구가 많다. 막힘이나 출혈의 영향을 받지 않은 다른 영역의 구조 및 기능은 정상이라는 전제하에 결함을 연구한다.

허혈성 뇌졸중 (Ischemic stroke)

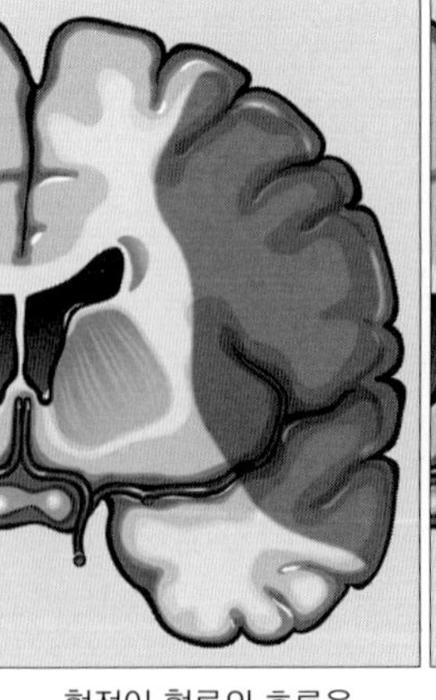

혈전이 혈류의 흐름을 차단함

출혈성 뇌졸중 (Hemorrhagic stroke)

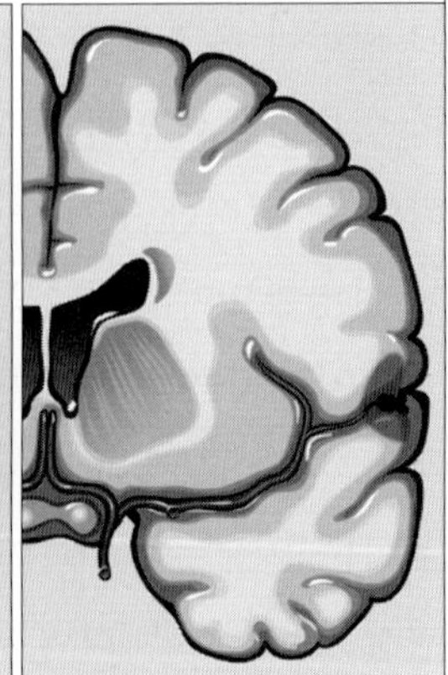

출혈은 뇌 조직의 안팎에서 발생함

A

#### 외상성 뇌손상(Traumatic Brain Injury: TBI)

40세 미만에서 가장 흔한 뇌손상 형태이다. TBI는 '개방성' 또는 '폐쇄성' 두부 손상으로 분류되는데, 전자는 관통성 외상(예: 총상), 후자는 뇌가 두개골 내부에서 부딪치는 사고(예: 자동차 충돌)에 기인한다.

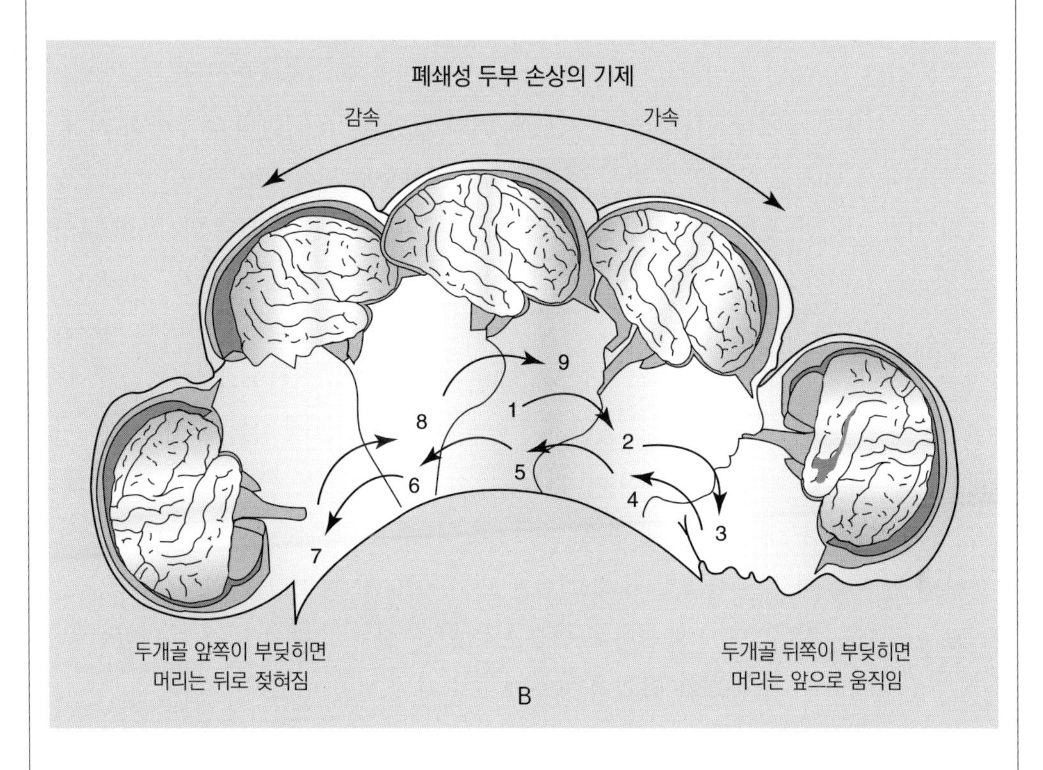


TBI는 다양한 언어 및 인지 장애를 일으킨다. 기초적인 인지장애는 언어 문제를 악화시키거나 언어 결함과 유사할 수 있다.

Brain Injury News and Information Blog http://braininjury.blogs.com에서 인용.

또한 뇌졸중 이후 발생할 수 있는 언어장애의 범주(유형)를 제시하고, 뇌와 언어의 관계에 대한 경험적 근거를 살펴보고자 한다. 언어의 비우세 반구(대부분 우뇌)에서 발생하는 경미한 언어적 결함도 간략히 논의할 것이다.

이러한 논의를 통해 언어 처리의 다양한 수준과 그 기초가 되는 신경학적 및 인지적 구조를 이해함으로써 신경학적 손상 환자들이 정상 청자와 어떻게 상호작용해야 할지를 파악할 수 있다. 이는 뇌손상 이후에 나타나는 언어 처리의 결함을 이해하고, 기존의 신경학적 언어 처리 모델을 발전시키는 데 유용하다. 포괄적이고 명확한 언어 처리 모델은 언어장애의 전문적 중재법을 개발하는 데 활용될 수 있다(제14장 참고).

## 1) 역사적 관점

언어 처리장애의 초기 연구들을 훑어봄으로써 최근의 연구들이 어떻게 시작되었는지를 알 수 있다. 1800년대 이전부터 다양한 뇌손상에 의한 언어장애들이 보고되었다. 그러나 특정 손상과 장애를 연결시키는 시도는 거의 없었다. 1800년대 중후반의 사례 및 집단 연구에서 뇌졸중 이후의 후천성 언어장애를 대상으로 뇌의 언어 처리 방식이 많이 논의되었다. 이러한 유형의 언어장애가 오늘날의 실어증이며, 구어, 수화, 문어의 양식으로 언어를 표현하고 이해하는 능력이 주로 손상된다(자세한 내용은 〈부록 10-1〉 참고).

실어증은 신경학적 외상(대개 뇌졸중)으로 인해 이차적으로 발생하며, 언어를 지원하는 뇌 영역이 적절히 기능하지 못한다. 대부분 좌반구의 손상에 기인한다. 감각이나 지능, 정신기능에 의한 손상은 실어증을 유발하지 않는다.[2] 또한 근력 약화나 일반적인 인지장애로 인한 경우는 배제되나, 언어뿐 아니라 주의력, 기억력 등 인지 처리의 결함에 주목하는 견해도 있다(제8장 및 제9장 참고).

실어증 연구의 역사를 이집트 시대(기원전 3000~2500년)까지 거슬러 올라가는 일은 흥미로우나 쉽지 않다. 당시의 잘못된 믿음으로 인해 신체 기관의 기능적 역할이나 인간 행동을 설명하는 데 한계가 있었기 때문에 모순된 가설들이 쉽게 발견된다. 수 세기 전 고대 이집트인들이 이미 머리 부상과 언어 표현 간의 상관성을 주장했으나, 아리스토텔레스(Aristotle, 기원전 360년)는 심장이 정신기능을 담당한다고 여겼다(Edwin Smith Surgical Papyrus, Breasted 참고, 1930; Garcia-Albea, 1999). 당시에는 언어장애와 지능 또는 보편적 인지기능 간의 관계에 초점을 두는 이들이 많았다(〈부록 10-1〉 참고).

1861년 프랑스의 신경학자 Paul Broca는 국소적인 뇌손상 이후 발생한 언어장애를 언급했는데, 이는 가장 잘 알려진 초창기 논의였다(Broca, 1861). Broca는 한 단어("tan") 외에는 말하지 못하는 환자에게 언어 이해 능력이 보존되어 있다고 기술했다. 환자가 사망한 후 부검한 결과에서 좌뇌 하전두 부위의 손상을 확인했다([그림 10-1], BA 44-45). 그래서 Broca는 이 주변 영역이 말의 산출 능력을 담당한다고 결론 내렸다. 이에 따라 '브로카실어증'은 주로 좌뇌의 하전두 영역이 손상되어 발생한다고 알려졌다.

---

2) 역사적으로 이에 대한 견해가 항상 일치되지는 않았다. 1800년대 후반에 지능, 감각 및 정신 기능이 실어증과 연관된다는 보고도 있었다(Goldstein, 1924-원문 인용; Head, 1926; Jackson, 1878; Marie, 1906; Trousseau, 1865). 〈부록 10-1〉 참고.

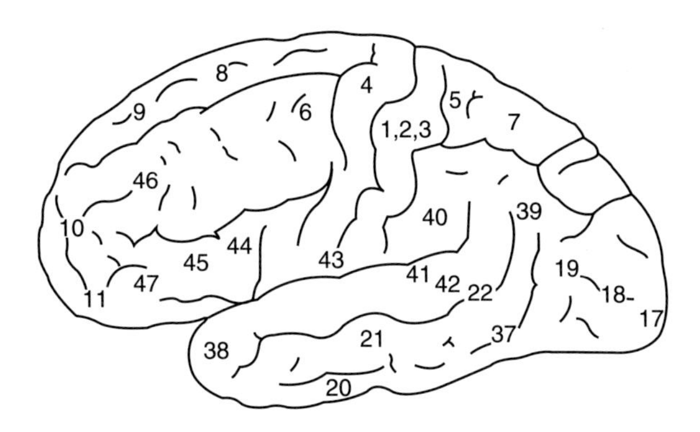


그림 10-1 브로드만영역(Brodmann area: BA)이 표시된 뇌의 좌반구

독일의 신경학자 Korbinian Brodmann(1909)은 피질 영역을 52개로 구분하여 인간의 뇌 지도를 제시함. 현재 BA로 알려진 각 영역은 세포 구조(cytoarchitecture), 즉 세포 조직을 기반으로 분류된 대뇌 피질 영역임. 언어 처리와 관련된 영역은 BA 44, 45, 22이나 여러 영역이 언어기능에 관여한다고 보고됨.

10년 후 독일의 신경학자 Karl Wernicke는 뇌의 손상 영역과 언어장애 간의 상관성을 연구했다(Wernicke, 1874). 즉 좌뇌의 하전두 영역 외에도 언어장애를 일으키는 다른 영역들이 있으며, 그 증상은 관련된 뇌 영역에 따라 다르다. 특히 Wernicke는 좌뇌의 상측두이랑이 손상되면 언어 이해에 결함을 보이므로 이들이 상호 연관된다고 주장했다([그림 10-1] 참고). 이에 근거하여 '베르니케실어증'은 좌뇌의 상측두이랑이 손상되어 발생하는 언어 이해장애로 간주되었다. Broca와 Wernicke의 연구는 뇌손상 및 언어(여러 행동들 중)에 미치는 영향에 관한 논의를 촉발시켰다.

당시의 '실어증' 연구는 두 가지 중요한 특징을 보인다.[3] 첫째, 특정 언어기능(예: 표현, 청각적 이해)이 특정 신경학적 영역에 의해 제어되므로 해당 영역의 손상은 특정 언어장애를 일으킨다고 가정한다. 뇌-행동 관계의 특성은 흥미로울 수 있으나, 이 같은 견해가 추후 어떻게 변화하는지를 이 장의 후반부에서 살펴볼 것이다. 언어는 단순한 '입력-출력'보다 훨씬 더 복잡한 체계이다.

초기의 실어증학은 설명적이었는데, 언어장애를 직접적으로 관찰할 수 있는 행동(즉 환자의 뚜렷한 증상)으로 간주했기 때문이다. 그러나 Broca와 Wernicke 이후 제시된 베르니케-리히타임 모델(Wernicke-Lichtheim model) (Lichtheim, 1885)은 뇌졸중에 기인한

3) '실어증'이라는 용어는 1800년대에 이와 관련된 많은 연구들에 근거했다. 〈부록 10-1〉 참고.

실어증의 양상을 예측하는 첫 번째 시도가 되었다. [글상자 10-2]에 제시된 이 모델은 신경학적 외상 부위와 증상에 기반하여 실어증의 하위 유형이나 집단을 예측할 수 있다. 말하기나 알아듣기와 같은 언어 영역에서 증상이 나타나는데, 핵심 영역 내의 '병변(손상)'과 영역들 간의 연결을 통해 언어장애 양상을 예측한다. 예를 들어, 운동 중추가 손상되면 브로카실어증이 발생하는 반면 청각 중추가 손상되면 베르니케실어증이 나타난다. 청각-운동 경로의 병변은 전도실어증 등의 단절 증후군(disconnection syndrome)을 일으켜 따라말하기 능력을 제한한다. 따라서 이 모델은 '연결주의(connectionism)[4]'를 특징으로 하는 실어증학의 시대를 열었다. 당시의 연결주의는 고차원적 정신기능이 여러 피질 영역들 간의 연결과 관련된다고 가정했다(Ahlsen, 2006). 이후 연결주의의 지지자인 Norman Geschwind는 신경학적 영역 간의 분리가 언어장애를 일으킨다는 이론을 발전시켰다(Geschwind, 1965). 연결주의는 오랫동안 실어증학의 중요한 개념이었다(이의 변화에 대해서는 여전히 활발히 연구 중임).

**글상자 10-2** 실어증의 언어장애에 대한 베르니케-리히타임 모델(Wernicke-Lechtheim Model)의 적용

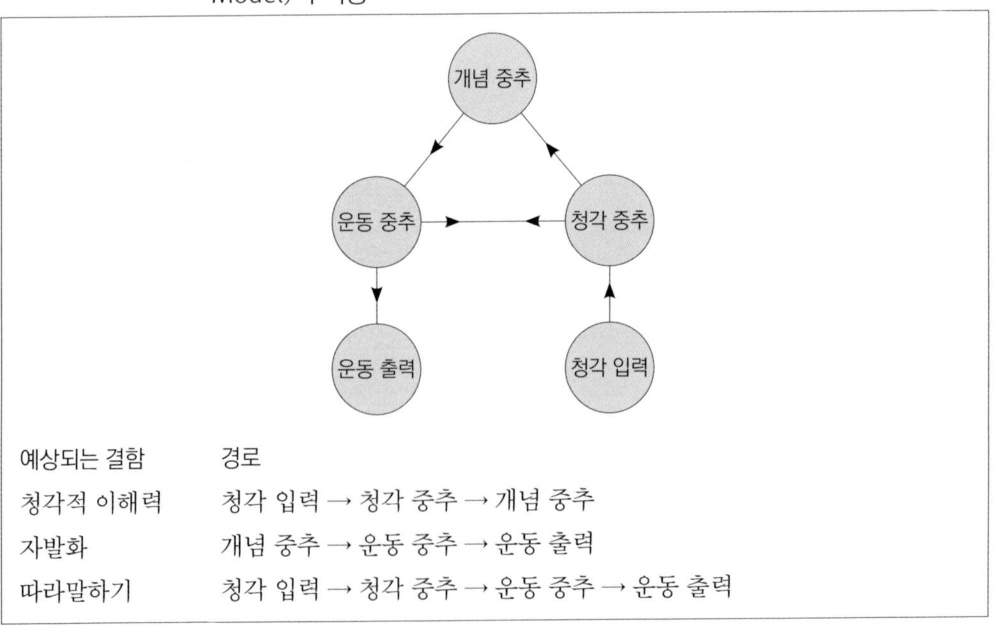


| 예상되는 결함 | 경로 |
|---|---|
| 청각적 이해력 | 청각 입력 → 청각 중추 → 개념 중추 |
| 자발화 | 개념 중추 → 운동 중추 → 운동 출력 |
| 따라말하기 | 청각 입력 → 청각 중추 → 운동 중추 → 운동 출력 |

4) 1870년대 후반의 연결주의는 오늘날과 다르다. 오늘날의 '연결주의(일명 '병렬 분산 처리')'는 인지 모델을 설명하는 데 인공신경망, 컴퓨터를 활용한다(Feldman & Ballard, 1982).

현재의 실어증 연구(본 장의 초점)는 Caramazza와 Zurif(1976) 및 다른 연구자들에 의해 시작되었는데, 이들은 실어증의 언어 처리 결함이 여러 단계로 구분된다고 주장했다(본 장 후반부의 '실어증의 언어장애 이론' 참고). 실제로 최근 연구는 실어증의 처리 결함을 통해 관찰 가능한 언어 문제를 설명하는 데 목적을 둔다. 이러한 처리 중심의 연구를 설명하기에 앞서 실어증의 주요 유형/증후군을 간략히 소개하고, 증후군들 간에 나타나는 처리의 차이를 살펴본다.

## 2. 실어증의 유형

여기서는 실어증의 주요 분류(또는 하위 유형) 중 일부를 제시한다. 특히 주요 하위 유형들 중 전형적인 유형을 다룰 것이다. 실어증의 유형 중 '순수한' 사례는 거의 드물다.

브로카실어증은 머뭇거리고 비유창한 발화가 전형적인 특징이다. 문법적 기능어(예: 'is', 'and', 'the')와 굴절형태소(시제, 일치, 수, 성 관련)는 언어 표현(구어나 문어)에서 자주 생략되고, 내용어 중심의 표현이 많다. 브로카실어증 환자는 "The boy and the girl are falling"을 "boy girl fall"이라고 표현한다([그림 10-2], A, B). 그러므로 언어 표현은 전보식 또는 실문법적('문법이 소거됨')이다. 1970년대에 브로카실어증의 실문법적 특성이 언어 이해로도 확장된다는 사실이 밝혀졌다. 이전에 언어 이해의 결함을 간과했던 것은 단단어 및 간단한 문장의 이해가 비교적 보존되기 때문이었다. 브로카실어증의 언어 결함은 비표준 구조(즉 수동문과 목적격 관계절, 제6장 참고)와 같은 보다 복잡한 문장 구조를 이해하는 것으로 확장된다. Caramazza와 Zurif(1976)는 이러한 비표준 문장의 결함을 연구했다. 브로카실어증 환자는 가역성 명사구가 포함된 문장(예: "The boy was chased by the girl"에서 행위인 chase를 boy나 girl이 모두 수행할 수 있는 문장)을 잘 이해하지 못했다. 가역적 구성 요소가 없는 비표준 문장을 이해하는 능력은 이와 대조적이었다(예: "The ice cream was eaten by the boy"에서 행위인 eat은 명사 boy만 수행할 수 있으므로 ice cream을 주어로 여길 가능성이 감소됨). 브로카실어증 환자가 비표준 문장 구조를 이해하는 데 어려움이 있다는 점에 근거하여, 문장의 표현과 이해에 언어의 문법적 구성 요소가 사용되지 않는 '전반적 실문법증(overarching agrammatism)'이라는 용어가 등장했다(세부 내용은 추후 설명). 이 같은 실문법증 외에 브로카실어증 환자는 따라말하기 능력이 손상된다(〈표 10-1〉).

A

브로카실어증 환자의 자발화(환자는 그림책 〈신데렐라〉를 보고 이야기를 다시 말함)

**검사자:** 이야기를 말해 주세요.
**환 자:** 행복한 브, 알, 발레리나. 몰라. 어, 이름.
**검사자:** 괜찮아요. 계속해 보세요.
**환 자:** 언니 둘. 엄마 나빠. 청소-해. 옷. 새. 어, 쥐. 하나, 둘, 셋. 어, 천사? 요정! 울어. 또 어, 음, 엄마 어, 엄마 잠-가.
**검사자:** 아.
**환 자:** 예! 엄마, 엄마, 엄마! 또 어, 집과 개. 지팡이. 어, 어, 머, 머, 먹, 잠가 잠 모핀[머핀]. 또 어, 쥐와 새 또는?
**검사자:** 전 몰라요.
**환 자:** 어 음, 어, 지루해. 곱슬. 예뻐. 또 어, 열두, 신발. 어, 달-려. 또 어, 언니. 음? 신발? 하나. 신발? 저기? 더 커. 어, 또 어, 맞아.
**검사자:** 흠?
**환 자:** 맞아(신발 신는 동작).
**검사자:** 맞았어요.
**환 자:** 예. 또 [항상] 항상.
**검사자:** 잘하셨어요.

B

She a girl.
Man a book.
Chidren a sand.
Dog
Radio off.
Sande - feel.
a girl dride.

**그림 10-2** A: 브로카실어증 환자의 〈신데렐라〉 이야기 다시 말하기
B: 동일 환자의 웨스턴실어증 검사(Western Aphasia Battery)의 쓰기

A는 Courtesy of the Cognitive Neuroscience Laboratory, SDSU임. B는 Kertesz, A. (1982)의 *Western Aphasia Battery*. New York: Grune and Stratton에서 인용.

〈표 10-1〉 실어증의 유형 및 관련 증상

| 실어증 유형 | 말하기 | 알아듣기 | 따라말하기 | 이름대기 |
|---|---|---|---|---|
| 비유창성 | | | | |
| 브로카 | 중단됨, 실문법증 | 비표준 구문에서 손상 | 어려움 | 어려움 |
| 연결피질운동 | 중단됨, 실문법증 | 비표준 구문에서 손상 | 손상되지 않음 | 어려움 |
| 전반 | 심각하게 손상됨 | 심각하게 손상됨 | 어려움 | 어려움 |
| 유창성 | | | | |
| 명칭 | 단어 찾기 어려움, 에두르기 있으나 유창함 | 손상되지 않음 | 손상되지 않음 | 중도 이상의 어려움 |
| 베르니케 | 유창함, 수월함, 착어증 | 어려움 | 어려움 | 어려움 |
| 연결피질감각 | 유창함, 수월함, 착어증 | 어려움 | 손상되지 않음 | 어려움 |
| 전도 | 유창함, 수월함 | 손상되지 않음 | 어려움 | 손상되지 않음 |

브로카실어증과 실문법적 실어증의 하위 유형은 일반적으로 좌뇌의 하전두 영역이 손상되어 발생한다([그림 10-3]). 그러나 브로카실어증과 유사하지만 피질하 영역이 손상된 사례도 보고되었다(Alexander, Naeser, & Palumbo, 1987; Fridriksson, Bonilha, & Rorden, 2007). 이 같은 불일치로 인해 뇌 영역-행동 간의 관계를 명확히 연결하기가 어렵다.

브로카실어증과 마찬가지로, 연결피질운동실어증 환자는 비유창하고 전보식이나 실문법적 발화를 산출한다. 그러나 브로카실어증과 달리 따라말하기 능력이 대부분 양호하다. 브로카영역의 주변부, 상전두엽의 앞쪽 손상과 관련된다.

브로카실어증이나 연결피질운동실어증에서 보이는 비유창하고 실문법적인 발화와 대조적으로, 베르니케실어증 환자는 유창하고 문법적인 발화를 산출한다. 초기에는 유창성실어증에서 발화의 유창성이 '보존'되므로 베르니케실어증도 언어 이해의 결함만 나타난다고 여겼다. 그러나 〈표 10-2〉와 같이 유창성실어증도 언어 표현의 손상으로 착어증(paraphasias)을 보이는 경우가 많다.

〈표 10-2〉 착어의 예

| 착어 유형 | 특징 | 예 |
|---|---|---|
| 음소착어(글자착어) | 단어 내에서 한 음소를 다른 음소로 대치 | /spun/ → /pun/<br>/television/ → /tevilision/ |
| 신조어(자곤, 횡설수설) | 목표단어와 음소적 및 의미적 연관성이 없는 소리로 대치 | /pencil/ → /glick/ |
| 의미착어(구어착어) | 다른 단어로 대치하나 항상 의미적 연관성이 있는 형태는 아님 | /soared/ → /flew/ |

베르니케실어증의 착어에는 자곤(Jargon)이나 신조어(neologistic paraphasias)가 포함된다. 이는 화자의 언어에 있는 단어처럼 들리지만 실제로는 그렇지 않다. 예를 들어, 베르니케실어증 환자는 'glick'과 같이 실제 단어는 아니나 음운적 규칙에 부합하는 신조어를 만든다([그림 10-4]).

A

베르니케실어증 환자의 자발화(환자는 그림책 〈신데렐라〉를 보며 이야기를 다시 말함)

**검사자:** 준비 되셨어요? 그럼 시작해 볼게요.

**환 자:** 먼저 저는 작- 어, 작은 그건 소녀의 작은 그건 내가 기억할 수 있기 전에 원하던, 하지만 지금은 할 수 없어요. 이건 어- 난 그가 살펴본 걸 조심스럽게 봤지만 그는 그걸 정말 할 수 없었어요. 동시에, 이 모든 것들이, 적어도 하나, 둘, 세 사람. 사람들에게 영리했어요. 이건, 이것과 그녀는 그걸 하려고 했어요. 나도 모르겠어요. 하지만 어쨌든 그들은 생각한 걸 말해요.

그리고 난 확실히 이걸 해서 그를 데려올 수 없었어요. 내가 절대 아무것도 안 하고, 어, 나는 그를 만들, 만들, 만들었고 난 이 물건을 밀었고 이 물건이 모두 갔어요. 그리고 모든 게 어쨌든 갔어요. 그래서 난 거기를 보고, 음, 거기를, 난 거기에 놓았고, 그러니까, 하나, 둘, 세 사람이 이걸 하고 있었고 모든 걸 두고 있었어요. 그게 내가 한 일이에요.

그리고 음, 그때, 음, 난 영리했고(clevered) 그녀가 여기 바로 왔는지 얼마나 작은지 얼마나 많이. 그건 괜찮아요. 난 할 수 있는 만큼 많이 했어요. 그리고 처음에는 어, 일어나는 일을 모두 그 소녀가 보고 있었고 그때 그는 거기에 있었고 난 일어나는 모든 일을 보고 또 보고 쥐들이 그렇게 하는 걸 봤어요.

매우 좋았어요. 그리고 내가 처음에 봤던 건 그들이 했던 사랑스럽고 작은, 작은 것이었고 난 우! 라고 말했어요.

먼저 난 다른 소녀들이 거기서 노는 걸 느낄 수 있었고 할 수 있는 만큼 많이 시도했어요. 난 절대 할 수 없는데 그거 아마 시도했어요.

B

Cookies are ~~lef~~ four looking for the boy and
little girl. The will ~~tet~~ ~~lurd~~ hit the
button of the ~~to~~ boy. Mother is not finding
much to help the ~~fo~~ ~~car~~ ~~dag~~ day of
the sink and dishes. Water in the floor
is a ~~mistd~~ ~~be~~ water on the floor and
miking all over the shoes. Miss ~~mug~~
is a muss.

**그림 10-4** A: 베르니케실어증 환자의 〈신데렐라〉 이야기 다시 말하기
B: 베르니케실어증 환자의 〈The Cookie Theft〉 그림 설명 쓰기 과제

A는 Courtesy of the Cognitive Neuroscience Laboratory, SDSU임. B. Goodglass, H., & Kaplan, E. (1972). *Boston diagnostic aphasia examination*. Philadelphia: Lea & Febiger에서 인용.

신조어는 베르니케실어증으로 인해 의미 처리나 단어 찾기 능력이 손상되어 나타난다. [그림 10-3]과 같이 베르니케실어증은 측두엽의 뒤쪽 손상과 관련된다.

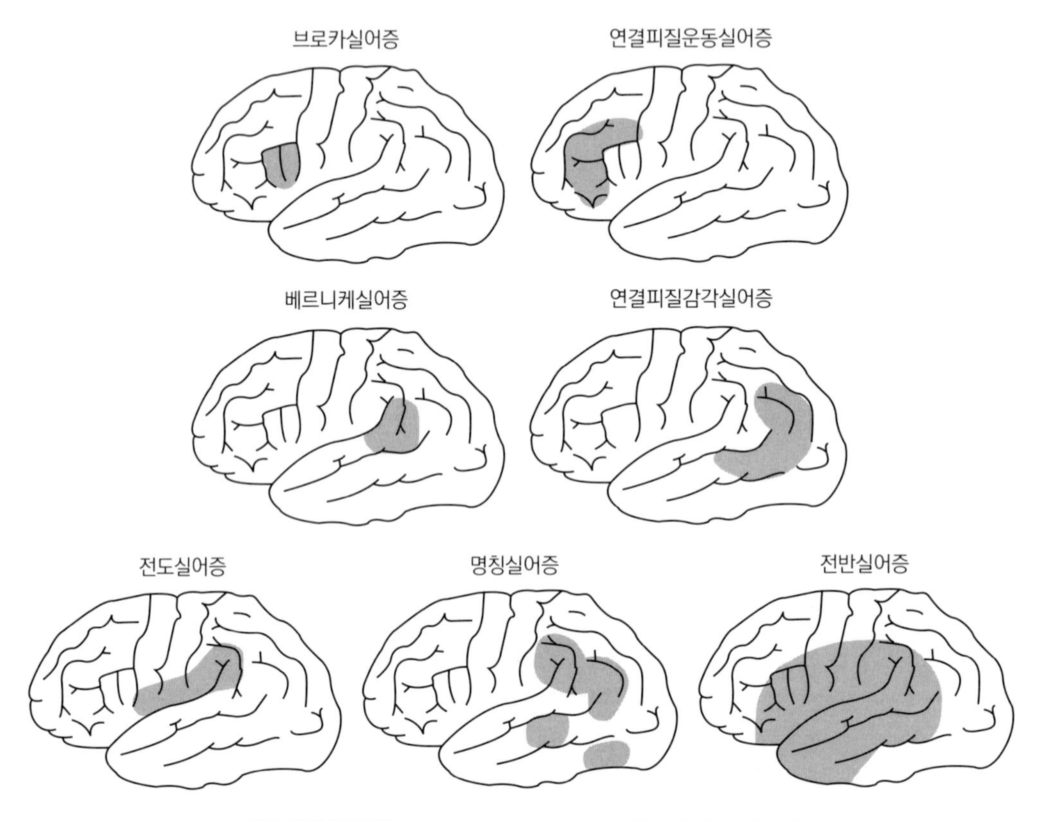


그림 10-3 실어증을 유발하는 신경학적 손상 부위

실어증 유형과 병변 간의 일대일 대응을 전형적으로 보여 줌. 구조와 기능의 상관관계를 혼동하지 않는 것이 중요함. 대뇌 피질 및 피질하 조직의 손상에 있어 병변은 매우 변이적임.

베르니케실어증과 같이 연결피질감각실어증은 허구어(empty speech)나 자곤을 산출한다. 실어증의 유형 중 드물게 나타나며, 타인의 말을 이해하는 데 어려움이 있다. 그러나 베르니케실어증과 달리 단어나 문장을 따라 말할 수 있다. 베르니케영역의 주변이 손상되어 발생한다.

전도실어증은 Wernicke가 처음으로 언급했다. 전통적으로 청각적 자극을 따라 말하는 능력이 손상된 유형에 해당한다. 최근에는 단어 찾기 장애와 음소착어가 증상의 일부로서 강조되고 있다(Baldo, 2008; Fridriksson, 2010). 주로 모서리위이랑(supramarginal gyrus)과 활모양다발(arcuate fasciculus)의 손상에 기인한다([그림 10-3] 참고).

전반실어증은 가장 심각한 유형으로, 언어 이해와 표현 측면에 심각한 영향을 미친다. 뇌 병변은 주로 전두엽과 측두엽에 걸쳐 나타난다. 이와 대조적으로, 가장 경미한 유형인 명칭실어증 혹은 '이름대기장애(anomia)'는 단어나 이름을 회상하는 데 어려움을 보인다.[5] 회상하거나 산출할 수 없는 단어를 표현하기 위해 에두르기(에둘러서 다르게 표현함)를 빈번하게 사용한다. 명칭실어증은 뚜렷한 다른 징후들을 보이지 않으며, 비교적 유창하게 발화한다. 이해 능력은 경미하게 손상되며 따라말하기는 대개 보존된다. 명칭실어증의 병변은 가장 변이성이 적은데, 측두엽과 두정엽의 손상이 많다(Fridriksson, 2010).

신경학적 외상에 의한 언어장애를 진단하고 분류(실어증의 유형과 중증도)할 때, 주로 기술할 수 있는 증상에 근거한다는 점을 기억해야 한다. 평가 과정에서 드러나는 반응에 따라 기술되므로 수행력이 지나치게 일반화될 수 있다. 하나의 평가로 언어장애 전체의 특징을 파악할 수 없기 때문에 수행력을 해석하기가 어려울 수 있다. 예를 들어, 청각적 언어 이해를 평가하는 문장-그림 짝짓기 과제에서 환자는 문장을 듣고 2개 이상의 그림 중 문장과 일치하는 그림을 선택해야 한다. 문장 이해에 결함이 있으면 과제를 잘 수행하기 위해 언어 지식보다는 전략에 의존한다. 그래서 언어 이해의 결함이 전체적으로 과소평가될 수 있다. 전반적인 실문법증에 관한 이전의 논의를 상기해 보자. Caramazza와 Zurif가 가역적 문장 구조의 이해를 다루기 전에는 브로카실어증의 언어 이해가 보존되므로 언어 표현이 주요 결함이라고 여겼다. 이는 오늘날의 견해와 일치하지 않으며, 브로카실어증 환자는 특정 문장을 이해하는 데 세상 지식을 활용한다는 보고가 많다(예: 아이스크림은 소년을 먹을 수 없음).

또한 언어의 신경학적 기반에 대한 연구가 아직 초기 단계임을 주지해야 한다. 여러 연구들(환자나 기능적 뇌영상 실험 연구)에 따르면, 뇌의 특정 영역이 특정 언어기능에 연관되나 특정 뇌 영역이 전적으로 그 기능만 담당하지는 않는다(즉 특정 언어기능이 특정 뇌 영역에서 이루어짐). 특정 처리 과정의 네트워크에서 언어 처리를 담당하는 영역은 중요한 부분일 수 있다. 이와 마찬가지로 특정 언어 처리와 뇌 영역이 연관된다 해도 이 영역이 다른 인지 처리를 배제하고 해당 처리만 독점적으로 담당하는 것은 아니다. 따라서 기능의 국지화는 특정 뇌 영역과 언어기능의 손상 간에 직접적인 일대일 관계로 단순화될 수 없다.

5) 이름대기장애는 여러 실어증 증후군의 두드러진 특징이다.

이후에는 실어증의 언어 처리를 설명하고, 행동을 평가하기 위한 여러 기법을 제시한다.

## 1) 실어증의 언어 처리

### (1) 언어 처리 연구방법

① 오프라인 방법론을 통한 언어 처리 연구

1970년대까지 언어장애 환자의 언어 능력을 평가하기 위해 한 가지 방법을 주로 사용했다. 이는 대개 시간의 제약을 받지 않는 상위언어 과제의 형태였다. 이러한 과제는 주요 사건 이후(예: 전체 문장이 들린 후)의 언어 처리를 평가한다. 이를 '오프라인' 평가라 하며, 문장 의미에 대해 청자가 최종적으로 이해한 정도를 반영한다. 청자는 의식적으로 문제를 파악하며, 문장의 궁극적인 의미를 판단하기 위해 활용할 수 있는 모든 자원을 동원한다. 실어증의 연구에는 문장-그림 짝짓기, 문법성 판단, 바꾸어 말하기(예: Caramazza & Zurif, 1976; Friedmann, 2006; Linebarger, Schwartz, & Saffran, 1983) 등이 포함된다(제6장에 내용이 추가됨, [글상자 6-2] 참고).

오프라인 방법론은 언어를 궁극적으로 이해하거나 해석하는 방법에 대한 정보를 제공하지만, 문장의 실시간 처리를 파악하기는 어렵다. 오프라인 과제에서 문장 이해력이 낮으면 오반응의 원인을 명확히 규명할 수 없다. 예를 들어, 문장-그림 짝짓기 과제의 비표준 문장에서 브로카실어증 환자의 수행력이 낮게 나타났다고 가정하자. 이에는 여러 요소들이 영향을 미친다. 어휘의 결함(단어에 대한 의미 지식)이나 구조화 결함(입력되는 단어들을 연결해 단어 간의 구조적 관계를 구축할 수 없음)이 있을 수 있고, 문장을 보유한 후 이를 그림과 일치시키지 못할 수도 있다(기억력 결핍). 따라서 유용한 정보를 제공하기는 하나, 오프라인 방법론만으로는 언어 손상에 기여하는 근본적인 처리 과정을 명확히 분석할 수 없다. 또한 평가 시 언어 과제에 집중하게 함으로써 이해 처리 과정의 본질을 변화시킬 수 있다. 이후에는 주로 온라인 실험의 결과들을 논의한다.

② 온라인 방법론을 통한 언어 처리 연구

이해의 세부적인 처리를 모두 파악하려면 실시간으로 발생하는 과정을 확인해야 한다. 이는 '온라인' 과제를 통해서만 확인할 수 있는데, 의식적인 반응이 아니라 실시간으로 일어나는 언어 처리를 관찰한다. 온라인 실험 기법 및 설계를 통해 언어 처리의 개별 단계나 구성 요소를 확인하고, 언어장애 환자가 어느 단계에서 손상될 수 있는지를 파악할 수 있다. 본 장의 목표와 관련해 청각적 문장 이해에 활용되는 온라인 방법론을 〈표 10-3〉(제6장의 [글상자 6-1] 참고)에 간략히 소개했다.

〈표 10-3〉 실어증의 언어 처리 연구에서 일반적으로 사용되는 방법론

| 방법론 | 언어 처리의 요소 | 장점 | 단점 |
|---|---|---|---|
| 사건 관련 전위(Event-related potentials) | • 다양한 수준의 언어 처리: 음운, 어휘-의미, 구문, 담화 수준 | • 양호한 시간해상도(temporal resolution)<br>• 부수 과제가 필요 없음<br>• 각 자극이 단일 자료에 국한되지 않음 | • 언어 처리 자체가 아닌 언어 처리상의 특징만 나타날 수 있음<br>• 부수 과제가 없을 시 주의력이 우려됨 |
| 안구 추적(Eye-tracking) | • 어휘 통합<br>• 구문 처리<br>• 담화 수준의 처리 | • 양호한 시간해상도<br>• 부수 과제가 필요 없음<br>• 각 자극이 단일 자료에 국한되지 않음 | • 언어 처리 자체가 아닌 언어 처리상의 특징만 나타날 수 있음<br>• 부수 과제가 없을 시 주의력이 우려됨<br>• 전략의 사용으로 언어 이해 과정이 변화할 수 있음 |
| 교차양식 점화(Cross-modal priming) | • 어휘 접근<br>• 구문 처리 | • 목표 지점에서 문장의 어떤 요소가 처리('활성화')되는지 정확히 나타남 | • 각 자극이 단일 자료에 국한되지 않음<br>• 이중과제를 수행하기 어려울 수 있음 |

온라인 방법론은 언어 처리의 본질에 대해 상호 보완적인 증거를 제공한다. 이는 실어증의 언어 결함에 대한 근거를 발전시키는 데 중요한 역할을 했다.

### (2) 실어증의 언어 결함에 관한 근거들

여기서는 실어증에서 나타나는 언어적 결함의 여러 근거를 살펴본다. 브로카실어증을 대상으로 한 연구들이 많아 이의 결함에 초점을 맞춘다. 또한 베르니케실어증의 문장 처리 연구에 대해서도 간략히 소개할 것이다.

① 표상과 처리

브로카실어증의 문장 처리 결함은 이론적으로 두 범주, 즉 표상과 처리 이론으로 분류된다. 표상 이론은 특정한 구문적 표상을 형성하지 못하기 때문에 결함이 발생한다고 간주한다. 처리 결함 이론에 따르면 실어증 환자는 내현적 언어 지식을 보유하고 있으나 이를 효율적으로 활용하지 못한다. 이후에는 표상 및 처리 이론을 순차적으로 설명할 것이다.

② 브로카실어증의 결함에 대한 표상적 근거

실어증학의 이론적 구조에 근거해, 실어증의 결함을 설명하는 데 언어 이론이 적용된다. 실어증 환자는 언어 처리 과정에서 특정 언어 요소에 대한 심적 표상 능력이 없다. 따라서 언어 이해나 표현의 결함을 설명하기 위해 언어 이론이 필요하다.

표현 표현에 대한 '가지치기 가설(Tree Pruning Hypothesis)'은 브로카실어증에서 보이는 언어 표현의 결함을 언어적으로 설명하는 주요 이론이다. 즉 브로카실어증 환자는 언어 트리(linguistic tree)의 구성 요소를 표상하는 능력이 손상되어 언어 표현이 저하된다. 다음의 문장 1과 2를 살펴보자(Friedmann, 2006).

1. Today the boy walks.
2. Yesterday the boys walked.

여기서 동사 'walk'는 시제(예: 현재나 과거)에 따라 변하며, 주어(예: the boy/boys)의 인칭, 성별, 수와도 일치해야 한다. 언어 트리의 구조를 보여 주는 [그림 10-5]에서 일치(Agreement, Agr)와 시제(Tense, T)는 별도의 가지로 표시된다(트리 구조의 표상은 제6장 참고; Friedmann , 2006; Pollock, 1989; Grodzinsky, 2000a의 예). 교차 언어 연구(영어보다 시제와 일치가 풍부하게 활용되는 연구)에서 브로카실어증 환자가 시제와 일치를 표현하는 데 다른 양상을 보인다는 흥미로운 보고들이 많다. 예를 들어, 문장 3과 같은 촉진(prompt)이 주어지면 시제를 활용해 동사를 표현하고 주어와 일치시켜야 한다(과거 시제, 3인칭 여성 단수형, 예: 'jumped', Friedmann & Grodzinsky, 1997).

3. The girl wanted to jump, so she stood on the diving board and ________.

실어증 환자는 문장 촉진과 유도 발화에서 시제 표현은 모두 저하되나 일치는 정반응을 보였다. 동사가 변화하고 행동의 본질에 대한 정보와 관련되기 때문에 두 요소의 분리가 놀라울 수 있다. 그러나 브로카실어증 환자는 가지치기 가설의 구문 트리에서 시제 마디 등의 더 높은 마디를 사용하거나 표상하는 데 결함이 있다. 반면에, 일치 마디는 손상되지 않으므로 일치 요소를 표현할 수 있다.

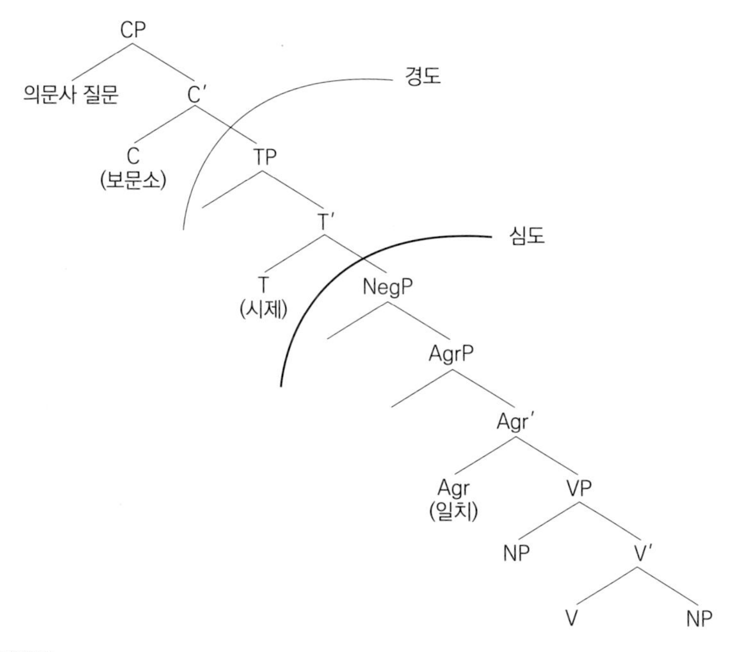


그림 10-5 가지치기 가설에 근거해 브로카실어증의 표현 문제를 보여 주는 언어 트리 (제6장 참고)

Friedmann, N. (2006). Generalizations on variations in comprehension and production: A further source of variation and a possible account. *Brain and Language, 96,* 151–153. 인용.

이해 전술한 바와 같이 브로카실어증은 본래 표현의 결함으로 간주되었다. 그러나 Caramazza와 Zurif(1976)는 브로카실어증으로 인해 언어 표현뿐 아니라 이해 능력도 손상된다고 주장했다. 이에 앞서, 문장-그림 짝짓기의 오프라인 연구에서 무생물(아이스크림)과 생물(사람) 명사가 포함된 비가역적 문장(예시 문장 4)이 제시되었다(Linebarger et al., 1983).

4. The ice cream was eaten by the man.

세상 지식을 고려할 때 먹는(*eating*) 행동을 수행할 수 있는 유일한 명사는 생물 명사인 사람(*man*)이라고 판단된다. 따라서 브로카실어증 환자는 문장의 주체를 *man*이라고 정반응한다.

Caramazza와 Zurif는 문장 5와 같은 가역적 문장을 제시했다.

5. The boy was chased by the girl.

문장 4와 5는 모두 행위의 수여자가 동사 앞에 놓이는 수동문 구조이나 두 문장 간에는 의미적 차이가 있다. 문장 4에서 청자는 상위인지 지식을 사용해 사람(*man*)이 행동을 수행해야 한다고 판단하지만, 5의 참여자('boy'와 'girl')는 의미상 가역적이다. 즉 boy와 girl 중 누구나 행동을 수행할 수 있으므로 문장의 의미를 이해하는 데 사용할 의미적 단서가 없다. 문장-그림 짝짓기 과제에서 브로카실어증 환자에게 5와 같은 가역적 문장이 제시되면 우연적 수행(통계적 추측 반응과 동일함)을 보인다.

Caramazza와 Zurif는 이 같은 양상에 대해 '전반적 실문법증'이라는 용어를 사용했다. 즉 브로카실어증 환자는 유창하고 문법적인 문장을 표현할 수 없을 뿐 아니라 구문 능력이 광범위하게 손상되어 문장 이해에도 어려움을 겪는다. 언어 표현 및 이해가 모두 손상된다는 것은 브로카실어증으로 인해 구문 중추에 결함이 있고, 이로 인해 이해 및 표현 언어가 유사한 영향을 받음을 의미한다(Berndt & Caramazza, 1980; Caramazza & Zurif, 1976).

Caramazza와 Zurif는 실어증의 결함을 언어 기반적 구조로 살펴봄으로써 실어증 연구를 현대화시켰다. Bradley, Garrett, Zurif(1980)의 연구에 따르면 브로카실어증은 폐쇄형 품사, 즉 'the, by, in, and'와 같은 세부적인 기능어를 이해하고 심적으로 표상하는 능력이 저하된다.

Caplan와 Futter(1986)는 브로카실어증으로 인해 의미역을 적절히 부여하는 구문 정보가 부족해져 문장을 이해하기 어렵다는 선형성 가설(linearity hypothesis)을 제안했다(의미역의 할당에 관해서는 제6장 참고). 따라서 (그리고 어휘가 순서대로 입력되므로) 문장을 이해하기 위해 다른 인지 전략이 필요하다. Caplan과 Futter는 브로카실어증 환자가 위계 구조를 형성하는 대신 명사와 동사의 선형적 순서로 의미역을 할당한다고 보고했다. 즉 첫 번째 NP는 항상 동사가 기술하는 행동의 주체로 간주되며, 두 번째 NP는 행동의 객체나 대상이 된다.

③ 흔적 삭제 가설(trace deletion hypothesis: TDH, 일명 '이동 이론')

Grdzinsky(1986, 1995, 2000b, 2006)와 Hickok 등(1992)은 선형성 가설에 반대했는데, 실어증 환자의 경우 불완전하기는 하나 정상적인 구문 표상을 형성할 수 있다고 주장했다. 이해의 문제는 구문적 요소(흔적)가 삭제되어 발생한다는 것이다. 이는 브로카실어증 환자의 이해 능력이 비표준 구조, 즉 기초적인 표상의 문장 성분이 앞부분으로 이동한 구조에서만 저하된다는 데 근거한다. 문장 성분이 이동함으로써 본래의 위치와 변화된 성분이 연결되고, 궁극적으로 의미역을 할당할 수 있도록 비어 있는 범주(또는 흔적)를 남긴다(흔적의 특성은 제6장 참고). 정상적으로는 이동된 요소(*boy*)와 본래의 위치(동사 바로 뒤의 흔적)를 자동적으로 연결함으로써 두 요소가 '공통 참고(co-refer)'임을 고려하여 문장 6과 7 등을 잘 이해할 수 있다(Frazier & d' Arcais, 1989; Garnsey, Tanenhaus, & Chapman, 1989; Hickok et al., 1992; McElree & Griffith, 1998; Nicol, 1988; Sussman & Sedivy, 2003; Tanenhaus & Trueswell, 1995; Traxler & Pickering, 1996 외 다수).

6. Alyssa saw the boy$_i$ who the dancer kissed _____$_i$ on the cheek.
7. The boy$_i$ was kissed _____$_i$ by the dancer.

브로카 또는 실문법적 실어증 환자는 언어적 표상에서 흔적이 삭제되어 이동된 구성요소의 의미역을 적절히 할당할 수 없기 때문에, 위 문장들을 잘 이해할 수 없다. 문장 6에서 첫 번째 명사인 *Alyssa*와 두 번째 명사인 *the boy*에는 행위자의 의미역이 할당되나 그 기제가 다르다. 첫 번째 명사는 단지 먼저 나오기 때문에 인지(비언어)가 선형적 전략으로 할당되며, 두 번째 명사(*the boy*)는 동사 *kissed*에 의해 구문적으로 적절히 할당되어 행위자가 된다. 브로카실어증 환자는 구문적 표상의 행위자가 둘인 경우 '누가 누구에게 무엇을 했는지'를 추측하므로 문장-그림 짝짓기 과제의 수행이 비일관적이다.

④ 브로카실어증의 결함에 대한 처리 기반적 근거

브로카실어증의 표상적 기초에 관한 연구들은 이 분야의 발전에 크게 기여했다. 그러나 주로 오프라인 과제를 활용했기 때문에 문장 이해의 처리 과정을 다양한 수준에서 살펴보지 못했다. 최근 들어 흔적 등 문장 이해의 결함에 토대가 되는 처리의 문제가 제시되었다. 이는 특히 브로카실어증을 주요 대상으로 하며, 이 장의 후반부에 논의할 것이다.

표현 실어증에서 나타나는 표현 능력의 결함에 대한 온라인 연구는 적다. 이는 말장애(예: 실행증, 마비말장애)를 동반한 실어증 환자로부터 한정된 시간 내에 자발화를 수집할 때 잠재적인 혼란변수가 작용하기 때문이다. 정상군에 대한 온라인 연구는 주로 목표 문장의 표현에서 반응시간이나 오류 양상을 측정하나, 실어증의 경우 이러한 방식이 적절하지 않다. 조건 간에 나타나는 반응시간의 차이가 처리의 차이로 인한 것인지, 혹은 말-운동 계획의 결함에 기인한 것인지를 파악할 수 없기 때문이다. 또한 오류가 온라인 처리 과정에서 발생한 것인지, 운동 계획이나 집행의 문제인지를 확인하기 어려우므로 오류 양상도 실어증의 표현을 평가하는 적절한 척도가 아니다. 여기서는 말 산출 모델을 간략히 설명한 후 실어증의 언어 표현을 처리하는 데 어떻게 작용하는지를 살펴본다.

표현 결함에 대한 온라인 연구에 따르면 브로카실어증 환자는 표현을 동시에 처리하면서 타이밍 문제가 발생하기 때문에 실문법적 오류를 보인다(Kolk, 1995). 계산 모델(computational modeling)에 근거할 때 문장의 표현은 처리 단계가 순차적으로 진행된다. 즉 어휘적으로 접근한 후 문장으로 표현하기 위해 구문적 '위치(slot)'에 어휘가 삽입된다. Kolk에 따르면 브로카실어증 환자는 어휘적 접근이 정상적이나 단어의 원형이 구문적 위치에 적절히 삽입되지 못한다. 이는 문장의 구문적 틀을 잘 형성하지 못하는 '능력'의 결함이 아니라, 적절한 어휘를 구문적 위치에 느리게 삽입하는 '처리'의 결함에 기인한다.

또한 Kolk는 정상인들도 복잡한 문장 구조일수록 구문적 위치를 채우는 속도가 느려진다고 보고했다. 브로카실어증은 속도가 더 느리므로 간단한 문장보다 복잡한 문장을 표현할 때 더 큰 영향을 받는다. 이러한 타이밍의 문제로 인해 메시지가 단순화된 형태가 실문법적 발화이다. 브로카실어증 환자의 표현 체계에는 항상 과중한 부담이 있으며, 구조화된 문장을 표현하는 능력이 제한된다. 따라서 제한된 용량을 보완하기 위해 메시지를 매우 단순화한다. Kolk의 가설은 브로카실어증이 비표준적(더 복잡한) 구문 구조를 생성하는 데 어려움이 있고 전보식 발화를 보인다는 점을 반영한다.

**이해** 표상적 근거와 달리, 처리 기반적 측면에서 실어증 환자의 핵심 지식은 손상되지 않으나 언어기능을 지원하는 데 이를 활용하지 못한다. 지난 40~50년 동안 다양한 처리 이론이 제시되었는데, 몇 가지 주요 이론들을 추후에 살펴보고자 한다.

**매핑(mapping) 가설.** 이 가설(Saffran, Schwartz, & Marin, 1980, Schwartz, Saffran, & Marin, 1980)에 따르면 실문법적 실어증에 나타나는 이해의 결함은 문장 성분과 의미역을 매핑하는 데 어려움이 있기 때문이다(의미역에 대한 설명은 제6장 참고). 즉 처리 과정의 최종적인 통합 단계가 손상되어 이해의 결함이 나타난다. Saffran과 동료들의 연구에서 브로카실어증 환자는 청각적으로 제시된 문장에 대해 문법성과 타당성의 오류를 판별했다. 따라서 브로카실어증 환자는 복잡한 구문을 어려워하는 것이 아니라 동사의 의미역(예: 행위자, 대상)을 문장의 구성 요소에 매핑할 수 없다(즉 의미를 문장 구조에 매핑하지 못함)(Marshall, 1995). 이 가설은 완전한 구문 분석을 추론하기 위해 오프라인 과제에 의존하므로 대립되는 의견도 제기되었다. Swinney와 Zurif(1995)에 따르면, 구문 분석을 적절히 평가하기 위해서는 자동적 처리 수준에 민감한 과제를 통해 구문 및 의미 체계를 구별해야 한다.

실어증의 처리 기반 근거에 대한 온라인 증거 브로카실어증 환자가 주로 이해하기 어려워하는 문장 유형, 즉 논항의 이동과 관련된 비표준 문장 구조를 상기하자. 비표준 문장(여기서는 목적격 관계절)인 예시 6을 다시 살펴보고자 한다.

6. Alyssa saw the boy who the dancer kissed $_{i(t)}$ ______ on the cheek.

흔적은 실시간 처리의 결과로 나타난다(Swinney & Fodor, 1989). 어휘 점화 연구에서 정상인은 비표준 문장 구조일 때 특정 양상이 활성화된다. 이동된 구성 요소의 의미가 초기에 활성화되고(문장 6에서 목적어인 *boy*), 동사 *kissed*의 원위치, 즉 이동하기 전 본래의 위치에서 재활성화된다(Hickok et al., 1992; Love, 2007; Love et al., 2008; Love & Swinney, 1996; Nicol, Fodor, & Swinney, 1994; Nicol & Swinney, 1989; Swinney & Osterhout, 1990; Tanenhaus et al., 1989). 반면, 브로카실어증 환자는 동사의 원위치에서 (실시간으로) 목적어가 재활성화되지 않았다(Love et al., 2008; Swinney et al., 1996; Zurif et al., 1993). 이러한 결과를 토대로 실어증의 온라인 문장 처리를 설명하는 가설이 정립되었는데, 이 중 몇몇 주요 이론들을 논의하고자 한다.

어휘 가설. 브로카실어증의 문장 처리 과정에서 나타나는 공통 참조에 대한 비정상적 연결(그리고 오프라인 문장의 이해 결함)이 어휘 인출의 손상에 기인한다고 보는 이론도 있다. 문장의 블록(즉 단어)을 적절히 쌓지 못하면 문장 구조를 만들 수 없다는 것이다. 따라서 어휘적 결함은 이해력의 손상으로 이어질 수 있다. 기능어(예: 폐쇄형 품사)의 인출이 비효율적이거나 줄어든다는 보고가 있으며(예: Bradley et al., 1980; Friederici, 1983; Haarmann & Kolk, 1991), 내용어(예: 개방형 품사)의 어휘적 접근이 저하된다는 연구 결과도 있다(예: Utman, Blumstein, & Sullivan, 2001; Milberg, Blumstein, & Dworetzky, 1987; Love et al., 2008; Prather et al., 1997; Swinney et al., 1989; Zurif et al., 1994; Zurif, Swinney, & Garrett, 1990).

어휘의 느린 상승 가설(lexical slow rise hypothesis). 이 가설은 브로카실어증의 언어장애가 느린 어휘 접근 체계(일명 '어휘 활성화')에 기인한다고 간주한다. 언어 표현에 대한 Kolk의 모델과 유사하게, 어휘의 활성화가 느리게 시작되면 어휘 정보가 구문 처리 과정에 너무 늦게 '공급'되어 구문 구조를 자동적이고 빠르게 형성하지 못한다. 이로 인해 결과적으로 구문적 결함이 나타난다(예: Love et al., 2008). 교차 양식 어휘 점화(cross-modal lexical priming: CMLP; 〈표 10-3〉 및 제6장 참고)를 사용한 온라인 연구는 이 가설을 뒷받침한다. Love 등(2008)의 연구에서 피험자는 (8)과 같은 문장을 들었고, 문장의 5개 시점 중 하나에 점화 단어가 제시되었다(각 점화 단어의 위치는 *로 표시됨).

8. The audience liked the wrestler$_i$ [*1]that the [*2]parish priest condemned________$_i$ [*3]for [*4]foul [*5]language.

이 문장의 목표는 브로카실어증 환자와 정상군이 동사 *condemned*의 직접목적어('*wrestler*')에 언제 접근하는지, 즉 이동된 위치에서 처음 만났을 때와 동사 뒤의 원위치에서 다시 만났을 때가 언제인지를 결정하는 것이다. 선행 연구와 마찬가지로, 정상일 경우 문장 내에서 구조적으로 적합한 위치, 즉 목적어 자체의 원위치(*1)와 동사의 원위치(*3)에서 직접목적어에 접근할 수 있다. 반면에, 브로카실어증은 과제를 수행하는 어떤 시점에서도 목적어가 활성화되지 않았다. 대신에 어휘 활성화는 점화 위치보다 뒤(*2, *4)에서 관찰되었다. 특히 단어의 원위치에서 300msec 이후와 동사의 원위치에서 500msec 이후에 목적어의 접근이 관찰되었다. 이는 어휘의 접근과 구문의 형성에 대한 이해는 보존되나 활성화 시점이 지연됨을 나타낸다. 즉 문장을 이해할 때 이러한 NP가 활성화되지만 시간적으로 지연된다. Love 등(2008)은 브로카실어증의 어휘 접근/활성화가 느려져 문장 이해가 저하된다고 설명했다.

전기생리학적 연구(〈표 10-3〉 ERP 참고)를 통해서도 실어증으로 인해 어휘의 온라인 처리가 느려진다는 점을 규명할 수 있다. Swaab, Brown, Hagoort(1997)에 따르면 브로카실어증에서 어휘/의미 처리(N400)와 관련된 ERP가 지연되었는데, 이로 인해 어휘적 및 의미적 통합의 처리가 느려졌다(Hagoort, Brown, & Swaab, 1996; Swaab, Brown, & Hagoort, 1998). 안구 추적 연구도 브로카실어증의 느린 어휘 접근이 문장 이해를 저하시킨다는 이론을 뒷받침했다(예: Dickey & Thompson, 2009; Thompson & Choy, 2009).

구문 가설. 브로카실어증의 문장 이해 결함이 어휘장애에서 비롯된다는 이론과 달리, 실어증에 의해 구문 체계 자체가 손상되었다는 주장도 있다. 일명 약한 구문(weak syntax) 또는 느린 구문(slow syntax) 이론에 따르면, 어휘적 접근은 정상적이나 어휘들이 구문 구조에 결합되는 처리 과정이 느리다(Avrutin, 2006; Burkhardt et al., 2008; Piñango, 2000).

Piñango와 동료들은 구문 구조를 형성할 때 구문적 범주를 결합하는 구문 분석기가 느려지기 때문에 이해의 결함이 발생한다고 주장했다. 특히 구문적 연결(논항이 구문적으로 연결되기 위한 빠른 처리 과정)과 의미역에 대한 의미적 연결(처음 나오는 명사구에 행위자의 의미역을 선형적으로 할당한 후의 처리 과정)상에 문제가 있다. 의미역의 할당은 완전하게 형성된 구문 구조에 좌우되므로(특히 비표준 문장 구조의 경우), 구문 체계로부터 입력이 지연되면 외적인 구문 정보의 개입과 지연된 구문 분석의 영향으로 두 가지 상반된 해석을 초래한다. 교차 양식 어휘 판단 과제에서는 다음과 같은 문장이 제시된다.

9. The kid loved the *cheese*$_j$ which$_{j/i}$ the brand new mi$^{*1}$crowave *melted* ________ $t_i$ ye$^{*2}$sterday $^{*3}$afternoon while the entire family was watching TV.

3개의 점화 위치, 즉 기본 위치(동사 앞 400msec, *1), 동사의 원위치로부터 100msec 후(*2, 목적어와 흔적을 구문적으로 연결시켜 의미역 할당이 일어나는 위치), 동사의 원위치로부터 650msec 후(*3)의 반응을 살펴보았다.[6] 정상인은 동사의 원위치(*melted*, *2)에서만 목적어(*cheese*)가 활성화되나, 브로카실어증 환자는 점화 위치의 뒤(* 3)에서만 활성화되었다.[7] 이는 Love 등의 보고와 일치한다(2008, 전술함). 그러나 첫 번째 시점에서 목적어 자체(*cheese*)에 대한 활성화가 확인되지 않았으므로, 어휘 수준에서의 결함을 배제할 수 없음을 기억해야 한다.

브로카실어증의 비정상적인 구문 처리나 형성을 뒷받침하는 ERP 실험들도 있다. Friederici 등(1998)은 의미론적(문장 10) 또는 구문론적(문장 11) 오류가 있는 문장을 실어증 환자에게 제시했다.

6) 세 점화 위치에 대한 타이밍 정보는 Burkhardt 등(2008)의 연구에 제시되었으나, 본 예시 문장의 점화 위치에 대한 정확한 시각적 위치는 제시되지 않았다. 점화 위치의 표시는 독자에게 도움을 주고자 저자가 삽입한 것이다.

7) 브로카실어증 환자의 경우 동사의 원위치(*2)에서 활성화된 증거가 없다고 보고되므로, 여기서는 동사의 원위치에서 검증되지 않은 점을 강조했다.

10. The cloud was buried.

11. The friend was in the visited.

브로카실어증 환자는 구문 오류에서 주로 발견되는 전기생리학적 요소(ELAN)를 보이지 않았으나, 구문 재분석에서 나중에 발생하는 요소(P600)가 나타났다. 또한 Swaab 등(1997)의 연구와 달리 의미적 요소(N400)가 정상적이므로(Friederici, von Cramon, & Kotz, 1999 참고), 의미가 아닌 구문의 처리가 손상되었다고 결론지었다. 이는 브로카실어증에서 나타나는 비정상적인 구문 처리 이론과 일치하나, 단일 사례 연구임을 감안해야 한다.

인지 이론. 브로카실어증의 어휘나 구문 처리가 손상된다는 이론 이외에, 언어에 국한되지 않고 하나 이상의 인지 능력이 저하되어 문장 처리의 결함이 나타난다는 견해도 있다. 브로카실어증의 단기 및 작업 기억 체계를 연구함으로써 자원 할당의 결함 때문에 복잡한 문장을 이해하지 못한다는 사실이 규명되었다(Caplan & Waters, 1999; Caplan et al., 2007; 제9장 및 제13장 참고). 이는 '자원 할당 결함 이론(resource allocation deficit theories)'이라 불리는데, 언어적 문제뿐 아니라 인지 과정에 전반적으로 영향을 미치는 인지적 결함을 다룬다. 이 이론에서는 브로카실어증 환자가 인지적 자원을 사용해 단순한 표준 문장을 잘 이해하고 처리한다고 가정한다. 그러나 문장이 복잡해질수록 언어 처리를 담당하는 인지 체계가 제한되어 처리와 이해에 결함이 발생한다.

### (3) 베르니케실어증 환자의 문장 처리

실어증의 문장 처리와 관련된 연구들은 주로 브로카실어증에 초점을 둔다. 그러나 베르니케실어증의 온라인 처리 과정을 살펴본 흥미로운 연구도 있다. 이들은 온라인 처리의 결함이 실어증의 유형에 따라 다름을 강조한다(Swinney & Zurif, 1995; Zurif et al., 1993). 브로카실어증은 구문적 의존성과 관련된 문장의 온라인 처리에 오류를 보이나, 베르니케실어증은 구문적 의존성을 실시간으로 잘 분석해 복잡한 문장에서 문장 성분들을 연결할 수 있다(예: Swinney & Zurif, 1995). 그러나 전술한 바와 같이 베르니케실어증도 언어 이해(오프라인 방법을 통한 평가 시) 능력이 저하된다. 따라서 온라인으로 어떻게 문장을 처리하는지에 관해 살펴보아야 한다.

베르니케실어증은 단어 찾기와 의미가 손상되며, 이로 인해 이해가 어려워진다. 베르니케실어증의 온라인 문장 처리에 관한 연구에서는 동사-논항 구문의 온라인 처리 과제를 통해 의미 수준에서의 결함을 규명했다(Shapiro et al., 1993). 즉 동사 논항 구조는 의미 구조를 충족시키기 위해 동사가 요구하는 논항의 수와 관련된다(제6장 참고). 예를 들어, 동사 'hit'은 행위를 수행하는 '행위자'와 행위를 수용하는 '의미'라는 2개(단지 2개)의 논항이 필요하다. 논항 구조는 동사의 개념적 의미와 관련된다. 동사 논항 구조는 문장의 온라인 처리 부담에 영향을 미친다. 특히 보다 복잡한 논항 구조의 동사는 논항 수가 적은 동사에 비해 처리하는 데 오래 걸린다(Shapiro et al., 1987; Shapiro, Zurif, & Grimshaw, 1989). 이 같은 처리 부담의 증가로 인해 동사의 논항 구조가 뚜렷이 활성화된다. 따라서 복잡한 논항 구조의 동사는 상대적으로 처리 부담이 증가한다.

Shapiro와 동료들의 실어증 연구(예: Shapiro & Levine, 1990; Shapiro et al., 1993)에 따르면 베르니케실어증은 온라인 논항 구조의 처리가 손상된다. 이와 달리, 브로카실어증 환자 및 정상인의 경우 논항 구조에 대해 적절한 민감도를 보였다. 베르니케실어증 환자는 동사가 포함된 문장의 구문적 복잡성과 상관없이 논항 구조에 민감하지 않다는 점에 주목해야 한다. 이는 베르니케실어증의 의미 처리 결함을 반영하나, 좀 더 상세히 논의되어야 한다.

구문적 및 의미적 온라인 처리에 대한 Shapiro와 동료들의 ERP 연구는 Friederic 등(1999)의 견해와 일치한다. 베르니케실어증 환자는 구문적으로 비정상적인 문장에서 예상된 ELAN 반응과 지연된 P600 반응을 보였으나, 문장의 의미적 오류를 들었을 때는 N400이 관찰되지 않았다. 이를 통해 베르니케실어증의 실시간 구문 처리는 보존되지만 의미 처리가 손상됨을 알 수 있다.

브로카실어증과 베르니케실어증의 구문 처리에 대한 온라인 연구(예: Love et al., 2008; Swinney & Zurif, 1995)에 근거해, Shapiro와 Friederici는 실시간 문장 처리의 결함을 구분하도록 제안했다. 즉 브로카실어증은 구문적 복잡성에 대해 온라인 처리 결함을 보이나, 베르니케실어증은 동사 논항 구조의 실시간 처리에서 결함이 나타난다. 그러나 이들이 실어증의 유형 및 연관된 행동 양상의 기초가 되는 유일한 처리 요소는 아니라는 점에 유의해야 한다. 오히려 두 유형은 문장 이해의 각 단계별로 실시간 처리의 손상이 다름을 알 수 있다.

#### (4) 우반구 손상(RHD)과 언어 처리

정상적인 언어 처리의 기초가 되는 뇌-행동 관계를 다룬 연구는 주로 좌뇌와 그 하위 영역의 역할에 중점을 두었다. 이는 언어 표현 및 이해 과정에서 여러 신경해부학적 영역들이 어떻게 통합되는지를 다루었다. 병변에 대한 연구에서 좌뇌의 손상은 뚜렷한 언어적 결함을 일으키는 반면, 우뇌의 손상은 비언어적이라 간주되는 인지적 결함(주의력 결핍 등)이 나타났다. 그러나 최근에는 우반구(RH)가 효율적인 의사소통에 기여한다는 사실이 입증되었다. 실어증과 RHD 환자를 비교한 연구에서 RH 손상이 언어 수행에 영향을 미치는 것으로 나타났다. RH 환자는 일부 과제에서 실어증 환자보다 수행력이 높으나 신경학적 손상이 없는 대조군과는 다르다는 보고가 많다(Gardner, 1994). 또한 RHD에서 다양한 언어 처리장애가 나타난다고 알려져 있다(Tompkins, 2008 참고).

지난 수년간 운율, 비문자적(비유적) 해석, 화용론, 담화 이해, 유머/풍자, 추론의 역할은 언어의 필수적인 속성으로 간주되었다. 이는 주로 좌뇌가 아닌 우뇌의 편측 손상과 관련된다. 따라서 언어 이해 및 표현을 총체적으로 설명하려면 언어에 대한 RH의 역할을 파악해야 한다. 여기서는 우뇌의 손상으로 인한 언어장애 및 관련 이론들을 제시한다.

① 언어 처리에서 우반구의 역할

전반적으로 언어 이해에 있어 우뇌가 '대안적'이거나 '부차적'인 해석을 확장하고 유지하는 데 중요하다는 견해가 많다(Brownell, Potter, & Michelow, 1984; Brownell & Joanette, 1993; Burgess & Simpson, 1988; Chiarello, 1988; Faust, 2006; Joanette & Goulet, 1988; Tompkins, 1995 참고). Beeman(1998)에 따르면, 좌반구(LH)는 문맥과 관련된 의미를 선택하고('정교한 부호화'), RH는 보다 덜 연관된 의미를 활성화하고 유지한다('거친 부호화').

거친 부호화는 언어 이해 과정에서 해석을 업데이트하고 수정하는 데 중요한 입력을 제공하며(Beeman, 1998; Faust, Barak, & Chiarello, 2006), 비유적 의미를 도출하고 추론하는 능력과 관련된다(Beeman, 1993; Beeman et al., 1994). RHD는 이러한 영역이 손상되므로 이해력의 결핍이 거친 부호화의 결함을 반영한다(Beeman, 1993; Brownell, 2000; Klepousniotou & Baum, 2005; Tompkins, Baumgaertner, & Lehman, 2000. 대조적 결과 참고).

청자는 들은 내용의 세부 사항 외에 모든 수준의 정보를 통합해야만 의사소통의 1/3에 해당하는 비문자적 언어를 이해할 수 있다. RHD는 비유적(비문자적) 언어의 추상적 의미를 이해하는 데 어려움이 있어(Kempler, 1999), "그의 마음이 무겁다(*He has a heavy heart*)와 같은 관용이나 은유 표현을 문자적으로 해석한다(예: Winner & Gardner, 1977)."[8]

8) RHD의 연구는 주로 오프라인에서의 상위언어 과제를 활용했다. 그러나 인지적 부담이 적은 온라

흥미롭게도, 전반적인 '언어' 결함을 보이는 좌반구 손상(LHD)의 실어증 환자는 이 같은 문장을 부정확하게(문자적으로) 해석하지 않는다. Brownell 등(1984)은 3개의 단어(예: '사랑하는-미워하는-따뜻한[*loving-hateful-warm*]')를 제시한 후 관련성이 가장 큰 두 단어를 선택하도록 했다. RHD 환자는 외연적 관계('사랑하는-미워하는[*loving-hateful*]')로 반응한 반면, LHD 환자는 내포적 반응('사랑하는-따뜻한[*loving-warm*]')을 보였다. 정상 통제군은 두 관계 유형을 유사하게 산출했다. 요컨대, 두 집단의 양상은 명확히 분리되는데, RHD 환자는 보다 문자적(외연적) 분류를 선호하는 반면 LHD 환자는 비유적(내포적) 분류를 선택했다(Brownell et al., 1984). 즉 RHD는 어휘에 대한 대안적 해석이 불가능해 비유적 단어를 처리하는 데 결함을 보인다.

Tompkins(1990)는 '온라인' 과제를 통해 RH의 처리를 심층적으로 알아본 결과, '오프라인' 과제와 달리 비유에 대한 무의식적 표상을 보유하고 있었다. 청각적 어휘 점화 패러다임[9]을 사용한 후속 연구에서 피험자(RHD, LHD, 정상 통제군)는 연속적으로 들리는 단어 및 비단어 목록 중 특정 어휘를 판단하도록 요구되었다. 목표 문항의 앞에 오는 단어(예: *open*)는 목표의 문자적(*closed*) 의미나 은유적(*honest*) 의미와 관련된다. 은유적 또는 문자적 의미 중 어느 것이 선행되든 세 집단은 모두 목표 단어에 대해 유사한 점화 양상을 보였다(점화에 관해서는 제6장 참고). 즉 RHD 환자의 은유적 의미가 촉진되므로, 이에 대한 접근은 보존되나 언어를 의식적으로 해석하는 능력이 손상되었음을 반영한다(Tompkins et al., 1992 참고).

RHD로 인해 다양하거나 상충되는 의미를 이해할 수 없어 풍자, 추론, 유머 등에 대한 대안적 접근이 필요할 때 지나치게 문자 그대로 해석한다(예: Brownell, Bihrle, & Michelow, 1986; Kaplan et al., 1990; Weylman et al., 1989; Winner et al., 1998). 예를 들어, Molloy, Brownell, Gardner(1990)는 RHD 환자가 농담의 핵심을 이해하는 과제에서 발화의 재해석을 위해 새로운 정보를 사용하지 못한다고 보고했다. 과제의 초반에는 농담을 듣고 이야기의 흐름을 예측한다. 이후 농담의 핵심 구절을 들려주면 그것이 초기의 가정에 어긋나므로 이미 이해한 내용을 재해석해야 한다.

---

인 내현적 평가를 통해 손상되지 않은 능력이 있음을 보여 주었는데, 이는 오프라인 연구에서는 입증되지 않았다(Tompkins & Baumgaertner, 1998; Tompkins & Lehman, 1998. 요약 참고).

9) 어휘 점화 패러다임에서는 피험자가 전략과 예측을 덜 사용하도록 단어를 연속적으로 제시한다. 이에 대해서는 Prather 등(1997)의 연구를 참고하라.

RHD는 이해 과정에서 주요 개념이나 '주제'를 확인하기가 어려운데, 이는 화용 영역과 담화에서도 유사하다. Brownell 등(1986)에 따르면 RHD 환자는 한 문장을 처리할 수 있으나 문장들 간의 정보는 통합하지 못한다(Hough, 1990 참고). 이를 위한 과제로 두 번째 문장이 첫 번째 문장과 맞지 않도록 구성된 짧은 이야기를 제시하면(예: Sally는 영화배우를 만나려고 펜을 가져 왔다. 원자력에 관한 유명한 사람의 의견을 기사에 실을 것이다), 두 번째 문장을 들은 후 초기 해석을 수정하도록 했다. 그 결과 RHD 환자는 재해석하지 못해 주요 내용을 추측할 수 없었다.

RHD로 인해 모호한 단어의 의미를 적절히 활성화하고 선택하는 데 문맥을 활용할 수 있는지 살펴보자. 관용어와 은유가 다양한 의미 표상을 갖는 것과 마찬가지로, 어휘집 내에 있는 단일 단어가 여러 의미를 지닐 때 어휘적 모호성이 있다고 한다('벌레[*bug*]'는 '곤충[*insect*]' 또는 '스파이 기기[*spy device*]'를 의미함). 정상인을 대상으로 어휘적 모호성의 처리를 살펴본 연구에서 해당 단어를 듣자마자 어휘적 모호성을 갖는 모든 의미들이 활성화된다(예: Swinney et al., 1979). 어휘적 모호성을 갖는 의미들이 즉각적으로 완전히 활성화될 경우, 모호한 의미 중 하나로 해석되도록 하는 문맥의 역할과는 관련이 없다. 어휘의 정확한 해석을 '선택'하기 위해 문맥을 사용하는 것은 바로 그 직후이다.[10] 다양한 의미를 유지하기 어려운 RHD 환자는 문맥에 의해 저빈도 의미로 해석되어도 처리의 후반부에서 이를 활용할 수 없다.

Grindrod와 Baum(2003)은 정상 및 RHD 집단에 대한 교차 양식 점화 연구를 통해 문미의 어휘 모호성에 대한 온라인 접근 양상을 살펴보았다. 어휘의 두 의미 중 하나로 편향된 문장(12와 13)에 대해 모호성이 제시되었다. 사용 빈도가 유사한 모호성 과제에서 적절한 의미를 선택하는 데 문맥이 사용될 것으로 예측되었다.

12. 긴 메시지를 쓴 후, 그는 카드를 보았다(*After writing a long message, he looked at the CARD*).(첫 번째 의미 편향)
13. 속이지 않으려고 했으나 그는 카드를 보았다(*Although trying not to cheat, he looked at the CARD*).(두 번째 의미 편향)

---

10) 이는 모호한 단어가 문장의 끝이 아닌 중간에 위치할 경우에만 해당된다. 모호한 단어가 끝에 올 경우 문장의 마무리 효과(제6장 참고)로 인해 문맥이 관여되어 상향식 처리가 이루어진다(Balogh et al., 1998).

문장 12는 인사말 카드라는 의미만 활성화되나, 13에서는 두 번째 의미에만 접근해야 한다. 정상군은 이러한 양상을 보인 반면, RHD군은 두 번째 의미가 활성화되지 않아 문맥 효과에 둔감한 것으로 나타났다.

이러한 결과는 RHD가 담화를 처리하기 어려운 이유를 설명해 준다. 즉 언어 구성 요소의 다양한 의미에 접근할 수 없기 때문이다. 따라서 농담, 은유, 간접적 요구 등의 비문자적 언어를 문자 그대로 해석하여 담화 처리에 결함을 보인다. 한 가지 의미로만 해석하므로 가능한 두 의미 중에 '선택'하는 것을 어려워한다. 따라서 언어 정보에 대해 가장 보편적으로 해석하게 된다.

## 3. 결론

이 장에 소개된 많은 연구들은 언어 능력의 특정 단계가 특정 뇌 영역과 관련된다고 제안한다. 특히, 좌뇌의 앞부분(브로카실어증의 전형적 병변)은 구문 분석을 빨리 처리하는 과정에서 중요한 역할을 한다. 여기에는 단어의 의미에 접근하고 문장 구조를 생성하는 것이 포함된다. 좌뇌의 뒷부분(베르니케실어증과 관련된 부분)은 구성 요소의 해석과 관련된다.

브로카실어증은 청각적 문장 처리에서 어휘 항목에 비정상적으로 접근하고 구문의 생성이 지연되어 이해 능력의 결핍을 보인다. 이와 달리 베르니케실어증은 어휘 항목이 과다 활성화되어 구문 분석에는 결함이 없다. 다만 구문 구조를 생성하기 위해 손상되지 않은 전두엽 영역을 활용하나, 문장 요소의 의미를 통합해 해석하는 능력이 없다(Milberg, Blumstein, & Dworetzky, 1987). 뇌영상 연구를 통해 브로카 및 베르니케 영역이 상호작용하며 특정 결함에 관여(또는 보상)함을 확인할 수 있었다. 이에 대해서는 Crosson 등(2007)의 연구를 참고하면 된다. 마지막으로 RHD는 어휘-의미적 정보, 비유언어, 농담, 간접적 요구 등을 해석할 때 핵심 정보를 통합하는 데 결함을 보인다.

본 장에서는 언어장애가 다양한 방식으로 나타날 수 있음을 확인했다. 또 언어 처리 연구를 통해 실어증(그리고 RHD)의 언어 체계 중 어느 수준이 손상되었는지를 살펴보았다. 언어 처리 연구, 특히 온라인 연구는 실어증의 언어적 결함을 규명하는 데 유용하다. 그러나 실어증의 유형(또는 RHD 증후군)에 따라 언어 처리장애가 다르다는 점을 기억해야 한다. 향후 관련 연구를 통해 실어증의 유형 및 결함의 양상을 보다 명확히 변별할 수 있을 것이다. 언어 처리 체계의 복잡성을 고려할 때, 현재는 언어장애의 중요한 처리 양상이 규명되고 있는 과정에 불과하다. 환자군의 언어 처리를 지속적으로 연구하면 실어증 및 전반적인 언어 체계를 더 잘 설명하고 이해할 수 있을 것이다. 또한 처리의 결함을 개선하기 위한 중재법을 개발하는 데에도 기여할 것이다.

## 〈부록 10-1〉 언어장애에 대한 초기 보고들

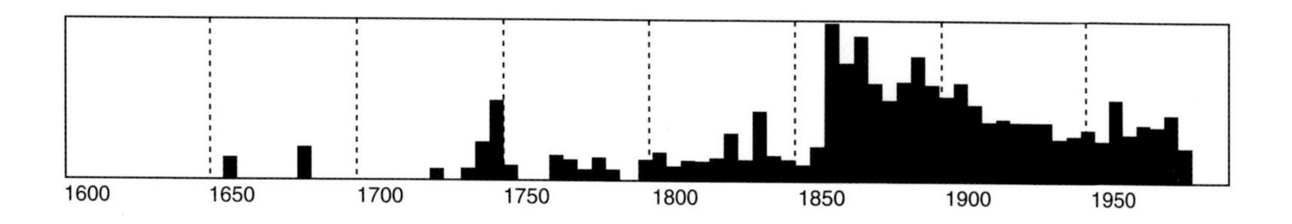


### 이집트인

- Edwin Smith의 수술 관련 파피루스(c. 2500 BC)는 두부 손상 이후 '표현장애(speechlessness)'를 언급했다(사례 22).

### 그리스인

- Homer, 두 유형의 표현장애: 실어증(aphasia, 감정에 의한 말의 상실); 소리를 못 냄(aphonos; voiceless/soundless)
- Hippocrates(400 BC): 뇌졸중으로 인한 실성증(APHONOS, 말/음성의 상실)
- Aristotle: 표현 영역은 머리가 아닌 심장에 있다.

### 로마인

- Valerius Maximus(약 30 AD)는 '아테네 출신의 매우 학식 있는 사람'이었으나, 머리에 돌을 맞고 '문자에 대한 기억'을 상실했다.
- Galen(103-200 AD)은 처음으로 뇌가 사고, 지각, 운동을 담당한다고 주장했다. 즉 실독증을 처음으로 언급하면서 말장애와 마비를 구분하는 첫 번째 단서를 제공했다(c. 30 AD).

### 15세기와 16세기(르네상스 시대)

- Antonio Guainerio(1440s): 기억장애로 인해 언어 표현의 결함이 발생한다.
- Paracelsus(1500s): 두부 손상은 언어장애를 유발하며 마비를 동반하기도 한다.
- Nicolo Massa(1500년대 후반): 외상성 실어증 또는 실구어증(anarthrias, 말 산출 능력의 상실)

### 17세기와 18세기

- 1683년, Peter Rommel: '희귀한 실성증'의 사례로서, 주기도문과 같은 '자동적' 발화는 보존되나 대화는 비유창하다고 보고했다.
- 1745년, Olaf Dalin: 심도의 비유창성 실어증임에도 노래 부르는 능력은 보존된다.
- 1762년, Giovanni Morgagni: 우측 편마비 환자가 말을 하지 못하는 사례들을 제시했다.
- 1770년, Johann Gesner(Die Spracharnnesie, 언어 기억상실증): '언어 기억상실증(speech amnesia)'이라 불리는 유창성 실어증을 처음으로 명확히 설명했다. 이는 지적 장애나 일반적인 기억 손실로 발생하는 것이 아니라 언어 기억력에 대한 특정 손상에 기인한다고 보고했다.

### 19세기와 20세기

- 1801년, Franz Fall: 뇌의 특정 부위(기관)가 특정 행동과 연관됨을 처음으로 기술했다. 이는 골상학(phrenology)의 시초이다.
- 1825년, Jean-Baptiste Bouillaud: 내적 언어(단어와 개념의 연결) 및 조음의 개념을 처음으로 설명했으며, 이에 관련된 다양한 신경학적 체계가 있다고 주장했다.
- 1825/1843년, Jacques Lordat: 발화가 전혀 불가능한 '발어불능증(alalia)'이라는 용어를 소개하고, 구어 기억상실증(verbal amnesia, 어휘 기억의 상실)과 구어 실조증(verbal asynergy, 말하고자 하는 것에 대한 명확한 지식은 있으나 단어의 조음 능력이 상실됨. 혀 마비의 증거는 없음)의 차이를 제시했다.
- 1836년 Marc Dax: 언어 능력은 좌측 전두엽의 앞부분에서 담당한다.
- 1861/1866년, Paul Broca, '운동성 실어증(aphemia), 언어기능의 장애': 지능, 청각, 이해, 사고는 모두 정상이다. 병변은 좌뇌 하전두 영역의 주변부와 관련된다.
- 1864년, Armand Trousseau, '운동성 실어증(aphemia)이 아닌 실어증(aphasia)': 주로 지능, 기억력, 주의력에 영향을 미친다.
- 1874년, Karl Wernicke: 좌뇌 상측두이랑의 뒷부분이 유창성 언어장애와 관련된다.
- 1877년, Lichtheim과 Kussmaul: 언어 중추 영역(또는 이들 간의 연결)을 연결하는 모델/이론을 정립했다.
- 1882년, John Hughlings Jackson: 실어증은 인지장애이며, 정보를 제공하는 능력(말이나 몸짓의 활용)이 없다.

- 1906년, Pierre Marie: 실어증은 지적 장애이며, 뇌의 특정 영역이 언어기능을 담당하는 것은 아니다.
- 1913년, Arnold Pick: 실어증에 대한 심리학적 접근으로서 실문법증 모델을 제기했다.
- 1926년, Henry Head: 실어증은 상징적 형식 및 표현의 장애로, 말하기, 읽기 및 쓰기에 대한 중추는 없다. 언어 및 비언어 과제가 모두 포함된 평가도구를 처음으로 개발했다.
- 1948년, Kurt Goldstein, 실어증에 대한 게슈탈트 접근법(Gestalt approach): 실어증은 사물과 배경을 구별할 수 없어 추상적인 표현이 불가능하다.
- 1956년, Roman Jakobson: 운동 및 감각 실어증을 정의하는 데 언어적 용어를 사용했다.
- 1950년대/1960년대, Luria, Geschwind, Goodglass: 보다 정교한 실어증 분류 체계를 개발하고, 이를 뇌 영역과 연결했다. 언어의 오류 수준에 주목했다(음소: Blumstein, 1973, 단어: Geschwind, 1972, 문장: Zurif & Caramazzo, 1972, 1976).

# 제11장 집행기능장애로 인한 의사소통의 결함

Michael Cannizzaro & Carl Coelho

개요



상징을 기반으로 한 의사소통은 후천성 중추신경계 기능장애로 인한 이차적 손상의 영향을 받기 쉽다. 실어증과 같은 언어 처리장애는 좌반구의 실비안 주변 언어 영역의 피질 및 피질하 구조들이 손상되어 발생하는 경우가 많다. 그러나 실어증이 아닌 인지기능의 변화로 의사소통에 문제가 생기면 인지-의사소통장애에 해당한다.

미국언어청각협회(American Speech-Language and Hearing Association, 2005)는 인지-의사소통장애를 다음과 같이 정의한다.

> 인지-의사소통장애는 인지적 손상으로 인해 의사소통의 모든 측면에서 어려움을 보인다. 의사소통은 언어적 또는 비언어적이며, 모든 언어 영역(음운적, 형태론, 구문론, 의미론, 화용론)에서의 알아듣기, 말하기, 제스처, 읽기, 쓰기를 포함한다. 인지는 인지적 처리 및 체계(예: 주의력, 지각, 기억력, 조직화능력, 집행기능)로 구성된다. 인지기능장애는 행동의 자가조절, 사회적 상호작용, 일상생활 활동, 학습과 학업 및 직업의 수행에 영향을 미친다(Association, 2005).

집행기능/기능장애(EF) 및 인지 통제의 실패와 관련된 인지장애는 조직화, 출력, 효율성, 정확성, 추상화, 사회적 참조, 적절성, 언어학습 능력에 영향을 미쳐 의사소통에 부정적으로 작용한다(Ylvisaker, Szekeres, & Feeney, 2001, 2008). 이러한 인지-의사소통장애는 전전두엽피질(prefrontal cortex: PFC)의 병리생리학과 관련되며, 언어 능력은 비교적 보존된다(Coelho, 2007; Decker & Cannizzaro, 2007). 예를 들어, 만성 외상성 뇌손상(TBI)의 의사소통장애는 대개 PFC의 손상과 이로 인한 EF 기능장애에 기인한다. TBI로 인한 의사소통장애는 단어나 문장 수준이 아니라 다양한 담화 형식(예: 절차, 서술 및 대화 담화)과 같은 복잡한 의사소통 영역에서 두드러진다. 연속적인 정보 단위(예: 문장이나 발화)를 결합한 의미 있는 담화 의사소통에서 집행기능이 요구된다(Biddle, McCabe, & Bliss, 1996; Cannizzaro, Coelho, & Youse, 2002; Chapman et al., 2001; Coelho, Ylvisaker, & Turkstra, 2005; Snow, Douglas, & Ponsford, 1998; Tucker & Hanlon, 1998). 이와 같이 의도가 있는 담화 메시지를 이해하거나 산출할 때 내용, 조직, 적절성, 효율성이 중요하다.

## 1. 퇴행성 장애와 인지-의사소통장애

TBI는 PFC 기능장애의 가장 흔한 병인 중 하나이다. 그러나 PFC 또는 관련 피질/피질하 신경회로의 구조나 기능에 문제가 있으면 인지에 영향을 미쳐 EF 결함 및 인지-의사소통장애를 유발한다. PFC는 뇌의 다른 영역과 밀접하게 상호 연결되므로, 여러 피질 및 피질하 영역의 손상이 PFC 기능장애와 EF 결함을 일으킨다([그림 11-1]). 예를 들어, 헌팅턴병(HD), 파킨슨병(PD), 알츠하이머병(AD), 전두측두엽변성 및 그 변이형(예: 전두측두치매[FTD], 원발성 진행성 실어증[PPA], 의미치매[SD])과 같이 치매로 진전되는 질환은 전전두엽 신경회로를 손상시켜 인지-의사소통장애를 초래한다(Miller & Cummings, 2007). 조현병, 주요 우울증(major depression), 양극성장애, 강박장애 등의 정신 질환도 EF와 상관성이 높은데, 이는 의사소통 및 인지에 잠재적 영향을 주는 PFC 기능장애와 관련된다(Miller & Cummings, 2007).

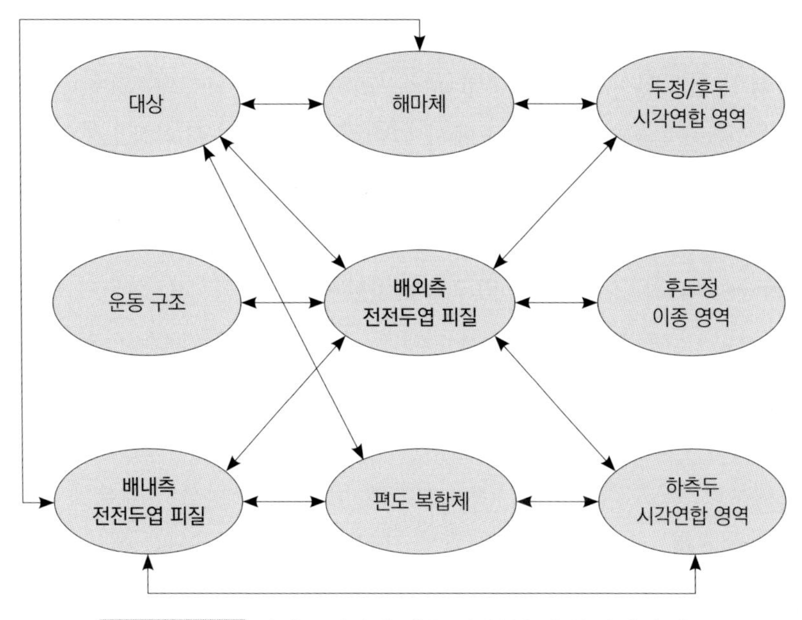


**그림 11-1** 전전두피질과 다른 뇌 영역 간 연결성의 개요

복내측과 배외측은 후두의 다른 영역과 상호 연결성을 반영함. 복내측 전전두영역은 감정 처리 영역(예: 편도체), 배외측 전전두영역은 비감정적 감각 및 운동 영역(예: 기저핵, 두정엽)과 관련됨.

Wood, J. N., & Grafman, J. (2003). Human prefrontal cortex: Processing and representational perspectives. *Nat Rev Neurosci, 4*, 139–147. 인용.

복잡한 의사소통의 문제는 노인의 기억력 및 EF의 점진적인 저하와 관련해 비실어증 장애(예: AD, FTD, SD)로서 많이 보고되었다(Ash et al., 2006; Blair et al., 2007; Dijkstra et al., 2004; Laine et al., 1998; Peelle & Grossman, 2008). AD, PPA, FTD 등이 진전될수록 표준화된 실어증 검사에서 기본적인 언어 이해 및 표현 능력이 낮게 나타난다. 언어 능력의 저하 속도는 질환마다 다르나(PPA와 FTD는 빠르게, AD는 느리게 저하됨), 결국 양상이 비슷해져 중복된 프로파일을 보인다(Blair et al., 2007). AD는 주제 관련성의 유지, 전반적인 담화 응집성(cohesion)과 같은 복잡한 담화 능력이 감소하기 전에 발화 수준 및 문장 간의 응집성이 먼저 약화된다(Dijkstra et al., 2004). 경도 AD 및 경도인지장애는 담화에서 중요한 정보를 처리하는 데 어려움이 있으므로, 담화 평가는 치매의 인지-의사소통 저하를 민감하게 반영한다(Chapman et al., 2002). 이러한 변화는 의사소통에서 경미하게 나타날 수 있으나, 의사소통 상대자에게 대화의 부담이 전가되면서 다양한 영향을 미치기도 한다(Dijkstra et al., 2004; Ripich et al., 1991). 그러나 FTD의 변이형과 같은 특정 질환은 EF에 미치는 영향이 더 크기 때문에 인지-의사소통장애가 매우 두드러진다.

FTD는 기억 처리에서 결함이 두드러지지 않으나 행동 및 의사소통 능력에 어려움을 겪는 퇴행성 신경인지장애이다(Ash et al., 2006; Blair et al., 2007; Peelle & Grossman, 2008). FTD는 주로 단어와 문장 수준에서 언어적 결함이 있고 의사소통의 유창성이 감소되며, 좌반구의 하전두이랑 및 뇌섬, 상측두이랑의 일부가 위축된다(Ash et al., 2006; Ash et al., 2009; Blair et al., 2007). 그러나 사회적 기능 및 EF의 결함을 동반하는 특정 변이형은 실어증이 나타나지 않을 수 있고, EF 결함이 인지-의사소통에 미치는 영향을 보여 준다(Ash et al., 2006; Peel & Grossman, 2008). Ash와 동료들(2006)은 이러한 유형을 대상으로 단순한 서술 담화 과제를 실시했는데, 국소적(문장 간) 및 전반적(주제 또는 요지) 수준의 담화에서 개념을 연결하지 못해 조직화의 문제를 보였다. 담화 구성 요소의 특징적 결함은 해부학적으로 연관된 우반구 전두엽 및 측두엽 피질의 위축에 기인한다(Ash et al., 2006; Peelle & Grossman, 2008). 또한 사회적 집행기능장애를 동반한 FTD의 가장 큰 의사소통 문제는 제대로 통합되지 않은 담화로, 이는 임상에서 EF와 크게 관련된다(Ash et al., 2006; Peelle & Grossman, 2008). 이와 마찬가지로 피질기저핵변성(corticobasal degeneration: CB)도 국소적 및 전반적 수준에서 잘 통합되지 않은 담화 요소를 보인다(Gross et al., 2010). CB는 전두엽 및 두정엽의 손상으로 인해 피질 및 피질하와 관련된 결함을 겪는데, 운동계획뿐 아니라 사회 및 EF 장애가 이에 포함된다(Gross et al., 2010).

PD, HD 등의 피질하 신경퇴행성 질환도 EF 결함과 관련된 인지-의사소통장애가 두드러진다(Litvan, Frattali, & Duffy, 2005; Murray, 2000; Saldert et al., 2010). HD는 복잡한 담화의 이해 능력이 초기 단계부터 저하되는데, 이는 질환의 후기에 나타나는 수준과 유사하다(Murray & Stout, 1999; Saldert et al., 2010). HD는 담화의 주요 개념을 이해하지만, 세부적이거나 함축적인 정보, 비유언어를 해석하는 데 어려움이 있다(Chenery, Copland, & Murdoch, 2002; Murray & Stout, 1999). 은유나 모호성의 해석과 같이 높은 수준의 담화를 이해하는 능력이 크게 저하된다(Saldertet al., 2010). PD와 HD는 담화의 표현 능력도 떨어지는데, 더 짧고 덜 복잡한 문장 구조를 사용하므로 산출량이 적고 구문 능력이 감소한다. 단순한 담화 과제에서 HD는 정보의 내용이 전반적으로 감소했고, 유용한 발화의 양이 비교적 적게 산출되었다(Murray, 2000).

그러나 엄격히 말해 이러한 양상은 노화 및 신경심리학적 병리와 관련된 진행성 질환에만 국한되지는 않는다. 대학생을 대상으로 한 자기보고에서 충동적 공격성이 있는 학생은 EF 결함과 연관된 복잡한 언어기능이 손상되었다(Villemarette-Pittman, Stanford, & Greve, 2003). 이처럼 인지-의사소통 기술이 저하되면 또래에 비해 복잡한 구어 산출 계획과 구어 의사소통의 구조화에 큰 어려움을 겪는다. 이는 정보의 불완전한 통합, 부정확한 정보의 삽입, 어색한 정보의 나열과 관련된다. 따라서 기본적인 언어 및 인지 능력이 보존된 경우에도 이러한 인지-의사소통의 문제는 중요하다(Villemarette-Pittman et al., 2003).

## 2. 국소적 뇌손상, 실어증, 집행기능

뇌졸중과 뇌혈관 질환은 대개 편마비/부전마비, 실어증과 같은 특정 영역의 결함을 초래하며, 인지적 결함도 흔히 동반된다(Lesniak et al., 2008; Zinn et al., 2007). 뇌졸중 병동에 연달아 입원한 200명의 환자를 대상으로 전반적인 인지 능력(예: 지남력, 주의력, 인식[gnosis], 기억력, 실행, 시공간 능력, 언어, EF)을 검사하고, 발병 1년 후에 재평가를 실시했다. 72%의 환자들이 지속적인 인지 결함을 보였는데, 주의력과 단기기억의 결함이 가장 흔했으나 발병 후 2주차에 나타난 EF의 결함이 1년 후의 회복을 예측하는 유일한 요인이었다(Lesniak et al., 2008). 이와 마찬가지로 급성 뇌졸중의 EF에 관한 Zinn과 동료들의 연구에서 EF 결함을 보인 약 50%의 환자들은 급성기 및 이후 수개월에 걸친 재활에도 불구하고 완전히 회복하지 못했다(Zinn et al., 2007).

뇌졸중 이후 주로 실어증과 EF 결함이 동반되므로, 이들이 의사소통에 미치는 단일하거나 복합적인 영향을 이해해야 한다. Prescott과 동료들은 실어증 환자의 복잡한 문제해결력을 파악하기 위해 하노이 탑(Tower of Hanoi) 검사를 실시했다. 30%의 환자들이 과제를 완성하지 못했고, 수행하는 데 훨씬 더 많은 시간과 움직임이 요구되었다(Prescott et al., 1987). Glosser와 Good Glass(1990)는 좌반구 손상 및 실어증 환자 22명, 우반구 손상 환자 19명, 정상군 49명을 대상으로 EF 검사를 실시했는데, 좌반구 후두엽이나 혼합된 병변에 비해 좌반구 전두엽 병변인 경우 EF가 더 심하게 손상되었다.

인지 능력과 특정 의사소통 중재 프로토콜 간에도 상관성이 있었다. 비언어적 인지 및 EF의 점수가 낮은 실어증 환자는 맥락 기반 치료(예: 보상적 의사소통 전략의 사용)의 수행 기준을 달성하는 데 시간이 더 오래 걸렸다. 또한 EF 능력은 중재 후 6개월 시점의 의사소통 기능을 예측할 수 있었다. 따라서 EF의 수행력은 전반적인 진전, 특정 치료 유형의 적절성, 치료의 양과 관련된다(Hinckley, Carr, & Patterson, 2001). 이는 기능적 의사소통에서 다양한 상징을 습득하고 사용하는 인지적 유연성(즉 대체 양식)에도 적용된다. 실어증 환자는 대체 양식으로 개념을 표현할 수 있지만 오류가 있는 구어 양식을 지속적(즉 보속적)으로 시도한다. 따라서 의사소통의 대체 양식을 잘 사용하려면 EF의 구성 요소인 인지적 유연성이 필요하다(Purdy, Duffy, & Coelho, 1994). EF와 언어 간의 이러한 관계는 기능적 의사소통에 영향을 미친다. 기능적 의사소통은 '양식에 관계없이 메시지를 보내거나 받음으로써 주어진 자연스러운 환경에서 효과적이고 독립적으로 의사소통하는 능력'이다(Fridriksson et al., 2006, p. 402). 기능적 의사소통과 EF 간에는 유의미한 상관성이 있으며, 실어증 환자의 성공적인 의사소통은 언어뿐 아니라 EF 능력에 좌우되거나 관련된다(Fridriksson et al., 2006).

실어증 치료의 궁극적인 목표는 실제 맥락(즉 상황과 요구의 변화로 인해 예측할 수 없는 상황)에서의 의사소통 능력을 향상시키는 것이다. 일상생활의 성공적인 의사소통을 위해서는 목표 지향적인 행동과 EF가 반영된 유연한 문제해결력이 요구된다(Helm-Estabrooks, 2002). 또한 EF는 실어증과 관련된 뇌손상에서 언어 다음으로 가장 취약한 인지 능력이다(Helm-Estabrooks, 2002). 따라서 비언어적 인지나 언어 능력만으로 일상생활에서 의사소통의 성공 여부를 예측하기 어려우므로, 실어증의 중재 과정에서 EF의 영향도 고려해야 한다.

요컨대, 실어증에 있어 EF를 포함한 비언어적 인지와 언어 간에는 확실히 복잡한 상관성이 있다. 실어증의 인지적 변화가 보편적인 점을 고려하여 이를 개별적으로 평가할 필요가 있다. 특히 EF는 실어증에 대한 언어 및 의사소통 중재와 기능적 의사소통의 성공 여부를 판단하는 데 중요하다. 또한 전통적인 언어 및 의사소통 기반 중재와 함께 EF 등의 다양한 인지적 중재가 요구된다.

## 3. 지식 구조, 집행기능, 담화

인지적 통제와 EF는 새롭고 복잡한 상황에서 적응적 및 반응적으로 수행할 수 있는 능력으로, 적절한 인지, 감정의 조절, 의사소통과 같은 사회적 능력에 필요하다(Lezak, Howieson, & Loring, 2004). EF를 개념화한 기본 요소는 목표 지향적이고 사고 및 행동을 조절해 달성될 뿐 아니라, 정보 처리에 필요하며 적절한 방식으로 목적에 맞게 수행하는 데 요구되는 행동을 의미한다(Grafman, 2006a; Miller & Wallis, 2009; Wood & Grafman, 2003). 의사소통은 정보를 교환하기 위한 목표 지향적인 행동(또는 특정 행동의 집합체)으로, 지식 체계를 통해 정보를 조정하고 조직화하는 인지적 통제(예: 다단계 입력의 해독, 언어 능력, 상황적 지식, 화용적 요소, 수행, 자기 모니터링 등)가 요구된다.

PFC의 정보 처리와 지식 표상을 통해 익숙하지 않은 복잡한 활동에 참여하고, 담화와 같은 복잡한 과제를 수행할 수 있다(Gilbert & Burgess, 2008; Wood & Grafman, 2003; Wood, Knutson, & Grafman, 2005). 이를 알아보기 위해 일상화되지 않고 사회적으로 적절한 의사소통 행동을 연구한다. 일상적인 행동에는 타인의 흥미를 끌기 위해 과거 사건에 관해 이야기하기, 과제를 완료하는 데 필요한 단계를 설명하기, 타인을 설득하기 위해 메시지를 생성하기 등이 포함된다. 현재의 EF 모델은 관련 목표를 달성하기 위해 특정 과제의 요구에 대응하는데, 보다 많은 자동적 인지 처리(예: 주의력, 말 운동 조절, 언어 처리)와 상호작용하는 하향식 처리(조직화, 화용, 내용 선택, 행동의 효율성)를 다룬다(Gilbert & Burgess, 2008). 예컨대, 이 장(즉 담화 처리)을 읽는 목적은 EF 장애와 의사소통 간의 관계에 대한 보편적 지식을 획득하는 것이다. 이와 유사하게, 독자의 입장에서는 시험/과정을 통과하는 데 필요한 지식을 얻으려는 단기 목표 또는 인지-의사소통장애를 다루기 위한 지식 수준을 높이려는 장기 목표를 갖는다. 목표와 상관없이 단어를 읽는 방법은 변하지 않으며, 이해하기 위해 필요한 단어 및 텍스트 수준의 해독, 의미적 및 통사적 처리와 관련된다. 그러나 읽기의 목표(예: 시험 준비 등의 의식적 목표)가 제시되면 이와 구체적으로 연관된 EF를 사용한다. 특정 목표에 따라 정보의 특정 주제를 도출하거나 주의를 기울임으로써 저장 또는 기억의 과정이 진행된다. 이때 정보 개요의 작성, 핵심 단어의 도출, 단어 정의의 작성, 일반 및 하위 주제의 기술 등 구체적인 전략이 사용된다.

PFC는 구조화 사건 복합체(structured event complexes: SECs) ([그림 11-2])라 불리는 고유한 지식 저장소의 활성화를 통해 정보를 통합한다(예: 담화 처리) (Grafman, 1995; Grafman & Litvan, 1999; Partiot et al., 1996; Sirigu et al., 1998; Sirigu et al., 1995; Wood & Grafman, 2003; Wood et al., 2005). SEC는 목표 지향적이고 순차적으로 구조화되며, 주제가 있고 규칙에 의해 통제된다. SEC의 정보는 인지 구조로서 저장되는데, 이는 정보를 처리하고 완전한 에피소드로서 부호화 및 인출되며 PFC에 저장된다(Wood & Grafman, 2003).

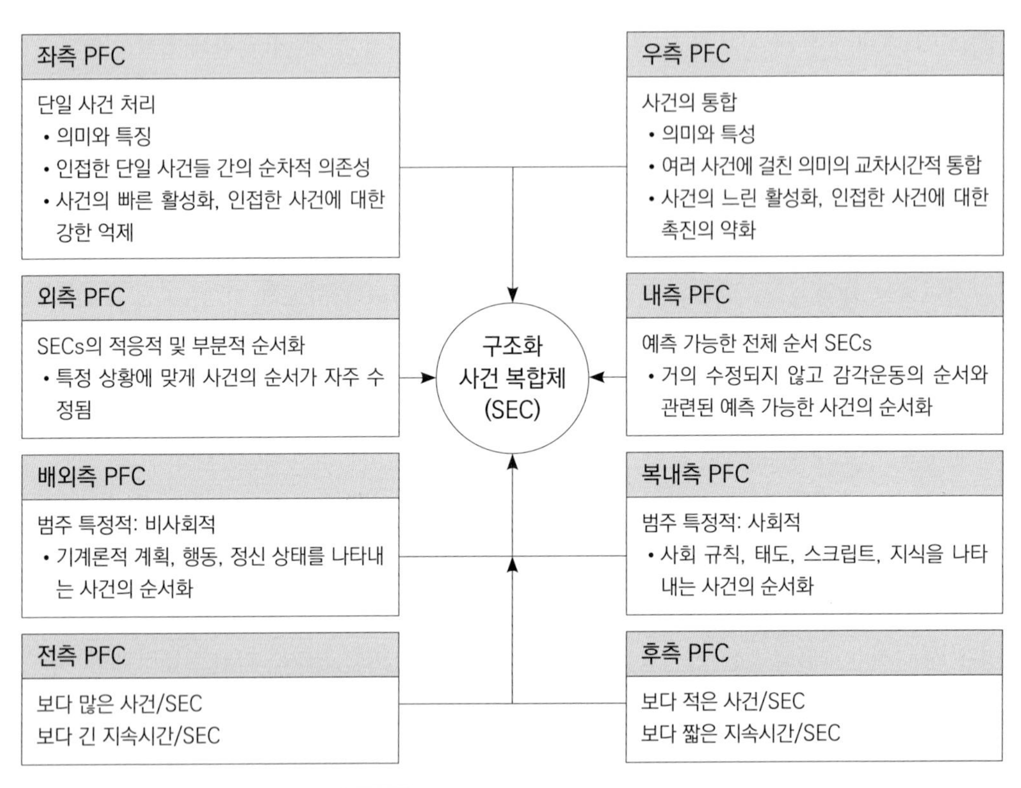


**그림 11-2** SEC의 표상 형태와 PFC의 국소화

여러 하위 구성 요소와 해당 피질 영역이 SEC의 형성이나 활용에 기여함. 예측 가능한 구조화의 형태를 갖춘 유명한 이야기를 하는 것은 좌측 및 우측 PFC, 특히 내측 PFC가 관여함. 특정 환경이나 집단에 따라 사회적으로 적절하게 이야기를 수정하는 것(예: 아동용)은 복내측 PFC가 담당하나, 특정 청자의 정신 상태는 배외측 PFC에서 처리함.

Wood, J. N., & Grafman, J. (2003)에서 인용. Human prefrontal cortex: Processing and representational perspectives. *Nat Rev Neurosci, 4,* 139-147.

SEC의 지식은 정보 처리 과정에서 활성화된 일상적 활동의 위계적 순서를 부호화하고 인출하는 데 사용된다(Grafman, 2006a; 2006b; Krueger et al., 2007; Wood & Grafman, 2003; Wood et al., 2005). 일상의 연속적 사건은 흔히 발생하는 행동들로, 일상적이고 평범한 행동(예: 아침 커피를 만드는 단계를 구어로 표현하기)부터 새롭고 인지적으로 부담되는 행동(예: 100명의 손님을 초대하는 저녁 파티를 계획하는 데 필요한 정보를 작성하기)이나 어려운 행동(예: 직무 목표를 논의하고 30년 동안 꾸준히 수행하기)까지 포함된다. 이러한 지식에는 선행 학습 정보를 활성화하는 것과 같은 순차적 과정이 포함되는데, 이는 계획, 조직화, 하위 목표의 순서, 계획의 수행, 수행력의 분석, SEC의 성공에 기반한 계획의 업데이트

등에 필요하다. 따라서 목표 지향적인 의사소통 활동(예: 개인 정보를 내러티브로 표현하기, 대화에서 타인의 사고와 감정을 이해하기)은 담화 의사소통을 이해하고 표현하기 위한 정보 처리의 규범적 체계이다. 이는 일반적인 양식(즉 조직화된 구조)을 따르는 의사소통 상황에 반복적으로 노출됨으로써 학습되며, 여러 가지 중요한 상황적 요인(예: 화용 규칙, 시간 제약 등)을 포함한다. 예컨대, 가상 내러티브 형식의 담화는 목표 지향적인 에피소드로 구성되는데, 이는 SEC의 한 유형인 이야기 문법 요소에 의해 형성된다(예: 이해, 표현, 기억의 부호화, 사건의 회상) (Grafman & Krueger, 2008; Rumelhart, 1975; Stein & Glenn, 1979; Krueger et al., 2007; Wood et al., 2005). 담화는 풍부한 내용, 예측 가능한 구조, 언어 처리의 부담이 필요하므로 분석을 통해 인지-의사소통장애를 잘 이해할 수 있다.

## 1) 담화 분석

담화의 임상적 평가는 TBI, 뇌졸중, 치매로 인한 후천성 장애뿐 아니라 정상 아동 및 성인의 의사소통 기술을 연구하는 데에도 유용하다(Arkin & Mahendra, 2001; Ash et al., 2006; Brookshire et al., 2000; Coelho, 2007; Lehman Blake, 2006; Mar, 2004; McCabe & Bliss, 2006; Stemmer, 1999). 자연스러운 의사소통을 위해서는 개별적인 단어나 문장 이외에 언어의 작은 단위들을 정보의 일관적인 교환으로 통합하는 언어적 처리가 필요하다 (Gordon, 1993). 메시지의 구성 요소 및 연관성을 정의하고 형성하는 고유 구조의 여러 하위 장르(예: 대화, 토론, 그림 설명, 이야기 내러티브 등)가 담화에 포함된다(Coelho et al., 2005; Fayol & Lemaire, 1993). 담화 메시지의 이해와 표현은 언어적 해석, 조직화된 구조, 화용적 규칙을 포함한 복잡한 행동을 나타낸다. 담화를 구성하는 데에는 여러 단계의 지식이 필요하므로 자연스러운 의사소통 행동(예: 내용, 구문 구조, 응집성, 내러티브 구조, 화용적 행동 분석 등)을 파악하기 위해 다양한 분석법이 고안되었다(〈표 11-1〉) (Cherney, Shadden, & Coelho, 1998; Mar, 2004).

〈표 11-1〉 담화 수준과 분석

| 담화 분석의 수준 | 분석의 예 |
|---|---|
| 단어 수준 | 정보의 내용<br>정보의 효율성/어휘의 생산성(예: 분당 단어 수)<br>참조와 대명사의 사용<br>단어 찾기 행동 |

| | |
|---|---|
| 문장 수준 | 구문 구조/구문 복잡성<br>응집성(문장 내 및 문장 간) |
| 담화 수준/전반적 수준 | 이야기 구조<br>주제 유지<br>차례 지키기 행동<br>국소적 통일성<br>전반적 통일성<br>화용 평가<br>인상 평가(예: 효과성과 효율성) |

Mar, R. A. (2004). The neuropsychology of narrative: Story comprehension, story production and their interrelation. *Neuropsychologia, 42,* 1414–1434; Cherney, L. R. Shadden, B. B., & Coelho, C. A. (1998). *Analyzing discourse in communicatively impaired adults* (pp. 1–8). Gaithersburg, MD: Aspen. 참고.

연속적인 발화나 문장에서 정보를 통합하는 과정은 상황적 정보를 새로운 정보로 업데이트하고 메시지의 통일성(coherence, 예: 개인적 지식, 상황에 따른 화용론, 메시지 구성 요소 간의 관계)을 모니터하는 것이다(Ferstl & von Cramon, 2002; Ferstl et al., 2008). 또한 담화를 통합된 전체로서 해석하는 과정이다. 메시지를 완전히 이해할 때까지 정보의 결합 및 구조화, 통합 과정에서 의미와 구문을 해독하기 위한 인지 처리는 부가적인 단위로서 사용된다.

PFC, 특히 내측 PFC는 축적된 지식(예: SEC)과 관련되는데, 이는 단순한 이야기와 같이 경험으로 습득되고 규칙에 지배되며 어느 정도 예측이 가능하다(Krueger et al., 2007; Wood et al., 2005; Zacks & Tversky, 2009). 단순하고 전형적인 구조 양식의 담화 정보는 예측 가능하고 자동적으로 이해되기까지의 처리 부담을 감소시킨다(Cannizzaro et al., 2010). 본래 SEC 지식은 이전 경험에 대한 추상화 양상의 한 유형이다(예: 이야기에 노출되면 정신 모델이나 이야기 도식이 형성됨). 이 같은 단순한 담화 양식의 경험에 기초하여 담화를 쉽게 처리할 수 있다고 가정된다(Maguire, Frith, & Morris, 1999; Cannizzaro et al., 2010; Krueger et al., 2007).

내러티브를 명확히 이해하고 표현하려면 언어, 인지, 화용 능력이 복잡하게 상호작용해야 한다. EF 관련 의사소통장애로 인한 인지-의사소통장애의 경우 이러한 능력들이 손상된다. 이후에는 내러티브 담화의 분석 절차를 간략히 설명하고, PFC 손상에 대한 연구들을 요약하여 제시할 것이다. 또한 내러티브 담화의 샘플을 통해 특징적인 결함을 논의한다.

## 2) 담화 분석 절차

담화 분석의 첫 단계는 최소 5개 이상의 문장으로 구성된 내러티브를 구어로 표현하도록 유도하는 것이다. 절차(샌드위치 만드는 방법에 대한 설명), 설명(기억에 남는 휴가에 대한 서술), 내러티브 담화(이야기의 창작 또는 제시된 이야기를 다시 말하기)와 같은 다양한 담화 장르가 표집된다. 이러한 유형들은 대화 담화와 달리 독백이라 불린다. 담화 샘플은 주로 녹음되나 비디오 녹화가 이상적이며, 그대로 전사된다. 전사 자료는 문장보다 더 명확히 확인되는 T-unit 등의 기본 분석 단위로 분리된다(Hughes, McGillivray, & Schmidek, 1997). T-unit은 독립절과 그에 종속된 종속절로 구성된다(Hunt, 1970). 산출된 내러티브의 유형에 따라 문장 내, 문장 간, 이야기 전체에 걸쳐 다양하게 분석된다.

**문장 수준의 분석**

문장 수준의 분석에서는 내러티브당 T-unit의 총 개수 또는 T-unit당 단어의 개수 등 구어의 산출이나 생산성을 평가한다. 문장 수준의 문법 복잡성은 T-unit당 종속절의 개수로 측정된다(Coelho, 2002).

① 응집성

응집성은 문장 간 분석에 해당한다. 문장은 결속표지라 불리는 다양한 유형의 의미관계를 통해 텍스트 내에서 연결된다. 텍스트의 의사소통 기능에 따라 결속표지의 유형이 다양하다. 응집성의 양식이란 한 사람이 여러 범주의 결속표지를 사용하는 빈도이며, 이는 담화 유형(즉 절차, 서술, 이야기 등)에 따라 다르다(Liles et al., 1989). 예를 들어, Halliday와 Hasan이 제안한 응집성 범주의 발생 빈도는 응집성의 분석 지표 중 하나로, 범주에는 참조, 어휘, 접속사, 생략, 대치가 포함된다(이들의 조작적 정의는 Liles et al., 1989 또는 Mentis & Prutting, 1987 참고). 응집성의 또 다른 지표로 응집성 적합도가 있는데, 결속표지가 생길 때마다 그 적절성을 판단한다. 결속표지에 의한 정보가 쉽게 발견되어 명확히 확인되면 '완전한' 결속표지로 간주되지만, 텍스트를 벗어나 모호한 정보로 이해될 경우 '불완전'하거나 '오류'가 있다고 판단된다. 각 이야기에서 산출된 결속표지의 총 개수 중 완전하거나 오류가 있는 결속표지의 개수를 백분율로 계산한다.

② 통일성

통일성은 내러티브의 전반적인 주제를 얼마나 잘 유지하고 전달하는지를 나타낸다. 이야기 내의 각 T-unit은 국소적 및 전반적 통일성의 측면에서 평가된다(Glosser & Deser, 1990; Van Leer & Turkstra, 1999 참고). 전반적 통일성은 발화의 의미나 내용이 이야기의 전체 주제와 관련되는 정도를 나타내며, 국소적 통일성은 발화의 의미나 내용이 선행하는 발화와 어떻게 관련되는지를 반영한다. 이야기의 통일성을 파악하려면 이러한 두 지표를 평가해야 한다.

③ 이야기 문법

이야기 문법 지식은 이야기의 내부 구조에서 정해진 규칙으로, 사람과 사건 간의 논리적 관계(즉 인과적 및 시간적)를 이해하고 표현하도록 돕는다. 에피소드는 대부분의 이야기 문법 모델에서 핵심 단위이다(예: Frederiksen et al., 1990; Johnson & Mandler, 1980; Rumelhart, 1975; Thorndyke, 1977). 에피소드의 구성 요소는 명시된 목표의 서술, 해결의 시도, 시도의 결과이다. 이를 각각 계기 사건, 시도, 직접적인 결과라고 한다(Stein & Glenn, 1979). 에피소드를 생성할 수 있으면 이야기 문법 지식이 있다는 증거이다. 이야기 문법은 본래 인지적인 영역이므로 뇌손상에 의해 저하될 수 있다. 이야기 문법은 완전한 에피소드의 개수로 분석한다. 논리적으로 연관된 다음의 세 요소가 모두 포함되면 완전한 에피소드로 간주된다. ① 등장인물이 목표 지향적인 행동의 순서를 계획하도록 촉구하는 계기 사건, ② 목표를 달성하기 위한 행동이나 시도, ③ 목표의 달성이나 미달성을 나타내는 직접적 결과가 이에 해당한다. 또한 에피소드 구조 내의 T-unit 비율, 즉 내러티브의 일부가 에피소드 내에서 얼마나 많이 생성되는지를 분석한다.

언어 처리에서 PFC의 역할을 고려할 때, 이야기 문법은 SEC의 한 유형으로 간주되기 때문에 분석할 필요가 있다. 전술한 바와 같이, 이야기 문법은 개인과 사건 간의 논리적 관계(즉 시간적 및 인과적)를 이해하고 표현하도록 돕는 이야기 내부 구조의 규칙이다. 에피소드의 구성 요소에는 기술된 목표, 해결의 시도, 시도의 결과에 대한 정보 단위가 포함된다. 에피소드 내 구성 요소들 간의 연관성은 논리적일 뿐 아니라 특정 내용에 국한되지 않으므로, 본질적으로 인지적인 영역에 해당하며 PFC의 손상으로 인해 잠재적인 결함이 생길 수 있다.

④ 완전성

완전성(completeness)은 주어진 이야기의 주요 요소들(사건과 등장인물)을 표집된 자료의 규준에 근거해 구성하는 것과 관련된다(Le et al., 2011). 여러 대상자들을 통해 주요 요소들이 수집되면 이러한 행동과 사건은 이야기의 명확한 구성 요소가 된다. 구성 요소와 규준 집단의 예는 다음과 같다. 규준 집단의 80% 이상에서 언급된 요소는 이야기에서 매우 중요한 것으로 간주되었고, 총 5개의 요소가 포함 기준을 충족시켰다. 이 같은 분석을 통해 완전성의 점수가 산출되며, 이는 주요 구성 요소의 총 개수 중 이야기 다시 말하기 과제에서 산출한 주요 요소의 개수이다.

## 3) 내러티브 담화 샘플

여기서는 TBI 환자의 내러티브 샘플을 제시하고 담화 분석의 결과를 요약하였다. 모든 샘플은 베트남전쟁 참전 용사의 대규모 데이터베이스에서 추출되었다. 이들은 심한 두부 관통상을 입었고, 부상 후 30년이 지난 시점에서 샘플이 수집되었다. PFC만 손상된 환자 3명의 이야기 내러티브가 다음에 제시되어 있다. 이들은 집행기능 평가에서 중간 수준의 점수를 보였다. 이야기 샘플에는 PFC의 손상으로 인한 결함이 나타났다. 뇌손상이 없는 베트남전쟁 참전 용사의 내러티브와 비교한 결과도 제시했다.

분석된 샘플은 모두 이야기 내러티브였으며, 이야기 다시 말하기의 형식으로 유도되었다. 먼저 녹음된 소리 없이 컴퓨터 화면을 통해 16개의 프레임으로 구성된 그림 이야기인 〈Old McDonald Had an Apartment House〉를 시청한다. 이는 농부인 Old McDonald가 실내에서 식물을 재배하려다 세입자 및 아파트 주인과 갈등이 발생했으나 결국 도시생활에 적응한다는 내용이다. 모두 시청한 후 "방금 본 이야기를 저에게 말씀해 주세요"라고 요구한다. 이야기는 녹음되었고, 전사한 후 T-unit으로 분석되었다. 이후의 예들은 여러 단계에서 분석된 이야기 내러티브 및 그 분석 결과를 요약한 것이다.

### (1) 전사 NI(non-injured) 1: 뇌손상이 없는 성인 남성

1. Mr. McDonald and his wife had this apartment building which had several ten- [you know uh] tenants
2. and as time went by he turned it into a vegetable farm
3. had vegetables here there each and everywhere

4. [uh] then later on he brought in some animals
5. and his world [like] turned into old McDonald's farm instead of old McDonald's apartment house
6. [um] he had vegetables and animals [all over] all over the floor
7. [uh] eventually the people tenants started moving out because of all the vegetables and the animals
8. and eventually [uh] old McDonald and his wife [uh] lost the apartment building it looked like according to the pictures
9. [and] but the landlord or who he [owned owed] owed the house to or the apartments to found him a diced vegetable stand to sell his produce and stuff out of
10. and all his [uh] tenants became his customers

### (2) 전사 NI 1의 요약

이 이야기 내러티브 및 연결된 다른 이야기에서 텍스트는 T-unit(구어에서 문장과 유사한 구조)에 따라 번호로 구분되었다. 수정된 단어(예: T-unit 9에서 'owned owed'), 반복(예: T-unit 6에서 'all over'), 삽입어(예: 'uh', 'um', 'you know uh')는 괄호 안에 넣어 전체 분석에서 제외한다. 이 비율이 높으면 담화의 계획이 어려움을 의미한다. 전사 1은 제시된 그림 이야기에 대한 다시 말하기가 비교적 효율적으로 산출되었다. 길이는 너무 길지 않고(T-unit 10개, 단어 147개), 문법적 복잡성(종속절/T-unit=.20)은 적절하다(〈표 11-2〉). 응집성의 적합도와 통일성(국소적 및 전반적)도 양호하다. 즉 문장 간의 의미 단위가 잘 연결되고(예: 대명사의 적절한 사용), 이야기의 전체적인 요지가 처음부터 끝까지 유지되고 전달된다. 뇌손상을 입지 않은 대상자들은 5개의 주요 구성 요소를 모두 통합해 3개의 에피소드를 생성했고, 이야기를 잘 구조화해 완전하게 다시 말했다.

〈표 11-2〉 참가자 5명의 이야기 다시 말하기 과제에 대한 담화 평가 점수의 요약(뇌손상이 없는 성인 남성 2명-NI 1과 NI 2, 뇌손상이 있는 성인 남성 3명-BI 3, BI 4, BI 5)

| 담화 측정 | NI 1 | NI 2 | BI 1 | BI 2 | BI 4 |
|---|---|---|---|---|---|
| T-unit | 10 | 12 | 8 | 11 | 13 |
| 단어 | 147 | 179 | 162 | 144 | 125 |
| 수정된 단어 | 118 | 137 | 96 | 131 | 105 |
| 종속절 | 2 | 3 | 1 | 2 | 0 |
| 종속절/T-unit | .20 | .25 | .13 | .18 | 0 |
| 응집성 적합도(완전한 결속표지/총 결속표지) | .76 | .70 | .33 | .48 | .74 |
| 국지적 통일성 | 4.60 | 3.82 | 3.71 | 3.40 | 4.5 |
| 전반적 통일성 | 4.90 | 4.75 | 4.13 | 4.20 | 4.85 |
| 이야기 문법(총 에피소드) | 3 | 4 | 1 | 4 | 2 |
| 에피소드 구조 내 T-unit 비율 | .90 | .75 | .25 | 1.00 | .38 |
| 완전성 | 5 | 5 | 2 | 4 | 5 |

주: T-Units=이야기 내러티브의 전체 T-unit의 수, 단어=이야기 내러티브의 전체 단어 수, 수정된 단어=전체 단어 수에서 수정, 반복, 삽입어 단어를 뺀 수, 종속절=내러티브의 전체 종속절 수, 종속절/T-unit=이야기 내러티브의 종속절을 T-unit의 수로 나눈 값, 응집성 적합도=완전한 결속표지의 수를 결속표지의 총수로 나눈 값, 국지적 · 전반적 응집성=이야기 내러티브의 평균 점수, 이야기 문법=이야기 내러티브의 전체 에피소드 수, 에피소드 구조에서 T-unit의 비율=에피소드 내의 T-unit 수를 내러티브의 전체 T-unit 수로 나눈 값, 완전성=이야기 내러티브에서 언급된 주요 구성 요소의 수, 최대 5개.

### (3) 전사 NI 2: 뇌손상이 없는 성인 남성

1. this [um] McDonald, he lived in a apartment house
2. and [uh] his wife started to plant
3. and he decided he wanted to [uh] build a garden
4. and [uh,] so he planted [uh] vegetables and everything
5. and [he uh the the people uh uh uh] the other tenants [uh] weren't too thrilled about it
6. and [uh] fairly soonhe had vegetables growing in the hallway and the tub, [uh], cows in the house and everything
7. [the uh,] all the tenants [uh] got mad and moved out

8. [and uh] he moved [uh] some more cows into the house and everything
9. he got so overwhelmed with [uh] produce in the house that [uh] I think the owner [uh] was furious about it
10. and [he uh,] I mean he [he he] was mad about it
11. [and uh] but he decided [to uh] since there was so much and the farmer was so good at producing [uh uh uh] vegetables and such that he [uh he] opened a [um] vegetable store for him
12. and they made a proposition

#### (4) 전사 NI 2의 요약

이 내러티브는 이야기 다시 말하기를 잘 수행했다. 에피소드 구조 내의 T-unit 비율이 적어 효율성이 떨어져 보일 수 있으나, 5개의 중요한 내용 요소가 모두 포함된 완전한 이야기를 산출했다(〈표 11-2〉 참고). 이는 길이와 문법적 복잡성뿐 아니라 응집성 적합도의 측면에서 전사 1과 유사하다. 국소적 응집성 점수가 다소 낮지만 전반적 응집성 점수가 비교적 높아 이야기의 전체 요지가 훼손되지 않았다. 전사 1과 2에는 '정상' 화자에게 나타나는 몇몇 다양성이 반영되어 있다.

#### (5) 전사 BI(brain-injured) 1: 양측 PFC(복내측) 병변의 성인 남성

1. Well the first thing we've seen them together with the broom [and then uh the second thing I think it was uh I think it was I dunno {unintelligible, trails off}]
2. the third picture they were had a tomato plant and something like that
3. and the fourth picture [they had a,] he was growin [cabbage and uh] cabbage and all that stuff [and uh]
4. and [uh] third [he had] he had carrots growing [out of out of the] up in the roof on that thing [uh]
5. and [he uh] he [uh] had a bunch of [cows come into the house while they uh] cows in the house
6. [and and uh he uh] and one time when a cow was sittin on the stool [and and uh] and th the people was] the man was thinking of opening up [a] a [fruit,] fruit stand

7. and he was goin' {unintelligible} them in
8. and then he had the fruit stand opened up and everything [he he was] [and [uh] the next picture was [uh] that's about all I'll tell you]

**(6) 전사 BI 1의 요약**

전사 BI 1은 분석 점수상 문제점이 많다(〈표 11-2〉 참고). 이야기의 길이는 뇌손상이 없는 2명의 성인과 유사하나 문법적 복잡성은 다소 낮았다. 또한 응집성 적합도가 떨어졌는데, T-unit 1의 'them'과 T-unit 2의 'they', T-unit 3, 4, 5의 'he'는 각 대명사가 누구를 가리키는지 명시하지 않았다. 완전성의 측면에서 주요 구성 요소가 2개만 확인되어 전체적인 이야기의 내용이 부족함을 알 수 있다. 에피소드가 1개만 산출되었고, 결과적으로 산출된 T-unit의 25%만이 에피소드 구조 내에 있었다. 결과적인 내러티브가 연결되기 어렵고, 사전 지식이 없으면 이야기의 요지에 관한 의미 있는 정보가 거의 전달되지 않는다. 전사 BI 1은 집행기능 점수가 가장 낮은 양측 PFC 병변의 환자가 산출한 것으로, 제시된 세 사례 중 가장 저하된 형태였다. PFC의 손상으로 인한 다른 보고들과 마찬가지로(Kaczmerek, 1984; Royall et al., 2002), 복잡한 문장을 적게 산출했고, 논리적 및 시간적으로 적절한 순서의 내러티브를 전개하지 못했다. 이는 모두 집행기능과 관련된 영역이다.

**(7) 전사 BI 2: 양측 PFC 병변의 성인 남성**

1. Old McDonald [umm] started a farm in his apartment first of all and started growing demolishing everything
2. then they started to fix it up
3. and Mrs. McDonald started to plant in the house
4. in the mean time Old McDonald had [umm] started to plant outside
5. then everybody come over and got mad at him because they had all these [uh] plants outside
6. and so they started growing 'em inside
7. and then the cattle cows decided they wanted to come inside.
8. so they come inside and ate all the vegetables in the living room all the carrots. (pause)

9. and then the manager of the apartment (pause) [ummm] got mad at him
10. but [uh] he had a kind heart and bought them their own [ah] vegetable place where they could sell their vegetables and grow 'em
11. and so [uh] the story [ha] has a happy ending

**(8) 전사 BI 2의 요약**

전사 BI 2는 응집성 적합도와 국소적 통일성 점수가 낮아 뇌손상을 입지 않은 환자의 발화와 차이를 보였다(〈표 11-2〉 참고). 그러나 4개의 에피소드를 산출했고, 에피소드의 구조를 벗어난 T-unit은 없었다. 5개의 주요 요소 중 4개가 산출되었고, 이야기 문법 점수가 높은 적절한 발화였다. 양측 PFC 손상이 있으나 집행기능 점수가 높고, BI 1에 비해 이야기 내러티브가 양호하다. 문법적 복잡성이 낮고 국소적 통일성이 다소 떨어지는 문제점도 있다. 전체적인 이야기의 구성 및 완전성은 양호한 수준으로, 환자의 집행기능 점수와 일치했다.

**(9) 전사 BI 3: 우측 PFC 병변의 성인 남성**

1. alright McDonald had an apartment house
2. and he grew vegetables
3. tried to raise cows [and he had vegetables.]
4. his wife had [a] a tomato plant on the kitchen table
5. wasn't doing too good
6. and then finally it started growing
7. and he was outside chopping wood
8. then he started growing vegetables [in the hou-] in the apartment house
9. and people were really getting upset about couple carrots coming through the floors
10. and he had mushrooms in the closet and cabbages on the floor
11. and the supervisor came by and saw what he was doing
12. and [I guess] he kicked him out
13. so he took all his vegetables [and] to a stand, and store whatever and sold 'em

### (10) 전사 BI 3의 요약

마지막은 우측 PFC가 손상된 환자가 산출한 이야기 내러티브로, 문법적 복잡성이 낮고 이야기 문법이 부족하나 완전성 점수는 양호하다(〈표 11-2〉 참고). 또한 문장 및 텍스트 수준에서 의미 단위를 통합하는 데 어려움이 있었다. 이는 완전성이 5점으로 주요 이야기 요소를 확인하는 데 어려움이 없는 점을 고려할 때 우뇌의 전측 손상 환자와 다르다(Wapner, Hamby, & Gardner, 1981). 즉 완전성 점수는 높으나 이야기 문법이 상대적으로 부족하다. 집행기능이 낮기 때문에 이야기 내러티브는 양호하나 체계적이지 않고 문법적으로 단순하다.

## 4. 요약 및 논의

이야기 다시 말하기의 전사와 담화 분석의 적용 사례는 PFC의 손상으로 인한 인지-의사소통장애의 양상을 보여 준다. 뇌손상 유무와 상관없이 전반적인 단어 및 T-unit의 수가 유사했는데, 이는 단어 수준의 언어 능력이 보존되어 있음을 의미한다. 뇌손상 환자의 모든 담화 샘플에는 문법적 복잡성의 문제가 뚜렷하나, 문장의 가독성에 미치는 영향은 적다. 명확성 및 완전성, 구조화가 부족해 담화의 의사소통 기능이 상실된다. 또한 이야기의 등장인물을 명확히 지시하지 않고(응집성 저하), 주요 구성 요소를 포함시키지 않는다(불완전성). 사건과 등장인물에 대한 정보가 없고, 전체적으로 정보를 조직화하는 논리적인 순서가 통합되지 못한다(이야기 문법의 조직화 저하). 이는 담화 기술과 인지-의사소통 문제가 대개 낮은 EF 능력과 연관되기 때문이다. 인지-의사소통장애가 뚜렷해도 단어 및 문장 수준의 능력은 비교적 손상되지 않는다.

담화는 본질적으로 부담이 큰 과제이며, 효율적이고 효과적인 메시지를 생성하기 위해서는 언어와 인지 기술이 모두 요구된다(Ylvisaker et al., 2008). 담화 분석을 통해 PFC의 손상으로 인한 EF 및 의사소통의 결함을 파악할 수 있다. PFC가 손상되면 이 영역이 담당하는 정보 처리 체계의 유형인 SEC의 지식에 결함이 생겨 언어에 기반한 이야기 내러티브가 저하된다(Cannizzaro et al., 2010).

이러한 양상의 의사소통장애는 중요한 임상적 의의를 지닌다. 첫째, TBI는 이야기 문법의 분석에서 담화 능력의 변화를 보이나 이에 대한 치료 효과는 거의 검증되지 않았다(Cannizzaro et al., 2002; Coelho, 2002; 2007; Coelho et al., 2005; Ylvisaker et al., 2001). 그러나 보편적인 구조 양식을 사용해 담화 의사소통의 처리 부담을 줄이면 이해와 표현 능력이 향상된다. TBI로 인해 손상된 담화와 의사소통 능력은 신체적 손상보다 더 심각할 수 있고, 인간관계의 질을 감소시킬 뿐 아니라 독립적이고 생산적인 직업생활에 어려움을 초래한다(Coelho et al., 2005; 2007; McCabe & Bliss, 2006; Snow et al., 1998; Ylvisaker et al., 2001; 2007). 예측 가능하고 의미 있는 상호작용 체계를 사용해 담화를 변화시키면 TBI 환자와의 의사소통이 개선될 수 있다(McCabe & Bliss, 2006; Togher et al., 2004). 내러티브라는 의사소통 수단을 통해 학습하고, 자신을 타인의 삶과 연관시키며, 맥락에 따른 사건들을 기억할 수 있다. 이러한 의사소통의 지식 구조와 관련된 인지 및 신경 구조를 깊이 이해함으로써, 아동에게 내러티브를 가르치고 뇌손상 유무에 따라 학생 및 성인의 인지 능력을 향상시킬 수 있다(Coyne et al., 2009; Ferstl, Rinck, & von Cramon, 2005; Hewitt et al., 2006; Ylvisaker, 2003). 또한 신경학적 손상 환자의 의사소통 능력을 평가하고 치료하는 데 활용할 수 있다.

제4부

# 후천성 언어장애의 임상적 중재

# 제12장 주의력장애 관련 후천성 언어장애의 중재

Richard K. Peach

## 개요

1. 후천성 언어장애 환자의 주의력장애
   1) 뇌졸중
   2) 알츠하이머병
   3) 외상성 뇌손상
2. 언어장애에 대한 주의력 중재의 구체성
3. 언어와 주의력
   1) 그라운딩
   2) 윈도잉
   3) 단어와 문장 처리
4. 후천성 언어장애 환자의 주의력 평가
   1) 표준화 검사
   2) 이중과제
5. 주의력장애 관련 후천성 언어장애의 중재
   1) 회복적 접근법
   2) 언어 중심 접근법

의사소통장애 집단의 주의력 결함에 대한 보고는 많으며(Blake et al., 2002; Erickson, Goldinger, & LaPointe, 1996; Fillingham, Sage, & Lambon Ralph, 2006; Murray, 1999; Myers & Blake, 2008; Peach, Rubin, & Newhoff, 1994), 주의력장애가 의사소통장애 집단의 언어 손상을 유발하는 요인으로 자주 언급된다. 즉 의사소통장애의 언어 문제는 부분적으로 ① 배타적이거나 혼란스러운 청각 정보를 제외한 구어 입력 정보에 집중하고, ② 새로운 정보를 이해하기 위해 대화와 상황을 지속적으로 기록하며, ③ 여러 경쟁적인 대안 중 일관적인 구어를 산출하는 데 필요한 주의력이 낮기 때문에 나타난다(Crosson, 2000 제8장). 예를 들어, 주의력장애는 실어증의 듣기 및 읽기 이해의 어려움(Coelho, 2005; Murray, 2002; Murray, Keeton, & Karcher, 2006; Sinotte & Coelho, 2007)과 관련되며, 알츠하이머병(Alberoni et al., 1992), 우뇌손상(Myers & Blake, 2008), TBI(Stierwalt & Murray, 2002; Ylvisaker, Szekeres, & Feeney, 2008)의 대화에서 관찰된다. 또한 실어증(Hula & McNeil, 2008, Murray, Holland, & Beeson, 1998), 알츠하이머병(Kempler, Andersen, & Henderson, 1995; Neils, Roeltgen, & Greer, 1995), 우뇌손상(Myers & Blake, 2008), TBI(Ylvisaker et al., 2008)의 언어 표현에서 어휘 및 담화의 결함으로 나타난다.

따라서 최근의 언어장애 재활은 외부 및 내부 정보에 대한 선택 · 지속 · 분리 · 교대 주의력 등 다양한 주의력장애를 개선시키는 데 중점을 둔다. 이는 대개 주의력을 외부의 보편적 자원으로 전제하는 접근법이나, 다양한 의사소통 행동에서도 주의력이 매우 중요하다. 주의력의 처리 과정을 자극하고 향상시키는 치료법을 통해 주의력에 의존하는 의사소통 행동도 유사하게 증진시킬 수 있다고 가정한다. 그러나 이는 사실이 아니다. 주의력을 치료하면 다양한 과제에서 요구되는 특정 기술이 향상된다는 보고도 있으나, 이것이 관련된 다른 행동으로 일반화된다는 증거는 미미하다(Park & Ingles, 2001; Sohlberg et al., 2003).

주의력 치료가 언어와 같은 관련 행동에도 효과적이려면, 언어적 범주에서 시행되고 주의력 자원이 서로 경쟁적인 조건이어야 한다는 견해도 있다(Fischler, 2000; Hula & McNeil, 2008). 이는 의미 · 구문 · 음운의 다양한 과정을 통제하고 조정하는 특정 언어 과제에 내적 자원이 사용되어야 주의력의 처리가 개선된다는 데 기반한다. 이전에는 주의력을 조절하는 조건에서 언어와 같은 특정 인지 과제를 고찰하지 않았다. 이는 주의력의 향상이 언어 등 치료되지 않은 다른 행동으로 일반화되지 못한 이유 중 하나이다.

이러한 접근법은 언어가 단순히 주의력의 대상이 아니라 그 자체로 주의력 중심의 기제(Langacker, 2008)라는 관점과 일치한다. Crosson(2000)에 따르면, 의지(언어를 사용하기 위한 준비)는 "주의를 기울일 특정 내외부 자원을 결정하기 때문에 특정 활동을 수행하기 위한 주의력에 영향을 미친다"(p. 375). 예를 들어, 어휘 선택(개방형과 폐쇄형 어휘 모두)은 중추 주의력 기제를 작동시키고(Ayora et al., 2009; Hula & McNeil, 2008), 문법 요소(접속사, 전치사, 의존형태소)는 문장에서 화자나 작가가 의도한 구체적인 의미를 전달하는 주요 요소에 청자가 집중하도록 한다(Taube-Schiff & Segalowitz, 2005). 담화에서 대용적 구조(즉 앞에서 언급된 개체를 지칭하기 위해 명사나 대명사를 사용하는 구문)는 앞 문장의 선행어에 주의를 기울이게 한다(Myachykov & Posner, 2005). 언어 과제에서 주의력을 충분히 '윈도잉(windowing, 참조할 장면에 대해 특정 방식으로 주의를 분산시키도록 지시함)'(Talmy, 2003)하는 데 문제가 생기면 의사소통장애를 일으킨다.

본 장에서는 인지-의사소통장애의 주의력 결함에 대한 평가 및 재활을 언어 처리의 관점에서 논의한다. 주의력은 특정 언어 과제를 수행하는 데 중요하므로 주의력장애의 치료에 중점을 둘 것이다. 언어 처리 과정에서 주의력의 할당이 향상되면 의사소통 기능도 증진된다. 기존의 주의력 치료 프로그램에 비해 언어 중심의 주의력 치료가 효과적인지는 규명되지 않았으나, 이론적 동기 유발 접근법(theoretically-motivated approach)에서는 의사소통 기능이 향상될 것으로 전망한다.

# 1. 후천성 언어장애 환자의 주의력장애

주의력장애는 뇌손상 후 발생하는 인지 문제 중 가장 널리 알려져 있으며, 후천성 언어장애를 유발한다. 여러 신경병리학과 관련된 주의력 및 언어 문제를 간략히 제시할 것이다(제3장 및 [글상자 12-1] 참고).

**글상자 12-1** 주의력장애의 기능적 동일성?

뇌손상 환자의 주의력장애로 인해 발생하는 언어 문제는 다음과 같다. 대뇌 반구 어느 쪽이든 두정엽 병변이 있는 환자에게 병변 반대쪽에 자극을 제시하면 대면이름대기, 단어 소리 내어 읽기, 청각적 단어 인식 능력이 저하된다. 주의력을 배분하거나 경쟁해야 하는 복잡한 조건에서 의미 판단, 어휘 결정, 단어 인출, 문장 산출 등 기본적인 언어 능력에 어려움을 보인다. 대화 이해의 어려움, 관련성이 없거나 부적절한 진술, 담화 내 비문자적 의미 이해의 실패와 같은 화용장애는 뇌손상 환자들이 ① 중요한 맥락 단서, 공간적 위치, 자극의 범주를 탐지하고 유지하거나 차단하지 못할 때, ② 정확히 이해하기 위해 담화의 대안적 해석을 유지하거나 억제하지 못할 때 발생한다. 작업기억의 내용에 배분되어야 할 주의력이 언어 출력 구조를 완전히 활성화하거나 정교화할 만큼 충분하지 않으면 문장과 담화를 산출하기가 어렵다.

주의력장애가 언어에 미치는 영향은 전통적으로 장애(즉 편측 대뇌반구의 뇌졸중, 치매로의 진행, TBI)의 원인인 특정 신경병리학에 따라 구분되나, 대부분의 뇌손상 유형에서 발생한다. 주의력의 기반이 되는 신경망은 양측 피질 및 피질하 구조에 분산되어 있으므로(Filley, 2002; Knudsen, 2007; Mesulam, 1990, 1998), 대부분의 뇌손상 유형에서 주의력장애가 나타날 수 있다. 주의력장애가 신경병리학에만 국한된 듯하나, 관련된 모든 언어장애는 주의력의 네 가지 기본 과정, 즉 작업기억(공간 작업기억 등), 하향식 감각 통제, 경쟁적 선택, 현저한 자극을 위한 자동적인 상향식 필터링과 관련된다(Knudsen, 2007) ([그림 12-1] 참고). Knudsen에 따르면, 작업기억은 초 단위로 작동하고 상세한 분석을 위해 일시적으로 정보를 저장하는 매우 역동적인 기억 형태이다. 경쟁적 선택은 특정 정보가 작업기억에 접근할지를 결정하는 과정이다. 하향식 감각 통제는 작업기억에 접근하기 위해 경쟁하는 다른 정보 통로의 상대적인 신호 강도를 조절하고, 주요 필터링은 드물거나 생물학적으로 중요한 자극에 대한 반응을 자동적으로 향상시킨다.

임상적 차이가 있어도 주의력장애는 기능적으로 동일할 수 있다(Ylvisaker, Hanks, & Johnson-Green, 2003). 즉 동측(Murray et al., 1997) 또는 대측(Arvedson & McNeil, 1987; Coslett, 1999; Murray, 2000) 대뇌 반구에 뇌손상이 있어도 주의력장애의 양상에는 큰 차이가 없다. 또한 유사한 언어 과제에서 임상 집단 내와 집단 간의 주의력장애가 질적으로 다르다는 증거가 없으므로, 주의력장애로 인한 의사소통장애의 재활은 다양한 신경병리학에 근거해 기본 처리 과정을 다루는 데 의존해 왔다(Coelho, 2005; Crosson, 2008; Crosson et al., 2007; Dotson et al., 2008; Helm-Estabrooks, Connor, & Albert, 2000; Murray, Keeton, & Karcher, 2006; Peck, Moore, & Crosson, 2004; Sinotte & Coelho, 2007; Youse & Coelho, 2009).

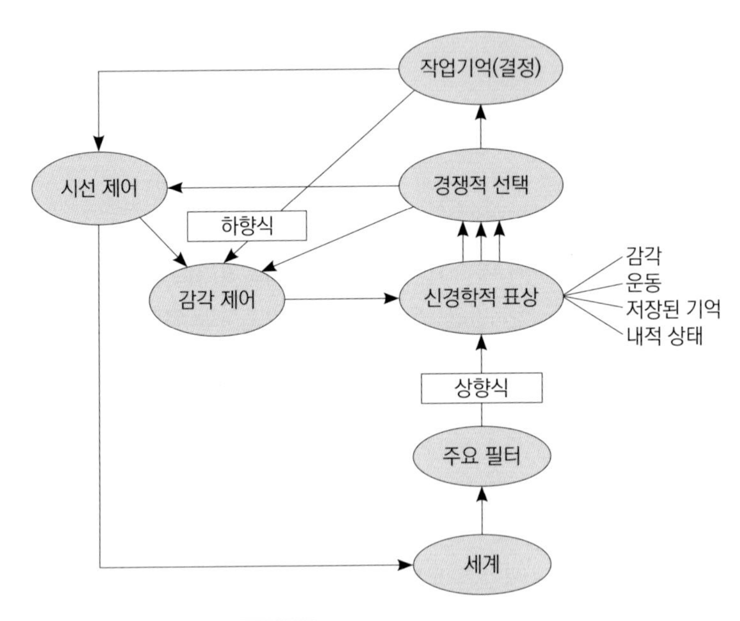


그림 12-1 주의력의 기능적 구성 요소

세상에 대한 정보는 신경계에 의해 전달되며, 드물거나 중요한 자극(상향식)에 차별적으로 반응하는 주요 필터를 통해 처리됨. 다양한 위계 구조의 신경학적 표상은 세상, 운동, 기억, 동물의 감정 상태 등에 대한 정보를 부호화함. 경쟁적 처리 과정은 작업기억의 기저가 되는 회로에 들어가기 위해 신호 강도가 가장 높은 표상을 선택함. 작업기억은 처리되는 표상의 감각을 조절해 하향식 편향 신호를 처리함. 선택 과정도 경쟁적 선택의 결과를 반영하는 하향식 편향 신호를 처리할 수 있음. 작업기억과 경쟁적 선택은 안구운동과 동물의 신경계에 미치는 세상의 영향을 조정하는 다른 정향 행동을 처리함. 시선 제어와 관련된 동반 방출(corollary discharge)은 감각 제어를 조절함. 자발적 주의력은 반복 회로로 작동하는 작업기억, 하향식 감각 제어, 경쟁적 선택과 관련됨.

Knudsen, E. L. (2007). Fundamental components of attention. *Annual Review of Neuroscience, 30*, 57–78. 참고.

## 1) 뇌졸중

Hyndman, Pickering, Ashburn(2008)은 연령과 입원 기간이 다른 좌뇌 및 우뇌 뇌졸중 환자들이 퇴원하는 시점에서 주의력장애가 심각한 수준임을 발견했다. 환자의 51%는 분리주의력장애를 보였고, 약 37%는 지속주의력과 청각적 및 시각적 선택주의력장애가 있었다. 퇴원 후 6개월과 12개월 시점에서 약간 진전되었으나, 주의력이 완전히 회복되지는 않았다.

Knopman, Roberts, Geda 등(2009)은 MCI가 있으나 치매는 아닌 노인을 대상으로 인지장애와 뇌졸중의 상관성을 연구했다. MCI는 기억장애가 있는 경우 기억상실형(amnestic)으로, 기억장애가 없는 경우 비기억상실형(nonamnestic)으로 분류되었다. 피검자들은 간호학, 신경학, 신경심리학 평가를 통해 임상적 진단을 받았다. 뇌졸중 병력은 피검자, 의료 기록 및 신경학적 평가 결과에 근거해 확인했다. 로지스틱회귀분석 결과, 뇌졸중 병력이 있는 경우 MCI의 위험률이 더 높고, 하위 유형 중에는 비기억상실형 MCI가 뇌졸중과 더 상관성이 컸다. 뇌졸중 병력이 있으면 기억력을 제외한 모든 인지 영역의 수행력이 낮았는데, 특히 주의력 및 집행기능과 가장 높은 상관성을 보였다.

Arvedson과 McNeil(1987)은 좌뇌손상 실어증 환자(LH), 우뇌손상 비실어증 환자(RH), 뇌손상이 없는 대상군(NBD)에게 두 집중주의력 과제(의미 판단 및 어휘 결정)를 양이 청취 조건에서 실시한 후 정확도와 구어 반응시간을 비교했다. 의미 판단 과제에서 LH는 NBD보다 정확도가 낮고 반응시간이 유의하게 길었다. RH의 정확도나 반응시간은 나머지 두 집단과 차이가 없었다. 두 뇌손상 집단은 어휘 판단 과제의 수행력이 NBD보다 낮았으나, 전반적인 반응시간에는 차이가 없었다. Arvedson과 McNeil(1987)은 이러한 양상이 주의력 및 자원 배분의 문제와 일치한다고 간주했다.

Coslett(1999)는 주의를 기울이는 방향을 통해 좌뇌와 우뇌 뇌졸중 이후의 언어 처리를 살펴보았는데, 이는 자극이 손상 영역의 동측에 제시되면 다양한 감각 및 운동 과제의 수행력이 향상된다는 선행 연구에 근거했다. 그러나 공간적 표상에 크게 의존하지 않는 언어 처리에 대해 편측 공간이 얼마나 영향을 미치는지에 더 중점을 두었다(다른 목적도 포함). 이에 따라 공간적 기능을 담당하는 두정엽에 병변이 있으면 동측에 자극을 제시해야 수행력이 가장 높다고 예측했다.

좌뇌 및 우뇌의 두정엽, 두정엽 이외 부위, 피질하 영역의 허혈성 경색 환자에게 대면 이름대기, 단어 소리 내어 읽기, 청각적 단어 재인 과제를 시행했다. 신체의 정중선을 기준으로 왼쪽이나 오른쪽에 자극이 제시되었다. 두정엽 병변 환자의 대부분은 위치에 상관없이 손상의 대측 공간에 언어 자극이 제시될 때 수행력이 현저히 낮았다. 다른 환자들은 이러한 양상을 보이지 않았다. Coslett는 이를 공간 등록(spatial registration) 가설로 설명했다. 이는 지각된 모든 자극이 공간에서의 개별적인 위치에 따라 부호화(즉 표시)된다는 것이다. 부호화는 자극의 위치를 정하는 토큰을 집중주의력의 위치와 관련된 감각 및 운동 통합 시스템에 결합하며, 이 과정은 공간적 주의력에 의존한다. 즉 공간적 주의력은 해당 토큰을 활성화시키는 제한된 용량의 자원이며, 현저히 드러날 경우 해당 토큰과 연결된 사물이나 행동은 처리 과정에서 이득을 취한다. 화자의 말을 들을 때, 어휘 인출과 의미 탐색은 공간 구조 내에서 화자의 위치를 정하는 토큰과 연결되어 언어 처리를 돕는다. 따라서 공간적 처리가 손상되면 화자의 위치가 손상된 공간 체계로 연결되어 언어 수행력이 떨어진다. 이로 인해 후천성 언어장애 환자가 화자를 똑바로 응시하면 언어 처리가 촉진된다.

Ansaldo, Arguin, Lecours(2004)도 공간 등록 가설에 기반한 종단 연구를 통해 좌측 두정측두엽 뇌졸중 환자가 베르니케실어증에서 회복되는 과정을 살펴보았다. 결과적으로 어휘 판단 과제에서 어휘의 의미 처리 능력이 향상되었는데, 이는 우측이 아닌 좌측 시공간에서 자극을 제시한 것과 상관성이 있었다. 좌측 시공간에 제시된 언어 자극의 문법 유형과 형상화 간의 상호작용은 우뇌가 언어 회복에 기여함을 보여 준다. 그러나 비구어 스트룹 과제를 통해 전반적인(비편측화된) 어휘와 주의력 간의 상관성을 살펴본 연구에서는 주의력이 회복에 영향을 미쳤다. 결론적으로, 좌측 시공간에 제시한 자극에 대한 반응은 발병 전 우뇌의 언어 능력을 반영한다. 그러나 언어 능력의 향상은 자극이 병소와 동측에 제시됨으로써 어휘가 두드러졌기 때문이라고 볼 수도 있다.

Murray(2000)는 좌뇌손상(실어증)과 우뇌손상(RHD)으로 인한 주의력장애가 뇌졸중 후의 단어 인출에 미치는 영향을 알아보았다. 주의력의 요구가 증가하는 일련의 조건하에서 억제 수준이 높거나(제한성 또는 폐쇄성 보기 중 선택) 낮은(가능한 구를 선택할 수 있는 개방형 반응) 구를 완성하는 과제가 사용되었다. 단일 과제 조건에서는 구 또는 변별적 톤(높거나 낮음)을 독립적으로(즉 방해 요인 없이) 수행했다. 집중주의력 조건에서는 구와 톤 자극이 동시에 제시되나, 이 중 하나의 과제만(구의 완성 또는 톤의 구별) 수행할 수 있다. 분리주의력 조건은 구와 톤 자극을 동시에 듣고 톤을 구분한 후 구를 완성하도록 구성되었다. LH 및 RH 집단에서 주의력의 요구가 단어 인출의 정확도에 영향을 주었다. 단일 과제 조건에서 두 집단은 모두 뇌손상이 없는 집단과 수행력의 차이가 없었다. 그러나 초점 및 분리 주의력 조건에서는 뇌손상이 없는 집단의 수행력이 유의하게 높았다. Murray에 따르면 두 뇌손상 집단 간에 단어 인출의 차이가 크지 않다는 것은 단지 언어적 결함만 관여되지 않음을 반영한다. 즉 실어증과 RHD는 모두 주의력과 언어 처리 간에 부정적인 상호작용이 일어난다.

### (1) 실어증

Murray, Holland, Beeson(1997)은 경도 실어증을 보이는 뇌졸중 환자의 청각적 언어 청취에 대한 주의력과 자원 배분의 결함을 규명했다. 전두엽이나 후두엽 병변의 환자에게 세 청취 조건(단독, 집중주의력, 분리주의력)에서 의미 및 어휘 판단 과제를 실시하여 정상인과 비교했는데, 단독 조건에서는 산만해지지 않고 모든 과제를 잘 수행했다. 집중주의력 조건의 경우 경쟁적인 1차 및 2차 자극을 들은 후 1차 과제만 수행했다. 2개로 분리되는 주의력 조건에서는 경쟁적인 1차 및 2차 자극을 들은 후 두 과제를 모두 완료해야 했다. 2차 과제의 방해 유형은 언어적(의미 및 어휘 판단이 상호 경쟁적임) 또는 비구어적(의미나 어휘 판단이 톤 변별과 경쟁적임)이었다.

실어증 및 통제 집단은 단독 조건에서 비교적 잘 수행했으나, 두 실어증 집단은 집중 및 분리 주의력 조건에서 더 부정확하고 느리게 수행했다. 청취 조건의 복잡성이 증가함에 따라 집단 간의 수행력 차이가 커졌다. 비언어에 비해 언어적 2차 과제가 제시되면 실어증 및 통제 집단에서 이중과제의 간섭효과가 더 컸다.

Murray 등(1997)은 ① 실어증 환자와 정상인이 청각적 언어 과제에서 보인 차이는 질적이기보다 양적이며, 이는 실어증 환자의 주의력 할당이 비효율적이라는 개념과 일치한다. ② 원인은 전두엽과 후두엽을 포함한 주의력 네트워크의 광범위한 손상이다. ③ 언어 처리를 위해 언어적 주의력 자원이 경쟁적으로 요구될 경우 실어증 환자의 수행력이 가장 크게 감소했다.

Murray, Holland, Beeson(1998)은 이러한 주의력장애가 경도 실어증 환자의 구어 산출에도 부정적 영향을 미친다고 주장했다. 실어증 환자와 정상인을 대상으로 그림 설명하기의 통사형태론적 · 어휘적 · 화용적 특성을 살펴보았는데, 이를 위해 주의력 할당의 요구가 증가하는 세 조건(단독, 집중주의력, 분리주의력)이 제시되었다. 실어증 환자는 분리주의력 과제에서 잘 구조화된 문장을 적게 산출했고, 복잡한 문장보다 단순한 문장이 더 많았다. 또한 주의력 요구가 증가함에 따라 단어의 개수가 적어지고 단어 찾기 오류가 증가했으며, 정확한 정보 단위가 더 감소했다(Nicholas & Brookshire, 1993). 실패한 발화 횟수(정확하고 새로운 정보를 전달하지 못하거나 지시를 따르지 못함)는 단독 및 초점 주의력에 비해 분리주의력 조건에서 유의하게 많았다.

### (2) 우뇌손상

Blake와 동료들(2002)은 재활병동 환자에 대한 후향적 차트 검토를 통해 주의력 및 다른 인지장애, 그리고 과소반응성, 과대반응성, 대인관계의 상호작용과 관련된 후천성 화용장애 간의 상관성을 규명했다. 환자의 약 1/4에서 표현 및 수용 언어장애가 있었다. Myers와 Blake(2008)에 따르면, RHD는 주의력장애로 인해 ① 의사소통 상황에서 시각적 및 언어적 단서를 인지하고, ② 대화 도중 주의력을 전환하며, ③ 의사소통 환경에 주의를 기울이고 방해 요인을 필터링하는 능력이 손상된다. 특히 상호작용이 복잡해질수록 주의력장애로 인해 인지적 자원에 대한 요구가 더 증가한다. 이로 인해 구어 의사소통의 의미를 추론하고 유지하는 데 어려움을 겪는다. 따라서 RHD는 대개 내러티브의 전반적인 주제나 주요 요지를 파악하지 못한다.

Myers와 Blake(2008)는 정교한 추론 과제에서 의사소통의 상호작용이 더 복잡해진다고 강조했다. 정교한 추론을 통해 대화 상대자의 감정이나 동기를 예측하고, 문자적 의미가 아니라 내포적으로 의사소통을 해석할 수 있다. 이를 위해서는 여러 단서를 통합하거나 가능한 해석을 다양하게 선택해야 한다. 선택주의력장애로 인해 외부의 정보를 걸러내지 못하며, 의사소통 환경과 무관해 보이는 해석이나 반응을 명확히 나타내는 주요 맥락 단서를 인지할 수 없다(예: 통합된 상황에서 개별적 세부 내용에 집중하거나 설명하는 경우, 농담이나 간접적 요청을 이해하지 못하는 경우, 담화 산출 시 잘못된 추론으로 부적절한 내용을 말하는 경우).

담화상의 문제는 정확한 해석을 위해 초기의 추론을 수정해야 할 때 발생한다. 잘못된 어휘 처리에 대한 다음의 두 이론이 이를 뒷받침한다. 첫째, RHD는 관련성이 적거나 특이한 의미적 속성이 있는 어휘 입력에 반응할 때 광범위한 의미 영역이 활성화된다. 의미 영역은 맥락에 의해 형성되고, 주의력 및 시간 경과에 따라 조정된다. 이러한 광범위한 의미 영역을 통해 모호하지만 중요한 단어를 해석한다(Jung-Beeman, 2005; Tompkins, Fassbinder, Scharp, & Meigh, 2008). RHD는 담화의 비문자적 해석을 명확히 처리하는 데 요구되는 광범위한 활성화를 유지하기가 어려우므로 추론 이해 능력이 떨어진다(Tompkins, Scharp, Meigh, & Fassbinder, 2008).

둘째, RHD는 맥락상 초기의 추론이 부적절해도 이를 유지한다(Tompkins et al., 2000). 즉 RHD는 초기 및 수정된 추론을 모두 활성화시키나, 일단 활성화되면 부적절하거나 모순된 추론을 억제하는 데 어려움이 있다. 따라서 통제의 결함은 억제장애(선택주의력 모델)에 해당하는데, 이는 통제가 주의력 자원을 요하기 때문에 발생한다(Tompkins et al., 2000; Tompkins et al., 2002). 추론의 모호성과 별개로 RHD가 뇌손상이 없는 정상군과 유사하게 추론을 생성하고 유지한다는 사실도 밝혀졌다(Blake, 2009).

## 2) 알츠하이머병

알츠하이머병(Alzheimer disease: AD)으로 인한 주의력장애는 널리 알려져 있다(Belleville, Chertkow, & Gauthier, 2007; Foldi, Lobosco, & Schaefer, 2002; Levinoff, Saumier, & Chertkow, 2005). Parasuraman과 Haxby(1993)에 따르면 주의력장애는 AD의 초기 단계에서 나타나는 기억장애와 동반된다. 선택주의력이 손상되지 않은 환자도 있으나, 매우 경미한 AD도 노력을 요하는 처리 조건에서 위치와 자극 범주 간의 주의력 전환, 청각 · 시각 · 운동 과제에 대한 분리 및 지속주의력의 손상을 보였다.

주의력장애가 언어에 부정적으로 작용할 가능성은 인정되나(Foldi et al., 2002), 직접적으로 이를 살펴본 연구는 거의 드물다. Alberoni 등(1992)에 따르면 AD는 단순한 대화조차 유지하기 어려운데, 이는 대화 상대자가 많거나 위치가 바뀌는 상황에서 더 심화된다. 분리주의력이 손상되면 주의력의 전환 및 재집중 능력이 떨어지고, 대화 상대자의 위치와 참여 정도를 따라가거나 기억할 수 없기 때문이다. 주의력 통제(즉 중요한 정보의 집중과 기억)의 결함도 대화를 어렵게 한다(Castel, Balota, & McCabe, 2009).

Kempler, Andersen, Henderson(1995)은 AD의 이름대기가 주의력과 연관되어 매우 다양하게 나타난다고 강조했다. 두 상황에서 동일한 항목에 대해 일관적인 오류를 보일 경우 어휘-의미론적 표상의 결함이지만, 비일관적인 오류를 보이면 어휘 접근상의 문제라는 것이다. 일관성이 낮으면 주의력이 훨씬 더 떨어지나, AD의 중증도(질환 및 이름대기장애)에 따른 영향은 없었다. 따라서 어휘 지식의 결함과 주의력장애가 AD의 이름대기장애와 관련된다.

Neils, Roeltgen, Greer(1995)는 경도 AD의 철자 쓰기 능력을 살펴보기 위해 규칙 및 불규칙 단어, 비단어의 철자에 대해 즉각적 및 지연적 따라 쓰기와 그림 설명 쓰기 과제를 실시했다. 또한 지속주의력(문자 소거), 시각적 주의력(시각적 탐색), 언어 능력(보스턴 이름대기 검사)도 검사했다. 음운적으로 맞지 않는(phonemically implausible: PI) 철자 오류율은 AD 및 정상 집단이 산출한 실제 단어에서 계산되었다. 정상 집단에 비해 AD는 PI 철자 오류율이 더 높았는데, 두 시각적 주의력 평가가 언어 평가보다 철자 오류를 더 잘 예측했다.

경도 AD는 즉각적 따라 쓰기보다 지연적 따라 쓰기의 오류가 더 많고, 짧은 단어보다 긴 단어에서 오류율이 높았다. 모든 오류(음운적으로 가능한/불가능한 오류) 유형을 고려할 때, 이들의 철자 오류는 언어적(가능한 오류) 및 언어 이후(불가능한 오류)의 처리에 기인한다. 다양한 길이의 단어에 대한 베껴 쓰기 및 주의력 평가를 통해 언어 이후 처리 과정의 붕괴가 자소 완충기(graphemic buffer) 단계에서 발생함을 알 수 있다.

AD의 비전형적이고 국소적인 피질 손상이 입증되고 있으나, 전형적으로는 초기의 일화기억부터 주의력-집행기능, 언어, 시공간 영역까지 복합적으로 손상된다(Alladi et al., 2007). Davidson 등(2009)은 대규모의 경도/중등도 AD를 대상으로 간이 정신상태 검사(Mini-Mental Status Examination)와 마티스 치매 평가 척도-2(Mattis Dementia Rating Scale-2)의 점수를 분석해 4개의 하위 집단을 확인했다. 먼저 전반적인 인지 영역에서 경도 집단과 매우 유사한 결함을 보이는 심도 집단이 중증도에 따라 구분되었다. 또한 기억력과 지남력은 손상되나 주의력, 구성 및 언어 능력은 비교적 보존되는 기억력 집단, 그리고 주의력과 구성 능력은 손상되나 기억력과 지남력이 보존되는 주의력/구성 능력 집단으로 분류되었다. 주의력/구성 능력 집단은 심도 집단의 언어장애와 유사한 양상을 보였다. 언어와 시공간 구성에서 현저한 결함을 보인 집단은 없었다.

따라서 AD가 모두 언어장애를 동반하는 것은 아니나, 경도 AD의 경우 주의력 결함과 언어적 손상이 결합되어 언어장애를 유발할 수 있다.

### 3) 외상성 뇌손상

TBI로 인해 언어장애(Coelho, 2007; Hagen, 1984; Levin, 1981; Sarno, Buonaguro, & Levita, 1986)와 주의력장애(Stierwalt & Murray, 2002; Willmott et al., 2009)가 빈번히 발생한다. 심도의 폐쇄성 두부 손상 환자 25명을 대상으로 TBI로 인한 '전형적인' 인지-언어 문제를 확인한 결과, 어휘-의미론적 기술과 문장의 의미적 기술, 구어유창성, 복잡한 청각적 이해, 주의력에 결함이 있었다(Hinchliffe et al., 1998). 이들이 동시에 나타나므로 주의력 자원을 언어-인지 활동에 효과적으로 할당하는 데 어려움이 있어 언어 문제가 발생한다(Peach, 1992). 즉 매우 경미한 TBI라도 언어 정보를 처리하는 양과 속도에 영향을 줄 수 있다(Whelan, Murdoch, & Bellamy, 2007).

대개 TBI로 인한 언어장애 프로파일은 혼란스럽거나 비구조적인데, 언어장애가 부분적으로 구어 계획의 문제에 기인하기 때문이다(Alexander, 2002). TBI는 문장을 개별적으로(Ellis & Peach, 2009) 또는 담화상에서(Deschaine & Peach, 2008) 계획하는 데 어려움이 있다. 복잡한 과제(기호 잇기 검사의 Part B)에서 주의력을 할당하지 못하거나 집행기능장애로 인해 전반적인 계획을 수행하기가 어렵기 때문에, 담화에서 문장을 계획하지 못한다. 이는 집행기능 체계의 자발적 및 하향식 구성 요소인 감독 주의 체계가 손상되어 발생한다. 집행기능 체계는 입력을 해석하고 후속 행동을 결정하는 데 필요한 정신 구조를 활성화시킨다(Shallice, 1982). 따라서 인지 및 언어의 구조화 과정에서 통제기능이 발휘되지 못하면 문장과 담화가 손상된다(Ylvisaker, Szekeres, & Feeney, 2008).

TBI 환자는 주의력장애로 인해 대화에 잘 참여하지 못한다(Coelho, 2007; Stierwalt & Murray, 2002). 즉 지속 및 선택 주의력의 결함으로 토론 주제의 유지 또는 확장, 참조의 사용, 관련 정보의 통합이 어렵다. 담화 내에서 청자의 관점과 담화 계획을 유지하지 못하므로 의사소통의 일관성이 떨어진다. 또한 사회적 단서를 인식하지 못해 사회적으로 부적절한 반응을 보인다.

## 2. 언어장애에 대한 주의력 중재의 구체성

후천성 언어장애의 주의력 중재에 대한 연구는 매우 드물며(Rohling et al., 2009), 구체적이지 않거나 보편적인 접근법을 사용했다. 예를 들어, Helm-Estabrooks, Connor, Albert(2000)는 지속 · 선택 · 교대 주의력을 중재하기 위해 비언어적 과제를 사용했다. 플로리다 대학교(University of Florida) 연구팀은 그림 이름대기 과제를 통해 공간적 주의력을 치료했는데, 이는 좌측 공간에 대한 주의를 증가시켜 우뇌의 주의력 기제를 활용하는 접근법이다(Crosson et al., 2007; Dotson et al., 2008; Peck et al., 2004). 다양한 언어 자극(숫자, 글자, 단어)을 사용해 집중 · 교대 · 선택 · 분리주의력을 치료하거나(Coelho, 2005; Murray, Keeton, & Karcher, 2006; Sinotte & Coelho, 2007; Youse & Coelho, 2009), MCI의 주의력 치료 프로그램인 주의력 치료 훈련 II(Attention Process Training II; Sohlberg et al., 2001)의 하위 과제를 활용했다. 이들은 언어 자극에 대한 주의력이 증가하면 언어 능력이 향상된다고 가정한다. 그러나 특정 언어 처리 회로가 주의력의 작용을 어떻게 선택하는지에 관한 접근법은 없었다.

선행 연구에서도 주의력 치료의 구체성에 대한 필요성을 다루었다. Willmes, Orgass, Hartje(1997)는 국소적 혈관 병변의 환자가 특정 기능을 훈련했을 경우에만 특정 주의력이 향상된다고 보고했다. 여기서는 주의력의 강도(경계, 환기)와 선택성(선택 및 분리주의력) 측면을 훈련하기 위해 컴퓨터 기반 프로그램을 사용했다. 강도와 선택성에 모두 결함이 있어도 훈련을 받은 단일 영역만 향상되었는데, 이는 주의력의 강도 측면에서 특히 두드러졌다. 환기를 훈련하는 특정 주의력 치료는 정상인의 환기 영역을 보조한다고 알려진 우뇌의 기능적 네트워크를 재조직한다. 반면, 환기를 위한 비특정적(기억) 훈련을 받은 우뇌 환자는 이러한 재조직이 일어나지 않았다(Sturm et al., 2004).

Park와 동료들(Park, Proulx, & Towers, 1999; Park & Ingles, 2001; Park & Barbuto, 2005)은 주의력의 개별적 구성 요소(예: 지속 · 선택 · 분리 · 교대 주의력)를 직접 훈련하는 접근법의 효과성을 입증하지 못했다. 그러나 기능적으로 중요한 목표나 행동에 대한 특정 기술을 학습하고 재학습하는 주의력 치료는 매우 효과적이었다.

Curran, Hussain, Park(2001; Park & Barbuto, 2005 인용)은 주의력 훈련의 구체성이 필요하다는 점에 관한 흥미로운 결과를 보고했다. 뇌졸중 후 MCI 환자는 시범을 보여 주면서 구어로 설명할 경우 자연스럽고 새로운 행동(익숙하지 않은 조리법 준비하기 등 여러 행동들이 특정 순서로 이루어지는 목표 지향적 활동)을 더 효과적으로 학습했다. 구어적 설명이 새로운 행동에 대해 명확한 개념적 표상을 발전시켜 행동의 학습을 촉진한다고 가정된다. 그러나 중증도가 심하면 보다 제한적인 인지 자원으로 구어 및 시공간 정보를 통합해야 하므로 수행력이 저하된다(Green, Rich, & Park, 2003; Park & Barbuto, 2005).

구어 설명이 동반되면 관련된 환경적 정보에 집중함으로써 집중주의력이 행동에 대한 정신적 표상을 촉진한다. 이는 주의력과 언어 간의 일반적인 상호작용에 근거한다. 반면에, 중증도가 심하고 자원이 제한될수록 복잡한 언어를 처리하기 어렵고 보존된 능력을 의미 있게 집중시키지 못하므로 훈련 과제의 수행력이 낮다.

따라서 주의력장애로 인한 언어장애의 치료는 특정 언어 작용의 맥락에서 기저의 주의력장애를 다루는 것이 더욱 효과적이다. 선행 연구들은 모호한 결과에 대해 충분히 설명하지 않았다. 물론 언어치료를 통한 주의력장애를 설명하려면 언어가 주의력을 조정하는 방식을 먼저 이해해야 한다. 이는 추후에 논의할 것이다.

## 3. 언어와 주의력

문장 처리의 측면에서 모듈화, 즉 어휘적 접근과 구문 분석의 자율성에 관한 논의가 많다(예: Frazier & Fodor, 1978; Fodor & Frazier, 1980; Swinney, 1979). 이들은 문장이 산출되는 대화 및 실제 맥락과 문장의 처리는 별개의 과정이라 전제한다. 대안적 접근법에서는 설명되는 참조물에 처리가 집중된다(Altmann, 1996). 즉 문장의 처리는 실제 맥락과 연관된 양상에 주의를 기울인다. 따라서 언어 처리는 언어가 연결되어야 하는 실제 맥락과 분리될 수 없다.

언어와 주의력 간의 근본적인 관계는 그라운딩(grounding)과 윈도잉으로 표현된다. 그라운딩이란 화자가 담화의 특정 의미에 청자를 집중시키는 언어 요소를 사용하는 것이다(Langacker, 2008; Taube-Schiff & Segalowitz, 2005). 윈도잉은 언어적으로 명시함으로써 일관적인 참조 상황을 주의력의 최전면에 배치하는 방식이다. 상황의 다른 부분에 대한 언급이 생략되면 해당 정보는 주의력의 배경에 놓인다(Talmy, 2003).

### 1) 그라운딩

유사한 어휘들로 구성된 특정 발화의 의미는 다양한데, 이는 무슨 '사안'이 확인되는지, 그리고 시간과 실제성에 관해 어떠한 과정으로 기술되는지에 따라 다르다. 즉 현재의 담화 맥락에서 화자와 청자의 상호작용에 기초해 해석된다.

그라운딩의 구성 요소는 이러한 차이를 연결하기 위해 사용된다. 그라운딩은 명사로 인해 드러난 상태를 상세화하거나, 배경(ground; 발화 사건, 참가자-화자와 청자, 참가자 간 상호작용, 말하는 시간과 장소 등 즉각적인 상황)과 관련해 정동사절(finite clause, 주로 명사와 동사)을 보여 주는 과정이다.

> 명사의 그라운딩(예: the, this, that, some, a, each, every, no, any)을 통해 화자는 의도된 담화의 참조물에 청자의 주의를 집중시키는데, 이러한 참조물은 실제 개인과 일치할 수도 있고 그렇지 않을 수도 있다. 절의 그라운딩(예: -s, -ed, may, should, will)은 실제성에 대한 화자의 개념을 드러내는 관계를 의미한다 (Langacker, 2008, p. 259).

그라운딩은 배경이 겉으로 드러나지 않아도 명사절 또는 정동사절의 내용을 대화자와 상호 연결한다. 예를 들어, 지시어 'this'는 가리키는 명사가 화자와 가까우나 명확히 화자를 지칭하지는 않는다. 따라서 그라운딩은 개념화의 주체(conceptualizers)와 개념화된 것이 일치하지 않는다.

발화를 이해하고 표현하는 화자와 청자의 상호작용에 근거하여, 표현된 언어의 의미로서 개념화된다. 화자와 청자는 각각 그리고 함께 모든 발화의 의미에서 적어도 개념과 인물의 주체로 기능한다([그림 12-2]). 주체의 행동은 주의를 집중시켜야 한다. 전체 범위에서 발화의 내용을 인식하면서 주체는 특정 영역(Langacker의 '무대 위' 영역)에 집중하고, 무대 위의 언어적 및 문법적 요소를 추출해 주의를 기울인다. 이는 객체의 개념으로, 사물이나 관계가 이에 해당한다. 주의를 기울인 객체는 맥락 및 청자의 측면에서 가장 명확히 해석된다([그림 12-2] 참고).

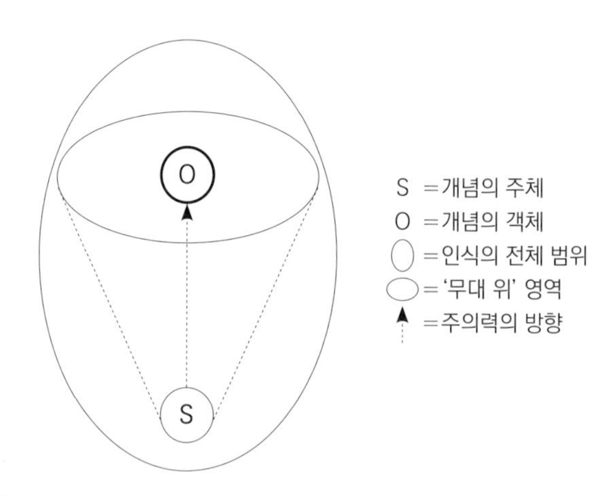


**그림 12-2** 주체와 객체의 개념은 문법적 개념의 주체 및 객체와 혼동해서는 안 됨

화자와 청자가 내포적인 경우에도 개념의 중요한 주체이며, 문법적 주체와 객체는 대개 다른 실체를 나타내는 명시적 표현임.

Langacker, R. L. (2008). *Cognitive grammar: A basic introduction*. New York: Oxford University Press.

Taube-Schiff와 Segalowitz(2005)에 따르면 자연 언어에서 주의를 끄는 단어가 있으면 이러한 문법적 요소로 인해 청자가 다시 집중할 수 있다. 구에 포함된 공간적(위-아래) 및 시간적(과거-현재) 기능어를 판단할 때 주의력의 통제 요구(교대 반복 실험설계에서 전환의 부담으로 작용함)가 증가했다. 문법적으로 유사한 조건(수직적 차원, 즉 위-아래 또는 가깝거나 먼 상태를 나타내는 공간적 단어 사이에서 전환함)에 비해 다른 조건(공간적-시간적 기능어 사이에서 전환함)일 때 전환 부담이 더 컸다. 즉 "언어 자체가 주의 집중 기제로 작용해 수신자의 정신작용이 발신자의 의미와 일치하도록 한다"(p. 516).

Coventry와 동료들(2010)은 이러한 공간적 언어(예: 병이 컵 위에 있다[*the bottle is over the glass*])가 시각적 장면에 집중하도록 하는 방법을 고안했다. 이에 대한 두 견해는 다음과 같다. 첫째, 기술되는 일련의 참조 객체에 집중하도록 공간적 언어가 청자의 주의를 유도한 후, 그 객체로 어떻게 주의를 전환시킬지 결정한다. 둘째, 이 세계에서 객체를 어떤 방식으로 경험하고 사용할지를 고려한다. 첫 번째 견해에 근거할 때, 위 문장에서 '병(*a bottle*)'은 적어도 '컵(*a glass*)'보다 높은 위치에서 활성화된다. 두 번째 견해에서는 객체의 보편적인 상호작용 방식에 따라 문장이 객체를 배치하는 지식을 활성화시킨다. Coventry와 동료들은 공간적 언어가 시각적 주의를 유도하는 방법을 구별하기 위해 두 가지 실험을 했는데, 공간적 언어의 이해는 객체가 보편적으로 기능하는 방식에 대한 상황적 표상과 관련되었다. 따라서 공간적 언어는 객체 간의 보편적 상호작용에 대한 지각 시뮬레이션(즉 역동적 조작)의 범위를 포함한다(다음의 경로 윈도잉 참고). 문장에서 언급되지 않은 객체에 집중하는 동작의 처리도 이에 해당한다.

## 2) 윈도잉

언어는 장면들 중 하나 이상의 윈도(window)에 가장 집중하도록 유도함으로써 참조 장면에 특정 방식으로 주의를 기울이게 한다. 이러한 참조 상황을 사건 구조, 개념적 구성 요소들, 동시 발생하는 상호관계라 한다. 특정 사건의 핵심으로 인식되는 요소나 상호관계는 윈도(전경), 주변적이고 부수적으로 인식되는 것은 갭(gap, 배경)에 해당한다.

Talmy(2003)는 여러 유형의 사건 구조와 이것이 작동하는 윈도잉의 유형을 설명했다(〈표 12-1〉). 첫 번째는 경로 사건 구조(path event frame)이며, 이는 경로 윈도잉을 유발한다. 경로의 세 범주는 개방형, 폐쇄형, 가상형 경로이다. 개방형 경로는 일정 시간 동안 실제로 움직이는 객체와 관련되며, 공간 내에서 시작과 끝 지점이 다르다. 예를 들어, 문장 (1)은 인식된 경로 전체가 최대의 윈도잉을 보여 주는 개방형 경로 사건을 나타낸다. 그러나 경로의 일부에 대해서는 (1a)가 윈도잉을, (1b)가 개핑(gapping)을 보여 준다.

(1) (a) 최대 윈도잉: 비행기의 화물칸에 있던 상자가 비행기에서 공중을 거쳐 바다로 떨어졌다. (*The crate that was in the aircraft's cargo bay fell out of the plane through the air into the ocean.*)

(b) 중간 개핑: 비행기의 화물칸에 있던 상자가 비행기에서 바다로 떨어졌다. (*The crate that was in the aircraft's cargo bay fell out of the plane into the ocean.*)

(c) 초기 개핑: 비행기의 화물칸에 있던 상자가 공중을 거쳐 바다로 떨어졌다. (*The crate that was in the aircraft's cargo bay fell through the air into the ocean.*)

(d) 마지막 개핑: 비행기의 화물칸에 있던 상자가 비행기에서 공중을 거쳐 떨어졌다. (*The crate that was in the aircraft's cargo bay fell out of the plane through the air.*)

(e) 초기 윈도잉: 비행기의 화물칸에 있던 상자가 비행기에서 떨어졌다. (*The crate that was in the aircraft's cargo bay fell out of the plane.*)

(f) 중간 윈도잉: 비행기의 화물칸에 있던 상자가 공중을 거쳐 떨어졌다. (*The crate that was in the aircraft's cargo bay fell through the air.*)

(g) 마지막 윈도잉: 비행기의 화물칸에 있던 상자가 바다에 떨어졌다. (*The crate that was in the aircraft's cargo bay fell into the ocean.*)

폐쇄형 경로는 개방형 경로와 유사하나 시작과 끝 지점이 공간적으로 동일하며 본질적으로 회로를 형성한다. 예시는 (2)에 제시되었다. 특정 맥락 내에서 전체 사건은 대안적인 윈도잉에 의해 유발될 수 있다.

(2) [나는 우유가 필요하다. (*I need the milk.*)]

(a) 전체 윈도잉: 냉장고에 가서 우유를 꺼내 여기로 가져 오세요. (*Go get it out of the refrigerator and bring it here.*)

(b) 중간 윈도잉: 냉장고에서 우유를 꺼내세요. (*Get it out of the refrigerator.*)

(c) 마지막 윈도잉: 여기로 우유를 가져 오세요. (*Bring it here.*)

(d) 마지막 개핑: 냉장고에 가서 우유를 꺼내세요. (*Go get it out of the refrigerator.*)

(e) 초기 개핑: 냉장고에서 우유를 꺼내 여기로 가져 오세요. (*Get it out of the refrigerator and bring it here.*)

(f) 중간 개핑: 가서 여기로 가져 오세요. (*Go bring it here.*)

〈표 12-1〉 사건 구조 및 관련 윈도잉의 유형

| 사건 구조 | 정의 | 윈도잉 유형 |
|---|---|---|
| 경로 | 움직임의 전체 경로 | 경로 윈도잉 |
| (a) 개방형 | (a) 객체가 일정 기간 동안 물리적으로 움직이고, 공간의 다른 위치에 시작점과 끝점이 있다. | |
| (b) 폐쇄형 | (b) 경로의 시작점과 끝점이 공간적으로 동일한 위치에 있고, 회로를 형성한다. | |
| (c) 가상형 | (c) 공간에서 정적인 객체에 비유적 움직임을 부여한다. | |
| 인과 연결 | 인과관계가 각 하위 사건과 연속체 사이의 경계와 관련된 연결 사건이나 하위 사건의 순서 | 인과 연결 윈도잉 |
| 주기 | 반복 주기의 특정 단계에 가장 큰 관심을 기울이는 데 사용된다. 전반적인 사건은 순차적이나 시작, 중간, 끝이 명확하지 않을 수 있다. | 단계 윈도잉 |
| 참가자 상호작용 | 상황 복합체가 다음의 두 부분으로 구성된다. (1) 주요 상황, (2) 2개 이상의 상황과 개별적으로 상호작용하고, 시간에 따라 상호작용의 위치에 집중됨 | 참가자 상호작용 윈도잉 |
| 상호관계 | 그 자체로는 자율적이지 않으나 본질적으로 상호 연관된 부분, 즉 한 부분이 필연적으로 다른 부분의 존재를 수반하는 개념적 복합체 | 상호관계 윈도잉 |
| (a) 움직임 | (a) 인물과 배경은 인물이 움직이거나 개념적으로 움직일 수 있는 실체이고, 배경은 장면 내의 고정된 실체로서 동작과 위치를 모두 포함한다. | 인물-배경 윈도잉 |
| (b) 사실 | (b) 단일한 틀 내에 두 대체물을 배치하기 위한 실제적 윈도우의 속성을 표시하고, 비교 틀을 구성한다. | 실제적 윈도잉 |

각 사건 구조를 보여 주는 문장의 예는 본문 참고.

Talmy, L. (2003). The windowing of attention in language. In *Toward a cognitive semantics volume I: Concept structuring systems* (pp. 258–309). Cambridge, MA: The MIT Press. 인용.

가상형 동작 문장은 공간에서 정적인 객체에 비유적 움직임을 적용한다. 즉 동작 동사가 실제로 물리적 움직임이 불가능한 대상에 사용된다(예: 절벽을 따라 길의 방향이 바뀐다[*the path swings along the cliff*], 문신이 그의 척추를 따라 새겨져 있다[*the tattoo runs along his spine*]) (Ramscar, Matlock, & Boroditsky, 2009; Ramscar, Matlock, & Dye, 2009). Talmy(2003)에 따르면 정적인 것으로 인식되는 공간의 형태는 순서화되고 대안적으로 개념화되어

가상의 동작 경로를 포함한다. 가상형 경로 중 하나는 인식된 전체 장면에서 주의력의 방향을 이동시키는 궤도이다. 이를 따라 문장이 청자의 주의를 유도하면 물리적 움직임이 가능한 윈도잉의 유형을 동일하게 적용할 수 있다. (3)의 문장은 두 참조 지점을 가로지르는 경로를 주의력이 따라가는 '맞은편(across from)' 구조의 예이다.

(3) (a) 최대 윈도잉:

내 자전거는 빵집에서 길 건너편에 있다. (*My bike is across the street from the bakery.*)

Patti는 Kevin의 맞은편에 있는 탁자에 앉았다. (*Patti sat across the table from Kevin.*)

(b) 중간 개핑:

내 자전거는 빵집 건너편에 있다. (*My bike is across from the bakery.*)

Patti는 Kevin의 맞은편에 앉았다. (*Patti sat across from Kevin.*)

(c) 초기 개핑:

내 자전거는 길 건너편에 있다. (*My bike is across the street.*)

Patti는 탁자의 맞은편에 앉았다. (*Patti sat across the table.*)

인과-연결 사건(causal-chain event)은 사건이나 하위 사건이 연결되고 배열되는 구조로, 인과관계는 각 하위 사건과 이에 연결된 사건 간의 경계와 관련된다(Talmy, 2003). 인과-연결 사건은 주의력의 인과-연결 윈도잉을 보여 준다. 이러한 구조는 문장 (4)와 같이 연결의 중간 부분에 개핑이 발생한다.

(4) 나는 창문을 깼다. (*I broke the window.*)

(a) 전체 윈도잉: 나는 내가 주운 돌을 던져서 창문을 깨뜨렸다. (*I threw the rock that I picked up and broke the window.*)

(b) 전체 윈도잉: 나는 돌로 쳐서 창문을 깨뜨렸다. (*I broke the window by hitting it with a rock.*)

Talmy(2003)는 인과관계의 중간 개핑 현상이 인지적 구조화를 반영한다고 강조했는데, 특정 상태나 사건 및 이들의 발생은 주의력의 전경에서 함께 개념화되지만 중간 단계에서는 거의 또는 전혀 집중되지 않는다.

주기 사건 구조가 포함된 문장은 반복적인 주기의 특정 단계에 가장 크게 주의를 기울이기 위해 단계 윈도잉(phase windowing)을 사용한다. 전반적인 사건은 순차적이나 시작, 중간, 끝이 명확하지 않을 수 있다. 전체 사건이 동작 사건이고 하나의 주기가 폐쇄형 경로인 경우 출발 · 원거리 · 복귀 단계로 분류하며, 기초 단계(위치의 상태)는 기지 단계(home phase)로 명명한다. 문장 (5)는 이 단계들에 주의력를 윈도잉하기 위한 대안적 선택을 나타낸다.

(5) (a) 출발 단계 윈도잉: 펜이 계속 테이블에서 떨어졌다. (*The pen kept falling off the table.*)
(b) 복귀 단계 윈도잉: 나는 계속해서 펜을 테이블 위에 다시 올려 두었다. (*I kept putting the pen back on the table.*)
(c) 출발 단계와 복귀 단계의 윈도잉: 펜이 자꾸 테이블에서 떨어져 계속해서 펜을 테이블 위에 다시 올려 두었다. (*The pen kept falling off the table and I kept putting it back.*)

Talmy(2003)에 따르면 "언어는 본질적으로 동일한 사건 구조에 대해 화자가 다양한 주의력 윈도잉을 선택하도록 한다. 수신자는 각 대안에서 개핑된 부분이 다르더라도 이를 추측함으로써 동일한 단일 사건 구조로 재구조화한다"(p. 281). 문장 (5c)는 기저 단계('탁자 위에 놓인 펜')와 원거리 단계('바닥에 놓인 펜')를 바탕으로 출발 및 복귀 단계를 개념적으로 통합(개념적 접합)한다.

주기 사건 구조는 상이한 단계 윈도잉을 뒷받침한다(즉 단일한 참조물이 아니라 외부에서 동시 발생한 사건을 통해 단계 윈도우가 생성되는 경우). 문장 (6)은 이러한 주기의 세 단계와 일치한다. (6c)에서 Smith가 본인이 갔던 장소로 되돌아가는 것이 복귀 단계이다.

(6) 내가 전화했을 때, (*When I phoned,*)
(a) Smith는 항상 그의 사무실을 나가려는 참이었다. (*Smith was always just about to step out of his office.*) [출발 단계]
(b) Smith는 항상 그의 사무실을 나가고 있었다. (*Smith was always just stepping out of his office.*) [원거리 단계]
(c) Smith는 항상 그의 사무실을 나갔다. (*Smith had always just stepped out of his office.*) [복귀 단계]

참가자-상호작용 사건 구조는 두 부분, 즉 (1) 주요 상황, (2) 해당 상황과 두 번 이상 상호작용하는 개인들로 구성된 상황 복합체가 포함된다. 참가자-상호작용 윈도잉은 이러한 상호작용 중 한쪽에 집중함으로써 수신자의 시간적 관점을 찾을 수 있도록 상호작용을 수신자의 시점으로 만든다(Talmy, 2003). 이러한 사건 구조는 앞의 다른 유형들과 유사한데, 시간별로 일련의 현상들이 다르고 시간적 배치에 따라 주의력의 윈도우가 다양하기 때문이다. 문장 (7)은 이러한 사건 구조를 나타내며, 단일 상황 복잡체로 해석될 수 있다.

(7) (a) John은 지난주 파티에서 여자를 만났다. 그녀의 이름은 Linda였다. (*John met a woman at the party last week. Her name was Linda.*)
(b) John은 지난주 파티에서 여자를 만났다. 그녀의 이름은 Linda이다. (*John met a woman at the party last week. Her name is Linda.*)

앞의 예시에서 주요 상황은 Linda라는 여성이다. Talmy(2003)에 따르면, (a)의 첫 번째 상호작용은 John과 Linda의 만남이며, (b)의 두 번째 상호작용은 화자가 말하면서 여성의 이름을 언급한 것이다. (7a)와 (7b)의 두 번째 문장에서 시제의 차이는 주의력 윈도우를 이러한 상호작용 중 한쪽으로 위치시킨다. (7a)에서 과거시제 표지는 문장의 주요 참조물(Linda라는 여성)이 아니라 참가자의 첫 번째 상호작용(John이 여성과 만남)의 시점에 적용된다. (7b)의 현재시제는 두 번째 상호작용의 시간적 관점, 즉 현재 시점을 나타낸다. 따라서 참가자-상호작용 사건 구조는 해당 사건 구조의 하위 부분에 대해서만 선택적으로 집중하나 상황 전체를 유발한다.

상호관계 사건 구조는 그 자체로는 자율적이지 않으나 본질적으로 상호 관련된 부분들로 구성된 개념적 복합체이다. 즉 한 부분의 존재는 필연적으로 다른 부분의 존재를 수반한다. Talmy(2003)는 이러한 복합체의 한 부분에 상호관계 윈도잉이 허용되고 나머지 한 부분이 생략되어도 의미를 이해할 수 있다고 주장했다. 상호관계 사건 구조의 두 유형인 인물-배경 상호관계와 사실적-반사실적 상호관계는 다음과 같다.

인물-배경 상호관계에서 인물과 배경은 동작 사건의 일부이다(동작과 위치를 모두 포함). 인물은 장면 내에서 움직이거나 개념적으로 움직일 수 있는 실체이고, 배경은 장면 내에서 움직이지 않는 참조물이다. 이들은 각각 상호관계를 통해 정의된다. 이러한 동작 사건 구조는 개념적으로 더 이상 단순화할 수 없으나(즉 어떤 한 부분도 나머지 한 부분 없이 존재할 수 없음), 주의력의 인물-배경 윈도잉을 지원하는 구성 요소로 분리될 수 있다.

Talmy는 페인트가 벽에서 벗겨지는 장면을 통해 이를 설명한다. 배경인 벽과 비교할 때 페인트는 인물에 해당한다. 인물과 배경에 해당하는 참조물이 개핑된 문장이 (8)에 비교되어 있다.

(8) (a) 페인트가 벗겨지고 있다(벽에서). [*The paint is peeling (from the wall)*.]
  (b) 벽이 벗겨지고 있다(페인트의). [(*The wall is peeling (of its paint)*.]

본래 (8a)는 인물의 윈도잉(동작과 함께)과 배경의 개핑을 나타낸다. 반면, (8b)는 배경의 윈도잉(동작과 함께)과 인물의 개핑이 포함된다.

사실적–반사실적 상호관계는 해당 대상이 되거나 참조물을 제시하는 구조로 표현된다. 이는 상호 긍정적–부정적 대응관계이나 결국 전반적으로 동일한 내용이다. 화자는 두 구조 중 하나를 선택할 수 있는데, 대상이 되는 경우와 그렇지 않은 경우 중 어느 쪽에 더 주의를 기울일지를 선택한다. Talmy에 따르면 각 대상은 다른 대상을 수반하므로 이러한 상호관계 사건 구조는 사실 기반 사건 구조, 한쪽으로 향한 주의력은 사실 기반 윈도잉에 해당한다.

그러나 사실 기반 사건 구조는 두 대안 중 하나에만 사실 기반 윈도잉을 적용하는 것이 아니라, 단일 사건 내의 대안에 모두 적용시킬 수 있다. 따라서 대안들 중 하나에 주로 집중하더라도, 나머지는 배경으로 존재해 비교의 기초가 된다. Talmy(2003)는 이 같은 대형 구조 개념화를 일으키는 사건 구조가 비교 구조를 이룬다고 강조했다. 다음 문장들에는 일부 참조물의 발생 또는 비발생에 대한 비교 구조가 포함되어 있다.

(9) (a) 나는 어젯밤 John의 파티에 가지 않았다. (*I didn't go to John's party last night*.)
  (b) 내가 가장 좋아하는 영화를 상영해서 어젯밤 영화를 보러 갔다. (*I went to the movies last night because they were playing my favorite film*.)
  (c) Sue는 어젯밤 John의 파티에 갔을지도 모른다. (*Sue may have gone to John's party last night*.)
  (d) Sue가 어젯밤 John의 파티에 갔니? (*Did Sue go to John's party last night?*)
  (e) 시간이 있었다면 나는 어젯밤 John의 파티에 갔을 것이다. (*I would have gone to John's party last night if I had had the time*.)

(9a)는 실현되지 않은 반대의 긍정적 사건을 유발한다(나는 어젯밤 John의 파티에 갔다

[*I went to John's party last night*]). (9b)는 because절을 포함하므로 일어나지 않은 사건을 알 수는 없으나, 원인을 제시함으로써 실현되지 않은 부정적 대응을 유발한다. (9c)는 확실성의 연속체 중 한곳에 대상을 배치함으로써 대척점에 있는 사건을 떠올린다. (9d)의 의문문은 주요 의미의 측면에서 참조물의 발생이나 비발생을 나타낸다. (9e)는 사실을 보완하기 위해 뚜렷이 반대되는 사건(즉 파티에 가는 것)을 사용한다.

이와 유사하게, 특정 어휘 항목은 현실화와 비현실화의 의미 개념을 통합시킨다. Talmy(2003)가 제시한 예는 다음과 같다.

(10) (a) 나는 표적을 놓쳤다. (*I missed the target*.)
(b) 나는 그에게 돈을 빌려준 것을 후회한다. (*I regret that I lent him money*.)
(c) 나는 창문을 여는 데 성공했다. (*I succeeded in opening the window*.)

(10a)에서, 동사 '놓쳤다(*missed*)'는 발사체가 표적을 치는 사건을 일으킨다. (10b)의 동사 '후회한다(regret)'는 그 사건이 원하는 대로 발생하지 않았음을 나타낸다. (10c)의 동사 '성공하다(*succeed*)'는 사건이 일어나지 않을 가능성을 제기함으로써 비교 구조를 형성한다. 따라서 '나는 창문을 열었다(*I opened the window*)'와 같은 문장으로는 비교하기가 어렵다.

마지막으로, 사건 구조가 한꺼번에 여러 개 존재하면 다양한 윈도잉이 동시에 일어날 수 있다. 문장 (11)은 윈도잉이 연속적으로 증가하는 예이다.

(11) (a) 중간 개핑이 있는 단순 경로 사건
공이 잔디밭에서 굴러왔다가 되돌아갔다. (*The ball rolled off the lawn back onto the lawn*.)
(b) 초기와 중간 개핑이 있는 단순 경로 사건
공이 코트로 다시 굴러갔다. (*The ball rolled back onto the court*.)
(c) 상호관계 사건 구조: 인물 윈도잉과 배경 개핑이 있는 동작 사건 구조
공이 뒤로 굴러갔다. (*The ball rolled back*.)
(d) 동작 사건이 개핑된 인과-연결
나는 공을 뒤로 굴렸다. (*I rolled the ball back*.)
(e) 복귀 단계 윈도잉이 있는 주기-사건 구조
나는 공을 계속해서 뒤로 굴렸다. (*I kept rolling the ball back*.)

(f) 반대 사실을 고려한 윈도잉과 사실을 고려한 개핑을 비교하는 사실적 사건 구조

내가 공을 계속해서 뒤로 굴리지 않았다면 게임은 없었을 것이다. (*If I hadn't kept rolling the ball back, there would have been no game.*)

요컨대, 인지는 다양한 현상을 사건 구조라는 논리적 개념 집합으로 나누며, 사건 구조의 특정 부분에 최대한 직접적으로 주의를 기울이고 나머지는 배경에 배치한다. 개념적 복합체의 일부에 언어의 윈도우를 생성함으로써 인지 체계에서 해당 복합체를 처리하는 영역과 주의력 체계를 연결시킨다. Talmy(2003)는 이러한 과정을 '주의력 윈도잉'이라 칭하고, 언어가 전경이 되는(윈도잉됨) 부분에 명확한 언어 자료를 두되 배경이 되는(개핑됨) 곳에서는 제외시킨다. 이러한 방식으로 언어 체계는 주의력 체계의 제한된 인지 자원을 사용자의 관심이나 목표에 가장 근접한 정보로 유도한다.

## 3) 단어와 문장 처리

최근 연구에 따르면, 단어의 산출은 중앙 주의 자원을 요구한다. Ferreira와 Pashler(2002)는 이중과제(심리적 불응기 패러다임)를 사용해 심성 어휘집, 음운 형태, 음운의 선택과 같은 단어 산출 단계가 주의력처럼 처리의 병목현상을 일으키는지 알아보았다. 이를 위해 그림 이름대기와 음조 변별 과제를 동시에 실시함으로써 두 과제 간에 중앙 처리 자원을 공유하는 단어 산출 단계를 확인했다. 폐쇄형 제약, 어휘 빈도, 개념적 및 음운적으로 연관된 방해 단어를 조정하는 문장 맥락에서 그림 이름대기를 수행했다. 이를 통해 언어 처리가 다른 처리 기제와 자원을 공유하는지 또는 주로 언어에 특화된(모듈식) 기제(위 참고)로 작용하는지를 입증하고자 했다.

연구 결과, 심성 어휘집 및 음운 형태의 선택과 같이 자동적으로 보이는 단어 산출의 일부가 중앙 병목현상(자원 사용에 대한 특권이 있음)과 관련되며, 음운 선택 등은 별개로 작용했다([그림 12-3]). 즉 그림 이름대기 과제에서 폐쇄형 제약, 어휘 빈도, 방해 단어의 개념적 연관성(심성 어휘집 및 음운 형태의 선택에 영향을 줄 것으로 예상되는 조작)의 기능에 해당하는 음조 변별 과제는 수행이 느렸다. 반면, 방해 단어의 음운적 관련성을 조작할 경우(음운 선택에 영향을 줄 것으로 예상됨) 지연된 음조 변별에 영향을 주지 않았다. 따라서 단어 산출은 다른 비언어 과제와 함께 중앙 주의 자원을 공유한다.

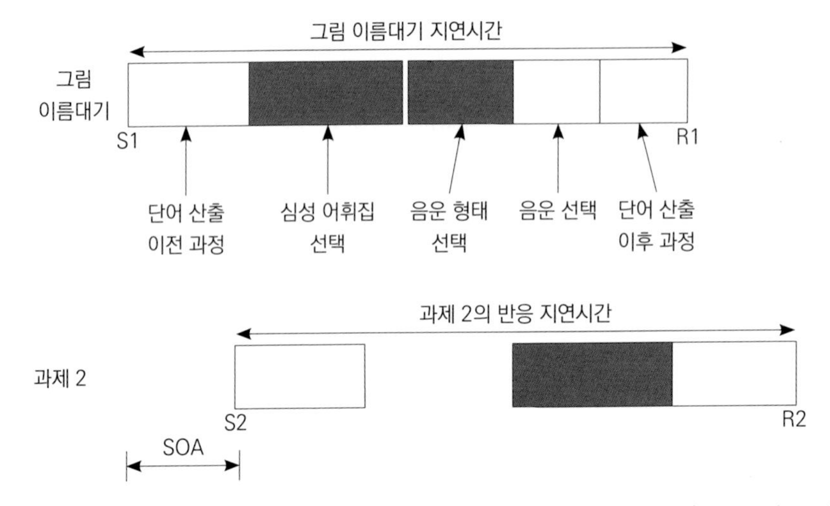


**그림 12-3** 중앙 처리 병목현상의 민감도 측면에서 본 단어 산출 단계의 도식

검은색 사각형은 중앙 처리 병목현상으로 인해 동시에 일어날 수 없는 각 과제의 처리 과정을 나타냄. S1, R1, S2, R2는 과제 1과 과제 2에 대한 자극과 반응을 의미함. SOA=자극 발생 시차.

Ferreira, V. S., & Pashler, H. (2002). Central bottleneck influences on the processing stages of word production. *Journal of Experimental Psychology: Learning, Memory, and Cognition, 28*(6), 1187-1199. 참고.

이와 유사한 이중과제를 사용한 Ayora 등(2009)은 요구되는 주의력 자원의 측면에서 개방형 품사(즉 명사, 동사, 형용사, 부사)가 폐쇄형 품사(즉 한정사, 대명사, 전치사, 접속사)의 인출과 다른지를 살펴보았다. 이는 두 품사가 언어 산출 과정에서 다르게 인출된다는 이론에 근거했다. 즉 개방형 품사는 의미적 정보에 기초해 선택되는 반면, 폐쇄형 품사는 구문 구조를 구성하면서 추상적이고 자동적으로 표현된다. 음조의 높낮이를 변별하면서 동시에 폐쇄형 품사(한정사)와 개방형 품사(명사)로 구성된 한정사 명사구에 해당하는 그림의 이름을 말하는 과제이다. 명사의 인출은 목표어의 빈도에 따라 조정되었다. 한정사 인출의 난이도는 문법적으로 성-한정사 형태를 결합한 프랑스어의 소유 한정사와 지시 한정사에 대한 일치성의 조작(일치 vs. 불일치)으로 통제되었다.

어휘 빈도가 증가하면서 그림 이름대기 및 음조 변별의 지연시간이 줄어들었다. 한정사가 일치되지 않은 명사구는 그림 이름대기 및 음조 변별 과제에서 모두 반응 지연시간이 더 길었다. Ayora와 동료들은 영역 일반적 중앙 처리 기제가 한정사뿐 아니라 명사 산출에도 필요하다고 결론지었다. 따라서 한정사의 인출은 폐쇄형 품사를 인출하는 자동적 언어 전용 기제에 의존할 수 없다.

문장을 처리하려면 내용어와 해당 단어들의 구문적 관계를 이해하고 문장의 맥락을 분석해야 한다. 문장과 맥락 간의 관계는 초점 구조로 표시되는데, 초점은 이전의 담화에 포함되지 않는 새로운 정보를 나타낸다(Cutler & Fodor, 1979). 화자는 청자의 주의를 문장의 초점에 집중시키기 위해 강세나 주제화(topicalization, 문장의 시작 부분에 주제를 배치함) 등의 장치를 사용한다. Cutler와 Fodor가 제시한 다음의 예에서는 '파란색(*blue*)'이라는 단어가 주제화되었다.

(12) 파란색, 구석에 있던 남자가 쓰고 있는 모자의 색깔이었다. (*Blue, the hat was, that the man on the corner was wearing.*)

Cutler와 Fodor(1979)에 따르면 문장을 이해할 때에는 특히 초점화된 단어를 처리하는 데 집중한다(p. 56). 따라서 음향적 및 언어적 단서는 청자가 문장을 이해하기 위해 의미적 초점에 주의를 기울이도록 한다.

대명사나 명사구(대용어의 복원)의 사용은 이전에 구어 또는 문어 텍스트에 언급된 실체에 직접 주의를 기울이게 하는 언어적 단서이다(Myachykov & Posner, 2005). 예를 들어, 선행사가 복문의 첫 번째 절의 주어라면 대명사는 두 번째 절의 주어일 것이다. 또한 문장에서 먼저 언급된 실체가 대명사를 통해 순차적으로 참조될 가능성이 더 크다.

대용어 표현은 대용어와 선행사를 분리하는 거리에 따라 선택된다. 일반적으로 텍스트의 거리가 멀수록 선행사를 참조하는 데 명사구를 사용하고, 거리가 짧을수록 대명사를 사용할 가능성이 크다(Myachykov & Posner, 2005). 새로운 실체가 도입되면 부정명사나 고유명사가 자주 사용된다. 대명사가 대용어로 사용되면 선행사에 대한 인지적 탐색은 짧은 범위 내에서, 선행하는 몇 개의 절에 한해, 매우 자동적으로 일어난다. 그러나 대용어로 한정 명사가 사용될 경우 선행사를 찾기 위한 범위가 더 넓어지고, 덜 자동화되면서 주의력이 요구된다. 따라서 참조물과 선행사 간의 거리가 멀어지면 대용어로 인한 참조물의 모호함을 해결하기 위해 주의력이 더 많이 요구된다(Myachykov & Posner, 2005).

외부 단서도 주의를 집중시켜 문장의 문법적 주어를 선택하는 데 영향을 미친다. 문법적 주어의 할당은 정적 및 동적 사건 모두에서 시각적 단서에 따라 달라진다(Tomlin, 1997; Forrest, 1996; Myachykov & Posner, 2005 인용). 따라서 자극의 배열(예: a heart and a star) 중 어느 한쪽에서 단서의 영향을 받으면 이에 따라 문법적 주어가 다르게 선택된다(즉 '하트 모양은 별의 왼쪽에 있다[*the heart is to the left of the star*]' vs. '별은 하트 모양의 오른쪽에 있다[*the star is to the right of the heart*]'). 이와 유사하게, 발생하고 있는 사건(예: 밝은색 물고기가 어두운 색 물고기를 먹고 있는 것[*the eating of a dark fish by alight fish*])을 기술할 경우 문법적 주어가 단서에 의해 선택된다(즉 '어두운 색 물고기가 밝은색 물고기에게 잡아먹혔다[*the dark fish was eaten by the light fish*]' vs. '밝은색 물고기가 어두운 색 물고기를 잡아먹었다[*the light fish ate the dark fish*]').

요컨대 언어는 단어, 문장, 담화로 전달되는 의도된 의미를 활성화시키기 위해 주의력을 감독하는 역할을 한다. 화자는 특정 맥락의 의미에 집중시키는 특정 문법의 어휘 요소를 사용해 의도한 개념을 그라운딩한다. 청자는 새로운 어휘 요소가 발생하면 언어에 다시 주의를 기울인다. 청자는 공간적 요소에 대해 시각적 장면의 특정 사물뿐 아니라 사물 간의 기능적 관계에 집중한다.

화자는 사건과 같은 참조 장면의 특정 부분을 윈도잉(강조)하는 데 언어를 사용함으로써 청자의 주의를 끈다. 윈도잉은 여러 유형의 사건에서 일어나고, 사건의 핵심을 확인하도록 주요 요소를 강조한다. 이때 사건은 화자가 연관성이 가장 크다고 간주하는 것이다. 주제화 및 대용어의 선택과 같은 언어적 단서는 문장의 초점, 즉 새롭지만 선행하는 정보에 청자의 주의를 향하게 한다.

마지막으로, 단어 산출의 특정 측면은 중앙 주의력 자원을 요한다. 특히 심성 어휘집 및 음운 형태의 선택은 자원 집약적인 어휘 처리 단계이므로 처리의 병목현상이 일어난다. 이는 개방형 및 폐쇄형 품사에서 모두 발생한다.

전술한 바와 같이 언어 처리는 주의력이 언어에 대해 충분히 기능하는지에 좌우된다. 이를 후천성 언어장애 및 주의력장애에 적용하면 다음과 같은 언어 문제가 발생할 수 있다. ① 손상된 언어 체계로 인해 의미 처리에 필요한 언어의 주요 요소에 충분히 집중하지 못한다. ② 언어적 단서를 이해하는 데 필수적인 주의력 자원을 충분히 활용하지 못함으로써 언어 처리에 실패한다. ③ 언어 처리를 지원하는 주의력 자원의 할당이나 용량이 저하되어 언어를 처리하지 못한다. ④ 이들이 복합적으로 발생할 수 있다. 언어장애의 근본 원인이 무엇이든 간에, 언어기능을 향상시키기 위한 중재의 초점은 주의력을 요하는 언어 과제를 사용하는 데 있다. 이후에는 중재 접근법에 관해 논의한다.

# 4. 후천성 언어장애 환자의 주의력 평가

## 1) 표준화 검사

현재 임상에서 사용되는 후천성 언어장애의 주의력장애 평가는 주로 다양한 주의력 영역의 손상 정도를 평가하나, 주의력이 언어기능에 미치는 직접적인 영향을 확인할 수는 없다. 평가는 비구조화(면담, 관찰)나 구조화(척도, 표준화 검사)의 맥락에서 실시되며, 주의력장애가 일상생활의 활동과 사회적 의사소통을 방해하는지 여부 및 그 방식을 알려 준다(Murray, 2002; van Zomeran & Spikman, 2005).

van Zomeran과 Spikman은 뇌손상으로 인한 주의력장애를 통제 및 속도/처리 능력의 결함으로 분류했다. 이는 Knudsen(2007)의 작업기억 및 경쟁적 선택에 대한 주의력 처리 과정, Moosbrugger, Goldhammer, Schweizer(2006)의 주의력 평가를 뒷받침하는 집행기능과 지각적 요인, 배치 및 부호화로 구성된 Mapou와 Mateer(1996)의 주의력 평가 등과 일치한다. 주의력 통제 평가는 집중 · 지속 · 분리 및 고차원(집행) 주의력을 측정하고, 처리 속도 평가에서는 정보 처리 속도를 확인한다. 그러나 주의력 평가는 대개 다각적이고, 각 요소들이 완전히 통합되지는 않는다. 또한 작업기억을 평가하는 검사들이 많다(Strauss, Sherman, & Spreen, 2006). 주의력이 하나의 정의로 설명될 수 없으므로 한 종류의 검사만으로 평가될 수 없다. van Zomeren과 Brouwer(1992)에 따르면, 주의력이 아니라 주의력의 구성 요소에 초점을 둔 행동을 평가한다.

〈표 12-2〉에는 주의력 통제나 정보 처리 속도를 중점적으로 다루는 검사가 소개되어 있다. 평가 척도는 이 목록에서 제외되었다. 일부 평가는 주의력 통제와 처리 속도를 모두 다루지만, 표에는 각 도구가 평가하는 가장 중요한 주의력 요소를 제시했다. 주의력 처리의 결함이 항상 전반적으로 일어나는 것이 아니라 특정한 하나의 입력 또는 출력 양식이 더 많이 손상될 수 있다(Lezak, Howieson, & Loring, 2004).

〈표 12-2〉 주의력 표준화 검사

| 검사 | 주의력 처리 | 참고문헌 |
|---|---|---|
| 주의력 통제 | | |
| 숫자 바로 따라말하기(Digit Span Forward) | 주의력 폭 | |
| 글자 지우기 검사(Letter Cancellation Test) | 편측 및 집중주의력 | Lezak et al.(2004) |
| 행동 부주의 검사(Behavioural Inattention Test) | 편측 및 집중주의력 | Wilson et al.(1987) |
| 주의력 d2 검사(d2 Test of Attention) | 편측 및 집중주의력 | Brickencamp & Zillmer(1998) |
| 지속 수행 검사(Continuous Performance Tests, Conners, Vigil) | 집중 및 지속 주의력 | Conners(2004) |
| 주의력 지속 수행 검사(Continuous Performance Test of Attention) | 집중 및 지속 주의력 | Cicerone(1997) |
| 스트룹 검사(Stroop Tests) | 집중 및 지속 주의력 | Strauss et al.(2006) |
| 주의력 간편 검사(Brief Test of Attention) | 분리주의력 | Schretlen(1997) |
| 기호 잇기 검사(Trail Making Tests): 기호 잇기 검사, 구어 기호 잇기 검사, 색깔 기호 잇기 검사 | 분리주의력 | Strauss et al.(2006) |
| 주의력 수행 검사(Test for Attentional Performance) | 분리 및 지속 주의력 | Zimmermann & Fimm(1995) |
| 반응 지속주의력 과제(Sustained Attention for Response Task) | 지속주의력 | Robertson et al.(1997); Manly & Robertson(2005) |
| 일상생활 주의력 검사(Test of Everyday Attention) | 시각적 및 청각적 선택주의력, 지속주의력, 주의 전환, 분리/지속 주의력 | Robertson et al.(1994) |
| 숫자 거꾸로 따라말하기(Digit Span Backwards) | 작업기억 | Lezak et al.(2004) |
| 듣기 및 읽기 폭 과제(Listening and Reading Span Tasks) | 작업기억 | Caspari et al.(1998); Daneman & Carpenter(1980); Tompkins et al.(1994) |
| N-Back 과제(N-Back Task) | 작업기억 | Callicott et al.(1999) |
| 통제단어연상 검사(Controlled Oral Word Association Test) | 집행주의력 | Strauss et al.(2006) |
| 런던 탑(Tower of London) 검사 | 집행주의력 | Shallice(1982) |
| 위스콘신 카드 분류 검사(Wisconsin Card Sorting Test) | 집행주의력 | Heaton et al.(1993) |
| 집행기능장애 증후군 행동 평가(Behavioural Assessment of Dysexecutive Syndrome) | 집행주의력 | Wilson et al.(1996) |
| 처리 속도 | | |
| 정보 처리 전산화 검사(Computerized Test of Information Processing) | 정보 처리 속도 | Tombaugh & Rees(2008) |
| 속도 청각 연속 주의력 검사(Paced Auditory Serial Attention Test: PASAT) | 지속/분리 주의력, 집중, 작업기억, 정보 처리 속도 | Gronwall(1977) |
| 숫자 상징-부호화(Digit Symbol-Coding) | 집중주의력, 정보 처리 속도 | Wechsler(1997) |
| 상징 숫자 양식 검사(Symbol Digit Modalities Test) | 집중주의력, 정보 처리 속도 | Smith(1991) |

이 검사들은 주의력을 평가하는 데 주로 언어 자극을 사용하므로 후천성 언어장애에 적절하지 않다는 주장도 있다(Murray, 2002). 반면, 언어 처리에 영향을 미치는 주의력의 결함을 평가하려면 언어 자극을 사용해야 한다는 견해도 있다(McNeil, Hula, & Sung, 2011). McNeil과 동료들이 지적한 바와 같이 후자는 언어장애 환자에게 언어 처리를 요구하므로 주의력이 손상되어 언어 결함이 발생했다고 확신할 수 없다(p. 566). 따라서 스트룹 검사 또는 이와 유사한 과제들이 이러한 문제를 해결할 수 있다고 제안했다.

스트룹 검사는 감독 제어(MacLeod, 1992; van Zomeren & Brouwer, 1992)를 통해 자동 처리와 통제 처리 간의 반응 간섭효과를 유발한다. 이는 주의력을 이해하는 데 중요한 역할을 한다. 색깔명이 쓰인 단어를 보고 색깔의 이름을 빨리 말하는 스트룹 과제는 일치 및 불일치 조건에서 실시된다. 일치 조건은 잉크의 색깔과 쓰인 단어가 일치하나(예: '파랑'이라는 단어는 파란색 잉크로 인쇄됨), 불일치 조건은 잉크 색깔과 쓰인 단어가 일치하지 않는다(예: '노랑'이라는 단어가 파란색 잉크로 인쇄됨). 중립 조건(조각의 색깔명 말하기 또는 검정색 잉크로 인쇄된 색깔 관련 단어 읽기)과 비교할 때, 불일치 조건에서 간섭 효과가 더 크게 나타났다(반응시간 및 오류의 증가). 중립 조건보다 일치 조건에서 반응 촉진(반응시간 및 오류의 감소)이 더 많이 관찰되었다. 즉 간섭 효과로 인해 단어의 자동 활성화가 억제되어야 하는데, 이는 색깔 이름대기에 필요한 통제 처리 과정이다(Ferreira & Pashler, 2002; Ayora et al., 2009. 개방형 및 폐쇄형 품사의 자동 활성화 관련 논의 참고).

McNeil과 동료들(2011)은 스트룹 과제를 통해 실어증 환자의 주의력장애를 살펴보았는데, 간섭 효과와 상반된 결과를 확인했다. 또한 두 유형의 실어증 환자가 불일치 자극에서 유의하게 적은 간섭 효과를 보여, 단어 의미에 자동적으로 접근하지 않거나 색깔 단어에 대한 억제 능력이 양호했다(Cohen, Meier, & Schulze, 1983; McNeil et al., 2011). 몇몇 베르니케실어증 환자에게 간섭 효과가 더 크게 나타난 결과(McNeil et al., 2011; Wiener, Conor, & Obler, 2004)를 통해 어휘/의미적 언어 처리에 대한 억제 능력의 손상을 입증한 연구도 있다. 즉 실어증 환자군의 오류율이 낮은 데 근거해, 스트룹 과제가 촉진, 억제, 목표 유지와 관련된 주의력을 평가하는 데 적절하다고 제안했다. McNeil과 동료들(2010)은 실어증 환자(PWA)와 정상 성인(NA)을 대상으로 다양한 색깔 단어에 대한 일치 및 불일치 스트룹 과제를 읽기 이해 검사(토큰 검사 컴퓨터 수정판[the Computerized Revised Token Test-R-Stroop: CRTT-R-wf-Stroop])를 통해 살펴보았다. 두 집단은 지속주의력, 간섭/억제 효과, 주의력 전환의 요구를 반영하는 RT 비율에서 경계와 간섭 효과를 보였고, CRTT-R-wf 점수에서 촉진 효과가 나타났다. NA와 달리 PWA는 색깔 형용사에 대한 정반응 수에서 주의력 효과가 나타나지 않았다.

### 2) 이중과제

주의력장애와 관련된 언어장애는 주로 기본적(즉 지각적)인 주의력 처리 과정의 일부가 아닌 처리 자원의 단계별 할당을 담당하는 중앙 처리 과정에 기반한다. 이중과제는 언어 처리에서 발생하는 간섭을 반영하는데, 이는 의미적 · 구문적 · 음운적 처리를 위해 청자/화자가 주의력 자원의 할당을 통제하고 조절하는 과정이다. 따라서 이중과제는 주의력 통제의 손상이 언어 처리 과정에 미치는 영향을 평가하는 데 활용된다. 〈표 12-3〉은 후천성 언어장애의 주의력 기제를 평가하는 이중과제의 일부를 제시했다([글상자 12-2]).

〈표 12-3〉 언어적 이중과제 평가

| 수준 | 과제 | 참고문헌 |
|---|---|---|
| 어휘/하위 어휘 | 양이 청취 조건에서 의미 분류와 어휘 판단을 동시에 수행하기 | Arvedson & McNeil(1987) |
| | 카드 분류 과제를 수행하면서 1음절 단어 중 목표 단어를 확인하기(청각적 경계) | LaPointe & Erickson(1991) |
| | 의미적으로 관련 있는/없는 단어쌍의 기억력 과제를 수행하면서 홀수 3개가 연달아 들리는지를 모니터링하기 | Fischler et al.(1994), Fischler(2000) 인용 |
| | 폐쇄형 문장의 그림 이름대기와 음조 변별 또는 단어의 의미 범주 판단하기 | Ferreira & Pashler(2002); Hula et al.(2007) |
| 문장 | 다양한 양이 청취 조건에서 음조 변별, 의미적 분류, 어휘 판단, 문법적 판단, 구 완성하기 | Murray(2000); Murray et al.(1997) |
| | 그림 설명하기와 음조 변별하기(2~3개 음조) | Murray et al.(1998); Hula & McNeil(2008) |
| | 수가 증가하는 숫자(2, 4, 6)를 기억하면서 문법성 판단하기 | Blackwell & Bates(1995) |
| | 복잡성이 증가하는 문장 및 이야기를 이해하면서 시각-손동작 추적하기 | Granier et al.(2000); McNeil et al.(2004) |
| | 탐사 단어의 관련성 판단과 문장 제시 후 음절 세기를 동시에 수행하기 | Tompkins et al.(2002) |

**글상자 12-2** 왜 이중과제인가?

용량 이론은 동시에 실행되는 과제 간에 간섭이 일어나는 경우와 관련된다. 이는 심리적 처리 과정이 일정량의 처리 자원뿐 아니라 처리 구조를 요한다고 전제한다. 사용할 수 있는 처리 자원이 제한적이므로 주의력의 선택 과정이 필요하다.

이중과제의 수행은 경쟁적인 과제에서 자원(주의력)을 얼마나 효율적으로 할당하는지를 보여 준다. 처리하기 위해 자원이 제공된다. 단일 자원(single resource) 모델에서는 주의력이 제한적이면서도 동시적 요구에 배분되는 보편적인 에너지 집합체라고 간주한다. 이는 노력의 개념(즉 집중력, 동기 부여, 각성 등 과제의 요구를 충족시키는 데 필요한 에너지)을 강조한다. 할당되는 용량은 과제 수행에 필요한 노력이나 주의력에 따라 결정된다. 이와 달리, 다중자원(multiple resource) 접근은 자원이 다양하고 구체적이며 상이하지만 보유된 자원은 불특정하고 보편적이다. 이는 처리 양식(청각 vs. 시각), 단계(부호화 vs. 중앙 처리 vs. 반응), 부호(공간 vs. 언어)에 따라 자원을 구별한다.

2개의 과제나 처리가 서로 다른 자원을 요하면 이를 동시에 수행할 수 있다. 과제의 난이도에 따라 이중과제를 집행하는 각 단계별로 요구가 다양하다. 과제의 성공 여부는 구성 요소의 복잡성, 친숙도, 또는 이들의 조합, 일반적인 각성 수준에 달려 있다. 연습과 과제의 요구는 상관성이 크다(과제를 연습할수록 제한된 자원에 대한 요구가 자동적 수준으로 감소함).

이중과제는 주로 실험 장비를 요하기 때문에 후천성 언어장애의 일반적인 임상 평가에서 시행하기 어려웠다(McNeil et al., 2011). 그러나 〈표 12-3〉의 두 접근법은 임상의 전형적인 방식에 의존하거나 임상적으로 활용될 가능성이 있다. LaPointe와 Erickson(1991)은 목표 단어와 1음절 단어 목록이 무작위로 제시되는 청각적 경계/카드 분류 이중과제를 사용했다. 단어 목록을 들으면서 목표 단어가 나올 때마다 손을 들어 반응하고, 이와 동시에 위스콘신 카드 분류 검사를 수행하는 과제이다. 목표 단어의 확인 및 카드 분류 반응에 대한 정확도를 점수로 산정한다.

Blackwell과 Bates(1995)는 두 자리, 네 자리, 여섯 자리의 숫자를 일렬로 보여 주고 기억하도록 했다. 숫자열에 이어 각 문장이 청각적으로 제시되면 이의 문법성을 판단하고, 이후 목표 숫자와 일치하거나 불일치하는 숫자들에 대해 문장 앞에 제시된 순서와 동일한지 여부를 묻는다. 즉 문법성을 판단하면서 상관성이 없고 임의적인 내용을 기억하도록 요구한다. 숫자가 있거나 없는 경우의 문법성 판단에 대해 정확도가 산정되고, 반응시간도 기록된다. 표에 제시된 청취 과제의 오디오 테이프는 컴퓨터에 대부분 포함되거나 인터넷에서 간단한 오디오 편집 소프트웨어를 내려 받을 수 있다.

적어도 2개의 이중과제가 임상적 평가에 활용되고 있으며, 언어장애를 위한 과제가 추가적으로 제공된다. 앞서 언급한 스트룹 과제는 단어 읽기와 색깔 이름대기를 동시에 요구하는 이중과제이다. McNeil 등(2011)은 스트룹 과제가 언어평가 절차에 포함되기에 비교적 쉬운 과제라고 제안했다. 일상생활 주의력 검사(Robertson et al., 1994)의 하위 영역인 전화 전환(Telephone Switch) 과제는 전화번호부의 방해 요인들 사이에서 목표물을 찾으면서 동시에 청각적으로 제시되는 일련의 음조를 분석한다.

## 5. 주의력장애 관련 후천성 언어장애의 중재

주의력장애의 치료 프로그램은 회복적이거나 보상적이다. 회복적 치료는 대개 반복 훈련을 통해 주의력의 인지기능을 재구성한다(예: Cicerone, 2002; Couillet et al., 2010; Gray et al., 1992; Niemann, Ruff, & Baser, 1990). 보상적 치료(일명 '특화 기술 훈련')는 주의력을 요하며 기능적으로 중요한 활동(예: 자기관리 활동, 운전, 독서)의 재학습을 촉진한다. 메타분석(meta-analysis) 결과에서 보상적 훈련은 주의력을 요하는 특정 기술을 유의하게 향상시킨 반면, 직접적인 인지 재교육은 영향을 미치지 않았다(Park & Ingles, 2001; Park & Barbuto, 2005; Rohling et al., 2009).

Sohlberg(2005; Sohlberg et al., 2003)는 구조화된 6개의 주의력 치료 접근법을 소개했다. ① 주의력 처리에 대한 직접적 훈련, ② 특화 기술 훈련, ③ 주의력장애 중재 중심의 메타인지 전략 훈련, ④ 주의력장애를 보완하는 특정 보조 장치의 사용 훈련, ⑤ 환경의 조정/과제의 수용, ⑥ 협력 중심 접근법. 이미 언급한 정의에 기초할 때 직접적 주의력 처리 훈련은 회복적 접근이나 나머지는 보완적 방법이다. Park과 Barbuto(2005)에 따르면 회복적 치료는 특정 인지적 결함을 개선하는 데 효과적인 반면, 보완적 치료는 의식적으로 접근 가능한 인지 처리의 치료에 유용하다.

### 1) 회복적 접근법

주의력의 직접적인 재훈련을 목표로 하는 중재가 언어 능력을 향상시키는지에 관한 연구들이 많다. Thomas-Stonell 등(1994)은 인지-의사소통 기술을 향상시키는 컴퓨터 기반 프로그램을 실시해 치료 효과가 표준화된 신경심리 평가로 일반화되는지를 확인했다. 프로그램(현재는 사용 불가)은 주의력, 기억력/단어 인출, 추상적 언어의 이해, 조직화, 추론/문제해결의 5개 영역으로 구성되었다. 과제를 수행하려면 대부분 2개 이상의 영역이 통합되어야 한다. 과제 자체에 대한 별도의 설명은 제공되지 않는다. 5개 영역에 대한 평가도구가 선택되었고, 대개 자동차 사고로 인한 TBI 병력이 있고 중증도가 다양한 12~21세 사이의 참가자 12명을 치료 및 통제 집단으로 나누어 프로그램의 효과를 분석했다. 치료 집단은 컴퓨터 프로그램을 통해 8주 동안 치료를 받았고, 통제 집단은 전통적인 치료/지역사회 학교 프로그램이 8주간 적용되었다. 전반적인 언어 평가에서는 집단 간의 차이가 유의했으나, PASAT 등의 인지 검사에는 영향이 없었다.

Dotson 등(2008)은 손상되지 않은 우뇌의 주의력 기제가 크게 관여할수록 유창성 실어증(좌뇌손상) 환자의 그림 이름대기 능력이 향상되는지를 살펴보았다. 이는 Coslett(1999)의 공간 등록(spatial registration) 가설에 기초했는데, 공간적 처리가 손상되면 손상된(즉 병소 반대쪽의) 공간 체계로 위치를 처리하는 언어 과제를 수행하기 어렵다. 컴퓨터로 병소의 동측 반공간에 그림 자극을 제시한 후 위치를 점차 화면의 중앙으로 이동시켜 주의력을 조작했다. 치료 효과는 다음의 두 작동 기제에 근거했다. ① 병소 주변의 피질이나 손상되지 않은 반구로 언어기능이 이동하는 신경학적 기질의 변화, ② 손상되지 않은 주의력의 관여로 인한 단어 학습 능력의 향상. 연구 결과, 셋 중 두 실어증 환자의 이름대기 능력이 향상되었다. 이는 비훈련 단어로도 일반화되었는데, 단어 찾기의 기저를 이루는 주의력의 신경학적 기제 또는 단어 찾기 자체의 신경학적 기제 중 하나가 영향을 미친 것으로 해석되었다.

Crosson과 동료들(2007)은 다수의 만성 비유창성 실어증을 대상으로 의지(intention) 중심의 치료 및 그림 이름대기의 공간 주의력에 대한 조작의 효과를 분석했다. 주의력은 여러 경쟁적 자료 중 보다 면밀히 처리해야 할 하나의 정보를 선택하는 능력으로, 후감각피질과 크게 관련된다. 따라서 두정엽 병변 시 언어 자극이 좌측이나 우측에 제시되면 주의력의 결함으로 인해 언어 수행이 저하된다. 의지는 집행과 개시('집행주의력')를 위한 여러 경쟁적 행동들 중에서 선택하는 능력이다. 의지 기제는 전두엽의 행동 체계와 관련된다. 좌뇌의 전보조운동피질은 복잡한 손동작뿐 아니라 단어 생성의 의지에 모두 관여한다. 이는 단어의 표현과 관련된 좌뇌의 외측 전전두피질(LPFC)과 연결된다.

Crosson과 동료들은 우뇌가 만성 실어증의 단어 표현과 연관되므로, 우뇌의 LPFC를 활용한 의지 치료는 실어증을 회복하는 데 기여한다고 가정했다. 환기 자극 및 필요시 수정 절차가 포함된 컴퓨터 모니터를 통해 그림 이름대기를 시행하며, 복잡한 왼손 운동

(상자 위에 놓인 뚜껑을 들어 올리고 안에 있는 장치의 단추 누르기)을 통해 그림이 제시된다. 50개 항목의 세트가 세 단계에 걸쳐 실시되고, 치료실 밖에서도 사용하도록 세 번째 시도의 복잡한 운동을 의미 없는 손 돌리기 제스처로 대체했다. 그림 이름대기로 구성된 주의력 치료와도 비교되었는데, 이는 컴퓨터 모니터의 좌측에 그림 자극, 중앙의 좌측에 환기 자극이 제시되고 필요시 수정 절차가 포함된다. 환기 자극이 사라지면 그림이 좌측의 상단 · 중간 · 하단에 나타나며, 단계별로 환기 자극의 횟수와 지속 시간을 변경하고 선화로 된 50개의 사물 그림 세트를 3단계로 시행한다. 의지 치료는 비유창성 실어증에서 주로 손상되는 행동 기제를 다루므로 주의력 치료보다 이름대기 능력을 더 향상시킬 것으로 예측되었다.

중등도에서 심도의 단어 찾기 장애 환자는 두 치료에서 모두 이름대기 능력이 향상되었다. 의지 치료에서 단계 간의 차이가 더 유의하게 증가했으며, 두 치료에서 모두 비훈련 자극에 대한 일반화가 나타났으나 의지 치료의 일반화 효과가 더 컸다.

심도의 단어 찾기 장애는 두 치료에서 차이가 없었는데, 치료 효과나 비훈련 항목에 대한 일반화가 거의 나타나지 않았다. Crosson과 동료들은 가설을 증명하지 못했으나, 두 치료가 비유창성 실어증에 효과적임을 보여 주었다.

Helm-Estabrooks, Connor, Albert(2000)는 만성 혼합 비유창성 실어증 및 청각적 이해력장애를 대상으로 주의력 훈련이 청각적 이해력에 미치는 영향을 살펴보았다. 위계 구조로 이루어진 훈련은 지속주의력의 비언어적 과제에서 시작해 선택 및 교대 주의력을 요하는 과제(기호 소거 및 잇기, 반복적 쓰기 운동 양상, 청각적 연속 수행, 분류)로 진행되었다. 훈련 프로그램 이후 모두 청각적 이해력이 약간 향상되었다.

Kohnert(2004)는 이중 언어(스페인어-영어)를 사용하는 비유창성 실어증 환자에게 비언어적 과제로 구성된 '인지' 중재를 시행한 후 비언어 및 언어 능력을 평가했다. 중재는 지각 및 분류를 목표로 한 카드 분류, 간단한 수학 계산(덧셈, 뺄셈), 지속 및 교대 주의력을 위한 문자 및 숫자 탐색, 컴퓨터 기반 프로그램의 고차원적 주의력 과제로 구성되었다. 처음 1개월간의 상호작용은 스페인어, 이후에는 영어로 이루어졌다. 모든 훈련 과제의 수행력이 향상된 반면, 두 언어 능력에 대한 효과는 미미했다. 언어 및 비언어 중재의 결과는 상호 비교되지 않았다.

#### (1) 주의력 처리 훈련

상용화된 두 훈련 프로그램인 주의력 처리 훈련(Attention Process Training: APT;

Sohlberg & Mateer, 1986)과 주의력 처리 훈련-II(APT-II; Sohlberg et al., 2001)의 효과성을 검증하려는 시도들이 많았다. APT는 이론에 근거한 프로그램으로, 일련의 위계 구조가 있는 과제(예: 청각적으로 제시되는 숫자의 탐지, 난이도나 배경 소음이 증가하는 조건에서 일련의 청각 자극에 대한 반응, 동시 순서화 연습, 다단계 카드 분류)를 사용한다. 이를 통해 집중·지속·선택·교대·분리 주의력장애를 치료한다. APT-II는 주의력 처리의 결함을 치료하기 위해 개발되었으나, 경미한 뇌 기능 장애에는 적합하지 않다. 이는 APT를 모델로 하며(즉 지속·선택·교대·분리주의력을 다루는 활동으로 구성), 산만함, 정신적 제어의 저하, 여러 활동 간의 주의력 전환과 관련된 어려움에 중점을 둔다.

Sohlberg와 Mateer(1987)는 병인(동맥류, 총상, 폐쇄성 두부 손상), 중증도(경도에서 심도), 발병 후 경과기간(14~48개월)이 다른 4명의 뇌손상 환자를 대상으로 APT의 효과를 살펴보았다. 30주에 걸쳐 프로그램을 적용한 후 전반적인 인지 능력에 변화가 없으면 PASAT(Gronwall, 1977)를 통해 효과를 입증하고자 했다.

경도에서 중등도의 주의력장애 환자 2명은 치료 후 PASAT의 수행력이 정상 수준이었고, 2명의 심도 환자는 경미한 장애 범주에 해당되었다. 이는 대개 시각적 처리 평가(공간 관계 하위 검사, Woodcock-Johnson 심리-교육 검사; Woodcock & Johnson, 1977)의 수행력이 향상된 것과 관련이 없으므로, 치료를 통해 주의력이 향상되었음을 보여 준다. 즉 주의력 향상에 대한 처리 중심 접근법에 부합한다.

그러나 Sohlberg와 Mateer(1987)가 입증한 APT의 효과는 주의력의 기능이 아닌 특정 기술이 학습된 결과라는 견해도 있다(Park, Proulx, & Towers, 1999). 즉 APT는 수행력을 평가(여기서는 PASAT)하는 데 필요한 특정 기술과 동일한 기술을 목표로 삼는다는 것이다. 중재로 인한 향상은 처리 훈련에서 중점을 둔 기술과 평가에서 요하는 기술이 단순히 중첩되기 때문이므로, 주의력의 기능 자체가 향상된 것은 아니다. Park 등(1999)은 23명의 TBI 환자를 대상으로 이 가설을 검증하기 위해 PASAT와 자음 트라이그램 과제(consonant trigrams task, 방해 요인이 있는 상태에서 기억력을 측정함)로 APT의 효과를 살펴보았다. APT가 PASAT에 포함된 주의력을 훈련하므로 치료 이후 PASAT의 수행력이 향상될 것이라 예상했다. 반면에, APT는 자음 트라이그램 과제의 기초가 되는 인지기능을 목표로 하지 않아 이에 대한 수행력은 향상되지 않을 것으로 가정했다. APT를 실시한 결과, PASAT뿐 아니라 자음 트라이그램 과제의 수행력이 향상되었다. 또한 PASAT와 통제집단의 향상은 유사하게 나타났다. 따라서 APT의 일부 측면은 자음 트라이그램 과제에 영향을 미치며, APT 이후의 수행력이 반드시 주의력 기능의 향상에 기인한 것은 아니다.

Pavese 등(2000)은 APT를 치료 지원 프로그램과 비교함으로써, 자연스러운 환경에서 처리 훈련이 얼마나 수행에 영향을 주는지를 살펴보았다. 교차설계를 사용해 병인, 병소 위치, 중증도가 다양한 후천성 뇌손상 환자를 무작위로 7명씩 두 집단으로 나누고, 10주 동안 두 치료를 다른 순서로 적용했다. 하나는 24시간의 APT, 다른 하나는 10시간의 뇌손상 교육과 지원적 경청(supportive listening)을 시행했다. 치료 시작 전후에 일상생활에서의 향상을 평가하는 설문지와 전반적인 신경심리학적 주의력 평가를 실시했는데, APT에 대한 노출이나 검사의 반복과 상관없이 수행력이 향상되었다. 또한 뇌손상 교육으로 환자의 태도가 개선되었다. APT의 과제는 신경심리학적 평가 과제와 다르므로, 처리 훈련의 학습이 일반화된 것으로 해석되었다. 또한 Park 등(1999)과 마찬가지로, 주의력의 기능이 아니라 APT의 하위 과제와 관련된 집행기능이 작용한 것으로 간주되었다.

Pero 등(2006)도 APT의 효과를 평가했는데, 단일한 결과 평가인 PASAT의 문제점을 해결하고자 했다. 심도의 만성 TBI 환자 2명이 각각 85회기 및 75회기의 훈련을 받았다. 주의력 수행 검사(TAP, 〈표 12-2〉 참고)로 환기, 경계(지속주의력), 선택 및 분리주의력을 평가했다. APT가 기능적 맥락에서 일반화되는지를 평가하기 위해 일상생활 주의력 검사(TEA)도 실시했다. 1명은 경고에 대한 반응을 제외하고 모든 영역에서 결함을 보였고, 나머지 환자는 반응시간과 선택주의력이 심하게 손상되었으나 환기와 경계는 보존되었다.

두 환자는 주의력 검사 중 일부에서 수행력이 향상되었다. APT는 반응 속도를 변화시키는 데 효과가 없으며, 선택 및 분리 주의력에 긍정적인 영향을 미쳤다. TEA과 TAP의 결과가 유사하게 나타났는데, 이는 APT의 효과가 선택적임을 의미한다.

Barker-Collo 등(2009)은 APT가 뇌졸중으로 인한 주의력 결함에 효과적인지를 살펴보기 위해 무작위대조실험을 실시했다. 78명의 다양한 급성 뇌졸중(발병 후 경과 기간은 평균 18일) 환자를 APT 및 표준적 치료(정의되지 않음) 집단으로 분류하기 위해 청각적 및 시각적 지속 · 선택 · 분리 · 교대 주의력 검사를 실시했고, 삶의 질과 관련된 전반적인 영역을 평가했다. 5주 및 6개월 시점에서 평가가 실시되었으며, APT 집단은 최대 30시간까지 치료를 받았다(평균=13.5시간). 통합 시청각 지속수행 검사(Integrated Visual Auditory Continuous Performance Test: IVA-CPT; Sandford & Turner, 2000)의 청각 및 시각 주의력 점수를 합산해 주요 측정치로 활용했다. 표준적 치료 집단에 비해 APT 집단은 IVA-CPT의 주의력 점수가 유의하게 향상되었으나, 다른 주의력이나 삶의 질에서는 차이가 없었다. 따라서 APT는 뇌졸중 환자에게 긍정적인 영향을 주며, 주의력 결함에 대한 초기 재활에 유용하다.

APT-II(Palmese & Raskin, 2000)로 중재한 경도 TBI 환자에게도 유사한 결과가 관찰되었다. 전반적인 신경심리 평가를 토대로 3명의 TBI 환자에게 10주 동안 개별화 프로그램을 적용한 결과, 1명은 유의한 향상을 보인 반면 다른 1명은 7개 중 4개 영역만 호전되었다. 나머지 환자는 몇몇 영역에서 선택적으로 향상되었고, 자음 트라이그램 검사에서 효과를 보였다. 환자 중 일부는 APT를 통해 전반적인 주의력이 아닌 다른 인지 능력이 선택적으로 향상되었다.

### (2) 후천성 언어장애의 직접 처리 훈련

후천성 언어장애(특히, 경도 손상)의 언어 문제 중 일부는 주의력장애와 연관된다는 데 근거해, APT-II가 뇌손상 후의 언어 수행에 효과적인지를 검증한 연구들이 많다. Coelho(2005)는 50세의 만성 실어증(뇌졸중 발병 후 10개월) 여환에게 APT-II를 실시했는데, 읽기 이해력 및 속도가 향상되었다. 잡지 기사와 관련된 질문에 대답하기 과제에서 읽기 이해력이 40~60%에서 83%까지 향상되었고, 분당 읽은 단어 수로 산정한 읽기 속도는 치료 기간 중에 다양하게 나타났다. APT-II를 통해 실어증 읽기 이해 검사-2판(Reading Comprehension Battery for Aphasia-Second Edition: LaPointe & Horner, 1998)과 Gray 구어 읽기 검사-4판(Gray Oral Reading Tests-Fourth Edition: GORT-4; Wiederholt & Bryant, 2001)의 수행력이 향상되었다. 그러나 목표화되지 않은 기술이 포함된 웨스턴 실어증 검사(Western Aphasia Battery: WAB; Kertesz, 1982)의 수행력도 향상되어, 치료 결과의 특이성에 대한 의문이 제기되었다.

Sinotte과 Coelho(2007)는 60세의 경도 명칭실어증 환자에게 Coelho의 연구를 그대로 적용했다. 좌측 전두엽의 출혈성 뇌졸중 환자로, 발병 후 6개월이 경과한 상태였다. 5주간 16회기의 APT-II를 실시한 결과, 수행의 변이성은 감소했으나 읽기 이해력의 정확도는 거의 변화하지 않았다. 읽기 속도에 큰 변화가 없었고, 주의력 공식 검사(TEA)의 수행력은 향상된 반면 GORT-4와 WAB에서는 미미한 진전을 보였다.

Murray, Keeton, Karcher(2006)도 57세의 만성 경도 전도실어증 환자에게 APT-II를 적용했다. 전반적인 신경심리 평가를 실시한 후 따라말하기, 고차원 청각적 이해력, 구어 언어 및 작업기억, 제한시간이 있는 과제에서 경미한 주의력 손상이 확인되었다. 50시간 이상의 훈련을 시행한 후 단락 듣기 과제의 반응시간은 향상되었으나, 다른 청각적 이해력에는 영향을 미치지 않았다. 치료 과제와 상관없는 주의력 및 기억력은 미미하게 향상되었다. Murray 등에 따르면, APT-II와 같은 구조화된 주의력 프로그램은 “실어증의 주의력 문제를 치료하는 실용적이고 효율적인 접근법이 아니다”(pp. 55-56).

Youse와 Coelho(2009)는 주의력 훈련을 통해 2명의 만성 TBI의 대화 담화가 촉진되는지를 살펴보았다. 이를 위해 APT-II를 적용한 후 사회적 기술 기반 절차인 대인관계 처리 회상(Interpersonal Process Recall)을 시행했는데, 주의력이나 대화에서 유의미한 효과가 없었다.

## 2) 언어 중심 접근법

후천성 언어장애의 주의력에 대한 회복적 접근법에서 연구 결과들이 의미하는 것은 무엇인가? 주의력의 향상에 초점을 둔 회복적 훈련은 주로 훈련 과제와 동일한 기술을 요하는 표준화 검사의 특정 기술을 향상시킨다. 따라서 주의력을 향상시키기 위해 인지 훈련에 의존하는 회복적 치료는 언어 처리로 일반화될 가능성이 거의 없다(Rohling et al., 2009 참고).

주의력 치료의 효과를 살펴본 선행연구에 따르면 언어 처리와 관련된 특정 주의력의 결함을 치료하기 위해 언어에 기초한 특정 훈련이 필요하다(Sturm et al., 1997; Park & Ingles, 2001). 따라서 두 중재 유형(회복적 vs. 보완적) 중 주의력 결함에 언어 기반 치료를 적용하는 보완적 방법이 보다 바람직하다. 이는 ① 치료가 특정 기술(예: 듣고 이해하기, 말하기)에 관여하는 주의력의 향상을 목표로 하며, ② 기술에 필요한 주의력은 의식적으로 사용할 수 있고 여러 언어 장치(예: 그라운딩, 윈도잉, 주제화, 대용어 등)를 통해 드러나기 때문이다.

이후에는 주의력장애로 인한 후천성 언어장애의 치료에 활용되는 구체적인 기술 기반 접근법을 제시한다. 중등도 이상의 언어 및 주의력장애를 대상으로 한 중재를 소개하고, 이론에 기초해 효과적인 언어 중재 접근법의 원칙을 논의한다. 〈부록 12-1〉에는 후천성 언어장애 및 주의력장애와 관련된 평가도구가 포함되었으며, 〈부록 12-2〉에서는 연구 문헌의 원칙에 기초한 치료 프로토콜을 제시했다. 이와 관련된 문헌이나 선행 연구가 없으므로 각 효과에 대해 확신할 수는 없다. 다만 현재 활용할 수 있는 증거에 기반하며, 주의력 문제로 인한 후천성 언어장애를 치료하기 위한 잠재적인 단계를 제공한다.

### 치료의 원칙

언어 중심 접근법의 기본 원리는 〈표 12-4〉에 요약되었다. Fischler(2000)는 "주의력의 초점과 자원 관리에 대한 훈련이 유용할 수 있으나", 이는 "가급적 언어 영역 내에서 이루어져야 한다"(p. 367)고 강조했다. Hula와 McNeil(2008)은 "중재로 인해 달라지는 자원이나 작업기억은 어려운 언어 과제를 수행할 경우에만 할당되고 소비되는 자원이다"(p. 184)라고 가정한다. 따라서 이 접근법의 과제는 언어에 기반을 두어야 하며, 이중과제를 처리하면서 자원 관리뿐 아니라 언어 처리에 관여하는 주의력 자원을 사용하도록 강조한다.

〈표 12-4〉 언어 중심 주의력 훈련의 원칙

| 원칙 | 참고문헌 |
|---|---|
| 1. 언어를 위한 주의력의 초점 및 자원 관리 훈련하기 | Fischler, 2000; Hula & McNeil, 2008 |
| 2. 주의력의 요구 증가시키기 | Fishler, 2000; Murray et al., 1998 |
| 3. 언어를 위한 주의력의 사용을 자동화시키기<br>a. 일관적인 연습<br>b. 외부 vs. 내부 초점<br>c. 피드백은 단계적인 주의력 통제가 아니라 언어 수행의 성패와 관련됨 | Murray, 1999; Carr & Hinckley, 제4장 |
| 4. 비우세 반구의 손상되지 않은 주의력 기제를 사용하기 | Coslett, 1999 |
| 5. 주의력을 높이기 위해 언어 장치를 통합시키기 | |
| a. 문장 표현을 위한 주어 선택의 전환 | Myachykov & Posner, 2005 |
| b. 문장 초점의 구조 | Cutler & Fodor, 1979 |
| c. 대용어의 참조 | Myachykov & Posner, 2005 |
| d. 그라운딩 구성 요소의 해석 | Langacker, 2008 |
| e. 사건의 윈도잉 | Talmy, 2003 |

Fischler에 따르면, 주의력의 요구가 증가하는 과제는 주의력을 할당하는 데 있어 다른 양상의 간섭이 발생한다. Murray 등(1998)은 연속적인 자동화 처리를 강조했는데, 완전하고 복잡한 구문 형태보다 불완전하거나 단순한 발화를 산출할 때 자원의 처리 부담이 더 적기 때문이다. 이 같은 언어 기반 과제의 복잡성은 중재의 수준(어휘 처리 vs. 문장 처리), 과제의 요구(예: 그림 이름대기 vs. 목표 어휘의 변별; 단순한 문장 구성 vs. 복잡한 문장의 대용

어 탐색), 주의력 자원의 경쟁 정도(단일과제 vs. 이중과제)에 따라 다르다.

언어 및 주의력 중심의 치료는 언어에 대한 주의력을 자동화하는 데 목표를 둔다. 이에 대해 Carr와 Hinckley는 "기술 습득의 이론은 주로 연습을 통해 연관된 처리가 자동화된다는 데 기반한다"고 요약했다. "주의력이 많이 요구되는 과제는 충분한 연습으로 향상될 수 있으며, 작업기억에 해당하는 안내, 임시 저장, 의사결정 과정의 필요성을 줄이거나 없앨 수도 있다"(James, 1890. Carr & Hinckley가 인용함). Murray(1999)에 따르면 용량의 제한으로 인해 언어장애 환자의 주의력이 손상된 경우 언어 과제를 집중적으로 반복해 언어 처리를 자동화하면 자원의 요구량이 감소된다.

언어는 화자나 청자가 의도한 메시지를 성공적으로 전달하는 것을 목표로 한다. 자동적 언어 처리에서는 메시지의 형성이 아니라 수신 여부가 중요하다. 이를 내적 및 외적 초점이라 한다. Carr와 Hinckley는 무엇을 하고 있는지(내적 초점)에 집중하는 것, 그리고 무엇을 성취하고 있는지에 대해 외부 세상으로부터의 입력에 집중하는 것(외적 초점)이 양자 간의 차이라고 지적했다. 언어 사용자는 외적으로 집중하며, 청자의 피드백에 의존해 의사소통 목표가 충족되었는지 여부를 결정한다.

이러한 특정 기술 접근법은 언어 과제를 일관적이고 반복적으로 연습해 언어 처리를 자동화시키고, 환자가 원하는 반응을 얻었는지 여부에 중점을 둔다. 피드백은 언어 처리 단계의 주의력 제어가 아니라 언어 과제의 성패와 관련된다.

전술한 바와 같이 이 접근법은 언어 과제의 복잡성이 점차 증가하는 위계적 구조에 기초한다. 가장 단순한 과제인 그림 이름대기는 자극의 위치를 좌측 공간으로 이동해 우측 대뇌 반구의 주의력 기제를 활용하는 절차가 포함된다. 이 같은 수정법은 좌뇌손상의 언어장애에 적합하다. 언어 과제 자체가 언어 처리에 주의를 집중시키는 장치를 이용한다. 여기에는 문장 표현을 위한 주어 선택의 전환, 문장 초점의 구조, 대용어의 참조, 그라운딩 구성 요소의 해석, 사건 윈도잉이 포함된다. 이전의 접근법(예: 처리 훈련)은 언어처럼 주의력이 요구되는 과제에서 주의력이 독립적으로 작용한다고 가정했다. 따라서 언어 중재 시 언어 정보의 선택, 온라인 정보의 유지, 복잡한 처리를 지원하는 충분한 자원의 제공에 주의력이 할당된다. 그러나 이는 ① 언어가 주의력에 영향을 미치는 방식과 ② 언어장애가 주의력의 처리에 미치는 영향을 고려하지 않았다. 언어장애의 주의력 치료에 대한 연구들을 통해, 언어 처리의 향상을 목표로 할 경우 단지 언어를 다루는 것만으로 충분하지 않음을 알 수 있다. 중재를 통해 후천성 언어장애의 언어 체계를 향상시키려면 주의력을 의미 있게 다루어야 한다.

## 〈부록 12-1〉 주의력장애로 인한 후천성 언어장애 환자용 평가도구

| 평가 영역 | 권고되는 검사 |
|---|---|
| 전반적 언어 | 실어증 진단 프로파일(Aphasia Diagnostic Profiles: ADP) (Helm-Estabrooks, 1992)<br>보스톤 진단 실어증 검사(Boston Diagnostic Aphasia Examination—Third Edition: BDAE-3) (Goodglass, Kaplan, & Barresi, 2000)<br>신경감각 중심 종합 실어증 검사(Neurosensory Center Comprehensive Examination for Aphasia: NCCEA) (Spreen & Benton, 1977)<br>웨스턴 실어증 검사-수정판(Western Aphasia Battery—Revised: WAB-R) (Kertesz, 2006) |
| 구어 이름대기/ 단어 의미 | 사물-동작 이름대기 검사(Object and Action Naming Battery) (Druks & Masterson, 2000)<br>청소년 · 성인용 단어 찾기 검사(Test of Adolescent and Adult Word Finding) (German, 1989)<br>단어 검사 2-청소년용(The WORD Test 2—Adolescent) (Huisingh, Bowers, LoGiudice, & Orman, 2005) |
| 고차원 언어 | 담화 이해 검사-2판(Discourse Comprehension Test—Second Edition) (Brookshire & Nicholas, 1997)<br>언어 능력 검사-확장판(Test of Language Competence—Expanded Edition: TLC-E) (Wiig & Secord, 1989) |
| 기능적 언어 | 의사소통 효율성 목록(Communicative Effectiveness Inventory: CETI) (Lomas et al., 1989)<br>성인용 의사소통 기술 기능 평가(Functional Assessment of Communication Skills for Adults: ASHA FACS) (Frattali, Holland, Thompson, Wohl, & Ferketic, 2003)<br>일상생활 의사소통 행동-2판(Communication Activities of Daily Living—Second Edition: CADL-2) (Holland, Frattali, & Fromm, 1999) |
| 선택 · 지속 주의력, 주의력 전환 | 일상생활 주의력 검사(Test of Everyday Attention) (Robertson, Ward, Ridgeway, & Nimmo-Smith, 1994) |

| | |
|---|---|
| 주의력 할당<br>(이중과제 수행) | 스트룹 검사(Stroop Test) (MacLeod, 1992) |
| 처리 속도 | 속도 청각 연속 주의력 검사(Paced Auditory Serial Addition Test: PASAT) (Gronwall, 1977) |
| 생태학적<br>주의력 효과 | 주의력 행동 척도(Rating Scale of Attentional Behaviour) (Ponsford & Kinsella, 1991)<br>인지 결함 설문(Cognitive Failures Questionnaire) (Broadbent, Cooper, FitzGerald, & Parkes, 1982) |

# 〈부록 12-2〉 주의력장애 관련 후천성 언어장애의 언어 중심 치료 접근법

| 주의력 조작 | 치료 |
|---|---|
| 어휘 처리 | |
| 공간주의력 | 1. 이름대기 과제에서 그림 자극을 병소의 동측 반공간에 제시한 후 점차 중심으로 이동한다. 치료 효과를 확인하기 위해 훈련 및 비훈련 항목에 대한 이름대기의 정확도를 평가한다. |
| 주의력 할당 | 2. 카드 분류 과제를 수행하는 동시에, 단어 목록을 듣고 목표 단어가 들리면 손을 든다. 목표 단어의 확인 및 카드 분류 반응에 대한 정확도를 평가한다. |
| 문장 처리 | |
| 집중주의력 | 1. 구문적 주어를 결정하기 위해 외적 단서를 사용하고, 의미적으로 가역적인 대상이 있는 동적 사건을 설명한다. 사건은 그림 및 사물 조작을 통해 제시된다.<br>사건: 갈색 곰이 검은 곰에게 입맞추고 있다. (*A brown bear kissing a black bear.*)<br>단서: 갈색 곰(*Brown bear*)<br>반응: 갈색 곰이 검은 곰에게 입맞추고 있다. (*The brown bear is kissing the black bear.*)<br>단서: 검은 곰(*Brown bear*)<br>반응: 검은 곰이 갈색 곰에게 입맞춤을 받고 있다. (*The black bear was kissed by the brown bear.*)<br>사건: 검은 곰이 갈색 곰에게 당나귀를 주고 있다. (*A black bear giving a donkey to a brown bear.*)<br>단서: 검은 곰(*Black bear*)<br>반응: 검은 곰이 갈색 곰에게 당나귀를 주고 있다. (*The black bear is giving the donkey to the brown bear.*)<br>단서: 갈색 곰(*Brown bear*)<br>반응: 갈색 곰은 검은 곰에게 당나귀를 받았다. (*The brown bear was given the donkey by the black bear.*)<br>2. 문장에 대한 주의력과 이해력을 높이기 위해 문두에 주제를 배치하고, 이후 목표 단어에 대한 주제화를 철회한다.<br>주제화된 문장(Cutler & Fodor, 1979): |

솔직히 말하자면 그 이야기는 일간지 기자에게 책임이 있었다. (*Candid, the story was, that the reporter with the daily newspaper was responsible for.*)
어떤 기자가 그 이야기를 담당했습니까? (*Which reporter was responsible for the story?*)
기자는 어떤 이야기를 담당했습니까? (*Which story was the reporter responsible for?*)
주제화가 없는 문장:
콘서트의 오프닝은 감독의 감정 폭발로 엉망이 되었다. (*The opening of the concert was spoiled by the director's ourburst.*)
어떤 오프닝이 감독의 감정 폭발로 엉망이 되었습니까? (*Which opening was spoiled by the director's outburst?*)
누구의 감정 폭발이 오프닝을 망쳤습니까? (*Whose outburst spoiled the opening?*)

3. 선행사에 대한 인지적 탐색을 요하는 대용어 대명사가 포함된 문장을 제시한다.
대용어 문장:
Kevin은 봉투를 발견한 후 떠났다. (*Kevin left after he found the envelope.*)
누가 봉투를 발견했습니까? (*Who found the envelope?*)
Mary는 파티에서 John에게 그가 만날 여성에 대해 말했다. (*Mary told John during the party about the woman he was going to meet.*)
누가 여자를 만나려고 했습니까? (*Who was going to meet the woman?*)
지난 3년 동안 Charley를 조사했던 남자는 그가 그를 얼마나 미워하는지 여자에게 말했다. (*The man who investigated Charley over the previous three years told the woman how much he hates him.*)
그 남자는 누구를 미워합니까? (*Who does the man hate?*)

4. 명시적인 그라운딩 구성 요소가 포함된 문장을 제시한다.
관사(a, the):
그 학급의 소녀는 소년을 좋아한다. (*The girl in the class likes a boy.*)
우리는 어느 소녀가 그 소년을 좋아하는지 알고 있습니까? (*Do we know which girl likes the boy?*)
우리는 그 소녀가 어느 소년을 좋아하는지 알고 있습니까? (*Do we know which boy the girl likes?*)
지시어(this, that, these, those):
이 증거가 저 탐정들을 만족시켜야 한다. (*This evidence should satisfy those detectives.*)

증거가 가까이에 있습니까? (*Is the evidence close at hand?*)

그 탐정들은 증거를 갖고 있습니까? (*Are the detectives close at hand?*)

수량어(all, most, some, every, each, any):

모든 건물들이 심하게 손상되었으나 동물들은 대부분 탈출했다. (*All of the buildings were badly damaged but most of the animals escaped.*)

건물들 중 일부는 손상되지 않았습니까? (*Did any of the buildings escape damage?*)

동물들 중 일부는 다치지 않았습니까? (*Did any of the animals escape harm?*)

5. 절의 그라운딩 구성 요소가 포함된 문장을 제시한다.

시제:

Jim은 다친 상태라고 말한다. (*Jim says that he is injured.*)

Jim은 다쳤다고 말한다. (*Jim says that he was injured.*)

Jim은 다친 상태라고 말했다. (*Jim said that he is injured.*)

Jim은 다쳤다고 말했다. (*Jim said that he was injured.*)

Jim은 현재 다친 상태라고 말하고 있습니까? (*Is Jim saying that he is injured now?*)

Jim은 다친 상태라고 지금 말하는 중입니까? (*Is Jim saying now that he is injured?*)

조동사(may, can, will, shall, must):

당신은 가끔 내가 눈 치우는 것을 도울 수도 있다. (*You might help me shovel the snow for a change.*)

당신은 가끔 내가 눈 치우는 것을 도와야 한다. (*You must help me shovel the snow for a change.*)

당신은 내가 눈 치우는 것을 돕지 않을 가능성이 있습니까? (*Is there a chance you won't help me with the snow?*)

당신은 내가 눈 치우는 것을 도와야 합니까? (*Are you required to help me shovel the snow?*)

6. 윈도잉을 사용하여 문장의 핵심 요소를 확인한다.

경로 윈도잉*:

투수가 던진 공은 직선타구로서 외야 담 쪽으로 로켓처럼 날아갔다. (*The ball that was hit by the pitcher sailed like a rocket on a line drive to the outfield wall.*)

초기 윙도잉:

공을 어떻게 던졌습니까? (*How was the ball hit?*)

투수가 던진 공은 로켓처럼 날아갔다. (*The ball that was hit by the pitcher sailed like a rocket.*)
중간 윈도잉:
그것은 어떤 타구였습니까? (*What kind of a hit was it?*)
투수가 친 공은 직선타구였다. (*The ball that was hit by the pitcher sailed on a line drive.*)
마지막 윈도잉:
타구는 어디로 날아갔습니까? (*Where did the hit go?*)
투수가 친 공은 외야 담 쪽으로 날아갔다. (*The ball that was hit by the pitcher sailed to the outfield wall.*)
*예는 개방형 경로 윈도잉. 폐쇄형 및 가상형 경로 윈도잉의 예는 본문 참조.
단계 윈도잉:
자동차 배터리가 계속 방전되어 나는 그것을 충전했다. (*The car battery continued to die and I kept recharging it.*)
출발 단계 윈도잉:
자동차 배터리는 어떻게 되었습니까? (*What did the car battery do?*)
자동차 배터리가 계속 방전되었다. (*The car battery continued to die.*)
복귀 단계 윈도잉:
나는 어떻게 했습니까? (*What did I do?*)
나는 배터리를 충전했다. (*I kept recharging the battery.*)
사실관계 윈도잉:
나는 지난주 회의에 참석하지 않았다. (*I wasn't in the meeting last week.*)
비교 구조:
이 사건의 반대 사실은 무엇입니까? (*What would be the opposite of this event?*)
나는 지난주 회의에 참석했다. (*I was in the meeting last week.*)
내가 연설하기로 되어 있어서 지난주 회의에 참석하러 갔다. (*I went to the meeting last week because I was scheduled to speak.*)
비교 구조:
당신이 지난주 회의에서 연설이 예정되어 있지 않았다면 당신은 어떻게 했을까요? (*What would you have done if you were not scheduled to speak at the meeting last week?*)
연설이 예정되어 있지 않았기 때문에 나는 회의에 가지 않았을 것이다. (*I would not have gone to the meeting because I was not scheduled to speak.*)

| | |
|---|---|
| 주의력 할당 | 7. 환자는 시각적으로 제시되는 2~6자리의 숫자열을 기억하고, 청각적으로 제시된 문장의 문법성을 판단한 후 다른 숫자열이 앞에 제시된 숫자열과 일치하는지를 확인한다. 숫자열의 유무에 대한 문법성 판단으로 정확도를 계산한다. 문장 자극에는 조동사와 한정사의 생략과 일치, 전후 위치의 전치사 오류가 포함된다(Blackwell & Bates, 1995. 문장 목록 참고). |

# 제13장 기억장애 관련 의사소통 결함의 중재

Nadine Martin

1. 외상성 뇌손상으로 인한 새로운 기억의 부호화
   1) 언어와 의사소통에 미치는 영향의 본질
2. 의미기억장애
   1) 언어와 의사소통에 미치는 영향의 본질
3. 실어증의 구어 단기기억장애: 단기기억의 단어 표상 유지 결함
   1) 언어와 의사소통에 미치는 영향의 본질

제5장과 제9장에서 논의한 기억의 하위 체계는 언어 처리 및 학습, 인간의 의사소통에 있어 다양한 근거가 된다. 각 하위 체계가 손상되면 완전한 언어 처리와 기능적 의사소통에 영향을 미친다. 따라서 언어장애의 평가에는 단기 및 장기 기억과 기타 인지적 통제 처리(예: 주의력과 집행기능)가 포함되어야 한다. 또한 기억과 언어 처리는 크게 연관되므로 언어 능력과 기억력을 모두 다루는 치료 접근법이 개발되어야 한다. 기억장애는 의사소통장애를 유발하므로, 외상성 뇌손상 및 퇴행성 기억장애(예: 의미치매)와 관련된 의사소통장애의 재활에서 이를 반드시 고려해야 한다. 반면, 언어장애가 주증상인 후천성 실어증은 기억력과 상관성이 적다. 실어증에서 나타나는 기억장애는 장기기억이나 새로운 기억의 부호화가 아니라, 언어 처리에 본질적인 단기기억(STM) 처리의 문제이다. 후천성 및 발달성 언어장애에 대한 최근 접근법은 언어기능의 증진을 위해 STM을 향상시키는 데 초점을 둔다.

언어병리학 및 신경심리학 전공생과 임상가는 여러 유형의 기억이 언어기능을 지원하는 방식, 기억 체계의 손상이 언어 처리와 기능적 의사소통에 미치는 영향 등을 필수적으로 숙지해야 한다. 본 장에서는 언어 처리와 의사소통에 직간접적으로 영향을 미치는 세 유형의 기억장애로서, 두부 외상과 관련된 기억 부호화장애(순행성 기억상실증), 진행성 신경 질환과 관련된 의미기억장애, 실어증의 구어 표상에 대한 단기적 유지를 다룬다. 이는 모든 기억장애를 포함하지 않으나, 여러 유형의 기억들이 덜 직접적인 것(새로운 기억의 부호화)부터 반직접적인 것(언어를 통해 표현되는 의미기억)과 가장 직접적인 것(언어 표상의 단기적 유지)까지 이르는 언어기능을 뒷받침한다. 세 유형의 기억과 관련된 의사소통장애를 검토함으로써 현재의 재활 접근법을 평가하고 논의할 것이다. 이를 통해 손상된 기억 처리가 언어기능과 의사소통에 미치는 직간접적인 영향을 파악할 수 있다.

## 1. 외상성 뇌손상으로 인한 새로운 기억의 부호화

### 1) 언어와 의사소통에 미치는 영향의 본질

TBI로 인해 특정 언어장애가 발생할 수 있으나 보편적이지 않으며, 언어장애는 주로 국소적 손상과 관련된다. 두부 손상 후 흔히 발생하는 언어장애는 이름대기장애로 (Heilman, Safran, & Geshwind, 1971), 그 중증도는 뇌손상의 중증도와 직접적으로 관련된다(Levin, Grossman, & Kelly, 1976). TBI로 인한 기억장애는 매우 보편적이며, 주의력, 집행기능 등 다른 인지 처리의 결함과 함께 발생한다. 기억장애의 본질은 새로운 정보를 장기기억으로 부호화하기 어렵다는 데 있다(Coelho, DeRuyter, & Stein, 1996; Ylvisaker, Szekeres, & Feeney, 2008). Curtiss 등(2001)은 TBI의 군집분석을 통해 기억의 부호화와 단기 및 장기 기억 처리 간의 상관성을 살펴보았는데, 기억의 통합 및 유지, 인출에 손상이 있었다. 인출에 결함이 있는 경우 '기억 통제'의 문제(반응의 보속증)도 나타났다. 기억 부호화의 어려움은 새로운 기억의 통합과 관련된 해마 체계의 손상에 기인한다고 추측되었다(Nadel & Moscovitch, 1997).

새로운 기억을 부호화하는 능력이 떨어지면 언어 처리에 직접적인 영향을 미치지 않으나 언어 학습 능력을 저하시킨다. 기능적 의사소통에도 다양한 영향을 미친다. 새로운 언어 정보를 습득할 수 없어 학교로 복귀하거나 직업 훈련을 받기가 어렵다. 또한 단기간 내에 특정 언어 정보를 기억해야 하는 일상생활에도 영향을 준다. 예를 들어, 방향이나 약물 요법에 대해 새로운 지시를 받을 수 있다. 이러한 언어가 새롭지는 않으나, 이미 알던 단어들의 새로운 조합을 단기간에 부호화하고 이해 및 인출해야 한다. 일상생활에서 언어와 관련된 특정 과제를 수행하기 어렵고, 기억 인출장애로 인해 대화적 상호작용이 잘 이루어지지 않는다. TBI로 인해 기능적 의사소통이 손상되면 사회적으로 고립될 위험에 처하며(Ylvisaker et al., 2008), 이는 의사소통에 더 큰 영향을 준다. 재활 접근법은 개인이 기억장애를 극복하도록 돕는 보상 전략을 강조한다.

### (1) 평가

기억장애는 두부 손상으로 인한 여러 인지 결함들 중 하나이다. 주의력과 집행기능 장애도 기능적 의사소통에 영향을 미친다. 기억장애와 관련된 의사소통장애의 평가에는 표준화 기억 검사(Butters & Delis, 1995), 표준화 언어 및 의사소통평가(Turkstra, Coelho, & Ylvisaker, 2005), 비표준화 언어 및 의사소통 평가(Coelho, Ylvisaker, & Turkstra, 2005)가 포함되어야 한다.

#### ① 표준화 기억 검사

표준화 기억 검사는 신경심리학적 평가에 주로 포함되나, 언어재활사도 검사 및 검사 결과의 해석에 능숙해야 한다. 가장 보편적인 기억 검사는 웩슬러 기억 검사(Wechsler Memory Scale-Revised: WMS-R; Wechsler, 1987)로, 단기 숫자 폭, 언어 및 비언어 자료의 즉각 및 지연 회상, 시각적 기억, 언어 학습 등 13개 하위 검사를 통해 다양한 측면의 기억을 평가한다. Williams(1991)는 WMS-R과 유사한 기억 검사(Memory Assessment Scales)를 개발했는데, 단서 회상, 재인, 고유명사 기억, 목록 학습을 평가하는 하위 과제가 추가되었다. 이를 통해 확인한 학습 전략과 오류 유형(Butters & Delis, 1995)은 두부 손상으로 인한 인지기능 장애의 재활 프로토콜을 개발하는 데 직접 활용된다. 인지 재활은 효율적인 학습 전략의 개발을 촉진하는 데 중점을 둔다. 따라서 TBI 환자가 새로운 정보를 학습할 때 사용하는 전략의 효용성을 파악하는 것이 중요하다. 레이 청각 구어 학습 검사(Rey Auditory Verbal Learning Test; Rey, 1941, 1964)와 캘리포니아 언어 학습 검사(California Verbal Learning Test: CVLT; Delis et al., 1987)도 언어 학습을 평가하는 도구이다. 언어 학습 검사는 대개 관련 없는 단어 목록을 5회 먼저 제시한 후 각 목록을 즉시 회상하도록 요구한다. 그러고 나서 관련 없는 두 번째 단어 목록이 한 번에 하나씩 제시되는데, 이는 간섭 과제에 해당한다. 마지막으로 첫 번째 목록을 회상하도록 요구한다. 학습에 대한 평가는 간섭 과제 후에 회상된 단어의 개수로 산정되나, CVLT는 피험자가 사용한 전략과 오류도 평가한다.

#### ② 인지 기반 의사소통장애의 표준화 평가

언어재활사는 TBI 이후의 언어와 기억 기능을 평가하기가 어려울 수 있다. 언어 및 의사소통의 표준화 평가에서는 이를 다루지 않기 때문이다. 기능적 의사소통 검사도 임상 환경 이외의 기능적 언어와 의사소통 요구를 고려하지 않는다. 그럼에도 불구하고 표준화 검사는 규준이나 일반적인 의사소통 행동 기준과 비교해 기능적 의사소통 능력을 평가하는 출발점이 된다(Turkstra et al., 2005). 이는 치료의 시작점을 확인하는 데 도움이 된다.

TBI의 언어 및 의사소통 능력에 대한 평가 지침이 요구됨에 따라 '신경 의사소통장애 및 과학 임상 지침 그룹 학회(Academy of Neurological Communication Disorders and Sciences Practice Guidelines Group: ANCDS)'는 언어재활사를 위한 일련의 지침서를 개발했다(Turkstra et al., 2005). 먼저 설문지를 통해 언어재활사가 추천한 48개 검사와 출판사가 권장한 40개 검사를 조사했다. TBI를 대상으로 하지 않은 검사를 제외한 31개의 검사가 선별되었고, 이들의 신뢰도 및 타당도가 고려되었다. 보건정책 연구기관(Agency for Health Care Policy Research)의 기준을 충족한 검사는 31개 중 7개였으며, 이는 다음에 제시되었다.

1. ASHA 성인용 의사소통기능 평가(American Speech-Language-Hearing Association Functional Assessment of Communication Skills in Adults: ASHA-FACS)
2. 집행기능 행동 평가 목록(Behavior Rating Inventory of Executive Function: BRIEF; Gioia et al., 2000)
3. 일상생활 의사소통 활동 2판(Communication Activities of Daily Living, Second Edition, CADL-2; Holland, Frattali, & Fromm, 1999)
4. 기능적 독립성 검사(Functional Independence Measure: FIM), 의료재활용 단일 자료 세트(Uniform Data Set for Medical Rehabilitation)
5. 신경심리상태 반복 검사(Repeatable Battery for the Assessment of Neuropsychological Status: RBANS; Randolph, 2001)
6. 언어기능 검사 확장판(Test of Language Competence Expanded; Wiig & Secord, 1989)
7. 웨스턴 실어증 검사(Western Aphasia Battery: WAB; Kertesz, 1982)

Turkstra 등(2005)은 이 검사들의 공통적인 주제에 주목했다. 검사들 중 일부는 국제기능장애건강분류(International Classification of Functioning, Disability and Health: ICF) 모델에 맞게 손상 수준과 활동/참여 기능의 수준을 다룬다. 그러나 이들이 TBI의 인지-의사소통장애를 고려한 것은 아니다. TBI에 적용할 수 있으나 이를 위해 특별히 고안된 평가 도구가 필요하다.

③ 인지-의사소통장애의 비표준화 평가

전술한 바와 같이, 언어 및 의사소통 장애에 대한 표준화 평가는 TBI의 의사소통 요구를 이해하는 출발점에 불과하다. TBI의 요구를 다루는 종합적인 표준화 검사도구가 개발되면 재활의학에서 환영할 만한 성과가 될 것이다. 그때까지는 비표준화 평가 절차를 사용해 표준화 의사소통 평가에서 다루지 못한 격차를 해소할 수 있다. 그러나 비표준화 평가가 TBI와 관련된 의사소통 능력을 완전히 평가하지 못한다는 점을 기억해야 한다. 특히, 비표준화 검사는 개인에 따라 다양한 실제 상황의 의사소통 기능과 능력을 평가하는 데 필요하다. 따라서 ① 실제 환경에서의 수행, ② 실제 환경의 요구, ③ 의사소통 상대자의 능력, ④ 상황의 변화 등을 기록하는 데 유용하다(Coelho et al., 2005).

담화 분석은 두부 손상 환자의 재활에 많이 사용되는 비표준화 평가이다. 단단어 및 문장의 처리 능력이 손상되지 않은 것으로 보일 경우, 담화 분석은 기능적 언어 능력을 파악하는 주요 수단이 된다. Coelho 등(2005)에 따르면 언어재활사가 TBI의 의사소통 능력을 평가할 때 두 유형의 담화 분석(독백과 대화)을 사용한다. 이야기나 대화의 맥락에서 문장 간의 주제를 유지하기 위해서는 정보를 부호화하고 이를 작업기억에 유지해야 하므로 기억력이 손상되면 담화 유형과 상관없이 영향을 미친다. 독백 담화를 평가하는 주요 척도는 문장 전체의 의미적 응집성, 문장의 구문 복잡성, 주제의 통일성, 정보 내용의 정확성, 이야기의 생산성과 효율성, 어휘의 선택, 명제의 내용이다. TBI 환자는 전반적으로 발화 수가 적고 이야기의 효율성과 일관성이 낮았다. 특히 이야기의 내용이 부정확하거나 잘 조직되지 않는 경우도 있었다. 대화 담화에서는 일관적으로 주제를 시작하고 유지하기가 어려웠고, 내용의 오류 및 단어 찾기 어려움도 관찰되었다. 이는 TBI의 기억장애와 몇몇 집행기능장애에 기인한다.

Coelho 등(2005; Ylvisaker, Szekeres, & Feeney, 2008 참고)은 환자가 사용하는 전략, 과제를 수정하는 잠재적 방법, 문맥 효과, 환경적 지원 등 수행에 영향을 미치는 요소를 확인하기 위해 역동적이고 지속적인 평가가 필요하다고 강조했다. 역동적 평가는 의사소통 능력을 최적화하고 효과적인 중재 계획을 세우기 위해 이 요소들을 어떻게 변화시킬지를 결정하는 데 목표를 둔다.

Ylvisaker와 동료들은 역동적 평가 접근법인 '맥락 가설 검사(contextualized hypothesis testing)' 프로토콜을 개발했는데(Ylvisaker & Feeney, 1998; Ylvisaker et al., 2008), 이는 TBI의 의사소통장애를 중재할 때 환자의 능력과 환경 요소를 지속적으로 평가해야 한다고 강조한다. 기능적 의사소통 환경에서 의사소통 능력에 영향을 주는 요소는 다양하며, 인지 능력과 개인이 처한 실제 상황 등이 이에 포함된다. 의사소통의 성공 여부에 영향을 미치거나 그렇지 않은 요인들이 많으므로, 지속적인 가설 검증 전략을 사용해야 한다. 기억장애, 처리 속도, 언어 능력, 기초 지식, 집행기능(예: 주의력, 지남력, 작업기억, 자기 모니터링)이 검증 전략에 해당한다. TBI의 잔존 능력과 손상 능력의 조합은 개인마다 다르며, 회복 과정에서도 변화한다. 따라서 재활 프로그램을 적절히 조정하려면 전반적인 인지/언어 프로파일의 변화를 파악하는 것이 중요하다.

TBI를 중재하는 임상 환경에서 언어재활사가 인지적/정서적 능력 및 환경을 다루는 다른 전문가와 협업해 맥락 가설 검사 접근법을 사용하면 매우 유용하다. 이를 통해 가장 효과적인 재활 접근법에 대한 가설을 세우고 평가하기 위한 정보를 충분히 확보할 수 있다. 특히 TBI 환자가 접할 환경적 상황에서 가설 검사의 일부를 수행하도록 권고한다 (Coelho et al., 2005; Ylvisaker & Feeney, 1998). 긍정적인 측면에서 임상 환경은 실제 환경과 크게 다르다. 임상 환경은 언어장애의 진단을 혼란스럽게 하는 방해와 변수를 통제하는데, 이는 TBI(또는 다른 장애) 환자의 진단 및 치료 시 최적의 수행력을 발휘하도록 한다. 이는 뇌손상 후 언어 및 인지 능력에 대한 전반적 평가에서 중요한 접근법이다. 반면에, 임상 환경은 기능적 의사소통에 어려움을 주는 다양하고 빈번한 실제 세계의 변화를 반영하지 않는다. 따라서 임상가는 실제 환경이나 임상 현장 밖에서 직면할 과제와 관련된 수행력을 평가해야 한다.

Ylvisaker와 동료들은 환자 및 재활 환경의 상황에 따른 평가가 수개월이나 수년간 지속되어야 함을 가장 강조했다. TBI 이후의 초기 평가는 외상 후 1년간의 급격한 변화를 반영하기 위해 반복되어야 한다. 인지적 · 정서적 · 사회적 손상은 복합적이며, 개인과 환경 간의 상호작용을 관찰하기 전에는 장애의 실제 범위를 명확히 파악할 수 없다. 초기에 두드러진 몇몇 결함들이 재활의 후반부에는 전반적인 기능에서 부각되지 않을 수 있다(예: 직업적 목표). 또한 장애에 대한 정서적 반응은 시간의 경과 및 상황에 따라 변화한다. 따라서 TBI의 재활에서는 환자의 요구에 부응하는 지원 체계를 정기적으로 평가해야 한다.

### (2) 재활 접근법

TBI의 기능적 의사소통 평가에 대한 접근법을 통해 인지적 · 사회적 · 행동적 능력과 요소를 크게 고려해야 한다는 점을 알 수 있다. TBI의 평가와 재활에서 회복에 따른 변화의 요구 및 환경 관련 정보를 지속적으로 파악해야 하므로, 역동적이면서도 인지적 ·

집행적 · 사회적 기능이 모두 고려된 치료 전략이 필요하다. 예를 들어, 단순히 기억력이나 주의력을 다루는 것이 아니라 환자가 직면할 실제 환경의 맥락에서 이들을 치료해야 한다. 따라서 TBI 환자를 위한 재활 프로그램은 매우 개별화되어야 한다. 그러나 재활 프로그램 중 일부만 개별화될 수 있다. 재발달을 촉진하거나 기초 인지 및 기능적/사회적 의사소통 능력을 확립하는 기술과 전략은 일반적인 인지 재활 접근법, 환자의 특정 요구와 능력, 장애에 기초해야 한다. Kennedy와 Coelho(2005)가 개발한 재활 프로그램은 필요에 따라 환자의 의견을 반영할 수 있는데, 기억과 학습에서 자기 모니터링 및 자기 통제를 향상시키는 데 목표를 둔다. 환자 스스로가 장기 및 단기 기억의 인출과 같은 기억력의 정확도를 모니터한다. 즉 재활 프로그램의 기억 재훈련 전략과 상관없이 기억 '연습'의 결과를 모니터하는 훈련이 추가되어야 한다. 이로써 기억해야 할 내용을 검토한 후 정보의 추가나 반복을 언제 요구할지를 스스로 파악할 수 있다.

기억 기능에 대한 독립적인 자기 모니터링을 촉진하는 방법 중 하나는 일기나 메모장을 활용하는 것으로, 이의 유용성은 많은 연구를 통해 입증되었다(Kreutzer et al., 1989; Sohlberg & Mateer, 1989). 기억 노트를 사용하는 훈련은 두 단계로 진행되는데(Sohlberg & Mateer, 1989; Squires, Hunkin, & Parkin, 1997), 먼저 환자는 짝이 된 새 동료에 대해 학습한 후 노트를 활용해 반응을 탐색한다. 이는 노트에서 정보를 찾는 습관을 형성하는 데 유용하다. 두 번째 단계에서는 이 새로운 행동을 적용해 일상 사건의 정보를 노트에서 찾도록 한다(Squires et al., 1997).

기억력에 대한 자기 모니터링 외에 직접적으로 기억력을 향상시키고 한계를 보상하는 전략과 과제가 임상에서 활용된다. 즉각적이고 단기적인 정보의 회상을 촉진하기 위해 고안된 기억 훈련은 다소 효과적이나, 새로운 환경이나 다른 과제로 일반화되지 않는다. 구어 정교화는 정보의 부호화를 향상시키는 기술로, 시각적 이미지가 사용되기도 한다. 이는 단기적으로 효과적일 수 있으나, 전략을 자발적으로 사용하거나 실생활로 전환하기가 어렵다(Mateer, Kerns, & Eso, 1996).

기억의 부호화 측면에서 학습을 효과적으로 촉진하기 위한 접근법으로 오류 없는 학습 전략(errorless learning strategies)이 있다. 이는 학습 도중 오류가 발생할 가능성을 최소화하거나 제거한다. 따라서 오류 없는 학습은 대부분의 기억장애 치료에 통합될 수 있는 과제의 조작을 의미한다. Sohlberg, Ehlhardt, Kennedy(2005)는 오류 없는 학습에 관한 선행 연구(Baddeley, Wilson, & Watts, 1995; Evans et al., 2000; Wilson et al., 1994)를 참고해 오류의 감소 및 제거에 효과적인 방법을 다음과 같이 제시했다.

1. 목표 과제를 작고 개별적인 단계나 단위로 세분화하기
2. 목표 과제를 수행하기 전에 환자에게 충분한 모델링을 제공하기
3. 환자가 추측하지 않도록 독려하기
4. 오류를 즉각적으로 수정하기
5. 촉진(prompt)을 신중히 소거하기(p. 272)

오류 없는 학습의 결과는 내현기억, 즉 학습된 것을 의식적으로 회상하지 않더라도 학습된 지식에 의해 매개된다(Anderson & Craik, 2006; Baddeley & Wilson, 1994; Page et al., 2006). 학습 과정에서 오류를 통제함으로써 내현기억에 의한 오류 반응이 점화되는 것을 최소화하여 입력을 최대한 정확히 부호화하도록 한다. 이와 달리, 외현기억은 학습한 것을 인식하고 기억하여 새 기억을 적절히 부호화할 수 있는 능력이다. 오류 학습은 반응에 대해 명확히 평가되는 과제(예: 시행착오 학습, Sohlberg et al., 2005)에서 유용하다. 이러한 유형의 학습은 정확하거나 부정확한 반응이 장기기억과 통합되기 때문에 외현기억의 처리와 관련된다. TBI는 외현기억의 처리가 손상되는 반면, 내현기억의 부호화는 가능하다(Baddeley & Wilson, 1994). 이는 다양한 후천성 기억장애의 오류 없는 학습을 통해 많이 입증되었다(예: TBI: Dou et al., 2006; Landis et al., 2006; 기억상실증: Baddeley & Wilson, 1994; Evans et al., 2000; 알츠하이머병: Clare et al., 1999; Clare et al., 2000; 조현병: O'Carroll et al., 1999; 헤르페스뇌염[herpes encephalitis]: Parkin, Hunkin, & Squires, 1998; 의미치매: Jokel et al., 2007).

언어재활사는 오류가 있거나 없는 학습의 원리를 숙지함으로써 적절한 적용 시기를 판단해야 한다. 새로운 기억에 대한 부호화가 손상된 경우 오류 없는 학습법이 가장 효과적이다. 특정 과제나 자극에 대해 반복적이고 오류 없는 경험, 즉 오류 없는 학습의 원리는 모든 유형의 정보나 행동을 학습하는 데 활용된다. 또한 기억장애를 치료할 때 직간접적인 전략을 모두 고려해야 한다.

TBI와 관련된 의사소통장애의 평가 및 재활에는 기억 부호화의 문제를 개선하기 위한 직접적인 접근법이 포함되나, 기능적 의사소통 능력에 보다 중점을 둔다. TBI 환자의 의사소통 요구를 해결하려면 교육적 · 사회적 요구와 개인적인 장단기 목표를 반드시 고려해야 한다. 언어재활사와 신경심리사는 다른 전문가들과 협력해 의사소통과 관련된 다른 기능의 요구를 파악해야 한다. TBI 환자에게 있어 장애는 평생 동안 지속되며, 삶의 모든 측면에 영향을 미칠 수 있다. 그러나 이러한 새 환경은 역동적이고 지속적으로 변

화할 것이다. 따라서 재활 프로그램의 성공을 위한 핵심 요소는 개인적 및 환경적 조건을 평가하고 이에 따라 중재를 조정하는 것이다.

## 2. 의미기억장애

### 1) 언어와 의사소통에 미치는 영향의 본질

신경퇴행성 질환과 관련된 의미기억장애는 장기기억(LTM)에 영향을 미친다. LTM은 서술기억이라고도 하며, 의미기억(세상 지식)과 일화기억(개인적 경험에 대한 기억)으로 구성된다. LTM은 언어를 통해 전달되고 이해되는 개념적 지식의 기초로서 언어 처리를 간접적으로 지원한다. 장기적 서술기억은 절차기억과 대조되는데, 기술을 학습하고 인지 및 운동 기술의 실행을 조절하도록 돕는다. 절차기억은 내현적 학습을 통해 확립되는 반면, 장기적 서술기억은 외현적 학습으로 형성된다. Ullman 등(1997)은 언어적 측면에서 두 모델을 제시했다. 즉 어휘 특정적 지식을 저장하는 심상 어휘집에 대한 서술기억 모델, 그리고 문장의 어휘 표상을 총체적으로 지배하는 규칙인 정신 문법에 대한 절차기억 모델이다. 파킨슨병과 헌팅턴 무도병으로 인해 절차기억이 손상되며, 이는 운동의 조절에서 가장 두드러지나 문법 능력에서도 관찰되었다(Ullman et al., 1997).

전두측두엽 질환(FTD), 알츠하이머병(AD)과 같은 여러 퇴행성 신경질환은 서술기억(의미기억과 일화기억)을 저하시킨다. 시간 경과에 따라 FTD(일명 '의미치매[SD]')에서 가장 두드러지는 언어장애는 이름대기장애로, 단어와 관련된 개념적 지식이 약화되면서 더욱 심화된다(Hodges et al., 1992). 질환이 진행될수록 단어 이해력도 점차 떨어진다. 따라서 SD에 취약한 서술기억은 세상에 대한 사실적 기억(의미기억)이며, 특히 언어를 통해 표현되는 개념이 약화된다. 반면, AD로 인해 손상되는 일화기억이 SD에서는 비교적 보존된다. AD의 의미기억도 영향을 받으나, SD와는 미미한 차이가 있다. AD의 의미 결함은 본질적으로 의미 개념의 변별 자질이 점차 사라지는 것이므로, 관련된 개념들 간의 차이를 구별하기가 어렵다(Garrard et al., 2005; Altmann & McClung, 2008 참고). 의미 결함에서 나타나는 SD와 AD의 차이는 그림 이름대기의 오류 유형을 통해 두드러진다. SD의 오류는 개념 자체를 상실한 것으로서 본질적으로 시각적인 경향이 있다(예: 오렌지 → 공, 못 → 뾰족한). AD의 오류는 범주에 포함된 어휘를 구별하는 특징이 혼동되어 의미적 동위어(호랑이 → 사자)나 상위어(호랑이 → 동물)로 표현한다(Altmann & McClung, 2008).

단어의 개념적 의미는 크게 상실되나, 치매가 진행되어도 다른 언어 능력은 잘 보존된다. 따라말하기는 단어와 비단어를 구분하는 능력과 마찬가지로 보존된다. 구문 처리는 양호하며, 의미역도 이해할 수 있다(Breedin & Saffran, 1999; Kempler, Curtis, & Jackson, 1987). 읽기에서는 표층실독증(surface dyslexia, 철자가 불규칙한 단어를 읽지 못함)이 나타나고, 어휘-의미적 연결이 단절되면서 이해력이 저하된다. Reilly와 Peele(2008)은 언어의 비의미적 영역이 상대적으로 보존되어 일상적 대화에서 언어장애가 두드러지지 않는다고 주장했다. 그러나 대화와 내러티브의 내용 측면에서 폐쇄형 단어 및 의미적으로 '가벼운' 동사(예: go vs. fly)를 남용하고, 명사가 적게 산출된다(예: Bird et al. 2000).

뇌졸중으로 인한 실어증의 의미적 손상과 SD를 구별하는 것이 중요하다. 실어증은 단어에 대한 의미적 접근이 어렵다. SD는 의미기억이 점차 감소하는 반면, 실어증은 어휘(단어)에 대해 의미적으로 접근하는 데 어려움이 있다(Antonucci & Reilly, 2008; Jefferies & Lambon Ralph, 2006; Martin, 2005). 따라서 실어증은 과제에 따라 한 단어의 의미에 접근할 수도 있고 그렇지 않을 수도 있으며, 과제의 기억 부담으로 인해 다양한 접근 양상을 보이기도 한다(Martin, 2005, 2008). SD의 경우 개념적 표상이 감소되면 개념을 표현하는 데 사용한 단어와 연결시킬 수 없다. Lambon 등(1999)은 SD의 이름대기장애에 대한 개념적 속성을 통해, 사물에 대한 개념적 정의의 질과 단어 이름대기 간에 강한 정적 상관성을 입증했다.

### (1) 평가

AD의 주요 초기 증상은 일화기억장애이나(Bayles, 1991), 언어(Kempler, Curtiss, & Jackson, 1987; Martin & Fedio, 1983) 및 작업기억(Bayles, 2003)의 처리에도 어려움을 겪는다. 이와 달리, SD의 가장 두드러진 초기 증상은 이름대기장애와 단어 이해의 저하이다(Reilly & Peele, 2008). 이름대기의 오류 유형은 주로 의미착어이며, 대상과 시각적으로 연관된 오류가 빈번하다. 또한 안면실인증(prosopagnosia, 얼굴을 인식하지 못함)과 연합성 시각실인증(associative visual agnosia, 사물을 인식하지 못함)도 흔히 나타난다. 이는 언어 체계를 지원하는 개념적 표상의 감소를 반영한다.

의미기억장애의 평가에서 주보호자와의 인터뷰를 포함한 사례력은 유용한 정보이다(Bayles, 1991). 의미기억장애는 진행성이므로 중요한 타인이 관찰한 언어 및 기억 능력의 변화가 SD를 진단하는 데 필수적이기 때문이다. Hopper와 Bayles(2008)는 치매(AD

나 SD)의 언어 및 인지 능력을 평가하는 데 적합한 공식 검사도구를 제시했다. 효과적인 선별 검사로는 애리조나 치매 의사소통장애 검사(Arizona Battery for Communication Disorders of Dementia; Bayles & Tomoeda, 1993)와 구어유창성 검사(FAS Verbal Fluency Test; Borkowski, Benton, & Spreen, 1967)가 있다. 이야기 다시 말하기 검사는 이야기를 듣고 즉각 다시 말하며, 5분이 지난 후 이를 다시 말한다. Bayles와 Tomoeda(1993)에 따르면, 중등도의 AD(그리고 기억장애를 보이는 전형적인 치매) 환자는 5분 후에 이야기를 전혀 기억할 수 없다. 간이 정신상태 검사(Mini-mental State Examination; Folstein, Folstein, & McHugh, 1975)도 자주 활용되는 선별 검사이다. 이는 기억력, 지남력, 주의력 등 일반적인 인지 능력과 언어, 계산, 시공간 처리와 같은 특정 능력을 평가하는 11개 항목으로 구성된다. 구어유창성의 평가는 단어 인출의 어려움을 확인하는 또 다른 방법이다. 애리조나 치매 의사소통장애 검사(Bayles & Tomoeda, 1993)나 보스턴 실어증 진단 검사(Boston Diagnostic Aphasia Examination; Goodglass, Kaplan, & Barresi, 2000)와 같은 언어 평가의 하위 영역에는 주로 구어유창성이 포함된다. 의미적 구어유창성 과제는 특정 시간(예: 30초 또는 1분) 동안 특정 의미 범주(예: 동물)에 속하는 단어를 최대한 많이 말한다. 또한 특정 글자로 시작하는 단어의 이름을 말하는 글자유창성 과제도 있다. 치매 환자는 단어 생성에 어려움을 보이므로, 이 과제들은 질병의 초기 단계에 나타나는 이름대기장애를 민감하게 반영한다. 애리조나 치매 의사소통장애 전반 검사(full Arizona Battery for Communication Disorders of Dementia; Bayles & Tomoeda, 1993)와 기능적 언어 의사소통 목록(Functional Linguistic Communication Inventory; Bayles & Tomoeda, 1994)으로 언어와 기억력을 보다 포괄적으로 평가할 수 있다.

퇴행성 신경질환과 관련된 언어 및 인지 능력을 전반적으로 평가하려면 언어 및 인지 장애의 중증도가 포함되어야 한다. 중증도는 치매 환자에게 필요한 기능적 치료의 수준을 결정하고, 기능적 의사소통 능력을 향상시키거나 유지하기 위한 중재 목표를 결정하는 데 유용하다. Hopper와 Bayles(2008)는 기능적 능력이 손상되는 과정을 기록하기 위한 두 척도로서 전반적 퇴화 척도(Global Deterioration Scale; Reisberg et al., 1982)와 이의 후속 검사인 기능적 단계 평가 척도(Functional Assessment Staging Scale; Reisberg, Ferris, & Franssen, 1985)를 제안했다. 이들은 관찰을 통해 평가하며, 질환의 특정 진행 단계에서 주로 나타나는 기능적 행동과 장애를 상세히 설명한다.

### (2) 재활 접근법

퇴행성 신경질환으로 인한 언어장애 재활에서의 우선순위를 감안할 때, 언어 능력의 향상이라는 중재 목표는 직관적으로 부적절해 보일 수 있다. 실제로 임상가와 연구자가 의미기억장애에 대해 기억력의 손상을 보완하는 치료 이상의 접근법을 고려한 것은 불과 10년 전부터이다. 기억 보조장치는 치매 환자가 독립적으로 또는 중요한 타인의 도움을 받아 상황에 대처하는 데 유용해 자주 권고된다. 예를 들어, Bourgeois와 동료들은 기억 보조장치(기억수첩)가 AD의 대화 기술을 향상시키는 데 효과적임을 입증했다(Bourgeois, 1990; Bourgeois & Mason, 1996). 이는 환자와 함께 시행하는 보호자 교육이 필수적이다(예: Hickey, Bourgeois, & Olswang, 2004). 기억 보조장치를 통해 언어와 기억 자체를 향상시킬 수는 없으나, 치매 환자 및 중요한 타인의 삶의 질에 큰 영향을 미친다.

SD로 인한 언어장애의 속성이 명확해지면서, 보존된 언어 능력을 활용해 SD와 AD의 언어기능을 향상시키는 데 중점을 두었다. Graham 등(2001)은 59세의 남성 외과의사인 DM에 관해 중요한 사례 연구 결과를 보고했다. DM은 2년간 낱말 찾기 어려움을 보였고, 이러한 이름대기장애가 SD에 기인한다고 결론 내렸다. 이 연구의 두 핵심 질문은 다음과 같다. ① 특정 어휘 세트의 반복적인 연습을 통해 해당 단어에 단기적으로 접근할 수 있는가? ② 연습은 일상적으로 해당 어휘에 대한 접근을 유지하는 데 유용한가? 이 접근은 몇몇 측면에서 DM에게 성공적이었다. 그는 기억하거나 산출할 수 없는 단어 목록을 이미 일관적으로 만들 수 있었고, 동기 의식이 높아 매일 연습할 의향이 있다고 표현했다.

3개의 단어 세트를 활용했는데, 2주 동안 규칙적으로 세트 1의 단어를, 다음 2주 동안 세트 2의 단어를 연습했다. 연습하면 수행이 향상되나, 중단할 경우 수행력이 떨어졌다. 세트 3은 전혀 연습하지 않았음에도 다소 향상되었다. 따라서 SD는 명칭에 대한 재학습이 가능하나 지속적인 노출과 연습이 필요하다. Graham 등(2001)은 2년 후 DM의 능력을 평가했는데, 범주유창성(범주에 속하는 단어의 이름대기)이 향상되고 유지되었다. 그러나 사물의 이름은 말해도 의미 정보를 표현하지는 못했고, 개념적 지식에 대한 비언어적 의미 검사인 피라미드와 야자수 나무 검사(The Pyramids and Palm Trees Test; Howard & Patterson, 1992)의 수행력이 감소했다. 이는 사물 이름대기의 반복적인 연습으로 단어의 인출이 향상되나 의미론적 체계는 변하지 않음을 반영한다.

Jokel, Rochon, Leonard(2006)는 심한 이름대기장애를 보이는 SD 환자인 AK의 사례 연구에서 집중적인 연습을 통해 단어에 대한 접근이 유지된다는 사실을 입증했다.

Graham 등(2001)의 접근과 마찬가지로, AK가 예전에 가능했던 사물 이름대기를 집중적으로 연습하는 치료 프로토콜을 시행했다. 훈련 프로토콜에는 세 유형의 자극, 즉 이해하지만 이름을 말할 수 없는 단어, 이해와 이름대기가 불가능한 단어, 이해와 이름대기가 가능한 단어가 포함되었다. 치료 직후에는 훈련 전 이해했거나 그렇지 못한 단어가 향상되었다. 1개월 후의 후속 평가에서는 훈련 전에 이해한 단어에서만 향상이 유지되었다. 또한 치료 전에 이해와 이름대기가 가능했던 단어를 계속 치료하면 덜 손상되었다.

두 연구는 단어 인출을 향상시키는 데 있어 단어 이해력의 잔존 정도가 중요함을 보여준다. 의미가 보존되지 않은 단어를 집중적으로 연습함으로써 단기적인 인출을 자극할 수 있으나, 이러한 재학습은 개념에 대한 지식이 잔존할 경우에 비해 효과가 단기적이다. 이를 뒷받침하는 다른 연구들도 있다(예: Snowden, Griffiths, & Neary, 1999; Snowden & Neary, 2002). Henry, Beeson, Rapcsak(2008)는 SD의 단어 인출 치료에서 재학습 능력은 해당 단어에 대한 의미지식이 잔존해 있는지 여부와 직접 관련된다고 주장했다. SD의 단어 훈련에서 망각한 단어의 재훈련보다는 개인과 관련된 단어가 강조되기도 한다(Reilly, Martin, & Grossman, 2005). Henry 등(2008)은 SD에게 상대적으로 보존된 일화기억이 단어의 반복적인 연습 효과를 강화한다고 제안했다.

치매의 언어 재활은 기능적 언어를 극대화하고, 질환의 점진적인 진행 과정에서 어휘의 손상을 늦추는 데 목표를 둔다. 이에는 기억 보조장치의 활용, 이해할 수 있고 개인적으로 연관된 단어의 반복 연습 등 두 접근법이 있다. 언어재활사는 이들에 능숙해야 하며, 치매의 언어장애를 치료하는 데 활용하도록 준비되어야 한다. 또한 환자의 보호자와 중요한 타인을 언어 유지 프로그램에 참여시켜 기능적 의사소통 접근의 효과를 극대화할 수 있다.

# 3. 실어증의 구어 단기기억장애: 단기기억의 단어 표상 유지 결함

## 1) 언어와 의사소통에 미치는 영향의 본질

실어증은 구어 STM이 손상되며, 대개 작업기억 및 언어 학습과 관련된 언어 과제에서 어려움을 보인다. 언어 처리와 STM 체계의 인지 조직화에 대해 오랫동안 연구되었다. 언어 처리와 구어 STM은 대부분 별개의 체계로 간주되는데, 구어 STM은 단단어보다 긴 발화의 음운 표상을 위한 임시 저장소이다. 구어 폭은 이러한 관계를 잘 반영하는 과제로, 연속적인 구어 단위를 듣고 STM에 저장한 후 순서대로 반복한다. 다른 유형의 인지 및 감각 정보가 일시적으로 저장되는 것과 마찬가지로 STM과 단어 처리는 분리된 것으로 추측된다. 이처럼 실어증의 구어 STM 장애는 언어적 손상과 별개로 간주되었다(Shallice & Warrington, 1970).

'분리된 체계' 관점과 달리, 최근에는 실어증의 구어 STM 장애가 언어 이해 또는 표현 과정에서 활성화된 단어 표상을 유지하는 데 결함이 있기 때문이라고 본다(Berndt & Mitchum, 1990; Martin, 2008; R. Martin, Shelton, & Yaffee, 1994; Martin & Gupta, 2004; Saffran, 1990; Saffran & Martin, 1990). 구어 STM과 단어 처리가 기능 및 인지 조직화와 관련된다는 견해가 많다. 정상 화자의 구어 폭 능력에 대한 연구에서 회상해야 할 항목의 특성에 따라 구어 폭이 다르게 나타났다. 구어 폭은 단어보다 숫자가 더 크고(Brener, 1940), 비단어보다 단어가 더 크다(Hulme, Maughan, & Brown, 1991). 구어 폭의 용량은 언어적 요인들, 즉 음운적 유사성(Conrad & Hull, 1964), 단어의 빈도(Hulme et al., 1997; Watkins & Watkins, 1977), 의미적 유사성(Brooks & Watkins, 1990; Crowder, 1979; Poirier & Saint Aubin, 1995; Shulman, 1971)에 따라 다르다. 또한 실어증의 구어 STM 장애에서 어휘 및 의미 요소(예: 빈도, 가시성)는 구어 폭 과제의 단어 회상(Hanley & Kay, 1997; Martin & Saffran, 1997)과 회상 순서(Martin & Bunta, 2007)에 큰 영향을 미친다. 단기적 활성화의 유지 과정과 단어 처리의 관계는 단어 처리의 상호작용적 활성화(interactive activation: IA) 모델([그림 13-1])을 통해 설명될 수 있다(Dell et al., 1997). 두 매개변수, 즉 연결 강도와 감소율이 어휘 네트워크에서 단어의 음운적 · 어휘적 · 의미적 표상의 활성화를 통제한다. Dell 등(1997)은 실어증의 단어 처리 결함을 이러한 두 매개변수의 손상으로 간주했는데, 이로 인해 활성화 강도의 감소(연결 강도의 손상) 및 활성화된 표상 유지 능력의 감소(감소율의 손상)가 나타난다.

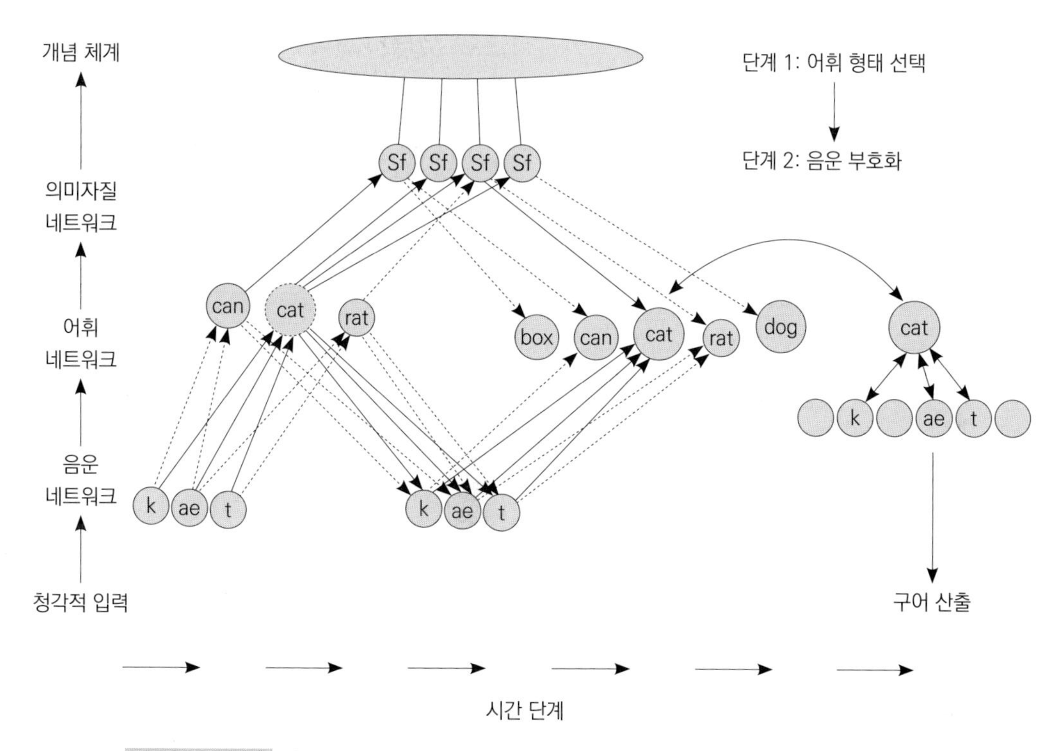


**그림 13-1** 단단어 따라말하기 시 어휘 네트워크를 통한 확산적 활성화 과정

음운 표상부터 어휘 형태 및 의미 표상까지 활성화가 확산됨. 활성화되면 표상은 감소하기 시작하나, 이후 활성화된 표상으로부터 피드백이 활성화되어 재활성화됨. 피드포워드-피드백(feedforward-feedback) 회로는 단어 산출 시까지 지속되며, 가장 강하게 활성화된 어휘 표상이 선택된 후 음운적으로 부호화됨.

활성화된 의미 및 음운 표상이 시간에 따라 단단어 따라말하기에서 어떻게 유지되는지도 [그림 13-1]에 제시되어 있다. Martin과 Saffran(1997)은 단어 처리의 시간적 측면이 단어 처리와 구어 STM을 연결하고 단단어나 다단어로 구성된 발화를 처리하는 데 필수적이라고 강조했다. Martin과 Gupta(2004)는 단어 처리와 구어 STM의 손상은 중증도의 연속성과 연관된다고 주장했다. 즉 '활성화-유지' 기능이 덜 심하게 손상되면 다단어 발화의 활성화를 유지하는 데에만 어려움이 있다. 구어 STM의 용량이 감소하면 구어 폭 과제의 수행력이 떨어진다. 활성화-유지가 심하게 손상되면 단단어의 활성화를 유지하기가 어렵고, 구어 폭 용량의 감소 및 실어증 프로파일이 나타난다. 구어 폭은 단어 처리(Martin & Gupta, 2004) 및 언어 학습(Freedman & Martin, 2001; Martin & Saffran, 1999) 능력과 정적 상관성이 있다. Martin, Saffran, Dell(1996)의 사례 연구에서 심도의 실어증 환자인 NC의 단어 처리는 실어증이 회복되면서 향상되었다. 또한 단어 폭의 크기는 폭, 과제의 요구, 의미나 음운 손상의 정도를 평가하기 위한 과제의 종류에 따라 다양하다(Martin & Ayala, 2004).

단어 처리와 구어 STM 간의 밀접한 관계는 실어증의 언어장애를 진단하고 치료하는 데 중요한 임상적 의의를 갖는다(Martin, 2000, 2008). 이는 언어 표상의 단기적 감소가 실어증의 원인일 수 있다는 19세기 신경학자 Grashey(1885)의 견해를 부분적으로 반영한다. 이 견해는 당시 논란이 되었으나(Bartels & Wallesch, 1996), 최근 일치된 견해를 보이는 연구들도 있다. 이론적 측면과 별개로, 실어증의 STM 손상은 기능적 의사소통에 중요한 영향을 미친다. 실어증은 대개 구어 STM이 손상되며, 경도 실어증이나 실어증이 회복된 듯한 환자도 여전히 언어를 단기적으로 보유하는 데 어려움이 있다. 경도 실어증의 경우 일상적 대화 상황에서 기능적 언어가 흔히 저하된다. 언어 표현과 이해를 지원하는 STM과 다른 인지기능(예: 주의력 및 집행기능)이 대화 상황에서 가장 많이 요구되므로, 단기 작업기억의 부담이 증가하는 상황에서 언어 처리에 민감한 영역을 통합적으로 평가해야 한다. STM은 언어 및 주의력(예: Hula & McNeil, 2008; Tseng, McNeil, & Milenkovic, 1993), 집행기능(Miyake, Emerson, & Friedman, 2000)을 처리하는 여러 인지 능력 중 하나이다. 실어증을 평가할 때 이러한 능력을 보다 면밀히 고려해야 한다. 이에 대해서는 기억력, 주의력, 집행기능에 대해 논의한 다른 장들을 참고하면 된다.

이후에는 실어증의 어휘 처리장애에 대한 평가와 치료에서 진전된 측면을 논의할 것이다. 실어증을 언어 이해 및 표현 과정에서 언어 표상을 활성화하고 유지하는 능력이 손상된 처리장애로 간주하는 최근 연구들도 있다.

### (1) 평가

현존하는 실어증 평가도구는 흔히 표준화되거나 비공식적인 숫자 또는 단어 폭 과제가 추가된 형태이지만, 구어 STM에 대한 평가는 여전히 부족한 실정이다. 숫자나 단어 폭의 간단한 측정은 STM의 부담이나 간섭(집행기능이 요구됨) 이 증가하는 상황에서 언어기능을 주객관적으로 평가할 수 없다. 일상생활 의사소통 활동 2판(CADL-2; Holland, Frattali, & Fromm, 1999)과 같은 기능적 언어 검사는 일상생활의 의사소통 상황에서 언어기능을 평가한다. 이러한 상황은 STM의 부담이 높은 맥락을 포함한다. 따라서 기능적 언어 평가는 언어기능을 지원하는 STM과 집행기능의 처리 자원을 요하는 상황에서 의사소통 능력을 전반적으로 다룬다. 그러나 기능적 언어 평가는 언어기능에 영향을 미치는 STM의 부담에 대한 민감도를 정량화할 수 없다. STM의 처리 요소에 중점을 둔 실어증 치료법을 개발하려면 이러한 유형의 평가가 필요하다.

STM의 부담이 언어기능에 미치는 영향을 평가함으로써 유용하게 활용할 수 있다. 경도 실어증의 언어장애 특성을 파악할 수 있는 방법은 거의 없다. 실어증의 전형적인 언어 평가는 단단어의 처리와 관련되는데, 경도 실어증 환자는 대부분 이의 수행력이 높다. 현재 경도 실어증을 대상으로 한 공식 평가도구가 없고, 기존의 실어증 평가도구(예: 웨스턴 실어증 검사 수정판; Kertesz, 2006)는 경미한 언어 처리장애에 민감하지 않다(Ross & Wertz, 2004). 경도 실어증의 구어 STM(예: R. Martin et al., 1994; Ween, Verfaellie, & Alexander, 1996), 주의력(Murray, Holland, & Beeson, 1998; Murray, Keeton, & Karcher, 2006), 문장 처리(Martin & Freedman, 2001; R. Martin & He, 2004)를 평가하면 언어적 결함이 두드러진다. 따라서 단단어와 다단어의 처리에 모두 영향을 미치고 의미적 및 음운적 손상에 민감하며, 언어 처리와 관련된 인지 처리를 다루는 평가도구가 필요하다. 이는 실어증으로 인한 의사소통장애의 진단 프로파일을 충분히 제공하므로, 언어 내용(의미적 · 음운적 표상) 및 처리(언어 내용에 대한 접근 · 유지 · 인출)에 중점을 두는 치료 전략을 개발하는 데 유용하다.

Martin, Kohen, Kalinyak-Fliszar(준비 중)는 실어증의 언어 및 구어 STM 능력을 평가하는 종합 검사도구인 템플 실어증 언어 및 STM 검사(Temple Assessment of Language and Short-term Memory in Aphasia: TALSA)를 개발했다. 이는 〈부록 13-1〉에도 간략히 소개되었다. TALSA는 언어 처리에 관한 몇몇 표준화 과제를 포함하나, 특징적인 요소들이 있다. 1부는 의미적 및 음운적 능력을 평가하는 단어 처리 과제로 구성되는데, 난이도가 다양하고 STM 및 집행 처리의 부담에 영향을 주는 변인들이 포함된다. 두 변인은 자극과 반응 또는 비교되는 두 자극 간에 5초의 시간 간격을 두는 경우이다. 한 변인은 표상의 활성화를 수동적으로 유지하는 능력(수동 STM)을 평가하기 위해 시간 간격을 채우지 않는다(조용함). 다른 변인은 '채우는' 간격 조건으로(컴퓨터 화면에 나타난 숫자를 소리 내어 읽음), 구어의 간섭 조건(STM에 집행 처리 추가)에서 표상의 활성화를 유지하는 능력을 평가한다. [글상자 13-1]은 이 같은 시간 간격이 두 언어 과제, 즉 음운 변별 판단과 단어/비단어 따라말하기에서 어떻게 조정되는지를 나타낸다.

**글상자 13-1** 실어증 평가의 전형적인 단어 처리 과제에서 단기기억 변인의 예: 간격의 조정

예 1. 유사성 판단 과제에서 두 자극 간의 간격

**과제**: 음운적 유사성의 판단
두 단어가 똑같이 들리나요, 다르게 들리나요?
**반응**: 네 또는 아니요.
**1초의 채움 없는 간격**: apple.axle. 반응
**5초의 채움 없는 간격**: apple…… 5초…… axle. 반응
**5초의 채움 있는 간격**: apple. '6 2 8 1 3'을 보고 말함. axle. 반응

예 2. 자극과 반응 간의 간격

**과제**: 단어와 비단어 따라말하기
단어(또는 비단어)를 듣고 단서가 제공되면 따라 말하세요.
**1초의 채움 없는 간격**: apple. 단서: 반응
**5초의 채움 없는 간격**: apple…… 5초…… 단서: 반응
**5초의 채움 있는 간격**: apple. '7 4 3 8 6'을 보고 말함. 단서: 반응

두 하위 검사는 STM과 집행기능의 부담이 다르고, 유사성의 판단(동의어와 각운의 판단)과 동시에 구어 STM(작업기억의 부담)에 보유할 항목 수를 증가시킨다. 이는 [글상자 13-2]에 제시되었다.

2부는 자극의 음운적 · 어휘적 · 의미적 특성이 다른 폭 과제로 구성된다. 여기에는 ① 숫자 및 단어 폭, ② 고빈도와 저빈도 및 가시성이 높거나 낮은 단어 폭, ③ 단어 및 비단어 폭, ④ 의미적 및 음운적 탐사 기억 폭이 포함된다.

**글상자 13-2** 실어증 평가의 전형적인 단어 처리 과제에서 단기기억 변인의 예: 단기 작업기억에 보유할 항목 수의 변경

과제 1. 동의어 3개

**보기 3개 조건**: 다음 중 의미가 가장 비슷한 두 단어는 무엇인가요?
sorrow* grief* confusion
violin* clarinet fiddle*
**보기 2개 조건**: 가운데 있는 단어와 의미가 가장 유사한 단어는 어느 것입니까?
*grief *sorrow confusion
clarinet *fiddle *violin

과제 2. 각운 3개

다음 중 각운이 일치하는 두 단어는 무엇인가요?

grapes* drapes* ground

dice mouse* house*

중간에 있는 단어와 각운이 일치하는 단어는 무엇인가요?

grapes* drapes* ground

dice house* mouse*

1부의 기억 부담 조건과 2부의 폭 과제는 모든 수준의 중증도에서 언어장애(주로 의미적이거나 음운적 장애, 또는 둘 다)와 처리장애(활성화의 속도 저하나 유지의 어려움)를 평가한다. 단단어 처리 과제는 쉬운 것부터 어려운 것까지 다양하며, 중등도 및 심도 언어장애를 평가하는 데 유용하다. 또한 단어 처리 과제의 간격 조건과 의미적 및 음운적으로 다양한 폭 과제는 경도 실어증의 치료법을 고안하는 데 활용되는데, 보존되어 있거나 손상된 의미적·음운적 능력을 잘 반영하기 때문이다.

### (2) 재활 접근법

언어 처리에 대한 STM의 영향과 실어증의 STM 손상이 강조되면서 이를 치료하려는 시도들이 많아지고 있다. Koenig-Bruhin과 Studer-Eichenberger(2007)는 전도실어증 환자에게 언어 정보의 일시적 저장을 향상시키는 치료의 효과를 분석했다. 이는 표상의 활성화가 STM에서 조기에 사라짐으로 인해 따라말하기와 STM이 손상된다는 데 기반한다(Martin & Saffran, 1992). 자극과 반응 간의 시간 간격을 늘리면서 4~7개 단어로 구성된 문장 따라말하기를 훈련한 결과, 문장 따라말하기뿐 아니라 숫자 및 단어 폭에서 치료 효과가 나타났다.

Majerus와 동료들(2005)은 환자 BJ의 음운적 STM을 직접 다루기 위해 단어 폭 3개와 비단어 폭 2개를 제시했다. 언어와 STM을 평가한 결과, 의미 정보는 STM에 유지할 수 있으나 음운 정보는 불가능했다. Majerus 등(2005)은 시간 간격이 점차 증가하는 조건에서 중요하거나 그렇지 않은 음운 정보를 STM에 유지하는 지연 따라말하기 과제를 실시했다. 이는 자음 중 하나가 다르고 2음절인 250쌍 이상의 단어나 비단어로 구성되었다. 첫 번째 단계에서 BJ는 단어 쌍을 들은 후 즉시 따라 말했고, 음운 산출이 안정화되고 나서 5초의 채움 간격 후에도 따라말하기가 가능했다. 16개월(주 2회)의 치료 후에 숫자 및 비단어 폭, 비단어 따라말하기, 각운 판단 과제의 수행력이 향상되었고, 2명 이상의 상대자가 있는 대화 상황에서 이해력이 좋아졌다.

Francis, Clark, Humphreys(2003)는 길이와 복잡성이 점차 증가하는 문장의 따라말하기를 통해 실어증의 STM 결함을 치료했다. 환자 BG는 문장 따라말하기와 언어 이해가 손상되었는데, 이해력의 결함은 주로 STM의 문제에 기인한다고 가정했다. STM이 향상되면(더 길고 복잡한 문장을 잘 따라 말함) 이해력으로 일반화될 것이라고 예측했다. 이는 부분적으로 입증되었다. 즉 문장 이해력 평가(토큰 검사)의 일부에서 향상을 보였으나, 가역적 의미역이 포함된 문장의 이해는 치료 전과 동일했다. 표상의 단기적 유지를 목표로 한 연구(예: '간격 인출' 치료; Fridriksson et al., 2005)에서도 단어 표상의 활성화를 유지시키면 실어증의 단어 및 문장 처리장애를 치료할 수 있다고 강조했다.

최근 Martin과 동료들(출판 예정)은 실어증의 처리 결함, 즉 느린 활성화 및 활성화의 유지를 다루는 치료 프로토콜을 개발했다. 이는 〈부록 13-2〉에 요약되었다. 단단어나 다단어 발화의 음운적 및 의미적 처리에 적용되므로 광범위하게 활용할 수 있다. 과제는 의미적 및 음운적 처리를 자극하는 방식으로 다양한 단어, 비단어, 단어 쌍, 3-단어 쌍(triplet)으로 구성된다. 자극과 반응 사이의 간격이 다른 세 조건, 즉 1초의 채움 없는 조건(1-sec UF), 5초의 채움 없는 조건(5-sec UF), 5초의 채움 있는 조건(컴퓨터 화면에 나타나는 숫자 말하기, 5-sec F)에서 과제를 수행해 STM의 구성 요소를 조정한다. 세 번째 조건은 이중과제가 포함되어 집행 처리가 필요하다. 각 단계의 자극은 쉬운 것에서 어려운 것으로 변화한다. 특정 간격 조건에서 첫 번째 치료를 실시한 후 동일한 자극을 나머지 조건에서도 제시한다. TALSA의 수행력은 치료 시작점의 근거가 되며, ① 언어장애의 유형(의미나 음운), ② 중증도(단단어나 다단어의 처리에 영향), ③ STM의 구성 요소(수행이 불안정한 시간 간격)에 대한 정보를 제공한다.

이 접근법은 단단어와 다단어의 이해 및 표현 과정에서 단어 표상의 활성화와 그 유지 능력을 향상시켜 언어 처리 및 기능적 의사소통을 증진하는 데 목적을 둔다. 또한 단어 처리를 지원하는 기초 능력이 향상되면 치료되지 않은 영역 및 과제로 일반화된다고 가정한다. Martin과 동료들의 두 연구는 이 접근법의 효과를 입증했다. 첫 번째 연구는 전도실어증인 55세 오른손잡이 여성 환자인 FS의 사례 연구로(Kalinyak-Fliszar et al., 2008; Kalinyak-Fliszar, Kohen, & Martin, 출판 예정), 발병 후 29개월 시점에서 치료를 시작했다. TALSA의 실시 결과 단단어 수준의 의미 처리는 양호하나 따라말하기, 이름대기 등 언어 표현의 음운 처리가 다소 손상되었다. FS는 3음절 단어부터 2~3음절의 비단어 따라

말하기로 구성된 음운 훈련 프로토콜을 시작했다. 따라말하기 이전에 단어나 비단어를 STM에 '유지'해야 할 시간이 점차 늘어나는 세 간격 조건에서 각 자극 유형을 연습했다. 치료 전후를 분석한 결과, 프로토콜의 치료 및 유지 단계에서 네 자극 유형의 따라말하기가 크게 향상되었다. 특히 언어 및 STM 능력이 향상된 데 주목해야 한다. FS는 표준화 검사의 모든 영역에서 수행력이 향상되거나 유지되었고, TALSA의 각운 및 동의어 3-단어 쌍 판단하기, 단어 쌍 따라말하기, 폭 과제에서 치료 효과가 나타났다. 이들은 치료 과제와 다른 방식으로 기억의 부담을 증가시키므로, 치료 효과가 근본적인 능력을 향상시켜 다른 과제들로 일반화되었음을 알 수 있다.

두 번째 연구(Kohen et al., 준비 중; Martin et al., 2009)는 이 접근법을 베르니케실어증에 적용했다. 69세 오른손잡이 여성인 KX는 1년간 2회의 좌측 뇌혈관사고(cerebrovascular accident: CVA)가 발생했고, 프로토콜을 시작하기 전 가장 최근에 발병한 경색은 6년이 경과했다. 신경심리 및 언어 평가를 통해 중등도-중도의 베르니케실어증으로 진단되었다. 입력된 음운 및 의미를 처리하는 데 모두 결함이 있어 이를 목표로 한 치료 프로토콜을 적용했다. 세 간격 조건에서 빈도와 가시성이 다양한 단어를 따라 말하는 과제로, 음운적 표상과 관련되나 어휘적 및 의미적 표상의 활성화도 자극한다. 치료를 통해 훈련 단어의 따라말하기 능력이 향상되었는데, 특히 1초 및 5초의 UF 조건에서 효과가 나타났다. 1초의 UF 조건에서 HI-HF 및 HI-LF 단어, 5초의 UF 및 F 조건에서 HI-LF 단어에 대해 모두 준거에 도달했다(단어 유형은 〈부록 13-1〉 참고). 3회기 내에 주로 준거에 도달했는데, 기초선 단계에서 충족되는 경우도 있었다. 또한 모든 조건에서 비훈련 단어는 미미하지만 일관적으로 향상되었다. 이 같은 효과는 대화 및 기능적 의사소통에서 자기 모니터링과 주고받기 능력이 향상된 데 기인한다는 일부 견해도 있다.

치료 프로토콜을 통해 비훈련 자극 및 STM이 다르게 작동하는 과제로 일반화되므로, 언어 처리의 향상을 목표로 한 치료(언어 표상의 활성화 및 활성화 유지)의 사례 연구는 중요한 의미가 있다. 동의어 판단은 작업기억의 처리를 요하며, 폭 과제는 단일 항목이 아닌 보다 많은 항목을 기억에 저장해야 한다. FS와 KX의 치료 결과는 단어 처리 과정에서 표상의 활성화를 유지하는 근본적인 능력이 향상되었음을 보여 주었다. 실어증 치료에서 이 접근법의 잠재적 유용성을 명확히 확인하려면 추가적인 사례 연구가 필요하다. 원칙적으로 처리 접근법은 모든 유형의 실어증에 적용할 수 있어야 한다. 두 연구에 사용된 방법은 따라말하기 이외의 다른 언어 과제에도 적용 가능하다.

실어증의 구어 STM 장애는 언어 및 언어장애에 가장 직접적으로 관여하는 기억력을 반영한다. 따라서 평가 및 치료 접근법은 반드시 언어 처리 능력을 직접적으로 다루어야 한다. 치료를 통해 기능적 의사소통 능력이 향상되어야 하나, 기억과 관련된 언어장애는 직접적이고 손상 기반적인 접근법으로 치료해야 한다. 실어증을 STM 결함의 한 형태로 보는 것은 다소 새로운 시각이다. 이는 실어증 재활의 초점을 언어의 내용에서 처리로 바꿈으로써 패러다임을 전환시킨다. 그러나 기존의 실어증 재활이 처리에 중점을 두지 않았다는 의미는 아니다. 언어적 단서 방법과 점화 치료가 이러한 역할을 수행한다. 그럼에도 불구하고 언어 처리의 역동성에 기반해 치료 전략을 개발하는 데 대한 관심이 증대되고 있다.

## 감사의 말

본 장은 국립보건원(NIDCD) Temple University(PI: N. Martin)의 R01 DC 01924-14 및 R21 DC009782의 지원금에 기초했다. 또한 동료와 친구들, Matti Laine, Gary Dell, Myrna Schwartz, Ruth Fink, Francine Kohen, Michelene Kalinyak-Fliszar, 나의 멘토이자 친애하는 친구인 Eleanor Saffran과의 많은 토론을 통해 본 장을 구성했다. 수년간 만나온 실어증 및 단어 표현장애 환자들과 동료들에게 감사를 전한다.

# 〈부록 13-1〉 실어증의 언어 및 단기기억 평가를 위한 검사도구

여기서는 템플 실어증 언어 및 STM 검사(Temple Assessment of Language and Short-Term Memory in Aphasia: TALSA)의 목적과 내용을 간략히 제시한다. TALSA는 STM 부담의 증가가 언어 수행에 미치는 영향을 평가하기 위해 고안되었다. 결과 프로파일은 다음과 같은 정보를 제공한다.

① 모든 중증도의 실어증에서 언어/STM 손상의 언어적 특성
② 언어/STM 손상의 처리 특성(활성화된 의미적 및 음운적 표상의 약한 활성화나 매우 급격한 약화)
③ 기억 부담과 언어 간섭이 증가된 상황에서 언어 표상을 활성화하고 유지하는 능력

## 1. TALSA의 세부 사항

의미적 및 음운적 능력을 확인하는 1부는 난이도가 다양한 단어 처리 과제로, 모든 중증도의 실어증을 평가한다. 1부의 두 변형 과제에는 자극과 반응 단서 간(예: 단어-그림 짝짓기) 또는 특정 영역(예: 음운 변별)에서 비교하고 판단하는 두 자극 간에 5초의 시간 간격이 있다. 한 조건에서는 시간 간격이 채워지지 않으므로(조용함), 시간이 지남에 따라 표상의 활성화를 수동적으로 유지하는 능력을 평가한다(수동적 STM 조건). 나머지는 5초의 시간 간격을 두고 컴퓨터 화면을 본 후 숫자를 말하는 채움 조건이다. 이는 단어 표상의 활성화를 STM에 유지하는 능력을 평가하나, 언어 간섭의 맥락이 주어진다. 또한 1부는 두 유사성 판단 과제(각운 및 동의어 3-단어 쌍 판단하기)에서 제시되는 단어 수를 늘림으로써 기억 부담을 다양화한 언어 과제로 구성된다.

2부는 단어 표상의 음운적 및 의미적 수준을 반영하도록 구어 폭을 측정하는데, 회상해야 할 단어의 내용이 다양하다. TALSA 1판의 하위 검사 및 실어증 환자군 30명과 정상 대조군 10명의 규준 자료는 다음에 제시되었다(Martin, Kalinyak-Fliszar, & Kohen, 2010). 개정판은 현재 본 연구소에서 개발 중으로, E-Prime 소프트웨어를 사용해 컴퓨터로 프로그램화되었다. TALSA의 사본이 필요한 경우 nmartin@temple.edu로 요청하면 된다.

## 1부. 단기기억 부담이 다양한 언어 검사

(1) 입력 음운 처리 평가

음소 변별. 자극은 1~2개의 음소가 동일하거나 다른 단어 및 비단어 쌍이다. 자극 쌍을 듣고 동일성 여부를 판단한다.

단어 및 비단어 쌍의 각운 인식. 자극은 각운이 일치하거나 다른 단어 및 비단어 쌍이다. 자극 쌍을 듣고 각운의 일치 여부를 판단한다.

(2) 입력 어휘-의미 처리 평가

어휘 이해. 단어를 듣고 자극과 의미 범주가 같은 1개 단어를 넷 중 골라 짝짓는다. 그림은 자극 단어에 이어 세 간격 조건 중 하나에서 제시된다.

범주 판단. 구어 및 문어 단어를 동시에 제시해 범주 구성에 대한 지식에 접근할 수 있는지를 평가한다. 두 항목(단어나 그림)이 세 간격 조건 중 하나에서 연속적으로 제공되며, 이들이 동일한 의미 범주인지를 판단한다.

(3) 출력 처리 관련 평가

단어-비단어 따라말하기. 길이와 CVC 구조가 일치하는 단어 및 비단어가 자극으로 제시된다. 자극 단어를 듣고 세 간격 중 하나에서 단서가 제시되면 자극을 따라 말한다.

그림 이름대기(Philadelphia Naming Test; Roach et al., 1996에서 인용). 1~3음절 단어로 구성된 세 그림 세트가 제시되며, 세트의 음절 길이 및 단어 빈도는 균일하게 구성된다. 그림이 2,000ms 동안 화면에 나타난 후 세 간격 조건 중 하나에서 단서가 제시되면 이름을 말한다.

(4) 단기기억이 다양한 다단어 발화

단어 쌍 따라말하기. 음운적으로 연관된(첫 음운이 동일한) 단어 쌍 및 3-단어 쌍이 제시되는데, 이들은 범주적 상관성이 있거나 없다. 단어 쌍을 듣고 세 간격 조건 중 하나에서 따라 말한다.

문장 따라말하기 과제. 문장 자극은 두 세트, 즉 ① 명사구, 동사구, 전치사구(예: 소년이 공원에서 개를 데리고 걸었다[*The boy walked the dog in the park*])가 있는 단순한 평서문, ② 동일한 문장에 두 수식어가 삽입된 문장(예: 키 큰 소년이 시민 공원에서 개를 데리고 걸었다[*The* ***tall*** *boy walked the dog in the* ***public*** *park*])으로 구성된다. 문장은 청각적으로 제시되며, 3개의 시간 간격 중 하나에서 단서가 제시되면 문장을 따라 말한다.

문장 이해. (the Philadelphia Comprehension Battery; Saffran et al., 1988에서 인용). 5개 구문 유형(단순 능동 평서문, 수동문, 주어 관계절, 목적어 관계절, 처소격)이 포함된 문장의 이해를 평가한다. 모든 문장은 행위자와 대상자가 있고, 문장들 중 50%는 의미상 가역적이다. 문장을 듣고 세 간격 조건 중 하나 이후에 제시되는 두 그림에서 문장과 일치하는 것을 가리킨다. 두 가지 유형의 틀(foil)이 있다. 어휘 틀은 행위자나 대상자를 다른 사물이나 생물로 대체하는 것이다(경찰이 강도에게 총을 쏘았다[*The policeman shoots the robber*] vs. 경찰이 개에게 총을 쏘았다[*The policeman shoots the dog*]). 가역성 틀은 행위자와 대상자의 역할을 하는 사물이나 생물을 서로 바꾸는 것이다(경찰이 강도에게 총을 쏘았다[*The policeman shoots the robber*] vs. 강도가 경찰에게 총을 쏘았다[*The robber shoots the policeman*]).

(5) 비교 항목 수의 변화로 작업기억 부담이 다양화된 어휘-의미 및 음운 처리 평가

각운 3-단어 쌍 판단. 두 단어 중 목표 자극과 각운이 맞는 단어, 세 단어 중 각운이 맞는 두 단어를 판단하며, 구어 단어 그림이 동시에 제시된다. 자극의 자음-모음 구조는 CVC, CCVC, CCVCC, CVCC이고, 그림으로 표현할 수 있는 1음절 단어로 구성된다. 1판에서는 세 그림이 좌측 상단에서 우측 하단까지 대각선 방향으로 제시된다. 단어명은 그림의 순서와 동일하게 청각적으로 제시된다. 그림 중 2개는 각운이 일치하고, 비각운 틀은 세 방법 중 하나로 1~2개의 단어와 음운이 일치한다. 세 방법으로는 초성 일치(fan, pan, pail), 강세 모음 일치(bag, rag, cat), 종성 일치가 있다. 세 단어 쌍(예: *bag-rag, bag-cat, cat-rag*)은 STM에 보유된다. 2판에서는 동일한 세 그림이 1판과 같이 대각선 방향으로 제시되나, 중간에 위치한 그림이 부각된다. 중간 단어가 먼저 표시된 후(예: *fan*) 나머지 두 단어(예: *pan, pail*)가 제시된다. 두 단어(*pan* 또는 *pail*) 중 목표 자극(*fan*)과 각운이 일치하는 단어를 판단한다. 단기 작업기억에 두 단어 쌍(*fan-pan, fan-pail*)만 보유된다. 종속 변수는 정반응 비율이며, 30쌍의 단어가 두 형식, 즉 3쌍 비교와 2쌍 비교 중 하나로 평가된다.

동의어 3-단어 쌍 판단. 두 단어 중 목표 자극의 의미와 가장 비슷한 단어, 세 단어 중 의미적으로 유사한 두 단어를 판단한다. 3-단어 쌍은 구체어와 추상어의 명사 및 동사로 구성된다. 각운 3-단어 쌍 판단 과제와 마찬가지로 기억 부담과 과제의 요구

가 다른 두 유형의 평가를 시행한다.

## 2부. 언어 변인이 있는 폭 과제

폭 과제는 회상할 항목(숫자, 단어, 비단어)에 따라 다양하다. 어휘-의미적 및 음운적 변인에는 빈도, 가시성, 의미 범주, 어휘성이 포함된다. Martin과 동료들(예: Shelton, Martin, & Yaffee, 1992)이 개발한 공식에 근거해 '연속 순서'와 '임의 순서' 폭을 산정하며, 이는 검사 지침서에 설명되어 있다.

숫자 및 단어 폭. 숫자와 단어에 대한 구어 STM 폭은 가리키기 및 따라말하기 과제를 통해 평가된다. 숫자 폭은 9개 숫자(1-9)로 구성된 세트에서 숫자 열(1~7개 항목)이 선택되며, 동일한 숫자를 반복하지 않는다. 가시성이 있고 고빈도이며 음절 길이와 숫자가 일치하는 9개 단어로 구성된 세트에서 단어 열이 선택된다. 따라말하기 폭은 전체 목록을 들은 후 순서대로 숫자 열을 따라 말하며, 가리키기 폭은 숫자를 듣고 시각적으로 제시되는 숫자 열(매번 임의로 순서가 바뀜)에서 해당 숫자를 가리킨다.

빈도와 가시성이 다양한 단어 따라말하기 폭. 빈도(F)와 가시성(I)이 다른 4개 유형(HF-HI, LF-HI, HF-LI, LF-LI)이 있으며, 1~2음절의 단어로 구성된 단어 열(16개 단어 길이)을 따라 말한다. 빈도와 가시성 변인은 단어 열의 길이 내에서 임의로 제시된다. 단어 열을 듣고 순서대로 즉시 따라 말한다.

단어-비단어 폭. 단어 폭은 4개 길이 조건(2~5개 단어)에서 각각 높은 가시성-고빈도 단어가 포함되며, 모든 단어는 1~2음절이다. 비단어 폭의 자극(길이 1~5)은 단어 폭 과제의 단어 중 초성, 중성, 종성 위치별로 동일하게 표집한 후 2~3개 음운을 바꾸어 선정한다. 단어 및 비단어 조건에 대해 언급되지 않으며, 각 쌍을 듣고 순서대로 즉시 따라 말한다. Martin 등(1994)이 개발한 패러다임에서 인용한 검사로, 1부의 여러 과제에서 최고점을 보이는 경도 실어증의 언어 및 STM 결함을 평가하는 데 특히 유용하다. 단어 열에 이어 탐사 단어를 듣고 단어 열 중 한 단어와 관련되는지를 판단한다. 탐사 단어들 중 50%는 단어 열의 단어와 전혀 연관성이 없으나, 나머지는 조건에 따라 단어 열의 한 단어와 관련된다. 의미적 탐사는 단어 열 중 한 단어가 탐사 단어와 같은 범주에 속하고, 음운적 탐사는 각운이 동일하다. 확인 탐사는 단어 열 중 하나가 탐사 단어와 동일하다. 단어 열의 길이는 의미적 및 음운적 탐사가 1~7, 확인 탐사가 12이다.

# 〈부록 13-2〉 단어의 음운적 · 의미적 표상에 대한 활성화의 향상 및 유지를 위한 치료 프로토콜

## 치료 프로토콜

의미 및 음운 모듈이 포함되며, 각 모듈은 ① 단단어, ② 단어 열로 구성된다. 모든 모듈에서 자극의 변인은 쉬운 것부터 어려운 것의 순서로 제시된다. 각 모듈에는 세 간격 조건, 즉 1초 UF, 5초 UF, 5초 F가 포함된다.

## 치료 일정

치료는 3개의 시간 간격 중 하나에서 시작해 모듈 내에서 자극을 변화시킨다. 동일 자극을 다음 간격 조건(아래 프로토콜 1, 예: 1초 UF에서 5초 F 조건으로 진행)이나 다음 자극 변인(아래 프로토콜 2, 예: 3음절 단어에서 2음절 비단어로 진행)에 적용한다.

## 훈련 절차

세 간격 조건 중 하나에서 자극(단어나 비단어)을 따라 말하는 과제를 훈련한다. 시간 간격의 변화는 다른 과제에도 적용될 수 있다는 점이 중요하다. 필요시 위계적 단서 절차를 통해 피드백을 제공한다.

## 어느 단계와 시간 간격 조건에서 치료를 시작하는가?

치료를 시작하는 모듈과 시간 간격 조건은 TALSA의 수행에 따라 결정된다. 예를 들어, 단어 처리장애가 단어의 의미적 및 음운적 표상에 영향을 미치는지, 표상의 활성화 유지가 어느 시간 간격에서 약화되기 시작하는지에 따라 다르다. 치료의 시작과 진행상의 변화뿐 아니라 치료를 적용할 단계, 모듈, 시간 간격 조건은 TALSA의 수행에 기초해 결정하도록 융통적으로 설계되었다.

**단기적 단어 활성화 및 유지 손상의 치료**

**프로토콜 1**

음운 모듈

| 변인 | 시간 간격 조건 | | |
|---|---|---|---|
| **단계 1** | 1초 UF | 5초 UF | 5초 F |
| 낮은 가시성-고빈도 2음절 단어 | → | | |
| 2음절 비단어 | → | | |
| **단계 2** | | | |
| 음운적으로 관련된 단어 쌍 | → | | |
| 낮은 가시성-고빈도 단어 쌍 | → | | |
| 낮은 가시성-저빈도 단어 쌍 | → | | |

음운+의미 모듈

| 변인 | 시간 간격 조건 | | |
|---|---|---|---|
| **단계 1** | 1초 UF | 5초 UF | 5초 F |
| 높은 가시성-고빈도 2음절 단어 | → | | |
| 낮은 가시성-고빈도 2음절 단어 | → | | |
| **단계 2** | | | |
| 범주 관련 단어 쌍 | → | | |
| 높은 가시성-고빈도 단어 쌍 | → | | |
| 낮은 가시성-고빈도 단어 쌍 | → | | |

**프로토콜 2**

음운 모듈

| 변인 | 시간 간격 조건 | | |
|---|---|---|---|
| **단계 1** | 1초 UF | 5초 UF | 5초 F |
| 낮은 가시성-고빈도 2음절 단어 | ↓ | ↓ | ↓ |
| 2음절 비단어 | | | |
| **단계 2** | | | |
| 음운적으로 관련된 단어 쌍 | ↓ | ↓ | ↓ |
| 낮은 가시성-고빈도 단어 쌍 | | | |
| 낮은 가시성-저빈도 단어 쌍 | | | |

음운+의미 모듈

| 변인 | 시간 간격 조건 | | |
|---|---|---|---|
| **단계 1** | 1초 UF | 5초 UF | 5초 F |
| 높은 가시성-고빈도 2음절 단어 | ↓ | ↓ | ↓ |
| 낮은 가시성-고빈도 2음절 단어 | | | |
| **단계 2** | | | |
| 범주 관련 단어 쌍 | ↓ | ↓ | ↓ |
| 높은 가시성-고빈도 단어 쌍 | | | |
| 낮은 가시성-고빈도 단어 쌍 | | | |

# 제14장 언어장애의 의사소통 결함에 대한 중재

Swathi Kiran & Chaleece Sandberg

본 장에서는 언어장애의 결함 기반 치료법을 제시하고자 한다. 실어증학은 성인 언어장애의 분류에 있어 발전을 거듭했다. 대부분의 분류 체계는 병인, 증상, 또는 병인과 증상의 조합에 기초한다. 그러나 특정 분류 체계가 임상가와 연구자를 모두 만족시킬 수는 없다. 예를 들어, 브로카실어증은 단어 찾기 어려움, 청각적 이해력의 상대적인 보존, 따라말하기의 결함, 비유창한 발화 등 증상의 총체를 의미한다. 이는 환자의 모습을 바로 떠올릴 수 있으므로 임상가에게 유용한 분류법이다. 반면, 브로카실어증 연구자는 환자의 이해를 방해하는 실문법증의 정도가 다양하고 단어 찾기 점수에 혼란을 초래하는 실행증이 동반된다고 정의한다. 따라서 각 개인의 구체적인 언어 능력과 결함을 파악하고 언어 결함에 기반해 치료하면 임상가와 연구자에게 모두 이상적이다. 본 장에서는 먼저 언어 영역의 손상으로 발생하는 주요 의사소통 특징을 설명한다. 언어의 여러 하위 영역, 즉 언어의 음운, 읽기/쓰기, 의미, 구문, 담화/화용 측면의 이해와 표현을 상세히 다룰 것이다([그림 14-1]). 또한 평가의 일반적 지침 및 현존하는 평가의 예를 설명한

다. 마지막으로, 지난 10년간의 치료 연구를 증거 기반적인 관점에서 살펴본다. 이는 결함에 대한 효과적인 치료법을 선택하고 임상 현장에 적용하는 데 유용할 것이다. 여기서는 Ellis와 Young(1988)이 제시한 구어 및 문어의 이해와 표현에 관한 주요 이론적 틀을 활용한다. 의미 체계 장애는 활성화 모델(Dell, 1986)로, 구문장애는 Garrett(1980)와 Caplan(1992)의 이론적 틀로 설명될 것이다.

이 장에서 개별적인 언어 처리 단계를 다루지만, 성인의 언어 처리 결함은 개개의 모듈이 손상된 것이 아니라 여러 단계에 걸친 중첩되고 유사한 결함으로 인해 나타난다. 예를 들어, 언어 처리에서 철자와 음운 측면의 결함은 본질적으로 중복적이다. 의미 및 음운 측면도 다소 중첩된다. 따라서 환자의 특정 언어 결함을 확인하고 치료법을 개발할 때 언어 단계별로 행동적 표지가 중복될 수 있음을 기억해야 한다.

## 1. 언어장애

### 1) 언어장애의 음운 측면

#### (1) 이해

청각적 입력을 통해 구어를 이해한다. 음파를 작은 언어 단위인 음운으로 부호화하려면 청각 체계가 필요한데, 이 과정은 청각 분석 체계를 통해 실행된다. 특정 음운의 연결은 형태소라 불리는 의미 단위를 형성하며, 독립적으로 존재하는 형태소가 단어이다. 단어 형태는 청각 입력 어휘집에 저장된다. 이는 개인의 레퍼토리에 단어가 존재하는지를 확인하는 기제로 작용한다. 단어의 의미는 의미 체계를 통해 접근한다. 각 체계의 결함은 개별적으로 설명되나, 체계들은 본질적으로 연결되어 있고 하나 이상이 손상되는 경우가 많다.

이해력 결함은 음운 처리의 모든 단계에서 발생할 수 있다. 청각 분석 체계만 손상되면 순수어농(pure word deafness)이 나타나는데, 발화를 해독하는 데 결함이 있으나 환경음은 식별할 수 있다. 따라말하기와 발화 이해가 심하게 손상되는 반면 다른 언어기능은 유지된다.

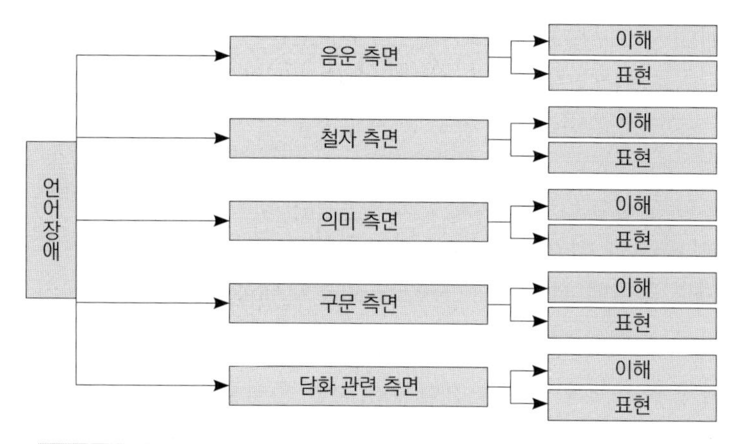


**그림 14-1** 본 장의 개요를 나타내는 언어 영역 구조의 도식화

**(2) 표현**

구어 표현은 의미 체계에서 활성화되는 개념으로부터 시작된다. 개념은 발화 출력 어휘집에서 음운적 단어 형태를 획득한다. 단어 형태가 발화 출력 어휘집에서 활성화되면 음운 수준에서 연속적인 음운이 인출되고, 운동 피질에서 말 운동을 계획한 후 산출된다. 표현의 결함은 출력 처리의 어느 단계에서나 발생할 수 있고, 의미 체계 수준 자체에서 나타나기도 한다. 청각 분석 체계와 음운 수준 간의 연결이 손상되면 청각 음운 실인증(auditory phonological agnosia)이 발생한다. 청각 음운 실인증은 비단어 따라말하기가 저하되나, 손상되지 않은 의미 체계 경로를 사용해 단어 따라말하기와 어휘 판단이 가능하다. 의미 체계의 결함은 추후에 논의될 것이다. 발화 출력 어휘집 및 음운 수준의 결함은 혼합착어(mixed paraphasia)를 유발한다. 혼합착어는 의미착어와 음소착어가 혼합된 형태이다. 예를 들어, 목표어인 *moustache*(콧수염)를 *whisper*라고 말하면 단어 *whisker*(수염)를 활성화한 후 /k/ 대신 /p/를 말하는 오류에 해당한다. 음운 수준의 결함은 음소착어를 유발한다. 음소착어는 구어 실행증으로도 나타날 수 있다. 구어 실행증은 음운을 배열하는 운동 계획상의 결함이다. 실행증은 자동구어에서 발음이 양호하므로 마비말장애와 구별된다.

## 2) 언어장애의 읽기/쓰기 측면

### (1) 이해

문어는 시각적 입력을 통해 이해된다. 시각 분석 체계는 단어를 구성하는 문자를 해독한다. 특정 문자 조합에 의해 형성된 단어는 시각 입력 어휘집에 저장되며, 의미 체계에서 시각적 단어의 의미에 접근한다. 음운을 문자로 대응시키는 과정은 자소-음소 변환을 통해 실행되며, 어휘집 및 의미 체계와 독립적일 수 있다.

시각 분석 체계와 시각 입력 어휘집이 손상되면 문어를 해독하고 인식하는 데 어려움이 있으나, 자소-음소 변환 경로를 사용해 음소를 글자로 정확히 변환시킬 수 있다. 이는 순수실독증(pure alexia) 또는 글자 대 글자 읽기(letter-by-letter reading)라 불리는 말초성 실독증(peripheral dyslexia)이다. 말초성 실독증의 다른 유형에는 인지 손상으로 인한 무시실독증(neglect dyslexia)과 주의실독증(attentional dyslexia)이 있다(제8장 참고). 음운실독증(phonological dyslexia)은 자소-음소 변환의 손상으로 인해 발생한다. 전체 단어의 의미 경로에 의존해야 하므로, 규칙 및 불규칙 단어를 비교적 정확히 읽을 수 있으나 비단어와 친숙하지 않은 단어의 읽기는 불가능하다. 음운실독증과 달리, 표층실독증(surface dyslexia)은 시각 입력 어휘집과 의미 체계의 손상에 기인한다. 불규칙 단어의 읽기에 어려움이 있으나 규칙 단어와 비단어 읽기 능력은 보존된다. 또한 단어의 의미를 인출하는 능력은 발음과 관련된다. 예를 들어, *stood*는 위치보다는 음식과 관련된 의미를 활성화시켜 *stewed*라 읽기도 한다. 심층실독증(deep dyslexia)은 의미 체계와 자소-음소 변환 체계가 모두 손상되어 의미착어나 형태소의 오류를 보인다. 단어의 가시성, 구체성, 품사의 영향이 나타나고, 비단어 읽기의 손상 및 실제 단어로의 대치(예: *bripe*를 *bride*로 대치)를 보인다.

### (2) 표현

구어와 마찬가지로 문어의 표현은 의미 체계에서 활성화되는 개념으로부터 시작된다. 개념이 철자 출력 어휘집의 단어 형태를 활성화시키면 글자의 추상적 표상이 자소-완충기(graphemic buffer)에서 활성화된다. 자소-완충기는 추상적인 글자 형태가 구체적으로 활성화될 때까지 저장하는 작업기억의 역할을 한다. 단어는 구어나 문어로 표현될 수 있다. 특정 글자 형태(예: 대문자/소문자, 활자체/필기체)는 이서(allograph) 수준에서 활성화된다. 이후에 쓰기운동 양식이 운동 체계에서 계획되고 실행된다. 음운에 글자를 대응시키는 과정은 음소-자소 변환을 통해 실행되며, 어휘집 및 의미 체계와는 별개이다.

이서장애는 시각적으로 유사한 글자로 대치하는 오류를 보인다. 자소-완충기장애는 글자의 첨가, 삭제, 대치, 이동 등의 철자 오류가 관찰된다. 이 같은 쓰기의 결함은 말초성 실서증에 해당한다. 음운실서증(phonological dysgraphia)은 음소-철자 전환의 결함으로, 친숙한 규칙 및 불규칙 단어를 모두 쓸 수 있으나 비단어 쓰기에는 어려움이 있다. 반면, 어휘실서증(lexical agraphia) 또는 표층실서증(surface dysgraphia)은 철자 출력 어휘집의 수준에서 나타나는 쓰기의 결함이다. 불규칙 단어나 동음이의어의 쓰기는 어려우나, 규칙 단어와 비단어 쓰기는 상대적으로 잘 보존된다. 심층실독증처럼 심층실서증(deep dysgraphia)도 의미 체계와 연관된다. 심층실서증은 자발적인 글쓰기와 받아쓰기에서 의미 오류가 발생하고 비단어 쓰기에 어려움이 있다. 쓰기의 정확도는 단어의 가시성, 품사 등 언어심리학적 요소의 영향을 받는다.

### 3) 언어장애의 의미 측면

여기서는 이해 및 표현에 대한 의미 체계와 의미 처리의 결함을 논의한다. 의미 체계는 청각적 및 시각적 구어/비구어 입력, 촉각적 · 후각적 · 미각적 입력 등과 같은 다양한 양식으로부터 입력이 이루어진다. 이러한 의미 표상은 위계적이면서 어느 정도 중첩되는 방식으로 의미 체계 내에서 구조화된다(Rogers & McClelland, 2003). 언어 이해나 표현에 영향을 미치는 의미 체계의 결함은 언어심리학적 요소와 의미 범주 요소에 따라 달라진다. 언어 수행에 영향을 주는 언어심리학적 요소에는 가시성, 구체성, 친숙도, 습득 연령, 품사 등이 있다(Luzzatti et al., 2002; Nickels & Howard, 1995). 의미 범주 요소에는 범주 자체, 생물성, 전형성이 포함된다(Kiran & Thompson, 2003a; Shelton & Caramazza, 1999). 실어증의 의미 처리 결함에 대한 연구에 따르면 의미 체계의 선택적 손상은 의미 범주, 범주 내 특정 위계 단계, 의미 체계로의 입력 및 출력 양식, 관련된 자동적 처리 과정 등의 결함에 기인한다(Shelton & Caramazza, 1999; Tyler & Moss, 2001).

의미 체계에 대한 접근과 활성화는 상호작용적 활성화 모델(Dell, 1986)에 근거한다. 어휘 접근은 다음의 단계들을 포함한다(Dell, 1986, Dell & O'Seaghdha, 1992, Dell et al., 1997). 의미 단위가 외부 입력(예: '고양이' 그림이 시각적으로 제시됨)을 수신하고, 활성화는 가능한 모든 의미 마디와 이에 연결된 음운 단위로 확산된다. 의미 및 음운 단위는 양방향으로 연결되어, 활성화된 음운 단위로부터 의미 단위가 입력을 수신한다. 이 능동적 피드백은 목표 단어(*cat*)의 음운적 인접 단어(예: *mat*, *sat*), 의미적 인접 단어(예: *dog*), 의미적 및 음운적 인접 단어(예: *rat*)를 활성화시킨다. 이때 가장 많이 활성화된 단어 마디가 선택된다. 음운 구조가 활성화되면 단어의 음절 구조가 드러나고 음운 인출에 관여한다. 상호작용적 활성화 모델은 이해와 표현의 결함을 모두 설명하는 유연성이 있다. 이해 및 표현의 오류는 의미 및 음운 마디의 불완전한/부정확한 활성화 또는 의미와 음운 마디 간의 양방향 연결의 실패로 발생할 수 있다.

**(1) 이해**

의미 체계 자체나 의미적 접근이 손상되면 언어 이해에 결함이 발생하는데, 이는 여러 가지 측면으로 나타난다. 심층실독증은 의미 체계의 손상으로 인한 읽기장애로, 오류가 단어의 의미 처리 결함을 반영한다. 청각적 입력 어휘집 수준의 결함은 의미어농(*word meaning deafness*)을 초래한다. 구어 의미의 이해는 어려우나 따라말하기, 읽고 이해하기, 자발화, 받아쓰기 등은 보존된다. 청각 입력 어휘집과 의미 체계 간 연결 수준의 손상은 의미접근 실어증(*semantic access dysphasia*)을 초래한다. 의미 판단 과제에서 의미 표상이 의미 체계에 보존되며, 어휘 판단을 수행할 때 청각적 입력 어휘집이 유지된다. 그러나 청각적으로 제시된 단어의 의미를 이해하는 데 어려움이 있으면 의미 표상에 대한 접근의 결함을 반영한다.

**(2) 표현**

의미 체계의 손상은 언어 표현상의 결함을 초래한다. 심층실독증과 마찬가지로 심층실서증은 의미 체계의 손상과 관련된다. 즉 자발적인 글쓰기 및 받아쓰기의 의미적 오류, 비단어 쓰기의 저하, 가시성 · 품사 등 언어심리학적 요소에 영향을 미친다. 또한 대면이름대기, 단어 산출, 자발화의 의미착어, 신조어, 혼합착어 등 언어 출력의 결함을 보인다.

### 4) 언어장애의 구문 측면

문장을 생성하는 데 사용되는 규칙을 구문 또는 문법이라 통칭한다. 구문 규칙을 통해 여러 새로운 문장을 무한히 생성할 수 있다. 이러한 규칙을 사용해 새로운 문장을 해독하고 이해한다. 규칙 체계가 손상되면 기능어의 오용, 형태소의 생략 및 오용, 문장 구조의 오류, 문장 이해의 결함을 보이는 실문법증(*agrammatism*)이 나타난다. 탈문법증(*paragrammatism*)은 대개 기능어와 형태소를 오용하나, 문장 구조는 비교적 보존된다. 여기서는 문장의 이해와 표현 장애에 있어 구문의 역할을 논의한다.

### (1) 이해

문장을 이해하려면 문장 내 단어의 의미를 이해해야 하며, 단어 간의 관계가 메시지의 전반적인 의미에 미치는 영향을 파악해야 한다. 문장을 읽거나 들을 때 일반적인 독자/청자는 구문 구조를 해당 부분(예: 명사, 동사 등)에 할당하고 구문 구조에 의미역(예: 행위자, 대상 등)을 연결시킨다. 문장의 이해는 주로 동사의 종류(예: 타동사, 자동사, 여격동사)와 논항 수(예: 한 자리 동사, 두 자리 동사, 세 자리 동사)의 영향을 받는다(Shapiro, 1997). 또한 절의 이동을 요하는 문장(예: *It was the lady who the man kissed*)은 표준 문장(예: *The man kissed the lady*)보다 더 어렵다. 실문법증은 구문 분석기를 사용하기 어렵거나 구문 구조에 의미역을 연결시키지 못하며, 둘 다 결함을 보일 수도 있다(Caplan, Baker, & Dehaut, 1985; Schwartz et al., 1987). 또한 실제 세상 지식과 기본적인 단어 순서를 사용해 문장을 이해하기도 한다. 따라서 비가역적 문장(예: *The girl ate a cake*)과 표준 문장(예: *The boy kissed the girl*)이 가역적 문장(예: *The girl pulled the boy*) 및 비표준 문장(예: *The boy was kissed by the girl*)보다 이해하기 쉽다.

### (2) 표현

Garrett(1980)는 구문적 결함이 없는 문장을 표현하기 위한 6단계로서, ① 메시지의 형성, ② 의미역의 할당, ③ 어휘의 선택, ④ 구문 및 형태소 항목의 할당, ⑤ 음운 형태의 선택, ⑥ 조음 운동의 계획을 제시했다. 실문법증은 주로 기능어와 형태소의 어미가 생략된 문장을 산출하는데, 이는 단단어 읽기나 따라말하기에도 나타난다. 탈문법증은 기능어와 형태소의 어미를 대치하는 오류가 빈번하고, 말의 계획 과정을 감독하는 능력이 손상된다(Butterworth & Howard, 1987). 문장을 계획할 때 구문 및 형태소 항목을 할당할 수 없기 때문에 기능어와 형태소 어미의 생략이나 대치가 일어난다. 또한 실문법증은 문장의 길이와 복잡성이 감소한다. 이와 관련된 요인에는 동사 산출의 감소, 논항이 적은 동사로의 편향(예: 여격동사보다는 자동사 및 타동사), 문장 구조의 복잡성 저하(예: 안긴문장의 부재) 등이 있다(Kim & Thompson, 2000; Thompson et al., 1996). 실문법증은 어휘의 구성 요소 간에 논리적 관계를 형성하기 어려운 경우도 있어, 문장을 산출할 때 의미역 등의 구문보다 생물성과 같은 의미 측면이 단어의 순서에 더 큰 영향을 미친다(Saffran, Schwartz, & Marin, 1980). 최근 연구에서 베르니케실어증도 정확한 구문 정보를 할당하는 데 어려움이 있었다. 즉 전통적인 실어증 증후군이 항상 개별적이고 중첩되지 않는 언어 특징을 보이는 것은 아니라는 점을 재확인했다(Faroqi-Shah & Thompson, 2003).

## 5) 언어장애의 담화 관련 측면

특정 언어기능, 즉 이름대기, 따라말하기, 읽기, 쓰기의 수행력이 높아도 대화나 독백에서 비정상적인 언어를 사용할 수 있다. 이는 담화 수준의 결함에 해당한다.

### (1) 이해

담화, 즉 구어나 문어 텍스트를 잘 이해하려면 언어 및 인지 기술이 통합되어야 한다. 또한 복잡한 담화 형태를 이해하기 위해서는 자료의 음운·의미·구문을 이해하고 추론하며, 정보를 모니터하는 능력이 필요하다(Kamhi, 1997). 담화를 읽거나 듣는 과정에서 목표와 예측의 결정, 문제해결, 전환 등 다양한 기술이 사용된다(van Dijk, 1987). 대화 상대자가 발화의 의도된 의미를 이해하는 능력도 요구된다. 대화는 발화의 맥락, 단어의 의미에 대한 지식, 의미를 맥락에 정확히 할당하는 주의력, 시각(신체 언어) 및 운율 단서에 대한 주의력이 전제되어야 한다.

### (2) 표현

화용장애는 대화의 이해뿐 아니라 자연스러운 대화의 산출을 저하시킨다. 성공적인 대화는 개시, 주제 유지, 주고받기 등의 화용적 요소와 관련된다. 독백은 담화의 또 다른 주요 유형으로 이야기나 개인적 사건을 다시 말하고, 새로운 이야기를 만들며, 절차나 그림을 설명한다. 독백 담화가 손상되면 응집력 및 문법적 복잡성의 감소, 정보 내용의 감소와 부정확성, 내러티브 구조의 비구조화가 나타난다. 또 효과적이고 자연스러운 대화를 방해한다.

# 2. 평가

## 1) 평가의 전반적 목표

세계보건기구(World Health Organization: WHO)의 국제기능장애건강분류(ICF; http://www.who.int/classifications/icf/en/)는 건강과 장애에 관한 국제 표준 체계이다. 이는 신체기능 및 구조, 활동 및 참여, 환경적 요인을 바탕으로 질병/상해를 기술한다. 평가의 주요 목표는 언어장애를 변별적으로 진단하고, 신체기능 및 구조와의 관계를 기술하는 것이다. 또한 언어장애가 환자의 활동 및 참여에 미치는 영향을 설명하고, 환경적 요인이 일상생활의 활동과 회복에 어떻게 영향을 주는지를 파악한다.

문제의 요인, 손상된 뇌 영역, 질환의 진행을 판단하기 위해 평가 전 신경과 전문의로부터 언어장애의 병인에 관한 정보를 확보해야 한다. 이는 임상가가 평가 자료를 선택하고 회복의 예후를 알리는 데 유용하다. 예를 들어, 원발성 진행성 실어증이나 의미 치매의 평가 및 치료는 일상생활 활동에 참여하도록 환경을 조성하는 데 중점을 둔다. 환자와 보호자는 예측되는 언어적 결함을 준비하고 모니터하며, 언어 훈련을 통해 언어기능을 가능한 한 많이 유지하도록 한다. 또한 보완적 의사소통 수단을 사용하도록 환자/보호자를 교육한다. 반면, 뇌혈관사고로 인한 실어증의 평가 및 치료는 일상생활 활동의 참여를 늘리기 위해 언어 훈련에 더 초점을 둔다. 이를 통해 보존된 언어기능을 확인하고, 손상된 기능을 훈련해 재구성한다.

## 2) 일반적 고려 사항

평가 시 환자의 나이, 전반적 건강 상태, 병전 요인, 현재의 사회적 · 문화적 · 정서적 상황, 이전 또는 병행 치료를 고려해야 한다. 신체적 · 정신적 건강 상태에 관한 세부 사항을 파악해 마비/부전마비 등의 신체적 제한, 시야 문제 등의 인지적 제한을 보완해야 한다. 또한 교육 수준, 이중 언어 습득, 언어발달 또는 학습장애, 건강 문제(시각 및 청각 등), 약물이나 알코올 남용, 정신장애 병력 등 병전 요인을 기록한다. 이들은 언어기능의 회복 범위에 영향을 준다. 활용할 수 있는 사회적 지지, 환자 및 가족의 문화적 가치, 환자가 기대하거나 참여하려는 활동, 환자의 정서적 안정 및 치료 참여 동기를 판단하는 것도 중요하다. 또한 유형별 치료법을 최적화하기 위해 이전에 받은 치료나 병행하는 치료를 확인해야 한다. 이전 치료에 대한 정보를 통해 연속선상에서 치료를 발전시킬 수 있다. 통합적인 치료 프로그램을 위해 물리 및 작업 치료, 말/언어 치료의 협업이 가장 효과적이다.

### 3) 평가의 일반적 지침

표준화 또는 비표준화 검사를 통해 언어기능을 파악할 때 특정 평가에서 드러나지 않는 양상을 관찰해야 한다. 초기 인상에는 환자의 강점과 한계가 가장 객관적으로 드러나기 때문에 평가에 있어 가장 중요하다. 임상가는 다음과 같은 정보를 최대한 많이 수집해야 한다. 환자는 반응적인가? 반응은 얼마나 적절한가? 질문을 얼마나 이해하는가? 화용적으로 적절한가? 어떻게 의사소통하는가? 제스처가 있으면 이해할 수 있는가? 발화는 얼마나 명료한가? 시간 · 장소 · 사람 지남력이 있고 환경적 상황에 반응하는가? 이들에 대한 답변은 환자의 언어 프로파일을 종합적으로 보고하는 데 유용하다.

검사 과제나 평가도구를 선택할 때 웨스턴 실어증 검사(WAB-R; Kertesz, 2006), 보스턴 실어증 진단검사(BDAE-3; Goodglass, Kaplan, & Barresi, 2000)와 같이 모든 언어 양식에 대해 핵심 정보를 제공하는 도구부터 먼저 사용하는 것이 바람직하다. 환자의 기능적 수준은 환자 및 가족과의 초기 면담이나 의뢰한 전문가로부터 얻은 정보에 근거해 판단한다. 표준화 검사를 실시할 경우 ① 검사 프로토콜을 준수하고, ② 모든 하위 검사를 실시하며, ③ 환자의 능력에 따라 검사 속도를 조절한다.

평가의 객관성을 유지하려면 임상가가 환자를 '지도'해서는 안 된다. 평가의 목적은 환자의 강점과 약점을 정확히 파악하는 것이다. 의도하지 않았으나 정반응하는 데 유용하면 이를 반드시 기록하고 평가 보고서에 포함시킨다. 친밀한 격려와 객관성 간에 적절한 균형을 유지하기가 어려우나, 이는 질적으로 높은 평가를 수행하는 데 필요하다. 검사 환경과 상관없이 환자의 동기 수준을 고려하고 존중하며, 크기보다는 정확도를 높여 언어 이해를 촉진해야 한다.

### 4) 추가 평가: 선택적 및 특정 언어장애 평가

여러 언어 문제에 영향을 주는 특정 언어 결함을 판단하려면 전반적인 표준화 검사뿐 아니라 추가적인 평가를 시행해야 한다.

### (1) 음운 평가

① 이해

청각적 음운 분석 체계의 통합적 평가를 위해서는 Psycholinguistic Assessment of Language(PAL; Caplan & Bub, 미출판)와 Psycholinguistic Assessment of Language Processing in Aphasia(PALPA; Kay, Lesser, & Coltheart, 1992)에 포함된 하위 과제를 사용한다. 두 검사는 음운 수준의 단어 해독 능력을 파악하기 위해 청각적으로 제시된 비단어 최소쌍이나 각운 판단 과제를 사용한다. 의미 체계에 의존해 해독하지 않도록 비단어가 제시된다. 비단어 및 단어 따라말하기의 수행력을 비교함으로써 청각적 분석 체계와 음운 출력 완충기 간의 연결 문제를 확인한다. 음운 입력 어휘집을 평가하기 위해서는 시각적 및 청각적 어휘 판단 과제를 비교한다. 청각적 어휘 판단 점수가 시각적 점수보다 낮아도 비단어 따라말하기가 양호하면 음운 입력 어휘집 수준의 결함으로 간주된다.

② 표현

언어 표현의 결함은 다양한 요인에 의해 발생하므로, 이 과정에서 음운 처리의 결함을 명확히 판단하기가 어렵다. 따라서 마비말장애와 실행증을 먼저 제외한 후 의미 처리의 결함을 배제한다. 입력 및 출력 양식에서 동일한 항목 세트를 각각 평가하고, 의미 체계가 정상임을 파악하기 위한 추가 검사를 실시한다. PAL 및 PALPA의 하위 검사는 다양한 유형의 단어/비단어 표현을 요구한다. 구어의 모든 출력 양식(즉 따라말하기, 읽기, 구어 이름대기)이 손상된 경우 출력 어휘집 수준의 결함으로 간주된다. 비단어 읽기는 음운 처리의 결함을 확인하는 데에도 유용하다.

### (2) 철자 평가

① 이해

Reading Comprehension Battery for Aphasia(RCBA-2; LaPointe & Horner, 1998), Gray Oral Reading Tests(18세까지 표준화됨; GORT-4; Wiederholt & Bryant, 2001) 등 읽기 평가 도구를 통해 읽기 능력을 파악한다. PALPA와 같은 표준화 도구의 하위 과제를 실시할 수도 있다. 읽기 평가의 목적은 읽기의 어느 과정에 문제가 있는지를 확인하는 것이다. 따라서 길이를 늘려가며 단어 읽기, 규칙 및 불규칙 철자 단어 읽기, 비단어 읽기, 글자와 일치하는 그림 선택하기 등을 실시해 순수실독증, 표층실독증, 음운실독증, 심층실독증을 진단한다.

② 표현

후천성 언어장애의 쓰기 능력을 평가하는 검사도구는 전무하나, WAB, BDAE, PALPA와 같은 표준화 도구의 하위 검사로 쓰기의 결함을 확인할 수 있다. 전술한 바대로, 쓰기 평가의 목적은 쓰기의 어느 과정에 문제가 있는지를 확인하는 것이다. 그림 이름 쓰기, 규칙 및 불규칙 단어 쓰기, 비단어 쓰기, 자동적 쓰기(예: 알파벳, 숫자 1-20, 이름 및 주소)와 같은 과제는 말초성 실서증, 표층실서증, 음운실서증, 심층실서증을 진단하는 데 유용하다.

### (3) 의미 평가

읽기, 쓰기, 청각적 처리, 구어의 결함과 상관없이 순수하게 의미 체계의 문제만 파악하려면 의미 판단 과제를 활용한다. 이는 그림으로 제시된 개념의 유사성을 판단하는데, Pyramids and Palm Trees Test(PAPT; Howard & Patterson, 1992)의 하위 검사에 포함되어 있다. 수행력이 낮으면 분석에 있어 각 개념의 중첩된 특성을 활용할 수 없다. 이는 의미 체계의 손상을 반영한다.

이름대기장애는 대개 실어증과 언어장애의 주요 특징으로, 여러 검사를 통해 이름대기 능력을 평가한다. Boston Naming Test(BNT; Goodglass, Kaplan, & Weintraub, 1983), Test of Adolescent/Adult Word Finding(TAWF; German, 1990), Peabody Picture Vocabulary Test(PPVT-4; Dunn & Dunn, 2007)/Expressive Vocabulary Test(EVT-2; Williams, 2007)는 이름대기 능력을 평가하도록 고안된 도구이다. 종합적 언어 검사도구에는 주로 사물 및 그림 이름대기, 범주 생성이름대기(예: 동물 이름, 특정 글자로 시작하는 단어), 구두나 글자로 제시된 단어와 그림을 연결하기 등의 하위 검사가 포함된다. 이름대기장애에서 특정 입력이나 출력 양식의 영향을 확인하려면 구어와 문어로 제시되는 항목을 모두 평가해야 한다. 또한 이름대기장애가 생물성, 구체성, 가시성, 품사, 의미 범주의 영향을 받는지 여부는 생물 및 무생물 단어, 추상어 및 구체어, 다양한 품사 및 의미 범주의 단어로 확인한다. 이밖에, 단어의 빈도, 친숙도, 습득 연령 등의 언어심리학적 요소도 고려해야 한다.

### (4) 구문 평가

① 이해

문장의 이해는 Auditory Comprehension Test for Sentences(Shewan, 1979), Philadelphia

Comprehension Battery(Saffran et al., 미출판), Northwestern Sentence Comprehension Test(Thompson, 미출판-b)와 같은 도구로 평가한다. WAB, BDAE, PALPA, PAL의 하위 검사와 Revised Token Test(RTT; McNeil & Prescott, 1978)도 활용할 수 있다.

② 표현

문장 표현은 PAL이나 Northwestern Assessment of Verbs and Sentences(NAVS; Thompson, 미출판-a)의 하위 검사를 통해 평가한다. 그림 설명하기 과제로는 주로 WAB, BDAE, 기타 그림 자료 등이 유용하다. 발화를 전사한 후 담화 분석을 통해 문장/발화 내 구문 구조의 다양한 양상을 확인한다(Saffran, Berndt, & Schwartz, 1989).

### (5) 담화 평가

담화 분석과 같은 비표준화 기법을 사용해 대화 및 독백 담화를 평가한다. 서술, 내러티브, 절차 및 대화 과제로 담화를 유도한 후 구조화된 담화 분석 절차를 시행한다. Profile of Communicative Appropriateness(Penn, 1985), Damico's Clinical Discourse Analysis(1985)는 담화의 화용 측면을, Quantitative Production Analysis(QPA; Saffran, et al., 1989)는 구문 측면을 분석한다. 또한 정확한 정보단위(Correct Information Unit: CIU) 분석(Nicholas & Brookshire, 1993)은 담화의 정보성을, 어휘다양도(Type Token Ratio: TTR)는 어휘의 다양성을 분석한다(Malvern & Richards, 2002 참고). Wright와 동료들(2008, 2005)은 내러티브의 정보성과 효율성뿐 아니라 이야기 구성 요소 간의 관계 및 인과성을 나타내는 주요 사건 분석법을 개발했다. 이는 표준 담화 분석(예: TTR, CIU)과 함께 실어증의 내러티브 담화에 대한 치료 효과를 검증하는 데 민감하다. 구어 및 쓰기 담화의 이해는 Discourse Comprehension Test(DCT; Brookshire & Nicholas, 1997)로 평가하는데, 직접 언급되거나 함축적으로 제시된 핵심 및 세부 내용에 대해 질문한 후 이해 능력을 알아본다.

기능적 의사소통은 Communication Activities of Daily Living test(CADL-2; Holland, Frattali, & Fromm, 1999), Porch Index of Communicative Ability(PICA-R; Porch, 2001), American Speech-Language-Hearing Association Functional Assessment of Communication Skills for Adults(ASHA FACS; Ferketic et al., 2003) 등으로 평가한다.

# 3. 치료

## 1) 치료의 전반적 목표

특정 언어장애가 확인되면 의사소통을 위한 언어 사용을 촉진시켜 활동과 참여를 늘리는 데 중점을 둔다. 치료 시에는 보존된 언어 능력의 효율성을 증진시킴으로써 결함을 줄이고, 메시지의 전달을 돕기 위해 쓰기, 그리기, 제스처와 같은 보완 전략을 도입한다. 특히 진행성 언어장애는 의사소통을 촉진하도록 환경을 조정하는 것이 바람직하다. 비진행성 언어장애의 주요 치료 목표는 언어기능을 회복하는 데 있다. 의사소통을 촉진하기 위한 보완 전략이 중요하나, 이에 지나치게 의존하면 손상된 기능을 사용하지 않게 된다(Taub et al., 1994).

## 2) 일반적 고려 사항

치료를 시작하기 전에 환자의 신체 및 정신 건강상태를 고려해야 한다. 과도하게 많은 자극이 제시되면 오히려 해가 되므로 사전에 의학적인 안정성을 확인할 필요가 있다(Holland & Fridriksson, 2001; Marshall, 1997). 그러나 뇌손상 직후 몇 주 이내의 자연회복을 감안해 치료 효과를 극대화하는 것도 중요하다(Hillis, 2005).

환자 외에도 활용 가능한 치료 프로그램의 여러 측면을 고려해야 한다. 환자의 특정 장애를 대상으로 하는 프로그램은 무엇인가? 치료법은 얼마나 효과적인가? 보다 구체적이고 효과적으로 수정될 수 있는가? 최적의 프로그램이 있는 반면, 환자의 특정 요구에 맞게 조정되거나 효율성을 높이기 위해 수정되기도 한다. 쉽게 적용되거나 다른 치료법과 병행할 수 없는 프로그램도 있다. 효율성을 높이기 위한 두 치료법에는 통제 유발 언어치료(constraint-induced language therapy: CILT; 일명 CIAT[constraint-induced aphasia therapy, 통제 유발 실어증치료])나 집중적 언어-행동 치료(intensive language-action therapy; Pulvermuller et al., 2001), 치료 효과의 복잡성 원리(complexity account of treatment efficacy, CATE; Thompson et al., 2003)가 있다. 이는 [글상자 14-1]에 상세히 제시되었다. 치료 프로그램을 시작하기 전에 치료 기간 및 빈도(주당 회기 수)도 고려해야 한다. 대개 치료 강도(Bhogal, Teasell, & Speechley, 2003)와 훈련 자료의 복잡성(Thompson, 2007)을 높이면 치료 효과가 증가한다.

**글상자 14-1** 표준 치료법을 새롭게 변화시키기

표준 실어증 치료법은 언어의 결함을 지속적으로 향상시킴으로써 표준화되었다. 그러나 효과적인 치료법도 개선의 여지가 있다. 실어증 연구자들은 더욱 효과적이고 효율적인 언어 치료법을 위해 끊임없이 새로운 방법을 모색한다.

물리치료와 같은 다른 분야의 기술을 언어치료에 적용하는 방법이 있다. Taub와 동료들(1993)은 만성 뇌졸중을 위한 운동 치료 프로그램을 개발했는데, 오븐 장갑, 팔걸이 붕대, 보호대 등의 결속 장치를 사용해 손상되지 않은 사지를 움직이지 못하도록 하는 방법이다. 이러한 상태에서 매일 지정된 시간 동안 일상생활의 기능을 수행하도록 한다. 통제 유발 운동치료(constraint-induced movement therapy: CIMT)라 불리는 이 프로그램은 집중도와 효과성이 높다. 실어증 연구자들은 CIMT의 성공에 힘입어 언어치료에 적용했다.

Pulvermuller와 동료들(2001)은 통제 유발 치료를 만성 실어증의 언어 영역에 적용해 CILT와 CIAT를 개발했는데, 이는 가장 최근에 제시된 집중적 언어-행동 치료법이다. 구어 산출이 매우 제한적이면 제스처와 쓰기를 통해 의사소통하기도 한다. 그러나 이 치료법은 구어 산출을 동반하지 않는 제스처 및 쓰기는 억제하고, 점차 구를 산출하는 특정 모델로 구어의 산출을 제한한다. Pulvermuller의 프로토콜은 'Go Fish'와 유사한 치료 게임으로, 하루 3시간씩 10일간 집중적으로 시행한다. 후속 연구에도 유사한 방법이 사용되어 긍정적인 결과를 도출했다(Cherney et al., 2008 참고). 이 치료법의 변형이 몇 가지 있으나, 구어적 및 기능적 의사소통의 주제에 중점을 두고 집중적으로 연습하는 것이 중요한 원칙이다. 단순한 과제에서 복잡한 과제로의 점진적 진행이 아니라 복잡한 과제를 먼저 시작함으로써 치료 효과를 높이기도 한다. 직관에 반하는 방법일 수 있으나, 실어증의 치료를 처음부터 시작하지는 않는 것이 중요하다. 즉 이미 아는 것에 대해 표현 및 이해 능력의 일부를 소실했을 뿐이다.

Thompson과 동료들(2003)은 기본 형태 치료(treatment of underlying forms: TUF)로 문장의 이해와 표현을 훈련한 후 복잡하거나 단순한 과제를 체계적으로 검증했다. 그 결과 더 복잡한 구문 구조를 훈련하면 해당 구조를 향상시킬 뿐 아니라 동일한 유형의 덜 복잡한 구조로도 일반화되었다. 반면, 덜 복잡한 구조를 훈련할 경우 해당 구조는 향상되나 복잡한 구조로 일반화되지는 않았다. 이 같은 효과를 치료 효과의 복잡성 원리(CATE)라 한다.

Kiran과 동료들(Edmonds & Kiran, 2006; Kiran, 2007; Kiran, 2008; Kiran & Abbott, 2007; Kiran & Johnson, 2008; Kiran & Roberts, 2010; Kiran, Sandberg, & Abbott, 2009; Kiran & Thompson, 2003b)은 단일어 및 이중 언어장애를 대상으로 의미 영역 내 복잡성 가설에 관한 연구를 지속했다. 의미적 복잡성은 여러 형태로 나타나며, 범주의 전형적 요소보다 비전형적 요소가 더 복잡하다. 또한 구체어보다 추상어가 더 복잡하며, 이중 언어 실어증은 부차적 언어가 주요 언어에 비해 복잡성이 크다. 결과적으로 복잡한 항목을 훈련하면 훈련된 항목뿐 아니라 훈련되지 않은 덜 복잡한 항목으로 일반화된다. 그러나 덜 복잡한 항목을 훈련할 경우 훈련된 항목만 개선되고 훈련되지 않은 복잡한 항목으로는 일반화되지 않는다.

## 3) 치료 연구

언어장애 치료법은 지난 10년간 기존 치료법의 효과 및 새로운 방법에 대한 탐색을 중심으로 활발히 연구되었다. 여기서는 지난 10년간의 연구 문헌을 검토하고 대표적인 치료 방법론을 제시할 것이다. 이를 위해 PubMed 및 PsychINFO 데이터베이스와 Academy of Neurologic Communication Disorders and Sciences(ANCDS)의 실어증 치료 웹 사이트(www.aphasiatx.arizona.edu)를 활용했으며, 웹 사이트에 제시된 Beeson과 동료들의 지침에 따라 평가되었다. 각 연구에서 치료 효과를 확인할 수 있으나, 여러 연구를 포괄할 만한 표준화된 기준은 없다. 직접 또는 일반화 효과의 효과크기를 측정하는 접근법이 있다. 직접 효과는 실제 훈련된 자료에 미치는 영향으로, 평가된 내용이 수업에서 다룬 내용과 정확히 일치하는 교과 기말시험과 유사하다. 효과크기는 치료 전후 평균 수행력의 차이를 치료 전 수행력의 표준편차로 나눈 값인데, 효과크기가 클수록 치료 효과가 더 큰 것으로 간주된다(Beeson & Robey, 2008 참고). 일반화 효과란 연관성은 있으나 훈련되지 않은 자료에 대한 영향이다. 이는 학부 과정에서 배운 내용과 관련되나 각 과목에서 다룬 내용과 정확히 일치하지 않는 GRE(Graduate Record Examination)와 유사하다. 언어장애는 표준화 언어평가를 통해 일반화 정도를 파악하지만, 관련된 다른 자료 세트로 평가하기도 한다. 일반화의 효과크기는 직접 효과크기와 동일하게 산정되며, 치료 연구에 관한 문헌을 검토할 때 이러한 정보를 유념하면 도움이 된다.

## 4) 음운 결함의 치료

### (1) 이해

순수어농 및 청각 음운 실인증에 대한 치료법은 거의 연구되지 않았다. Tessier와 동료들(2007)은 오류 없는 학습 패러다임을 활용해 어농 환자의 음운 변별 및 재인을 훈련했다. Stefanatos와 동료들(2005, 2008)에 따르면, 어농은 시간적 처리에 결함이 있으므로 말 지각의 변별을 촉진하기 위해 말속도를 변화시켜야 한다.

### (2) 표현

단어 인출 훈련에서는 주로 음운 단서를 단계적으로 제시하는데, 첫 음소, 첫 음절, 전체 단어의 순으로 반복한 후 비단어 각운까지 확장한다(Wambaugh et al., 2001). 이러한 단서 제시 방법은 단어의 인출을 증가시키는 데 활용되며, 단독적으로 제시하거나(Herbert et al., 2001; Hickin et al., 2002; Wambaugh, 2003; Wambaugh et al., 2004; Wambaugh et al., 2002; Wambaugh et al., 2001), 철자 및 촉각/의미 단서와 병행할 때(Abel et al., 2005; Abel, Willmes, & Huber, 2007; Cameron et al., 2006; Conroy, Sage, & Lambon Ralph, 2009; DeDe, Parris, & Waters, 2003; Fink et al., 2002) 모두 효과적이다.

음운 이름대기의 결함을 대상으로 한 기법으로, 목표를 단순히 따라 말하는 오류 없는 학습(Fillingham, Sage, & Ralph, 2005a, 2005b, 2006), 반대 순서로 단서 제시하기(Abel et al., 2005; Abel et al., 2007) 등도 있다. 간격 인출(spaced retrieval)은 오류 없는 학습의 한 형태로, 점차 시간 간격을 늘려가며 목표어를 따라 말하도록 한다. 최근에는 실어증 환자에게 적용되는 추세이다(Fridriksson et al., 2005).

각운 판단, 첫번째 및 마지막 음소 확인, 최소쌍 변별, 분리/합성 등의 과제로 음운 처리를 훈련하면 이름대기 능력이 향상된다(Corsten et al., 2007; Franklin, Buerk, & Howard, 2002; Fridriksson et al., 2005; Kendall et al., 2008; Laganaro, Pietro, & Schnider, 2003; Raymer & Ellsworth, 2002). 이러한 유형의 치료법은 제스처나 의미 치료와 병행해 사용되기도 한다(Rodriguez, Raymer, & Rothi, 2006; Rose, Douglas, & Matyas, 2002; Spencer et al., 2000).

이름대기의 음운 측면을 훈련할 때, 음운적으로 유사한 이름의 그림을 함께 제시하는 대면이름대기 과제를 활용한다(Fisher, Wilshire, & Ponsford, 2009). 이와 마찬가지로 맥락 반복 점화(contextual repetition priming)는 음운적 또는 의미적으로 유사한 그림을 동시에 반복적으로 제시한다. 이는 주로 의미보다 음운적 결함이 있을 때 더 효과적이다(Martin, Fink, & Laine, 2004; Renvall et al., 2003). 의미 중심 훈련을 받은 후 음운 기반의 이름대기가 향상된다는 보고도 있다(Raymer, Kohen, & Saffell, 2006; Wambaugh et al., 2001).

요컨대, 음운 결함 치료를 평가하거나 개발할 때, 손상 영역을 먼저 확인한 후 최적의 치료 전략을 선택하는 것이 바람직하다(음운 결함의 행동적 지표 및 적절한 치료 전략의 예는 〈표 14-1〉 참고).

〈표 14-1〉 음운 결함의 행동적 지표 및 적절한 치료 전략

| 행동적 지표 | |
|---|---|
| 음운 변별의 손상 | |
| 순수어농 구어: 말소리를 식별할 수 없음 | |
| 분리/합성의 결함 | |
| 이름대기, 따라말하기, 읽기의 음운착어 | |
| 음운 처리 능력의 손상 | |
| **음운 결함 치료 전략의 예** | **근거 자료** |
| 각운 판단 | Spencer et al.(2000), Franklin et al.(2002), Raymer et al.(2002), Doesborgh et al.(2004a) |
| 음운/음절 분리 | Doesborgh et al.(2004a), Kendall et al.(2008) |
| 음운/음절 합성 | Doesborgh et al.(2004a), Kendall et al.(2008) |
| 최소쌍 변별 | Corsten et al.(2007), Tessier et al.(2007) |
| 지각 변별 과제 | Stefanatos et al.(2005, 2008) |
| 말소리 오류의 확인 및 수정 | Franklin et al.(2002) |
| 음운 단서의 단계적 제시 | Herbert et al.(2001), Wambaugh et al.(2001, 2003, 2004, 2007), Hickin et al.(2002), DeDe et al.(2003) |
| 음운 및 철자 단서 | Fillingham et al.(2005a, 2005b, 2006) |
| 음절 구조/강세 패턴 확인 | Rose et al.(2002) |
| 따라말하기로 시작하여 점차 단서 제거하기(오류 없는 학습 및 간격 인출) | Abel et al.(2005, 2007); Fridriksson(2005); Fillingham et al.(2005a, 2005b, 2006) |
| 음운 확인 | Franklin et al.(2002), Raymer et al.(2002), Corsten et al.(2007), Tessier et al.(2007), Kendall et al.(2008) |
| 의미적 또는 음운적으로 비슷한 단어의 그림 제시(맥락 점화) | Martin et al.(2004); Renvall et al.(2003); Fisher et al.(2009) |

## 5) 읽기/쓰기 결함의 치료

### (1) 후천성 실독증의 치료

언어장애의 읽기 기술을 향상시키는 치료법에는 Multiple Oral Reading(MOR) 및 Oral Reading for Language in Aphasia(ORLA; Cherney, 2004 참고)가 있다. MOR은 문장이

나 문단을 반복해서 큰 소리로 읽는 방법으로, 글자 대 글자 읽기(Beeson, Magloire, & Robey, 2005) 치료에는 효과적이나 경도의 읽기장애(Mayer & Murray, 2002)에는 적절하지 않다. ORLA는 임상가가 먼저 읽은 후 환자와 함께 읽고 나서 환자가 스스로 읽도록 한다. 이때 각 단어를 손가락으로 가리키며 읽는다. 이는 읽기 치료에 효과적이며(Orjada & Beeson, 2005), 읽기 결함의 수준에 따라 보다 구체적인 치료법도 있다.

음운실독증의 경우 CV 및 VC 구조를 합성해 CVC 구조의 단어를 만들도록 유도하고, 쓰기도 이와 유사하게 치료한다(Bowes & Martin, 2007). 음소, 자소, 음절을 확인하고 변별한 후 합성하며(Kendall et al., 2003), 기능어나 가시성이 낮은 단어를 가시성이 높은 동음이의어나 동음어에 가까운 단어와 짝지어 읽도록 한다(Friedman, Sample, & Lott, 2002; Lott et al., 2008). 읽을 때마다 문장의 단어를 하나씩 늘려 가며 읽고, 매번 이전에 말한 단어를 반복한다(Lott et al., 2009). 또한 글자와 음소의 대응(예: 글자 *c*는 /k/ 또는 /s/로 발음됨)을 훈련하기 위해 불규칙 단어의 읽기를 목표로 한다(Peach, 2002).

심층실독증에 대한 훈련으로는, CV 및 VC 구조를 인식해 CVC 단어를 만들기(Friedman & Lott, 2002; Kim & Beaudoin-Parsons, 2007), 음소와 글자를 확인해 대응관계를 기억하기(Kiran, Thompson, & Hashimoto, 2001; 자세한 프로토콜은 〈부록 14-1〉 참고), 각 단어와 이미지를 연결시키기(Ska et al., 2003), 글자와 소리를 연결하고 촉각 단서를 활용해 합성하기(Yampolsky & Waters, 2002) 등이 있다. Stadie와 Rilling(2006)은 어휘 및 비어휘 치료를 통해 읽기 능력이 유사하게 향상되었다고 보고했다. 어휘 치료는 내용어에 대한 의미적 점화와 기능어에 대한 음운적 점화를 사용했고, 비어휘 치료에서는 자소-단어 연합, 자소-음소 연합, 합성을 훈련했다. 또한 Kiran과 Viswanathan(2008)은 심도의 실독증을 대상으로 자소-음소 대응과 목표 단어의 의미 자질을 훈련했는데, 이들의 읽기 및 쓰기 이름대기 능력이 모두 향상되었다.

순수실독증(글자 대 글자 읽기)에 대해서는 문자의 학습을 강화하기 위해 촉각적 입력을 함께 제시함으로써 오류 없는 학습법을 훈련한다(Sage, Hesketh, & Ralph, 2005).

### (2) 후천성 실서증의 치료

Anagram and Copy Treatment(ACT)와 Copy and Recall Treatment(CART; 〈부록 14-1〉을 참고)는 목표 단어를 만들기 위해 글자를 재배열한 후 단어를 따라 쓰게 함으로써 쓰기의 결함을 효과적으로 치료한다(Beeson, 2004 참고). CART는 ACT와 병행하거나(Beeson, Hirsch, & Rewega, 2002) 독립적으로 활용할 때 모두 효과적이다(Beeson, Rising & Volk,

2003; Orjada & Beeson, 2005). Murray와 Karcher(2000)는 ACT로 동사의 인출을 훈련한 후 이를 사용해 단순한 문장 구조를 만들도록 유도했다. CART는 단독으로(Wright et al., 2008) 또는 따라말하기와 결합해(Beeson & Egnor, 2006) 이름대기 능력을 향상시키는 데 활용할 수 있다. Kumar와 Humphreys(2008)는 심도의 실서증을 대상으로 CART와 유사한 방법으로 훈련했는데, 가시성이 높은 단어 쓰기가 향상되었다. 또한 연상기억법(예: 단어 *look*의 'oo'를 대신해 안경 그림을 제시함)이 결합된 CART로 훈련하면 불규칙 철자가 더 향상된다(Schmalzl & Nickels, 2006).

잔존한 소리/글자 대응 능력을 활용해 후천성 실서증을 치료하기도 한다. 철자를 추측하기 위해 소리/글자를 대응시킨 후, 추측한 철자를 철자 검사기와 대조한다(Beeson et al., 2000; Beeson et al., 2008; Beeson, 2004 참고). 이를 근거로 Rapp와 Kane(2002) 및 Rapp(2005)는 '철자 말하기, 학습하기, 철자 말하기' 치료법을 실시했다. 즉 받아 적은 단어의 철자를 말하고, 철자를 보거나 들어 정확도를 확인한 후 다시 말한다. 이는 자소-완충기장애가 있는 환자에게 효과적이었다. Sage와 Ellis(2006)는 자소-완충기장애를 대상으로 오류 없는 학습 패러다임에 근거해 목표 단어의 철자 인접 단어(즉 철자가 겹치는 단어)를 훈련했다. 그 결과 목표 단어를 훈련할 때와 마찬가지로 철자의 정확도가 높아졌다.

쓰기와 읽기를 모두 향상시키기 위해 음소-자소 변환 및 자소-음소 변환을 동시에 목표로 삼기도 한다(Kiran, 2005; Luzzatti et al., 2000). 요컨대, 철자의 입력 및 출력에 결함이 있을 때 활용할 수 있는 치료 전략들이 있다(〈표 14-2〉). 손상 영역을 확인해 사례별로 적절한 치료 전략을 선택하는 것이 중요하다.

〈표 14-2〉 읽기/쓰기 결함의 행동적 지표 및 치료 전략

| 행동적 지표 |
| --- |
| 읽기 및 쓰기 시 무반응 |
| 읽기 및 쓰기 시 의미착어 |
| 읽기 및 쓰기 시 음운착어 |
| 읽기 및 쓰기 시 혼합착어 |
| 읽기 및 쓰기 시 신조어 |
| 철자 오류 및 글자 대치 |
| 친숙한 단어의 읽기 및 쓰기는 가능하나 비친숙한 단어나 비단어는 불가능 |
| 규칙 단어 및 비단어의 쓰기는 가능하나 불규칙 단어는 불가능 |

긴 단어의 쓰기는 불가능(즉 철자-완충기장애)
구어보다 문어 이름대기의 손상이 더 심함

| 읽기 결함 치료 전략의 예 | 근거 자료 |
|---|---|
| 자소-음소 대응을 재훈련하기 | Kiran et al.(2001); Yamposkly & Waters(2002); Kendall(2003); Kiran & Viswanathan(2008) |
| 하나 이상의 소리를 갖는 글자의 음운 대응을 훈련하기 | Peach(2002) |
| CV와 VC 구조를 훈련해 합성하기 | Friedman & Lott(2002); Kendall(2003); Kim & Beaudoin-Parsons(2007); Bowes & Martin (2007) |
| 합성을 위해 촉각적 단서 사용하기(손가락 두드리기-1개의 소리; 손가락 끌기-소리의 합성) | Yampolsky & Waters(2002) |
| 치료사가 읽으면서 손바닥에 촉각적 입력(글자 쓰기)을 제시하는 동안 글자/단어 따라말하기 | Sage et al.(2005) |
| 기능어 및 가시성이 낮은 단어를 의미가 명확한 동음이의어와 연결시키기 | Friedman et al.(2002); Lott et al.(2008) |
| 내용어는 의미 관련 단어, 기능어는 음운 관련 단어로 점화시키기 | Stadie & Rilling(2006) |
| 단어와 이미지 연상시키기 | Ska et al.(2003) |
| 한 단어씩 늘려 가며 문장을 말함으로써 매번 읽을 때마다 앞 단어를 반복하기 | Lott et al.(2009) |
| 문단을 반복해 크게 읽기(MOR) | Mayer & Murray(2002); Cherney(2004); Beeson et al.(2005) |
| 치료사가 먼저 읽은 후 환자와 함께 읽고 나서 환자가 혼자 읽기(ORLA) | Cherney(2004); Orjada & Beeson(2005) |
| **쓰기 결함 치료 전략의 예** | **근거 자료** |
| 음소-자소 대응과 자소-음소 전환 기술을 재훈련하기 | Luzzatti et al.(2000); Kiran(2005) |
| 목표 단어를 반복적으로 베껴 쓴 후 모델 없이 쓰기(CART) | Beeson et al.(2002); Beeson et al.(2003); Orjada & Beeson(2005); Kumar & Humphreys(2008) |
| 단어 카드에 그림 기억 연상법을 사용하는 수정된 CART | Schmalzl & Nickels(2006) |

| | |
|---|---|
| 단어의 철자 쓰기를 위해 보존된 글자-소리 대응 및 철자 검사기를 사용하기 | Murray & Karcher(2000); Beeson et al.(2002); Beeson et al.(2000, 2008) |
| 단어의 정확한 철자를 시청각적으로 학습한 후 다시 말하기 | Rapp & Kane(2002); Rapp(2005) |
| 철자의 인접단어(철자가 겹치는 단어)를 재훈련하기 | Sage & Ellis(2006) |

## 6) 의미/어휘 인출 결함의 치료

이름대기장애는 의미 체계에서 단어를 인출하는 측면의 결함으로, 가장 보편적인 언어장애의 양상이다. 이로 인해 따라말하기, 단서 제시, 의미 훈련법 등 단어 인출의 결함을 치료하는 다양한 방법들이 제시되었다.

따라말하기는 정확성에 대한 피드백 없이도 어휘 인출을 향상시킨다(Nickels, 2002). Raymer와 Ellsworth(2002)는 동사 인출을 위한 시연, 음운 및 의미 치료 간에 유의한 차이가 없다고 보고했다. 전술한 바대로, 오류 없는 학습은 목표어를 따라 말하다가 자발적으로 가능할 때까지 단서를 점차 제거하는 치료법이다. 간격 인출은 정확히 따라 말할 수 있는 시간 간격을 점차 늘리는 방법으로, 오류 없는 학습의 유형 중 하나이다. Fillingham과 동료들(2005a, 2005b)에 따르면, 단서를 줄이지 않고 정확성에 대한 피드백 없이 시행되는 간단한 따라말하기는, 피드백 없이 첫 음소와 글자를 단서로 제시하는 오류 없는 학습의 효과와 유사하다.

의미적 단서 체계에서는 최소한의 의미 정보에서 시작해 목표어를 정확히 산출할 때까지 의미 정보나 맥락의 양을 증가시킨다. Wambaugh와 동료들(2001; 2002; 2004; Wambaugh, 2003)은 의미적 단서를 체계적으로 제시하면 의미 기반 단어 찾기의 결함에 유용하며, 철자 형태를 추가하면 수행력이 더 향상된다고 강조했다(Wambaugh & Wright, 2007). 위계적 순서에 따라 음운 및 의미 정보를 결합해 치료한 경우에도 단어 찾기 능력이 향상되었다(Abel et al., 2005; Cameron et al., 2006; Conroy et al., 2009; Fink et al., 2002). 또한 단서의 증가(오류 학습) 및 소거(오류 없는 학습)는 단서 제시 치료법에서 동일하게 효과적이었다(Abel et al., 2005, 2007; Conroy et al., 2009). 맞춤형 단서는 환자가 뚜렷한 의미 자질이나 기억 연상법을 단서로 선택하는데, 이는 의미 단서로서 이름대기장애를 치료하는 데 효과적이다(Freed, Celery, & Marshall, 2004; Marshall, Freed, & Karow, 2001;

Marshall et al., 2002). Doesborgh, van de Sandt-Koenderman, Dippel와 동료들(2004b)은 컴퓨터 프로그램인 Multicue를 활용해 4개의 보기 중 환자가 단서를 선택하도록 했다.

맥락 반복 점화는 의미적 또는 음운적으로 유사한 그림이 동시에 반복적으로 제시되면서 이름을 말하는 치료법이다(Laine & Martin, 1996). 의미적 맥락 조건에서 간섭이 발생할 수 있으나, 의미 결함에 대해 단기적인 효과가 나타난다(Cornelissen, Laine, Tarkiainen, 2003, Martin et al., 2004, Martin et al., 2006; Martin & Laine, 2000; Renvall, Laine, & Martin, 2005, 2007). 추가적인 의미적 및 음운적 과제를 실시하면 더 지속적인 효과를 보인다(Renvall et al., 2007).

특히 의미 훈련은 의미 표상 및 이의 연결을 목표로 한다. 의미 자질 분석(Semantic Feature Analysis: SFA)은 환자가 각 훈련 단어의 다양한 특징을 제시하는 의미 훈련법이다(Haarbaurer-Krupa et al., 1985; 자세한 프로토콜은 〈부록 14-1〉 참고). 이는 의미 체계의 확산적 활성화 모델에 기초하며, 개별치료(Coelho, McHugh, & Boyle, 2000; Gordon, 2007)와 집단치료 (Antonucci, 2009)에서 모두 효과적이다. 또한 반응 정교화 훈련(Response Elaboration Training: RET; Kearns, 1985)과 병행할 때 효과적인데(Conley & Coelho, 2003), 비훈련 항목으로의 일반화를 촉진하려면 범주 내 복잡한 표본을 훈련하는 SFA의 수정판을 활용한다(Kiran, 2007, 2008; Kiran & Abbott, 2007; Kiran & Johnson, 2008; Kiran, Sandberg, & Abbott, 2009; Kiran & Thompson, 2003b). Wambaugh와 Ferguson(2007)은 이를 동사 인출의 치료에 유용하게 활용했다.

의미 체계에 초점을 맞춘 다른 치료법에는 목표 단어의 특징에 대해 예/아니요 질문에 대답하기(Raymer & Ellsworth, 2002), 목표 단어의 의미 지식을 요구하는 과제 수행하기(Davis & Harrington, 2006), 부분-전체 관계, 정의, 범주 등의 의미 판단 과제(Didborgh et al., 2004a), 목표 단어에 이르기 위해 에두르기를 사용하기(Francis, Clark, & Humphreys, 2002), 구어/문어 단어를 그림과 연결하기(Raymer et al., 2006) 등이 있다. Rose와 Douglas(2008)는 목표 사물의 기능과 모양을 설명하는 의미 치료, 상징적 제스처 치료, 의미/제스처 결합 치료를 비교했는데, 모두 이름대기 능력을 향상시켰으나 의미 및 의미/제스처 결합 치료의 효과크기가 더 컸다. 〈표 14-3〉은 의미 결함에서 보이는 행동적 지표와 이에 부합하는 효과적인 치료 전략을 제시한다.

〈표 14-3〉 의미 결함의 행동적 지표 및 치료 전략

| 행동적 지표 |
| --- |
| 이름대기 시 의미착어 |
| 에두르기 |
| 생성이름대기도 대면이름대기만큼 손상됨 |
| 모든 양식에 걸친 이름대기장애 |
| 구어 및 문어 단어를 그림이나 사물과 연결시키지 못함 |
| 의미적으로 연관된 단어와 그림을 연결시키기 못함 |
| 특정 범주장애(예: 동물 이름대기만 손상됨) |

| 의미 결함 치료 전략의 예 | 근거 자료 |
| --- | --- |
| 음운 단서의 위계적 제시 | Wambaugh et al.(2001, 2002, 2003, 2004) |
| 의미 단서의 위계적 제시 | Wambaugh et al.(2001, 2002, 2003, 2004) |
| 의미 및 음운 단서를 결합한 위계적 제시 | Fink et al.(2002); Abel et al.(2005, 2007); Cameron et al.(2006); Conroy et al.(2009) |
| 개인 맞춤형 단서 | Marshall et al.(2001, 2002); Freed et al.(2004) |
| 상징적 제스처 단서 훈련 | Rose et al.(2002); Rose & Douglas(2008) |
| Multicue: 환자가 단서를 선택하는 컴퓨터 프로그램 | Doesborgh et al.(2004b) |
| 첫 글자/음소에 대한 촉각 단서의 제시 | DeDe et al.(2003) |
| 항목의 범주화 | Kiran & Thompson(2003); Kiran(2007, 2008); Kiran & Abbott(2007); Kiran et al.(2009) |
| 의미 자질에 대한 예/아니요 질문 | Raymer & Ellsworth(2002); Kiran & Thompson (2003); Kiran(2007, 2008); Kiran & Abbott (2007); Kiran et al.(2009) |
| 정의에 대한 이름대기 | Kiran & Abbott(2007); Kiran et al.(2009) |
| 항목의 다양한 의미 자질을 목록화해 의미 지도를 제작 | Coelho et al.(2000); Conley & Coelho(2003); Kiran & Thompson(2003); Boyle(1995, 2004); Gordon(2007); Wambaugh & Ferguson(2007); Kiran(2007, 2008); Kiran & Abbott(2007); Kiran et al.(2009); Antonucci(2009) |
| 반응 정교화 훈련(RET): 치료 시 환자의 반응을 반복 및 확장 | Conley & Coelho(2003) |

| | |
|---|---|
| 정확성에 대한 피드백 없이 항목을 반복적으로 제시 | Nickels(2002); Fillingham et al.(2005a, 2005b, 2006) |
| 의미 기억 손상에 대한 단서는 증가, 의미 접근 손상에 대해서는 소거 | Abel et al.(2005, 2007) |
| 목표 단어에 도달할 때까지 에두르기 사용을 촉진 | Francis et al.(2002) |
| 구어/문어 단어를 그림과 연결 | Raymer et al.(2006) |
| 그림을 제시해 의미적 또는 음운적으로 유사한 단어의 이름대기(맥락 점화) | Cornelissen et al.(2003); Martin et al.(2000, 2004, 2006); Renvall et al.(2005, 2007) |
| 의미 지식을 요하는 과제의 수행 | Davis & Harrington(2006) |

## 7) 구문 결함의 치료

### (1) 이해

기본 형태 치료(TUF)는 비표준 문장을 형성할 때 발생하는 이동과 의미역을 훈련하는 구문 치료법으로(Thompson & Shapiro, 2005 검토; Shapiro & Thompson, 2006 참고; 자세한 프로토콜은 〈부록 14-1〉 참고), 구문 이해의 결함을 치료하는 데 효과적이다(Jacobs & Thompson, 2000). Hoen, Golembiowski, Guyot과 동료들(2003)은 비언어적 인지 배열 훈련(예: 123-231을 훈련하고 나서 첫 세 글자인 GBT가 제시되면, 다음 세 글자가 BTG임을 인식)이 관계절 문장(예: *It was the man who the woman hugged*)의 이해력을 향상시킨다고 주장했다.

### (2) 표현

매핑 치료는 발화의 문법성을 향상시키는 구문 치료법이다(Byng, 1988). 문법 요소를 의미역(즉 행위자와 대상)과 연결시키는 훈련을 체계적으로 시행한 후 훈련된 의미역을 기초로 문장을 만든다(Rochon et al., 2005). 이는 전통적 접근법과 유사한 결과를 보이는 오류 없는 학습 패러다임으로 간주된다(Wierenga et al., 2006). TUF도 구문을 형성하는 데 유용하다(Dickey & Thompson, 2007; Jacobs & Thompson, 2000; Murray, Ballard, & Karcher, 2004; Thompson et al., 2003).

문법적 표현은 동사의 인출 및 적절한 활용, 정확한 논항 구조의 인출에도 중점을 둔다. Webster, Morris, Franklin(2005)은 동사의 인출을 의미 과제로, 동사/논항 연합을 타당성 과제로, 문장 생성을 논항 생성 과제로 훈련했다. Bastiaanse, Hurkmans, Links(2006)는 문장 완성 과제를 통해 동사 원형 및 변화형을 모두 인출하도록 단어와 문장 수준의 동사를 연습한 후, 철자 바꾸기(anagram)로 문장 구성을 훈련했다. Schneider와 Thompson(2003)은 동사 이름대기를 위한 의미 치료와 동사의 논항 구조에 초점을 둔 치료가 모두 동사의 이름대기를 향상시켰다고 강조했다. 동사와 의미역의 체계적 인출을 촉진함으로써 문맥에 적절한 내용어를 인출하도록 하는 의미 기반 치료를 통해, 훈련된 단어나 의미적으로 연관된 비훈련 단어가 포함된 문장으로 일반화되기도 한다(Edmonds, Nadeau, & Kiran, 2009). Faroqi-Shah(2008)는 형태음운론적 및 형태의미론적 치료를 비교했다. 형태음운론적 치료는 변화형이 다른 동사의 청각적 변별, 형태소의 생성, 구어/문어의 형태 변환 등을 포함한다. 형태의미론적 치료는 불규칙성의 판단, 정확한 변화형을 사용한 문장 완성 및 구성을 다룬다. 이들은 모두 동사 형태소를 향상시켰으며, 형태의미론적 치료는 내러티브로 일반화되었다.

AAC 도구는 특정 문장의 구성을 훈련시키는 데 사용된다. 문장의 행위자에게 특정 상징을 부여하고, 그림을 이동해 정확한 구조를 형성하는 방법을 학습한다(Weinrich et al., 2001). 〈표 14-4〉는 언어장애에서 나타나는 문장의 이해와 표현 및 적용 가능한 치료 전략의 예를 보여 준다.

〈표 14-4〉 구문 결함의 행동적 지표와 치료 전략

| 행동적 지표 | |
|---|---|
| 기능어 및 형태소 사용의 제한 | |
| 비정상적 단어 순서 | |
| 단순한 문장 구조의 남용(즉 능동문만 사용) | |
| 단순한 동사(즉 2개 이상의 논항을 요하지 않는 동사)의 남용 | |
| 문장 복잡성의 증가로 인한 문장 이해력의 감소 | |
| 비표준 문장을 표준 단어 순서로 이해 | |
| 문장 이해를 위해 세상 지식에 과도하게 의존 | |
| **구문 결함 치료에서 사용되는 전략** | **근거 자료** |
| 문장 이해를 위한 의미역 할당(문장 내 명사구를 행위자/대상과 연결하기) | Jacobs & Thompson(2000) |

| | |
|---|---|
| 문장 이해 시 명사구를 의미역과 연결하기 | Jacobs & Thompson(2000); Thompson et al.(2003); Murray et al.(2004); Rochon et al.(2005), Wierenga et al.(2006); Dickey & Thompson(2007) |
| 비표준 문장의 구조화를 위한 명사구의 이동 훈련 | Jacobs & Thompson(2000); Thompson et al.(2003); Murray et al.(2004); Dickey & Thompson(2007) |
| 문장 표현을 위한 동사 형태소 훈련 | Faroqi-Shah(2008) |
| 동사/논항 구조 과제 | Schneider & Thompson(2003); Webster(2005) |
| 문장 완성 과제 | Bastiaanse et al.(2006) |
| 문법 접근을 촉진하는 비언어적 배열 훈련 | Hoen et al.(2003) |
| AAC를 사용해 능동문과 수동문 만들기 | Weinrich et al.(2001) |

## 8) 담화 결함의 치료

특정 언어장애 외에 고기능 환자의 전반적인 담화 및 화용의 결함을 다루어야 한다. 이는 보다 실제적인 상황과 문장을 활용하고, 친숙한 상대방과의 대화 및 일상생활의 활동을 통합한다.

담화 치료에서는 대화 도중 발생하는 의사소통 문제를 예방하거나 수정하는 전략을 사용하도록 환자 및 대화 상대방 모두를 훈련하기도 한다(Cunningham & Ward, 2003; Fox, Armstrong, & Boles, 2009; Hopper, Holland, & Rewega, 2002) (Hopper et al., 2002의 자세한 프로토콜은 〈부록 14-1〉 참고). 실어증 의사소통 효과 증진법(Promoting Aphasics Communicative Effectiveness: PACE; Davis, 2005 참고)은 새로운 정보의 교환, 임상가와 환자의 동등한 참여, 가능한 의사소통 양식의 활용 능력, 임상가의 기능적 피드백 등을 촉진하는 대화 훈련 프로그램이다. Manheim, Halper, Cherney(2009)는 대화 개선을 위한 모델로서 녹음된 이야기 스크립트가 포함된 컴퓨터 프로그램을 사용했다. 문장 생성기는 문장을 표현하기 전 문장 생성을 위한 작업 공간을 제공함으로써 처리 부담을 줄여주는 장치로, 이의 사용 여부와 상관없이 훈련을 통해 이야기의 생성 능력이 향상되었다(Linebarger, McCall, & Berndt, 2004; Linebarger & Schwartz, 2005; McCall et al., 2009 참고).

Peach와 Wong(2004)은 담화 치료에 문장 생성기를 사용했는데, 문장을 유도하고 문법성에 대한 피드백을 제공하는 이야기 다시 말하기를 통해 담화 수준의 구문 능력을 향상시키는 데 중점을 두었다. 이로 인해 구문 오류가 감소하고 정보 단위가 증가했다. Murray, Timberlake, Eberle(2007)은 회기마다 훈련된 문장 중 하나를 5개 문장으로 구성된 이야기에 사용하도록 함으로써 TUF 치료에 담화 훈련 모듈을 도입했다. Robson(2001)은 PACE와 유사한 치료법을 쓰기 치료와 통합하여, 구두 양식이 불가능할 경우 쓰기를 정보 전달에 사용하도록 훈련했다. Herbert와 동료들(2003)은 단어 인출 치료를 완료한 후 점차 대화와 유사한 과제를 제시했다. Rider와 동료들(2008)은 SFA로 단어 인출을 훈련한 후 해당 단어가 포함되는 이야기 과제를 시행했는데, 훈련된 단어가 이야기에 더 많이 사용되었다. 〈표 14-5〉에는 담화의 이해 및 표현에서 나타나는 여러 행동적 지표와 담화 능력을 향상시키는 치료 전략의 예가 제시되었다.

〈표 14-5〉 화용/담화 결함의 행동적 지표와 치료 전략

| 행동적 지표 |
|---|
| 대화 중 단어 찾기의 어려움<br>개시, 주제 유지, 주고받기의 문제<br>응집력, 구문 복잡성, 정보 내용의 감소<br>화용적 단서 처리의 결함<br>이야기 내 추론하기의 결함 |

| 치료에서 사용되는 전략 | 근거 자료 |
|---|---|
| 대화 상대방의 훈련 | Hopper et al.(2002); Cunningham & Ward (2003); Fox et al.(2009) |
| 실어증 의사소통 효율성 증진법(PACE): 새로운 정보의 교환, 환자와 임상가의 동등한 참여, 의사소통 시 가능한 모든 양식의 사용, 기능적 피드백의 수용에 중점 | Robson(2001); Davis(2005) |
| 담화 향상을 위한 단어 인출과 문장 생성의 훈련 | Herbert et al.(2003); Peach & Wong(2004); Murray et al.(2007); Rider et al.(2008) |
| 문장 생성기: 대화 시 처리 부담을 감소시키는 컴퓨터 프로그램으로, 문장 표현에 앞서 문장을 구성할 작업 공간을 제공 | Linebarger et al.(2004); McCall et al.(2009) |

## 9) 생물학적 치료 접근법

최근에는 언어 사용과 관련된 신경학적 처리 과정에 직접 영향을 주는 약리학과 전기자극술(예: rTMS, tDCS) 등 다양한 방법이 시도되고 있다(Small & Llano, 2009 참고). 예를 들어, 알츠하이머병 치료에 주로 사용되는 약물인 메만틴(memantine)은 CIAT와 결합하면 하나만 적용할 때보다 더 효과적이다(Berthier et al., 2009). 마찬가지로, 반복적 경두개 자기자극술(repetitive transcranial magnetic stimulation: rTMS)과 경두개 직류 자극술(transcranial direct current stimulation: tDCS)도 행동적 치료와 병행할 때 유용하다(Baker, Rorden, & Fridriksson, 2010; Naeser et al., 2010). 이는 [글상자 14-2]에 상세히 제시되어 있다.

**글상자 14-2** 전기를 활용한 치료법

실어증 치료에서 경두개 자기 자극술(TMS)과 경두개 직류 자극술(tDCS)의 활용이 급증하는 추세이다.

TMS는 두피 위의 강한 자기장을 활용해 신경조직에 전류를 유도하는 전기장을 생성하고, 뉴런이 상호적으로 전달하는 방식을 바꾼다. rTMS는 실어증 치료에 주로 사용되며, 전통적인 rTMS는 펄스(pulse, 즉 0~3 테슬라 내 자기장의 변화)가 특정 주파수에서 반복된다. 속도가 1Hz(초당 1 펄스) 이하이면 억제 효과, 1Hz를 초과하면 흥분 효과가 발생한다.

Naeser와 동료들(2005)은 만성 비유창성 실어증 환자 4명을 대상으로 느린 파형 rTMS를 사용해 브로카영역의 우뇌 동일 영역에 억제 효과를 유도했다. 주 5일씩 2주에 걸쳐 하루 20분 동안 rTMS를 실시했는데, 그림 이름대기 능력이 유의하게 향상되었다.

tDCS는 전극을 통해 두피로 전달되는 전류를 사용해 신경 흥분성을 높이거나 낮춘다. 전류의 극성은 흥분성의 양을 결정하는데, 양극 자극(A-tDCS)은 흥분성을 증가시키고 음극 자극(C-tDCS)은 감소시킨다(Wagner et al., 2007).

최근 Baker와 동료들(2010)은 A-tDCS를 사용해 만성 실어증 환자 10명의 좌반구 언어 영역을 자극하는 치료를 실시했다. fMRI 스캔을 활용해 피질 활동이 가장 활발한 지점에 전극을 배치했는데, 이는 각 환자가 그림 이름대기를 수행하는 동안 이루어졌다. 5일 내내 컴퓨터로 단어-그림 연결하기 과제를 수행하면서 20분간 1mA의 전류를 받았다. 사후 검사 결과, 거짓 조건보다 A-tDCS를 시행하면서 훈련할 때 수행력이 유의하게 향상되었다.

## 10) 치료 연구 요약

효과적인 언어장애 치료법이 개발되어 임상에서 활용할 수 있는 방법이 다양화되었다. 그러나 소집단을 대상으로 특정 치료법을 다루는 사전 효과 연구가 많았다. 특정 형태의 치료에 현행 최적 표준을 적용하려면 효과 연구가 필요하나, 이는 거의 전무한 실정이다. 따라서 임상가는 특정 유형의 환자에게 적용할 치료 접근법의 근거를 판단하기 위해 경험적 연구를 탐색해야 한다. 적절한 치료법을 선택할 때 연구의 이론적 근거, 실험 설계의 견고성, 대상자 수, 결과 평가의 신뢰도와 타당도, 통계적 검증력, 혼란 변수 등 여러 요인을 고려해야 한다. ANCDS의 실어증 치료 웹 사이트(http://aphasiatx.arizona.edu)에는 연구의 질을 토대로 증거를 분류하는 기준이 명시되었는데, 이는 특정 치료법의 효과를 규명하는 데 유용하다.

### 11) 퇴행성 질환의 언어장애 치료

이 장에서는 주로 비진행성 언어장애(즉 뇌혈관 질환이나 외상으로 인한 언어장애)의 치료에 대한 증거를 살펴보았다. 원발성 진행성 실어증, 치매와 같은 진행성 언어장애의 치료는 약물 및 행동 치료를 결합하는 데 중점을 두었다. 행동주의적 치료는 통합적인 언어, 인지 자극, 보호자 교육을 지향한다. 치매의 치료에 관한 출판물로는, 인지적 및 기능적 교육, 보호자 교육을 향상시키기 위한 체계적 문헌 고찰이 있다(Bayles et al., 2006; Hopper et al., 2005; Kim et al., 2006; Mahendra et al., 2005; Zientz et al., 2007a; Zientz, Rackley, & Chapman, 2007b).

## 4. 기능적 영상 기술을 통한 회복 양상의 관찰

언어장애의 언어기능이 회복되는 양상은 주로 행동 평가를 통해 파악한다. 이는 치료 프로그램의 실제 효과를 확인하는 가장 간단하고 비용 효율적인 방법이다. 또한 최근의 연구 문헌을 통해 새로운 치료 프로토콜의 효과를 확인하는 것이 가장 실용적이다. fMRI, 자기 뇌파 검사(magnetoencephalography: MEG) 등 기능적 영상 기술이 발전하고 활용도가 높아짐에 따라 신경생리학적 변화로 언어 회복 정도를 파악할 수 있다. 이는 행동적 결과와 결합해 행동 변화의 근간이 되는 신경 체계를 이해하는 데 활용되며, 자연 회복 과정과 치료 효과, 양자 간의 상호작용 방식에 관한 지식을 제공한다.

예를 들어, Saur와 동료들(2006)은 반복된 fMRI 스캔과 행동 평가를 통해 급성기부터 만성기까지의 실어증 환자 14명이 언어기능을 회복하는 과정을 관찰했다. 급성기(뇌졸중 후 1~2일)에는 좌반구 언어 영역의 손상되지 않은 조직이 거의 활동하지 않았고, 아급성기(뇌졸중 후 약 12일)에는 좌반구 언어 영역과 우반구 동일 영역이 모두 활성화되었다. 특히 최대 활성화는 우반구에서 나타났다. 만성기(뇌졸중 후 약 10개월)에는 최대 활성화가 좌반구로 다시 이동했는데, 이는 언어 평가에서 수행력이 향상된 것과 관련된다.

26명의 실어증 환자에게 30시간의 단어 인출 치료를 실시하고 치료 전후 fMRI 스캔을 비교했다. 치료 효과를 보인 환자는 치료 후에 손상되지 않은 좌반구 언어 영역의 활성화가 증가했다(Fridriksson, 2010). 즉 이전의 개념과 달리 언어기능이 우뇌로 이동하는 것은 좌반구의 보존된 언어 영역에 대한 부분적인 지원이 아닌 부적응의 결과이다.

## 5. 결론

성인 언어장애의 재활 분야는 지난 20년간 크게 확대되었다. 최근에는 fMRI, MEG 등 신경 영상 기술의 발달로 치료 후 행동 변화의 기제를 이해할 수 있다. 치료를 통해 확실히 언어 처리 능력이 향상되어 뇌로 연결되며, 치료의 속성은 회복을 지원하는 영역에 영향을 미친다. 따라서 재활의 신경행동학적 결과는 치료법에 따라 이롭거나 유해할 수 있으므로, 임상가는 적절한 치료법을 현명하게 선택해야 한다. 정상적 언어 처리에 대한 기초 지식과 언어 결함의 양상을 이해함으로써 적절한 치료법을 선택하기까지는 오랜 시간이 걸린다. 재활의 궁극적인 목표는, 행동의 경험적 증거를 기반으로 뇌의 기능적 변화를 보여 주는 신경과학 자료에 근거해 특정 언어장애에 대한 '치료 처방'을 제시하는 것이다.

# 〈부록 14-1〉 치료 프로토콜의 예

## 음운 치료

Kendall과 동료들(2008)의 음운 치료법을 간략히 소개한다. 이는 음운 처리장애 대상의 효과적이고 널리 알려진 프로그램인 Lindamood Phoneme Sequencing Program (LiPS; Lindamood & Lindamood, 1998)을 수정해 적용한 치료법이다.

시행 단계는 다음과 같다.

1단계 단독 자음과 모음

1. 소리 탐색: 소리를 내는 입 모양 그림을 임상가가 제시하면 환자는 거울을 보며 임상가의 말을 따라한다. 정확도에 대한 피드백이 제공되고, 환자는 소리를 내는 동안 보고 느낀 점을 설명한다.
2. 운동 설명: 임상가는 각 조음기가 소리를 내는 방법을 설명한다. 환자가 소리를 내고 그 방법을 기술하면, 임상가는 피드백을 제공하고 필요시 추가 정보를 확인한다.
3. 지각 과제: 임상가가 소리를 낸 후, 여러 입 모양 그림 중 이에 해당하는 그림을 환자가 선택한다. 임상가는 피드백을 제공하고, 정반응이 나올 때까지 부정확한 반응을 확인한다.
4. 표현 과제: 임상가는 따라말하기, 입 모양 그림 단서, 움직임의 설명을 통해 정확한 소리의 산출을 유도한다. 임상가는 피드백을 제공하고, 정반응이 나올 때까지 부정확한 반응을 확인한다.
5. 글자: 임상가는 입 모양 그림을 제시하고, 탁자 위의 글자판에서 해당되는 소리를 연결하도록 훈련한다. 이때 입 모양 그림과 함께 움직임을 설명한다. 환자가 소리와 글자를 일관적으로 일치시키면 글자판을 앞 3, 4번 과제에서 사용한다. 3회기 연속으로 80% 이상의 정확도를 보이면 2단계로 이동한다.

2단계 음절

1. 지각 과제: 임상가가 말소리를 조합해 들려주면 환자는 이와 일치하는 입 모양 그림

이나 글자판을 조합한다. 이때 피드백이 제공된다.

2. 표현 과제: 임상가는 입 모양 그림이나 글자판으로 음절을 조합하는데, 먼저 각 소리를 분리시킨 후 음절을 합성한다. 그러고 나서 환자에게 들려준 말이 정확한지를 판단하도록 한다. 소리 하나를 바꾼 다음 이전 음절을 말하도록 하고, 무엇이 바뀌었는지를 확인한 후 새로운 음절을 말하도록 한다. 소리가 1개에서 3개인 음절로, 1음절에서 2음절로 진행하면서 3회기에 걸쳐 80% 이상 정반응해야 한다.

## 읽기/쓰기 치료

읽기 자소-음소 대응은 음운실독증과 심층실독증 치료에 모두 효과적이다.
시행 단계는 다음과 같다(Kiran et al., 2001).

1. 임상가는 훈련 세트 중 단어를 선택하고 환자가 이를 읽도록 한다. 정확도에 대한 피드백을 제공한 후 단어를 제시하면 환자가 이를 다시 읽는다.
2. 환자가 목표 단어의 철자를 크게 말하면 임상가는 정확도에 대해 피드백을 제공한다. 철자를 말하지 못할 경우 임상가가 크게 말해 준 후 따라 말하도록 한다.
3. 목표 단어의 글자와 그렇지 않은 글자를 동일한 수만큼 무작위로 제시한 후, 환자가 목표 단어의 글자를 선택하도록 한다. 잘 수행하지 못하면 피드백을 통해 정확히 선택하도록 돕고, 글자를 소리 내어 말하도록 한다.
4. 목표 단어의 각 글자가 무작위로 제시되면 환자가 이를 확인하도록 요구한다. 정확도에 대한 피드백을 제공하고 오반응을 수정한 다음, 환자가 글자를 반복하도록 한다.
5. 임상가가 글자로 목표 단어를 만들면 환자는 각 글자를 가리키며 큰 소리로 말한다. 이때 단어를 크게 읽도록 요구한다. 이는 환자가 도움 없이 과제를 2회 수행할 때까지 지속한다. 3~5단계를 반복한 후 환자가 목표 단어를 크게 읽도록 한다. 정확도에 대한 피드백을 제공하고 다음 단어로 진행한다.

쓰기 Copy and Recall Treatment(CART)는 쓰기 결함을 치료하는 데 효과적이라는 보고가 많다. CART는 간단한 몇몇 단계로 실시된다(Beeson et al., 2003).
시행 단계는 다음과 같다.

1. 임상가가 목표 단어의 그림을 선택하고 이름을 말하면 환자는 이를 쓴다. 정확도에 대해 피드백이 제공되고, 정반응을 보이면 다음 단어가 선택된다. 단어를 정확히 쓰지 못하면 2단계로 이동한다.
2. 임상가가 단어를 쓰거나, 이전에 환자가 정확히 쓴 단어의 예를 보여 준다. 환자는 단어를 3회 쓰며, 이때 정확도에 대한 피드백이 제공된다.
3. 임상가는 모든 단어의 예를 제거하고 단어의 그림만 제공한다. 환자가 단어를 쓰면 피드백을 제공하고, 단어를 치운 후 다시 쓰도록 요구한다. 이 과정을 3회 반복하고 다음 단어를 제시한다.
4. 일일 연습 문제지를 숙제로 제공한다. 각각에는 써야 할 단어의 그림과 단어를 따라 쓸 수 있는 20개의 선이 있다. 일일 회상 검사는 그림만 제시되고 쓰기는 시행하지 않는 페이지이다.

## 의미 치료

의미 자질 분석(SFA)은 단어 인출의 결함을 치료하는 효과적이고 직접적인 치료법이다. SFA가 흥미로운 이유 중 하나는 유연성 때문이다. 이는 비전형적 항목으로의 일반화를 포함해 다양한 방식으로 적용되었다(Kiran & Johnson, 2008).

SFA는 간단한 몇몇 단계로 실시된다(Boyle & Coelho, 1995).

1. 환자는 사물 그림 이름대기를 수행한다. 이름대기의 수행력과 상관없이 2단계로 이동한다.
2. 임상가는 표나 보드의 중앙에 그림을 놓고, 주변에는 6개의 의미 자질 유형(범주, 기능, 행동, 물리적 속성, 위치, 연관성)을 배치한다. 환자가 각 단어에 대해 의미 자질을 말하고, 다음의 질문을 통해 반응을 유도한다. "어떤 범주에 속합니까?", "어떤 용도로 사용됩니까?", "그것은 무엇을 합니까?" "그것은 어떻게 생겼습니까?", "당신은 그것을 어디에서 찾을 수 있습니까?", "그것을 보면 당신은 무엇이 생각납니까?" 환자가 표현한 의미 자질을 듣고 임상가는 해당 유형에 기록한다. 의미 자질을 표현하지 못하면 임상가가 제시한다.
3. 환자가 계속 그림의 이름을 말하지 못하면, 임상가가 정반응을 제시한 후 모든 의미 자질과 함께 크게 반복하도록 요구한다. 정반응할 때마다 계속 강화를 제공한다.

그러나 다음 항목으로 이동하기 전에 항상 의미 자질 분석이 전체적으로 실시된다.

## 구문 치료

기본 형태 치료(TUF)는 유사한 언어 특성을 공유하는 비훈련 항목으로 일반화하는 데 효과적인 문장 이해 및 표현 치료법이다. Wh-이동(예: *The aunt saw the girl whom the boy kissed*)과 NP-이동(예: *The boy was kissed by the girl.*) 문장을 사용하도록 권장된다.

TUF의 시행 단계는 다음과 같다(Dickey & Thompson, 2007).

1. 목표 문장에 해당하는 그림을 환자 앞에 놓는다(예: *The aunt saw the girl who the boy kissed*).
2. 문장 내 각 절의 구성 성분 카드(예: 행위자, 대상, 동사)를 환자 앞에 놓고, 두 능동문(예: THE AUNT SAW THE GIRL과 THE BOY KISSED THE GIRL)을 제시한 후 WHO 카드는 치운다.
3. 임상가는 목표 문장을 만드는 데 필요한 단계를 설명하고, 의미역을 확인하는 방법을 보여 준 후 Wh-이동이나 NP-이동을 시연한다.
4. 환자는 카드를 사용해 문장을 재구성한 다음 이를 큰 소리로 읽는다. 필요시 임상가가 도움을 준다.

## 담화 치료

대화 코칭은 환자와 대화 상대자에게 전략을 가르치는 공식적인 접근법이다. 이때 환자와 대화 상대자가 모두 참여한다.

대화 코칭의 단계는 다음과 같다(Hopper et al., 2002).

1. 모든 대화 참가자가 사용할 전략을 결정하기 위해 임상가는 관찰을 통해 기초선을 잡는다. 효과적 또는 비효과적 전략, 누락되었으나 유용한 전략 등을 결정한다.
2. 임상가는 각 전략을 큰 글씨로 종이에 쓴 후 이를 두 대화자에게 설명한다. 회기가 시작되기 전에 각 전략을 살펴본다.
3. 환자는 짧은 영상의 독백을 본 후 대화 상대자에게 이야기를 전달한다. 이때 임상가는 두 대화 참가자가 각 전략을 사용하도록 코칭한다.

# 제15장 집행기능장애로 인한 의사소통장애의 임상적 접근

Leanne Togher

1. 집행기능장애가 의사소통에 미치는 영향
2. 집행기능의 평가
3. 의사소통 관련 집행기능의 표준화 검사
   1) 일상생활 맥락의 집행기능 및 의사소통 평가: 표준화 검사
   2) 의사소통 및 집행기능 평가를 위한 비표준화 접근법
4. 의사소통 향상을 위한 집행기능 치료
   1) 메타인지 전략 지도 접근법
5. 약리학적 중재
6. 결론

본 장에서는 인지장애가 후천성 뇌손상 환자의 의사소통 기능에 미치는 영향을 살펴본다. 인지는 정보나 지식을 받아들여 해석, 부호화, 저장, 인출 및 활용을 통해 반응을 생성하는 정신활동이다(Ylvisaker & Szekeres, 1994). 전두엽이 담당하는 인지 처리에는 자극에 대한 주의, 기억 및 학습, 정보의 구조화, 추론 및 문제해결 등이 있다. 또한 사고와 행동에 대한 집행 통제를 조절하는데, 이에는 목표 설정, 행동 계획 및 순서화, 목표 지향적 행동, 행동의 시작과 평가가 포함된다(Lezak, 1993). Baddeley(1986)는 전두엽 손상으로 인한 장애의 범주를 '집행기능장애 증후군(dysexecutive syndrome)'이라 명명했다(Baddeley, 1986). 집행기능은 의사소통 능력뿐 아니라 일상생활의 모든 측면에 영향을 미친다.

본 장은 후천성 뇌손상으로 인한 의사소통장애를 치료하는 데 있어 집행기능의 중요성에 초점을 둔다. 집행기능은 주로 전두엽 및 전전두엽 피질에서 담당한다(Stuss & Benson, 1984). 따라서 본 장에서 논의되는 평가 및 치료 접근법은 이들의 손상과 크게 관련된다. 집행기능은 여러 뇌 영역이 관여하는 다양한 구성 요소의 처리 과정이다(Keil & Kaszniak, 2002). 전두엽은 뇌졸중과 같이 국소적으로 손상되기도 하고 TBI처럼 확산적으로 손상될 수도 있다. 다발성 경화증(O'Brien et al., 2008), 알츠하이머병(Marshall, Capilouto, & McBride, 2007), 피질-뇌교-소뇌 신경망을 통해 전두엽과 연결된 소뇌의 손상(Schweizer et al., 2008)에 의해서도 집행기능이 떨어진다. 집행기능장애는 TBI의 주요 증상이므로 본 장의 전략들은 주로 TBI의 연구에 근거했다. 그러나 후천성 전두엽 손상으로 인한 여러 의사소통장애를 중재하는 데에도 유용할 것이다.

## 1. 집행기능장애가 의사소통에 미치는 영향

집행기능장애는 의지나 통제력의 상실로 나타날 수 있는데, 이는 인지 및 행동의 결핍(예: 무력함, 경직성, 개념화 및 계획 저하)이나 과잉(예: 억제 부족)에 기인한다(Tate, 1999; Tate et al., 1989). 무기력과 경직성은 무미건조한 표현, 대화에 대한 무관심, 주제의 생성 및 유지에 어려움을 초래한다. 반면, 과잉은 빈번한 방해, 억제되지 않는 반응, 욕설, 주제의 고착화를 동반한다. 특히 쇼핑몰 등의 지역사회 환경에 있을 때 이러한 부적절하고 혼란스러운 의사소통 행동을 제어하기 어렵다.

TBI로 인한 집행기능장애와 의사소통장애의 상관성은 30년 전에 처음으로 대두되었다. Holland(1982)는 '어느 경우가 실어증인가?'라는 고전적인 질문을 통해 TBI가 실어증으로 분류되면 인지장애를 고려하지 않은 부적절한 치료를 적용하게 된다고 주장했다. 인지와 언어 간의 상호작용에 근거해 인지-언어장애(cognitive-language disorder)라는 용어가 제시되기도 했다(Hagen, 1984; Kennedy & DeRuyter, 1991). TBI로 인한 인지장애와 언어심리학적 측면 간의 관계가 처음으로 연구되었다(Hagen, 1984). 주의력, 기억력, 순서화, 범주화, 연상 능력이 손상되면 입력 정보, 감정적 반응, 사고의 흐름을 구성하고 구조화하는 능력이 손상된다. Hagen은 이러한 장애가 언어 처리를 비구조화한다고 강조했다. 인지적 비구조화는 언어의 사용에 영향을 주므로, 이해되지 않는 무관한 발화, 부적절한 발화의 억제 저하, 단어 찾기 어려움, 단어와 명제의 순서 배열상 문제를 초래한다. Prigatano, Roueche, Fordyce(1985)에 따르면, TBI로 인한 비실어증 언어장애는 수다스럽고 주제에서 벗어나며 사고 처리가 분리되는 특징을 보인다. 1990년대 들어 인지장애 및 이로 인한 일상적 의사소통 기술 간의 상관성을 인식하면서 인지-의사소통장애(cognitive-communication disorder)라는 용어가 등장했다(Hartley, 1995).

용어의 명확성이 부족하기 때문에 '인지-언어' 장애는 다양하게 정의되며, 이로 인해 복잡한 의사소통 기능을 평가하기가 어렵다(Body & Perkins, 2006). 그러나 TBI 이후의 의사소통장애는 주로 인지와 언어의 손상이 결합되어 나타난다. 또한 주의력, 기억력, 조직화 및 계획, 유연한 문제해결, 자기 인식 등의 집행기능장애가 TBI 이후에도 지속적으로 나타난다(Anderson, Bigler, & Blatter, 1995; Levin, Goldstein, Williams, & Eisenberg, 1991). 이러한 어려움은 개인의 일상적 상호작용을 크게 방해함으로써 사회적 의사소통장애를 초래한다. 즉 주고받기, 사회적 판단과 같은 담화 화용 및 마음이론(예: 타인의 관점에서 이해하기)의 요소가 집행기능장애로 인해 손상될 수 있다(McDonald & Pearce, 1998).

수다스러움, 사회적 의사소통 시 부적절한 반응, 주제 유지의 어려움, 대화 상대자의 추가적인 대화 촉진에 대한 의존 등으로 인해 TBI 환자는 대화 능력이 떨어진다(Coelho, Youse, & Le, 2002; Godfrey & Shum, 2000; Togher, Hand, & Code, 1997). 따라서 TBI 환자와의 대화는 재미가 없고 흥미가 떨어지며 유용하지 않다(Bond & Godfrey, 1997; Coelho et al., 2002). 대화는 대인관계를 사회화하고 강화하는 데 중요하므로, TBI로 인한 대화의 어려움은 큰 문제 중 하나이다(Coelho et al., 2002). 이후에는 의사소통과 관련된 집행기능의 평가에 대해 상세히 논의한다.

## 2. 집행기능의 평가

공통적으로 집행기능의 평가는 복잡성이 증가하면서 새롭거나 비일상적인 요구에 반응하는 과제로 구성된다(Shallice, 1988). 의사소통 기능을 강조하는 집행기능 평가는 주로 펜과 종이, 시각적 과제, 사물 등을 사용하는 탈맥락적 과제에 의존한다. 그러나 이러한 평가의 본질적 구조가 전두엽 손상 환자의 수행력을 향상시켜 집행기능장애를 정확히 진단하지 못할 수 있다(Eslinger & Damasio, 1985). 예를 들어, 방해 요인이 없는 조용한 공간에서 주로 평가하며, 임상가의 도움과 규칙에 관한 지침이 제공된다. 목표가 설정된 후 과제의 시작과 종료 시기를 알려 준다. 즉 집행기능은 실행 · 시작 · 중단 · 추적 · 전환을 수행하는 기능적 구조의 확립을 의미하는데, 평가 과제의 통제된 특성으로 인해 핵심적 결함이 드러나지 않을 수 있다(Manchester, Priestley, & Jackson, 2004).

## 3. 의사소통 관련 집행기능의 표준화 검사

Academy of Neurologic Communication Disorders and Sciences(ANCDS)의 Practice

Guidelines Group(Turkstra, Coehlo, & Ylvisaker, 2005)은 임상 현장에서 집행기능을 가장 적절히 평가하도록 TBI에 대한 타당도 및 신뢰도의 기준에 따라 규준 참조 표준화 검사 목록을 제시했다. 이에는 7개 평가도구가 포함되었다([글상자 15-1]).

**글상자 15-1** ANCDS의 Practice Guidelines Group이 추천한 평가들

- American Speech-Language-Hearing Association Functional Assessment of Communication Skills in Adults(ASHA-FACS) (Frattali et al., 1995)
- Behavior Rating Inventory of Executive Function(BRIEF) (Gioia et al., 2000)
- Communicative Activities of Daily Living(CADL-2) (Holland, Frattali, & Fromm, 1999)
- Functional Independence Measure(FIM, 1996)
- Repeatable Battery for the Assessment of Neuropsychological Status(RBANS) (Randolph, 2001)
- Test of Language Competence-Extended(TLC-E) (Wiig & Secord, 1989)
- Western Aphasia Battery-R(WAB-R) (Kertesz, 2006)

Turkstra, L. S., Coelho, C., & Ylvisaker, M. (2005). The use of standardized tests for individuals with cognitive-communication disorders. *Seminars in Speech & Language, 26*(4), 215-222. 참고.

인지-의사소통장애에 대한 표준화 도구가 완전히 검증되지 않아 권고 사항을 제한적으로 선택하도록 했다. 그리고 기존의 표준화 도구를 사용해 뇌손상 환자를 평가할 경우 주의를 요한다고 권고했다. 즉 손상 전 특성, 회복 단계, 일상생활의 의사소통 요구 등을 통합해 보다 광범위한 구조 내에서 표준화 평가를 실시해야 한다. 특히, 인지 평가 시에는 관련 분야의 전문가와 협력해야 한다(Turkstra et al., 2005).

언어 처리와 크게 관련되지 않는 집행기능의 평가도 많으나, 본 장에서는 이를 다루지 않을 것이다(예: Rey-Osterrieth Complex Figure, Tower of London, Raven's Colored Progressive Matrices, Wisconsin Card Sort Test). 이에 관해서는 Keil과 Kaszniak(2002)를 참고할 수 있다.

### 1) 일상생활 맥락의 집행기능 및 의사소통 평가: 표준화 검사

여기서는 일상생활 맥락에서 의사소통 기술과 관련된 집행기능을 평가하는 데 중점을 둔다. 표준화 및 비표준화 접근법은 추후 논의될 것이다. 집행기능은 일상 활동의 모

든 측면에 영향을 미치므로(Ylvisaker & Feeney, 1998), 이를 고려한 평가도구들이 등장했다(Kilov, Togher, & Grant, 2009). 평가의 시행 시기는 명확하지 않으나, 뇌손상 후 8주가 경과한 시점보다 5개월 시점의 집행기능 평가가 회복을 더 잘 예측한다고 보고되었다(Green, Colella, & Hebert, 2008). 반면에, 집행기능장애 설문지(Dysexecutive Questionnaire: DEX)를 통해 급성기 집행기능장애를 선별할 수 있다는 주장도 있다. DEX는 집행기능장애 증후군 행동 평가(the Behavioral Assessment of the Dysexecutive Syndrome: BADS)의 하위 검사로서(Wilson et al., 1996), 20개 문항의 설문지(DEX)를 통해 정서 및 성격, 동기, 행동, 인지 변화 등 4개 영역을 평가한다. 두 유형의 설문지에는 환자가 작성하는 것(DEX)과 측근, 특히 매일 접촉하는 사람이 작성하는 것(DEX-R)이 포함된다. Bennett 등(2005)의 연구에서 신경심리학자와 작업치료사가 평가한 DEX 척도는 집행기능 검사 결과와 밀접한 반면, TBI 환자 및 그 가족이 작성한 척도는 그렇지 않았다. 따라서 임상가는 DEX의 시행 시기와 작성자를 결정하는 데 신중해야 한다.

쇼핑, 일, 집단 내 대화 등의 일상생활로 복귀하기 전까지는 어려움이 잘 드러나지 않으므로, 여기에서 제시되는 평가도구는 주로 아급성기 및 만성기 회복 단계에 가장 적합하다. 또한 집행기능장애의 중증도 및 수준은 개인 차이가 매우 크고, 손상 정도뿐 아니라 발병 전 지능, 동기, 과제의 특성에 따라 다르다(Shallice & Burgess, 1991). 중증도가 심하지 않으면 이전에 습득한 일상 행동을 정상적으로 수행하고 기본 기술이 보존된다. 그러나 자발적으로 집중하고 새로운 상황에 대응하기가 어려울 수 있다. 결함이 더 확대되면 모든 행동에 영향을 미친다.

의사소통과 집행기능 간의 관계가 명확해 평가 시 다양한 이론적 접근법이 적용되었다. 이러한 복잡성으로 인해 언어병리학과 신경심리학 간의 중복이 크기 때문에 다학문적 접근법이 개발되었다. 지난 10년간 개발된 평가는 혁신적이고 일상생활 맥락을 반영함으로써 다음과 같은 최신 기술을 발전시켰다. ① 가상 현실(예: 가상 다중 심부름 검사[the Virtual Multiple Errands Test: VMET])의 사용(Rand et al., 2009), ② 사회적 상호작용의 복잡성에 대한 강조(사회적 추론인식 검사[the Awareness of Social Inference Test]; McDonald, Flanagan, & Rollins, 2002), ③ 후천성 뇌손상으로 인한 미묘한 인지-의사소통장애의 평가(구어 추론 및 집행 전략 기능 평가[the Functional Assessment of Verbal Reasoning and Executive Strategies: FAVRES]; MacDonald, 1998)가 있다.

### (1) 가상 다중 심부름 검사(The Virtual Multiple Errands Test)

이 검사는 다중 심부름 검사(Multiple Errands Test: MET; Alderman et al., 2003; Burgess et al., 2006; Knight, Alderman, & Burgess, 2002)에서 발전했다. 실제로 쇼핑몰이나 병원 환경에서 실시되며, 다양한 과제, 준수해야 할 규칙, 규정된 시간 구조를 지켜야 한다. 예를 들어, MET은 다음의 6개 항목을 준수해야 한다.

- 생수 1병 사기
- 커피숍에서 냅킨 가져오기
- Kit-Kat 초콜릿바 사기
- FOX 상점에서 당신을 기다리는 봉투를 찾아 요구사항을 수행하기
- 상점 중 하나에서 방문 카드 가져오기
- 오렌지 주스 1병 사기

그러고 나서 지켜야 할 규칙(예: "같은 가게에 두 번 이상 들어갈 수 없고, 한 상점에서 2개 이상의 물건을 살 수 없다.")이 주어진다. 마지막으로, 미리 정한 위치에서 특정 시간에 평가자와 만나야 한다. 평가자는 쇼핑몰에서 피검자를 따라다니며 실수를 기록하고, 비효율성, 규칙 위반, 부분적이거나 완전한 실수 등의 행동을 채점한다. MET는 DEX(Alderman et al., 2003)의 항목과 대부분 중간 정도의 상관성이 있어 생태학적 타당도가 검증되었다. MET의 단점은 평가 시간이 길고, 피검자의 독립 보행이 가능해야 한다는 것이다.

Rand, Katz, Weiss(2007)는 단점을 보완하기 위해 가상현실 기술을 이용한 가상 쇼핑몰을 제작했다. 가상몰(VMall)은 대형 슈퍼마켓이 포함된 기능적 가상 환경으로, 후천성 뇌손상 환자가 쇼핑하기 등의 복잡한 과제를 수행하도록 고안되었다(Rand et al., 2007). 뇌졸중과 정상 노인군에서 VMET은 MET와 중간 정도의 상관성을 보였으나(Rand et al., 2009), 추가적인 심리 측정이 필요하다. 뇌졸중 환자는 계획 세우기의 문제, 다중 작업의 어려움, 실수에 대한 인식의 부족 등을 보이며, 이는 실제 쇼핑몰과 VMall에서 모두 유사하게 나타났다. 이는 집행기능장애 평가에 유용하게 활용될 수 있다. 가상현실 기술의 지속적인 발달로 치료실에 있는 후천성 뇌손상 환자가 다양한 의사소통 상황에 참여할 수 있다. 그러나 현재의 VMall에서는 실제 상황의 상호작용이 반영된 의사소통 상호작용이 유발되지 않는다. 가상현실 플랫폼은 쇼핑을 구조화하고 계획하는 능력, 배경 음악이나 공지 등의 방해 요인에 대한 반응만 평가할 수 있다.

### (2) 사회적 추론인식 검사(The Awareness of Social Inference Test: TASIT)

집행기능장애는 사회적 의사소통 기술에 영향을 미친다. 사회적 의사소통은 추론, 요구의 이해와 표현 등 복잡한 구성 요소를 포함한다(McDonald, 1992, 1993; McDonald & Pearce, 1996, 1998; Pearce, McDonald, & Coltheart, 1998; Turkstra, McDonald, & Kaufman, 1995). TBI는 개별적 화행(speech acts)에 따라 생성된 대화적 추론을 잘못 이해하는 경향이 많다. 이는 언어 수행력이 비교적 정상임을 감안할 때 추론의 생성에 필요한 맥락 정보를 활용하기 어려운 데 기인한다. 그러나 관련된 맥락 단서의 특징, 맥락 단서에서 처리되기 어려운 부분 등은 명확하지 않다(McDonald, 2000).

개념의 형성 및 억제와 관련된 집행기능은 비언어를 해석할 수 있는 능력과 상관성이 있다(Martin & McDonald, 2006). 풍자(McDonald, 2007; McDonald & Pearce, 1996), 단서 사용(McDonald & Sommers, 1993)을 통해 대화의 화자가 간접적인 맥락 정보를 인식하는 방법이 연구되었고, 최근에는 TBI 환자의 마음이론(Bibby & McDonald, 2005; Martin & McDonald, 2005)이 제기된 바 있다. 전두엽은 일상적이고 습관적인 반응을 억제하여 새 자극에 적절히 반응하도록 집행 처리를 제어하므로, 손상될 경우 풍자를 잘 이해하지 못한다. 이러한 처리가 손상되면 자극에 얽매이거나 습관에 따라 자동적으로 반응한다. 주어진 정보의 가장 구체적인 측면에만 집중하고 이러한 특징에 일상화된 방식으로 반응하는 경향을 제어할 수 없기 때문에, 언어의 의미 추론을 이해하는 능력이 떨어진다. 따라서 대안적인 의미나 연상을 해석할 수 없다(McDonald & Pearce, 1996). McDonald와 Pearce(1996)는 10명의 TBI 환자가 일관적인 구어 교환과 달리 모순적인(풍자적인) 구어의 교환을 이해하지 못했다고 보고했다. 추론을 이해하려면 풍자적 언어에서 글자 그대로의 의미는 거부되어야 한다. 또한 마음이론은 타인의 정신 상태를 판단하는 능력으로, 타인의 행동 방식을 해석하고 예측하는 능력을 뒷받침한다. 전통적으로 마음이론은 '거짓 신념' 및 복잡한 이야기 과제로 평가하는데, 이야기에 묘사된 이들의 믿음에 관한 개념이나 그림 정보를 피검자가 어떻게 사용하는지 살펴본다. 마음이론은 TBI의 전두엽 손상과 함께 활발히 연구되었으나, 단일한 능력이 아니다. 전통적 이야기 과제는 마음이론이 아닌 추론적 유추(Bibby & McDonald, 2005) 및 인지적 유연성(Henry et al., 2006)과 연관된다. 그럼에도 불구하고 심도의 TBI는 타인의 정신 상태를 추론하는 데에 어려움이 있다(Bibby & McDonald, 2005).

이에 근거해 McDonald와 동료들은 사회적 지각을 평가하는 시청각적 임상 도구인 TASIT를 개발했다(McDonald et al., 2002). 검사의 1부는 감정 인식을 평가하고, 2부와

3부에서는 글자 그대로의 의미(즉 진실과 거짓)와 비문자적 의미(즉 풍자)를 포함한 대화 이해 능력, 화자의 생각 · 의도 · 감정에 대한 판단 능력을 확인한다. 집행기능의 하위 검사인 2부와 3부는 두 배우의 간단한 대화로 구성된 비디오 영상을 제시한다. 2부(Social Inference-Minimal)에는 15개의 장면이 있는데, 글자 그대로의 의미를 지닌 대화 내용, 유사하지만 풍자적인 스크립트, 역설적인 스크립트(즉 비꼬고 있다는 것을 이해하면 의미가 통함)가 각각 5개씩 포함된다. 말 그대로이다. 각 장면을 본 후 화자의 ① 감정, ② 신념, ③ 의도, ④ 의미에 관한 질문에 대답해야 한다. TASIT(Social Inference-Enriched)의 3부는 16개 장면으로 구성되며, '장면 설정'을 위해 대화 전후에 추가 정보를 제공한다. 예를 들어, 두 동료는 주말 파티가 매우 무서웠다고 서로에게 말한다. 이어지는 장면에는 파티가 성공적이었다고 말하는 파티 주관자가 등장한다. 장면 도중 스크립트는 사교적인 거짓말로 연기되고 나쁜 상황을 최대한 활용하며, 나머지 부분에서는 풍자적으로 연기한다. 2부와 마찬가지로, 각 장면에 대한 4개의 질문을 통해 해석 능력을 평가한다.

TASIT는 사회적 의사소통 기능을 평가하는 데 있어 큰 의의가 있다. 이는 TBI(McDonald et al., 2008), 조현병(Rankin et al., 2009), 행동 변이형 전두측두치매(bvFTD), 알츠하이머병(Kipps et al., 2009) 등에 민감하다. 또한 신뢰도과 타당도가 검증된 정신 측정의 속성이 충분하며(McDonald et al., 2006), 대안적 형태로도 사용할 수 있다.

### (3) 구어 추론 및 집행 전략 기능 평가(The Functional Assessment of Verbal Reasoning and Executive Strategies: FAVRES)

FAVRES는 뇌손상 환자를 위해 특별히 고안된 평가도구로(MacDonald & Johnson, 2005), 후천성 뇌손상(ABI)의 동반 유무에 따라 수행을 변별하며 신뢰도가 높은 평가 방법이다(MacDonald & Johnson, 2005). 일상생활의 의사소통 상황에서 집행기능을 평가한다는 점에서 의의가 있다. 일상생활을 시연하는 4개의 기능적 과제에는 사건 계획하기, 근무 일정 짜기, 결정하기, 문제해결을 위한 사례 구축하기가 포함된다. 집행기능을 종합적으로 평가할 수는 없으나, 시연된 실제 환경에서 집행기능이 발휘되도록 유도한다. 예를 들어, 하위 검사 중 사건 계획하기는 특정 규칙이 있는 사교 행사를 선택하도록 되어 있다. 일정 짜기는 중요한 일과를 한정된 시간에 따라 나열 및 구조화한 후 우선순위를 정하는 과제로, TBI 환자의 직장 복귀 여부를 판별하는 가장 강력한 검사이다(Isaki & Turkstra, 2000).

## 2) 의사소통 및 집행기능 평가를 위한 비표준화 접근법

이 장에 제시된 평가도구들은 모두 집행기능과 의사소통 기능의 일부 측면에 대한 표준화 검사이다. 그러나 우리는 타인과의 상호작용에서 항상 집행기능을 사용하므로, 집행기능장애가 이 같은 맥락에 미치는 영향을 평가해야 한다. 관련된 연구가 미미한 실정이나, 실제 의사소통 환경에서 집행기능을 평가하는 틀이 제공되기도 했다. 이 중 Ylvisaker와 동료들(Ylvisaker & Feeney, 1998)이 제시한 '공동 맥락 가설 검사(collaborative contextualized hypothesis testing)'와 '일반적 행동 관찰 양식(General Behavioral Observation Form; Hartley, 1995)'을 살펴보고자 한다.

### (1) 공동 맥락 가설 검사

공동 맥락 가설 검사는 다소 어려워 보이나, 일상생활의 사회적 맥락에서 어려움을 겪는 개별적인 원인을 파악한다. 예를 들어, 본문을 읽고 내용에 대한 질문에 잘 대답하지 못하면 집행기능장애를 포함한 여러 가지 이유를 가정할 수 있다(〈표 15-1〉).

〈표 15-1〉 읽기 과제에서 어려움을 보이는 이유에 관한 가설들

| 집행기능 | 근원적인 문제들 |
|---|---|
| 주의력 | 지속주의력의 부족, 주의산만/약한 필터링, 주의력을 분리하지 못함, 과제 전환의 어려움 |
| 지남력 | 과제에 대한 불분명한 지남력 |
| 작업기억 | 과제의 지시, 읽기 전략, 문단의 정보 등을 저장할 작업기억 공간의 부족 |
| 자기 모니터링 | 과제의 어려움 및 전략적 노력의 필요성을 인식하지 못함 |
| 조직화/통합 | 텍스트·세부 정보의 상호관계, 텍스트와 질문의 상관성을 이해하고 체계적으로 대답하기 위해 정보를 조직화하기가 어려움 |

Coelho, C., Ylvisaker, M., & Turkstra, L. S. (2005). Nonstandardized assessment approaches for individuals with traumatic braininjuries. *Seminars in Speech & Language* (4), 223-241. 인용.

이는 어려움에 대한 이유들 중 일부에 불과하다. 시력, 기억력, 정보 처리 속도, 언어, 행동 등의 문제도 해당된다. Ylvisaker와 Feeney(1998)는 가설의 검증이 가족 및 전문가 팀의 모든 구성원과 협력적으로 수행하는 역동적 과정이라고 강조했다. 이는 개인의 삶에서 발생할 수 있는 실제 맥락에서 가장 잘 실행된다. Ylvisaker에 따르면, TBI 이후에

는 표준화되고 구조화된 평가의 수행력이 양호하더라도 일상생활 활동에서 어려움이 있으므로 평가 시 이를 고려해야 한다. 뇌손상의 결과가 수개월이나 수년간 드러나지 않을 수 있기 때문에 지속적인 평가가 이루어져야 한다.

### (2) 일반적 행동 관찰 양식

일상생활 맥락에서 의사소통을 평가하기는 어렵다. 특정 행동의 관찰을 단순화하는 해결책 중 하나가 체크리스트이다. 일반적 행동 관찰 양식은 주의력, 집행기능/메타인지, 처리 및 반응 속도, 정서 통제, 의욕, 동기, 기억 등의 인지기능을 평가한다(Hartley, 1995). 평가자는 해당 기능이 '정상 범위 내', '판단 불가', '필요한 영역' 중 어느 수준인지를 판단한다. '집행기능'의 하위 검사는 다음과 같다(Hartley, 1995).

- 결함/오류에 대한 인식
- 목표 확인 능력
- 전략의 자발적 사용
- 사용된 전략에 대한 인식
- 피드백의 수용/사용 능력
- 오류의 자가 수정
- 과제 전환의 유연성
- 노력/협력 수준

Coelho 등(2005)은 TBI의 비표준화 평가인 공동 맥락 가설 검사는 행동적 중재를 계획하고 환자를 지원하는 데 활용되어야 한다고 권고했다. 체크리스트는 안면 타당도와 내용 타당도가 검증되었으나 지속적인 연구가 필요하다(〈표 15-2〉).

〈표 15-2〉 집행기능 평가 요약

| | |
|---|---|
| ANCDS가 권고한 표준화 평가 | • American Speech-Language-Hearing Association Functional Assessment of Communication Skills in Adults(ASHA-FACS)<br>• Behavior Rating Inventory of Executive Function(BRIEF)<br>• Communicative Activities of Daily Living(CADL-2)<br>• Functional Independence Measure(FIM)<br>• Repeatable Battery for the Assessment of Neuropsychological Status (RBANS) |

| | |
|---|---|
| | • Test of Language Competence-Extended(TLC−E)<br>• Western Aphasia Battery−R |
| 일상생활 맥락에서의 집행기능 및 의사소통 평가 | • Virtual Multiple Errands Test(VMET)<br>• The Awareness of Social Inference Test(TASIT)<br>• Functional Assessment of Verbal Reasoning and Executive Strategies (FAVRES) |
| 의사소통 및 집행기능에 대한 비표준화 평가 | • Contextualized hypothesis testing<br>• General Behavioral Observation form |

## 4. 의사소통 향상을 위한 집행기능 치료

집행기능장애가 의사소통 행동에 미치는 영향 및 관련 임상 집단에 대해서는 제11장에서 논의한 바 있다. 본 장에서는 집행기능장애의 중재법을 간략히 소개하고, 경험적 연구를 통해 집행기능장애에 따른 의사소통 기능, 의사소통에 기반한 일상생활 행동 등에 미치는 영향을 살펴본다.

의사소통의 향상을 목표로 한 집행기능 치료는 비교적 새로운 분야이다. 전술한 바와 같이, 평가도구가 개발되고 이론적으로 발전하면 치료에 대해 논의하게 된다. Kennedy와 동료들(2008)은 5회의 무작위 대조시험(RCT) 치료 등 엄격한 기준을 충족시킨 15개의 연구를 통해 TBI의 문제해결, 계획, 구조화, 다중과제와 관련된 집행기능 중재를 살펴보았다. 집행기능의 목표는 연구마다 다양했는데, 문제해결 과제는 피검자가 실제적으로 예측하거나 수행을 스스로 모니터했다(예: Cicerone & Giacino, 1992). 환경과 중재 목표(예: Levine et al., 2000), 중재 시간(Fasotti et al., 2000), 기능적으로 복잡한 과제의 시작 및 후속 단계의 체계적 구조화(예: Turkstra & Flora, 2002) 등을 목표로 삼기도 했다. 또한 전략적 사고가 필요한 문제 중심 활동에서 감정을 스스로 조절하거나, 언어적 추론을 통해 전략적으로 문제를 해결하는 훈련도 포함되었다(Marshall et al., 2004).

집행기능장애의 접근법은 크게 두 유형으로 분류된다. 첫 번째 접근법은 다양한 메타인지 전략을 통해 TBI 환자가 스스로 행동을 조절하는 훈련이다.

메타인지 접근법은 다음과 같다.

- 문제해결 및 인식 훈련
- 목표 달성 측정
- 시간 압박 중재
- 구어적 자기 지시
- 전략적 사고 훈련

두 번째 유형은 약리학적 중재로서 아직 검증되지 않은 방법이다.

무작위 대조 연구나 구조화된 단일 사례 실험 연구에서 검증된 치료법의 증거 기반을 평가했다. PsycBITE(www.psycbite.com)에서 연구 요약, 방법 및 결과에 대한 설명, 재활 프로그램의 개요 등을 다운로드할 수 있다(Tate et al., 2007). 연구 방법의 질적 척도를 명시하기 위해 집단 비교 연구의 PEDro 점수(Maher et al., 2003) 및 단일 사례 실험의 SCED 점수(Tate et al., 2008)가 제시되었다. 이 수치를 통해 연구 설계 내 편견의 위험 정도를 파악한다. 이는 치료의 가치가 아닌 연구 결과의 견고함을 나타낸다. 여기서는 5/10점 이상의 PEDro 및 SCED 점수를 획득한 연구만 포함되었다.

## 1) 메타인지 전략 지도 접근법

메타인지 전략 지도 접근법(meta-cognitive strategy instruction: MSI)은 단계적 절차를 훈련하여 문제해결, 계획, 조직화를 향상시키는 방법이다. 전략적으로 사고하면서 복잡한 과제를 여러 단계로 나누어 스스로 행동을 조절하도록 직접적인 지시를 사용한다(Ehlhardt et al., 2005). 행동을 조절하기 위해서는 적절한 목표의 확인, 활동 전 수행의 예측, 보편적인 예측에 근거한 해결책의 확인, 수행의 모니터링, 달성하지 못한 목표에 대한 행동의 변경 등이 가능해야 한다(Kennedy et al., 2008). 여기서는 뇌손상 환자의 문제해결 양상에 중점을 둔 초기 연구들을 살펴보고자 한다.

### (1) 문제해결 치료

1991년 von Cramon과 동료들이 실시한 연구는 문제해결에 결함이 있는 37명의 피검자에게 60주 동안 25회기의 문제해결 훈련(PST; $n=20$)이나 유사한 강도 및 기간의 기억 훈련(MT; $n=17$)을 무작위로 배정해 실시했다(von Cramon et al., 1991). PST에서는 문제 및 해결 방법을 확인하고 그 장단점을 살펴본 후 수행을 모니터했다. MT보다 PST를 통해 계획 과제와 표준화 검사의 수행력이 더 향상되었다. Kendall과 동료들은 D'Zurilla과 Goldfried(1971)의 사회적 문제해결 모델을 기초로 Von Cramon의 연구를 확장시켰다 (Kendall et al., 1997). 사회적 문제해결은 다음의 네 가지 기술로 구성되고 개념화된다.

1. 문제의 정의 및 목표 설정
2. 대안적 해결 방법의 도출
3. 적절한 해결 방법의 선택
4. 해결 방법의 실행 및 검증

Kendall과 동료들은 15명의 TBI 및 통제 집단을 대상으로 사회적 문제해결 기술을 측정하는 비디오 평가 과제를 개발하고, 사회적 문제해결 도구(the Social Problem Solving Inventory; Bellack et al., 1994)를 실시했다. 통제군에 비해 TBI 환자는 사회적 문제를 인식하고 정의하며, 다양한 해결 방법을 생성하는 능력이 낮았는데, 비디오 과제에서만 이러한 차이를 보였다. 즉 사회적 문제해결 치료는 문제해결의 초기 단계(사회적 문제의 식별 및 이해, 다양한 해결 방법의 생성)에서 더 유용하다.

Miotto와 동료들은 문제 인식, 모니터링, 평가 훈련을 보다 확장시킴으로써 문제가 일상생활에 미치는 영향을 인식하고 이해하는 데 목표를 두었다. 두 통제군에 대한 교차 연구에서는 주의력 및 문제해결 재활 집단(Attention and Problem Solving Rehabilitation Group: APS)의 주의력과 문제해결 능력을 향상시키는 훈련을 시행했다(Miotto et al., 2009). 30명의 참가자는 ① APS 집단, ② 뇌손상에 대한 교육 책자 및 인지 훈련에 대한 설명이 제공되는 정보 및 교육 집단, ③ 정기적인 재활 프로그램에 지속적으로 참여하는 전통적 치료 집단 중 하나에 배정되었다. 치료 전 10주간 주 1회씩 치료한 후 6개월 경과 시점에서 DEX, 수정된 다중 심부름 과제, 종합 신경심리 평가를 시행했다. APS 집단은 첫 4주간 주의력에 중점을 두었고, 나머지 6주는 주의력 및 문제해결 구조(the Attention and Problem Solving Framework; [그림 15-1] 참고)를 활용해 문제해결 기술을 훈련했다. 이는 정신 상태 점검/목표 관리 규칙을 개발해 문제를 해결(충동 감소)하고 목표 달성을 관리/모니터하는 체계적 접근법이다. 일상생활의 문제를 자기 모니터링 기록지에 기록한 후 충동적 행동을 억제하기 위해 "멈춰: 생각해!"라는 자기 지시 전략을 사용했다([그림 15-1]). 가상의 일상생활 문제에서 훈련을 시작해 마지막 단계에서는 문제해결 구조를 통해 치료실 밖의 일과 활동을 계획하고 실행한다. 치료 후 APS 집단은 집행기능이 부분적으로 향상되었고, 일상의 실제 활동으로 일반화되었다.

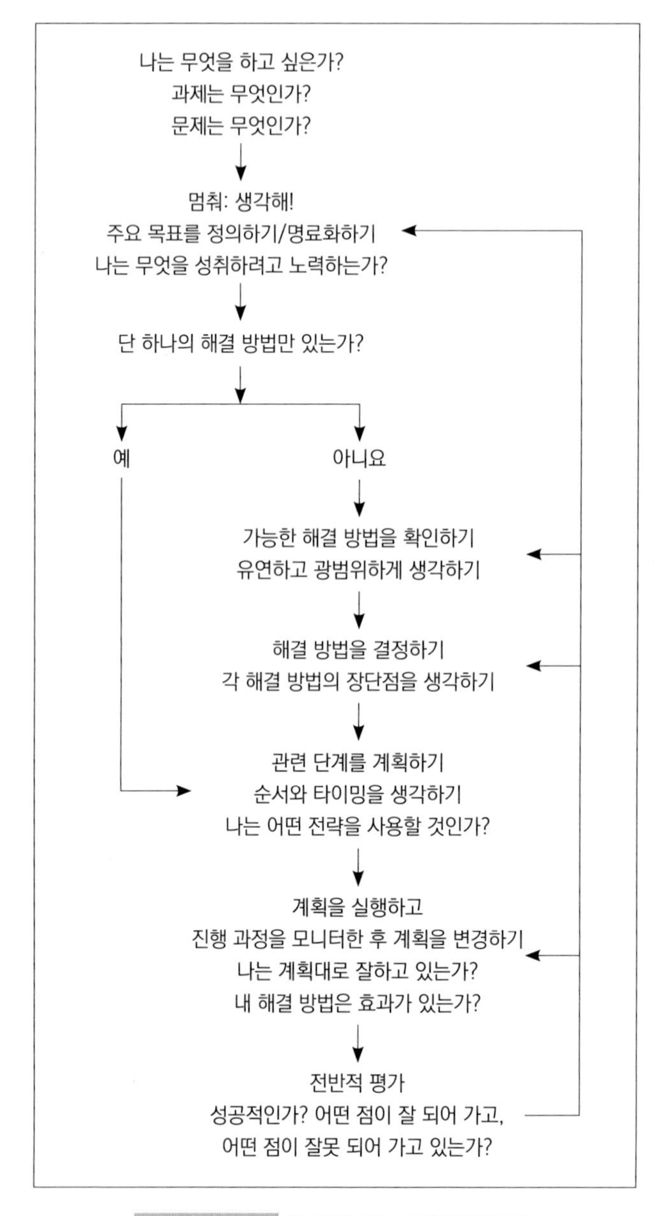


그림 15-1 주의력 및 문제해결 구조

Miotto, E. C., Evans, J. J., Souza de Lucia, M. C., & Scaff, M. (2009). Rehabilitation of executive dysfunction: A controlled trial of an attention and problem solving treatment group. *Neuropsychological Rehabilitation: An International Journal, 19*(4), 517–540.

### (2) 목표 달성 척도(〈표 15-3〉)

〈표 15-3〉 목표 달성 척도(GAS) 치료 연구

| WEBB & GLUECKAUF(1994), *REHABILITATION PSYCHOLOGY 39*(3), 179–188. | PEDro 점수–5/10<br>등급 I 증거 |
|---|---|
| **방법/결과** | **재활 프로그램** |
| **설계** | **목표** |
| • 연구 유형: 무작위 대조시험(RCT)<br>• 대상자: TBI로 진단 받은 성인 16명(GOAT ≥80), 남성 88%, M=27.4년(1.9)<br>• 집단: 목표 설정 참여 수준에 따라 두 집단으로 분류<br>1. 높은 참여(HI)<br>2. 낮은 참여(LI) | 목표 준비에 참여하는 수준이 재활 결과에 미치는 영향을 파악한다. |
| **환경** | **자료** |
| 입원 재활 /지역사회 환경<br>주요 결과 평가<br>• 목표 달성 척도<br>이차 결과 평가<br>• 없음 | 목표 블록, 특정 목표 워크시트<br>치료 계획<br>• 기간: 8주(총 8시간)<br>• 절차: 주당 1회기(1시간)<br>• 내용: 치료는 세 부분으로 구성<br>1. 오리엔테이션: 두 집단은 목표 설정 과정에 대한 세부적인 설명을 들었다. 그러나 LI보다 HI 집단에서 더 많이 입력될 것으로 예상된다.<br>2. 목표 설정: 참가자가 목표에 대한 우선순위를 결정한 후(HI는 나무 블록, LI는 종이 위), 목표를 행동적으로 실행하고 성과를 평가한다.<br>3. 목표 모니터링: HI 집단은 목표를 검토하고, 진행을 모니터링 및 평가한다. 목표 추적 일기 등의 평가 기법을 학습한다. LI 집단은 목표를 모니터하나, 이 기법을 사용하지 않는다. |
| **결과** | |
| 두 집단 모두 치료 전후 평가에서 수행력이 향상되었으나, HI와 LI 집단 간에 유의미한 차이는 없었다. 그러나 추적 관찰 시 LI 집단은 치료 이전 수준으로 회귀한 반면, HI 집단은 더 많은 목표를 유지했다(집단 간 통계 분석). | |

목표 달성 척도(Goal Attainment Scaling: GAS) 기술은 메타인지 전략 훈련 중 하나이다(Kiresuk & Sherman, 1968). 이는 개발된 지 40년이 지났으나, 재활시설에서 여전히 활용되고 있다(Schlosser, 2004). GAS의 단계는 다음과 같다(Kiresuk & Sherman, 1968). ① 목표를 구체적으로 정하기, ② 우선순위에 따라 각 목표에 가중치를 부여하기, ③ 가능한 결

과를 연속선상에서 구체화하기[예상한 최악의 결과(−2), 예상 이하의 결과(−1), 예상한 결과(0), 예상 이상의 결과(+1), 예상한 최고의 결과(+2)], ④ 현재 또는 초기 성과를 결정하기, ⑤ 특정 기간 동안 개입하기, ⑥ 각 목표에서 달성된 성과를 결정하기, ⑦ 달성 정도를 평가하기. 이 접근법에 따라 8명의 TBI 환자에게는 목표 설정에 대한 '높은' 참여를 강조하는 프로그램이 적용되고, 다른 8명의 TBI 환자는 목표의 진행을 모니터했다('낮은' 참여 조건) (Webb & Glueckauf, 1994). '높은 참여' 조건의 집단은 '목표 정의의 예시' 워크시트, 목표 진행의 지각 및 달성 평가에 중점을 둔 2개의 워크시트로 GAS 절차를 학습했다. 두 집단은 모두 목표 설정 능력이 향상되었으나, 치료 후 2개월 경과 시점에서는 '높은' 참여 집단의 수행력이 더 양호했다. 즉 능동적 자기 모니터링과 GAS를 완료하는 데 필요한 자기 통제 능력이 유지되었다. 목표의 본질은 제시되지 않았으나, 이에 활용된 중재 원리는 뇌손상으로 인한 후천성 의사소통장애에 쉽게 적용될 수 있다.

### (3) 시간 압박 관리(〈표 15-4〉)

시간 압박 관리(Time Pressure Management: TPM)는 일상적인 의사소통에 어려움이 있을 때 실시하는 집행기능 치료법 중 하나이다. Fasotti와 동료들(2000)은 '집중 치료(concentration therapy: CT)'와 비교해 TPM의 효과를 확인했다. ABI의 TPM 치료에서는 당면 과제를 처리할 시간을 스스로 충분히 할당하도록 학습하므로, 대화하기 등의 일상생활 과제에서 시간 압박을 예방하거나 관리할 수 있다. 이는 비디오 녹화를 보고 가능한 많이 기억하도록 구성되어 있다. Fasotti와 동료들은 22명의 TBI 환자를 TPM나 CT 집단에 무작위로 배정했다. TPM 치료는 다음의 주요 단계를 거친다. ① 스스로 장애를 인지하고 정보 처리 속도를 늦춘다. ② '나 자신에게 충분한 시간을 주자'는 인지 전략을 훈련한다. 이에는 다음의 4단계 자기 지시가 포함된다.

1. 당면한 시간 압박을 인식하기
2. 가능한 한 시간 압박을 많이 예방하기
3. 가능한 한 빨리 시간 압박을 다루고 스스로 모니터하도록 격려하기
4. 방해 요인이 많은 복잡한 조건에서 TPM를 훈련함으로써 전략을 적용하고 유지하기

〈표 15-4〉 시간 압박 관리 치료 연구

| *REHABILITATION, 10*(1), 47–65.<br>FASOTTI, KOVACS, ELING, & BROUWER (2000) NEUROPSYCHOLOGICAL *REHABILITATION, 10*(1), 47–65. | PEDRO 점수–5/10<br>등급 I 증거 |
|---|---|
| **방법/결과** | **재활 프로그램** |
| **설계** | **목표** |
| • 연구 유형: 무작위 대조시험(RCT)<br>• 대상자: *n*=22(남성 68%, 처리 속도가 느린 심도에서 최심도 TBI, 18~45세) | 느린 처리 속도를 보완하기 위해 TPM 기술을 학습함으로써 정보 처리 능력을 향상시킨다. |
| **집단** | **자료** |
| 1. 실험 집단–TPM(*n*=12, M=26.1년, SD=8.1)<br>2. 통제 집단–CT(*n*=10; M=30.1년, SD=5.5) | 1~4분의 짧은 이야기가 녹화된 9개의 비디오테이프, 비디오 플레이어, TV, 카세트 녹음기, 녹음된 라디오 방송(예: 음악, 뉴스) 및 오디오테이프, 전화 |
| **환경** | **치료 계획** |
| 언급되지 않음 | • 기간: 2~3주(평균 훈련 시간 7.4시간)<br>• 최대 3회기/주, 1시간/회기 |
| **주요 결과 평가** | **내용** |
| • 새로운 이야기 과제를 수행할 때 전략 사용을 평가하는 관찰 체크리스트<br>• 아래 평가를 포함한 기억력, 주의력, 반응시간에 대한 신경심리학적 평가<br>– Rey 15 word test<br>– Rivermead Behavioural Memory Test<br>– PASAT<br>– Auditory Concentration Test<br>– Visual reaction time measures | • 실험 집단:<br>Ylvisaker 등(1987)과 Meichenbaum(1977, 1980)의 모델에 근거해 9개의 짧은 이야기로 TPM 전략을 훈련한다(예: 시나리오 제시 – "당신이 낯선 마을의 철도역 밖에 있는데, 행인에게 여행자 안내소로 가는 길을 물어야 한다고 상상해 보세요." 비디오테이프는 누군가 길을 알려 주는 장면을 보여 줌. 환자는 가능한 한 많이 반복함).<br>자기 지시 방법을 3단계 전략으로 훈련한다.<br>1. 오류와 결함을 인식하기(피드백 제공)<br>2. TPM 전략의 4단계를 수용하고 학습하기<br>3. 보다 어려운 상황(예: 방해 요인이 더 많은 환경)에서 적용하고 유지하기<br>치료는 시간 압박 및 과제 수행에 미치는 부정적 영향에 초점을 둔다.<br>• 통제 집단:<br>9개의 동일한 이야기를 활용하며, 정보 회상을 위해 4개의 보편적인 제안이 주어진다. |
| **이차 결과 평가** | |
| • 심리사회적 안녕 설문 및 일반 행동 검사 | |
| **결과** | |
| 두 집단 모두 치료 전후 평가에서 수행력이 향상되었으나, HI와 LI 집단 간에 유의미한 차이는 없었다. 그러나 추적 관찰 시 LI 집단은 치료 이전 수준으로 회귀한 반면, HI 집단은 더 많은 목표를 유지했다(집단 간 통계 분석). | |

집중 그룹은 다음의 4단계 자기 지시를 사용해 비디오를 본 후 기억한다.

1. 이야기의 주요 주제에 집중하고 기억하세요.
2. 주변 환경의 불필요한 소리에 산만해지지 마세요.
3. 불필요한 생각 때문에 산만해지지 마세요.
4. 들은 것을 상상해 보세요.

두 집단은 모두 훈련 후 수행력이 향상되었으나, TPM 집단이 문제해결 방법을 확인하는 데 더 많은 단계를 사용했고 표준화 검사 점수가 더 높았다. 이러한 진전은 6개월이 지난 후에도 유지되었다.

이 연구들은 자기 모니터링, 성과에 대한 자기 기록, 목표 기반의 전략 결정, 자체 평가나 외부 피드백에 근거한 수행의 조정 또는 수정 등 유사한 요소를 사용해 문제해결을 치료했다. Kennedy 등(2008)은 이에 기초해 청장년층 TBI를 위한 임상 표준으로서 문제해결, 계획, 조직화 기술을 개선하는 MSI를 권고했다. 또한 이러한 증거는 미국신경학회(the American Academy of Neurology)가 권고한 최소한의 요구사항을 충족시켰다고 보고했다. Kennedy 등(2008)에 따르면 MSI 치료를 종료한 후의 유지 효과를 뒷받침할 만한 증거는 거의 없으나, 세 유형의 RCT(Fasotti et al., 2000; Rath et al., 2003; Webb & Glueckauf, 1994)는 충분히 검증되었다.

### (4) 구어 자기 지시(Verbal Self-Instruction) (〈표 15-5〉)

구어 자기 지시는 계획화와 조직화를 향상시키는 전략이다(Cicerone & Wood, 1987, Turkstra & Flora, 2002). Turkstra와 Flora(2002)는 상담사로 직장에 복귀하기를 원하는 TBI 환자를 대상으로 단계별 조직 전략과 역할극 활동을 실시했다. 이들은 고객과 면담하면서 기록하고 보고서를 작성할 때 어려움이 있었다. 운반구와 S.O.A.P. 구조, 즉 (S) 인터뷰 대상자의 주관적 의견, (O) 객관적 자료, (A) 평가 결과서, (P) 다음 회기 계획을 학습하는 것은 내담자의 말을 주의 깊게 듣고 메모와 사례 보고서를 작성하는 데 유용했다. 치료 이후 메모 및 보고서의 작성과 효율성이 향상되어 상담사로 취업할 수 있었다.

〈표 15-5〉 구어 자기 지시 치료 연구

| TURKSTRA & FLORA (2002) *JOURNAL OF COMMUNICATION DISORDERS, 35,* 467−482. | SCED 점수−5/10<br>등급 III 증거 |
|---|---|
| **방법/결과** | **재활 프로그램** |
| 설계 | 목표 |
| • 연구 유형: 단일사례 설계(SSD); 치료 전후(A−B) 단일사례 설계<br>• 대상자: $n$=1, 26세에 심한 TBI에 의한 다발성 TBI로 진단 받은 A. P.; 혼수 기간=1주; 중증도 5의 심도 기억력 및 집행기능 장애; 외상 후 경과연수=23. 49세의 A. P.는 집행기능장애로 인해 상담사 업무에 어려움을 겪고 있었다. | 메모 쓰기와 보고서 작성의 정확성을 증진한다.<br><br>**자료**<br>펜, 종이, 노트북, 사례를 위한 역할극 자료<br><br>**치료 계획**<br>• 기간: 10주간 1시간씩 총 21회기<br>• 절차: 5분의 대화, 5분의 받아쓰기, 50분의 보고서 작성으로 구성된 회기 |
| 환경 | 내용 |
| 지역사회 환경<br><br>**목표 행동 평가**<br>• 보고서 작성의 정확성<br>• 보고서를 쉽게 작성하는지에 대한 자기보고의 수준<br>• 경쟁적 취업의 성공<br><br>**통제 결과 평가**<br>• 철자의 정확성<br>• 담화의 응집력<br><br>**결과**<br>A. P.는 사실을 더 정확하게 보고하고 불필요한 정보를 삭제하여 효율성을 높이는 절차를 훈련받았다. 직장 환경이 포함되도록 내용이 수정되었고, 다수의 훈련 후 상담사로 취업했다. | 사례에 대해 들은 후 메모 및 보고를 위해 의료 전문가가 사용하는 S.O.A.P. 형식을 사용하도록 훈련받았다. 이에는 (S) 인터뷰 대상자의 주관적인 의견, (O) 객관적 자료, (A) 평가 결과서, (P) 다음 회기 계획이 포함된다(〈부록 15-1〉 참고). |

### (5) 전략적 사고 치료(〈표 15-6〉)

전략적 사고 치료(Treatment of Strategic Thinking)는 문제를 해결할 때 작동하는 자동적이고 무의식적인 과정이다. 전두엽 손상 환자의 명시적 구어 추론(Fox, Martella, & Marchand-Martella, 1989; Marshall et al., 2004)에 초점을 둔 문제해결 전략이나 TEACH-M이라는 교육용 패키지가 활용되기도 한다(Ehlhardt et al., 2005). 특히 TEACH-M은 특수교육 및 신경심리 재활 연구에 기초한다. 기억력과 집행기능이 심하게 손상된 4명의 환자에게 이메일 과제의 학습과 유지를 촉진하는 다단계 절차를 훈련했다. Ehlhardt 등(2005)의 연구 결과에서 30일 이후 3명의 환자가 과제의 절차를 유지했고, 모든 환자의 비훈련된 인터페이스로 일반화되었다. 또한 모든 환자가 프로그램에 열중했고 프로그램을 추천할 의사가 있다고 밝혔으며, 단계에 대한 임상가의 모델링 및 매주 4~5회씩의 치료가 가장 유용했다고 보고했다.

〈표 15-6〉 전략적 사고 치료 연구

| EHLHARDT, SOHLBERG, GLANG, & ALBIN (2005) *BRAIN INJURY, 19*(8), 569-583. | SCED 점수-8/10<br>등급 III 증거 |
|---|---|
| **방법/결과** | **재활 프로그램** |
| **설계**<br>• 연구 유형: 단일사례 설계(SSD). 치료 후 1개월 경과 시점에서 추적 관찰하여 피험자 간 다중 기초선 설정<br>• 피험자: $n$=4, 병인-TBI, 혼수 기간 > 1개월, 중증도-심도의 기억력 및 집행기능 장애, 외상 후 경과연수=23.3(SD=6.9)<br>1. 피험자 1: 남성, 48세<br>2. 피험자 2: 남성, 27세<br>3. 피험자 3: 여성, 58세<br>4. 피험자 4: 여성, 36세<br>**환경**<br>지역사회 환경: 지역사회 전환 생활 프로그램 및 지원 집단<br>**목표 행동 평가**<br>• 이메일 과제에서 순서대로 완료된 정확한 단계의 수<br>• 이메일 과제에서 순서에 상관없이 정확하게 완료된 단계의 수<br>• 숙달 기준(7/7 단계에서 100% 정확도)에 도달하는 데 필요한 훈련 회기의 수<br>**주요 결과 평가**<br>• 없음<br>**결과**<br>7~15일 내에 100% 정확도로 이메일 인터페이스 사용 절차를 학습했다. 새로운 인터페이스 및 관련 없는 컴퓨터 게임으로 치료 효과가 일반화되었고, 향상된 기술은 1개월 후에도 유지되었다. 자료가 도표로 제시되었으나 통계적으로는 분석되지 않았다. | **목표**<br>기억력 및 집행기능 장애의 절차 기억력을 증진한다.<br>**자료**<br>이메일 인터페이스를 모의 실험하는 컴퓨터 프로그램<br>**치료 계획**<br>• 기간: 7~15일, 총 접속시간은 미지정<br>• 절차: 지정되지 않은 시간의 일일 훈련 회기<br>• 내용: 모의 실험된 이메일 인터페이스를 사용해 4명의 가상 인물(의사, 상담사, 치과의사, 친구)이 보낸 이메일을 읽고 답장하도록 훈련했다. 메시지에는 결제, 약속, 약속 지시, 외출 초대 등 4개 범주가 포함되었다. 훈련 방법(TEACH-M)에서는 과제 분석, 오류 없는 학습, 과제 수행의 지속적 평가, 습득 기술의 누적 검토, 기술의 반복적 연습 등을 강조한다. |

## 5. 약리학적 중재

약리학이 보다 세분화되면서 후천성 뇌손상으로 인한 인지 행동을 관리하는 약물의 효과가 연구되기 시작했다. 브로모크립틴(bromocriptine)의 사용과 위약을 비교한 결과, 약물 치료 집단이 집행기능과 이중과제의 수행에서 유의한 향상을 보였다(McDowell, Whyte, & D' Esposito, 1998). 그러나 메틸페니데이트(methylphenidate; Speech et al., 1993)나 애먼타인(amantadine; Schneider et al., 1999)을 투여한 연구에서는 집단 간의 차이가 없었다. 이와 대조적으로, 세레브로리진(cerebrolysin)을 투약받은 20명의 TBI 중 9명은 주의력, 기억력, 이름대기가 향상되었다(Alvarez et al., 2003).

심도의 만성 TBI 환자 2명은 메틸페니데이트를 투약받은 후 대화 내 보속증이 감소되었다(Frankel & Penn, 2007). 또한 약물 복용 기간 동안 보속증의 감소, 주제 전환 및 대화의 기여도 증가, 재구성 및 작업기억 수행력의 향상 등이 나타났다.

## 6. 결론

후천성 뇌손상은 의사소통 기술을 포함한 일상생활 기능의 모든 측면에 영향을 미친다. 집행기능과 의사소통의 상호작용을 직접적으로 평가하는 검사도구가 부족하나, TASIT, FAVRES 등이 출판되면서 발전하고 있다. 또한 임상가들은 집행기능장애가 일상의 의사소통에 미치는 영향을 인식하고, 일상생활 맥락에 맞게 평가하려고 시도한다. 의사소통 표준화 평가에 의존하면 집행기능의 결함을 잘 판단할 수 없으므로, 잘못된 진단을 내려 부적절한 치료를 권고할 수 있다. 따라서 일상생활과 유사한 상황에서 의사소통을 평가하는 것이 중요하다.

Kennedy 등(2008)은 직간접적으로 의사소통에 중점을 둔 치료를 분석한 후, 계획, 문제해결, 구조화에 어려움이 있는 장년층을 대상으로 메타인지 전략 교육을 임상 기준으로서 권고했다. 만성기의 중년층 환자에게 언어 추론에 대한 전략적 사고를 중재하면 효과적이었다. 특히 자기 조절, 자기 모니터링, 활동 및 참여 결과의 측정에 중점을 두고 일상적 과제와 상황을 활용한 치료가 권장되었다. 이는 개인 및 집단에 모두 효과적이었다. 성공적인 집행기능 치료의 '효과적 구성 요소'는 개별화된 목표 설정, 메타인지 전략의 사용(자기 조절, 내면화 또는 자기 지시, 다양한 실제 환경 연습의 촉진), 명시적 피드백 및 자체 평가 훈련(예: 비디오테이프의 활용) 등이다(Kennedy et al., 2008; MacDonald & Wiseman-Hakes, 2010). 또한 일상생활의 상호작용 내에서 기술을 구축하고 뇌손상 환자 및 가족에게 의미 있는 과제를 단계별로 교육하면 효과적이다. 성공적인 치료의 구성 요소에 대한 인식이 높아짐에 따라 의사소통 치료가 보다 정교해질 것이다. 가장 효과적인 임상적 구성 요소, 진전에 요구되는 치료 기간 및 강도를 명확히 알 수는 없다. 향후 연구에 경험 기반의 신경가소성 원리(Kleim & Jones, 2008)가 결합되면 치료법이 지속적으로 개발될 것이다. 임상가는 현재까지 검증된 주요 구성 요소를 파악함으로써 뇌손상 후의 의사소통장애를 의미 있고 가장 효과적으로 치료하기 위한 방법을 고안해야 한다.

# 〈부록 15-1〉 TBI 이후 집행기능 및 의사소통 치료 프로토콜

| 치료 접근법 | 방법 |
| --- | --- |
| 사회적 문제해결 훈련 (Social problem solving training; von Cramon et al., 1991; D'Zurilla & Goldfried, 1971; Kendall et al., 1997) | 비디오 자극을 본 후 다음과 같은 문제해결에 참여한다.<br>1. 문제 확인 및 목표 형성<br>2. 대안적 해결 방법 생성<br>3. 장단점 확인 후 1개의 해결 방법 선택<br>4. 해결 방법 실행<br><br>Kendall과 동료는 4개 문제 범주 내 12개 비디오 상황을 활용했다.<br>1. 불합리한 요청의 거절<br>2. 비판의 처리<br>3. 타인의 부당한 행동 처리<br>4. 비언어적 행동의 이해<br><br>30초 분량의 각 비디오 장면이 문제를 요약해 보여 주나 갈등의 미해결 상황을 제시한다. 이에 대해 각 단계별로 문제를 해결한다.<br>1. 문제의 정의 및 조직화를 평가하기 위해 비디오 장면의 문제 및 내용을 질문한다.<br>2. 최대한 많은 해결 방법을 고안한다.<br>3. 최상의 해결 방법을 선택하고 가능한 결과를 설명한다.<br>4. 비디오 장면을 보고 문제 및 해결 방법이 제시된다. 이후 전략의 실행 방법(즉 말하거나 행동할 것)과 선택에 대한 결과를 설명한다. |
| 주의력 및 문제해결 훈련 (Attention and problem solving training; Miotto et al., 2009) | 1. 문제의 인식 및 모니터링, 평가<br>일상생활에서 발생하는 문제를 자기 모니터링 기록지에 기록한다. 뇌손상 및 행동 결과에 대한 교육을 받고, 다양한 주의력(예: 지속 · 분리 · 선택) 훈련을 수행한다. 계획 및 목표 관리를 요하는 과제가 제공된다.<br>정신 칠판(blackboard)의 확인, 시간 관리 전략, 환경의 수정, 단서 카드, 시계 알람 등의 목표 관리 훈련을 전략으로 사용한다.<br><br>2. 계획의 수립<br>[그림 15-1]의 단계를 기반으로 충동적이거나 부적절한 반응을 변화시키는 데 목표를 둔다. |

| | |
|---|---|
| | 전략: "멈춰: 생각해!"는 문제에 직면했을 때 충동적 행동을 제어하는 자기 지시의 형태 중 하나로, 가상 및 실제 상황에서 연습한다. 문제에 대해 다양한 해결책을 도출하고 확산적으로 사고하며, 주의력 전략, 기억 보조장치 등 행동 계획을 실행할 전략을 수립한다. 마지막 단계에서는 치료실 밖의 활동을 계획하고 수행한다.<br><br>3. 계획의 개시 및 실행<br>Miotto와 동료들은 TBI 이후 행동에 주의를 기울이지 못할 수 있다고 강조했다. 따라서 외부 알림(예: 일기, 체크리스트), 전자 알림 시스템(예: 알람) 등 보상 체계의 활용을 권고했다. |
| 목표 설정 치료<br>(Goal setting treatment; Webb & Glueckauf, 1994) | 8회기로 구성된 이 프로토콜은 TBI 환자가 목표 설정의 참여 수준을 높이도록(HI) 설계되었다.<br>1. 오리엔테이션<br>목표 설정 과정에 대해 상세히 설명되며, 질문을 통해 개인적인 재활 목표 설정의 중요성을 토론한다.<br><br>2. 목표의 설정<br>각 목표를 작은 나무 블록에 쓰고, 가장 중요한 영역부터 순서대로 배열한다. 목표 영역에는 '사회화', '지역사회로의 통합' 등이 포함된다. 우선순위를 정하면 첫 번째 영역에 대해 구체적인 행동 목표를 설정한다.<br><br>3. 목표의 모니터링<br>목표 정확성 척도(Goal Accuracy Scale)를 통해 스스로 인식한 목표의 진행 과정을 설명한 후, 이를 평가하는 워크시트를 작성함으로써 각 목표를 검토한다. 목표를 일기 형식으로 모니터하고 매주 구두로 점검한다. |
| 시간 압박 치료<br>(Time pressure management: TPM; Fasotti et al., 2000) | 과제(예: 대화)를 처리할 때 충분한 시간을 할애함으로써 시간 압박을 예방하거나 관리한다.<br><br>TPM의 주요 3단계<br>1. 스스로 장애를 인식하고 정보 처리 속도를 늦춘다. 비디오를 보고 최대한 많은 세부 사항을 기억한다. 회상한 정보의 양이 제시된다('회상 점수').<br>2. '스스로에게 충분한 시간을 주기'에 대해 다음의 4단계로 훈련한다.<br>① 시간 압박을 느낀다("시간이 충분하지 않은 상황에서 2개 이상의 일을 동시에 한 적이 있습니까?"라고 질문한다. '예'로 대답하면 2단계로 이동하고, 그렇지 않을 경우 과제를 실시한다). |

| | |
|---|---|
| | ② 가능하면 시간 압박을 예방한다(과제를 실제로 시작하기 전에 할 수 있는 일을 간략히 계획한다).<br>③ 최대한 빨리 시간 압박을 해결한다(시간 압박이 심한 경우 이를 해결하기 위한 비상 계획을 세운다).<br>④ 자기 모니터링을 실행한다(계획 및 비상 계획이 준비되었는가? 그렇다면 이를 규칙적으로 사용하라).<br>3. 전략의 적용 및 유지 단계에서 방해 요인을 증가시켜 점차 복잡한 상황을 훈련한다(예: 라디오나 전화벨 소리가 배경소음으로 제시되는 상황에서 비디오 장면을 시청함).<br><br>행동 관찰 목록은 치료 도중 전략의 사용을 평가하기 위해 개발되었고, 각 과제마다 1점을 부여한다.<br>1. 동영상의 내용에 대한 정보를 간결하고 분명하게 질문하기<br>2. 지시 사항에 대해 질문하기<br>3. 라디오를 끄거나 소리를 줄일 수 있는지 질문하기<br>4. 과제의 수행 방법에 대한 계획을 작성하기<br>5. 가장 중요한 지시사항을 반복하기<br>6. 동영상을 중단하기<br>7. 임상가에게 명료화를 요구하기<br>8. 일시 중지를 요구하기 |
| 구어 자기 지시<br>(Verbal self instruction; Turkstra & Flora, 2002) | 상담사로 복귀하기를 원하는 뇌손상 환자에게 10주간 1시간씩 총 21회기를 치료했다. 메모 및 보고서의 작성 능력을 개선하는 데 목표를 두었다. 각 회기는 5분의 받아쓰기(통제 과제) 및 50분의 보고서 작성 과제로 구성되었다.<br>S.O.A.P. 형식이 사용되었다. (S) 인터뷰 대상자의 주관적 의견, (O) 회기에 관찰된 객관적 자료, (A) 평가 결과, (P) 다음 회기를 위한 계획. 이는 운반구를 통해 수정되었다.<br><br>예:<br>참가자가 ___________ 말한다.<br>O–목표<br>나는 ___________ 본다.<br>참가자는 ___________ 에 대해 말했다.<br>나는 참가자에게 ___________ 말했다.<br>나는 ___________ 설명했다. |

| | |
|---|---|
| | A-평가<br>이 참가자에 대해 내가 느낀 인상은 ___________.<br>그녀의 예후는 ___________<br>P-계획<br>내가 권고한 계획은 ___________ .<br><br>운반구는 인터뷰와 보고서에 모두 사용되었다. 시나리오에 기반한 역할극 회기에서도 이를 활용해 훈련했다. 일반화를 촉진하기 위해 각 회기마다 최소한 하나의 새로운 사례를 적용했다. |
| TEACH-M (Ehlhardt et al., 2005) | 이는 간단한 이메일 인터페이스 사용에 대한 절차를 학습하고 유지하는 데 유용한 치료 패키지이다.<br>TEACH-M의 구성 요소는 다음과 같다.<br>1. 과제 분석: 지시 내용을 숙지한다. 과제를 작은 단계로 나눈다. 단계를 연결한다.<br>2. 오류 없는 학습: 학습 단계에서 오류를 최소화한다. 새로운 단계를 시도하기 전에 목표 단계의 모델링을 제공한다. 점진적으로 지원을 소거한다. 오류가 발생하면 정확한 기술을 즉시 모델링하고 재시도를 요청한다.<br>3. 수행 평가(초기): 치료 전에 기술을 평가한다; (진행 중) 각 회기의 시작 또는 새 단계를 소개하기 전에 수행을 확인한다.<br>4. 누적 검토: 이전에 학습한 기술을 정기적으로 검토한다.<br>5. 높은 수준의 정확도로 연습 시도: 기술을 반복적으로 연습한다. 간격 인출이 유용한데, 시간 간격을 늘려가며 이메일 단계를 회상할 기회를 검토하고 연습하는 오류 없는 학습의 한 형태이다.<br>6. 메타인지 전략 훈련: 예측 기법(prediction technique)은 자료의 능동적 처리를 촉진하는 데 사용된다. 반영-예측(reflection-prediction) 기법은 과제 분석 및 실행 단계의 수행력을 반영해 이메일이나 후속 단계의 어려움을 예측한다. 각 단계별로 이메일의 스크린 숏을 활용하면 유용하다. |

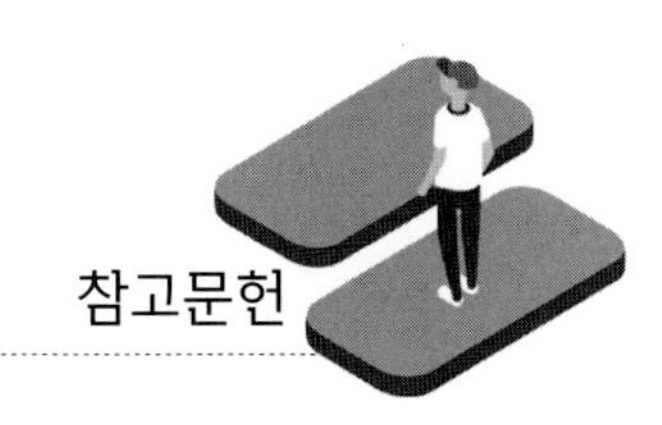

# 참고문헌


**저자 서문**

American Speech-Language-Hearing Association. (1983). Committee on Language: Definition of language. *Asha, 24*, 44.

American Speech-Language-Hearing Association. (1987). The role of speech-language pathologists in the habilitation and rehabilitation of cognitively impaired individuals: A report of the subcommittee on language and cognition. *Asha, 29*, 53–55.

American Speech-Language-Hearing Association. (1990). Scope of practice, speech-language pathology and audiology. *Asha, 32* (Suppl. 2), 1–2.

American Speech-Language-Hearing Association. (2003). *Evaluating and treating communication and cognitive disorders: Approaches to referral and collaboration for speech-language pathology and clinical neuropsychology* [Technical Report]. Available from www.asha.org/policy.

American Speech-Language-Hearing Association. (2005). *Roles of speech-language pathologists in the identification, diagnosis, and treatment of individuals with cognitive-communication disorders: Position Statement* [Position Statement]. Available from www.asha.org/policy.

American Speech-Language-Hearing Association. (2007). *Scope of practice in speech-language pathology* [Scope of Practice]. Available from www.asha.org/policy.

Boeckx, C. (2010). *Language in cognition: Uncovering mental structures and the rules behind them*. Chichester, West Sussex, UK: Wiley-Blackwell.

Davis, G. A. (2012). The cognition of language and communication. In R. K. Peach & L. P. Shapiro (Eds.), *Cognition and acquired language disorders* (p. 1). St. Louis: Elsevier Mosby.

De Groot, M. B. A. (2011). *Language and cognition in bilinguals and multilinguals: An introduction*. New York: Psychology Press.

Lezak, M. D., Howieson, D. B., & Loring, D. W. (2004). *Neuropsychological assessment* (4th ed.). New York: Oxford University Press.

Neisser, U. (1967). *Cognitive psychology*. New York: Appleton, Century, Cross.

Rapp, B. (2002). *The handbook of cognitive neuropsychology: What deficits reveal about the human mind*. Philadelphia: Psychology Press.

**제1장**

Almor, A., Aronoff, J. M., MacDonald, M. C., Gonnerman, L. M., Kempler, D., Hintiryan, H., Hayes, U. L., & Andersen, E. S. (2009). A common mechanism in verb and noun naming deficits in Alzheimer's patients. *Brain and Language, 111*, 8–19.

Andrewes, D., (2001). *Neuropsychology: From theory to practice*. Hove, UK: Psychology Press.

Ashcraft, M. H. (1989). *Human memory and cognition*. Glenview, IL: Scott, Foresman.

Ashcraft, M. H., & Radvansky, G. A. (2010). *Cognition* (5th ed.). Boston: Prentice Hall.

Baddeley, A. D. (2004). *Your memory: A user's guide*. Buffalo, NY: Firefly Books.

Baddeley, A. D. (1996). Exploring the central executive. *Quarterly Journal of Experimental Psychology, 49A*, 5–28.

Baddeley, A. D., Eysenck, M. W., & Anderson, M. C. (2009). *Memory*. New York: Psychology Press.

Brookshire, R. H. (2007). *Introduction to neurogenic communication disorders* (7th ed.). St. Louis, MO: Mosby Elsevier.

Cabeza, R., & Kingstone, A. (Eds.). (2006). *Handbook of functional neuroimaging of cognition* (2nd ed.). Cambridge, MA: MIT Press.

Carreiras, M., & Clifton, C., Jr. (Eds.). (2004). *The on-line study of sentence comprehension: Eye-tracking, ERPs and beyond*. Brighton, UK: Psychology Press.

Collette, F., & Van der Linden, M. (2002). Brain imaging of the central executive component of working memory. *Neuroscience & Neurobehavioral Reviews, 26*, 105–125.

Collins, A. M., & Loftus, E. F. (1975). A spreading activation theory of semantic processing. *Psychological Review, 82*, 407–428.

Copland, D. A., Chenery, H. J., & Murdoch, B. E. (2002). Hemispheric contributions to lexical ambiguity resolution: Evidence from individuals with complex language impairment following left-hemisphere lesions. *Brain and Language, 81*, 131–143.

Davis, G. A. (1989). The cognitive cloud and language disorders. *Aphasiology, 3*, 723–734.

Davis, G. A. (1994). Theory as the base on which to build treatment of aphasia. *American Journal of Speech-Language Pathology, 3*, 8–10.

Davis, G. A. (2007a). *Aphasiology: Disorders and clinical practice* (2nd ed.). Boston: Allyn & Bacon/Longman.

Davis, G. A. (2007b). Cognitive pragmatics of language disorders in adults. *Seminars in Speech and Language, 28*, 111–121.

De Jong-Hagelstein, M., van de Sandt-Koenderman, W. M. E., Prins, N. D., Dippel, D. W. J., Koudstaal, P. J., & Visch-Brink, E. G. (2010). Efficacy of early cognitive-linguistic treatment and communicative treatment in aphasia after stroke: A randomised controlled trial (RATS-2). *Journal of Neurology, Neurosurgery and Psychiatry*, DOWNLOADED October 13, 2010.

Dell, G., & Kittredge, A. (2011). Connectionist models of aphasia and other language impairments. In J. Guendouzi, F. Lonke, & Williams, M. J. (Eds.), *The handbook of psycholinguistic and cognitive processes: Perspectives on communication disorders* (pp. 169–188). New York: Psychology Press.

Eysenck, M. W. (2006). *Fundamentals of cognition*. New York: Psychology Press.

Fiske, S. T., & Taylor, S. E. (1991). *Social cognition* (2nd ed.). New York: McGraw-Hill.

Flanagan, O. J. (1984). *The science of the mind.* Cambridge, MA: MIT Press.

Gazzaniga, M. S., Ivry, R. B., & Mangun, G. R. (2008). *Cognitive neuroscience: The biology of the mind* (3rd ed.). Norton.

Gorlick, A. (2009, August). Media multitaskers pay mental price, Stanford study shows. *Stanford Report*. Retrieved November, 9, 2009, from http://news.stanford.edu/news/2009/august24/multi-task-research-study-082409.html.

Grodzinsky, Y. (1989). Agrammatic comprehension of relative clauses. *Brain and Language, 37*, 480–499.

Johnson-Laird, P. N. (1983). *Mental models*. Cambridge, UK: Cambridge University Press.

Just, M. A., Davis, G. A., & Carpenter, P. A. (1977).

A comparison of aphasic and normal adults in a sentence-verification task. *Cortex, 13*, 402–423.

Lodge, D. (2008). *Deaf sentence*. London: Penguin Books.

Long, D. L., Johns, C. L., & Morris, P. E. (2006). Comprehension ability in mature readers. In M. J. Traxler & M. A. Gernsbacher (Eds.), *Handbook of psycholinguistics* (2nd ed.) (pp. 801–834). London: Elsevier.

Martin, N., Thompson, C. K., & Worrall, L. (Eds.). (2008). *Aphasia rehabilitation: The impairment and its consequences*. San Diego, CA: Plural Publishing.

Matlin, M. W. (2009). *Cognition* (7th ed.). Wiley: Hoboken, NJ.

McNamara, T. P. (2005). *Semantic priming: Perspectives from memory and word recognition*. New York: Psychology Press.

McNeil, M. R., Hula, W. D., Matthews, C. T., & Doyle, P. J. (2004). Resource theory and aphasia: A fugacious theoretical dismissal. *Aphasiology*, *18*, 836–839.

McNeil, M. R., Hula, W. D., & Sung, J. E. (2011). The role of memory and attention in aphasic language performance. In J. Guendouzi, F. Lonke, & M. J. Williams (Eds.), *The handbook of psycholinguistic and cognitive processes: Perspectives on communication disorders* (pp. 551–578). New York: Psychology Press.

Miller, G. A., Galanter, E., & Pribram, K. H. (1960). *Plans and the structure of behavior*. New York: Henry Holt.

Miller, N. (2010). Ruby McDonough allowed to testify in Sudbury sexual assault case. *MetroWest Daily News*. Retrieved November, 29, 2010, from http://www.metrowestdailynews.com/features/x298229494/Ruby-McDonough-allowed-totestify-in-Sudbury-sexual-assault-case

Moskowitz, G. B. (2005). *Social cognition: Understanding self and others*. New York: Guilford Press.

Murray, L. L., & Clark, H. M. (2006). *Neurogenic disorders of language: Theory driven clinical practice*. Clifton Park, NY: Thomson Delmar.

Murray, L. L., & Kean, J. (2004). Resource theory and aphasia: Time to abandon or time to revise? *Aphasiology*, *18*, 830–835.

Norman, D. A., & Shallice, T. (1986). Attention to action: Willed and automatic control of behaviour. In R. J. Davidson, G. E. Schwartz, & D. Shapiro (Eds.), *Consciousness and self-regulation: Advances in research and therapy* (pp. 1–18). New York: Plenum.

Ogmen, H., & Breitmeyer, B. G. (2006). *The first half second*. Cambridge, MA: MIT Press.

Rapp, B. (Ed.). (2001). *The handbook of cognitive neuropsychology*. Philadelphia: Psychology Press.

Schacter, D. L. (1996). *Searching for memory: The brain, the mind, and the past*. New York: Basic Books.

Schuell, H. M. (1969). Aphasia in adults. In *Human communication and its disorders-An overview*. Bethesda, MD: U.S. Department of Health, Education, and Welfare.

Shapiro, L. P., & Levine, B. A. (1990). Verb processing during sentence comprehension in aphasia. *Brain and Language*, *38*, 21–47.

Shuster, L. I. (2004). Resource theory and aphasia reconsidered: Why alternative theories can better guide our research. *Aphasiology, 18*, 811–830.

Shuster, L. I., & Thompson, J. C. (2004). Resource theory: Here, there, and everywhere. *Aphasiology, 18*, 850–854.

Sies, L. F. (Ed.). (1974). *Aphasia theory and therapy: Selected lectures and papers of*

Hildred Schuell. Baltimore: University Park Press.

Stanovich, K. E. (2007). *How to think straight about psychology* (8th ed.). Boston: Allyn & Bacon.

Sternberg, S. (1975). Memory scanning: New findings and current controversies. In D. Deutsch & J. A. Deutsch (Eds.), *Short-term memory* (pp. 195–231). New York: Academic Press.

Tompkins, C. A., Fassbinder, W., Blake, M. L., Baumgartner, A., & Jayaram, N. (2004). Inference generation during text comprehension by adults with right hemisphere brain damage: Activation failure versus multiple activation. *Journal of Speech, Language, and Hearing Research*, *47*, 1380–1395.

Traxler, M. J., & Gernsbacher, M. A. (Eds.). (2006). *Handbook of psycholinguistics* (2nd ed.). London: Elsevier.

Tulving, E. (1972). Episodic and semantic memory. In E. Tulving & W. Donaldson (Eds.), *Organization of memory* (pp. 382–403). New York: Academic Press.

Whitworth, A., Webster, J., & Howard, D. (2005). *A cognitive neuropsychological approach to assessment and intervention in aphasia: A clinician's guide*. Hove, UK: Psychology Press.

Wilshire, C. E. (2008). Cognitive neuropsychological approaches to word production in aphasia: Beyond boxes and arrows. *Aphasiology*, *22*, 1019–1053.

Zurif, E. B., Swinney, D., Prather, P., Soloman, J., & Bushell, C. (1993). An on-line analysis of syntactic processing in Broca's and Wernicke's aphasia. *Brain and Language*, *45*, 448–464.

Zwaan, R. A., & Rapp, D. N. (2006). Discourse comprehension. In M. J. Traxler & M. A. Gernsbacher (Eds.), *Handbook of psycholinguistics* (2nd ed., pp. 725–764). London: Elsevier.

## 제2장

Arnsten, A. F. T., Cai, J. X., Steere, J. C., & Goldman-Rakic, P. S. (1995). Dopamine D2 receptor mechanisms contribute to age-related cognitive decline: The effects of quinpirole on memory and motor performance in monkeys. *The Journal of Neuroscience*, *15*, 3429–3439.

Arbuckle, T., & Gold, D. P. (1993). Aging, inhibition, and verbosity. *Journal of Gerontology: Psychological Sciences*, *48*, P225–P232.

Arbuckle, T., Nohara-LeClair, M., & Pushkar, D. (2000). Effects of off-target verbosity on communication efficiency in a referential communication task. *Psychology and Aging*, *15*, 65–77.

Backman, L., Almkvist, O., Andersson, J., Nordberg, A., et al. (1997). Brain activation in young and older adults during implicit and explicit retrieval. *Journal of Cognitive Neuroscience*, *9*, 378–391.

Backman, L., & Farde, L. (2005). The role of dopamine systems in cognitive aging. In R. Cabeza, L. Nyberg, & D. Park (Eds.), *Cognitive neuroscience of aging* (pp. 59–84). Oxford: Oxford University Press.

Baddeley, A. D. (1986). *Working memory*. Oxford, UK: Clarendon Press.

Baddeley, A. D. (2000). The episodic buffer: A new component of working memory? *Trends in Cognitive Science*, *4*, 417–423.

Baddeley, A. D., & Hitch, G. (1974). Working memory. In G. H. Bower (Ed.), *The psychology of learning and motivaton: Advances in research and theory* (Vol. 8, pp. 48–89). New York: Academic Press.

Baltes, P. B. (1994). Theoretical propositions of life-span developmental psychology on the dynamics between growth and decline (trans I. Ariyevich). *Psikhologicheskiy Zhurnal*, *15*, 60–80.

Baltes, P. B., & Lindenberger, U. (1997). Emergence of a powerful connection between sensory and cognitive functions across the adult lifespan: A new window to the study of cognitive aging? *Psychology and Aging*, *12*, 12–21.

Bell, R., & Buchner, A. (2007). Equivalent irrelevant-sound effects for old and young adults. *Memory & Cognition*, *35*, 352–364.

Bell, R., Buchner, A., & Mund, I. (2008). Age-related differences in irrelevant-speech effects. *Psychology and Aging*, *23*, 377–391.

Benton, A. L., & Hamsher, K. D. (1989). *Multilingual Aphasia Examination*. Iowa City: AJA Associated.

Borella, E., Carretti, B., & De Beni, R. (2008). Working memory and inhibition across the adult life-span. *Acta Psychologica*, *128*, 33–44.

Brown, C., Snodgrass, T., Covington, M. A., Herman, R., & Kemper, S. (2008). Measuring propositional idea density through part-of-speech tagging. *Behavioral Research Methods*, *40*, 540–545.

Burke, D. (1997). Language, aging, and inhibitory deficits: Evaluation of a theory. *Journal of Gerontology: Psychological Sciences*, *52B*, P254–P264.

Cabeza, R. (2002). Hemispheric asymmetry reduction in older adults: The HAROLD model. *Psychology and Aging*, *17*, 85–100.

Cabeza, R., Grady, C. L., Nyberg, L., McIntosh, A. R., et al. (1997). Age-related differences in neural activity during memory encoding and retrieval: A positron emission tomography study. *The Journal of Neuroscience*, *17*, 391–400.

Cabeza, R., McIntosh, A. R., Tulving, E., Nyberg, L., & Grady, C. L. (1997). Age-related differences in effective neural connectivity during encoding and recall. *Neuroreport: An International Journal for the Rapid Communication of Research in Neuroscience*, *8*, 3479–3483.

Caplan, D., & Waters, G. (1999). Verbal working memory and sentence comprehension. *Behavioral and Brain Sciences*, *22*, 114–126.

Case, R., Kurland, D. M., & Goldberg, J. (1982). Operational efficiency and the growth of short term memory span. *Journal of Experimental Child Psychology*, *33*, 386–404.

Catts, H. W., & Kamhi, A. G. (Eds.). (2005). *The connections between language and reading disabilities*. Mahwah, NJ: Erlbaum.

Chapman, R., & Miller, J. (1984). *SALT: Systematic analysis of language transcripts*. Madison, WI: University of Wisconsin.

Cheung, H., & Kemper, S. (1992). Competing complexity metrics and adults' production of complex sentences. *Applied Psycholinguistics*, *13*, 53–76.

Connelly, S. L., Hasher, L., & Zacks, R. T. (1991). Age and reading: The impact of distraction. *Psychology and Aging*, *6*, 533–541.

Conway, A. R. A., Kane, M. J., Bunting, M. F., Hambrick, D. Z., Wilhelm, O., & Engle, R. W. (2005). Working memory span tasks: A methodological review and user's guide. *Psychological Bulletin and Review*, *12*, 769–786.

Cornelius, S. W., Willis, S. L., Nesselroade, J. R., & Baltes, P. B. (1983). Convergence between attention variables and factors of psychometric intelligence in older adults. *Intelligence*, *7*, 253–269.

Cowan, N. (1995). *Attention and memory: An integrated framework*. Oxford, UK: Oxford University Press.

Cowan, N. (2001). The magical number 4 in short-term memory: A reconsideration of mental storage capacity. *Behavioral and Brain*

*Sciences*, *24*, 87–185.

Daneman, M., & Blennerhassett, A. (1984). How to assess the listening comprehension skills of prereaders. *Journal of Educational Psychology*, *76*, 1372–1381.

Daneman, M., & Carpenter, P. A. (1980). Individual differences in working memory and reading. *Journal of Verbal Learning and Verbal Ability*, *19*, 450–466.

Daneman, M., & Green, I. (1986). Individual differences in comprehending and producing words in context. *Journal of Memory and Language*, *25*, 1–18.

Daneman, M., & Merikle, P. M. (1996). Working memory and language comprehension: A meta-analysis. *Psychonomic Bulletin and Review*, *3*, 422–433.

Daneman, M., & Tardiff, T. (1987). Working memory and reading skill re-examined. In M. Coltheart (Ed.), *Attention and performance XII: The psychology of reading* (pp. 491–508). Hillsdale, NJ: Erlbaum.

de Keyser, J., Herregodts, P., & Ebinger, G. (1990). The mesoneocortical dopamine neuron system. *Neurology*, *40*, 1660–1662.

Dempster, F. N. (1980). Memory span: Sources of individual and developmental differences. *Psychological Bulletin*, *19*, 450–466.

Dennis, N. A., & Cabeza, R. (2008). Neuroimaging of healthy cognitive aging. In F. I. M. Craik & T. A. Salthouse (Eds.), *The handbook of aging and cognition* (3rd ed., pp. 2001–2054). New York: Psychology Press.

Doumas, M., Rapp, M. A., & Krampe, R. T. (2009). Working memory and postural control: Adult age differences in potential for improvement, task priority, and dual tasking. *The Journals of Gerontology: Series B: Psychological Sciences and Social Sciences*, *64B*, 193–201.

Dywan, J., & Murphy, W. E. (1996). Aging and inhibitory control in text comprehension. *Psychology and Aging*, *11*, 199–206.

Engle, R. W., Tuholski, S. W., Laughlin, J. E., & Conway, A. R. A. (1999). Working memory, short-term memory, and general fluid intelligence: A latent-variable approach. *Journal of Experimental Psychology: General*, *128*, 309–331.

Friedman, N. P., & Miyake, A. (2004). The reading span test and its predictive power for reading comprehension ability. *Journal of Memory and Language*, *51*, 136–158.

Gothe, K., Oberauer, K., & Kliegl, R. (2007). Age differences in dual-task performance after practice. *Psychology and Aging*, *22*, 596–606.

Grady, C. L., McIntosh, A. R., & Craik, F. I. M. (2005). Task-related activity in prefrontal cortex and its relation to recognition memory performance in young and old adults. *Neuropsychologia*, *43*, 1466–1481.

Grady, C. L., McIntosh, A. R., Rajah, M. N., Beig, S., & Craik, F. I. M. (1999). The effects of age on the neural correlates of episodic encoding. *Cerebral Cortex*, *9*, 805–814.

Graesser, A. C., McNamara, D. S., Louwerse, M. M., & Chai, Z. (2004). Coh-Metrix: Analysis of text cohesion and language. *Behavior Research Methods, Instruments, and Computers*, *36*, 193–202.

Hasher, L., & Zacks, R. T. (1988). Working memory, comprehension, and aging: A review and a new view. In G. H. Bower (Ed.), *The psychology of learning and motivation* (Vol. 22, pp. 193–226). New York: Academic.

Hasher, L., Zacks, R. T., & May, C. P. (1999). Inhibitory control, circadian arousal, and age. In D. Gopher & A. Koriat (Eds.), *Attention and performance XVII: Cognitive regulation of performance: Interaction of theory and application* (pp. 653–675). Cambridge, MA: MIT Press.

Hassol, L., Magaret, A., & Cameron, N. (1952). The production of language disorganization through personalized distraction. *Journal of Psychology, 33*, 289–299.

Heller, R. B., & Dobbs, A. R. (1993). Age differences in word finding in discourse and nondiscourse situations. *Psychology and Aging, 8*, 443–450.

Hitch, G. J., Towse, J. N., & Hutton, U. (2001). What limits children's working memory span? Theoretical accounts and applications for scholastic development. *Journal of Experimental Psychology: General, 130*, 184–198.

Hull, R., Martin, R. C., Beier, M. E., Lane, D., & Hamilton, A. C. (2008). Executive function in older adults: A structural equation modeling approach. *Neuropsychology, 22*, 508–522.

Hume, G. E., Welsch, M. C., Retzlaff, P., & Cookson, N. (1997). Towers of Hanoi and London: reliability and validity of two executive function tests. *Assessment, 4*, 249–257.

Hummert, M. L., Garstka, T. A., Ryan, E. B., Bonnesen, J. L. (2004). The role of age stereotypes in interpersonal communication. In J. F. Nussbaum, & J. Coupland (Eds.), *Handbook of communication and aging research* (2nd ed., pp. 91–114). Mahwah, NJ, US: Lawrence Erlbaum Associates Publishers.

Huttenlocher, P., & Dabholkar, A. (1997). Developmental anatomy of prefrontal cortex. In N. Krasnegor, G. Reid Lyon, & P. Goldman-Rakic (Eds.), *Development of the prefrontal cortex: evolution, neurobiology, and behavior* (pp. 69–84). Baltimore: Brooks.

James, L. E., Burke, D. M., Austin, A., & Hulme, E. (1998). Production and perception of "verbosity" in younger and older adults. *Psychology and Aging, 13*, 355–368.

Jou, J., & Harris, R. J. (1992). The effect of divided attention on speech production. *Bulletin of the Psychonomic Society, 30*, 301–304.

Just, M. A., & Carpenter, P. A. (1992). A capacity theory of comprehension: Individual differences in working memory. *Psychological Review, 99*, 122–149.

Just, M., & Varma, S. (2002). A hybrid architecture for working memory: A reply to MacDonald & Christiansen (2002). *Psychology Review, 109*, 55–65.

Kaplan, E., Goodglass, H., & Weintraub, S. (1983). *Boston Naming Test*. Philadelphia: Lea & Febiger.

Kemper , S., Crow, A., & Kemtes, K. (2004). Eye fixation patterns of high and low span young and older adults: Down the garden path and back again. *Psychology and Aging, 19*, 157–170.

Kemper, S., Herman, R. E., & Lian, C. (2003a). Age differences in sentence production. *Journals of Gerontology: Series B: Psychological Sciences and Social Sciences, 58*, 260–269.

Kemper, S., Herman, R. E., & Lian, C. H. T. (2003b). The costs of doing two things at once for young and older adults: Talking while walking, finger tapping, and ignoring speech or noise. *Psychology and Aging, 18*, 181–192.

Kemper, S., Herman, R., & Liu, C. J. (2004). Sentence production by young and older adults in controlled contexts. *Journals of Gerontology: Psychological Sciences, 59B*, P220–224.

Kemper, S., Herman, R. E., & Nartowicz, J. (2005). Different effects of dual task demands on the speech of young and older adults. *Aging, Neuropsychology, and Cognition, 12*, 340–

358.

Kemper, S., Kynette, D., Rash, S., & O'Brien, K. (1989). Life-span changes to adults' language: Effects of memory and genre. *Applied Psycholinguistics, 10*, 49–66.

Kemper, S., LaBarge, E., Ferraro, R., Cheung, H. T., Cheung, H., & Storandt, M. (1993). On the preservation of syntax in Alzheimer's disease: Evidence from written sentences. *Archives of Neurology, 50*, 81–86.

Kemper, S., & Liu, C. J. (2007). Eye movements of young and older adults during reading. *Psychology and Aging, 22*, 84–94.

Kemper, S., & McDowd, J. (2006). Eye movements of young and older adults while reading with distraction. *Psychology and Aging, 21*, 32–39.

Kemper, S., & McDowd, J. (2008). Dimensions of cognitive aging: Executive function and verbal fluency. In S. M. Hofer & D. F. Alwin (Eds.), *Handbook of cognitive aging: Interdisciplinary perspectives* (pp. 181–192). Thousand Oaks, CA: Sage.

Kemper, S., Schmalzried, R., Herman, R., Leedahl, S., & Mohankumar, D. (2009). The effects of aging and dual task demands on language production. *16*, 241–259.

Kemper, S., Schmalzried, R., Hoffman, L., & Herman, R. (2010). Aging and the vulnerability of speech to dual task demands. *Psychology and Aging, 25*, 949–963.

Kemper, S., & Sumner, A. (2001). The structure of verbal abilities in young and older adults. *Psychology and Aging, 16*, 312–322.

Kimberg, D. Y., D'Esposito, M., & Farah, M. J. (2000). Frontal lobes II: Cognitive issues. In M. J. Farah & T. E. Feinberg (Eds.), *Patient-based approaches to cognitive neuroscience* (pp. 317–326). Cambridge, MA: MIT Press.

King, J., & Just, M. A. (1991). Individual differences in syntactic processing: The role of working memory. *Journal of Memory and Language, 30*, 580–602.

Kwong See, S. T., & Ryan, E. B. (1996). Cognitive mediation of discourse processing in later life. *Journal of Speech Language Pathology and Audiology, 20*, 109–117.

Leather, C. V., & Henry, L. A. (1994). Working memory span and phonological awareness tasks as predictors of early reading ability. *Journal of Experimental Child Psychology, 58*, 88–111.

Lezak, M. D., Howieson, D. B., Loring, D. W., Hannay, H. J., & Fischer, J. S. (2004). *Neuropsychological assessment* (4th ed.). New York: Oxford University Press.

Li, K. Z. H., Lindenberger, U., Freund, A. M., & Baltes, P. B. (2001). Walking while memorizing: Age-related differences in compensatory behavior. *Psychological Science, 12*, 230–237.

Li, S. C. (2005). Neurocomputational perspectives linking neuromodulation, processing noise, representational distinctiveness, and cognitive aging. In R. Cabeza, L. Nyberg, & D. Park, (Eds.), *Cognitive neuroscience of aging: Linking cognitive and cerebral aging* (pp. 354–379). New York: Oxford University Press.

Li, S. C., Lindenberger, U., & Frensch, P. A. (2000). Unifying cognitive aging: From neuromodulation to representation to cognition. *Neurocomputing: An International Journal, 32–33*, 879–890.

Li, S. C., & Silkstrom, S. (2002). Integrative neurocomputational perspectives on cognitive aging, neuromodulation, and representation. *Neuroscience & Biobehavioral Reviews, 26*, 795–808.

Li, S. C., Lindenberger, U., Hommel, B., Aschersleben, G., Prinz, W., & Baltes, P.

B. (2004). Transformations in the couplings among intellectual abilities and constituent cognitive processes across the life span. *Psychological Science*, *15*, 155–163.

Lindenberger, U., & Baltes, P. B. (1994). Sensory functioning and intelligence in old age: A strong connection. *Psychology and Aging*, *9*, 339–355.

Lindenberger, U., Marsiske, M., & Baltes, P. B. (2000). Memorizing while walking: Increase in dual-task costs from young adulthood to old age. *Psychology and Aging*, *15*, 417–436.

Logan, G. D. (1994). Spatial attention and the apprehension of spatial relations. *Journal of Experimental Psychology: Human Perception and Performance*, *20*, 1015–1036.

Logie, R., Zucco, G. M., & Baddeley, A. (1990). Interference with visual short term memory. *Acta Psychologia*, *75*, 54–74.

Lustig, C., May, C. P., & Hasher, L. (2001). Working memory span and the role of proactive interference. *Journal of Experimental Psychology: General*, *130*, 199–207.

Lyons, K., Kemper, S., LaBarge, E., Ferraro, F. R., Balota, D., & Storandt, M. (1994). Language and Alzheimer's disease: A reduction in syntactic complexity. *Aging and Cognition*, *50*, 81–86.

MacDonald, M., Just, M. A., & Carpenter, P. A. (1992). Working memory constraints on the processing of syntactic ambiguity. *Cognitive Psychology*, *24*, 56–98.

Mackworth, J. F. (1959). Paced memorizing in a continuous task. *Journal of Experimental Psychology*, *58*, 206–211.

Madden, D. J., Langley, L. K., Denny, L. L., Turkington, T. G., Provenzale, J. M., Hawk, T. C., et al. (2002). Adult age differences in visual word identification: Functional neuroanatomy by positron emission tomography. *Brain and Cognition*, *49*, 297–321.

McCoy, S. L., Tun, P. A., Cox, L. C., Colangelo, M., Stewart, R. A., & Wingfield, A. (2005). Hearing loss and perceptual effort: Downstream effects on older adults' memory for speech. *The Quarterly Journal of Experimental Psychology A: Human Experimental Psychology. Special Issue: Cognitive Gerontology: Cognitive Change in Old Age*, *58A*, 22–33.

McDowd, J., Hoffman, L., Rozek, E., Lyons, K., Pahwa, R., Burns, J., & Kemper, S. (2011). Understanding verbal fluency in healthy aging Alzheimer's disease and Parkinson's disease. *Neuropsychology, 25*, 210–225.

McElree, B. (2001). Working memory and focal attention. *Journal of Experimental Psychology: Learning, Memory, and Cognition*, *27*, 817–835.

McNemar, Q., & Biel, W. C. (1939). A square path pursuit rotor and a modification of the Miles pursuit pendulum. *Journal of General Psychology*, *21*, 463–465.

Meyer, D. E., & Kieras, D. E. (1997a). A computational theory of executive cognitive processes and multiple-task performance: I. Basic mechanisms. *Psychological review*, *104*, 3–65.

Meyer, D. E., & Kieras, D. E. (1997b). A computational theory of executive cognitive processes and multiple-task performance: Part 2. Accounts of psychological refractory-period phenomena. *Psychological review*, *104*, 749–791.

Milner, B. (1971). Interhemispheric differences in the localization of psychological processes in man. *British Medical Bulletin*, *27*, 272–277.

Miyake, A., Friedman, N. P., Emerson, M. J., Witzki, A. H., & Howerter, A. (2000). The unity and diversity of executive functions and their contributions to complex "frontal lobe" tasks: A latent variable analysis. *Cognitive-Psychology*, *41*, 49–100.

Murphy, D. R., Schneider, B. A., Speranza, F., & Moraglia, G. (2006). A comparison of higher order auditory processes in younger and older adults. *Psychology and Aging*, *21*, 763–773.

Murphy, D. R., Craik, F. I. M., Li, K. Z. H., & Schneider, B. A. (2000). Comparing the effects of aging and background noise of short-term memory performance. *Psychology and Aging*, *15*(2), 323–334.

Murphy, D. R., Daneman, M., & Schneider, B. A. (2006). Why do older adults have difficulty following conversations? *Psychology and Aging*, *21*, 49–61.

Navon, D. (1977). Forest before trees: The precedence of global features in visual perception. *Cognitive Psychology*, *9*, 353–383.

Norman, S., Kemper, S., Kynette, D., Cheung, H., & Anagnopoulos, C. (1991). Syntactic complexity and adults' running memory span. *Journal of Gerontology*, *46*, P346–351.

Oberauer, K., & Kliegl, R. (2006). A formal model of capacity limits in working memory. *Journal of Memory and Language*, *55*, 601–626.

Park, D. C., Smith, A. D., Lautenschlager, G., Earles, J. L., & et al. (1996). Mediators of long-term memory performance across the life span. *Psychology and Aging*, *11*, 621–637.

Pashler, H. (1994). Dual-task interference in simple tasks: Data and theory. *Psychological Bulletin*, *116*, 220–244.

Peters, A., Morrison, J. H., Rosene, D. L., & Hyman, B. T. (1998). Are neurons lost from the primate cerebral cortex during normal aging? *Cerebral Cortex*, *8*, 295–300.

Pickering, S. J. (2001). The development of visuo-spatial working memory. *Memory*, *9*, 423–432.

Pushkar Gold, D., Basevitz, P., Arbuckle, T., Nohara-LeClair, M., Lapidus, S., & Peled, M. (2000). Social behavior and off-target verbosity in elderly people. *Psychology and Aging*, *15*, 361–374.

Pushkar Gold, D., Andres, D., Arbuckle, T., & Schwartzman, A. (1988). Measurement and correlates of verbosity in elderly people. *Journal of Gerontology: Psychological Sciences*, *43*, 27–33.

Pushkar Gold, D., & Arbuckle, T. Y. (1995). A longitudinal study of off-target verbosity. *Journal of Gerontology: Psychological Sciences*, *50B*, P307–325.

Rabbitt, P. (1966). Recognition: Memory for words correctly heard in noise. *Psychonomic Science*, *6*, 383–384.

Rabbitt, P. (1993). Does it all go together when it goes? The Nineteenth Bartlett Memorial Lecture. *The Quarterly Journal of Experimental Psychology A: Human Experimental Psychology*, *46A*, 385–434.

Rabbitt, P., & Lowe, C. (2000). Patterns of cognitive ageing. *Psychological Research/Psychologische Forschung*. *63*, 308–316.

Raz, N. (2005). The aging brain observed in vivo: Differential changes and their modifiers. In R. Cabeza, L. Nyberg, & D. Park (Eds.), *Cognitive neuroscience of aging: Linking cognitive and cerebral aging* (pp. 19–57). New York: Oxford University Press.

Raz, N., Lindenberger, U., Rodrigue, K. M., Kennedy, K. M., Head, D., Williamson, A., et al. (2005). Regional brain changes in aging healthy adults: General trends, individual differences and modifiers. *Cerebral Cortex*, *15*, 1679–1689.

Reuter-Lorenz, P. A., Jonides, J., Smith, E. E., Hartley, A., Miller, A., Marshuetz, C., et al. (2000). Age differences in the frontal lateralization of verbal and spatial working memory revealed by PET. *Journal of Cognitive Neuroscience*, *12*, 174–187.

Riby, L. M., Perfect, T. J., & Stollery, B. T. (2004). The effects of age and task domain on dual task performance: A metaanalysis. *European Journal of Cognitive Psychology*, *16*, 868–891.

Rosenberg, S., & Abbeduto, L. (1987). Indicators of linguistic competence in the peer group conversational behavior of mildly retarded adults. *Applied Psycholinguistics*, *8*, 19–32.

Salat, D. H., Kaye, J. A., & Janowsky, J. S. (2002). Greater orbital prefrontal volume selectively predicts worse working memory performance in older adults. *Cerebral Cortex*, *12*(5), 494–505.

Salthouse, T. A. (1988). The role of processing resources in cognitive aging. In M. L. Howe & C. J. Brainerd (Eds.), *Cognitive development in adulthood: Progress in cognitive development research* (pp. 185–239). New York: Springer-Verlag.

Salthouse, T. A. (1994). How many causes are there of agingrelated decrements in cognitive functioning? *Developmental Review*, *14*, 413–437.

Salthouse, T. A. (1996). The processing-speed theory of adult age differences in cognition. *Psychological Review*, *3*, 403–428.

Salthouse, T. A., Atkinson, T. M., & Berish, D. E. (2003). Executive functioning as a potential mediator of age-related cognitive decline in normal adults. *Journal of Experimental Psychology: General*, *132*, 566–594.

Salthouse, T. A., & Miles, J. D. (2002). Aging and time-sharing aspects of executive control. *Memory and Cognition*, *30*, 572–582.

Schneider, B. A., Daneman, M., & Murphy, D. R. (2005). Speech comprehension difficulties in older adults: Cognitive slowing or age-related changes in hearing? *Psychology and Aging*, *20*, 261–271.

Schneider, B. A., & Pichora Fuller, M. K. (2000). Implications of perceptual deterioration for cognitive aging research. In F. I. M. Craik, T. A. Salthouse, & A. Timothy (Eds.), *The handbook of aging and cognition* (2nd ed., pp. 155–219). Mahwah, NJ: Lawrence Erlbaum Associates.

Spreen, O., & Strauss, E. (1991). *A compendium of neuropsychological tests: Administration, norms, and commentary*. New York: Oxford University Press.

Spreen, O., & Strauss, E. (1998). *A compendium of neuropsychological tests* (2nd ed.). New York: Oxford.

Southwood, M. H., & Dagenais, P. (2001). The role of attention in apraxic errors. *Clinical Linguistics and Phonetics*, *15*, 113–116.

Stine, E. L., Wingfield, A., & Myers, S. D. (1990). Age differences in processing information from television news: The effects of bisensory augmentation. *Journals of Gerontology*, *45*, P1–P8.

Suhara, T., Fukuda, H., Inoue, O., Itoh, T., Suzuki, K, Yamasaki, T., et al. (1991). Age-related changes in human D1 dopamine receptors measured by positron emission tomography. *Psychopharmacology*, *103*, 41–45.

Trunk, D. L., & Abrams, L. (2009). Do younger and older adults' communicative goals influence off-topic speech in autobiographical narratives? *Psychology and Aging*, *24*, 324–337.

Tun, P. A., McCoy, S., & Wingfield, A. (2009). Aging, hearing acuity, and the attentional costs of effortful listening. *Psychology and Aging*, *24*, 761–766.

Tun, P. A., O'Kane, G., & Wingfield, A. (2002). Distraction by competing speech in young and older adult listeners. *Psychology and Aging, 17*, 453–467.

Tun, P. A., & Wingfield, A. (1999). One voice too many: Adult age differences in language processing with different types of distracting sounds. *Journals of Gerontology: Series B: Psychological Sciences and Social Sciences, 54b*, P317–P327.

Tun, P. A., Wingfield, A., & Stine, E. A. (1991). Speech-processing capacity in young and older adults: A dual-task study. *Psychology and Aging, 6*, 3–9.

Turner, A., & Greene, E. (1977). *The construction and use of a propositional text base*. Boulder, CO: University of Colorado Psychology Department.

Turner, M. L., & Engle, R. W. (1989). Is working memory capacity task dependent? *Journal of Memory and Language, 28*, 127–154.

Van der Linden, M., Hupet, M., Feyereisen, P., Schelstraete, M.-A., Bestgen, Y., Bruyer, R., … et al. (1999). Cognitive mediators of age-related differences in language comprehension and verbal memory performance. *Aging, Neuropsychology, and Cognition, 6*, 32–55.

Van Gerven, P. W. M., Meijer, W. A., Vermeeren, A., Vuurman, E. F., & Jolles, J. (2007). The irrelevant speech effect and the level of interference in aging. *Experimental Aging Research, 33*, 323–339.

Verhaeghen, P., Steitz, D. W., Sliwinski, M. J., & Cerella, J. (2003). Aging and dual-task performance: A meta-analysis. *Psychology and Aging, 18*, 443–460.

Verrel, J., Lovden, M., Schellenbach, M., Schaefer, S., & Lindenberger, U. (2009). Interacting effects of cognitive load and adult age on the regularity of whole-body motion during treadmill walking. *Psychology and Aging, 24*, 75–81.

Volkow, N. D., Chang, L., Wag, G. J., Fowler, J. S., Lenoido-Yee, M., Franseschi, D., … et al. (2000). Association between age-related decline in brain dopamine activity and impairment in frontal and cingulated metabolism. *American Journal of Psychiatry, 157*, 75–80.

Volkow, N. D., Wang, G. J., Fowler, J. S., Ding, Y. S., Gur, R. C., Gatley, J., … et al. (1998). Parallel loss of presynaptic and postsynaptic dopamine markers in normal aging. *Annals of Neurology, 44*, 143–147.

Waters, G., & Caplan, D. (1996a). Processing resource capacity and the comprehension of garden path sentences. *Memory and Cognition, 24*, 342–355.

Waters, G. S., & Caplan, D. (1996b). The capacity theory of sentence comprehension: Critique of Just and Carpenter (1992). *Psychological Review, 103*, 761–772.

Waters, G. S., & Caplan, D. (1997). Working memory and on-line sentence comprehension in patients with Alzheimer's disease. *Journal of Psycholinguistic Research, 26*, 337–400.

Waters, G., & Caplan, D. (2001). Age, working memory, and on-line syntactic processing in sentence comprehension. *Psychology and Aging, 16*, 128–144.

Wechsler, D. (1958). *The measurement and appraisal of adult intelligence*. Baltimore: Williams & Wilkins.

Wingfield, A., Peelle, J. E., & Grossman, M. (2003). Speech rate and syntactic complexity as multiplicative factors in speech comprehension by young and older adults. *Aging, Neuropsychology, and Cognition, 10*, 310–322.

Wingfield, A., Tun, P. A., & McCoy, S. L. (2005). Hearing loss in older adulthood: What it is and how it interacts with cognitive performance.

*Current Directions in Psychological Science*, *14*, 144–148.

Yoon, C., May, C. P., & Hasher, L. (1998). *Aging, circadian arousal patterns, and cognition*. Philadelphia, PA: Psychology Press.

Zacks, R., & Hasher, L. (1997). Cognitive gerontology and attentional inhibition: A reply to Burke and McDowd. *Journal of Gerontology: Psychological Sciences*, *52B*, P274–P283.

### 제3장

Aarsland, D., Zaccai, J., & Brayne, C. (2005). A systematic review of prevalence studies of dementia in Parkinson's disease. *Movement Disorders*, *20*(10), 1255–1263.

Bastiaanse, R., & Leenders, K. L. (2009). Language and Parkinson's disease. *Cortex*, *45*, 912–914.

Belanger, H. G., Curtiss, G., Demery, J. A., Lebowitz, B. K., & Vanderploeg, R. D. (2005). Factors moderating neuropsychological outcomes following mild traumatic brain injury: A meta-analysis. *Journal of the International Neuropsychological Society*, *11*, 215–227.

Bernoulli, C. C., Masters, C. L., Gajdusek, D. C., Gibbs, C. J., Jr., & Harris, J. O. (1979). Early clinical features of Creutsfeldt-Jakob disease (subacute spongiform encephalopathy). In: *Slow transmissible diseases of the nervous system, Vol 1: Clinical, epidemiological, genetic and pathological aspects of the spongiform encephalopathies* (pp. 229–241). New York: Academic Press.

Bershad, E. M., Farhadi, S., Suri, M. F., Feen, E. S., Hernandez, O. H., Selman, W. R., & Suarez, J. I. (2008). Coagulopathy and inhospital deaths in patients with acute subdural hematoma. *Journal of Neurosurgery*, *109*(4), 664–669.

Bobholz, J. A., & Rao, S. M. (2003). Cognitive dysfunction in multiple sclerosis: A review of recent developments. *Current Opinion in Neurology*, *16*, 283–288.

Boeve, B. F., Dickson, D., Duffy, J. R., Bartleson, J., Trenerry, M., & Petersen, R. (2003). Progressive nonfluent aphasia and subsequent aphasic dementia associated with atypical progressive supranuclear palsy pathology. *European Neurology*, *49*, 72–78.

Bower, J. H., Maraganore, D. M., McDonnell, S. K., & Rocca, W. A. (1999). Incidence and distribution of parkinsonism in Olmsted County, Minnesota, 1976–1990. *Neurology*, *52*, 1214–1220.

Brazis, P. W., Masdeu, J. C., & Biller, J. (2007). Vascular syndromes of the forebrain, brainstem, and cerebellum. In: *Localization in clinical neurology* (5th ed., pp. 521–555). Philadelphia: Lippincott Williams & Wilkins.

Brex, P. A., Ciccarelli, O., O'Riordan, J., Sailer, M., Thompson, A. J., & Miller, D. H. (2002). A longitudinal study of abnormalities on MRI and disability from multiple sclerosis. *The New England Journal of Medicine*, *346*, 158–164.

Broca, P. (1865). Sur le siege de la faculte du langage articule. *Bulletins de la Societe d' anthropologie de Paris*, *6*, 377–393.

Brookmeyer, R., Gray, S., & Kawas, C. (1998). Projections of Alzheimer's disease in the United States and the public health impact of delaying disease onset. *American Journal of Public Health*, *88*, 1337–1342.

Brookmeyer, R., Corrada, M. M., Curriero, F. C., & Kawas, C. (2002). Survival following a diagnosis of Alzheimer disease. *Archives of Neurology*, *59*, 1764–1767.

Brown, P., Gibbs, C. J., Jr., Rodgers-Johnson, P., Asher, D. M., Sulima, M. P., Bacote, A., Goldfarb, L. G., & Gajdusek, D. C. (1994).

Human spongiform encephalopathy: The National Institutes of Health series of 300 cases of experimentally transmitted disease. *Annals of Neurology*, *35*, 513–529.

Bullock, M. R., Chesnut, R., Ghajar, J., Gordon, D., Hartl, R., Newell, D. W., Servadei, F., Walters, B. C., & Wilberger, J. E. (2006). Surgical management of acute subdural hematomas. *Neurosurgery*, *58,* S2–16–S2–24.

Carroll, L. J., Cassidy, J. D., Peloso, P. M., Borg, J., Von Holst, H., Holm, L., Paniak, C., & Pepin, M. (2004). Traumatic brain injury: Results of the WHO Collaborating Centre Task Force on Mild Traumatic Brain Injury. *Journal of Rehabilitation Medicine, Suppl*, *43*, 84–105.

Chen, S. T., Tang, L. M., & Ro, L. S. (1995). Brain abscess as a complication of stroke. *Stroke*, *26*, 696–698.

Clifford, D. B., Yiannoutsos, C., Glicksman, M., Simpson, D. M., Singer, E. J., Piliero, P. J., Marra, C. M., Francis, G. S., McArthur, J. C., Tyler, K. L., Tselis, A. C., & Hyslop, N. E. (1999). HAART improves prognosis in HIV-associated progressive multifocal leukoencephalopathy. *Neurology*, *52,* 623–625.

Croquelois, A., Wintermark, M., Reichhart, M., Meuli, R., & Bogousslavsky, J. (2003). Aphasia in hyperacute stroke: Language follows brain penumbra dynamics. *Annals of Neurology*, *54,* 321–329.

Dax, M. (1865). Lésions de la moitié gauche de l' encéphale coïncident avec l'oubli des signes de la penseé (lu à Montpellier en 1836). *Bulletin hebdomadaire de médecine et de chirurgie, 2me série, 2,* 259–262.

Dell, S. O., Batson, R., Kasdon, D. L., & Peterson, T. (1983). Aphasia in subdural hematoma. *Archives of Neurology*, *40,* 177–179.

Ernestus, R. I., Beldzinski, P., Lanfermann, H., & Klug, N. (1997). Chronic subdural hematoma: Surgical treatment and outcome in 104 patients. *Surgical Neurology*, *48*, 220–225.

Ewing-Cobbs, L., Brookshire, B., Scott, M. A., & Fletcher, J. M. (1998). Children's narratives following traumatic brain injury: Linguistic structure, cohesion, and thematic recall. *Brain and Language*, *61,* 395–419.

Ferrer, I., Hernandez, I., Boada, M., Llorente, A., Rey, M. J., Cardozo, A., & Ezquerra, P. B. (2003). Primary progressive aphasia as the initial manifestation of corticobasal degeneration and unusual tauopathies. *Acta Neuropathologica*, *106,* 419–435.

Frattali, C. M., Grafman, J., Patronas, N., Makhlouf, F., & Litvan, I. (2000). Language disturbances in corticobasal degeneration. *Neurology*, *54*(4), 990–992.

Golbe, L. I. (2001). Progressive supranuclear palsy. *Current Treatment Options in Neurology*, *3,* 473–477.

Goozee, J., & Murdoch, B. (2009). Encephalitis. In M. R. McNeil (Ed.), *Clinical Management of Sensorimotor Speech Disorders* (2nd ed., pp. 317–319). New York: Thieme Medical Publishers.

Gorno-Tempini, M. L., Hillis, A. E., Weintraub, S., Kertesz, A., Mendez, M., Cappa, S., Ogar, J., … Grossman, M. (2011). Recommendations for the classification of primary progressive aphasia and its variants. *Neurology, 76*(11), 1006–1014.

Grant, I. (2008). Neurocognitive disturbances in HIV. *International Review of Psychiatry*, *20*, 33–47.

Grossman, M. (2002). Frontotemporal dementia: A review. *Journal of the International Neuropsychological Society*, *8*(4), 566–583.

Hackett, M. L., & Anderson, C. S. (2000).

Health outcomes 1 year after subarachnoid hemorrhage: An international population-based study. *Neurology, 55,* 658–662.

Hahn, C. D., Miles, B. S., MacGregor, D. L., Blaser, S. I., Banwell, B. L., & Hetherington, C. R. (2003). Neurocognitive outcome after acute disseminated encephalomyelitis. *Pediatric Neurology, 29,* 117–123.

Hankey, G. J. (2003). Long-term outcome after ischaemic stroke/transient ischaemic attack. *Cerebrovascular Diseases, 16*(Suppl. 1), 14–19.

Hauser, W. A., Annegers, J. F., & Kurland, L. T. (1993). Incidence of epilepsy and unprovoked seizures in Rochester, Minnesota: 1935–1984. *Epilepsia, 34,* 453–468.

Hawkins, K., Wang, S., & Rupnow, M. (2008). Direct cost burden among insured US employees with migraine. *Headache, 48,* 553–563.

Heaton, R. K., Grant, I., Butters, N., White, D. A., Kirson, D., Atkinson, H. J., … and the HNRC group. (1995). The HNRC 500–neuropsychology of HIV infection at different disease stages. HIV Neurobehavioral Research Center. *Journal of the International Neuropsychological Society, 1,* 231–251.

Hillis, A. E., & Selnes, O. (1999). Cases of aphasia or neglect due to Creutzfeldt-Jakob disease. *Aphasiology, 13,* 743–754.

Hillis, A. E. (2005). For a theory of rehabilitation: progress in the decade of the brain. In P. Halligan & D. Wade (Eds.), *Effectiveness of rehabilitation of cognitive deficits* (pp. 271–280). Oxford, UK: Oxford University Press.

Hillis, A. E. (2007). Aphasia: Progress in the last quarter of a century. *Neurology, 69,* 200–213.

Hough, M. (1990). Narrative comprehension in adults with right and left hemisphere brain-damage: Theme organization. *Brain and Language, 38,* 253–277.

Hoofien, D., Gilboa, A., Vakil, E., & Donovick, P. (2001). Traumatic brain injury (TBI) 10–20 years later: A comprehensive outcome study of psychiatric symptomatology, cognitive abilities and psychosocial functioning. *Brain Injury 15,* 189–209.

Huizinga, T. W., & Diamond, B. (2008). Lupus and the central nervous system. *Lupus, 17,* 76–79.

Jacobs, R. K., Anderson, V. A., Neale, J. L., Shield, L. K., & Kornberg, A. J. (2004). Neuropsychological outcome after acute disseminated encephalomyelitis: Impact of age at illness onset. *Pediatric Neurology, 31,* 191–197.

Jilek, S., Jaquiery, E., Hirsch, H. H., Lysandropoulos, A., Canales, M., Guignard, L., Schluep, M., … Du Pasquier, R. A. (2010). Immune responses to JC virus in patients with multiple sclerosis treated with natalizumab: A cross-sectional and longitudinal study. *Lancet Neurology, 9,* 264–272.

Johnson, R. T., & Gibbs, C. J., Jr. (1998). Creutzfeldt-Jakob disease and related transmissible spongiform encephalopathies. *New England Journal of Medicine, 339,* 1994–2004.

Johnson, R. T. (2005). Prion diseases. *Lancet Neurology, 4,* 635–642.

Josephs, K. A., Boeve, B. F., Duffy, J. R., & Smith, G. E. (2005). Atypical progressive supranuclear palsy underlying progressive apraxia of speech and nonfluent aphasia. *Neurocase, 11,* 283–296.

Josephs, K. A., Whitwell, J. L., Duffy, J. R., Vanvoordt, W. A., Strand, E. A., Hu, W. T., & Petersen, R. C. (2008). Progressive aphasia secondary to Alzheimer disease vs FTLD pathology. *Neurology, 70,* 25–34.

Kajula, P., Portin, R., & Ruutiainen, J. (1996).

Language functions in incipient cognitive decline in multiple sclerosis. *Journal of the Neurological Sciences*, *141*, 79–86.

Kalita, O., Kala, M., Svebisova, H., Ehrmann, J., Hlobilkova, A., Trojanec, R., … Houdek, M. (2008). Glioblastoma multiforme with an abscess: Case report and literature review. *Journal of Neurooncology*, *88*, 221–225.

Kaminski, H. J., Hlavin, M. L., Likavec, M. J., & Schmidley, J. W. (1992). Transient neurologic deficit caused by chronic subdural hematoma. *The American Journal of Medicine*, *92*, 698–700.

Kawai, Y., Suenaga, M., Takeda, A., Ito, M., Watanabe, H., Tanaka, F., … Sobue, G. (2008). Cognitive impairments in multiple system atrophy: MSA–C vs MSA–P. *Neurology*, *70*, 1390–1396.

Kelley, B., & Petersen, R. (2007). Alzheimer's disease and mild cognitive impairment. *Neurologic Clinics*, *25*, 577–609.

Kertesz, A., & McMonagle, P. (2010). Behavior and cognition in corticobasal degeneration and progressive supranuclear palsy. *Journal of Neurological Sciences*, *289*, 138–143.

Kobau, R., DiIorio, C. A., Price, P. H., Thurman, D. J., Martin, L. M., Ridings, D. L., & Henry, T. R. (2004). Prevalence of epilepsy and health status of adults with epilepsy in Georgia and Tennessee: Behavioral risk factor surveillance system, 2002. *Epilepsy & Behavior*, *5*, 358–366.

Koc, R., Akdemir, H., Oktem, I. S., Meral, M., & Menku, A. (1997). Acute subdural hematoma: Outcome and outcome prediction. *Neurosurgical Review*, *20*, 239–244.

Kujala, P., Portin, R., & Ruutiainen, J. (1996). Language functions in incipient decline in multiple sclerosis. *Journal of the Neurological Sciences*, *141*, 79–86.

Lacour, A., De Seze, J., Revenco, E., & Lebrun, C. (2004). Acute aphasia in multiple sclerosis: A multicenter study of 22 patients. *Neurology*, *62*, 974–977.

Larson, E. B., Shadlen, M. F., Wang, L., McCormick, W. C., Bowen, J. D., Teri, L., & Kukull, W. A. (2004). Survival after initial diagnosis of Alzheimer disease. *Annals of Internal Medicine*, *140*, 501–509.

Levine, A. J., Hinkin, C. H., Ando K., Santangelo, G., Martinez, M., Valdes-Sueiras, M., … Singer, E. J. (2008). An exploratory study of long-term neurocognitive outcomes following recovery from opportunistic brain infections in HIV1 adults. *Journal of Clinical and Experimental Neuropsychology*, *30*, 836–843.

Mamelak, A. N., Mampalam, T. J., Obana, W. G., & Rosenblum, M. L. (1995). Improved management of multiple brain abscesses: A combined surgical and medical approach. *Neurosurgery*, *36*, 76–86.

Marczinski, C. A., Davidson, W., & Kertesz, A. (2004). Longitudinal study of behavior in frontotemporal dementia and primary progressive aphasia. *Cognitive and Behavioral Neurology*, *17*, 185–190.

Marrie, R. A., Yu, N., Blanchard, J., Leung, S., & Elliott, L. (2010). The rising prevalence and changing age distribution of multiple sclerosis in Manitoba. *Neurology*, *74*(6), 465–471.

Mathisen, G. E., & Johnson, J. P. (1997). Brain abscess. *Clinical Infectious Diseases*, *25*, 763–779.

McCombe, J. A., Auer, R. N., Maingat, F. G., Houston, S., Gill, M. J., & Power, C. (2009). Neurologic immune reconstitution inflammatory syndrome in HIV/AIDS: Outcome. *Neurology*, *72*, 835–841.

Medina, J., & Weintraub, S. (2007). Depression in primary progressive aphasia. *Journal of Geriatric Psychiatry and Neurology*, *20*, 153-160.

Mesulam, M. (2007). Primary progressive aphasia: A 25-year retrospective. *Alzheimer Disease Associated Disorders*, *21*, S8-S11.

Millis, S., Rosenthal, M., Novack, T., Sherer, M., Nick, T. G., Kreutzer, J. S., … Ricker, J. H. (2001). Long-term neuropsychological outcome after traumatic brain injury. *The Journal of Head Trauma Rehabilitation*, *16*, 343-355.

Mitchell, R. L., & Crow, T. J. (2005). Right hemisphere language functions and schizophrenia: The forgotten hemisphere? *Brain*, *128*, 963-978.

Miyazaki, H., Ito, S., Nitta, Y., Iino, N., & Shiokawa, Y. (2004). Brain abscess following cerebral infarction. *Acta Neurochirurgica*, *146*, 531-532.

Mochizuki, A., Ueda, Y., Komatsuzaki, Y., Tsuchiyak, K., Arai, T., & Shoji, S. (2003). Progressive supranuclear palsy presenting with primary progressive aphasia. *Acta Neuropathologica*, *105*, 610-614.

Monetta, L., & Pell, M. D. (2007). Effects of verbal working memory deficits on metaphor comprehension in patients with Parkinson's disease. *Brain and Language*, *101*, 80-89.

Mori, K., & Maeda, M. (2001). Surgical treatment of chronic subdural hematoma in 500 consecutive cases: Clinical characteristics, surgical outcome, complications, and recurrence rate. *Neurologia Medico Chirurgia*, *41*, 371-381.

Moster, M. L., Johnston, D. E., & Reinmuth, O. M. (1983). Chronic subdural hematoma with transient neurological deficits: A review of 15 cases. *Annals of Neurology 14*(5), 539-542.

Muscal, E., & Brey, R. L. (2010). Neurologic manifestations of systemic lupus erythematosus in children and adults. *Neurologic Clinics*, *28*, 61-73.

Nakai, K., Yamamoto, T., Yasuda, S., & Matsumura, A. (2006). Brain abscess following intracerebral haemorrhage. *Journal of Clinical Neuroscience*, *13*, 1047-1051.

Neary, D., Snowden, J., & Mann, D. (2005). Frontotemporal dementia. *Lancet Neurology*, *4*, 771-780.

Nussbaum, R. L., & Ellis, C. E. (2003). Alzheimer's disease and parkinson's disease. *New England Journal of Medicine*, *348*, 1356-1364.

Ochfeld, E., Newhart, M., Molitoris, J., Leigh, R., Cloutman, L., Davis, C., … Hillis, A. E. (2009). Ischemia in Broca area is associated with broca aphasia more reliably in acute than in chronic stroke. *Stroke*, *41*, 325-330.

Ogden, J. A., Mee, E. W., & Henning, M. (1993). A prospective study of impairment of cognition and memory and recovery after subarachnoid hemorrhage. *Neurosurgery*, *33*, 572-587.

Parlato, C., Guarracino, A., & Moraci, A. (2000). Spontaneous resolution of chronic subdural hematoma. *Surgical Neurology*, *53*, 312-317.

Qureshi, A. I., Tuhrim, S., Broderick, J., Batjer, H. H., Hondo, H., & Hanley, D. F. (2001). Spontaneous intracerebral hemorrhage. *New England Journal of Medicine*, *344*, 1450-1460.

Radanovic, M., & Scaff, M. (2003). Speech and language disturbances due to subcortical lesions. *Brain and Language*, *84*, 337-352.

Reich, S. G., & Grill, S. E. (2009). Corticobasal degeneration. *Current Treatment Options in Neurology*, *11*, 179-185.

Rhiannon, J. J. (2008). Systemic lupus erythematosus involving the nervous system: Presentation, pathogenesis, and management. *Clinical Reviews in Allergy & Immunology*, *34*, 356-360.

Robinson, G., Shallice, T., & Cipolotti, L. (2006). Dynamic aphasia in progressive supranuclear palsy: A deficit in generating a fluent. *Neuropsychologia*, *44*, 1344–1360.

Ross, E. D., & Monnot, M. (2008). Neurology of affective prosody and its functional-anatomic organization in right hemisphere. *Brain and Language*, *104,* 51–74.

Selnes, O., & Hillis, A. E. (2000). Patient Tan revisited: A case of atypical Global aphasia? *Journal of the History of the Neurosciences*, *9,* 233–237.

Senft, C., Schuster, T., Forster, M. T., Seifert, V., & Gerlach, R. (2009). Management and outcome of patients with acute traumatic subdural hematomas and pre-injury oral anticoagulation therapy. *Neurological Research*, *31*, 1012–1018.

Singer, E. J., Valdes-Sueiras, M., Commins, D., & Levine, A. (2010). Neurologic presentations of AIDS. *Neurologic Clinics*, *28,* 253–275.

Snowden, J. S., Mann, D. M. A., & Neary, D. (2002). Distinct neuropsychological characteristics in Creutzfeldt-Jakob disease. *Journal of Neurology, Neurosurgery, and Psychiatry*, *73,* 686–694.

Sonneville, R., Klein, I., de Broucker, T., & Wolff, M. (2009). Post-infectious encephalitis in adults: Diagnosis and management. *Journal of Infection*, *58,* 321–328.

Stapf, C., Mohr, J. P., Choi, J. H., Hartmann, A., & Mast, H. (2006). Invasive treatment of unruptured brain arteriovenous malformations is experimental therapy. *Current Opinion in Neurology*, *19,* 63–68.

Suarez, J. I., Tarr, R. W., & Selman, W. R. (2006). Aneurysmal subarachnoid hemorrhage. *The New England Journal of Medicine*, *354,* 387–396.

Tenembaum, S., Chitnis, T., Ness, J., & Hahn, J. S.; International Pediatric MS Study Group. (2007). Acute disseminated encephalomyelitis. *Neurology*, *68*(16 Suppl. 2), S23–36.

Tran, B., & Rosenthal, M. A. (2010). Survival comparison between glioblastoma multiforme and other incurable cancers. *Journal of Clinical Neuroscience*, *17,* 417–421.

Troster, A. I. (2008). Neuropsychological characteristics of dementia with Lewy bodies and Parkinson's disease with dementia: Differentiation, early detection, and implications for "mild cognitive impairment" and biomarkers. *Neuropsychology Review*, *18,* 103–119.

Tunkel, A. R. (2005). Acute meningitis. In: *Principles and practice of infectious disease* (6th ed., p. 1099). Philadelphia: Elsevier Churchill Livingstone.

Urbinelli, R., Bolard, P., Lemesle, M., Osseby, G. V., Thomas, V., Boruel, D., Megherbi, S. E., … Giroud, M. (2001). Stroke patterns in cardio-embolic infarction in a population-based study. *Neurological Research, 23*, 309–314.

Van Den Eeden, S. K., Tanner, C. M., Bernstein, A. L., Fross, R. D., Leimpeter, A., Bloch, D. A., & Nelson, L. M. (2003). Incidence of Parkinson's disease: Variation by age, gender, and race/ethnicity. *American Journal of Epidemiology, 157*, 1015–1022.

Van Gijn, J., & Rinkel, G. J. (2001). Subarachnoid haemorrhage: Diagnosis, causes and management. *Brain 124*, 249–278.

Warrington, E. K., & Shallice, T. (1984). Category specific semantic impairments. *Brain*, *107,* 829–854.

Weinshenker, B. G., Bass, B., Rice, G. P., Noseworthy, J., Carriere, W., Baskerville, J., & Ebers, G. C. (1989). The natural history of multiple sclerosis: A geographically based study. I. clinical course and disability. *Brain*, *112*(1), 133–146.

Wenning, G. K., Colosimo, C., Geser, F., & Poewe, W. (2004). Multiple system atrophy. *Lancet Neurology*, *3,* 93–103.

Wernicke, C. (1881). *Lehrbruch der gehimkrankheiten.* Berlin: Theodore Fisher.

Whitfield, P. C., & Kirkpatrick, P. J. (2001). Timing of surgery for aneurysmal subarachnoid haemorrhage. *Cochrane Database of Systematic Reviews*, *2*, CD001697.

Whitley, R. J., & Alford, C. A., & Hirsch, M. S. (1986). Vidarabine versus acyclovir therapy in herpes simplex encephalitis. *New England Journal of Medicine*, *314,* 144–149.

Whitley, R. J. (2006). Herpes simplex encephalitis: Adolescents and adults. *Antiviral Research*, *71,* 141–148.

Winner, E., & Gardner, H. (1977). The comprehension of metaphor in brain damaged patients. *Brain*, *100,* 717–729.

Xiao, F., Tseng, M. Y., Teng, L. J., & Tseng, H. K. (2005). Brain abscess: Clinical experience and analysis of prognostic factors. *Surgical Neurology*, *63*, 442–449.

Yang, S. Y., & Zhao, C. S. (1993). Review of 140 patients with brain abscess. *Surgical Neurology*, *39,* 290–296.

### 제4장

Acheson, D. J., Hamidi, M., Binder, J. R., & Postle, B. R. (2011). A common neural substrate for language production and verbal working memory. *Journal of Cognitive Neuroscience*.

Allport, A., & Wylie, G. (2000). Task-switching, stimulusresponse bindings, and negative priming. In S. Monsell & J. Driver (Eds.), *Control of cognitive processes: Attention and performance XVIII.* Boston: MIT Press.

Alvarez, G. A., & Cavanagh, P. (2004). The capacity of visual short-term memory is set both by visual information load and by number of objects. *Psychological Science*, *15*, 106–111.

Anderson, J. R. (1982). Acquisition of cognitive skill. *Psychological Review*, *89*, 369–406.

Anderson, J. R. (1987). Skill acquisition: Compilation of weakmethod problem solutions. *Psychological Review*, *94*, 192–210.

Anderson, K. (1994). Impulsivity, caffeine, and task difficulty: A within-subjects test of the Yerkes-Dodson Law. *Personality and Individual Differences*, *16*, 813–829.

Antrobus, J. S., Singer, J. L., Goldstein, S., & Fortgang, M. (1970). Mindwandering and cognitive structure. *Transactions of the New York Academy of Science*, *32*, 242–252.

Ashcraft, M. H., & Kirk, E. F. (2001). The relationships among working memory, math anxiety, and performance. *Journal of Experimental Psychology: General*, *130*, 224–237.

Ashcraft, M. H., & Krause, J. A. (2007). Working memory, math performance, and math anxiety. *Psychonomic Bulletin & Review*, *14*, 243–248.

Atkinson, R. C., & Shiffrin, R. M. (1986). Human memory: A proposed system and its control processes. In K. W. Spence, & J. T. Spence (Eds.), *The psychology of learning and motivation: Advances in research and theory* (Vol. 2, pp. 742–775). New York: Academic Press.

Awh, E., Barton, B., & Vogel, E. K. (2007). Visual working memory represents a fixed number of items regardless of complexity. *Psychological Science*, *18*, 622–628.

Bacharach, V. R., Carr, T. H., & Mehner, D. S. (1976). Interactive and independent contributions of verbal descriptions to children' s picture memory. *Journal of Experimental Child Psychology*, *22*, 492–498.

Baddeley, A. D., & Hitch, G. (1974). Working memory. In G. A. Bower (Ed.), *Recent advances in learning and motivation* (Vol. 8, pp. 47–90). New York: Academic Press.

Baddeley, A. D. (2000). The episodic buffer: A new component of working memory? *Trends in Cognitive Sciences*, *4*, 417–423.

Banich, M. T. (2004). *Cognitive neuroscience and neuropsychology* (2nd ed.). Boston: Houghton-Mifflin.

Bargh, J. A., Chartrand, T. L. (1999). The unbearable automaticity of being. *American Psychologist*, *54*, 462–479.

Bates, E. (1976). *Language and context: The acquisition of pragmatics*. New York: Academic Press.

Beek, P. J., Jacobs, D. M., Daffertshofer, A., & Huys, R. (2003). Expert performance in sport: Views from the joint perspectives of ecological psychology and dynamical systems theory. In J. L. Starkes & K. A. Ericsson (Eds.), *Expert performance in sports: Advances in research on sport expertise* (pp. 321–344). Champaign, IL: Human Kinetics.

Beilock, S. L., Bertenthal, B. I., Hoerger, M., & Carr, T. H. (2008). When does haste make waste? Expertise, speed versus accuracy, and the tools of the trade. *Journal of Experimental Psychology: Applied, 14,* 340–353.

Beilock, S. L., & Carr, T. H. (2001). On the fragility of skilled performance: What governs choking under pressure? *Journal of Experimental Psychology: General, 130*, 701–725.

Beilock, S. L., & Carr, T. H. (2005). When high-powered people fail: Working memory and "choking under pressure" in math. *Psychological Science*, *16*, 101–105.

Beilock, S. L., Carr, T. H., MacMahon, C., & Starkes, J. L. (2002). When paying attention becomes counterproductive: Impact of divided versus skill-focused attention on novice and experienced performance of sensorimotor skills. *Journal of Experimental Psychology: Applied*, *8*, 6–16.

Beilock, S. L., Kulp, C. A., Holt, L. E., & Carr, T. H. (2004). More on the fragility of performance: Choking under pressure in mathematical problem solving. *Journal of Experimental Psychology: General*, *133*, 584–600.

Beilock, S. L., Wierenga, S. A., & Carr, T. H. (2002). Expertise, attention, and memory in sensorimotor skill execution: Impact of novel task constraints on dual-task performance and episodic memory. *Quarterly Journal of Experimental Psychology*, *55A*, 1211–1240.

Beilock, S. L., Wierenga, S. A., & Carr, T. H. (2003). Skilled performance, explicit memory, and "expertise-induced amnesia." In J. Starkes & K. A. Ericsson (Eds.), *Expert performance in sports: Advances in research on sport expertise*. Champaign, IL: Human Kinetics.

Berryhill, M. E., & Hughes, H. C. (2009). On the minimization of task switch costs following long-term training. *Attention, Perception, & Psychophysics*, *71*, 503–514.

Bherer, L., Kramer, A. F., Peterson, M. S., Colcombe, S., Erickson, K., & Becic, E. (2006). Testing the limits of cognitive plasticity in older adults: Application to attentional control. *Acta Psychologica*, *123*, 261–278.

Bock, J. K., & Griffin, Z. M. (2000). Producing words: How mind meets mouth. In L. Wheeldon (Ed.), *Aspects of language production* (pp. 7–47). Hove, England: Psychology Press.

Bock, K., & Cutting, J. C. (1992). Regulating mental energy: Performance units in language production. *Journal of Memory and Language, 31,* 99–127.

Botvinick, M. M., Cohen, J. D., & Carter, C. S. (2004). Conflict monitoring and anterior cingulate cortex: An update. *Trends in Cognitive Sciences*, *8*, 539–546.

Brown, T. L., & Carr, T. H. (1989). Automaticity in skill acquisition: Mechanisms for reducing interference during concurrent performance. *Journal of Experimental Psychology: Human Perception and Performance*, *15*, 686–700.

Brown, T. L., Gore, C., & Carr, T. H. (2002). Is word recognition "automatic"?: Spatial attention and word recognition in Stroop color-naming. *Journal of Experimental Psychology: General*, *131*, 220–241.

Bruner, J. S. (1975). The ontogenesis of speech acts. *Journal of Child Language*, *2*, 1–19.

Bryan, W. L., & Harter, N. (1897). Studies in the physiology and psychology of the telegraphic language. *Psychological Review*, *4*, 27–53.

Buckner, R. L., Andrews-Hanna, J. R., & Schacter, D. L. (2008). The brain's default network: Anatomy, function, and relevance to disease. *Annals of the New York Academy of Science*, *1124*, 1–38.

Caplan, D., & Waters, G. S. (1995). On the nature of the phonological output planning process involved in verbal rehearsal: Evidence from aphasia. *Brain and Language*, *48*, 191–220.

Carr, T. H. (1979). Consciousness in models of information processing: Primary memory, executive control, and input regulation. In G. Underwood & R. Stevens (Eds.), *Aspects of consciousness* (Vol. 1, pp. 123–153). London: Academic Press.

Carr, T. H., & Bacharach, V. R. (1976). Perceptual tuning and conscious attention: Systems of input regulation in visual information processing. *Cognition, 4,* 281–302.

Case, R. (1985). *Intellectual development: Birth to adulthood*. New York: Academic Press.

Chase, W. G., & Simon, H. A. (1973). The mind's eye in chess. In W. G. Chase (Ed.), *Visual information processing* (pp. 215–281). New York: Academic Press.

Chein, J. M., & Fiez, J. A. (2010). Evaluating models of working memory through the effects of concurrent irrelevant information. *Journal of Experimental Psychology: General*, *139*, 117–137.

Cherry, E. C. (1953). Some experiments on the recognition of speech, with one and with two ears. *Journal of the Acoustical Society of America, 25,* 975–979.

Christoff, K., Gordon, A. M., Smallwood, J., Smith, R., & Schooler, J. W. (2009). Experience sampling during fMRI reveals default network and executive system contributions to mind wandering. *Proceedings of the National Academy of Sciences of the USA*, *106*, 8719–8724.

Chun, M. M., & Jiang, Y. (1998). Contextual cueing: Implicit learning and memory of visual context guides spatial attention. *Cognitive Psychology*, *36*, 28–71.

Cohen, J. D., Aston-Jones, G., & Gilzenrat, M. S. (2004). A systems-level perspective on attention and cognitive control: Guilded activation, adaptive gating, conflict monitoring, and exploitation versus exploration. In M. I. Posner (Ed.), *Cognitive neuroscience of attention*. New York: Guilford Press.

Collard, P., Corley, M., MacGregor, L. J., & Donaldson, D. I. (2008). Attention orienting effects of hesitations in speech: Evidence from ERPs. *Journal of Experimental Psychology: Learning, Memory, and Cognition*, *34*, 696–

702.

Cools, R., & Robbins, T. W. (2004). Chemistry of the adaptive mind. *Philosophical transactions. Series A, Mathematical, Physical, and Engineering Sciences*, *15*, 2871–2888.

Corbetta, M., Kincade, J. M., Ollinger, J. M., McAvoy, M. P., & Shulman, G. L. (2000). Voluntary orienting is dissociated from target detection in human posterior parietal cortex. *Nature Neuroscience*, *3*, 292–297.

Corbetta, M., Miezen, F. M., Shulman, G. L., & Petersen, S. E. (1993). A PET study of visuospatial attention. *Journal of Neuroscience*, *13*, 1202–1226.

Cowan, N. (2000). The magical number 4 in short-term memory: A reconsideration of mental storage capacity. *Behavioral and Brain Sciences*, *24*, 87–185.

Crossman, E. R. F. W. (1959). A theory of the acquisition of speed skill. *Ergonomics*, *2*, 153–166.

Dagenbach, D., & Carr, T. H. (1994). *Inhibitory processes in attention, memory, and language*. San Diego: Academic Press.

Dandeneau, S. D., Baldwin, M. W., Baccus, J. R., Sakellaropoulo, M., & Pruessner, J. C. (2007). Cutting stress off at the pass: Reducing vigilance and responsiveness to social threat by manipulating attention. *Journal of Personality and Social Psychology*, *93*, 651–666.

Daneman, M., & Merikle, P. M. (1996). Working memory and language comprehension: A meta-analysis. *Psychonomic Bulletin & Review*, *3*, 422–433.

Desimone, R., & Duncan, J. (1995). Neural mechanisms of selective attention. *Annual Review of Neuroscience*, *18*, 193–222.

Doran, S. M., Van Dongen, H. P. A., & Dinges, D. F. (2001). Sustained attention performance during sleep deprivation: Evidence of state instability. *Archives Italiennes de Biologie*, *139*, 253–267.

Driver, J., & Spence, C. J. (1994). Spatial synergies between auditory and visual attention. In C. Umilta & M. Moscovitch (Eds.), *Attention and performance, XV: Conscious and nonconscious information processing* (pp. 311–331). Cambridge, MA: MIT Press.

Driver, J., & Spence, C. J. (1998). Cross-modal links in spatial attention. *Philosophical Transactions of the Royal Society of London B Biological Sciences*, *353*, 1319–1331.

Dulaney, C. L. (1998). Automatic processing: Implications for job training of individuals with mental retardation. *Journal of Developmental and Physical Disabilities*, *10*, 175–184.

Duncan, J. (2004). Selective attention in distributed brain systems. In M. I. Posner (Ed.), *Cognitive neuroscience of attention* (pp. 105–113). New York: Guilford Press.

Eberhard, K. M., Cutting, J. C., & Bock, J. K. (2005). Making syntax of sense: Number agreement in sentence production. *Psychological Review*, *112*, 531–559.

Erickson, K. I., Colcombe, S. J., Wadha, R., Bherer, L., Peterson, M. S., Scalf, P. E., Kim, J. S., … Kramer, A. F. (2007). Traininginduced functional activation changes in dual-task processing: An fMRI study. *Cerebral Cortex*, *17*, 192–204.

Ericsson, K. A. (1999). Creative expertise as superior reproducible performance: Innovative and flexible aspects of expert performance. *Psychological Inquiry*, *10*(4), 329–333.

Ericsson, K. A. (2003). The acquisition of expert performance as problem solving: Construction and modification of mediating mechanisms through deliberate practice. In J. E. Davidson

& R. J. Sternberg (Eds.), *Problem solving* (pp. 31–83). New York: Cambridge University Press.

Ericsson, K. A. (2006). Protocol analysis and expert thought: Concurrent verbalizations of thinking during experts' performance on representative task. In K. A. Ericsson, N. Charness, P. Feltovich, & R. R. Hoffman, R. R. (Eds.), *Cambridge handbook of expertise and expert performance* (pp. 223–242). Cambridge, UK: Cambridge University Press.

Ericsson, K. A. (2006). The influence of experience and deliberate practice on the development of superior expert performance. In K. A. Ericsson, N. Charness, P. Feltovich, & R. R. Hoffman, R. R. (Eds.), *Cambridge handbook of expertise and expert performance* (pp. 685–706). Cambridge, UK: Cambridge University Press.

Ericsson, K. A., & Charness, N. (1994). Expert performance: Its structure and acquisition. *American Psychologist*, *49*(8), 725–747.

Ericsson, K. A., & Kintsch, W. (1995). Long-term working memory. *Psychological Review*, *101*, 211–245.

Ericsson, K. A., Krampe, R. T., & Tesch-Romer, C. (1993). The role of deliberate practice in the acquisition of expert performance. *Psychological Review*, *100,* 363–406.

Ericsson, K. A., & Ward, P. (2007). Capturing the naturally occurring superior performance of experts in the laboratory: Toward a science of expert and exceptional performance. *Current Directions in Psychological Science*, *16*, 346–350.

Eriksen, C. W., & Hoffman, J. E. (1972). Temporal and spatial characteristics of selective encoding from visual displays. *Attention, Perception, & Psychophysics, 12,* 201–204.

Evans, M. A., & Carr, T. H. (1984). The ontogeny of description. In L. Feagans, C. Garvey, & R. Golinkoff (Eds.), *The origins and growth of communication* (pp. 297–316). Norwood, NJ: Ablex.

Fair, D. A., Cohen, A. L., Dosenbach, N. U. F., Church, J. A., Miezin, F. M., Barch, D. M., Raichle, M. E., … Schlaggar, B. L. (2008). The maturing architecture of the brain's default network. *Proceedings of the National Academy of Science of the USA*, *105,* 4028–4032.

Fan, J., McCandliss, B. D., Fossella, J., Flombaum, J. I., & Posner, M. I. (2005). The activation of attentional networks. *NeuroImage*, *26*, 471–479.

Fisk, A. D., & Eboch, M. (2003). An automatic/controlled processing theory application to training component map reading skills. *Applied Ergonomics*, *20*, 2–13.

Fitts, P. M. (1964). Perceptual-motor learning. In A. W. Melton (Ed.), *Categories of human learning*. New York: Academic Press.

Fitts, P. M., & Posner, M. I. (1967). *Human performance*. Belmont, CA: Brooks/Cole.

Flegal, K. E., & Anderson, M. C. (2008). Overthinking skilled motor performance: Or why those who teach can't do. *Psychonomic Bulletin & Review*, *15*, 927–932.

Folk, C. L., Remington, R. W., & Johnston J. C. (1992). Involuntary covert orienting is contingent on attentional control settings. *Journal of Experimental Psychology: Human Perception & Performance*, *18*, 1030–1044.

Folk, C. L., Remington, R. W., & Wright, J. H. (1994). The structure of attentional control: Contingent attentional capture by apparent motion, abrupt onset, and color. *Journal of Experimental Psychology: Human Perception & Performance*, *20*, 317–329.

Gazzaniga, M. S., Ivry, R. B., & Mangun, G. R.

(2009). *Cognitive neuroscience: The biology of the mind* (3rd ed.). New York: Norton.

Green, C. S., & Bavelier, D. (2008). Exercising your brain: A review of human brain plasticity and training-induced learning. *Psychology and Aging*, *23*, 692–701.

Gruber, O., & Goeschke, T. (2004). Executive control emerging from dynamic interactions between brain systems mediating language, working memory and attentional processes. *Acta Psychologica*, *115*, 105–121.

Hasher, L., Zacks, R. T., & May, C. P. (1999). Inhibitory control, circadian arousal, and age. In D. Gopher & A. Koriat (Eds.), *Attention and performance, XVII. Cognitive regulation of performance: Interaction of theory and applications* (pp. 653–675). Cambridge, MA: MIT Press.

Henderson, J. M., & Ferreira, F. (Eds). (2004). *The interface of language, vision, and action: Eye movements and the visual world*. New York: Psychology Press.

Hopfinger, J. B., Buonocore, M. H., & Mangun, G. R. (2000). The neural mechanisms of top-down attentional control. *Nature Neuroscience*, *3*, 284–292.

Hout, M. C., & Goldinger, S. D. (2010). Learning in repeated visual search. *Attention, Perception, & Psychophysics*, *72*, 1267–1282.

Huang-Pollack, C. L., Nigg, J. T., & Carr, T. H. (2002). Development of selective attention: Perceptual load influences early versus late selection in children and adults. *Developmental Psychology*, *38*, 363–375.

James, W. (1890). *Principles of psychology*. New York: Henry Holt.

Jones, J. A., & Callan, D. E. (2003). Brain activity during audiovisual speech perception: An fMRI study of the McGurk Effect. *NeuroReport*, *14*, 1129–1133.

Jonides, J., & Gleitman, H. (1972). A conceptual category effect in visual search: O as letter or digit. *Perception & Psychophysics*, *12*, 457–460.

Jonides, J., Lewis, R. L., Nee, D. E., Lustig, C. A., Berman, M. G., & Moore, K. S. (2008). The mind and brain of short-term memory. *Annual Review of Psychology*, *59*, 193–224.

Kahneman, D. (1973). *Attention and effort*. Englewood Cliffs, NJ: Prentice–Hall.

Kane, M. J., Brown, L. H., McVay, J. C., Silvia, P. J., Myin-Germeys, I., & Kwapil, T. R. (2007). For whom the mind wanders, and when: An experience-sampling study of working memory and executive control in daily life. *Psychological Science*, *18*, 614–621.

Kastner, S., Pinsk, M. A., De Weerd, P., Desimone, R., & Ungerleider, L. G. (1999). Increased activity in human visual cortex during directed attention in the absence of visual stimulation. *Neuron*, *22*(4), 751–761.

Keele, S. W. (1968). Movement control in skilled motor performance. *Psychological Bulletin*, *70*, 387–403.

Keele, S. W. (1973). *Attention and human performance*. Pacific Palisades, CA: Goodyear.

Keele, S. W. (1981). Behavioral analysis of movement. In V. Brooks (Ed.), *Handbook of physiology: Motor control*. Washington, DC: American Physiological Society.

Klein, R. M. (2004). On the control of visual orienting. In M. I. Posner (Ed.), *Cognitive neuroscience of attention* (pp. 29–44). New York: Guilford.

Koh, K., & Meyer, D. E. (1991). Induction of continous stimulusresponse associations for perceptual-motor performance. *Journal of Experimental Psychology: Learning, Memory, and Cognition*, *17*, 811–836.

Kornblum, S., & Requin, J. (Eds.) (1984). *Preparatory states and processes*. Hillsdale, NJ: Lawrence Erlbaum.

Lavie, N. (1995). Perceptual load as a necessary condition for selective attention. *Journal of Experimental Psychology: Human Perception and Performance*, *21*, 451–468.

Lavie, N. (2006). The role of perceptual load in visual awareness. *Brain Research*, *1080*, 91–100.

Legerstee, J. S., Joke, H. M., Tulen, V. L., Kallen, G. C., Dieleman, P. D. A., Treffers, F. C., & Verhulst, E. M. W. J. (2009). Threat-related selective attention predicts treatment success in childhood anxiety disorders. *Journal of the American Academy of Child and Adolescent Psychiatry*, *48*, 196–205.

Logan, G. D. (1988). Toward an instance theory of automatization. *Psychological Review*, *95*, 492–527.

Logan, G. D., & Bundesen, C. (2003). Clever homunculus: Is there an endogenous act of control in the explicit taskcueing procedure? *Journal of Experimental Psychology: Human Perception and Performance*, *29*, 575–599.

Logan, G. L., & Etherton, J. L. (1994). What is learned during automatization? The role of attention in constructing an instance. *Journal of Experimental Psychology: Learning, Memory, and Cognition*, *20*, 1022–1050.

MacLean, K. A., Ferrer, E., Aichele, S. R., Bridwell, D. A., Zanesco, A. P., Jacobs, T. L., King, B. G., … Saron, C. D. (2010). Intensive meditation training improves perceptual discrimination and sustained attention. *Psychological Science*, *21*, 829–839.

MacLeod, C. M. (1991). Half a century or research on the Stroop effect: An integrative review. *Psychological Bulletin*, *109*, 163–203.

Markman, A. B., Maddox, W. T., & Worthy, D. A. (2006). Choking and excelling under pressure. *Psychological Science*, *17*, 944–948.

Masters, R. S. W. (1992). Knowledge, knerves, and know-how: The role of explicit versus implicit knowledge in the breakdown of a complex motor skill under pressure. *British Journal of Psychology*, *83*, 343–358.

May, C. P., Hasher, L., & Stoltzfus, E. R. (1993). Optimal time of day and the magnitude of age differences in memory. *Psychological Science*, *4*, 326–330.

McGurk, H., & MacDonald, J. W. (1976). Hearing lips and seeing voices. *Nature*, *264*, 746–748.

Miller, G. A. (1956). The magical number seven, plus or minus two: Some limits on our capacity for processing information. *Psychological Review*, *63*, 81–97.

Miller, A., Galanter, E., & Pribaum, K. H. (1960). *Plans and the structure of behavior*. New York: Holt, Rinehart, & Winston.

Mondor, T. A., & Zatorre, R. J. (1995). Shifting and focusing auditory spatial attention. *Journal of Experimental Psychology: Human Perception and Performance*, *21*, 387–409.

Mowbray, G. H., & Rhoades, M. V. (1959). On the reduction of choice reaction times with practice. *Quarterly Journal of Experimental Psychology*, *11*, 16–23.

National Safety Council, 2010. National Safety Council estimates that at least 1.6 million crashes each year involve drivers using cell phones and texting. Retrieved from: www.nsc.org/pages/NSCestimates1.6millioncrashescausedbydriv ersusingcellphonesandtexting/aspx.

Neider, M. B., Boot, W. R., & Kramer, A. F. (2010). Visual search for real world targets under conditions of high targetbackground similarity:

Exploring training and transfer in younger and older adults. *Acta Psychologica*, *134*, 29–39.

Newell, A., & Rosenbloom, P. (1981). Mechanisms of skill acquisition and the law of practice. In J. R. Anderson (Ed.), *Cognitive skills and their acquisition*. Hillsdale, NJ: Erlbaum.

Newell, A., & Simon, H. H. A. (1972). *Human problem solving*. Englewood Cliffs, NJ: Prentice –Hall.

Newell, A., Shaw, J. C., & Simon, H. A. (1957). Problem solving in humans and computers. *Carnegie Technical*, *21*(4), 35–38.

Newell, K. M., & Corcos, D. M. (Eds.) (1993). *Variability and motor control*. Champaign, IL: Human Kinetics.

Olton, D. S. (1979). Mazes, maps, and memory. *American Psychologist, 34,* 583–596.

Perfetti, C. A. (1985). *Reading ability*. New York: Oxford. Parasuraman, R., & Giambra, L. (1991). Skill development in vigilance: Effects of event rate and age. *Psychology and Aging, 6,* 155–169.

Parasuraman, R., Warm, J. S., & See, J. E. (1998). Brain systems of vigilance. In R. Parasuraman (Ed.), *The attentive brain* (pp. 221–256). Cambridge, MA: MIT Press.

Pillsbury, W. B. (1908). *Attention*. New York: Macmillan.

Posner, M. I., & Boies, S. J. (1971). Components of attention. *Psychological Review*, *78*, 391–408.

Posner, M. I., & Petersen, S. E. (1990). The attention system of the human brain. *Annual Reviews of Neuroscience, 13,* 25–42.

Posner, M. I., Snyder, C. R. R., & Davidson, B. J. (1980). Attention and the detection of signals. *Journal of Experimental Psychology: General*, *109*, 160–174.

Powers, W. T. (1978). Quantitative analysis of purposive systems: Some spadework at the foundations of scientific psychology. *Psychological Review*, *85*, 417–435.

Powers, W. T. (2008). *Living control systems, III: The fact of control*. New Canaan, CT: Benchmark Publications.

Proctor, R. W., & Dutta, A. (1995). *Skill acquisition and human performance*. Thousand Oaks, CA: Sage.

Raffone, A., & Srinivasan, N. (2010). The exploration of meditation in the neuroscience of attention and consciousness. *Cognitive Processing*, *11*, 1–7.

Raichle, M. E., Fiez, J. A., Videen, T. O., MacLeod, A.–M. K., Pardo, J. V., Fox, P. T., & Petersen, S. E. (1994). Practice-related changes in human brain functional anatomy during nonmotor learning. *Cerebral Cortex*, *4*, 8–26.

Raichle, M. E., & Snyder, A. Z. (2007). A default mode of brain function: A brief history of an evolving idea. *NeuroImage*, *37*, 1083–1090.

Richards, J. T., & Reicher, G. M. (1978). The effect of background familiarity in visual search: An analysis of underlying factors. *Perception & Psychophysics*, *23*, 499–505.

Roberts, K. L., & Hall, D. A. (2008). Examining a supramodal network for conflict processing: A systematic review and novel functional magnetic resonance imaging data for related visual and auditory Stroop tasks. *Journal of Cognitive Neuroscience*, *20*, 1063–1078.

Ron, M., & Robbins, T. W. (Eds.) (2003). *Disorders of mind and brain 2*. Cambridge, UK: Cambridge University Press.

Rose, M., Schmid, C., Winzen, A., Sommer, T., & Buchel, C. (2005). The functional and temporal characteristics of top-down modulation in visual selection. *Cerebral Cortex*, *15*, 1290–1298.

Rosenblum, L. S., Yakel, D. A., & Green, K. P.

(2000). Face and mouth inversion effects on visual and audiovisual speech perception. *Journal of Experimental Psychology: Human Perception and Performance*, *26*, 806–819.

Rueda, M. R., Rothbart, M. K., McCandliss, B. D., Saccomanno, L., & Posner, M. I. (2005). Training, maturation, and genetic influences on the development of executive attention. *Proceedings of the National Academy of Sciences of the USA*, *102*, 14931–14936.

Schriej, D., Owens, C., & Theeuwes, J. (2008). Abrupt onsets capture attention independent of top-down control settings. *Attention, Perception, & Psychophsyics*, *70*, 208–218.

Schutz-Bosbach, S., & Prinz, W. (2007). Perceptual resonance: Action-induced modulation of perception. *Trends in Cognitive Sciences*, *11*(8), 349–355.

Shiffrin, R. M., & Schneider, W. (1977). Controlled and automatic human information processing: II. Perceptual learning, automatic attending, and a general theory. *Psychological Review*, *84*, 127–190.

Singley, M. K., & Anderson, J. R. (1989). *The transfer of cognitive skill*. Cambridge, MA: Harvard University Press.

Smallword, H., & Schooler, J. W. (2006). The restless mind. *Psychological Bulletin*, *132*, 946–958.

Smith, E. E., & Jonides, J. (1997). Working memory: A view from neuroimaging. *Cognitive Psychology*, *33*, 5–42.

Snowling, M., J., Hume, C., Kintsch, W., & Rawson, K. A. (2008). Comprehension. In M. J. Snowling & C. Hume (Eds.), *The science of reading*. Wiley Online Library doi:10.1002/9780470757642.ch12

Spelke, E., Hirst, W., & Neisser, U. (1976). Skills of divided attention. *Cognition, 4,* 215–230.

Spence, I., & Feng, J. (2010). Video games and spatial cognition. *Review of General Psychology*, *14*, 92–104.

Stroop, J. R. (1935). Studies of interference in serial verbal reactions. *Journal of Experimental Psychology*, *18*, 643–662.

Studer, B., Koeneke, S., Blum, J., & Janke, L. (2010). The effects of practice distribution upon the regional oscillatory activity in visuomotor learning. *Behavioral and Brain Functions*, *6*, doi:10.1186/1744–9081–6–8

Tanenhaus, M. K. (2007). Eye movements and spoken language processing. In R. P. G. van Gompel, M. H. Fischer, W. S. Murray, & R. L. Hill (Eds.), *Eye movements: A window on mind and brain* (pp. 443-469). Oxford, UK: Elsevier.

Tanenhaus, M. K., Spivey-Knowlton, M., Eberhard, K., & Sedivy, J. (1995). The interaction of visual and linguistic information in spoken language comprehension. *Science*, *268*, 1632–1634.

Tang, Y.–Y., & Posner, M. I. (2009). Attention training and attention state training. *Trends in Cognitive Sciences*, *13*, 222–227.

Thomas, E. A. C. (1974). The selectivity of preparation. *Psychological Review*, *81*, 442–464.

Thorel, L. B., Lindqvist, S., Nutley, S. B., Bohin, G., & Klingberg, T. (2009). Training and transfer effects of executive functions in preschool children. *Developmental Science*, *12*, 106–114.

Thomas, M., Sing, H., Belenky, G., Holcomb, H., Mayberg, H., Dannals, R., Wagner, H. Jr., … Redmond, D. (2000). Neural basis of alertness and cognitive performance impairments during sleepiness. I. Effects of 24 h of sleep deprivation on waking human regional brain activity. *Journal of Sleep Research*, *9*, 335–352.

Thorndike, E. L. (1898). Animal intelligence: An experimental study of the associative processes in animals. *Psychological Monographs*, *2* (Issue 8).

Treisman, A. M. (1969). Strategies and models of selective attention. *Psychological Review*, *76*, 282–299.

Treisman, A. M. (1988). Features and objects: The fourteenth Bartlett Memorial Lecture. *Quarterly Journal of Experimental Psychology A: Human Experimental Psychology*, *40A*, 201–237.

Verdolini, K. (2000). Principles of skill acquisition applied to voice training. In *The vocal vision: Views on voice by 24 leading teachers, coaches, and directors* (Chapter 8). Milwaukee, WI: Applause Books.

Verghese, J., Buschke, H., Viola, L., Katz, M., Hall, C., Kustansky, G., & Lipton, R. (2002). Validity of divided attention tasks in predicting falls in older individuals: A preliminary study. *Journal of the American Geriatrics Society*, *50*, 1572–1576.

Virginia Tech Transportation Institute. (2009, July 27). New data from VTTI provides insight into cell phone use and driving distraction. Press releases. http://www.vtti.vt.edu/whats-new.html

Vogel, E. K., & Machizawa, M. G. (2004). Neural activity predicts individual differences in visual working memory capacity. *Nature*, *426*, 748–751.

Wang, L., Liu, X., Guise, K. G., Knight, R. T., Ghajar, J., & Fan, J. (2009). Effective connectivity of the fronto-parietal network during attentional control. *Journal of Cognitive Neuroscience*, *22*, 543–553.

Wang, Q., Cavanagh, P., & Green, M. (1994). Familiarity and pop-out in visual search. *Perception & Psychophysics*, *56*, 495–500.

Waters, G. S., & Caplan, D. (2004). Verbal working memory and on-line syntactic processing: evidence from self-paced listening. *Quarterly Journal of Experimental Psychology. A, Human Experimental Psychology*, *57*, 129–163.

Waters, G. S., & Caplan, D. (2005). The relationship between age, processing speed, working memory capacity, and language comprehension. *Memory*, *13*, 403–413.

Whitehead, A. N. (1911). *An introduction to mathematics*. Oxford, England: Oxford University Press.

Wulf, G. (2007). *Attention and motor skill learning*. Champaign, IL: Human Kinetics.

Wulf, G., Höß, M., & Prinz, W. (1998). Instructions for motor learning: Differential effects of internal versus external focus of attention. *Journal of Motor Behavior*, *30*, 169–179.

Xu, Y. D., & Chun, M. M. (2006). Dissociable neural mechanisms supporting visual short-term memory for objects. *Nature*, *440*, 91–95.

Yantis, S. (1995). Attentional capture in vision. In A. F. Kramer, M. G. H. Coles, & G. D. Logan (Eds.), *Converging operations in the study of visual selective attention* (pp. 45–76). Washington, DC: American Psychological Association.

Yerkes, R. M., & Dodson, J. D. (1908). The relation of strength of stimulus to rapidity of habit formation. *Journal of Comparative Neurology*, *18*, 459–482.

### 제5장

Abney, S. P., & Johnson, M. (1991). Memory requirements and local ambiguities of parsing strategies. *Journal of Psycholinguistic Research*, *20*, 233–250.

Ahissar, M. (2007). Dyslexia and the anchoring-deficit hypothesis. *Trends in Cognitive*

*Sciences, 11*(11), 458–465.

Ahissar, M., Lubin, Y., Putter-Katz, H., & Banai, K. (2006). Dyslexia and the failure to form a perceptual anchor. *Nature Neuroscience, 9*, 1558–1564.

Aldridge, J. W., & Berridge, K. C. (1998). Coding of serial order by neostriatal neurons: A "natural action" approach to movement sequence. *Journal of Neuroscience, 18*(7), 2777–2787.

Alvarez, P., & Squire, L. R. (1994). Memory consolidation and the medial temporal lobe: A simple network model. *Proceedings of the National Academy of Sciences USA, 91*, 7041–7045.

Anderson, J. R., Bothell, D., Byrne, M. D., Douglass, S., Lebiere, C., & Qin, Y. (2004). An integrated theory of mind. *Psychological Review, 111*, 1036–1060.

Atkinson, R. C., & Shiffrin, R. M. (1968). Human memory: A proposed system and its control processes. In K. W. Spence (Ed.), *The psychology of learning and motivation: Advances in research and theory* (Vol. 2, pp. 89–195). New York: Academic Press.

Aziz-Zadeh, L., Wilson, S. M., Rizzolatti, G., & Iacoboni, M. (2006). Congruent embodied representations for visually presented actions and linguistic phrases describing actions. *Current Biology, 16*(18), 1818–1823.

Baddeley, A. D. (1966). Short-term memory for word sequences as a function of acoustic, semantic and formal similarity. *The Quarterly Journal of Experimental Psychology, 18*, 362–365.

Baddeley, A. D. (1986). *Working memory.* Oxford, UK: Clarendon Press.

Baddeley, A. D. (2000). The episodic buffer: A new component of working memory? *Trends in Cognitive Science, 4*, 417–423.

Baddeley, A. (2003). Working memory: Looking back and looking forward. *Nature Reviews Neuroscience, 4*, 829–839.

Baddeley, A. D., & Hitch, G. (1974). Working memory. In G. H. Bower (Ed.), *The psychology of learning and motivation: Advances in research and theory* (Vol. 8, pp. 47–89). New York: Academic Press.

Baddeley, A. D., Thomson, N., & Buchanan, M. (1975). Word length and the structure of short-term memory. *Journal of Verbal Learning and Verbal Behavior, 14*, 575–589.

Badre, D., Poldrack, R. A., Pare-Blagoev, E. J., Insler, R., & Wagner, A. D. (2005). Dissociable controlled retrieval and generalized selection mechanisms in ventrolateral prefrontal cortex. *Neuron, 47,* 907–918.

Badre, D., & Wagner, A. D. (2007). Left ventrolateral prefrontal cortex and the control of memory. *Neuropsychologia, 45*, 2883–2901.

Bhatt, R. S., Wilk, A., Hill, D., & Rovee-Collier, C. (2004). Correlated attributes and categorization in the first half-year of life. *Developmental Psychobiology, 44,* 103–115.

Boecker, H., Dagher, A., Ceballos-Baumann, A. O., Passingham, R. E., Samuel, M., Friston, K. J., Poline, J., ⋯ Brooks, D. J. (1998). Role of the human rostral supplementary motor area and the basal ganglia in motor sequence control: Investigations with H2 150 PET. *Journal of Neurophysiology, 79*(2), 1070–1080.

Bookheimer, S. (2002). Functional MRI of language: New approaches to understanding the cortical organization of semantic processing. *Annual Review of Neuroscience, 25*, 151–188.

Bonatti, L. L., Pena, M., Nespor, M., & Mehler, J. (2005). Linguistic constraints on statistical computations: The role of consonants and vowels in continuous speech processing.

*Psychological Science*, *16*, 451–459.

Bowers, J. S., & Schacter, D. L. (1992). Priming of novel information in amnesia: Issues and data. In P. Graf & M. E. J. Masson (Eds.), *Implicit memory: New directions in cognition, neuropsychology, and development.* New York: Academic Press.

Braver, T. S., Cohen, J. D., Nystrom, L. E., Jonides, J., Smith, E. E., & Noll, D. C. (1997). A parametric study of prefrontal cortex involvement in human working memory. *NeuroImage*, *5*, 49–62.

Broadbent, D. E. (1958). *Perception and communication.* London: Pergamon Press.

Brown, J. (1958). Some tests of the decay theory of immediate memory. *Quarterly Journal of Experimental Psychology*, *10*, 12–21.

Buckner, R. L., & Koutstaal, W. (1998). Functional neuroimaging studies of encoding, priming, and explicit memory retrieval. *Proceedings of the National Academy of Sciences USA*, *95*, 891–898.

Buckner, R. L., & Wheeler, M. E. (2001). The cognitive neuroscience of remembering. *Nature Reviews Neuroscience*, *2*(9), 624–634.

Buffalo, E. A., Reber, P. J., & Squire, L. R. (1998). The human perirhinal cortex and recognition memory. *Hippocampus*, *8*(4), 330–339.

Caplan, D., & Hildebrandt, N. (1988). *Disorders of syntactic comprehension*. Cambridge, MA: MIT Press/Bradford Books.

Caplan, D., & Waters, G. S. (1999). Verbal working memory and sentence comprehension. *Behavioral and Brain Sciences*, *22*, 77–94.

Cave, C. B., & Squire, L. R. (1992). Intact and long-lasting repetition priming in amnesia. *Journal of Experimental Psychology: Learning, Memory, and Cognition*, *18*(3), 509–520.

Cermak, L. S., Verfaellie, M., Milberg, W., Letourneau, L., & Blackford, S. (1991). A further analysis of perceptual identification priming in alcoholic Korsakoff patients, *Neuropsychologia*, *29*, 725–736.

Chao, L. L., Haxby, J. V., & Martin, A. (1999). Attribute-based neural substrates in temporal cortex for perceiving and knowing about objects. *Nature Neuroscience*, *2*(10), 913–919.

Chomsky, N. (1965). *Aspects of the theory of syntax.* Cambridge, MA: MIT Press.

Chomsky, N. (1980). *Rules and representations.* New York: Columbia University Press.

Chomsky, N. (1986). *Knowledge of language: Its nature, origin, and use.* New York: Praeger.

Cohen, J. D., Perlstein, W. M., Braver, T. S., Nystrom, L. E., Noll, D. C., Jonides, J., & Smith, E. E. (1997). Temporal dynamics of brain activation during a working memory task. *Nature, 386*, 604–608.

Collins, A. M., & Quillian, M. R. (1969). Retrieval time from semantic memory. *Journal of Verbal Learning and Verbal Behavior, 8*(2), 240–247.

Conrad, R. (1964). Acoustic confusion in immediate memory. *British Journal of Psychology, 55*, 75–84.

Conway, C., & Christiansen, M. (2001). Sequential learning in non-human primates. *Trends in Cognitive Sciences, 5*(12), 539–546.

Conway, C. M., Bauernschmidt, A., Huang, S. S., & Pisoni, D. B. (2010). Implicit statistical learning in language processing: Word predictability is the key. *Cognition, 114*(3), 356–371.

Conway, M. A. (2001). Sensory-perceptual episodic memory and its context: Autobiographical memory. *Philosophical Transactions of the Royal Society of London*, *B356*, 1375–1384.

Cooke, A., Zurif, E. B., DeVita, C., Alsop, D., Koenig, P., Detre, J., Gee, J., … Grossman, M. (2001). Neural basis for sentence comprehension: Grammatical and short-term memory components. *Human Brain Mapping, 15*(2), 80–94.

Corbetta, M., Miezin, F. M., Dobmeyer, S., Shulman, G. L., & Petersen, S. E. (1990). Attentional modulation of neural processing of shape, color, and velocity in humans. *Science, 248*, 1556–1559.

Cowan, N. (1988). Evolving conceptions of memory storage, selective attention, and their mutual constraints within the human information processing system. *Psychological Bulletin, 104*, 163–191.

Cowan, N. (1995). *Attention and memory: An integrated framework.* Oxford, UK: Oxford University Press.

Cowan, N. (2001). The magical number 4 in short-term memory: A reconsideration of mental storage capacity. *Behavioral and Brain Sciences, 24*, 87–185.

Crain, S., & Thornton, R. (1998). *Investigations in universal grammar.* Cambridge, MA: MIT Press.

Crowder, R. G. (1976). *Principles of learning and memory.* Hillsdale, NJ: Erlbaum.

Crowder, R. G. (1982). General forgetting theory and the locus of amnesia. In L. S. Cermak (Ed.), *Human memory and amnesia.* Hillsdale, NJ: Erlbaum.

Daneman, M. E., & Carpenter, P. A. (1980). Individual differences in working memory and reading. *Journal of Verbal Learning and Verbal Behavior, 19*, 450–466.

Daneman, M. E., & Merikle, P. M. (1996). Working memory and language comprehension: A meta-analysis. *Psychonomic Bulletin & Review, 3*(4), 422–433.

Danker, J. F., & Anderson, J. R. (2010). The ghosts of brain states past: Remembering reactivates the brain regions engaged during encoding. *Psychological Bulletin, 136*(1), 87–102.

Delgado, M. R., Jou, R. L., LeDoux, J. E., & Phelps, E. A. (2009). Avoiding negative outcomes: Tracking the mechanisms of avoidance learning in humans during fear conditioning. *Frontiers in Behavioral Neuroscience, 3*, 1–9. doi:10.3389/neuro.08.033.2009

Dominey, P. F., Hoen, M., Blanc, J. M., & Lelekov-Boissard, T. (2003). Neurological basis of language and sequential cognition: Evidence from simulation, aphasia, and ERP studies. *Brain and Language, 83*, 207–225.

Dosher, B. A. (1979). Empirical approaches to information processing: Speed-accuracy tradeoff or reaction time. *Acta Psychologica, 43*, 347–359.

Doyon, J., Gaudreau, D., Laforce, R., Castonguay, M., Bedard, P. J., Bedard, F., & Bouchard, J. P. (1997). Role of the striatum, cerebellum, and frontal lobes in the learning of a visuomotor sequence. *Brain and Cognition, 34*(2), 218–245.

Doyon, J., Owen, A. M., Petrides, M., Sziklas, V., & Evans, A. C. (1996). Functional anatomy of visuomotor skill learning in human subjects examined with positron emission tomography. *European Journal of Neuroscience, 8*(4), 637–648.

Evans, J. L., Saffran, J. R., & Robe-Torres, K. (2009). Statistical learning in children with specific language impairment. *Journal of Speech, Language, and Hearing Research, 52,* 321–335.

Fedorenko, E., Gibson, E., & Rohde, D. (2006). The nature of working memory capacity in sentence comprehension: Evidence against domain specific resources. *Journal of Memory and Language, 54*(4), 541–553.

Fedorenko, E., Gibson, E., & Rohde, D. (2007). The nature of working memory in linguistic, arithmetic and spatial integration processes. *Journal of Memory and Language*, *56*(2), 246–269.

Feredoes, E., Tononi, G., & Postle, B. R. (2006). Direct evidence for a prefrontal contribution to the control of proactive interference in verbal working memory. *Proceedings of the National Academy of Sciences USA*, *103*(51), 19530–19534.

Ferreira, F., & Henderson, J. M. (1991). Recovery from misanalyses of garden-path sentences. *Journal of Memory and Language*, *30*(6), 725–745.

Fiebach, C. J., Vos, S. H., & Friederici, A. D. (2004). Neural correlates of syntactic ambiguity in sentence comprehension for low and high span readers. *Journal of Cognitive Neuroscience*, *16*, 1562–1575.

Foraker, S., & McElree, B. (2007). The role of prominence in pronoun resolution: Availability versus accessibility. *Journal of Memory and Language*, *56*(3), 357–383.

Funnell, E. (1983). Phonological processes in reading: New evidence from acquired dyslexia. *British Journal of Psychology*, *74,* 159–180.

Gabrieli, J. D. E., & Keane, M. M. (1988). Priming in the patient H. M.: New findings and a theory of intact and impaired priming in patients with memory disorders. *Society for Neuroscience Abstracts*, *14*, 1290.

Gabrieli, J. D. E., Poldrack, R. A., & Desmond, J. E. (1998). The role of left prefrontal cortex in language and memory. *Proceedings of the National Academy of Sciences USA*, *95*, 906–913.

Gathercole, S. E., Alloway, T. P., Willis, C., & Adams, A. M. (2006). Working memory in children with reading disabilities. *Journal of Experimental Child Psychology*, *93*, 265–281.

Gerken, L., Wilson, R., & Lewis, W. (2005). Infant can use distributional cues to form syntactic categories. *Journal of Child Language*, *32*, 249–268.

Gibson, E. (2000). The dependency locality theory: A distancebased theory of linguistic complexity. In A. Marantz (Ed.), *Image, language, brain: Papers from the first mind articulation project symposium* (pp. 94–126). Cambridge, MA: MIT Press.

Gibson, E. A. (1998). Linguistic complexity: Locality of syntactic dependencies. *Cognition*, *68*, 1–76.

Gordon, P. C., Hendrick, R., & Johnson, M. (2001). Memory interference during language processing. *Journal of Experimental Psychology: Learning, Memory, and Cognition*, *27*(6), 1411–1423.

Gordon, P. C., Hendrick, R., & Johnson, M. (2004). Effects of noun phrase type on sentence complexity. *Journal of Memory and Language*, *51*, 97–114.

Gordon, P. C., Hendrick, R., & Levine, W. H. (2002). Memory-load interference in syntactic processing. *Psychological Science*, *13*, 425–430.

Goschke, T., Friederici, A., Kotz, S. A., & van Kampen, A. (2001). Procedural learning in Broca's aphasia: Dissociation between the implicit acquisition of spatio-motor and phoneme sequences. *Journal of Cognitive Neuroscience*, *13*(3), 370–388.

Graybiel, A. M. (1995). Building action repertoires: Memory and learning functions of the basal ganglia. *Current Opinion in Neurobiology*, *5*, 733–741.

Grodner, D., & Gibson, E. (2005). Consequences of the serial nature of linguistic input. *Cognitive Science*, *29*, 261–290.

Gronlund, S. D., Edwards, M. B., & Ohrt, D. D. (1997). Comparison of retrieval of item versus spatial position information. *Journal of Experimental Psychology: Learning, Memory, and Cognition*, *23*, 1261–1274.

Guo, Y., Martin, R., Van Dyke, J., & Hamilton, C. (2010). Interference effects in sentence comprehension: An fMRI study. In S. Ohlsson & R. Catrambone (Eds.), *Proceedings of the 32nd Annual Conference of the Cognitive Science Society*. Austin, TX: Cognitive Science Society.

Haist, F., Musen, G., & Squire, L. R. (1991). Intact priming of words and nonwords in amnesia. *Psychobiology*, *19*, 275–285.

Hannula, D. E., Tranel, D., & Cohen, N. J. (2006). The long and the short of it: Relational memory impairments in amnesia, even at short lags. *The Journal of Neuroscience*, *26*(32), 8352–8359.

Harm, M. W., & Seidenberg, M. S. (2004). Computing the meanings of words in reading: Cooperative division of labor between visual and phonological processes. *Psychological Review*, *111*, 662–720.

Hasher, L., & Zacks, R. T. (1988). Working memory, comprehension, and aging: A review and a new view. In G. H. Bower (Ed.), *The psychology of learning and motivation* (Vol. 22, pp. 193–225). New York: Academic Press.

Hauk, O., Johnsrude, I., & Pulvermuller, F. (2004). Somatotopic representation of action words in human motor and premotor cortex. *Neuron*, *41*, 301–307.

Hochstadt, J., Nakano, H., Lieberman, P., & Friedman, J. (2006). The roles of sequencing and verbal working memory in sentence comprehension deficits in Parkinson's disease. *Brain & Language*, *97*, 243–257

Howard, D., & Patterson, K. (1992). *Pyramids and palm trees: A test of semantic access from pictures and words*. Thames Valley: Bury St Edmunds.

Hummel, J. (1999). The binding problem. In R. A. Wilson & F. C. Keil (Eds.), *The MIT encyclopedia of cognitive sciences* (pp. 85–86). Cambridge, MA: MIT Press.

James, W. (1890). *The principles of psychology*. New York: Henry Holt and Company.

Jonides, J., & Nee, D. E. (2006). Brain mechanisms of proactive interference in working memory. *Neuroscience*, *139*, 181–193.

Katz, L., Lee, C. H., Tabor, W., Frost, S. J., Mencl, W. E., Sandak, R., Rueckl, J., & Pugh, K. R. (2005). Behavioral and neurobiological effects of printed word repetition in lexical decision and naming. *Neuropsychologia*, *43*, 2068–2083.

Keidel, J., Kluender, K., Jenison, R., & Seidenberg, M. (2007). Does grammar constrain statistical learning? *Psychological Science*, *18*, 922–923.

Kellenbach, M. L., Brett, M., & Patterson, K. (2001). Larger, colorful, or noisy? Attribute- and modality-specific activations during retrieval of perceptual attribute knowledge. *Cognitive and Affective Behavioral Neuroscience*, *1*, 207–221.

Kelley, W. M., Miezin, F. M., McDermott, K. B., Buckner, R. L., Raichle, M. E., Cohen, N. J., Ollinger, J. M., … Petersen, S. E. (1998). Hemispheric specialization in human dorsal frontal cortex. *Neuron*, *20*, 927–936.

Keppel, G. (1984). Consolidation and forgetting theory. In H. Weingartner & E. S. Parker (Eds.), *Memory consolidation: Psychobiology of cognition*. Hillsdale, NJ: Erlbaum.

Keppel, G., & Underwood, B. J. (1962). Proactive-inhibition in short-term retention of single items. *Journal of Verbal Learning and Verbal Behavior, 1*, 153–161.

Kimball, J. (1973). Seven principles of surface structure parsing in natural language. *Cognition, 2*, 15–47.

King, J., & Just, M. A. (1991). Individual differences in syntactic processing: The role of working memory. *Journal of Memory and Language, 30*(5), 580–602.

Knowlton, B. J., Mangels, J. A., & Squire, L. R. (1996). A neostriatal habit learning system in humans. *Science, 273*, 1399–1402.

Levy, D. A., Manns, J. R., Hopkins, R. O., Gold, J. J., Broadbent, N. J., & Squire, L. R. (2003). Impaired visual and odor recognition memory span in patients with hippocampal lesions. *Learning and Memory, 10*, 531–536.

Lewandowsky, S., Duncan, M., & Brown, G. D. A. (2004). Time does not cause forgetting in short-term serial recall. *Psychonomics Bulletin Review, 11*, 771–790.

Lewis, R. L., & Vasishth, S. (2005). An activation-based model of sentence processing as skilled memory retrieval. *Cognitive Science, 29*, 375–419.

Lewis, R. L., Vasishth, S., & Van Dyke, J. A. (2006). Computational principles of working memory in sentence comprehension. *Trends in Cognitive Science, 10*(10), 447–454.

MacDonald, M. C., Just, M. A., & Carpenter, P. C. (1992). Working memory constraints on the processing of syntactic ambiguity. *Cognitive Psychology, 24*, 56–98.

Maine de Biran, F. P. G. (1929/1804). *The influence of habit on the faculty of thinking.* Baltimore: Williams & Wilkins.

Makuuchi, M., Bahlmann, J., Anwander, A., & Friederici, A. D. (2009). Segregating the core computational faculty of human language from working memory. *Proceedings of the National Academy of Sciences USA, 106*(20), 8362–8367.

Marcus, G. F. (2001). *The algebraic mind: Integrating connectionism and cognitive science.* Cambridge, MA: MIT Press.

Marcus, G. F., Brinkmann, U., Clahsen, H., Wiese, R., & Pinker, S. (1995). German inflection: The exception that proves the rule. *Cognitive Psychology, 29*, 189–256.

Marcus, G. F., Vijayan, S., Bandi Rao, S., & Vishton, P. M. (1999). Rule learning by seven-month-old infants. *Science, 283*, 77–80.

Martin, A., & Chao, L. L. (2001). Semantic memory and the brain: Structure and processes. *Current Opinion in Neurobiology, 11*, 194–201.

Martin, A., Haxby, J. V., Lalonde, F. M., Wiggs, C. L., & Ungerleider, L. G. (1995). Discrete cortical regions associated with knowledge of color and knowledge of action. *Science, 270*, 102–105.

Martin, A., & McElree, B. (2008). A content-addressable pointer mechanism underlies comprehension of verb-phrase ellipsis. *Journal of Memory and Language, 58*(3), 879–906.

Martin, A. E., & McElree, B. (2009). Memory operations that support language comprehension: Evidence from verbphrase ellipsis. *Journal of Experimental Psychology: Learning Memory & Cognition, 35*, 1231–1239.

Martin, R. C., & Feher, E. (1990). The consequences of reduced memory span for the comprehension of semantic versus syntactic information. *Brain and Language, 38*, 1–20.

McCandliss, B., Cohen, L., & Dehaene, S. (2003). The visual word form area: expertise for reading in the fusiform gyrus. *Trends in Cognitive Sciences, 7(7)*, 293–299.

McDermott, K. B., Buckner, R. L., Petersen, S. E.,

Kelley, W. M., & Sanders, A. L. (1999). Set-and code-specific activation in frontal cortex: an fMRI study of encoding and retrieval of faces and words. *Journal of Cognitive Neuroscience*, *11*, 631–640.

McClelland, J. L., McNaughton, B. L., & O'Reilly, R. C. (1995). Why there are complementary learning systems in the hippocampus and neocortex: Insights from the successes and failures of connectionist models of learning and memory. *Psychological Review*, *102*(3), 419–457.

McClelland, J. L., & Rogers, T. T. (2003). The parallel distributed processing approach to semantic cognition. *Nature Reviews Neuroscience*, *4*, 1–13.

McElree, B. (2000). Sentence comprehension is mediated by content-addressable memory structures. *Journal of Psycholinguistic Research*, *29*, 111–123.

McElree, B. (2001). Working memory and focal attention. *Journal of Experimental Psychology: Learning, Memory & Cognition*, *27*, 817–835.

McElree, B. (2006). Accessing recent events. In B. H. Ross (Ed.), *The psychology of learning and motivation* (Vol. 46). San Diego: Academic Press.

McElree, B., & Dosher, B. A. (1989). Serial position and set size in short-term memory: Time course of recognition. *Journal of Experimental Psychology: General*, *118*, 346–373.

McElree, B., Foraker, S., & Dyer, L. (2003). Memory structures that subserve sentence comprehension. *Journal of Memory and Language*, *48*, 67–91.

McGeoch, J. (1932). Forgetting and the law of disuse. *Psychological Review, 39*, 352–370.

Miller, G. (1956). The magical number seven, plus or minus two: Some limits on our capacity for processing information. *Psychological Review, 63*, 81–97.

Miller, G. A., & Chomsky. N. (1963). Finitary models of language users. In D. R. Luce, R. R. Bush, & E. Galanter (Eds.), *Handbook of mathematical psychology* (Vol. II). New York: John Wiley.

Milner, B. (1962). Les troubles de la memoire accompagnant des lesions hippocampiques bilaterales. In *Physiologie de l'hippocampe* (pp. 257–272). Paris: Centre National de la Recherche Scientifique. English translation: B. Milner & S. Glickman (Eds.). Princeton: Van Nostrand, 1965 (pp. 97–111).

Milner, B. (1972). Disorders of learning and memory after temporal lobe lesions in man. *Clinical Neurosurgery*, *19*, 421–466.

Mirković, J., MacDonald, M. C., & Seidenberg, M. S. (2005). Where does gender come from? Evidence from a complex inflectional system. *Language and Cognitive Processes*, *20*, 139–168.

Mishkin, M., Malamut, B., & Bachevalier, J. (1984). Memories and habits: Two neural systems. In G. Lynch, J. L. McGaugh, & N. W. Weinburger (Eds.), *Neurobiology of learning and memory* (pp. 65–77). New York: Guilford Press.

Miyake, A., Friedman, N., Emerson, M., Witzki, A., Howerter, A., & Wager, T. (2000). The unity and diversity of executive functions and their contributions to complex "frontal lobe" tasks: A latent variable analysis. *Cognitive Psychology*, *41*, 49–100.

Miyake, A., & Shah, P. (1999). *Models of working memory: Mechanisms of active maintenance and executive control.* Cambridge University Press: Cambridge.

Mummery, C. J., Patterson, K., Hodges, J. R., & Price, C. J. (1998). Functional neuroanatomy of the semantic system: divisible by what? *Journal of Cognitive Neuroscience*, *10*, 766–777.

Murdock, B. B., Jr. (1974). *Human memory: Theory and data.* Hillsdale, NJ: Erlbaum.

Murphy, G. L. (2002). *The big book of concepts.* Cambridge, MA: MIT Press.

Murray, D. J. (1967). The role of speech responses in short-term memory. *Canadian Journal of Psychology, 21*, 263–276.

Nairne, J. S. (2002). Remembering over the short-term: The case against the standard model. *Annual Review of Psychology*, *53*, 53–81.

Nation, K., Adams, J. W., Bowyer-Crane, C. A., & Snowling, M. J. (1999). Working memory deficits in poor comprehenders reflect underlying language impairments. *Journal of Experimental Child Psychology*, *73*, 139–158.

Nichols, E. A., Kao, Y–C., Verfaellie, M., & Gabrieli, J. D. E. (2006). Working memory and long-term memory for faces: Evidence from fMRI and global amnesia for involvement of the medial temporal lobes. *Hippocampus*, *16*, 604–616.

Oakhill, J. V., Cain, K., & Bryant, P. E. (2003). The dissociation of word reading and text comprehension: Evidence from component skills. *Language and Cognitive Processes*, *18*(4), 443–468.

Oberauer, K. (2002). Access to information in working memory: Exploring the focus of attention. *Journal of Experimental Psychology: Learning, Memory, & Cognition*, *28*, 411–421.

Otten, L. J., & Rugg, M. D. (2001). Task-dependency of the neural correlates of episodic encoding as measured by fMRI. *Cerebral Cortex*, *11*(12), 1150–1160.

Oztekin, I., Davachi, L., & McElree, B. (2010). Are representations in working memory distinct from those in long-term memory? Neural evidence in support of a single store. *Psychological Science*, *21*(8), 1123–1133.

Oztekin, I., & McElree, B. (2007). Retrieval dynamics of proactive interference: PI slows retrieval by eliminating fast assessments of familiarity. *Journal of Memory and Language*, *57*, 126–149.

Oztekin, I., McElree, B., Staresina, B. P., & Davachi, L. (2008). Working memory retrieval: Contributions of left prefrontal cortex, left posterior parietal cortex and hippocampus. *Journal of Cognitive Neuroscience*, *21,* 581–593.

Packard, M. G., Hirsh, R., & White, N. M. (1989). Differential effects of fornix and caudate nucleus lesions on two radial maze tasks: Evidence for multiple memory systems. *Journal of Neuroscience*, *9*, 1465–1472.

Packard, M., & Knowlton, B. (2002). Learning and memory functions of the basal ganglia. *Annual Review of Neuroscience*, *25*, 563–593.

Parkin, A. J. (2001). The structure and mechanisms of memory. In B. Rapp (Ed.), *The handbook of cognitive neuropsychology: What deficits reveal about the human mind* (pp. 399–422). Philadelphia: Psychology Press.

Peigneux, P., Maquet, P., Meulemans, T., Destrebecqz, A., Laureys, S., Degueldre, C., Delfiore, G., … Cleeremans, A. (2000). Striatum forever, despite sequence learning variability: A random effect analysis of PET data. *Human Brain Mapping*, *10*(4), 179–194.

Pena, M., Bonatti, L. L., Nespor, M., & Mehler, J. (2002). Signaldriven computations in speech processing. *Science*, *298*, 604–607.

Perfetti, C. (2007). Reading ability: Lexical quality to comprehension. *Scientific Studies of Reading*, *11*, 357–383.

Perruchet, P., & Pacton, S. (2006). Implicit learning and statistical learning: One phenomenon, two approaches. *Trends in Cognitive Sciences*, *10*, 233–238.

Peterson, L. R., & Peterson, M. J. (1959). Short-term retention of individual verbal items. *Journal of Experimental. Psychology*, *58*, 193–198.

Pinker, S. (1991). Rules of language, *Science*, *253*, 530–535.

Poldrack, R. A., Clark, J., Pare-Blagoev, J., Shohamy, D., Creso Moyano, J., Myers, C., & Gluck, M. A. (2001). Interactive memory systems in the human brain. *Nature*, *414*, 546–550.

Poldrack, R. A., & Gabrieli, J. D. E. (2001). Characterizing the neural mechanisms of skill learning and repetition priming: Evidence from mirror reading. *Brain*, *124*, 67–82.

Poldrack, R. A., Prabhakaran, V., Seger, C. A., & Gabrieli, J. D. (1999). Striatial activation during acquisition of a cognitive skill. *Neuropsychology*, *13*, 564–574.

Poldrack, R. A., Wagner, A. D., Prull, M. W., Desmond, J. E., Glover, G. H., & Gabrieli, J. D. E. (1999). Functional specialization for semantic and phonological processing in the left inferior prefrontal cortex. *NeuroImage*, *10*, 5–35.

Price, C. J., Moore, C. J., Humphreys, G. W., & Wise, R. J. S. (1997). Segregating semantic from phonological processes during reading. *Journal of Cognitive Neuroscience*, *9*, 727–733.

Pugh, K. R., Frost, S. J., Sandak, R., Landi, N., Rueckl, J. G., Constable, R. T., Seidenberg, M. S., … Mencl, W. E. (2008). Effects of stimulus difficulty and repetition on printed word identification: A comparison of nonimpaired and readingdisabled adolescent cohorts. *Journal of Cognitive Neuroscience*, *20*, 1146–1160.

Pulvermuller, F. (2005). Brain mechanisms linking language and action. *Nature Reviews Neuroscience*, *6*, 576–582.

Quartermain, D., McEwen, B. S., & Azmitia, E. C., Jr. (1972). Recovery of memory following amnesia in the rat and mouse. *Journal of Comparative and Physiological Psychology*, *76*, 521–529.

Ranganath, C., & Blumenfeld, R. S. (2005). Doubts about double dissociations between short- and long-term memory. *Trends in Cognitive Science*, *9*, 374–380.

Ranganath, C., & D'Esposito, M. (2005). Directing the mind's eye: Prefrontal, inferior and medial temporal mechanisms for visual working memory. *Current Opinion in Neurobiology*, *15*(2), 175–182.

Ratcliff, R. (1978). A theory of memory retrieval. *Psychological Review*, *85*, 59–108.

Rayner, K. (1998). Eye movements in reading and information processing: 20 years of research. *Psychological Bulletin*, *124*(3), 372–422.

Reber, A. S. (1989). Implicit learning and tacit knowledge. *Journal of Experimental Psychology: General*, *118*, 219–235.

Reber, P. J., Stark, C., & Squire, L. R. (1998). Contrasting cortical activity associated with category memory and recognition memory. *Learning and Memory*, *5*, 420–428.

Reed, A. V. (1973). Speed-accuracy trade-off in recognition memory. *Science*, *181*, 574–576.

Reed, A. V. (1976). The time course of recognition in human memory. *Memory and Cognition*, *4*, 16–30.

Rips, L. J., Shoben, E. J., & Smith, E. E. (1973). Semantic distance and the verification of semantic relations. *Journal of Verbal Language and Verbal Behavior*, *12*(1), 1–20.

Roediger, H. L., Buckner, R. L., & McDermott, K. B. (1999). Components of processing. In J. K.

Foster & M. Jelicic (Eds.), *Memory: Systems, process, or function?* (pp. 31–65). Oxford, UK: Oxford University Press.

Rogalsky, C., & Hickock, G. (2010). The role of Broca's area in sentence comprehension. *Journal of Cognitive Neuroscience, 23*(7), 1664–1680.

Rosch, E., & Mervis, C. B. (1975). Family resemblances: Studies in the internal structure of categories. *Cognitive Psychology*, *7*(4), 573–605.

Rugg, M. D., Otten, L. J., & Henson, R. N. A. (2002). The neural basis of episodic memory: Evidence from functional neuroimaging. *Philosophical Transactions: Biological Sciences*, *357*, 1097–1110.

Rumelhart, D. E., & McClelland, J. L. (1986). On learning the past tenses of English verbs. In D. E. Rumelhart, J. L. McClelland, & the PDP Research Group (Eds.), *Parallel distributed processing: Explorations in the microstructure of cognition. Vol. 2: Psychological and biological models* (pp. 216–271). Cambridge, MA: MIT Press.

Ryan, J. D., & Cohen, N. J. (2003). Evaluating the neuropsychological dissociation evidence for multiple memory systems. *Cognitive, Affective & Behavioral Neuroscience*, *3*, 168–185.

Saffran, J. R., Aslin, R. N., & Newport, E. L. (1996). Statistical learning by 8-month-old infants. *Science*, *274*, 1926–1928.

Sahni, S. D., Seidenberg, M. S., & Saffran, J. R. (2010). Connecting cues: Overlapping regularities support cue discovery in infancy. *Child Development*, *81*, 727–736.

Salmon, D. P., & Butters, N. (1995). Neurobiology of skill and habit learning. *Current Opinion in Neurobiology*, *5*, 184–190.

Schacter, D. L. (1992). Priming and multiple memory systems: Perceptual mechanisms of implicit memory. *Journal of Cognitive Neuroscience*, *4*(3), 244–256.

Schacter, D. L., & Tulving, E. (1994). What are the memory systems of 1994? In D. L. Schacter & E. Tulving (Eds.), *Memory systems 1994* (pp. 1–38). Cambridge, MA: MIT Press.

Schacter, D. L., Wagner, A. D., & Buckner, R. L. (2000). Memory systems of 1999. In E. Tulving & F. I. M. Craik (Eds.), *The Oxford handbook of memory* (pp. 627–643). New York: Oxford University Press.

Schmolck, H., Kensinger, E., Corkin, S., & Squire, L. R. (2002). Semantic knowledge in patient H. M. and other patients with bilateral medial and lateral temporal lobe lesions. *Hippocampus*, *12*, 520–533.

Schmolck, H., Stefanacci, L., & Squire, L. R. (2000). Detection and explanation of sentence ambiguity are unaffected by hippocampal lesions but are impaired by larger temporal lobe lesions. *Hippocampus*, *10*, 759–770.

Schwartz, M. F., Saffran, E. M., & Marin, O. S. M. (1980). Fractionating the reading process in dementia: Evidence for word-specific print-to-sound associations. In M. Coltheart, K. Patterson, & J. C. Marshall (Eds.), *Deep dyslexia* (pp. 259–269). London: Routledge and Kegan Paul.

Scoville, W. B., & Milner, B. (1957). Loss of recent memory after bilateral hippocampal lesions. *Journal of Neurology, Neurosurgery, and Psychiatry*, *20*, 11–21.

Seidenberg, M. S., & Elman, J. L. (1999). Networks are not "hidden rules." *Trends in Cognitive Science*, *3*, 288–289.

Seidenberg, M. S., & MacDonald, M. C. (1999). A probabilistic constraints approach to language acquisition and processing. *Cognitive Science*,

*23*(4), 569–588.

Seidenberg, M. S., MacDonald, M. C., & Saffran, J. R. (2002). Does grammar start where statistics stop? *Science*, *298*, 553–554.

Shallice, T., & Warrington, E. K. (1970). Independent functioning of verbal memory stories: A neuropsychological study. *The Quarterly Journal of Experimental Psychology*, *22*, 261–273.

Shi, R., Werker, J. F., & Morgan, J. L. (1999). Newborn infants' sensitivity to perceptual cues to lexical and grammatical words. *Cognition*, *72*, B11–B21.

Smith, E. E., & Jonides, J. (1997). Working memory: A view from neuroimaging. *Cognitive Psychology*, *33*, 5–42.

Sperling, G. (1960). The information available in brief visual presentations. *Psychological Monographs: General and Applied*, *74*(11), (Issue 498), 1–29.

Squire, L. R. (1992). Declarative and nondeclarative memory: Multiple brain systems supporting learning and memory. *Journal of Cognitive Neuroscience*, *4*(3), 232–243.

Squire, L. R. (2004). Memory systems of the brain: A brief history and current perspective. *Neurobiology of Learning and Memory*, *82*, 171–177.

Squire, L. R., Schmolck, H., & Stark, S. (2001). Impaired auditory recognition memory in amnesic patients with medial temporal lobe lesions. *Learning and Memory*, *8*, 252–256.

Squire, L. R., Stark, C. E. L., & Clark, R. E. (2004). The medial temporal lobe. *Annual Review of Neuroscience*, *27*, 279–306.

Squire, L. R., & Zola, S. M. (1996). Structure and function of declarative and nondeclarative memory systems. *Proceedings of the National Academy of Sciences of the USA*, *93*, 13515–13522.

Squire, L. R., & Zola-Morgan, S. (1988). Memory: Brain systems and behavior. *Trends in Neurosciences*, *11*(4), 170–175.

Staub, A. (2010). Eye movements and processing difficulty in object relative clauses. *Cognition*, *116*, 71–86.

Sternberg, S. (1975). Memory-scanning: New findings and current controversies. *Quarterly Journal of Experimental Psychology*, *27*, 1–32.

Stoltzfus, E. R., Hasher, L., & Zacks, R. T. (1996). Working memory and aging: Current status of the inhibitory view. In J. T. E. Richardson, W. W. Engle, L. Hasher, R. H. Logie, E. R. Stoltzfus, & R. T. Zacks (Eds.), *Working memory and human cognition* (pp. 66–88). Oxford, UK: Oxford University Press.

Stowe, L. A., Paans, A. M. J., Wijers, A. A., Zwarts, F., & Vaalburg, G. M. W. (1999). Sentence comprehension and word repetition: a positron emission tomography investigation. *Psychophysiology*, *36*, 786–801.

Surprenant, A., & Neath, I. (2009). *Principles of memory*. New York: Psychology Press.

Swanson, H. L., & Sachse-Lee, C. (2001). Mathematical problem solving and working memory in children with learning disabilities: Both executive and phonological processes are important. *Journal of Experimental Child Psychology*, *79*, 294–321.

Tettamanti, M., Buccino, G., Saccuman, M. C., Gallese, V., Danna, M., Scifo, P., Ferruccio, F., … Perani, D. (2005). Listening to action-related sentences activates fronto-parietal motor circuits. *Journal of Cognitive Neuroscience*, *17*(2), 273–281.

Thompson, R. F., & Kim, J. J. (1996). Memory systems in the brain and localization of a memory. *Proceedings of the National Academy of Sciences USA*, *93*(24), 13438–13444.

Thompson-Schill, S. (2003). Neuroimaging studies of semantic memory: Inferring "how" from "where." *Neuropsychologia*, *41*, 280–292.

Thompson-Schill, S. L., Swick, D., Farah, M. J., D'Esposito, M., Kan, I. P., & Knight, R. T. (1998). Verb generation in patients with focal frontal lesions: A neuropsychological test of neuroimaging findings. *Proceedings of the National Academy of Sciences*, *95*, 15855–15860.

Thomson, D. M., & Tulving, E. (1970). Associative encoding and retrieval: Weak and strong cues. *Journal of Experimental Psychology*, *86*(2), 255–262.

Traxler, M., Morris, R. K., & Seely, R. E. (2002). Processing subject and object relative clauses: Evidence from eye movements. *Journal of Memory and Language*, *47*, 69–90.

Tulving, E. (1979). Relation between encoding specificity and levels of processing. In L. S. Cermak & F. I. M. Craik (Eds.), *Levels of processing in human memory* (pp. 405–428). Hillsdale, NJ: Erlbaum.

Tulving, E. (1983). *Elements of episodic memory*. Oxford, UK: Clarendon Press.

Tulving, E. (1985). Memory and consciousness. *Canadian Psychology*, *26*, 1–12.

Tulving, E. (2002). Episodic memory: From mind to brain. *Annual Review of Psychology*, *53*, 1–25.

Tulving, E., & Pearlstone, Z. (1966). Availability versus accessibility of information in memory for words. *Journal of Verbal Learning and Verbal Behavior*, *5*(4), 381–391.

Turner, M. L., & Engle, R. W. (1989). Is working memory capacity task dependent? *Journal of Memory and Language*, *28*, 27–154.

Ullman, M. T. (2004). Contributions of memory circuits to language: The declarative/procedural model. *Cognition*, *92*, 231–270.

Ungerleider, L. G., Doyon, J., & Karni, A. (2002). Imaging brain plasticity during motor skill learning. *Neurobiology of Learning and Memory*, *78*, 553–564.

Vallar, G., & Papagno, C. (2002). Neuropsychological impairments of verbal short-term memory. In A. D. Baddeley, M. D. Kopelman, & B. A. Wilson (Eds.), *Handbook of memory disorders* (pp. 249–270). Chichester: Wiley.

Van Dyke, J. A. (2007). Interference effects from grammatically unavailable constituents during sentence processing. *Journal of Experimental Psychology: Learning, Memory, and Cognition*, *33*(2), 407–430.

Van Dyke, J. A., & Lewis, R. L. (2003). Distinguishing effects of structure and decay on attachment and repair: A retrieval interference theory of recovery from misanalyzed ambiguities. *Journal of Memory and Language*, *49*, 285–413.

Van Dyke, J. A., & McElree, B. (2006). Retrieval Interference in Sentence Comprehension. *Journal of Memory and Language*, *55*, 157–166.

Van Dyke, J. A., & McElree, B. (in press). Cue-dependent interference in comprehension. *Journal of Memory and Language,* doi:10.1016/j.jml.2011.05.002

Van Orden, C. G., Pennington, B. F., & Stone, G. O. (2001). What do double dissociations prove? *Cognitive Science*, *25*, 111–172.

Verhaeghen, P., Cerella, J., & Basak, C. (2004). A working memory workout: How to expand the focus of serial attention from one to four items in 10 hours or less. *Journal of Experimental Psychology: Learning, Memory, & Cognition*, *30*, 1322–1337.

Wagner, A. D., Koutstaal, W., & Schacter, D. L. (1999). When encoding yields remembering: Insights from event-related neuroimaging. *Philosophical Transactions: Biological Sciences*, *354*, 1307–1324.

Wagner, A. D., Poldrack, R. A., Eldridge, L. L., Desmond, J. E., Glover, G. H., & Gabrieli, J. D. E. (1998). Material-specific lateralization of prefrontal activation during episodic encoding and retrieval. *NeuroReport*, *9*, 3711–3717.

Wang, Y., Sereno, J. A., Jongman, A., & Hirsch, J. (2003). fMRI evidence for cortical modification during learning of Mandarin lexical tone. *Journal of Cognitive Neuroscience*, *15*, 1019–1027.

Warner, J., & Glass, A. L. (1987). Context and distance-todisambiguation effects in ambiguity resolution: Evidence from grammaticality judgments of garden path sentences. *Journal of Memory and Language*, *26*, 714–738.

Warrington, E. K., & Shallice, T. (1984). Category specific semantic impairments. *Brain*, *107*(3), 829–853.

Watkins, O. C., & Watkins, M. J. (1975). Build-up of proactive inhibition as a cue overload effect. *Journal of Experimental Psychology: Human Learning and Memory*, *104*, 442–452.

Waugh, N. C., & Norman, D. A. (1965). Primary memory. *Psychological Review*, *72*, 89–104.

Wickelgren, W. A. (1965). Short-term memory for phonemically similar lists. *The American Journal of Psychology*, *78*, 567–574.

Wickelgren, W. (1977). Speed-accuracy tradeoff and information processing dynamics. *Acta Psychologica*, *41*, 67–85.

Willingham, D. B. (1998). A neuropsychological theory of motor skill learning. *Psychological Review*, *105*(3), 558–584.

Wise, S. P., Murray, E. A., & Gerfen, C. R. (1996). The frontal cortex-basal ganglia system in primates. *Critical Reviews in Neurobiology*, *10*(3–4), 317–356.

Zeki, S., Watson, J. D., Lueck, C. J., Friston, K. J., Kennard, C., & Frackowiak, R. S. (1991). A direct demonstration of functional specialization in human visual cortex. *Journal of Neuroscience*, *11*, 641–649.

## 제6장

Adger, D. (2003). *Core syntax: A minimalist approach*. Oxford University Press.

Balogh, J., Zurif, E., Prather, P., Swinney, D., & Finkel, L. (1998). Gap-filling and end-of-sentence effects in real-time language processing: implications for modeling sentence comprehension in aphasia. *Brain and Language*, *61*(2), 169–182. doi:10.1006/brln.1997.1917

Beach, C. M. (1991). The interpretation of prosodic patterns at points of syntactic structure ambiguity: Evidence for cue trading relations. *Journal of Memory and Language*, *30*(6), 644–663. doi:10.1016/0749–596X(91)90030–N

Boland, J. E., Tanenhaus, M. K., & Garnsey, S. M. (1990). Evidence for the immediate use of verb control information in sentence processing. *Journal of Memory and Language*, *29*(4), 413–432. doi:10.1016/0749–596X(90) 90064–7

Callahan, S. M. (2008). Processing anaphoric constructions: Insights from electrophysiological studies. *Journal of Neurolinguistics*, *21*(3), 231–266. doi:10.1016/j.jneuroling.2007.10.002

Carreiras, M., Duñabeitia, J. A., Vergara, M., de la Cruz-Pavía, I., & Laka, I. (2010). Subject relative clauses are not universally easier to process: Evidence from Basque. *Cognition*, *115*(1), 79–92. doi:10.1016/j.cognition.2009.11.012

Chodorow, M. S. (1979). *Time-compressed speech and the study of lexical and syntactic processing. Sentence processing*. Hillsdale, NJ: Erlbaum.

Chomsky, N. (1970). Remarks on nominalization. In R. Jacobs & P. Rosenbaum (Eds.), *Reading in English transformational grammar* (pp. 184–221). Waltham, MA: Ginn.

Clifton, C., & Frazier, L. (1989). Comprehending sentences with long-distance dependencies. In G. Carlson & M. Tanenhaus (Eds.), *Linguistic structure in language processing* (pp. 273–317). Boston: Springer.

Clifton, C., Speer, S., & Abney, S. P. (1991). Parsing arguments: Phrase structure and argument structure as determinants of initial parsing decisions. *Journal of Memory and Language*, *30*(2), 251–271. doi:10.1016/0749-596X(91)90006-6

Cuetos, F., & Mitchell, D. C. (1988). Cross-linguistic differences in parsing: Restrictions on the use of the Late Closure strategy in Spanish. *Cognition*, *30*(1), 73–105. doi:10.1016/0010-0277(88)90004-2

Dowty, D. (1991). Thematic proto-roles and argument selection. *Language*, *67*(3), 547–619. doi:10.2307/415037

Engelhardt, P. E., Ferreira, F., & Patsenko, E. G. (2010). Pupillometry reveals processing load during spoken language comprehension. *Quarterly Journal of Experimental Psychology*, *63*, 639–645.

Ferreira, F., Bailey, K. G., & Ferraro, V. (2002). Good-enough representations in language comprehension. *Current Directions in Psychological Science*, *11*(1), 11–15. doi:10.1111/1467-8721.00158

Ferreira, F., & Clifton, C. (1986). The independence of syntactic processing. *Journal of Memory and Language*, *25*(3), 348–368. doi:10.1016/0749-596X(86)90006-9

Fodor, J. (1983). *The modularity of mind: An essay on faculty psychology*. Cambridge, MA: MIT Press.

Fodor, J. A., Garrett, M., & Bever, T. G. (1968). Some syntactic determinants of sentential complexity, II: verb structure. *Perception and Psychophysic*, *3,* 453–460.

Ford, M. (1983). A method for obtaining measures of local parsing complexity throughout sentences. *Journal of Verbal Learning and Verbal Behavior*, *22*(2), 203–218. doi:10.1016/S0022-5371(83)90156-1

Frazier, L. (1987). Sentence processing: A tutorial review. In *Attention and performance, XII: The psychology of reading*. Hillsdale, NJ: Lawrence Erlbaum Associates.

Frazier, L., & Clifton, C. (1996). *Construal*. Cambridge, MA: MIT Press.

Frazier, L., & Fodor, J. D. (1978). The sausage machine: A new two-stage parsing model. *Cognition*, *6*(4), 291–325. doi:10.1016/0010-0277(78)90002-1

Frazier, L., & Rayner, K. (1982). Making and correcting errors during sentence comprehension: Eye movements in the analysis of structurally ambiguous sentences. *Cognitive Psychology*, *14*(2), 178–210. doi:10.1016/0010-0285(82)90008-1

Garnsey, S. M., Pearlmutter, N. J., Myers, E., & Lotocky, M. A. (1997). The contributions of verb bias and plausibility to the comprehension of temporarily ambiguous sentences. *Journal of Memory and Language*, *37*(1), 58–93. doi:10.1006/jmla.1997.2512

Gibson, E. (1998). Linguistic complexity: locality of syntactic dependencies. *Cognition*, *68*(1), 1–76. doi:10.1016/S0010-0277(98)00034-1

Grimshaw, J. B. B. (1977). English wh-constructions and the theory of grammar. Electronic Doctoral Dissertations for UMass Amherst. Paper AAI7803835. http://scholarworks.umass.edu/dissertations/AAI7803835

Hale, J. (2003). The information conveyed by words in sentences. *Journal of Psycholinguistic Research*, *32*(2), 101–123.

Holmes, V., & Forster, K. (1972). Perceptual complexity and underlying sentence structure. *Journal of Verbal Learning and Verbal Behavior*, *11*(2), 148–156. doi:10.1016/S0022-5371(72)80071-9

Hsiao, F., & Gibson, E. (2003). Processing relative clauses in Chinese. *Cognition*, *90*(1), 3–27. doi:10.1016/S0010-0277(03)00124-0

Ishizuka, T. (2005). Processing relative clauses in Japanese. *UCLA Working Papers in Linguistics*, *13*, 135–157.

Ito, K., & Speer, S. (2006). Using interactive tasks to elicit natural dialogue. In P. Augurzky & D. Lenertova (Eds.), *Methods in empirical prosody research* (pp. 229–257). New York: Mouton de Gruyter.

Jackendoff, R. (1977). *X-bar-syntax: A study of phrase structure.* Linguistic Inquiry Monograph 2. Cambridge, MA: MIT Press.

Keenan, E. L., & Comrie, B. (1977). Noun phrase accessibility and universal grammar. *Linguistic Inquiry*, *8*(1), 63–99.

King, J., & Just, M. A. (1991). Individual differences in syntactic processing: The role of working memory. *Journal of Memory and Language*, *30*(5), 580–602. doi:10.1016/0749-596X(91)90027-H

Konieczny, L., Hemforth, B., Scheepers, C., & Strube, G. (1997). The role of lexical heads in parsing: Evidence from German. *Language and Cognitive Processes*, *12*(2), 307–348.

Kwon, N., Polinsky, M., & Kluender, R. (2006). Subject preference in Korean. In *Proceedings of WCCFL*, *25*, 1–14.

Levy, R. (2008). Expectation-based syntactic comprehension. *Cognition*, *106*(3), 1126–1177. doi:10.1016/j.cognition.2007.05.006

Lewis, R. L., Vasishth, S., & Van Dyke, J. A. (2006). Computational principles of working memory in sentence comprehension. *Trends in Cognitive Sciences*, *10*(10), 447–454. doi:10.1016/j.tics.2006.08.007

Love, T., & Swinney, D. (1996). Coreference processing and levels of analysis in object-relative constructions; demonstration of antecedent reactivation with the cross-modal priming paradigm. *Journal of Psycholinguistic Research*, *25*(1), 5–24.

MacDonald, M. C., Pearlmutter, N. J., & Seidenberg, M. S. (1994). The lexical nature of syntactic ambiguity resolution [corrected]. *Psychological Review*, *101*(4), 676–703.

MacWhinney, B. (2008). How mental models encode embodied linguistic perspectives. In R. Klatzky, B. MacWhinney, & M. Behrmann (Eds.), *Embodiment, ego-space, and action* (pp. 369–410). Mahwah: Lawrence Erlbaum.

Miller, G. A., Heise, G. A., & Lichten, W. (1951). The intelligibility of speech as a function of the context of the test materials. *Journal of Experimental Psychology*, *41*(5), 329–335. doi:10.1037/h0062491

Miller, G. A., & Isard, S. (1963). Some perceptual consequences of linguistic rules. *Journal of Verbal Learning and Verbal Behavior*, *2*(3), 217–228. doi:10.1016/S0022-5371(63)80087-0

Miller, G. A., & Selfridge, J. A. (1950). Verbal context and the recall of meaningful material. *The American Journal of Psychology*, *63*(2), 176–185. doi:10.2307/1418920

Miyamoto, E. T. (1998). A low attachment preference in Brazilian Portuguese relative clauses. Architecture and Mechanisms of Language Processing (AMLaP), Friburg, September, 24–26.

Nagel, H. N., Shapiro, L. P., & Nawy, R. (1994). Prosody and the processing of filler-gap sentences. *Journal of Psycholinguistic Research*, *23*(6), 473–485.

Nagel, H. N., Shapiro, L. P., Tuller, B., & Nawy, R. (1996). Prosodic influences on the resolution of temporary ambiguity during on-line sentence processing. *Journal of Psycholinguistic Research*, *25*(2), 319–344.

Nicol, J. L. (1988). Coreference processing during sentence comprehension. Electronic Doctoral Dissertations for Massachusetts Institute of Technology. http://hdl.handle.net/1721.1/14421

Nicol, J., & Swinney, D. (1989). The role of structure in coreference assignment during sentence comprehension. *Journal of Psycholinguistic Research*, *18*(1), 5–19.

Osterhout, L., & Swinney, D. A. (1993). On the temporal course of gap-filling during comprehension of verbal passives. *Journal of Psycholinguistic Research*, *22*(2), 273–286.

Pickering, M. (1993). Direct association and sentence processing: A reply to Gorrell and to Gibson and Hickok. *Language and Cognitive Processes*, *8*(2), 163–196.

Pickering, M. J., & Traxler, M. J. (1998). Plausibility and recovery from garden paths: An eye-tracking study. *Journal of Experimental Psychology: Learning, Memory, and Cognition*, *24*, 940–961.

Pickering, M. J., & Traxler, M. J. (2001). Strategies for processing unbounded dependencies: Lexical information and verb-argument assignment. *Journal of Experimental Psychology: Learning, Memory, and Cognition*, *27*(6), 1401–1410.

Pickering, M. J., & Traxler, M. J. (2003). Evidence against the use of subcategorization frequency in the processing of unbounded dependencies. *Language and Cognitive Processes*, *18*(4), 469–503.

Pickering, M. J., Traxler, M. J., & Crocker, M. W. (2000). Ambiguity resolution in sentence processing: Evidence against frequency-based accounts. *Journal of Memory and Language*, *43*(3), 447–475.

Price, P., Ostendorf, M., Shattuck-Hufnagel, S., & Fong, C. (1991). The use of prosody in syntactic disambiguation. *Journal of the Acoustical Society of America*, *90*(6), 2956–2970.

Pritchett, B. L. (1988). Garden path phenomena and the grammatical basis of language processing. *Language*, *64*(3), 539–576.

Radford, A. (2004). *Minimalist syntax: Exploring the structure of English*. Cambridge, UK: Cambridge University Press.

Rayner, K., & Frazier, L. (1987). Parsing temporarily ambiguous complements. *Quarterly Journal of Experimental Psychology*, *39A*, 657–673.

Schafer, A. J., Speer, S. R., Warren, P., & White, S. D. (2000). Intonational disambiguation in sentence production and comprehension. *Journal of Psycholinguistic Research*, *29*(2), 169–182.

Shapiro, L. P., Brookins, B., Gordon, B., & Nagel, N. (1991). Verb effects during sentence processing. *Journal of Experimental Psychology: Learning, Memory, and Cognition*, *17*(5), 983–996.

Shapiro, L. P., Nagel, H. N., & Levine, B. A. (1993). Preferences for a verb's complements and their use in sentence processing. *Journal of Memory and Language*, *32*, 96–114.

Shapiro, L. P., Zurif, E., & Grimshaw, J. (1987). Sentence processing and the mental representation of verbs. *Cognition, 27*(3), 219–246.

Shapiro, L. P., Zurif, E. B., & Grimshaw, J. (1989). Verb processing during sentence comprehension: Contextual impenetrability. *Journal of Psycholinguistic Research, 18*(2), 223–243.

Shetreet, E., Palti, D., Friedmann, N., & Hadar, U. (2007). Cortical representation of verb processing in sentence comprehension: Number of complements, subcategorization, and thematic frames. *Cerebral Cortex, 17*(8), 1958.

Speer, S., Kjelgaard, M., & Doborth, K. (1996). The influence of prosodic structure on the resolution of temporary syntactic closure ambiguities. *Journal of Psycholinguistic Research, 25*(2), 249–271. doi:10.1007/BF01708573

Swinney, D. A. (1979). Lexical access during sentence comprehension:(Re) consideration of context effects. *Journal of verbal learning and verbal behavior, 18*(6), 645–659.

Townsend, D. J., & Bever, T. G. (2001). *Sentence comprehension: The integration of habits and rules*. Cambridge, MA: MIT Press.

Traxler, M. J., Morris, R. K., & Seely, R. E. (2002). Processing subject and object relative clauses: evidence from eye movements. *Journal of Memory and Language, 47*(1), 69–90.

Traxler, M. J., Williams, R. S., Blozis, S. A., & Morris, R. K. (2005). Working memory, animacy, and verb class in the processing of relative clauses. *Journal of Memory and Language, 53*(2), 204–224.

Trueswell, J. C., Tanenhaus, M. K., & Kello, C. (1993). Verb-specific constraints in sentence processing: Separating effects of lexical preference from garden-paths. *Journal of Experimental Psychology: Learning, Memory and Cognition, 19*, 528–553.

Trueswell, J. C., Tanenhaus, M. K., & Garnsey, S. M. (1994). Semantic influences on parsing: use of thematic role information in syntactic ambiguity resolution. *Journal of Memory and Language, 33*(3), 285–318. doi:10.1006/jmla.1994.1014

Zagar, D., Pynte, J., & Rativeau, S. (1997). Evidence for early closure attachment on first pass reading times in French. *The Quarterly Journal of Experimental Psychology Section A, 50*(2), 421–438.

### 제7장

Abrahams, S., Goldstein, L. H., Simmons, A., Brammer, M. J., Williams, S. C., Giampietro, V. P., et al. (2003). Functional magnetic resonance imaging of verbal fluency and confrontation naming using compressed image acquisition to permit overt responses. *Human Brain Mapping, 20*(1), 29–40.

Alexander, M. P. (2006). Impairments of procedures for implementing complex language are due to disruption of frontal attention processes. *Journal of the International Neuropsychological Society, 12*, 236–247.

Alexander, M. P., Benson, D. F., & Stuss, D. T. (1989). Frontal lobes and language. *Brain and Language, 37*, 656–691.

Alexander, M. P., Naeser, M. A., & Palumbo, C. (1990). Broca's area aphasia: Aphasia after lesions including the frontal operculum. *Neurology, 40*, 353–362.

Amunts, K., Weiss, P. H., Mohlberg, H., Pieperhoff, P., Eickhoff, S., Gurd, J. M., et al. (2004). Analysis of neural mechanisms underlying verbal fluency in cytoarchitectonically defined stereotaxic space—the roles of Brodmann areas

44 and 45. *Neuroimage*, *22*(1), 42–56.

Anderson, S. W., & Tranel, D. (2002). Neuropsychological consequences of dysfunction in human dorsolateral prefrontal cortex. In J. Grafman (Ed.), *Handbook of Neuropsychology* (Vol. 7, 2nd ed., pp. 148–156). New York: Elsevier.

Anderson, T. J., Jenkins, I. H., Brooks, D. J., Hawken, M. B., Frackowiak, R. S., & Kennard, C. (1994). Cortical control of saccades and fixation in man: A PET study. *Brain*, *117*, 1073–1084.

Anderson, V. (2001). Assessing executive functions in children: Biological, psychological, and developmental considerations. *Developmental Neurorehabilitation*, *4*, 119–136.

Andres, P. (2003). Frontal cortex as the central executive of working memory: Time to revise our view. *Cortex*, *39*(4–5), 871–895.

Andres, P., & Van der Linden, M. (2002). Are central executive functions working in patients with focal frontal lesions? *Neuropsychologia*, *40*, 835–845.

Arbib, M. A. (2006). Aphasia, apraxia and the evolution of the language-ready brain. *Aphasiology*, *20*, 1125–1155.

Ardila, A. (1984). Right prefrontal syndrome. In A. Ardila & F. Ostrosky-Sols (Eds.), *The right hemisphere: Neurology and neuropsychology* (pp. 171–193). London: Gordon and Breach Science Editors.

Ardila, A. (2004). A speech disorder associated with right Broca's homologous area pathology. *Acta Neuropsychologica*, *2*, 45–52.

Ardila, A. (2008). On the evolutionary origins of executive functions. *Brain and Cognition*, *68*(1), 92–99.

Ardila, A. (2009). Origins of the language: Correlation between brain evolution and language development. In S. M. Platek & T. K. Shackelford (Eds.), *Foundations of evolutionary cognitive neuroscience* (pp. 153–174). New York: Cambridge University Press.

Ardila, A. (2010). A proposed reinterpretation and reclassification of aphasic syndromes. *Aphasiology*, *24*(3), 363–394.

Ardila, A., & Bernal, B. (2007). What can be localized in the brain? Towards a "factor" theory on brain organization of cognition. *International Journal of Neurosciences*, *117*, 935–969.

Ardila, A., & Lopez, M. V. (1984). Transcortical motor aphasia: One or two aphasias? *Brain and Language*, *22*, 350–353.

Ardila, A., Rosselli, M., & Ardila, O. (1988). Foreign accent: An aphasic epiphenomenon? *Aphasiology*, *2*, 493–499.

Ardila, A., & Surloff, C. (2006). Dysexecutive agraphia: A major executive dysfunction sign. *International Journal of Neurosciences*, *116*, 153–163.

Baddeley, A. (1986). *Working memory*. Oxford, UK: Oxford University Press.

Barbas, H. (2006). Organization of the principal pathways of prefrontal lateral, medial, and orbitofrontal cortices primates and implications for their collaborative interaction in executive functions. In J. Risberg & J. Grafman (Eds.), *The frontal lobes: Development, function and pathology* (pp. 21–68). Cambridge, MA: Cambridge University Press.

Barkley, R. A. (1997). *ADHD and the nature of self-control*. New York: Guilford Press.

Basho, S., Palmer, E. D., Rubio, M. A., Wulfeck, B., & Muller, R. A. (2007). Effects of generation mode in fMRI adaptations of semantic fluency: Paced production and overt speech. *Neuropsychologia*, *45*(8), 1697–1706.

Benson, D. F., & Ardila, A. (1996). *Aphasia: A clinical perspective*. New York: Oxford University Press.

Benson, D. F., & Geschwind, N. (1971). Aphasia and related cortical disturbances. In A. B. Baker & L. H. Baker (Eds.), *Clinical neurology* (pp. 122–140). New York: Harper & Row.

Bernal, B., & Perdomo, J. (2007). *Brodmann's interactive atlas 1.1*. Retrieved from http://www.fmriconsulting.com/brodmann/

Berndt, R. S., & Caramazza, A. (1980). A redefinition of the syndrome of Broca's aphasia: Implications for a neuropsychological model of language. *Applied Psycholinguistics*, *1*, 225–278.

Berthoz, S., Armony, J. L., Blair, R. J., & Dolan, R. J. (2002). An fMRI study of intentional and unintentional (embarrassing) violations of social norms. *Brain*, *125*, 1696–1708.

Bhatnagar, S. C., Mandybur, G. T., Buckingham, H. W., & Andy, O. J. (2000). Language representation in the human brain: evidence from cortical mapping. *Brain and Language*, *74*, 238–259.

Binder, J. R., Frost, J. A., Hammeke, T. A., Cox, R. W., Rao, S. M., & Prieto, T. (1997). Human brain language areas identified by functional magnetic resonance imaging. *Journal of Neuroscience*, *17*(1), 353–362.

Bormann, T., Wallesch, C. W., & Blanken, G. (2008). Verbal planning in a case of 'Dynamic Aphasia': An impairment at the level of macroplanning. *Neurocase*, *14*(5), 431–450.

Broca, P. (1861). Nouvelle observation d'aphémie produite par une lésion de la moitié postérieure des deuxième et troisième circonvolution frontales gauches. *Bulletin de la Société Anatomique*, *36*, 398–407.

Brown, S., Martinez, M. J., & Parsons, L. M. (2006). Music and language side by side in the brain: A PET study of the generation of melodies and sentences. *The European Journal of Neuroscience*, *23*(10), 2791–2803.

Brunia, C. H., de Jong, B. M., van den Berg-Lenssen, M. M., & Paans, A. M. (2000). Visual feedback about time estimation is related to a right hemisphere activation measured by PET. *Experimental Brain Research*, *130*(3), 328–337.

Burton, M. W., Noll, D. C., & Small, S. L. (2001). The anatomy of auditory word processing: Individual variability. *Brain and Language*, *77*(1), 119–131.

Calandra-Buonaura, G., Basso, G., Gorno-Tempini, M. L., Serafini, M., Pagnoni, G., & Baraldi, P., et al (2002). Human brain language processing areas identified by functional magnetic resonance imaging using a lexical decision task. *Functional Neurology*, *17*(4), 183–191.

Caplan, D., Alpert, A., Waters, G., & Olivieri, A. (2000). Activation of Broca's area by syntactic processing under conditions of concurrent articulation. *Human Brain Mapping*, *9*, 65–71.

Chayer, C., & Freedman, M. (2001). Frontal lobe functions. *Current Neurology and Neuroscience Reports*, *1*, 547–552.

Cheng, K., Fujita, H., Kanno, I., Miura, S., & Tanaka, K. (1995). Human cortical regions activated by wide-field visual motion: An H2(15)O PET study. *Journal of Neurophysiology*, *74*(1), 413–427.

Christoff, K., & Gabrieli, J. D. E. (2000). The frontopolar cortex and human cognition: Evidence for a rostrocaudal hierarchical organization within the human prefrontal cortex. *Psychobiology*, *28*(2), 168–186.

Costello, A. L., & Warrington, E. K. (1989). Dynamic aphasia: The selective impairment of verbal planning. *Cortex*, *25*, 103–114.

Craighero, L., Metta, G., Sandini, G., & Fadiga, L. (2007). The mirror-neurons system: Data and models. *Progress in Brain Research*, *164*, 39–59.

Crozier, S., Sirigu, A., Lehericy, S., van de Moortele, P. F., Pillon, B., Grafman J., et al. (1999). Distinct prefrontal activations in processing sequence at the sentence and script level: An fMRI study. *Neuropsychologia*, *37*(13), 1469–1476.

Cummings, J. L. (1993). Frontal-subcortical circuits and human behavior. *Archives of Neurology*, *50*, 873–880.

Damasio, A., & Anderson, S. W. (2003). The frontal lobes. In K. M. Heilman & E. Valenstein (Eds.), *Clinical Neuropsychology* (4th ed., pp. 404–446). New York: Oxford University Press.

Damasio, H., & Damasio, A. R. (1989). *Lesion analysis in neuropsychology*. New York: Oxford University Press.

Damasio, H., Grabowski, T., Frank, R., Galaburda, A. M., & Damasio, A. R. (1994). The return of Phineas Gage: Clues about the brain from the skull of a famous patient. *Science*, *264*(5162), 1102–1105.

De Carli, D., Garreffa, G., Colonnese, C., Giulietti, G., Labruna, L., Briselli, E., et al. (2007). Identification of activated regions during a language task. *Magnetic Resonance Imaging*, *25*(6), 933–938.

Decety, J., Perani, D., Jeannerod, M., Bettinard, V., Tadardy, B., Woods, R., et al. (1994). Mapping motor representations with positron emission tomography. *Nature*, *371*, 600–602.

Delis, D. C., Kaplan, E., & Kramer, J. K. (2001). *Delis-Kaplan executive function system (D–KEFS)*. San Antonio: Harcourt Assessment, Inc.

Denckla, M. B. (1994). Measurement of executive function. In G. R. Lyon (Ed.), *Frames of reference for the assessment of learning disabilities: New views on measurement issues* (pp. 117–142). Baltimore, MD: Paul H. Brooks.

Denckla, M. B. (1996). A theory and model of executive function: A neuropsychological perspective. In G. R. Lyon & N. A. Krasnegor (Eds.), *Attention, memory, and executive function* (pp. 263–277). Baltimore, MD: Paul H. Brooks.

Dronkers, N. F. (1996). A new brain region for coordinating speech articulation. *Nature*, *384*, 159–161.

Elliott, R. (2003). Executive functions and their disorders. *British Medical Bulletin*, *65*, 49–59.

Eslinger, P. J., & Damasio, A. R. (1985). Severe disturbance of higher cognition after bilateral frontal ablation. *Neurology*, *35*, 1731–1741.

Fadiga, L., Craighero, L., & Roy, A. (2006). Broca's region: A speech area? In Y. Grodzinky & K. Amunts (Eds.), *Broca's region* (pp. 137–152). New York: Oxford University Press.

Fazio, P., Cantagallo, A., Craighero, L., D'Ausilio, A., Roy, A. C., Pozzo, T., et al. (2009). Encoding of human action in Broca's area. *Brain*, *132*(7), 1980–1988.

Feuchtwanger, E. (1923). *Die funktionen des Stirnhirns*. Berlin: Springer.

Filley, C. M., Young, D. A., Reardon, M. S., & Wilkening, G. N. (1999). Frontal lobe lesions and executive dysfunction in children. *Neuropsychiatry, Neuropsychology, and Behavioral Neurology*, *12*, 156–160.

Fincham, J. M., Carter, C. S., van Veen, V., Stenger, V. A., & Anderson, J. R. (2002). Neural mechanisms of planning: A computational analysis using event-related fMRI. *Proceedings of the National Academy of Sciences of the United States of America*, *99*(5), 3346–3351.

Foundas, A. L., Eure, K. F., Luevano, L. F., & Weinberger, D. R. (1998). MRI asymmetries of Broca's area: The pars triangularis and pars opercularis. *Brain and Language*, *64*, 282–296.

Fox, P. T., Ingham, R. J., Ingham, J. C., Zamarripa, F., Xiong, J. H., & Lancaster, J. L. (2000). Brain correlates of stuttering and syllable production: A PET performance-correlation analysis. *Brain*, *123*, 1985–2004.

Friedman, N. P., Miyake, A., Young, S. E., Defries, J. C., Corley, R. P., & Hewitt, J. K. (2008). Individual differences in executive functions are almost entirely genetic in origin. *Journal of Experimental Psychology: General*, *137*(2), 201–225.

Fuster, J. M. (1989). *The prefrontal cortex* (2nd ed.). New York: Raven Press.

Fuster, J. M. (1997). *The prefrontal cortex: Anatomy, physiology, and neuropsychology of the frontal lobe* (3rd ed.). New York: Lippincott, Williams & Wilkins.

Fuster, J. M. (2001). The prefrontal cortex—an update: Time is of the essence. *Neuron*, *30*, 319–333.

Fuster, J. M. (2002). Frontal lobe and cognitive development. *Journal of Neuropsychology*, *31*, 373–385.

Fuster, J. M. (2008). *The prefrontal cortex* (4th ed.). Boston: Academic Press.

Godefroy, O., Cabaret, M., Petit-Chenal, V., Pruvo, J. P., & Rousseaux, M. (1999). Control functions of the frontal lobes: Modularity of the central-supervisory system? *Cortex*, *35*(1), 1–20.

Goel, V., Gold, B., Kapur, S., & Houle, S. (1997). The seats of reason? An imaging study of deductive and inductive reasoning. *Neuroreport*, *8*(5), 1305–1310.

Goel, V., Gold, B., Kapur, S., & Houle, S. (1998). Neuroanatomical correlates of human reasoning. *Journal of Cognitive Neuroscience*, *10*(3), 293–302.

Goldberg, E. (2001). *The executive brain*. New York: Oxford University Press.

Goldman-Rakic, P. S., & Porrino, L. J. (1985). The primate mediodorsal (MD) nucleus and its projection to the frontal lobe. *The Journal of Comparative Neurology*, *242*, 535–560.

Goodglass, H. (1993). *Understanding aphasia*. New York: Academic Press.

Grafman, J. (2006). Human prefrontal cortex: Processes and representations. In J. Risberg & J. Grafman (Eds.), *The frontal lobes: Development, function and pathology* (pp. 69–91). Cambridge, MA: Cambridge University Press.

Grezes, J., & Decety, J. (2002). Does visual perception of object afford action? Evidence from a neuroimaging study. *Neuropsychologia*, *40*, 212–222.

Grodzinsky, Y. (2000). The neurology of syntax: Language use without Broca's area. *Behavioral and Brain Sciences*, *23*, 1–21.

Grodzinsky, Y. (2006). The language faculty, Broca's region, and the mirror system. *Cortex*, *42*, 464–468.

Grodzinsky, Y., & Amunts, K. (Eds.). (2006). *Broca's region*. New York: Oxford University Press.

Grodzinsky, Y., & Friederici, A. D. (2006). Neuroimaging of syntax and syntactic processing. *Current Opinions in Neurobiology*, *16*, 240–246.

Hagoort, P. (2005). Broca's complex as the unification of space for language. In A. Cutler (Ed.), *Twenty-first century psycholinguistics: Four cornerstones* (pp. 157–172). Mahwah, NJ: Lawrence Erlbaum Associates.

Hagoort, P. (2006). On Broca, brain, and binding. In Y.

Grodzinky & K. Amunts (Eds.), *Broca's region* (pp. 242–253). New York: Oxford University Press.

Harlow, J. M. (1868). Recovery from the passage of an iron bar through the head. *Massachusetts Medical Society Publications*, *2*, 327–346.

Hausen, H. S., Lachmann, E. A., & Nagler, W. (1997). Cerebral diaschisis following cerebellar hemorrhage. *Archives of Physical Medicine and Rehabilitation*, *78*, 546–549.

Haverkort, M. (2005). Linguistic representation and language use in aphasia. In A. Cutler (Ed.), *Twenty-first century psycholinguistics: Four cornerstones* (pp. 57–68). Mahwah, NJ: Lawrence Erlbaum Associates.

Heim, S., Eickhoff, S. B., & Amunts, K. (2008). Specialization in Broca's region for semantic, phonological, and syntactic fluency? *Neuroimage*, *40*(3), 1362–1368.

Heim, S., Opitz, B., Muller, K., & Friederici, A. D. (2003). Phonological processing during language production: fMRI evidence for a shared production-comprehension network. *Cognitive Brain Research*, *16*(2), 285–296.

Hillis, A. E., Work, M., Barker, P. B., Jacobs, M. A., Breese, E. L., & Maurer, K. (2004). Re-examining the brain regions crucial for orchestrating speech articulation. *Brain*, *127*, 1479–1487.

Hobson, P., & Leeds, L. (2001). Executive functioning in older people. *Reviews in Clinical Gerontology*, *11*, 361–372.

Inoue, K., Kawashima, R., Satoh, K., Kinomura, S., Sugiura, M., Goto, R., et al. (2000). A PET study of visuomotor learning under optical rotation. *Neuroimage*, *11*(5 Pt. 1), 505–516.

Jacobs, R., Harvey, A. S., & Anderson, V. (2007). Executive function following focal frontal lobe lesions: Impact of timing of lesion on outcome. *Cortex*, *43*, 792–805.

Jastrowitz, M. (1888). Beitrage zur Localization in Grosshirm and Uber deren prakitsche. Verwerthma. *Deutsche Medizinische Wochenschrift*, *14*, 81–83.

Kertesz, A. (1985). Aphasia. In J. A. M. Frederiks (Ed.), *Handbook of clinical neurology* (Vol. 45): *Clinical neuropsychology* (pp. 287–332). Amsterdam: Elsevier.

Kertesz, A. (1999). Language and the frontal lobe. In B. L. Miller & J. C. Cummings (Eds.), *The human frontal lobes: Functions and disorders* (pp. 261–277). New York: Guilford Press.

Kimberg, D., D'Esposito, M., & Farah, M. (1997). Cognitive functions in the prefrontal cortex—Working memory and executive control. *Current Directions in Psychological Science*, *6*, 185–192.

Knauff, M., Mulack, T., Kassubek, J., Salih, H. R., & Greenlee, M. W. (2002). Spatial imagery in deductive reasoning: A functional MRI study. *Cognitive Brain Research*, *13*(2), 203–212.

Koelsch, S., Fritz, T., V Cramon, D. Y., Muller, K., & Friederici, A. D. (2006). Investigating emotion with music: An fMRI study. *Human Brain Mapping*, *27*(3), 239–250.

Koziol, L. F., & Budding, D. E. (2009). *Subcortical structures and cognition*. New York: Springer.

Kubler, A., Dixon, V., & Garavan, H. (2006). Automaticity and reestablishment of executive control—An fMRI study. *Journal of Cognitive Neuroscience*, *18*(8), 1331–1342.

Lafleche, G., & Albert, M. (1995). Executive function deficits in mild Alzheimer's disease. *Neuropsychology*, *9*, 313–320.

Laiacona, M., De Santis, A., Barbarotto, R., Basso, A., Spagnoli, D., & Capitani, E. (1989). Neuropsychological follow-up of patients operated for aneurysms of anterior communicating artery. *Cortex*, *25*, 261–273.

Lawrence, E. J., Shaw, P., Giampietro, V. P., Surguladze, S., Brammer, M. J., & David, A. S. (2006). The role of 'shared representations' in social perception and empathy: An fMRI study. *Neuroimage*, *29*(4), 1173–1184.

Levin, H. S., Eisenberg, H. M., & Benton, A. L. (1991). *Frontal Lobe Function and Dysfunction*. New York: Oxford University Press.

Lezak, M. D. (1983). *Neuropsychological assessment* (2nd ed.). New York: Oxford University Press.

Li, P. C., Gong, H., Yang, J. J., Zeng, S. O., Luo, O. M., & Guan, L. C. (2000). Left prefrontal cortex activation during semantic encoding accessed with functional near infrared imaging. *Space Medicine & Medical Engineering*, *13*(2), 79–83.

Lieberman, P. (2002a). *Human language and our reptilian brain*. Cambridge, MA: Harvard University Press.

Lieberman, P. (2002b). On the nature and evolution of the neural bases of human language. *Yearbook of Physical Anthropology*, *45*, 36–62.

Lindenberg, R., Fangerau, H., & Seitz, R. J. (2007). "Broca's area" as a collective term? *Brain and Language*, *102*, 22–29.

Lloyd, D. (2000). Virtual lesions and the not so-modular brain. *Journal of the International Neuropsychological Society*, *6*, 627–635.

Lotze, M., Heymans, U., Birbaumer, N., Veit, R., Erb, M., Flor, H., et al. (2006). Differential cerebral activation during observation of expressive gestures and motor acts. *Neuropsychologia*, *44*(10), 1787–1795.

Luria, A. R. (1969). Frontal lobe syndromes. In P. J. Vinken & G. W. Bruyn (Eds.), *Handbook of clinical neurology* (Vol. 2, pp. 725–757). Amsterdam: North Holland.

Luria, A. R. (1976). *Basic problems of neurolinguistics*. The Hague: Mouton.

Luria, A. R. (1980). *Higher cortical functions in man* (2nd ed.). New York: Basic.

Macmillan, M. (2000). Restoring Phineas Gage: A 150th retrospective. *Journal of the History of the Neurosciences*, *9*(1), 42–62.

Macmillan, M. (2008). Phineas Gage – Unravelling the myth. *The Psychologist*, *21*(9), 828–831.

Manthey, S., Schubotz, R. I., & von Cramon, D. Y. (2003). Premotor cortex in observing erroneous action: An fMRI study. *Cognitive Brain Research*, *15*(3), 296–307.

Mantyla, T., Carelli, M. G., & Forman, H. (2007). Time monitoring and executive functioning in children and adults. *Journal of Experimental Child Psychology*, *96*(1), 1–19.

Matsumura, M., Sadato, N., Kochiyama, T., Nakamura, S., Naito, E., Matsunami, K., et al. (2004). Role of the cerebellum in implicit motor skill learning: A PET study. *Brain Research Bulletin*, *63*(6), 471–483.

McGuire, P. K., Silbersweig, D. A., Murray, R. M., David, A. S., Frackowiak, R. S. J., & Frith, C. D. (1996). Functional anatomy of inner speech and auditory verbal imagery. *Psychological Medicine*, *26*, 38–39.

Mesulam, M. M. (1986). Frontal cortex and behavior. *Annals of Neurology*, *19*, 320–325.

Mesulam, M. M. (2002). The human frontal lobes: Transcending the default mode through contingent encoding. In D. T. Stuss & R. T. Knight (Eds.), *Principles of frontal lobe function* (pp. 8–31). New York: Oxford.

Miki, A., Nakajima, T., Miyauchi, S., Takagi, M., & Abe, H. (1996). Functional magnetic resonance imaging of the frontal eye fields during saccadic eye movements. *Nippon Ganka Gakkai Zasshi*, *100*(7), 541–545.

Miller, B. L., & Cummings, J. L. (1998). *The human*

*frontal lobes: Functions and disorders*. New York: The Guilford Press.

Mitchell, R. L., & Phillips, L. H. (2007). The psychological, neurochemical and functional neuroanatomical mediators of the effects of positive and negative mood on executive functions. *Neuropsychologia*, *45*(4), 617–629.

Miyake, A., Friedman, N., Emerson, M., Witzki, A., & Howerter, A. (2000). The unity and diversity of executive functions and their contributions to complex "frontal lobe" tasks: A latent variable analysis. *Cognitive Psychology*, *41*, 49–100.

Mohr, J. P., Pessin, M. S., Finkelstein, S., Funkenstein, H. H., Duncan, G. W., & Davis, K. R. (1978). Broca's aphasia: Pathologic and clinical aspects. *Neurology*, *28*, 311–324.

Morin, O., & Grezes, J. (2008). What is "mirror" in the premotor cortex? A review. *Neurophysiologie Clinique*, *38*(3), 189–195.

Nathaniel-James, D. A., Fletcher, P., & Frith, C. D. (1997). The functional anatomy of verbal initiation and suppression using the Hayling test. *Neuropsychologia*, *35*(4), 559–566.

Novick, J. M., Trueswell, J. C., & Thompson, S. L. (2005). Cognitive control and parsing: Reexamining the role of Broca's area in sentence comprehension. *Cognitive, Affective, & Behavioral Neuroscience*, *5*, 263–281.

Novoa, O. P., & Ardila, A. (1987). Linguistic abilities in patients with prefrontal damage. *Brain and Language*, *30*, 206–225.

Oppenheim, H. (1890). Zur Pathologie der Grosshirngeschwulste. *Archiv fur Psychiatrie und Nervenkrankheiten*, *21*, 560–587, 705–745.

Oppenheim, H. (1891). Zur Pathologie der Grosshirngeschwulste. *Archiv fur Psychiatrie und Nervenkrankheiten*, *22*, 27–72.

Osaka, N., Osaka, M., Mondo, H., Morishita, M., Fukuyama, H., & Shibasaki, H. (2004). The neural basis of executive function in working memory: An fMRI study based on individual differences. *NeuroImage*, *21*, 623–631.

Pennington, B. F., & Ozonoff, S. (1996). Executive functions and developmental psychopathology. *Journal of Child Psychology and Psychiatry*, *37*, 51–87.

Perecman, E. (Ed.). (1987). *The frontal lobes revisited*. New York: The IRBN Press.

Perry, D. W., Zatorre, R. J., Petrides, M., Alivisatos, B., Meyer, E., & Evans, A. C. (1999). Localization of cerebral activity during simple singing. *Neuroreport*, *10*(18), 3979–3984.

Piguet, O., Grayson, G., Browe, A., Tate, H., Lye, T., Creasey, H., et al. (2002). Normal aging and executive functions in "oldold" community dwellers: Poor performance is not an inevitable outcome. *International Psychogeriatric Association*, *14*, 139–159.

Platek, S. M., Keenan, J. P., Gallup, G. G., & Mohamed, F. B. (2004). Where am I? The neurological correlates of self and other. *Cognitive Brain Research*, *19*, 114–122.

Pochon, J. B., Levy, R., Fossati, P., Lehericy, S., Poline, J. B., Pillon, B., et al. (2002). The neural system that bridges reward and cognition in humans: An fMRI study. *Proceedings of the National Academy of Sciences of the United States of America*, *99*(8), 5669–5674.

Pribram, K. H., & Luria, A. R. (Eds.). (1973). *Psychophysiology of the frontal lobes*. New York: Academic Press.

Rama, P., Martinkauppi, S., Linnankoski, I., Koivisto, J., Aronen, H. J., & Carlson, S. (2001). Working memory of identification of emotional vocal expressions: An fMRI study. *Neuroimage*, *13*(6, Pt. 1), 1090–1101.

Ranganath, C., Johnson, M. K., & D'Esposito, M. (2003). Prefrontal activity associated with working memory and episodic long-term memory. *Neuropsychologia*, *41*(3), 378–389.

Rapp, A. M., Leube, D. T., Erb, M., Grodd, W., & Kircher, T. T. (2004). Neural correlates of metaphor processing. *Cognitive Brain Research*, *20*(3), 395–402.

Raye, C. L., Johnson, M. K., Mitchell, K. J., Reeder, J. A., & Greene, E. J. (2002). Neuroimaging a single thought: Dorsolateral PFC activity associated with refreshing just-activated information. *Neuroimage*, *15*(2), 447–453.

Rickard, T. C., Romero, S. G., Basso, G., Wharton, C., Flitman, S., & Grafman, J. (2000). The calculating brain: an fMRI study. *Neuropsychologia*, *38*(3), 325–335.

Rizzolatti, G., & Arbib, M. A. (1998). Language within our grasp. *Trends in Neurosciences*, *21*, 188–194.

Rizzolatti, G., & Craighero, L. (2004). The mirror neuron system. *Annual Review of Neuroscience*, *27*, 169–192.

Rizzolatti, G., Fadiga, L., Gallese, V., & Fogassi, L. (1996). Premotor cortex and the recognition of motor actions. *Cognitive Brain Research*, *3*, 131–141.

Roberts, A. C., Robbins, T. W., & Weiskrantz, I. (2002). *The prefrontal cortex: Executive and cognitive functions*. Oxford: Oxford University Press.

Rogers, R. D., Owen, A. M., Middleton, H. C., Williams, E. J., Pickard, J. D., Sahakian, B. J., et al. (1999). Choosing between small, likely rewards and large, unlikely rewards activates inferior and orbital prefrontal cortex. *The Journal of Neuroscience*, *19*(20), 9029–9038.

Ross, E. D. (1981). The aprosodias: Functional-anatomical organization of the affective components of language in the right hemisphere. *Archives of Neurology*, *140*, 695–710.

Salthouse, T. (1996). The processing-speed theory of adult age differences in cognition. *Psychological Review*, *103*, 403–428.

Salthouse, T. (2005). Relations between cognitive abilities and measures of executive functioning. *Neuropsychology*, *19*, 532–545.

Salthouse, T., Atkinson, T., & Berish, D. (2003). Executive functioning as a potential mediator of age-related cognitive decline in normal adults. *Journal of Experimental Psychology: General*, *132*, 566–594.

Schiff, H. B., Alexander, M. P., Naeser, M. A., & Galaburda, A. M. (1983). Aphemia. Clinical-anatomic correlations. *Archives of Neurology*, *40*(12), 720–727.

Schoenemann, P. T. (2006). Evolution of the size and functional areas of the human brain. *Annual Review of Anthropology*, *35*, 379–406.

Schoenemann, P. T., Sheehan, M. J., & Glotzer, L. D. (2005). Prefrontal white matter volume is disproportionately larger in humans than in other primates. *Nature Neuroscience*, *8*, 242–252.

Schubotz, R. I., & von Cramon, D. Y. (2001). Functional organization of the lateral premotor cortex: fMRI reveals different regions activated by anticipation of object properties, location and speed. *Brain Research and Cognitive Brain Research*, *11*(1), 97–112.

Semendeferi, K., Lu, A., Schenker, N., & Damasio, H. (2002). Humans and great apes share a large frontal cortex. *Nature Neuroscience*, *5*, 272–276.

Shammi, P., & Stuss, D. T. (1999). Humour appreciation: A role of the right frontal lobe. *Brain*, *122*, 657–666.

Shibata, M., Abe, J., Terao, A., & Miyamoto, T.

(2007). Neural mechanisms involved in the comprehension of metaphoric and literal sentences: An fMRI study. *Brain Research*, *1166*, 92–102.

Shuster, L. I., & Lemieux, S. K. (2005). An fMRI investigation of covertly and overtly produced mono-and multisyllabic words. *Brain and Language*, *93*(1), 20–31.

Stout, J. C., Ready, R. E., Grace, J., Malloy, P. F., & Paulsen, J. S. (2003). Factor analysis of the frontal systems behavior scale (FrSBe). *Assessment*, *10*(1), 79–85.

Stuss, D. T., & Alexander, M. P. (2000). Executive functions and the frontal lobe: A conceptual view. *Psychological Research*, *63*, 289–298.

Stuss, D. T., & Alexander, M. P. (2007). Is there a dysexecutive syndrome? *Philosophical Transactions of the Royal Society*, *362*, 901–915.

Stuss, D. T., & Benson, D. F. (1986). *The frontal lobes*. New York: Raven Press.

Stuss, D. T., Gallup, G. G., & Alexander, M. P. (2001). Frontal lobes and "theory of the mind." *Brain*, *124*, 274–286.

Stuss, D. T., & Knight, R. T. (2002). *Principles of frontal lobe function*. New York: Oxford University Press.

Stuss, D. T., & Levine, B. (2002). Adult clinical neuropsychology: Lessons from studies of the frontal lobes. *Annual Review of Psychology*, *53*, 401–433.

Sun, X., Zhang, X., Chen, X., Zhang, P., Bao, M., Zhang, D., et al. (2005). Age-dependent brain activation during forward and backward digit recall revealed by fMRI. *Neuroimage*, *26*(1), 36–47.

Super, H., Spekreijse, H., & Lamme, V. A. (2001). A neural correlate of working memory in the monkey primary visual cortex. *Science*, *293*, 120–124.

Thompson-Schill, S. L. (2005). Dissecting the language organ: A new look at the role of Broca's area in language processing. In A. Cutler (Ed.), *Twenty-first century psycholinguistics: Four cornerstones* (pp. 173–190). Mahwah, NJ: Lawrence Erlbaum Associates.

Trousseau, A. (1864). De L'aphasie, maladie décrite recémment sous le nom impropre d'aphemie. *Gaz Hop Civ Mil*, *37*, 13–4, 25–6, 37–9, 49–50.

Vorobyev, V. A., Alho, K., Medvedev, S. V., Pakhomov, S. V., Roudas, M. S., Rutkovskaya, J. M., et al. (2004). Linguistic processing in visual and modality-nonspecific brain areas: PET recordings during selective attention. *Cognitive Brain Research*, *20*(2), 309–322.

Vygotsky, L. S. (1929). The problem of the cultural development of the child II. *Journal of Genetic Psychology*, *36*, 415–432.

Vygotsky, L. S. (1934/1962). *Thought and language*. Cambridge, MA: MIT Press.

Vygotsky, L. S. (1934/1978). *Mind in society*. Cambridge, MA: Harvard University Press.

Wang, S., Zhu, Z., Zhang, J. X., Wang, Z., Xiao, Z., Xiang, H., et al. (2008). Broca's area plays a role in syntactic processing during Chinese reading comprehension. *Neuropsychologia*, *46*(5), 1371–1378.

Zhang, J. X., Leung, H. C., & Johnson, M. K. (2003). Frontal activations associated with accessing and evaluating information in working memory: An fMRI study. *Neuroimage*, *20*(3), 1531–1539.

### 제8장

Alexander, G. E., DeLong, M. R., & Strick, P. L. (1986). Parallel organization of functionally segregated circuits linking basal ganglia and cortex. *Annual Review of Neuroscience*, *9*, 357–381.

Andersson, E. M., Norberg, A., & Hallberg, I. R. (2002). Acute confusional episodes in elderly orthopaedic patients: The patients' actions and speech. *International Journal of Nursing Studies*, *39*(3), 303–317.

Angwin, A. J., Chenery, H. J., Copland, D. A., Arnott, W. L., Murdoch, B. E., & Silburn, P. A. (2004). Dopamine and semantic activation: An investigation of masked direct and indirect priming. *Journal of the International Neuropsychological Society*, *10*(1), 15–25.

Barris, R. W., & Schuman, H. R. (1953). [Bilateral anterior cingulate gyrus lesions; syndrome of the anterior cingulate gyri.]. *Neurology*, *3*(1), 44–52.

Bauer, R. M., Grande, L., & Valenstein, E. (2003). Amnesic disorders. In K. M. Heilman & E. Valenstein (Eds.), *Clinical neuropsychology* (4th ed., pp. 495–573). New York: Oxford University Press.

Betz, W. (1874). Anatomischer Nachweis zweier Gehirncentra. *Centralblad fur die Medizinische Wissenschaft*, *12*, 578–580, 595–599.

Bowers, D., Heilman, K. M., Satz, P., & Altman, A. (1978). Simultaneous performance on verbal, nonverbal and motor tasks by right-handed adults. *Cortex*, *14*(4), 540–556.

Castner, J. E., Copland, D. A., Silburn, P. A., Coyne, T. J., Sinclair, F., & Chenery, H. J. (2007). Lexical-semantic inhibitory mechanisms in Parkinson's disease as a function of subthalamic stimulation. *Neuropsychologia*, *45*(14), 3167–3177.

Cavanna, A. E., Bertero, L., Cavanna, S., Servo, S., Strigaro, G., & Monaco, F. (2009). Persistent akinetic mutism after bilateral paramedian thalamic infarction. *Journal of Neuropsychiatry and Clinical Neurosciences*, *21*(3), 351.

Cohen, M. L., Burtis, B., Williamson, J. B., Kwon, J. C., & Heilman, K. M. (2010). Action-intentional spatial bias in a patient with posterior cortical atrophy. *Neurocase, 16*(6), 529–534.

Copland, D. (2003). The basal ganglia and semantic engagement: Potential insights from semantic priming in individuals with subcortical vascular lesions, Parkinson's disease, and cortical lesions. *Journal of the International Neuropsychological Society*, *9*(7), 1041–1052.

Copland, D. A., Chenery, H. J., & Murdoch, B. E. (2000a). Persistent deficits in complex language function following dominant nonthalamic subcortical lesions. *Journal of Medical Speech-Language Pathology*, *8*, 1–14.

Copland, D. A., Chenery, H. J., & Murdoch, B. E. (2000b). Processing lexical ambiguities in word triplets: Evidence of lexical-semantic deficits following dominant nonthalamic subcortical lesions. *Neuropsychology*, *14*(3), 379–390.

Coslett, H. B. (1999). Spatial influences on motor and language function. *Neuropsychologia*, *37*(6), 695–706.

Coslett, H. B., Schwartz, M. F., Goldberg, G., Haas, D., & Perkins, J. (1993). Multi-modal hemispatial deficits after left hemisphere stroke. A disorder of attention? *Brain*, *116(Pt 3)*, 527–554.

Cowan, N. (2001). The magical number 4 in short-term memory: A reconsideration of mental storage capacity. *Behavioral and Brain Sciences*, *24*, 87–185.

Crosson, B. (1999). Subcortical mechanisms in language: Lexicalsemantic mechanisms and the thalamus. *Brain and Cognition*, *40*(2), 414–438.

Crosson, B., Bacon Moore, A., McGregor, K. M., Chang, Y. L., Benjamin, M., Gopinath,

K., et al. (2009). Regional changes in word-production laterality after a naming treatment designed to produce a rightward shift in frontal activity. *Brain and Language*, *111*, 73–85.

Crosson, B., Benefield, H., Cato, M. A., Sadek, J. R., Moore, A. B., Wierenga, C. E., et al. (2003). Left and right basal ganglia and frontal activity during language generation: Contributions to lexical, semantic, and phonological processes. *Journal of the International Neuropsychological Society*, *9*(7), 1061–1077.

Crosson, B., Benjamin, M., & Levy, I. F. (2007). Role of the basal ganglia in language and semantics: Supporting cast. In J. J. Hart & M. Kraut (Eds.), *Neural basis of semantic memory* (pp. 219–243). New York: Cambridge University Press.

Crosson, B., Fabrizio, K. S., Singletary, F., Cato, M. A., Wierenga, C. E., Parkinson, R. B., et al. (2007). Treatment of naming in nonfluent aphasia through manipulation of intention and attention: A phase 1 comparison of two novel treatments. *Journal of the International Neuropsychological Society*, *13*(4), 582–594.

Crosson, B., Moore, A. B., Gopinath, K., White, K. D., Wierenga, C. E., Gaiefsky, M. E., et al. (2005). Role of the right and left hemispheres in recovery of function during treatment of intention in aphasia. *Journal of Cognitive Neuroscience*, *17*(3), 392–406.

Crosson, B., Sadek, J. R., Bobholz, J. A., Gokcay, D., Mohr, C. M., Leonard, C. M., et al. (1999). Activity in the paracingulate and cingulate sulci during word generation: An fMRI study of functional anatomy. *Cerebral Cortex*, *9*(4), 307–316.

Crosson, B., Sadek, J. R., Maron, L., Gokcay, D., Mohr, C. M., Auerbach, E. J., et al. (2001). Relative shift in activity from medial to lateral frontal cortex during internally versus externally guided word generation. *Journal of Cognitive Neuroscience*, *13*(2), 272–283.

Damasio, A. R., & Anderson, S. W. (2003). The frontal lobes. In K. M. Heilman & E. Valenstein (Eds.), *Clinical neuropsychology* (4th ed., pp. 404–446). New York: Oxford University Press.

De Monte, V. E., Geffen, G. M., May, C. R., McFarland, K., Heath, P., & Neralic, M. (2005). The acute effects of mild traumatic brain injury on finger tapping with and without word repetition. *Journal of Clinical and Experimental Neuropsychology*, *27*(2), 224–239.

Dotson, V. M., Singletary, R., Fuller, R., Koehler, S., Bacon Moore, A., Rothi, L. J. G., et al. (2008). Treatment of word-finding deficits in fluent aphasia through the manipulation of spatial attention: Preliminary findings. *Aphasiology*, *22*, 103–113.

Ellis, A. W., Flude, B. M., & Young, A. W. (1987). "Neglect dyslexia" and the early visual processing of letters in words and nonwords. *Cognitive Neuropsychology*, *4*, 439–464.

Fuster, J. (2003). *Cortex and mind: Unifying cognition*. New York: Oxford University Press.

Gerfen, C. R. (1992). The neostriatal mosaic: multiple levels of compartmental organization in the basal ganglia. *Annual Review of Neuroscience*, *15*, 285–320.

Grossman, M. (1999). Sentence processing in Parkinson's disease. *Brain and Cognition*, *40*(2), 387–413.

Grossman, M., Crino, P., Reivich, M., Stern, M. B., & Hurtig, H. I. (1992). Attention and sentence processing deficits in Parkinson's disease: The role of anterior cingulate cortex. *Cerebral Cortex*, *2*(6), 513–525.

Heilman, K., Watson, R., & Valenstein, E. (2003). Neglect and related disorders. In K. Heilman & E. Valenstein (Eds.), *Clinical neuropsychology* (pp. 296–346). New York: Oxford University Press.

Hellige, J. B., & Longstreth, L. E. (1981). Effects of concurrent hemisphere-specific activity on unimanual tapping rate. *Neuropsychologia*, *19*(3), 395–405.

Hillis, A. E., & Caramazza, A. (1990). The effects of attentional deficits on reading and spelling. In A. Caramazza (Ed.), *Cognitive neuropsychology and neurolinguistics: Advances in models of cognitive function and impairment* (pp. 211–275). Hillsdale, NJ: Lawrence Erlbaum and Associates.

Hillis, A. E., Wityk, R. J., Barker, P. B., Beauchamp, N. J., Gailloud, P., Murphy, K., et al. (2002). Subcortical aphasia and neglect in acute stroke: The role of cortical hypoperfusion. *Brain*, *125*(Pt 5), 1094–1104.

Hula, W. D., & McNeil, M. R. (2008). Models of attention and dual-task performance as explanatory constructs in aphasia. *Seminars in Speech and Language*, *29*(3), 169–187.

James, W. (1890). *Principles of psychology* (Vol. 2). New York: Holt.

Kischka, U., Kammer, T., Maier, S., Weisbrod, M., Thimm, M., & Spitzer, M. (1996). Dopaminergic modulation of semantic network activation. *Neuropsychologia*, *34*(11), 1107–1113.

Lee, C., Grossman, M., Morris, J., Stern, M. B., & Hurtig, H. I. (2003). Attentional resource and processing speed limitations during sentence processing in Parkinson's disease. *Brain and Language*, *85*(3), 347–356.

Luria, A. R. (1973). *The working brain: An introduction to neuropsychology* (B. Haigh, Trans.). New York: Basic Books.

Martin, N., Dell, G. S., Saffran, E. M., & Schwartz, M. F. (1994). Origins of paraphasias in deep dysphasia: Testing the consequences of a decay impairment to an interactive spreading activation model of lexical retrieval. *Brain and Language*, *47*(4), 609–660.

Martin, N., & Saffran, E. M. (1992). A computational account of deep dysphasia: Evidence from a single case study. *Brain and Language*, *43*(2), 240–274.

Martin, N., Saffran, E. M., & Dell, G. S. (1996). Recovery in deep dysphasia: Evidence for a relation between auditory—verbal STM capacity and lexical errors in repetition. *Brain and Language*, *52*(1), 83–113.

Mennemeier, M., Crosson, B., Williamson, D. J., Nadeau, S. E., Fennell, E., Valenstein, E., et al. (1997). Tapping, talking and the thalamus: Possible influence of the intralaminar nuclei on basal ganglia function. *Neuropsychologia*, *35*(2), 183–193.

Middleton, F. A., & Strick, P. L. (2000). Basal ganglia and cerebellar loops: Motor and cognitive circuits. *Brain Research Reviews*, *31*(2–3), 236–250.

Miller, G. E. (1956). The magical number seven plus or minus two: Some limits on our capacity for processing information. *Psychological Review*, *63*(2), 81–97.

Mink, J. W. (1996). The basal ganglia: Focused selection and inhibition of competing motor programs. *Progress in Neurobiology*, *50*(4), 381–425.

Moruzzi, G., & Magoun, H. W. (1949). Brain stem reticular formation and activation of the EEG. *Electroencephalography and Clinical Neurophysiology*, *1*(4), 455–473.

Murray, L. L., Holland, A. L., & Beeson, P. M. (1997). Auditory processing in individuals with mild aphasia: A study of resource allocation. *Journal of Speech, Language, and Hearing*

*Research*, *40*(4), 792–808.

Nadeau, S. E., & Crosson, B. (1997). Subcortical aphasia. *Brain and Language*, *58*(3), 355–402; discussion 418–423.

Nambu, A., Tokuno, H., & Takada, M. (2002). Functional significance of the cortico-subthalamo-pallidal 'hyperdirect' pathway. *Neuroscience Research*, *43*(2), 111–117.

Nielsen, J. M., & Jacobs, L. L. (1951). Bilateral lesions of the anterior cingulate gyri; report of case. *Bulletin of the Los Angeles Neurological Society*, *16*(2), 231–234.

Novais-Santos, S., Gee, J., Shah, M., Troiani, V., Work, M., & Grossman, M. (2007). Resolving sentence ambiguity with planning and working memory resources: Evidence from fMRI. *Neuroimage*, *37*(1), 361–378.

Parent, A. (1996). *Carpenter's human neuroanatomy* (9th ed.). Baltimore: Williams & Wilkins.

Parkinson, B. R., Raymer, A., Chang, Y. L., Fitzgerald, D. B., & Crosson, B. (2009). Lesion characteristics related to treatment improvement in object and action naming for patients with chronic aphasia. *Brain and Language*, *110*(2), 61–70.

Penney, J. B., Jr., & Young, A. B. (1986). Striatal inhomogeneities and basal ganglia function. *Movement Disorders*, *1*(1), 3–15.

Petry, M. C., Crosson, B., Gonzalez Rothi, L. J., Bauer, R. M., & Schauer, C. A. (1994). Selective attention and aphasia in adults: preliminary findings. *Neuropsychologia*, *32*(11), 1397–1408.

Posner, M. I., & Boies, S. W. (1971). Components of attention. *Psychological Review*, *78*, 391–408.

Richards, K., Moore, A., Singletary, F., Rothi, L., Clayton, M., & Crosson, B. (2002). *Two novel treatments utilizing intentional and attentional mechanisims in rehabilitation of nonfluent aphasia.* Paper presented at the Rehabilitation Research for the Twenty-First Century: The New Challenges, Washington, DC.

Sherman, S. M., & Guillery, R. W. (2006). *Exploring the thalamus and its role in cortical function* (2nd ed.). Cambridge, MA: MIT Press.

Simon, T. J., & Sussman, H. M. (1987). The dual task paradigm: speech dominance or manual dominance? *Neuropsychologia*, *25*(3), 559–569.

Teasdale, G., & Jennett, B. (1974). Assessment of coma and impaired consciousness. A practical scale. *Lancet*, *2*(7872), 81–84.

van Domburg, P. H., ten Donkelaar, H. J., & Notermans, S. L. (1996). Akinetic mutism with bithalamic infarction. Neurophysiological correlates. *Journal of the Neurological Sciences*, *139*(1), 58–65.

Wallesch, C. W., & Hundsalz, A. (1994). Language function in delirium: A comparison of single word processing in acute confusional states and probable Alzheimer's disease. *Brain and Language*, *46*(4), 592–606.

### 제9장

Albin, R. L., Young, A. B., & Penney, J. B. (1989). The functional anatomy of basal ganglia disorders. *Trends in Neurosciences*, *12*(10), 366–375.

Allport, D. A. (1984). Auditory verbal short-term memory and conduction aphasia. In H. Bouma & D. G. Bouwhuis (Eds.), *Attention and performance X: Control and language processes* (pp. 351–364). Hove, UK: Lawrence Erlbaum Associates Ltd.

American Psychiatric Association. (1994). *DSM–IV: Diagnostic and statistical manual of mental disorders* (4th ed.). Washington, DC: American

Psychiatric Association.

Ash, S., Moore, P., Antani, S., McCawley, G., Work, M., & Grossman, M. (2006). Trying to tell a tale: Discourse impairments in progressive aphasia and frontotemporal dementia. *Neurology*, *66*(9), 1405–1413.

Baddeley, A. D. (1986). *Working memory*. Oxford, UK: Clarendon Press.

Baddeley, A. D., Papagno, C., & Vallar, G. (1988). When longterm learning depends on short-term storage. *Journal of Memory and Language*, *27*, 586–595.

Baddeley, A. D., Vargha-Khadem, F., & Mishkin, M. (2001). Preserved recognition in a case of developmental amnesia: Implications for the acquisition of semantic memory? *Journal of Cognitive Neuroscience*, *13*(3), 357–369.

Baddeley, A. D., & Warrington, E. K. (1970). Amnesia and the distinction between long-and short-term memory. *Journal of Verbal Learning and Verbal Behavior*, *9*, 176–189.

Barde, L. H. F., Schwartz, M. F., Chrysikou, E. G., & Thompson-Schill, S. L. (2010). Reduced short-term memory span in aphasia and susceptibility to interference: Contribution of material-specific maintenance deficit. *Neuropsychologia*, *48*, 909–920.

Barsalou, L. W. (1999). Perceptions of perceptual symbols. *Behavioral and Brain Sciences*, *22*(4), 637–660.

Biegler, K. A., Crowther, J. E., & Martin, R. C. (2008). Consequences of an inhibition deficit for word production and comprehension. *Cognitive Neuropsychology*, *25*, 493–527.

Bier, N., & Macoir, J. (2010). How to make a spaghetti sauce with a dozen small things I cannot name: A review of the impact of semantic-memory deficits on everyday actions. *Journal of Clinical and Experimental Neuropsychology*, *32*(2), 201.

Bishop, D. V. M. (1994). Grammatical errors in specific language impairment: Competence or performance limitations? *Applied Psycholinguistics*, *15*(4), 507–550.

Botvinick, M. M., Braver, T. S., Barch, D. M., Carter, C. S., & Cohen, J. D. (2001). Conflict monitoring and cognitive control. *Psychological Review*, *108*, 624–652.

Brown, J., Aczel, B., Jimenez, L., Kaufman, S. B., & Grant, K. P. (2010). Intact implicit learning in autism spectrum conditions. *The Quarterly Journal of Experimental Psychology*, *63*, 1789–1812.

Butterworth, B., Campbell, R., & Howard, D. (1986). The uses of short-term memory: A case study. *Quarterly Journal of Experimental Psychology*, *38*, 705–737.

Caplan, D., Alpert, N., & Waters, G. (1998). Effects of syntactic structure and propositional number on patterns of regional cerebral blood flow. *Journal of Cognitive Neuroscience*, *10*, 541–552.

Caplan, D., & Waters, G. S. (1999). Verbal working memory and sentence comprehension. *Brain and Behavioral Sciences*, *22*, 77–126.

Caramazza, A., & Shelton, J. R. (1998). Domain-specific knowledge systems in the brain: The animate-inanimate distinction. *Journal of Cognitive Neuroscience*, *10*(1), 1–34.

Carper, R. A., & Courchesne, E. (2000). Inverse correlation between frontal lobe and cerebellum sizes in children with autism. *Brain*, *123*(4), 836–844.

Clahsen, H., & Almazan, M. (1998). Syntax and morphology in Williams syndrome. *Cognition*, *68*(3), 167–198.

Collette, F., Hogge, M., Salmon, E., & van der Linden, M. (2006). Exploration of the neural substrates of executive functioning by functional neuroimaging, *139*, 209–221.

Conway, C. M., & Pisoni, D. B. (2008). Neurocognitive basis of implicit learning of sequential structure and its relation to language processing. *Annals of the New York Academy of Sciences*, *1145*, 113–131.

Courchesne, E., Redcay, E., Morgan, J. T., & Kennedy, D. P. (2005). Autism at the beginning: Microstructural and growth abnormalities underlying the cognitive and behavioral phenotype of autism. *Development and Psychopathology*, *17*(3), 577–597.

Damasio, A. R. (1989). The Brain Binds Entities and Events by Multiregional Activation from Convergence Zones. *Neural Computation*, *1*(1), 123–132.

Dell, G. S. (1986). A spreading-activation theory of retrieval in sentence production. *Psychological Review*, *93*(3), 283–321.

Demonet, J., Taylor, M. J., & Chaix, Y. (2004). Developmental dyslexia. *The Lancet*, *363*(9419), 1451–1460.

de Diego Balaguer, R., Costa, A., Sebastian-Galles, N., Juncadella, M., & Caramazza, A. (2004). Regular and irregular morphology and its relationship with agrammatism: Evidence from two Spanish-Catalan bilinguals. *Brain and Language*, *91*(2), 212–222.

Eden, G. F., & Flowers, D. L. (2008). Introduction. *Annals of the New York Academy of Sciences*, *1145*(1), ix–xii.

Elman, J. L., Bates, E. A., Johnson, M. H., Karmiloff-Smith, A., Parisi, D., & Plunkett, K. (1997). *Rethinking Innateness: A Connectionist Perspective on Development*. Cambridge, MA: MIT Press.

Engle, R. W., Tuholski, S. W., Laughlin, J. E., & Conway, A. R. (1999). Working memory, short-term memory, and general fluid intelligence: A latent-variable approach. *Journal of Experimental Psychology: General, 128*(3), 309–331.

Ferreira, V. S., Bock, K., Wilson, M. P., & Cohen, N. J. (2008). Memory for syntax despite amnesia. *Psychological Science*, *19*(9), 940–946.

Freedman, M., & Martin, R. (2001). Dissociable components of short-term memory and their relation to long-term learning. *Cognitive Neuropsychology*, *18*, 193–226.

Friederici, A. D. (2006). The neural basis of language development and its impairment. *Neuron*, *52*(6), 941–952.

Gabrieli, J. D. E., Cohen, N. J., & Corkin, S. (1988). The impaired learning of semantic knowledge following bilateral medial temporal-lobe resection. *Brain and Cognition*, *7*(2), 157–177.

Gordon, B., & Stark, S. (2007). Procedural learning of a visual sequence in individuals with Autism. *Focus on Autism and Other Developmental Disabilities*, *22*(1), 14–22.

Goschke, T., Friederici, A. D., Kotz, S. A., & van Kampen, A. (2001). Procedural learning in Broca's aphasia: Dissociation between the implicit acquisition of spatio-motor and phoneme sequences. *Journal of Cognitive Neuroscience*, *13*(3), 370–388.

Grossman, M. (2010). Primary progressive aphasia: clinicopathological correlations. *Nature Reviews Neurology*, *6*(2), 88–97.

Hamilton, A. C., & Martin, R. C. (2005). Dissociations among tasks involving inhibition: A single case study. *Cognitive, Affective, & Behavioral Neuroscience*, *5*, 1–13.

Hamilton, A., & Martin, R. C. (2007). Proactive interference in a semantic short-term memory deficit: Role of semantic and phonological relatedness. *Cortex*, *43*, 112–123.

Heim, S., Tschierse, J., Amunts, K., Wilms, M.,

Vossel, S., Willmes, K., Grabowska, A., & Huber, W. (2008). Cognitive subtypes of dyslexia. *Acta Neurobiologiae Experimentalis*, *68*(1), 73–82.

Hodges, J. R., & Patterson, K. (2007). Semantic dementia: a unique clinicopathological syndrome. *The Lancet Neurology*, *6*(11), 1004–1014.

Hodges, J. R., Bozeat, S., Lambon Ralph, M. A., Patterson, K., & Spatt, J. (2000). The role of conceptual knowledge in object use Evidence from semantic dementia. *Brain*, *123*(9), 1913–1925.

Hodges, J. R., Patterson, K., Ward, R., Garrard, P., Bak, T., Perry, R., & Gregory, C. (1999). The differentiation of semantic dementia and frontal lobe dementia (temporal and frontal variants of frontotemporal dementia) from early Alzheimer's disease: a comparative neuropsychological study. *Neuropsychology*, *13*(1), 31–40.

Hoffman, P., Jefferies, E., Ehsan, S., Hopper, S., & Lambon Ralph, M. A. (2009). Selective short-term memory deficits arise from impaired domain general semantic control mechanisms. *Journal of Experimental Psychology: Learning, Memory and Cognition*, *35*, 137–156.

James, L. E., & MacKay, D. G. (2001). H. M., word knowledge, and aging: support for a new theory of long-term retrograde amnesia. *Psychological Science*, *12*(6), 485–492.

Jefferies, E., Baker, S. S., Doran, M., & Lambon Ralph, M. A. (2007). Refractory effects in stroke aphasia: A consequence of poor semantic control. *Neuropsychologia*, *45*(5), 1065–1079.

Jefferies, E., & Lambon Ralph, M. A. (2006). Semantic impairment in stroke aphasia versus semantic dementia: a case-series comparison. *Brain*, *129*(8), 2132–2147.

Jernigan, T. L., Hesselink, J. R., Sowell, E., & Tallal, P. (1991). Cerebral structure on magnetic resonance imaging in language- and learning-impaired children. *Archives of Neurology*, *48*(5), 539–545.

Joanisse, M. F., & Seidenberg, M. S. (1999). Impairments in verb morphology after brain injury: A connectionist model. *Proceedings of the National Academy of Sciences of the United States of America*, *96*(13), 7592–7597.

Kane, M. J., & Engle, R. W. (2003). Working memory capacity and the control of attention: The contributors of goal neglect, response competition, and task set to Stroop interference. *Journal of Experimental Psychology: General*, *132*, 47–70.

Kapur, N., Barker, S., Burrows, E. H., Ellison, D., Brice, J., Illis, L. S., Scholey, K., et al. (1994). Herpes simplex encephalitis: long term magnetic resonance imaging and neuropsychological profile. *Journal of Neurology, Neurosurgery & Psychiatry*, *57*(11), 1334–1342.

Kemeny, F., & Lukacs, A. (2009). Impaired procedural learning in language impairment: Results from probabilistic categorization. *Journal of Clinical and Experimental Neuropsychology*, 1–12.

Kensinger, E. A., Ullman, M. T., & Corkin, S. (2001). Bilateral medial temporal lobe damage does not affect lexical or grammatical processing: evidence from amnesic patient H. M. *Hippocampus*, *11*(4), 347–360.

Kielar, A., Joanisse, M. F., & Hare, M. L. (2008). Priming English past tense verbs: Rules or statistics? *Journal of Memory and Language*, *58*(2), 327–346.

Knopman, D., & Nissen, M. J. (1991). Procedural learning is impaired in Huntington's disease: evidence from the serial reaction time task. *Neuropsychologia*, *29*(3), 245–254.

Knowlton, B. J., Squire, L. R., Paulsen, J. S., Swerdlow, N. R., & Swenson, M. (1996). Dissociations within nondeclarative memory in Huntington's disease. *Neuropsychology*, *10*(4), 538–548.

Knowlton, B. J., Squire, L., & Gluck, M. A. (1994). Probabilistic classification learning in amnesia. *Learning & Memory*, *1*(2), 106–120.

Kramer, J. H., Jurik, J., Sha, S. J., Rankin, K. P., Rosen, H. J., Johnson, J. K., & Miller, B. L. (2003). Distinctive neuropsychological patterns in frontotemporal dementia, semantic dementia, and Alzheimer disease. *Cognitive and Behavioral Neurology: Official Journal of the Society for Behavioral and Cognitive Neurology*, *16*(4), 211–218.

Lambon Ralph, M. A., & Patterson, K. (2008). Generalization and differentiation in semantic memory: insights from semantic dementia. *Annals of the New York Academy of Sciences*, *1124*, 61–76.

Leonard, L. B. (1998). *Children with specific language impairment*. Cambridge, MA: MIT Press.

Livingstone, M. S., Rosen, G. D., Drislane, F. W., & Galaburda, A. M. (1991). Physiological and anatomical evidence for a magnocellular defect in developmental dyslexia. *Proceedings of the National Academy of Sciences of the United States of America*, *88*(18), 7943–7947.

Longworth, C. E., Keenan, S. E., Barker, R. A., Marslen-Wilson, W. D., & Tyler, L. K. (2005). The basal ganglia and rulegoverned language use: evidence from vascular and degenerative conditions. *Brain*, *128*(Pt 3), 584–596.

Lum, J. A. G., Gelgic, C., & Conti-Ramsden, G. (2010). Procedural and declarative memory in children with and without specific language impairment. *International Journal of Language & Communication Disorders*, *45*(1), 96–107.

MacKay, D. G., & Hadley, C. (2009). Supra-normal age-linked retrograde amnesia: lessons from an older amnesic (H. M.). *Hippocampus*, *19*(5), 424–445.

MacKay, D. G., Burke, D. M., & Stewart, R. (1998). H. M.'s language production deficits: Implications for relations between memory, semantic binding, and the hippocampal system. *Journal of Memory and Language*, *38*(1), 28–69.

MacKay, D. G., James, L. E., Taylor, J. K., & Marian, D. E. (2007). Amnesic H. M. exhibits parallel deficits and sparing in language and memory: Systems versus binding theory accounts. *Language and Cognitive Processes*, *22*(3), 377.

MacKay, D. G., Stewart, R., & Burke, D. M. (1998). H. M. revisited: relations between language comprehension, memory, and the hippocampal system. *Journal of Cognitive Neuroscience*, *10*(3), 377–394.

Manns, J. R., Hopkins, R. O., & Squire, L. R. (2003). Semantic memory and the human hippocampus. *Neuron*, *38*(1), 127–133.

Marslen-Wilson, W. D., & Tyler, L. K. (1997). Dissociating types of mental computation. *Nature*, *387*(6633), 592–594.

Martin, A. (2007). The representation of object concepts in the brain. *Annual Review of Psychology*, *58*(1), 25–45.

Martin, N., & Ayala, J. (2004). Measurements of auditory-verbal STM span in aphasia: Effects of items, task, and lexical impairment. *Brain and Language*, *89*, 464–483.

Martin, N., & Saffran, E. M. (1997). Language and auditoryverbal short-term memory impairments: Evidence for common underlying processes. *Cognitive Neuropsychology*, *14*, 641–682.

Martin, R. C., & Freedman, M. L. (2001). Short-term retention of lexical-semantic representations: Implications for speech production. *Memory*, *9*, 261–280.

Martin, R. C., & He, T. (2004). Semantic short-term memory deficit and language processing: A replication, *Brain and Language*, *89*, 76–82.

Martin, R. C., Lesch, M. F., & Bartha, M. C. (1999). Independence of input and output phonology in word processing and shortterm memory. *Journal of Memory & Language*, *31*, 2–39.

Martin, R. C., Miller, M., & Vu, H. (2004). Working memory and sentence production: Evidence for a phrasal scope of planning at a lexical-semantic level. *Cognitive Neuropsychology*, *21*, 625–644.

Martin, R. C., & Romani, C. (1994). Verbal working memory and sentence comprehension: A multiple-components view. *Neuropsychology*, *8*, 506–523.

Martin, R. C., Shelton, J., & Yaffee, L. (1994). Language processing and working memory: Neuropsychological evidence for separate phonological and semantic capacities. *Journal of Memory and Language*, *33*, 83–111.

Mayeux, R., Brandt, J., Rosen, J., & Benson, D. (1980). Interictal memory and language impairment in temporal lobe epilepsy. *Neurology*, *30*(2), 120–125.

McCabe, D. P., Roediger, H. L., McDaniel, M. A., Balota, D. A., Hambrick, D. Z. (2010). Relationship between working memory capacity and executive functioning: Evidence for a common executive attention construct. *Neuropsychology*, *24*, 222–243.

Milner, B. (2005). The medial temporal-lobe amnesic syndrome. *Psychiatric Clinics of North America*, *28*(3), 599–611.

Milner, B., Corkin, S., & Teuber, H. (1968). Further analysis of the hippocampal amnesic syndrome: 14–year follow-up study of H.M. *Neuropsychologia*, *6*(3), 215–234.

Miozzo, M., & Gordon, P. (2005). Facts, events, and inflection: when language and memory dissociate. *Journal of Cognitive Neuroscience*, *17*(7), 1074–1086.

Mishkin, M., Suzuki, W. A., Gadian, D. G., & Vargha-Khadem, F. (1997). Hierarchical organization of cognitive memory. *Philosophical Transactions of the Royal Society B: Biological Sciences*, *352*(1360), 1461–1467.

Miyake, A., Friedman, N. P., Emerson, M. J., Witzki, A. H., Howerter, A., & Wager, T. D. (2000). The unity and diversity of executive functions and their contributions to complex "frontal lobe" tasks: a latent variable analysis. *Cognitive Psychology*, *41*(1), 49–100.

Montgomery, J. W. (1995). Sentence comprehension in children with Specific Language Impairment: The role of phonological working memory. *Journal of Speech, Language and Hearing Research*, *38*(1), 187–199.

Mostofsky, S. H., Goldberg, M. C., Landa, R. J., & Denckla, M. B. (2000). Evidence for a deficit in procedural learning in children and adolescents with autism: implications for cerebellar contribution. *Journal of the International Neuropsychological Society: JINS*, *6*(7), 752–759.

Mummery, C., Patterson, K., Price, C., Ashburner, J., Frackowiak, R., & Hodges, J. R. (2000). A voxel-based morphometry study of semantic dementia: Relationship between temporal lobe atrophy and semantic memory. *Annals of Neurology*, *47*(1), 36–45.

Nicolson, R. I., & Fawcett, A. J. (2011). Dyslexia, dysgraphia, procedural learning and the cerebellum. *Cortex*, *47*, 117–127.

Nicolson, R. I., & Fawcett, A. J. (1990). Automaticity: A new framework for dyslexia research? *Cognition*, *35*(2), 159–182.

Nicolson, R. I., & Fawcett, A. J. (2007). Procedural learning difficulties: reuniting the developmental disorders? *Trends in Neurosciences*, *30*(4), 135–141.

Noppeney, U., Patterson, K., Tyler, L. K., Moss, H., Stamatakis, E. A., Bright, P., Mummery, C., et al. (2007). Temporal lobe lesions and semantic impairment: a comparison of herpes simplex virus encephalitis and semantic dementia. *Brain*, *130*(4), 1138–1147.

Novick, J. M., Kan, I. P., Trueswell, J. C., Thompson-Schill, S. L. (2009). A case for conflict across multiple domains: Memory and language impairments following damage to ventrolateral prefrontal cortex. *Cognitive Neuropsychology*, *26*, 527–567.

Novick, J. M., Trueswell, J. C., & Thompson-Schill, S. L. (2005). Cognitive control and parsing: Reexamining the role of Broca's area in sentence comprehension. *Cognitive, Affective, and Behavioral Neuroscience*, *5*, 263–281.

Orrell, A. J., Eves, F. F., Masters, R. S. W., & Macmahon, K. M. M. (2007). Implicit sequence learning processes after unilateral stroke. *Neuropsychological Rehabilitation: An International Journal*, *17*(3), 335–354.

Owen, S. E., & McKinlay, I. A. (1997). Motor difficulties in children with developmental disorders of speech and language. *Child: Care, Health and Development*, *23*(4), 315–325.

Patterson, K., Nestor, P. J., & Rogers, T. T. (2007). Where do you know what you know? The representation of semantic knowledge in the human brain. *Nat Rev Neurosci*, *8*(12), 976–987.

Pinker, S. (1994). *The language instinct*. New York: William Morrow and Company.

Pinker, S., & Ullman, M. T. (2002). The past and future of the past tense. *Trends in Cognitive Sciences*, *6*(11), 456–463.

Ramus, F. (2004). Neurobiology of dyslexia: a reinterpretation of the data. *Trends in Neurosciences*, *27*(12), 720–726.

Rapp, B., & Caramazza, A. (1993). On the distinction between deficits of access and deficits of storage: A question of theory. *Cognitive Neuropsychology*, *10*(2), 113–141.

Rice, M. L., Tomblin, J. B., Hoffman, L., Richman, W. A., & Marquis, J. (2004). Grammatical tense deficits in children with SLI and nonspecific language impairment: Relationships with nonverbal IQ over time. *Journal of Speech, Language and Hearing Research*, *47*(4), 816–834.

Rogers, T. T., Lambon Ralph, M. A., Garrard, P., Bozeat, S., McClelland, J. L., Hodges, J. R., & Patterson, K. (2004). Structure and deterioration of semantic memory: A neuropsychological and computational investigation. *Psychological Review*, *111*(1), 205–235.

Romani, C. (1992). Are there distinct input and output buffers? Evidence from an aphasic patient with an impaired output buffer. *Language and Cognitive Processes*, *7*, 131–162.

Russeler, J., Gerth, I., & Munte, T. F. (2006). Implicit learning is intact in adult developmental dyslexic readers: Evidence from the serial reaction time task and artificial grammar learning. *Journal of Clinical and Experimental Neuropsychology*, *28*(5), 808.

Saffran, J. R., Aslin, R. N., & Newport, E. L. (1996). Statistical learning by 8-month-old infants. *Science*, *274*(5294), 1926–1928.

Schmolck, H., Kensinger, E. A., Corkin, S., &

Squire, L. R. (2002). Semantic knowledge in patient H.M. and other patients with bilateral medial and lateral temporal lobe lesions. *Hippocampus*, *12*(4), 520–533.

Scott-Van Zeeland, A. A., McNealy, K., Wang, A. T., Sigman, M., Bookheimer, S. Y., & Dapretto, M. (2010). No neural evidence of statistical learning during exposure to artificial languages in children with autism spectrum disorders. *Biological Psychiatry*, *68*, 345–351.

Scoville, W. B., & Milner, B. (1957). Loss of recent memory after bilateral hippocampal lesions. *Journal of Neurology, Neurosurgery, and Psychiatry*, *20*(1), 11–21.

Shallice, T., & Butterworth, B. (1977). Short-term memory impairment and spontaneous speech. *Neuropsychologia*, *15*, 729–735.

Siegert, R. J., Taylor, K. D., Weatherall, M., & Abernethy, D. A. (2006). Is implicit sequence learning impaired in Parkinson's disease? A meta-analysis. *Neuropsychology*, *20*(4), 490–495.

Silveri, M., Daniele, A., Giustolisi, L., & Gainotti, G. (1991). Dissociation between knowledge of living and nonliving things in dementia of the Alzheimer type. *Neurology*, *41*(4), 545–546.

Simmons, W. K., & Martin, A. (2009). The anterior temporal lobes and the functional architecture of semantic memory. *Journal of the International Neuropsychological Society*, *15*(5), 645–649.

Skotko, B. G., Andrews, E., & Einstein, G. (2005). Language and the medial temporal lobe: Evidence from H. M.'s spontaneous discourse. *Journal of Memory and Language*, *53*(3), 397–415.

Skotko, B. G., Rubin, D. C., & Tupler, L. A. (2008). H. M.'s personal crossword puzzles: understanding memory and language. *Memory*, *16*(2), 89–96.

Snowden, J. S., Goulding, P. J., & Neary, D. (1989). Semantic dementia: A form of circumscribed cerebral atrophy. *Behavioural Neurology*, *2*(3), 167–182.

Squire, L., Stark, C. E., & Clark, R. E. (2004). The medial temporal lobe. *Annual Review of Neuroscience*, *27*(1), 279–306.

Squire, L., & Zola, S. (1996). Structure and function of declarative and nondeclarative memory systems. *Proceedings of the National Academy of Sciences of the United States of America*, *93*(24), 13515–13522.

Stanovich, K. E. (1988). Explaining the differences between the dyslexic and the garden-variety poor reader: The phonologicalcore variable-difference model. *Journal of Learning Disabilities*, *21*(10), 590–604.

Stefanacci, L., Buffalo, E. A., Schmolck, H., & Squire, L. R. (2000). Profound amnesia after damage to the medial temporal lobe: A neuroanatomical and neuropsychological profile of patient E. P. *The Journal of Neuroscience*, *20*(18), 7024–7036.

Stoodley, C. J., Harrison, E. P., & Stein, J. F. (2006). Implicit motor learning deficits in dyslexic adults. *Neuropsychologia*, *44*(5), 795–798.

Tager-Flusberg, H. (2006). Defining language phenotypes in autism. *Clinical Neuroscience Research*, *6*(3–4), 219–224.

Tallal, P., Stark, R. E., & Mellits, D. (1985). The relationship between auditory temporal analysis and receptive language development: Evidence from studies of developmental language disorder. *Neuropsychologia*, *23*(4), 527–534.

Thompson-Schill, S. L., Bedny, M., & Goldberg, R. F. (2005). The frontal lobes and the regulation of mental activity. *Current Opinion in Neurobiology*, *15*, 219–224.

Thompson-Schill, S. L., & Botvinick, M. M. (2006). Resolving conflict: A response to Martin and Cheng (2006). *Psychonomic Bulletin & Review*, *13*, 402–408.

Tomblin, J. B., Mainela-Arnold, E., & Zhang, X. (2007). Procedural learning in adolescents with and without Specific Language Impairment. *Language Learning and Development*, *3*(4), 269.

Tulving, E. (1972). Episodic and semantic memory. In E. Tulving & W. Donaldson (Eds.), *Organization and memory*. New York: Academic Press.

Tulving, E. (2002). Episodic memory: From mind to brain. *Annual Review of Psychology*, *53*(1), 1–25.

Turner, M. L., & Engle, R. W. (1989). Is working memory capacity task dependent? *Journal of Memory and Language*, *28*, 127–154.

Tyler, L. K., Moss, H. E., Durrant-Peatfield, M. R., & Levy, J. P. (2000). Conceptual structure and the structure of concepts: A distributed account of category-specific deficits. *Brain and Language*, *75*(2), 195–231.

Ullman, M. T. (2001). A neurocognitive perspective on language: The declarative/procedural model. *Nature Reviews Neuroscience*, *2*(10), 717–726.

Ullman, M. T. (2004). Contributions of memory circuits to language: The declarative/procedural model. *Cognition*, *92*(1-2), 231–270.

Ullman, M. T., Pancheva, R., Love, T., Yee, E., Swinney, D., & Hickok, G. (2005). Neural correlates of lexicon and grammar: evidence from the production, reading, and judgment of inflection in aphasia. *Brain and Language*, *93*(2), 185–238.

Ullman, M. T., & Pierpont, E. I. (2005). Specific language impairment is not specific to language: The procedural deficit hypothesis. *Cortex*, *41*(3), 399–433.

Ullman, M. T. (2007). The biocognition of the mental lexicon. In *The Oxford handbook of psycholinguistics* (pp. 267–286). Oxford, UK: Oxford University Press.

Ullman, M. T., Corkin, S., Coppola, M., Hickok, G., Growdon, J. H., Koroshetz, W. J., & Pinker, S. (1997). A neural dissociation within language: Evidence that the mental dictionary is part of declarative memory, and that grammatical rules are processed by the procedural system. *Journal of Cognitive Neuroscience*, *9*(2), 266–276.

van der Lely, H. K. J. (2005). Domain-specific cognitive systems: insight from Grammatical-SLI. *Trends in Cognitive Sciences*, *9*(2), 53–59.

van der Lely, H. K., Rosen, S., & McClelland, A. (1998). Evidence for a grammar-specific deficit in children. *Current Biology*, *8*(23), 1253–1258.

Vargha-Khadem, F., Gadian, D. G., Watkins, K. E., Connelly, A., Van Paesschen, W., & Mishkin, M. (1997). Differential effects of early hippocampal pathology on episodic and semantic memory. *Science*, *277*(5324), 376–380.

Vicari, S., Bellucci, S., & Carlesimo, G. A. (2001). Procedural learning deficit in children with Williams syndrome. *Neuropsychologia*, *39*(7), 665–677.

Vicari, S., Marotta, L., Menghini, D., Molinari, M., & Petrosini, L. (2003). Implicit learning deficit in children with developmental dyslexia. *Neuropsychologia*, *41*(1), 108–114.

Walenski, M., Tager-Flusberg, H., & Ullman, M. T. (2006). Language in autism. In *Understanding autism: From basic neuroscience to treatment*.

(pp. 175–203). Boca Raton, FL: Taylor and Francis Books.

Warrington, E. K. (1975). The selective impairment of semantic memory. *Quarterly Journal of Experimental Psychology*, *27*(4), 635–657.

Warrington, E. K., & Shallice, T. (1979). Semantic access dyslexia. *Brain*, *102*, 43–63.

Warrington, E. K., & Shallice, T. (1984). Category specific semantic impairments. *Brain*, *107*(3), 829–853.

Wilson, B., & Baddeley, A. D. (1988). Semantic, episodic, and autobiographical memory in a postmeningitic amnesic patient. *Brain and Cognition*, *8*(1), 31–46.

Wise, R. J. S. (2003). Language systems in normal and aphasic human subjects: functional imaging studies and inferences from animal studies. *British Medical Bulletin*, *65*(1), 95–119.

Witt, K., Nuhsman, A., & Deuschl, G. (2002). Intact artificial grammar learning in patients with cerebellar degeneration and advanced Parkinson's disease. *Neuropsychologia*, *40*(9), 1534–1540.

Woollams, A. M., Lambon Ralph, M. A., Plaut, D. C., & Patterson, K. (2007). SD-squared: on the association between semantic dementia and surface dyslexia. *Psychological Review*, *114*(2), 316–339.

Wong, W., & Law, S.-P. (2008). The relationship between semantic short-term memory and serial recall of known and unknown words and nonwords: Data from two Chinese individuals with aphasia. *Journal of Experimental Psychology: Learning, Memory, and Cognition*, *34*, 900–917.

### 제10장

Ahlsen, E. (2006). *Introduction to Neurolinguistics*. Amsterdam: John Benjamins.

Alexander, M. P., Naeser, M. A., & Palumbo, C. L. (1987). Correlations of subcortical CT lesion sites and Aphasia profiles. *Brain, 110*, 961–991.

Avrutin, S. (2006). Weak ayntax. In Y. Grodzinsky & K. Amunts (Eds.), *Broca's region*. New York: Oxford University Press.

Baldo, J. (2008). It's either a cook or a baker: Patients with conduction aphasia get the gist but lose the trace. *Brain and Language, 105*, 134–140.

Balogh, J., Zurif, E., Prather, P., Swinney, D., & Finkel, L. (1998). Gap-filling and end-of-sentence effects in realtime language processing: Implications for modeling sentence comprehension in aphasia. *Brain and Language, 61*, 169–182.

Beeman, M. (1993). Semantic processing in the right hemisphere may contribute to drawing inferences from discourse. *Brain and Language, 44*, 80–120.

Beeman, M. (1998). Coarse semantic coding and discourse comprehension In M. Beeman & C. Chiarello (Eds.), *Perspectives from cognitive neuroscience* (pp. 255–284). Mahwah: Lawrence Erlbaum.

Beeman, M., & Chiarello, C. (Eds.). (1998). *Right hemisphere language comprehension: Perspectives from cognitive neuroscience*. Hillsdale, NJ: Lawrence Erlbaum.

Beeman, M., Friedman, R., Grafman, J., Perez, E., Diamond, S., & Beadle Lindsay, M. (1994). Summation priming and coarse semantic coding in the right hemisphere. *Journal of Cognitive Neuroscience, 6*, 26–45.

Berndt, R. S., & Caramazza, A. (1980). A redefinition of the syndrome of Broca's aphasia: Implications for a neuropsychological model of language. *Applied Psycholinguistics, 1*, 225–278.

Bradley, D. C., Garrett, M. F., & Zurif, E. B. (1980). Syntactic deficits in Broca's aphasia. In D. Caplan (Ed.), *Biological studies of mental processes* (pp. 269–286). Cambridge, MA: MIT Press.

Breasted, J. (1930). *The Edwin Smith Surgical Papyrus*. University of Chicago Press.

Broca, P. (1861). Perte de la Parole, Ramollissement Chronique et Destruction Partielle du Lobe Anterieur Gauche du Cerveau. *Bulletin de la Societe Anthropologique, 2*, 235–238.

Brodmann, K. (Ed.). (1909). *Vergleichende Lokalisationslehre der Grosshirnrinde in ihren Prinzipien dargestellt auf Grund des Zeelenbaues*. Leipzig: Barth.

Brownell, H., & Stringfellow, A. (1999). Making requests: Illustrations of how right-hemisphere brain damage can affect discourse production. *Brain & Language, 68*, 442–465.

Brownell, H. H. (2000). Right hemisphere contributions to understanding lexical connotation and metaphor. In Y. Grodzinsky, L. Shapiro & D. Swinney (Eds.), *Language and the brain: Representation and processing* (pp. 185–201). San Diego: Academic Press.

Brownell, H. H., Bihrle, A. H., & Michelow, D. (1986). Basic and subordinate level naming by agrammatic and fluent aphasic patients. *Brain and Language, 28*, 42–52.

Brownell, H. H., & Joanette, Y. (Eds.). (1993). *Narrative discourse in neurologically impaired and normal aging adults*. San Diego: Singular Publishing Group.

Brownell, H. H., Potter, H. H., & Michelow, D. (1984). Sensitivity to lexical denotation and connotation in brain-damaged patients: A double dissociation? *Brain and Language, 22*, 253–265.

Burgess, C., & Simpson, G. B. (1988). Cerebral hemispheric mechanisms in the retrieval of ambiguous word meanings. *Brain and Language, 33*, 86–103.

Burkhardt, P., Avrutin, S., Pinango, M. M., & Ruigendijk, E. (2008). Slower-than-normal syntactic processing in agrammatic Broca's aphasia: Evidence from Dutch. *Journal of Neurolinguistics, 21*, 120–137.

Caplan, D., & Futter, C. (1986). Assignment of thematic roles to nouns in sentence comprehension by an agrammatic patient. *Brain and Language, 27*, 117–134.

Caplan, D., Waters, G., DeDe, G., Michaud, J., & Reddy, A. (2007). A study of syntactic processing in aphasia: Behavioral (psycholinguistic) aspects. *Brain and Language, 101*, 103–150.

Caplan, D., & Waters, G. S. (1999). Verbal working memory and sentence comprehension. *Behavioral and Brain Sciences, 22*, 77–126.

Caramazza, A., & Zurif, E. (1976). Dissociation of algorithmic and heuristic processes in language comprehension: Evidence from aphasia. *Brain and Language, 3*, 572–582.

Chiarello, C. (1988). Lateralization of lexical processes in the normal brain: A review of visual half-field research. In H. A. Whitaker (Ed.), *Contemporary reviews in neuropsychology*. New York: Springer-Verlag.

Crosson, B., McGregor, K., Gopinath, K. S., Conway, T. W., Benjamin, M., Chang, Y.-L., et al. (2007). Functional MRI of language in aphasia: A review of the literature and the methodological challenges. *Neuropsychological Review, 17*, 157–177.

Dickey, M. W., & Thompson, C. (2009). Automatic processing of wh-and NP-movement in agrammatic aphasia. *Brain and Language, 99*,

63–64.

Faust, M., Barak, O., & Chiarello, C. (2006). The effects of multiple script priming on word recognition by the two cerebral hemispheres: Implications for discourse processing. *Brain and Language, 99*, 247–257.

Feldman, J., & Ballard, D. (1982). Connectionist models and their properties. *Cognitive Science, 6*, 205–254.

Frazier, L., & d'Arcais, G. B. F. (1989). Filler driven parsing: A study of gap filling in Dutch. *Journal of Memory and Language, 28*, 331–344.

Fridriksson, J. (2010). Impaired speech repetition and left parietal lobe damage. *The Journal of Neuroscience, 30*, 11057–11061.

Fridriksson, J., Bonilha, L., & Rorden, C. (2007). Severe Broca's aphasia without Broca's area damage. *Behavioral Neurology, 18*, 237.

Friederici, A. D. (1983). Aphasics' perception of words in sentential context: Some real-time processing evidence. *Neuropsychologica, 21*, 351–358.

Friederici, A. D., Hahne, A., & von Cramon, D. Y. (1998). First-pass versus second-pass parsing processes in a Wernicke's and a Broca' s aphasic: Electrophysiological evidence for a double dissociation. *Brain and Language, 62*, 311–341.

Friederici, A. D., von Cramon, D. Y., & Kotz, S. A. (1999). Language related brain potentials in patients with cortical and subcortical left hemisphere lesions. *Brain, 122*, 1033–1047.

Friedmann, N. (2006). Generalizations on variations in comprehension and production: A further source of variation and a possible account. *Brain and Language, 96*, 151–153.

Friedmann, N., & Grodzinsky, Y. (1997). Tense and agreement in agrammatic production: Pruning the syntactic tree. *Brain and Language, 56*, 397–425.

Garcia-Albea, E. (1999). Neurology in the medical papyruses of the pharaohs. *Revista de neurologia, 28*, 430–433.

Gardner, H. (1994). The stories of the Right Hemisphere. In W. Spaulding (Ed.), *Integrative views of motivation, cognition, and emotion*. Lincoln: University of Nebraska Press.

Garnsey, S. M., Tanenhaus, M. K., & Chapman, R. M. (1989). Evoked potentials and the study of sentence comprehension. *Journal of Psycholinguistic Research, 18*, 51–60.

Geschwind, N. (1965). Disconnexion syndromes in animals and man: Part II. *Brain, 88*, 585.

Goldstein, K. (1924). Uber Farbenamnesie. *Psychologische Forschung, 6*, 127.

Goodglass, H., & Kaplan, E. (1972). *Boston diagnostic aphasia examination*. Philadelphia: Lea & Febiger.

Grindrod, C. M., & Baum, S. R. (2003). Sensitivity to local sentence context information in lexical ambiguity resolution: Evidence from left-and right-hemisphere-damaged individuals. *Brain & Language, 85*, 503–523.

Grodzinsky, Y. (1986). Language deficits and the theory of syntax. *Brain and Language, 27*, 135–159.

Grodzinsky, Y. (1995). A restrictive theory of agrammatic comprehension. *Brain and Language, 50*, 27–51.

Grodzinsky, Y. (2000a). The neurology of syntax: Language use without Broca's area. *Behavioral and Brain Sciences, 23*, 1–71.

Grodzinsky, Y. (2000b). OverArching Agrammatism. In Y. Grodzinsky, L. Shapiro & D. Swinney (Eds.), *Language and the brain: Representation and processing—Studies presented to Edgar Zurif on his 60th birthday* (pp. 73–86). San Diego: Academic Press.

Grodzinsky, Y. (2006). A blueprint for a brain map of syntax. In Y. Grodzinsky & K. Amunts (Eds.), *Broca's region*. New York: Oxford University Press.

Haarmann, H., & Kolk, H. (1991). Syntactic priming in Broca's aphasics: Evidence for slow activation. *Aphasiology, 5*, 247–263.

Hagoort, P., Brown, C. M., & Swaab, T. Y. (1996). Lexicalsemantic event-related potential effects in patients with left hemisphere lesions and aphasia, and patients with right hemisphere lesions without aphasia. *Brain, 119*, 627–649.

Head, H. (1926). *Aphasia and kindred disorders of speech* (Vol. 2, pp. 375). London: Cambridge University Press.

Hickok, G., Conseco-Gonzalez, E., Zurif, E. B., & Grimshaw, J. (1992). Modularity in locating Wh-gaps. *Journal of Psycholinguistic Research, 21*, 545–561.

Hough, M. (1990). Narrative comprehension in adults with right and left hemisphere brain-damage: Theme organization. *Brain and Language, 38*, 253–277.

Jackson, H. (1878). London Hospital: Remarks on non-protrusion of the tongue in some cases of aphasia. *The Lancet, 111*, 716–717.

Joanette, Y., & Goulet, P. (1988). Word-naming in right-braindamaged subjects. In C. Chiarello (Ed.), *Right hemisphere contributions to lexical semantics* (pp. 1–18). Berlin: Springer-Verlag.

Kaplan, J., Brownell, H., Jacobs, J., & Gardner, H. (1990). The effects of right hemisphere damage on the pragmatic interpretation of conversational remarks. *Brain and Language, 38*, 315–333.

Kempler, D. (1999). Idiom comprehension in children and adults with unilateral brain damage. *Developmental Neuropsychology, 15*, 327–349.

Kertesz, A. (1982). *Western Aphasia Battery*. New York: Grune and Stratton.

Klepousniotou, E., & Baum, S. (2005). Processing homonymy and polysemy: Effects of sentential context and time-course following unilateral brain damage. *Brain and Language, 95*, 365–382.

Kolk, H. H. (1995). A time-based approach to agrammatic production. *Brain and Language, 50*, 282–303.

Lichtheim, L. (1885). On aphasia. *Brain, 7*, 433.

Linebarger, M. C., Schwartz, M. F., & Saffran, E. M. (1983). Sensitivity to grammatical structure in so-called agrammatic aphasics. *Cognition, 13*, 361–392.

Love, T. (2007). The Processing of non-canonically ordered constituents in long distance dependencies by pre-school children: A real-time investigation. *Journal of Psycholinguistic Research, 36*, 191–206.

Love, T., & Swinney, D. (1996). Coreference processing and levels of analysis in object-relative constructions: Demonstration of antecedent reactivation with the cross-modal priming paradigm. *Journal of Psycholinguistic Research, 25*, 5–24.

Love, T., Swinney, D., Walenski, M., & Zurif, E. (2008). How left inferior frontal cortex participates in syntactic processing: Evidence from aphasia. *Brain and Language, 107*, 203–219.

Marie, P. (1906). Revision de la question de l' aphasie: La troisime circonvolution frontale gauche ne joue aucun role special dans la fonction du langage. *Semaine Medicale, 26*, 241.

Marshall, J. (1995). The mapping hypothesis and aphasia therapy. *Aphasiology, 9*, 517.

McElree, B., & Griffith, T. (1995). Syntactic

and thematic processing in sentence comprehension: Evidence for a temporal dissociation. *Journal of Experimental Psychology: Learning, Memory, & Cognition, 21*, 134–157.

Milberg, W., Blumstein, S. E., & Dworetzky, B. (1987). Processing of lexical ambiguities in aphasia. *Brain and Language, 31*, 138–150.

Molloy, R., Brownell, H., & Gardner, H. (1990). Discourse comprehension by right hemisphere stroke patients: Deficits of prediction and revision. In Y. Joanette & H. Brownell (Eds.), *Discourse ability and brain damage: Theoretical and empirical perspectives* (pp. 113–130). New York: Springer-Verlag.

Nicol, J., Fodor, J. D., & Swinney, D. (1994). Using cross-modal lexical decision tasks to investigate sentence processing. *Journal of Experimental Psychology: Learning, Memory, & Cognition, 20*, 1229–1238.

Nicol, J., & Swinney, D. (1989). The role of structure in coreference assignment during sentence comprehension. *Journal of Psycholinguistic Research, 18*, 5–19.

Nicol, J. L. (1988). *Coreference processing during sentence comprehension*. Cambridge, MA: Massachusetts Institute of Technology.

Pinango, M. M. (2000). Canonicity in Broca's sentence comprehension: The case of psychological verbs. In Y. Grodzinsky, L. P. Shapiro & D. Swinney (Eds.), *Language and the brain: Representation and processing* (pp. 327–350). San Diego, CA: Academic Press.

Pollock, J.-Y. (1989). Verb movement, universal grammar, and the structure of IP. *Linguistic Inquiry, 20*, 365–424.

Prather, P. A., Zurif, E., Love, T., & Brownell, H. (1997). Speed of lexical activation in nonfluent Broca's aphasia and fluent Wernicke's aphasia. *Brain and Language, 59*, 391–411.

Saffran, E. M., Schwartz, M. F., & Marin, O. S. M. (1980). The word order problem in agrammatism: Production. *Brain and Language, 10*, 263–280.

Schneiderman, E., & Saddy, J. D. (1988). A linguistic deficit resulting from right-hemisphere damage. *Brain and Language, 34*, 38–53.

Schwartz, M., Saffran, E., & Marin, O. S. M. (1980). The word order problem in agrammatism I: Comprehension. *Brain and Language, 10*, 249–262.

Shapiro, L. P., Gordon, B., Hack, N., & Killackey, J. (1993). Verb argument structure processing in complex sentences in Broca's and Wernicke's aphasia. *Brain and Language, 45*, 423–447.

Shapiro, L. P., & Levine, B. A. (1990). Verb processing during sentence comprehension in aphasia. *Brain and Language, 38*, 21–47.

Shapiro, L. P., Zurif, E., & Grimshaw, J. (1987). Sentence processing and the mental representation of verbs. *Cognition, 27*, 219–246.

Shapiro, L. P., Zurif, E. B., & Grimshaw, J. (1989). Verb processing during sentence comprehension: Contextual impenetrability. *Journal of Psycholinguistic Research, 18*(2), 223–243.

Sussman, R. S., & Sedivy, J. (2003). The time-course of processing syntactic dependencies: Evidence from eye movements. *Language and Cognitive Processes, 18*, 143–163.

Swaab, T., Brown, C., & Hagoort, P. (1997). Spoken sentence comprehension in aphasia: Event-related potential evidence for a lexical integration deficit. *Journal of Cognitive Neuroscience, 9*, 39–66.

Swaab, T. Y., Brown, C., & Hagoort, P. (1998). Understanding ambiguous words in sentence contexts: Electrophysiological evidence for delayed contextual selection in Broca's aphasia. *Neuropsychologia, 36*, 737–761.

Swinney, D., & Fodor, J. D. (1989). Introduction to special issue on sentence processing. *Journal of Psycholinguistic Research, 18*, 1–3.

Swinney, D., Onifer, W., Prather, P., & Hirshkowitz, M. (1979). Semantic facilitation across sensory modalities in the processing of individual words and sentences. *Memory and Cognition, 7*, 159–165.

Swinney, D., & Osterhout, L. (1990). Inference generation during auditory language comprehension. In A. C. Graesser & G. H. Bower (Eds.), *Inference and text comprehension: The psychology of learning and motivation* (Vol. 25). San Diego: Academic Press.

Swinney, D., & Zurif, E. (1995). Syntactic processing in aphasia. *Brain and Language, 50*, 225–239.

Swinney, D., Zurif, E., Prather, P., & Love, T. (1996). Neurological distribution of processing operations underlying language comprehension. *Journal of Cognitive Neuroscience, 8*, 174–184.

Swinney, D., Zurif, E. B., & Nicol, J. (1989). The effects of focal brain damage on sentence processing: An examination of the neurological organization of a mental module. *Journal of Cognitive Neuroscience, 1*, 25–37.

Tanenhaus, M., Boland, J., Garnsey, S., & Carlson, G. (1989). Lexical structure in parsing long-distance dependencies. *Journal of Psycholinguistic Research, 18*, 37–50.

Tanenhaus, M. K., & Trueswell, J. C. (1995). Sentence comprehension. In J. Miller & P. Eimas (Eds.), *Handbook of perception and cognition.* (pp. 217–262). San Diego: Academic Press.

Thompson, C., & Choy, J. J. (2009). Pronominal resolution and gap filling in agrammatic aphasia: Evidence from eye movements. *Journal of Psycholingustic Research, 38*, 255–283.

Tompkins, C. (1990). Knowledge and strategies for processing lexical metaphor after right or left hemisphere brain damage. *Journal of Speech and Hearing Research, 33*, 307–316.

Tompkins, C. (1995). *Right hemisphere communication disorders.* San Diego: Singular Publishing.

Tompkins, C. (2008). Theoretical considerations for understanding "understanding" by adults with right hemisphere brain damage. *Perspectives on Neurophysiology and Neurogenic Speech and Language Disorders, 18*, 45–54.

Tompkins, C., & Baumgaertner, A. (1998). Clinical value of online measures for adults with right hemisphere brain damage. *American Journal of Speech-Language Pathology, 7*, 68–74.

Tompkins, C., Baumgaertner, A., & Lehman, M. (2000). Mechanisms of discourse comprehension impairment after right hemisphere brain damage. *Journal of Speech, Language, and Hearing Research 43*, 62–78.

Tompkins, C., Boada, R., & McGarry, K. (1992). The access and processing of familiar idioms by brain-damaged and normally aging adults. *Journal of Speech and Hearing Research, 35*, 626–637.

Tompkins, C., & Lehman, M. (1998). Interpreting intended meanings after right hemisphere brain damage: An analysis of evidence, potential accounts, and clinical implications. *Topics in Stroke Rehabilitation, 5*, 29–47.

Traxler, M., & Pickering, M. J. (1996). Plausibility and the processing of unbounded dependencies: An eye-tracking study. *Journal of Memory and*

*Language, 34*, 454–475.

Trousseau, A. (1865). Phlegmasia alba dolens. *Clinique Medicale de l'Hotel-Dieu de Paris, 3*, 654–712.

Utman, J. A., Blumstein, S. E., & Sullivan, K. (2001). Mapping from sound to meaning: Reduced lexical activation in Broca's aphasics. *Brain and Language, 79*, 444–472.

Wernicke, C. (1874). *Der aphasiche Symptomenkomplex*. Breslau: Cohn und Weigert.

Weylman, S. T., Brownell, H. H., Roman, M., & Gardner, H. (1989). Appreciation of indirect requests by left-and rightbrain-damaged patients: The effects of verbal context and conventionality of wording. *Brain and Language, 36*, 580–591.

Winner, E., Brownell, H., Happe, F., Blum, A., & Pincus, D. (1998). Distinguishing lies from jokes: theory of mind deficits and discourse interpretation in right hemisphere brain-damaged patients. *Brain and Language, 62*, 89–106.

Winner, E., & Gardner, H. (1977). The comprehension of metaphor in brain-damaged patients. *Brain, 100*, 717–729.

Zurif, E., Swinney, D., & Garrett, M. (1990). *Lexical processing and syntactic comprehension in aphasia* (3rd ed.). Hillsdale, NJ: Erlbaum.

Zurif, E., Swinney, D., Prather, P., & Love, T. (1994). Functional localization in the brain with respect to syntactic processing. *Journal of Psycholinguistic Research, 23*, 487–497.

Zurif, E., Swinney, D., Prather, P., Solomon, J., & Bushell, C. (1993). An on-line analysis of syntactic processing in Broca's and Wernicke's aphasia. *Brain and Language, 45*, 448–464.

### 제10장 〈부록〉 참고문헌과 추천 도서

Benton, A. L., & Joynt, R. J. (1960). Early descriptions of aphasia, from 400 B.C. til 1800. *Archives of Neurology, 3,* 205–222.

Brown, J., & Chobor, K. (1992). Phrenological studies of aphasia before Broca: Broca's aphasia or Gall's aphasia? *Brain and Language, 43,* 475–486.

Buckingham, H. (2006). A pre-history of the problem of Broca's aphasia. *Aphasiology, 20,* 792–810.

Code, C. H., & Tesak, J. (2007). *Milestones in the history of aphasia.* London: Psychology Press.

Eling, P. (1994). *Reader in the history of aphasia: From Franz Fall to Norman Geschwind.* Amsterdam: John Benjamins. An edited volume of the mentioned period.

Finger, S. (2000). *Minds behind the Brain. A History of the Pioneers and their Discoveries*. Oxford/New York: Oxford University Press.

Henderson, V. (1990). Alalia, aphemia and aphasia, *Archives of Neurology, 47,* 85–88.

Prins, R. S., & Bastiaanse, R (2006). Early history of aphasia. From 1700 B.C. till 1861. *Aphasiology, 20*, 761–792.

### 제11장

Arkin, S., & Mahendra, N. (2001). Discourse analysis of Alzheimer's patients before and after intervention: Methodology and outcomes. *Aphasiology, 15,* 533–569.

Ash, S., Moore, P., Antani, S., McCawley, G., Work, M., & Grossman, M. (2006). Trying to tell a tale: Discourse impairments in progressive aphasia and frontotemporal dementia. *Neurology, 66,* 1405–1413.

Ash, S., Moore, P., Vesely, L., Gunawardena, D., McMillan, C., Anderson, C., et al. (2009). Non-fluent speech in frontotemporal lobar degeneration. *Journal of Neurolinguistics, 22*(4), 370–383.

Association AS-L-H (2005). *Roles of speech-language pathologists in the identification, diagnosis, and treatment of individuals with cognitive communication disorders: Position statement Secondary Titl.*: American Speech-Language Hearing Association.

Barrett, J. (1998). *Old McDonald had an apartment house*. New York: Atheneum Publishers.

Biddle, K. R., McCabe, A., & Bliss, L. S. (1996). Narrative skills following traumatic brain injury in children and adults. *Journal of Communication Disorders, 29,* 447-469.

Blair, M., Marczinski, C. A., Davis-Faroque, N., & Kertesz, A. (2007). A longitudinal study of language decline in Alzheimer's disease and frontotemporal dementia. *Journal of the International Neuropsychological Society, 13*(02), 237-245.

Brookshire, B. L., Chapman, S. B., Song, J., & Levin, H. S. (2000). Cognitive and linguistic correlates of children's discourse after closed head injury: A three-year follow-up. *Journal of the International Neuropsychological Society, 6,* 741-751.

Cannizzaro, M. S., Coelho, C. A., & Youse, K. (2002). Treatment of discourse deficits following TBI. *Perspectives on Neurophysiology and Neurogenic Speech and Language Disorders, 12,* 14-19.

Cannizzaro, M. S., Dumas, J., Prelock, P. P., & Newhouse, P. (2010). *What's the story with the prefrontal cortex; how story schema influences narrative discourse processing.* Poster session presented at the Cognitive Neuroscience Society, Montreal, QC Canada.

Chapman, S. B., McKinnon, L., Levin, H. S., Song, J., Meier, M. C., & Chiu, S. (2001). Longitudinal outcome of verbal discourse in children with traumatic brain injury: Three-year follow-up. *Journal of Head Trauma Rehabilitation, 16,* 441.

Chapman, S. B., Zientz, J., Weiner, M., Rosenberg, R., Frawley, W., & Burns, M. H. (2002). Discourse changes in early Alzheimer disease, mild cognitive impairment, and normal aging. *Alzheimer Disease & Associated Disorders 16*(3)(July/September), 177-186.

Cherney, L. R., Shadden, B. B., & Coelho, C. A. (1998). *Analyzing discourse in communicatively impaired adults* (pp. 1-8). Gaithersburg, MD: Aspen.

Chenery, H. J., Copland, D. A., & Murdoch, B. E. (2002). Complex language functions and subcortical mechanisms: Evidence from Huntington's disease and patients with non-thalamic subcortical lesions.

Coelho, C. (2007). Management of discourse deficits following traumatic brain injury: Progress, caveats, and needs. *Semin Speech Lang,* 122-135.

Coelho, C. A. (2002). Story narratives of adults with closed head injury and non-brain-injured adults: Influence of socioeconomic status, elicitation task, and executive functioning. *Journal of Speech, Language, and Hearing Research, 45,* 1232-1248.

Coelho, C. A., Ylvisaker, M., & Turkstra, L. S. (2005). Nonstandardized assessment approaches for individuals with traumatic brain injuries. *Semin Speech Lang, 26,* 223-241.

Coyne, J. T., Baldwin, C., Cole, A., Sibley, C., & Roberts, D. M. (2009). Applying real time physiologic measures of cognitive load to improve training. In D. Schmorrow, I. Estabrooke, & M. Grootjen (Eds.), *Foundations of Augmented Cognition. Neuroergonomics and Operational Neuroscience* (pp. 469-478). Springer Berlin/Heidelberg.

Decker, J., & Cannizzaro, M. S. (2007). *The effectiveness of narrative discourse treatment in persons with chronic traumatic brain injury. Title*. Poster session presented at the Annual Convention of the American Speech-Language Hearing Association, Boston, MA.

Dijkstra, K., Bourgeois, M. S., Allen, R. S., & Burgio, L. D. (2004). Conversational coherence: Discourse analysis of older adults with and without dementia. *Journal of Neurolinguistics, 17*(4), 263–283.

Fayol, M., & Lemaire, P. (1993). Levels of approach to discourse. In Joanette H. H. B. Y. (Ed.), *Narrative discourse in neurologically impaired and normally aging adults*. San Diego, CA Singular Publishing Group, pp. 3–21.

Ferstl, E. C., Neumann, J., Bogler, C., & von Cramon, D. Y. (2008). The extended language network: A meta-analysis of neuroimaging studies on text comprehension. *Human brain mapping, 29*.

Ferstl, E. C., Rinck, M., & von Cramon, D. Y. (2005). Emotional and temporal aspects of situation model processing during text comprehension: An event-related fMRI study. *Journal of Congnitive Neuroscience, 17,* 724–739.

Ferstl, E. C., & von Cramon, D. Y. (2002). What does the frontomedian cortex contribute to language processing: Coherence or theory of mind? *Neuroimage, 17,* 1599–1612.

Frederiksen, C. H., Bracewell, R. J., Breuleux, A., & Renaud, A. (1990). The cognitive representation and processing of discourse: Function and dysfunction. In Y. Joanette & H. H. Brownell (Eds.), *Discourse ability and brain damage: Theoretical and empirical perspectives* (pp. 69–112). New York: Springer-Verlag.

Fridriksson, J., Nettles, C., Davis, M., Morrow, L., & Montgomery, A. (2006). Functional communication and executive function in aphasia. *Clinical Linguistics and Phonetics, 20*, 401–410.

Gilbert, S. J., & Burgess, P. W. (2008). Executive function. *Current Biology, 18,* R110–R114.

Glosser, G., & Deser, T. (1990). Patterns of discourse production among neurological patients with fluent language disorders. *Brain and Language*, *40,* 67–88.

Glosser, G., & Goodglass, H. (1990). Disorders in executive functions among aphasiac and brain damaged patients. *Journal of Clinical and Experimental Neuropsychology, 12,* 485–501.

Gordon, P. C. (1993). Computational and psychological models of discourse. In H. H. Brownell & Y. Joanette (Eds.), *Narrative discourse in neurologically impaired and normal aging adults* (pp. 23–46). San Diego, CA: Singular Publishing Group.

Grafman, J. (1995). Similarities and distinctions among current models of prefrontal cortical functions. In K. J. H. & F. B. J. Grafman (Eds.), *Structure and functions of the human prefrontal cortex* (pp. 337–368). New York: New York Academy of Sciences.

Grafman, J. (2006a). Human prefrontal cortex: Processes and representations. *The frontal lobes development, function and pathology,* 69–91.

Grafman, J. (2006b). Planning and the brain. *The Human Frontal Lobes: Functions and Disorders, 249*.

Grafman, J., & Krueger, F. (2008). The prefrontal cortex stores structured event complexes that are the representational basis for cognitively derived actions. In *Oxford Handbook of Human Action: Mechanisms of Human Action* (p. 197). New York, NY: Oxford University

Press.

Grafman, J., & Litvan, I. (1999). Importance of deficits in executive functions (statistical data included). *The Lancet, 354,* 1921.

Grant, D. A., & Berg, E. A. (1993). *Wisconsin Card Sorting Test*. Tampa, FL: Psychological Assessment Resources.

Gross, R. G., Ash, S., McMillan, C. T., Gunawardena, D., Powers, C., Libon, D. J., et al. (2010). Impaired Information Integration Contributes to Communication Difficulty in Corticobasal Syndrome. *Cognitive and Behavioral Neurology, 23*(1), 1-7. doi:10.1097/WNN.1090b1013e3181c1095e1092f1098.

Halliday, M. A. K., & Hasan, R. (1976). *Cohesion in English*. London: Longman Group Limited.

Helm-Estabrooks, N. (2002). Cognition and aphasia: A discussion and a study. *Journal of Communication Disorders, 35*, 171-186.

Hewitt J., Evans, J. J., & Dritschel, B. (2006). Theory driven rehabilitation of executive functioning: Improving planning skills in people with traumatic brain injury through the use of an autobiographical episodic memory cueing procedure. *Neuropsychologia, 44,* 1468-1474.

Hinckley, J. J., Carr, T. H., & Patterson, J. P. (2001). *Relationships between cognitive abilities, treatment time and treatment type in aphasia.* Paper presented at the Clinical Aphasiology Conference, Santa Fe, NM, June.

Hughes, D., McGillivray, L., & Schmidek, M. (1997). *Guide to narrative language*. Eau Claire, WI: Thinking Publications.

Hunt, K. (1970). Syntactic maturity in school children and adults. *Monographs of the Society for Research in Child Development, 35* (Serial No. 134).

Johnson, N. S., & Mandler, J. M. (1980). A tale of two structures: Underlying and surface forms in stories. *Poetics, 9*, 51-86.

Kaczmarek, B. (1984). Neurolinguistic analysis of verbal utterances in patients with focal lesions of frontal lobes. *Brain and Language, 21*, 52-58.

Krueger, F., Moll, J., Zahn, R., Heinecke, A., & Grafman, J. (2007). Event frequency modulates the processing of daily life activities in human medial prefrontal cortex. *Cereb. Cortex, 17,* 2346-2353.

Laine, M., Laakso, M., Vuorinen, E., & Rinne, J. (1998). Coherence and informativeness of discourse in two dementia types. *Journal of Neurolinguistics, 11*(1-2), 79-87.

Le, K., Coelho, C., Mozeiko, J., & Grafman, J. (2011). Measuring goodness of story narratives. *Journal of Speech, Language, and Hearing Research, 54,* 118-126.

Lesniak, M., Bak, T., Czepiel, W., Seniow, J., & Czlonkowska, A. (2008). Frequency and prognostic value of cognitive disorders in stroke patients. *Dementia and Geriatric Cognitive Disorders, 26*, 356-363.

Lehman Blake, M. (2006). Clinical relevance of discourse characteristics after right hemisphere brain damage. *American Journal of Speech-Language Pathology, 15*, 255-267.

Lezak, M. D., Howieson, D. B., & Loring, D. W. (2004). Executive functions and motor performance. In *Neuropsychological assessment* (4th ed., pp. 611-646). New York: Oxford University Press.

Liles, B. Z., Coelho, C. A., Duffy, R. J., & Zalagens, M. R. (1989). Effects of elicitation procedures on the narratives of normal and closed head-injured adults. *Journal of Speech and Hearing Disorders, 54*, 356-366.

Litvan, I., Frattali, C., & Duffy, J. R. (2005).

Characterizing and Assessing Speech and Language Disturbances. In I. Litvan (Ed.), *Atypical Parkinsonian Disorders* (pp. 255–276). Totowa, NJ: Humana Press.

Maguire, E. A., Frith, C. D., & Morris, R. G. M. (1999). The functional neuroanatomy of comprehension and memory: The importance of prior knowledge. *Brain, 122,* 1839–1850.

Mar, R. A. (2004). The neuropsychology of narrative: Story comprehension, story production and their interrelation. *Neuropsychologia, 42*, 1414–1434.

McCabe, A., & Bliss, L. S. (2006). Struggling to make sense: Patterns of impairment in adult narrative discourse. *Imagination, Cognition and Personality, 25,* 321–336.

Mentis, M., & Prutting, C. A. (1987). Cohesion in the discourse of normal and head-injured adults. *Journal of Speech and Hearing Research, 30*, 583–595.

Miller, B., & Cummings, J. (2007). *The human frontal lobes*. New York, NY: Guilford Press.

Miller, E., & Wallis, J. (2009). Executive function and higher-order cognition: Definition and neural substrates. *Encyclopedia of Neuroscience, 4,* 99–104.

Murray, L. L. (2000). Spoken language production in Huntington's and Parkinson's Diseases. *J Speech Lang Hear Res*, *43*(6), 1350–1366.

Murray, L. L., & Stout, J. C. (1999). Discourse comprehension in Huntington's and Parkinson's Diseases. *Am J Speech Lang Pathol, 8*(2), 137–148.

Partiot, A., Grafman, J., Sadato, N., Flitman, S., & Wild, K. (1996). Brain activation during script event processing. *Neuroreport, 7,* 761–766.

Peelle, J. E., & Grossman, M. (2008). Language processing in frontotemporal dementia: A brief review. *Language and Linguistics Compass, 2*(1), 18–35.

Prescott, T., Gruber, J., Olson, M., & Fuller, K. (1987). Hanoi revisited. *Clinical Aphasiology, 17*, 249–258.

Purdy, M. H., Duffy, R. J., & Coelho, C. A. (1994). An investigation of the communicative use of trained symbols in aphasic adults following multimodality training. *Clinical Aphasiology, 22*, 345–356.

Ripich, D. N., Vertes, D., Whitehouse, P., Fulton, S., & Ekelman, B. (1991). Turn-taking and speech act patterns in the discourse of senile dementia of the Alzheimer's type patients. *Brain and Language, 40*(3), 330–343.

Royall, D. R., Lauderbach, E. C., Cummings, J. L., Reeve, A., Rummans, T. A., Kaufer, D. I., et al. (2002). Executive control function: A review of its promise and challenges for clinical research [Report from Committee on Research of the American Neuropsychiatric Association]. *Journal of Neuropsychiatry and Clinical Neurosciences, 14*, 377–405.

Rumelhart, D. E. (1975). Notes on a schema for stories. In *Representation and understanding: Studies in cognitive science* (pp. 211–236). New York: Academic Press.

Saldert, C., Fors, A., Stroberg, S., & Hartelius, L. (2010). Comprehension of complex discourse in different stages of Huntington's disease. *International Journal of Language & Communication Disorders, 45*, 656–669.

Sirigu, A., Cohen, L., Zalla, T., Pradat-Diehl, P., Van Eeckhout, P., & Grafman, J. (1998). Distinct frontal regions for processing sentence syntax and story grammar. *Cortex, 34,* 771–778.

Sirigu, A., Zalla, T., Pillon, B., Grafman, J., Dubois, B., & Agid, Y. (1995). Planning and script analysis following prefrontal lobe lesionsa.

*Annals of the New York Academy of Sciences, 769,* 277–288.

Snow, P., Douglas, J., & Ponsford, J. (1998). Conversational discourse abilities following severe traumatic brain injury: A follow up study. *Brain Injury, 12,* 911–935.

Stein, N. L., & Glenn, C. G. (1979). An analysis of story comprehension in elementary school children. In Freedle R. O. (Ed.), *New directions in discourse processing* (pp. 53–120). Norwood, NJ: Ablex.

Stemmer, B. (1999). Discourse studies in neurologically impaired populations: A quest for action. *Brain and Language,* 402–418.

Thorndyke, P. W. (1977). Cognitive structures in comprehension and memory of narrative discourse. *Cognitive Psychology, 9,* 77–110.

Togher, L., McDonald, S., Code, C., & Grant, S. (2004). Training communication partners of people with traumatic brain injury: A randomized controlled trial. *Aphasiology, 18,* 313–335.

Tucker, F. M., & Hanlon, R. E. (1998). Effects of mild traumatic brain injury on narrative discourse production. *Brain Injury, 12,* 783–792.

Van Leer, E., & Turkstra, L. (1999). The effect of elicitation task on discourse coherence and cohesion in adolescents with brain injury. *Journal of Communication Disorders, 32,* 327–349.

Wapner, W., Hamby, S., & Gardner, H. (1981). The role of the right hemisphere in the apprehension of complex linguistic materials. *Brain and Language, 14,* 15–33.

Villemarette-Pittman, N. R., Stanford, M. S., & Greve, K. W. (2003). Language and executive function in self-reported impulsive aggression. *Personality and Individual Differences, 34*(8), 1533–1544.

Wood, J. N., & Grafman, J. (2003). Human prefrontal cortex: Processing and representational perspectives. *Nature Reviews Neuroscience, 4,* 139–147.

Wood, J. N., Knutson, K. M., & Grafman, J. (2005). Psychological structure and neural correlates of event knowledge. *Cerebral Cortex, 15,* 1155–1161.

Ylvisaker, M. (2003). Context-sensitive cognitive rehabilitation: Theory and practice. *Brain Impairment, 4,* 1–16.

Ylvisaker, M., Szekeres, S., & Feeney, T. (2001). Communication disorders associated with traumatic brain injury. In Chapey, R. (Ed.), *Language intervention strategies in aphasia and related neurogenic communication disorders* (4th ed., pp. 745–807). Philladelphia: Lippincott, Williams & Wilkins.

Ylvisaker, M., Szekeres, S., & Feeney, T. (2008). Communication disorders associated with traumatic brain injury. In Chapey, R. (Ed.), *Language intervention strategies in aphasia and related neurogenic communication disorders* (5th ed., pp. 879–962). Philladelphia: Lippincott, Williams & Wilkins.

Zacks, J., & Tversky, B. (2009). Event structure in perception and conception. *Psychological Bulletin, 127,* 3–21.

Zinn, S., Bosworth, H. B., Hoenig, H. M., & Swartzwelder, H. S. (2007). Executive function deficits in acute stroke. *Archives of Physical Medicine and Rehabilitation, 88,* 173–180.

### 제12장

Alberoni, M., Baddeley, A., Della Sala, S., Logie, R., & Spinnler, H. (1992). Keeping track of a conversation: Impairments in Alzheimer's disease. *International Journal of Geriatric*

*Psychiatry, 7*, 39–646.

Alexander, M. P. (2002). Disorders of language after frontal lobe injury: Evidence for the neural mechanisms of assembling language. In D. T. Stuss, & R. T. Knight (Eds.), *Principles of frontal lobe function* (pp. 159–167). New York: Oxford University Press.

Alladi, S., Xuereb, J., Bak, T., Nestor, P., Knibb, J., Patterson, K., & Hodges, J. R. (2007). Focal cortical presentations of Alzheimer's disease. *Brain, 130*, 2636–2645.

Altmann, G. T. M. (1996). Accounting for parsing principles: From parsing preferences to language acquisition. In T. Inui, & J. L. McClelland (Eds.), *Attention and performance XVI: Information integration in perception and communication* (pp. 479–500). Cambridge, MA: The MIT Press.

Ansaldo, A. I., Arguin, M., & Lecours, A. R. (2004). Recovery from aphasia: A longitudinal study on language recovery, lateralization patterns, and attentional resources. *Journal of Clinical and Experimental Neuropsychology, 26*(5), 621–627.

Arvedson, J. C., & McNeil, M. R. (1987). Accuracy and response times for semantic judgments and lexical decisions with left-and right-hemisphere regions. *Clinical Aphasiology, 17*, 188–201.

Ayora, P., Janssen, N., Dell'Acqua, R., & Alario, F. X. (2009). Attentional requirements for the selection of words from different grammatical categories. *Journal of Experimental Psychology: Learning, Memory, and Cognition, 35*(5), 1344–1351.

Barker-Collo, S. L., Feigin, V. L., Lawes, C. M. M., Parag, V., Senior, H., & Rodgers, A. (2009). Reducing attentions deficits after stroke using attention process training: A randomized controlled trial. *Stroke, 40*(10), 3293–3298.

Belleville, S., Chertkow, H., & Gauthier, S. (2007). Working memory and control of attention in persons with Alzheimer's disease and mild cognitive impairment. *Neuropsychology, 21*(4), 458–469.

Blackwell, A., & Bates, E. (1995). Inducing agrammatic profiles in normals: Evidence for the selective vulnerability of morphology under cognitive resource limitation. *Journal of Cognitive Neuroscience, 7*(2), 1–49.

Blake, M. L., Duffy, J. R., Myers, P. S., & Tompkins, C. A. (2002). Prevalence and patterns of right hemisphere cognitive/communication deficits: Retrospective data from an inpatient rehabilitation unit. *Aphasiology, 16*(4), 537–547.

Blake, M. L. (2009). Inferencing processes after right hemisphere brain damage: Effects of contextual bias. *Journal of Speech, Language, and Hearing Research, 52*, 373–384.

Brickencamp, R., & Zillmer, E. (1998). *The d2 Test of Attention*. Seattle, WA: Hogrefe & Huber Publisher.

Brookshire, R. H., & Nicholas, L. E. (1997). *The Discourse Comprehension Test—Second Edition*. Albuquerque, NM: PICA Programs.

Broadbent, D. E., Cooper, P. F., FitzGerald, P., & Parkes, K. R. (1982). The Cognitive Failures Questionnaire (CFQ) and its correlates. *British Journal of Clinical Psychology, 21*, 1–16.

Callicott, J. H., Mattay, V. S., Bertolino, A., Finn, K., Coppola, R., Frank, J. A., … Weinberger, D. R. (1999). Physiological characteristics of capacity constraints in working memory as revealed by functional MRI. *Cerebral Cortex, 9*, 20–26.

Carr, T. H., & Hinckley, J. J. (2012). Attention: Architecture and process. In R. K. Peach & L. P. Shapiro (Eds.), *Cognition and acquired language disorders* (pp. 61–93). St. Louis, MO:

Mosby.

Castel, A. D., Balota, D. A., & McCabe, D. P. (2009). Memory efficiency and the strategic control of attention at encoding: Impairments of value-directed remembering in Alzheimer's disease. *Neuropsychology, 23*(3), 297–306.

Caspari, I., Parkinson, S. R., LaPointe, L. L., & Katz, R. C. (1998). Working memory and aphasia. *Brain and Cognition, 37,* 205–223.

Cicerone, K. D. (1997). Clinical sensitivity of four measures of attention to mild traumatic brain injury. *The Clinical Neuropsychologist, 11*(3), 266–272.

Cicerone, K. D. (2002). Remediation of "working attention" in mild traumatic brain injury. *Brain Injury, 16*(3), 185–195.

Coelho, C. (2005). Direct attention training as a treatment for reading impairment in mild aphasia. *Aphasiology, 19*(3), 275–283.

Coelho, C. A. (2007). Cognitive-communication deficits following TBI. In N. D. Zasler, D. I. Katz & R. D. Zafonte (Eds.), *Brain injury medicine: Principles and practice* (pp. 895–910). New York: Demos.

Conners, C. K. (2004). *Conners' Continuous Performance Test II Version 5 (CPT–II Version 5).* San Antonio, TX: Pearson.

Couillet, J., Soury, S., Lebornec, G., Asloun, S., Joseph, P. A., Mazaux, J. M., & Azouvi, P. (2010). Rehabilitation of divided attention after severe traumatic brain injury: A randomised trial. *Neuropsychological Rehabilitation, 20*(3), 321–339.

Coventry, K. R., Lynott, D., Cangelosi, A., Monrouxe, L., Joyce, D., & Richardson, D. C. (2010). Spatial language, visual attention, and perceptual stimulation. *Brain and Language, 112*, 202–213. doi:10.1016/j.bandl.2009.06.001

Coslett, H. (1999). Spatial influences on motor and language function. *Neuropsychologia, 37,* 695–706.

Crosson, B. (2000). Systems that support language processes: Attention. In S. E. Nadeau, L. J. Gonzalez Rothi, & B. Crosson (Eds.), *Aphasia and language: Theory to practice* (pp. 372–398). New York: The Guilford Press.

Crosson, B. (2008). An intention manipulation to change lateralization of word production in nonfluent aphasia: Current status. *Seminars in Speech and Language, 29*(3), 188–199.

Crosson, B., Fabrizio, K. S., Singletary, F., Cato, M. A., Wierenga, C. E., Parkinson, R. B., Sherod, M. E., … Gonzalez Rothi, L. J. (2007). Treatment of naming in nonfluent aphasia through manipulation of intention and attention: A phase 1 comparison of two novel treatments. *Journal of the International Neuropsychological Society, 13*, 582–594.

Cutler, A., & Fodor, J. A. (1979). Semantic focus and sentence comprehension. *Cognition, 7*(1), 49–59.

Daneman, M., & Carpenter, P. A. (1980). Individual differences in working memory and reading. *Journal of Verbal Learning and Verbal Behavior, 19,* 450–466.

Davidson, J. E., Irizarry, M. C., Bray, B. C., Wetten, S., Galwey, N., Gibson, R., … Monsch, A. U. (2009). An exploration of cognitive subgroups in Alzheimer's disease. *Journal of the International Neuropsychological Society,* 1–11.

Deschaine, D., & Peach, R. K. (2008, November). The cognitive basis for microlinguistic changes in discourse after TBI. Poster presented to the annual convention of the American-Speech-Language Hearing Association, Chicago, IL.

Dotson, V. M., Singletary, F., Fuller, R., Koehler, S., Moore, A. B., Gonzalez Rothi, L. J., & Crosson,

B. (2008). Treatment of word-finding deficits in fluent aphasia through the manipulation of spatial attention: Preliminary findings. *Aphasiology, 22*(1), 103–113.

Druks, J., & Masterson, J. (2000). *An object and action naming battery.* London: Psychology Press.

Ellis, C., & Peach, R. K. (2009). Sentence planning following traumatic brain injury. *NeuroRehabilitation, 24*, 255–266.

Erickson, R. J., Goldinger, S. D., & LaPointe, L. L. (1996). Auditory vigilance in aphasic individuals: Detecting nonlinguistic stimuli with full or divided attention. *Brain and Cognition, 30*, 244–253.

Ferreira, V. S., & Pashler, H. (2002). Central bottleneck influences on the processing stages of word production. *Journal of Experimental Psychology: Learning, Memory, and Cognition, 28*(6), 1187–1199. doi:10.1037//0278-7393.28.6.1187

Filley, C. M. (2002). The neuroanatomy of attention. *Seminars in Speech and Language, 23*(2), 89–98.

Fillingham, J. K., Sage, K., & Lambon Ralph, M. A. (2006). The treatment of anomia using errorless learning. *Neuropsychological Rehabilitation, 16*(2), 129–154.

Fischler, I. (2000). Attention, resource allocation, and language. In S. E. Nadeau, L. J. Gonzalez Rothi, & B. Crosson (Eds.), *Aphasia and language: Theory to practice* (pp. 348–370). New York: The Guilford Press.

Fodor, J. D., & Frazier, J. (1980). Is the human sentence parsing mechanism an ATN? *Cognition, 8*, 418–459.

Foldi, N. S., Lobosco, J. J., & Schaefer, L. A. (2002). The effect of attentional dysfunction in Alzheimer's disease: Theoretical and practical implications. *Seminars in Speech and Language, 23*(2), 139–150.

Frattali, C. M., Holland, A. L., Thompson, C. K., Wohl, C., & Ferketic, M. (2003). *Functional Assessment of Communication Skills for Adults (ASHA FACS).* American Speech-Language-Hearing Association: Rockville, MD.

Frazier, L., & Fodor, J. D. (1978). The sausage machine: A new two-stage parsing model. *Cognition, 6*, 291–325.

German, D. J. (1989). *The Test of Adolescent and Adult Word-Finding.* Austin, TX: Pro-Ed.

Goodglass, H., Kaplan, E., & Barresi, B. (2000). *Boston Diagnostic Aphasia Examination—Third Edition (BDAE–3).* San Antonio, TX: The Psychological Corporation.

Granier, J. P., Robin, D. A., Shapiro, L. P., Peach, R. K., & Zimba, L. D. (2000). Measuring processing load during sentence comprehension: Visuomotor tracking. *Aphasiology, 14*(5), 501–513. doi:10.1080/026870300401270

Gray, J. M., Robertson, I., Pentland, B., & Anderson, S. (1992). Microcomputer-based attentional retraining after brain damage: A randomised group controlled trial. *Neuropsychological Rehabilitation: An International Journal, 2*(2), 97–115.

Green, S. M., Rich, J. B., & Parks, N. W. (2003). Moderators of verbal cueing effects on novel naturalistic actions in stroke. *Journal of the International Neuropsychological Society, 9*, 150.

Gronwall, D. (1977). Paced Auditory Serial Addition Task (PASAT): A measure of recovery from concussion. *Perceptual and Motor Skills, 44*, 367–373.

Hagen, C. (1984). Language disorders in head trauma. In A. Hollan (Ed.), *Language disorders in adults: Recent advances* (pp. 245–281). San

Diego: College Hill Press.

Heaton, R. K., Chelune, G. J., Talley, J. L., Kay, G. G., & Curtis, G. (1993). *Wisconsin Card Sorting Test (WCST) manual, revised and expanded.* Odessa, FL: Psychological Assessment Resources.

Helm-Estabrooks, N., Connor, L. T., & Albert, M. L. (2000). Treating attention to improve auditory comprehension in aphasia. *Brain and Language, 74*, 445–501. doi:10.1006/brln.2000.2372

Helm-Estabrooks, N. (1992). *Aphasia Diagnostic Profiles (ADP).* Austin, TX: Pro-Ed.

Hinchliffe, F. J., Murdoch, B. E., Chenery, H. J., Baglioni, A. J., & Harding-Clark, J. (1998). Cognitive-linguistic subgroups in closed-head injury. *Brain Injury, 12*(5), 369–398.

Holland, A. L., Frattali, C. M., & Fromm, D. (1999). *Communication Activities of Daily Living—Second Edition (CADL-2).* Austin, TX: Pro-Ed.

Huisingh, R., Bowers, L., LoGiudice, C., & Orman, J. (2005). *The WORD Test 2—Adolescent.* East Moline, IL: LinguiSystems.

Hula, W. D., & McNeil, M. R. (2008). Models of attention and dual-task performance as explanatory constructs in aphasia. *Seminars in Speech and Language, 29*(3), 169–187.

Hula, W. D., McNeil, M. R., & Sung, J. E. (2007). Is there an impairment of language-specific attentional processing in aphasia? *Brain and Language, 103*, 240–241.

Hyndman, D., Pickering, R. M., & Ashburn, A. (2008). The influence of attention deficits on functional recovery post stroke during the first 12 months after discharge from the hospital. *Journal of Neurology, Neurosurgery, & Psychiatry, 79*, 656–663.

Jung-Beeman, M. (2005). Bilateral brain processes for comprehending natural languages. *Trends in Cognitive Sciences, 9*(11), 512–518.

Kempler, D., Andersen, E. S., & Henderson, V. W. (1995). Linguistic and attentional contributions to anomia in Alzheimer's disease. *Neuropsychiatry, Neuropsychology, & Behavioral Neurology, 8*(1), 33–37.

Kertesz, A. (1982). *Western Aphasia Battery.* New York: Grune & Stratton.

Kertesz, A. (2006). *Western Aphasia Battery—Revised Edition (WAB-R).* San Antonio, TX: Pearson.

Kohnert, K. (2004). Cognitive and cognate-based treatments for bilingual aphasia: A case study. *Brain and Language, 91*(3), 294–302. doi:10.1016/j.bandl.2004.04.001

Knopman, D. S., Roberts, R. O., Geda, Y. E., Boeve, B. F., Pankratz, V. S., Cha, R. H., … Petersen, R. C. (2009). Association of prior stroke with cognitive function and cognitive impairment: A population-based study. *Archives of Neurology, 66*(5), 614–619.

Knudsen, E. L. (2007). Fundamental components of attention. *Annual Review of Neuroscience, 30*, 57–78.

Langacker, R. L. (2008). *Cognitive grammar: A basic introduction.* New York: Oxford University Press.

LaPointe, L. L., & Erickson, R. J. (1991). Auditory vigilance during divided task attention in aphasic individuals. *Aphasiology, 5*(6), 511–520.

LaPointe, L. L., & Horner, J. (1998). *Reading Comprehension Battery for Aphasia—Second Edition (RCBA-2).* Austin, TX: Pro-Ed.

Levin, H. S. (1981). Aphasia in closed head injury. In M. T. Sarno (Ed.), *Acquired aphasia.* New York: Oxford University Press.

Levinoff, E. J., Saumier, D., & Chertkow, H. (2005). Focused attention deficits in patients with Alzheimer's disease and mild cognitive impairment. *Brain and Cognition, 57*, 127–130.

Lezak, M. D., Howieson, D. B., & Loring, D. W. (2004). *Neuropsychological assessment* (4th ed.). New York: Oxford University Press.

Lomas, J., Pickard, L., Bester, S., Elbard, H., Finlayson, A., & Zoghaib, C. (1989). The Communicative Effectiveness Index (CETI): Development and psychometric evaluation of a functional communication measure for adult aphasia. *Journal of Speech and Hearing Disorders, 54*, 113–124.

MacLeod, C. M. (1992). The Stroop task: The "gold standard" of attentional measures. *Journal of Experimental Psychology: General, 121*, 12–14.

Manly, T., & Robertson, I. H. (2005). The Sustained Attention to Response Test (SART). In L. Itti, G. Rees & J. K. Tsotsos (Eds.), *Neurobiology of attention* (pp. 337–339). Amsterdam: Elsevier.

Mapou, R. L., & Mateer, C. A. (1996). Understanding, evaluating and managing attention disorders following traumatic brain injury. *Journal of Head Trauma Rehabilitation, 11*(2), 1–16.

McNeil, M. R., Hula, W. D., & Sung, J. E. (2011). The role of memory and attention in aphasic language performance. In J. Guendouzi, F. Loncke & M. Williams (Eds.), *The handbook of psycholinguistic & cognitive processes: Perspectives in communication disorders.* LEA, Taylor & Francis.

McNeil, M. R., Kim, A., Lim, K., Pratt, S., Kendall, D., Pompon, R., … Dickey, M. (2010). *Automatic activation, interference and facilitation effects in persons with aphasia and normal adult controls on experimental CRTT-R-Stroop tasks.* Paper presented at the Clinical Aphasiology Conference, Isle of Palms, South Carolina.

McNeil, M. R., Doyle, P., Hula, W. D., Rubinsky, H., Fossett, T. R. D., & Matthews, C. T. (2004). Using resource allocation theory and duel-task methods to increase the sensitivity of assessment in aphasia. *Aphasiology, 18*(5), 521–542.

Mesulam, M. (1990). Large-scale neurocognitive networks and distributed processing for attention, language, and memory. *Annals of Neurology, 28*, 597–613.

Mesulam, M. (1998). From sensation to cognition. *Brain, 121*, 1013–1052.

Moosbrugger, H., Goldhammer, F., & Schweizer, K. (2006). Latent factors underlying individual differences in attention measures: Perceptual and executive attention. *European Journal of Psychological Assessment, 22*(3), 177–188.

Murray, L. L. (1999). Review attention and aphasia: Theory, research and clinical implications. *Aphasiology, 13*(2), 91–111.

Murray, L. L. (2000). The effects of varying attentional demands on the word retrieval skills of adults with aphasia, right hemisphere brain damage, or no brain damage. *Brain and Language, 72*, 40–72.

Murray, L. L. (2002). Attention deficits in aphasia: Presence, nature, assessment, and treatment. *Seminars in Speech and Language, 23*(2), 107–116.

Murray, L. L., Holland, A. L., & Beeson, P. M. (1997). Auditory processing in individuals with mild aphasia: A study of resource allocation. *Journal of Speech, Language, and Hearing Research, 40*, 792–808.

Murray, L. L., Holland, A. L., & Beeson, P. M. (1998). Spoken language of individuals with mild fluent aphasia under focused and divided-attention conditions. *Journal of Speech,*

*Language, and Hearing Research, 41*, 213–227.

Murray, L. L., Keeton, R. J., & Karcher, L. (2006). Treating attention in mild aphasia: Evaluation of attention process training–II. *Journal of Communication Disorders, 39*, 37–61.

Myachykov, A., & Posner, M. I. (2005). Attention in language. In L. Itti, G. Rees, & J. K. Tsotsos (Eds.), *Neurobiology of attention* (pp. 324–329). Boston: Elsevier.

Myers, P. S., & Blake, M. L. (2008). Communication disorders associated with right-hemisphere damage. In R. Chapey (Ed.), *Language intervention strategies in aphasia and related neurogenic communication disorders* (5th ed., pp. 963–987). Philadelphia: Lippincott Williams & Wilkins.

Neils, J., Roeltgen, D. P., & Greer, A. (1995). Spelling and attention in early Alzheimer's disease: Evidence for impairment of the graphemic buffer. *Brain and Language, 49*, 241–262.

Nicholas L. E., & Brookshire, R. H. (1993). A system for quantifying the informativeness and efficiency of the connected speech of adults with aphasia. *Journal of Speech and Hearing Research. 36*, 338–350.

Niemann, H., Ruff, R. M., & Baser, C. A. (1990). Computerassisted attention retraining in head-injured individuals: A controlled efficacy study of an outpatient program. *Journal of Consulting and Clinical Psychology, 58*(6), 811–817.

Palmese, C. A., & Raskin, S. A. (2000). The rehabilitation of attention in individuals with mild traumatic brain injury, using the APT–II programme. *Brain Injury, 14*(6), 535–548.

Parasuraman, R., & Haxby, J. V. (1993). Attention and brain function in Alzheimer's disease: A review. *Neuropsychology*, *7*(3), 242–272.

Park, N. W., & Barbuto, E. (2005). Treating attention impairments: Review with a particular focus on naturalistic action rehabilitation. In P. W. Halligan, & D. T. Wade (Eds.), *The effectiveness of rehabilitation for cognitive deficits* (pp. 81–90). New York: Oxford University Press.

Park, N. W., & Ingles, J. L. (2001). Effectiveness of attention rehabilitation after an acquired brain injury: A meta-analysis. *Neuropsychology, 15*(2), 199–210.

Park, N. W., Proulx, G., & Towers, W. M. (1999). Evaluation of the attention process training programme. *Neuropsychological Rehabilitation, 9*(2), 135–154.

Peach, R. K. (1992). Factors underlying neuropsychological test performance in chronic severe traumatic brain injury. *Journal of Speech and Hearing Research, 35*, 810–818.

Peach, R. K., Rubin, S. S., & Newhoff, M. (1994). A topographic event-related potential analysis of the attention deficit for auditory processing in aphasia. *Clinical Aphasiology, 22*, 81–96.

Peck, K. K., Moore, A. B., Crosson, B. A., Gaiefsky, M., Gopinath, K. S., White, K., & Briggs, R. W. (2004). Functional magnetic resonance imaging before and after aphasia therapy: Shifts in hemodynamic time to peak during an overt language task. *Stroke, 35*, 554–559.

Pero, S., Incoccia, C., Caracciolo, B., Zoccolotti, P., & Formisano, R. (2006). Rehabilitation of attention in two patients with traumatic brain injury by means of "attention process training." *Brain Injury, 20*(11), 1207–1219. doi:10.1080/02699050600983271

Ponsford, J., & Kinsella, G. (1991). The use of a rating scale of attentional behaviour. *Neuropsychological Rehabilitation*, *1,* 241–257.

Ramscar, M., Matlock, T., & Boroditsky, L. (2009). Time, motion, and meaning: The experiential basis of abstract thought. In K. S. Mix, L. B. Smith, & M. G. (Eds.), *The spatial foundations of language and cognition* (pp. 67–82). Oxford: Oxford University Press.

Ramscar, M., Matlock, T., & Dye, M. (2009). Running down the clock: The role of expectation in our understanding of time and motion. *Language and Cognitive Processes.*

Robertson, I. H., Manly, T., Andrade, J., Baddeley, B. T., & Yiend, J. (1997). "Oops!": Performance correlates of everyday attentional failures in traumatic brain injured and normal subjects. *Neuropsychologia, 35*(6), 747–758.

Robertson, I. H., Ward, T., Ridgeway, V., & Nimmo-Smith, I. (1994). *The test of everyday attention*. Bury St. Edmunds: Thames Valley Test Company.

Rohling, M. L., Faust, M. E., Beverly, B., & Demakis, G. (2009). Effectiveness of cognitive rehabilitation following acquired brain injury: A meta-analytic re-examination of Cicerone et al.'s (2000, 2005) systematic reviews. *Neuropsychology, 23*(1), 20–39.

Sandford, J. A., & Turner, A. (2000). *Integrated Visual and Auditory Continuous Performance Test manual.* Richmond, VA: BrainTrain.

Sarno, M. T., Buonaguro, A., & Levita, E. (1986). Characteristics of verbal impairment in closed head injured patients. *Archives of Physical Medicine and Rehabilitation*, *7*, 400–405.

Schretlen, D. (1997). *Brief Test of Attention professional manual*. Odessa, FL: Psychological Assessment Resources.

Shallice, T. (1982). Specific impairments of planning. *Philosophical Transactions of the Royal Society of London Series B, 298,* 199–209.

Sinotte, M. P., & Coelho, C. A. (2007). Attention training for reading impairment in mild aphasia: A follow-up study. *Neuropsychological Rehabilitation, 22*, 303–310.

Smith, A. (1991). *The Symbol Digit Modalities Test.* Los Angeles: Western Psychological Services.

Sohlberg, M. M. (2005). Can disabilities resulting from attentional impairments be treated effectively? In P. W. Halligan, & D. T. Wade (Eds.), *The effectiveness of rehabilitation for cognitive deficits* (pp. 91–102). New York: Oxford University Press.

Sohlberg, M. M., Avery, J., Kennedy, M., Ylvisaker, M., Coelho, C., Turkstra, L., & Yorkston, K. (2003). Practice guidelines for direct attention training. *Journal of Medical Speech-Language Pathology, 11*(3), xix–xxxix.

Sohlberg, M. M., Johnson, L., Paule, L., Raskin, S. A., & Mateer, C. A. (2001). *Attention process training–II: A program to address attentional deficits for persons with mild cognitive dysfunction* (2nd ed.). Wake Forest, NC: Lash & Associates.

Sohlberg, M. M., & Mateer, C. A. (1986). *Attention Process Training (APT)*. Puyallup, WA: Association for Neuropsychological Research and Development.

Sohlberg, M. M., & Mateer, C. A. (1987). Effectiveness of an attention-training program. *Journal of Clinical and Experimental Neuropsychology, 9*(2), 117–130.

Sohlberg, M. M., McLaughlin, K. A., Pavese, A., Heidrich, A., & Posner, M. I. (2000). Evaluation of attention process training and brain injury education in persons with acquired brain injury. *Journal of Clinical and Experimental Neuropsychology, 22*(5), 656–676.

Spreen, O., & Benton, A. L. (1977). *Neurosensory Center Comprehensive Examination for Aphasia—Revised Edition (NCCEA)*. Victoria, BC: University of Victoria, Neuropsychology

Laboratory.

Stierwalt, J., & Murray, L. L. (2002). Attention impairment following traumatic brain injury. *Seminars in Speech and Language, 23*(2), 129–138.

Strauss, E., Sherman, E. M. S., & Spreen, O. (2006). *A compendium of neuropsychological tests: Administration, norms, and commentary—Third Edition.* New York: Oxford University Press.

Sturm, W., Longoni, F., Weis, S., Specht, K., Herzog, H., Vohn, R., … Willmes, K. (2004). Functional reorganization in patients with right hemisphere stroke after training of alertness: A longitudinal PET and fMRI study in eight cases. *Neuropsychologia, 42*, 434–450.

Sturm, W., Willmes, K., Orgass, B., & Hartje, W. (1997). Do specific attention deficits need specific training? *Neuropsychological Rehabilitation, 7*(2), 81–103.

Swinney, D. (1979). Lexical access during sentence comprehension: (Re)consideration of context effects. *Journal of Verbal Learning and Verbal Behavior, 18*, 645–659.

Talmy, L. (2003). The windowing of attention in language. *In Toward a cognitive semantics volume I: Concept structuring systems* (pp. 258–309). Cambridge, MA: The MIT Press.

Taube-Schiff, M., & Segalowitz, N. (2005). Linguistic attention control: Attention shifting governed by grammaticized elements of language. *Journal of Experimental Psychology: Learning, Memory, and Cognition, 31*(3), 508–519.

Thomas-Stonell, N., Johnson, P., Schuller, R., & Jutai, J. (1994). Evaluation of a computer-based program for remediation of cognitive-communication skills. *Journal of Head Trauma Rehabilitation, 9*(4), 25–37.

Tombaugh, T. N., & Rees, L. (2008). Computerized test of information processing. North Tonawanda, NY: MHS.

Tompkins, C. A., Baumgaertner, A., Lehman, M., & Fassbinder, W. (2000). Mechanisms of discourse comprehension impairment after right hemisphere brain damage: Suppression in lexical ambiguity resolution. *Journal of Speech, Language, and Hearing Research, 43*, 62–78.

Tompkins, C. A., Blake, M. L., Baumgaertner, A., & Fassbinder, W. (2002). Characterising comprehension difficulties after right brain damage: Attentional demands of suppression function. *Aphasiology, 16*(4/5/6), 559–572.

Tompkins, C. A., Bloise, C. G. R., Timko, M. L., & Baumgaertner, A. (1994). Working memory and inference revision in brain damaged and normally aging adults. *Journal of Speech, Language, and Hearing Research, 37*, 896–912.

Tompkins, C. A., Fassbinder, W., Scharp, V. L., & Meigh, K. M. (2008). Activation and maintenance of peripheral semantic features of unambiguous words after right hemisphere brain damage in adults. *Aphasiology, 22*(2), 119–138.

Tompkins, C. A., Scharp, V. L., Meigh, K. M., & Fassbinder, W. (2008). Course coding and discourse comprehension in adults with right hemisphere brain damage. *Aphasiology, 22*(2), 204–223.

van Zomeren, A., & Brouwer, W. (1992). In J. Crawford, D. Parker, W., & McKinlay (Eds.), *A handbook of neuropsychological assessment* (pp. 241–266). Hillsdale, NJ, England: Lawrence Erlbaum Associates, Inc.

van Zomeren, A. H., & Spikman, J. M. (2005). Testing speed and control: The assessment of attentional impairments. In P. W. Halligan, & D. T. Wade (Eds.), *The effectiveness of rehabilitation for cognitive deficits* (pp. 71–

80). New York: Oxford University Press.

Wechsler, D. (1997). *Wechsler Adult Intelligence Scale—Third Edition (WAIS-III).* San Antonio, TX: Psychological Corporation.

Whelan, B., Murdoch, B., & Bellamy, N. (2007). Delineating communication impairments associated with mild traumatic brain injury: A case report. *Journal of Head Trauma Rehabilitation, 22*(3), 192-197.

Wiederholt, J. L., & Bryant, B. R. (2001). *The Gray Oral Reading Tests—Fourth Edition.* Austin, TX: Pro-Ed.

Wiig, E. H., & Secord, W. A. (1989). *Test of Work Knowledge—Expanded Edition (TLC-E).* San Antonio, TX: The Psychological Corporation.

Willmott, C., Ponsford, J., Hocking, C., & Schonberger, M. (2009). Factors contributing to attentional impairments after traumatic brain injury. *Neuropsychology, 23*(4), 424-432. doi:10.1037/a0015058

Wilson, B. A., Alderman, N., Burgess, P. W., Emslie, H., & Evans, J. J. (1996). *Behavioural Assessment of the Dysexecutive Syndrome.* Bury St. Edmunds, England: Thames Valley Test Company.

Wilson, B. A., Cockburn, J., & Halligan, P. W. (1987). *Behavioral Inattention Test manual.* Fareham, UK: Thames Valley Test.

Woodcock, R., & Johnson, B. (1977). *Woodcock-Johnson Psycho-Educational Battery.* Boston, MA: Teaching Resources Corporation.

Ylvisaker, M., Hanks, R., & Johnson-Green, D. (2003). Rehabilitation of children and adults with cognitive-communication disorders after brain injury. *ASHA Supplement, 23*, 59-72.

Ylvisaker, M., Szekeres, S. F., & Feeney, T. (2008). Communication disorders associated with traumatic brain injury. In R. Chapey (Ed.), *Language intervention strategies in aphasia and related neurogenic communication disorders* (5th ed., pp. 879-962). Philadelphia: Lippincott Williams & Wilkins.

Youse, K. M., & Coelho, C. A. (2009). Treating underlying attention deficits as a means for improving conversational discourse in individuals with closed head injury: A preliminary study. *Neuropsychological Rehabilitation, 24*(4), 355-364.

Zimmermann, P., & Fimm, B. (1995). *The Test for Attentional Performance (TAP).* English version 1.02. Herzogenrath: Psytest.

## 제13장

Anderson, N. D., & Craik, F. I. M. (2006). The mnemonic mechanisms of errorless learning. *Neuropsychologia, 44*, 2806-2813.

Altmann, L., & McClung, J. S. (2008). Effects of semantic impairment on language use in Alzheimer's disease. *Seminars in Speech and Language, 29*(1), 18-30.

Antonucci, S. M., & Reilly, J. (2008). Semantic memory and language processing: A primer. *Seminars in Speech and Language, 29*(1), 5-17.

Baddeley, A. D., & Wilson, B. A. (1994). When implicit learning fails: Amnesia and the problem of error elimination. *Neuropsychologia, 32*, 53-68.

Baddeley, A. D., Wilson, B. A., & Watts, F. (1995). *Handbook of memory disorders.* West Sussex, UK: John Wiley & Sons.

Bartels, C., & Wallesch, C. W. (1996). Nineteenth-century accounts of the nature of the lexicon and semantics: Riddles posed by the case of Johann Voit. In C. Code, C-W. Wallesch, Y. Joanette, & A. R. Lecourse (Eds.), *Classic cases in neuropsychology* (chap. 5, pp. 53-68). Hove, UK: Psychology Press.

Bayles, K. A. (1991). Alzheimer's disease symptoms: Prevalence and order of appearance. *Journal of Applied Gerontology*, *10*, *4*, 419–430.

Bayles, K. A. (2003). Effects of working memory deficits on the communicative function of Alzheimer's dementia patients. *Journal of Communication Disorders*, *26*, 209–219.

Bayles, K. A., & Tomoeda, C. K. (1993). *Arizona Battery for Communication Disorders of Dementia*. Austin, TX: Pro-Ed.

Bayles, K. A., & Tomoeda, C. K. (1994). *The Functional Linguistic Communication Inventory*. Austin, TX: Pro-Ed.

Berndt, R. S., & Mitchum, C. C. (1990). Auditory and lexical information sources in immediate recall: Evidence from a patient with deficit to the phonological short-term store. In G. Vallar & T. Shallice (Eds.), *Neuropsychological impairments of short-term memory*. Cambridge, UK: Cambridge University Press.

Bird, H., Lambon Ralph, M. A., Patterson, K., & Hodges, J. R. (2000). The rise and fall of frequency and imageability: Noun and verb production in semantic dementia. *Brain and Language*, *73*, 17–49.

Borkowski, J. G., Benton, A. L., & Spreen, O. (1967). Word fluency and brain damage. *Neuropsychologia 5,* 135–140.

Bourgeois, M. S. (1990). Enhancing conversation skills in Alzheimer's disease using a prosthetic memory aid. *Journal of Applied Behavior Analysis*, *23*, 29–42.

Bourgeois, M. S., & Mason, L. A. (1996). Memory wallet intervention in an adult day care setting. *Behavioral interventions: Theory and practice in residential and community-based clinical programs*. *11*, 3–18.

Breedin, S. D., & Saffran, E. M. (1999). Sentence processing in the face of semantic loss: A case study. *Journal of Experimental Psychology: General 1999*, *128*(4), 547–562.

Brener, R. (1940). An experimental investigation of memory span. *Journal of Experimental Psychology*, *26*, 467–482.

Brooks III, J. O., & Watkins, M. J. (1990). Further evidence of the intricacy of memory span. *Journal of Experimental Psychology: Learning, Memory, and Cognition*, *16*(6), 1134–1141.

Butters, N., & Delis, D. C. (1995). Clinical assessments of memory disorders in amnesia and dementia. *Annual Review of Psychology*, *46*, 493–523.

Clare, L., Wilson, B. A., Breen, K., & Hodges, J. R. (1999). Errorless learning of face-name associations in early Alzheimer's disease. *Neurocase*, *5*(1), 37–46.

Clare, L., Wilson, B. A., Carter, G., Breen, K., Gosses, A., & Hodges, J. R. (2000). Intervening with everyday memory problems in dementia of Alzheimer type: An errorless learning approach. *Journal of Clinical & Experimental Neuropsychology*, *22*(1), 132–146.

Coelho, C. A., DeRuyter, F., & Stein, M. (1996). Treatment efficacy: Cognitive-communicative disorders resulting from traumatic brain injury in adults. *Journal of Speech and Hearing Research*, *39*, S5–S17.

Coelho, C., Ylvisaker, M., & Turkstra, L. S. (2005). Nonstandardized assessment approaches for individuals with traumatic brain injuries. *Seminars in Speech and Language*, *26*(4), 223–241.

Conrad, R., &, Hull, A. J. (1964). Information, acoustic confusion and memory span. *British Journal of Psychology*, *55*, 429–432.

Crowder, R. G. (1979). Similarity and order in memory. In G. H. Bower (Ed.), *The psychology of learning and motivation:*

*Advances in research and theory* (*Vol. 13*, pp. 319–353). New York: Academic Press.

Curtiss, G., Vanderploeg, R. D., Spencer, J., & Salazar, A. M. (2001). Patterns of verbal learning and memory in traumatic brain injury. *Journal of the International Neuropsychological Society*, *7*, 574–585.

Delis, D. C., Kramer, J. H., Kaplan, E., & Ober, B. A. (1987). *California Verbal Learning Test Manual—Adult Version* (Res. ed.). New York: The Psychological Corporation.

Dell, G. S., Schwartz, M. F., Martin, N., Saffran, E. M., & Gagnon, D. A. (1997). Lexical access in aphasic and nonaphasic speakers. *Psychological Review*, *104*(4), 801–838.

Dou, Z. L., Man, D. W. K., Ou, H. N., Zheng, J. L., & Tam, S. F. (2006). Computerized errorless learning-based memory rehabilitation for Chinese patients with brain injury: A preliminary quasi-experimental clinical design study. *Brain Injury*, *20*(3), 219–225.

Evans, J. J., Wilson, B. A., Schuri, U., Andrade, J., Baddeley, A., Bruna, O., Canavan, T., … & Taussik, I. (2000). A comparison of "errorless" and "trial-and-error" learning methods for teaching individuals with acquired memory deficits. *Neuropsychological Rehabilitation*, *10*(1), 67–101.

Folstein, M. F., Folstein, S. E., & McHugh, P. R. (1975). Minimental state. A practical method for grading the cognitive state of patients for the clinician. *Journal of Psychiatric Research* *12*(3), 189–198.

Francis, D. R., Clark, N., & Humphreys, G. W. (2003). The treatment of an auditory working memory deficit and the implications for sentence comprehension abilities in mild "receptive" aphasia. *Aphasiology*, *17*, 723–750.

Freedman, M. L., & Martin, R. C. (2001). Dissociable components of short-term memory and their relation to long-term learning. *Cognitive Neuropsychology*, *18*, 193–226.

Fridriksson, J., Holland, A. L., Beeson, P., & Morrow, L. (2005). Spaced retrieval treatment of anomia. *Aphasiology*, *19*, 99–109.

Garrard, P., Lambon Ralph, M. A., Patterson, K., Pratt, K. H., & Hodges, J. R. (2005). Semantic feature knowledge and picture naming in dementia of Alzheimer's type: A new approach. *Brain and Language*, *93*, 79–94.

Gioia, G. A., Isquith, P. K., Guy, S. C., & Kenworthy, L. (2000). *Behavior Rating Inventory of Executive Function*. Odessa, FL: Psychological Assessment Resources.

Goodglass, H., Kaplan, E., & Barresi, B. (2000). *Boston Diagnostic Aphasia Examination—3*, Philadelphia: Taylor & Francis, Ltd.

Graham, K. S., Patterson, K., Pratt, K. H., & Hodges, J. R. (2001). Can repeated exposure to "forgotten" vocabulary help alleviate word-finding difficulties in semantic dementia? An illustrative case study. *Neuropsychological Rehabilitation*, *11*, 429–454.

Grashey, H. (1885). Uber Aphasie und ihre BEziehung zur Wahrnehmung. *Archive fur Psychiatrie und Nervenkrankbeiten*, *16*, 654–688.

De Bleser, R. (Trans.) (1989). [On aphasia and its relations to perception.] *Cognitive Neuropsychology*, *6*, 515–546.

Hanley, J. R., & Kay, J. (1997). An effect of imageability on the production of phonological errors in auditory repetition. *Cognitive Neuropsychology*, *14*(8), 1065–1084.

Heilman, K. M., Safran, A., & Geshwind, N. (1971). Closed head trauma and aphasia. *Journal of Neurology, Neurosurgery, and Psychiatry*, *34*, 265–269.

Henry, M. L., Beeson, P. M., & Rapcsak, S. Z. (2008). Treatment for anomia in semantic dementia. *Seminars in Speech and Language*, *29*(1), 60–70.

Hickey, E. M., Bourgeois, M. S., & Olswang, L. B. (2004). Effects of training to converse with nursing home residents with aphasia. *Aphasiology*, *18*(5/6/7), 625–637.

Hodges, J., Patterson, K., Oxbury, S., & Funnel, E. (1992). Semantic dementia progressive aphasia with temporal lobe atrophy, *Brain*, *115*, 1783–1806.

Holland, A., Frattali, C., & Fromm, D. (1999). *Communication activities of daily living* (2nd ed.). Austin, TX: Pro-Ed.

Hopper, T., & Bayles, K. A. (2008). Management of neurogenic communication disorders associated with dementia. In R. Chapey, *Language intervention strategies in adult aphasia* (5th ed., chap. 35, pp. 988–1008). Baltimore, MD: Lippincott, Williams, & Wilkins.

Howard, D., & Patterson, K. (1992). *The Pyramids and Palm Trees Test*. Bury St. Edmonds, UK: Thames Valley Test Company.

Hula, W. D., & McNeil, M. R. (2008). Models of attention and dual-task performance as explanatory constructs in aphasia. *Seminars in Speech and Language*, *29*(3), 169–187.

Hulme, C., Maughan, S., & Brown, G. (1991). Memory for familiar and unfamiliar words: Evidence for a long-term memory contribution to short-term span. *Journal of Memory and Language*, *30*, 685–701.

Hulme, C., Roodenrys, S., Schweickert, R., Brown, G. D., Martin, A., & Stuart, G. (1997). Word frequency effects on short-term memory tasks: Evidence for reintegration process in immediate serial recall. *Journal of Experimental Psychology: Learning, Memory and Cognition*, *23*, 1217–1232.

Jefferies, E., & Lambon Ralph, M. A. (2006). Semantic impairment in stroke aphasia versus semantic dementia: A case-series comparison. *Brain (129),* 2132–2147.

Jokel, R. J., Cupit, J., Rochon, E. A., & Graham, N. L. (2007). Errorless re-training in semantic dementia using MossTalk Words. *Brain and Language*, *103*, 205–206.

Jokel, R., Rochon, E., & Leonard, C. (2006). Treating anomia in semantic dementia: Improvement, maintenance, or both? *Neuropsychological Rehabilitation*, *16*, 241–256.

Kalinyak-Fliszar, M., Kohen, F. P., Martin, N., DeMarco, A., & Gruberg, N. (2008). Remediation of language and short-term memory deficits in aphasia. Presented at American Speech-Language-Hearing Association Convention, Chicago, November 20–22, 2008.

Kalinyak-Fliszar, M., Kohen, F. P., & Martin, N. (in press, 2011). Remediation of language processing in aphasia: Improving activation and maintenance of linguistic representations in (verbal) short-term memory. Aphasiology.

Kennedy, M. R. T., & Coelho, C. (2005). Self-regulation after traumatic brain injury: A framework for intervention of memory and problem solving. *Seminars in Speech and Language*, *26*(4), 242–255.

Kempler, D., Curtis, S., & Jackson, C. (1987). Syntactic preservation in Alzheimer's disease. *Journal of Speech and Hearing Research*, *30*, 343–350.

Kertesz, A. (1982). *Western Aphasia Battery*. San Antonio, TX: Psychological Corporation.

Kertesz, A. (2006). *Western Aphasia Battery—Revised*. San Antonio, TX: Pearson.

Koenig-Bruhin, M., & Studer-Eichenberger, F. (2007). Therapy of verbal short-term memory disorders in fluent aphasia: A single case study. *Aphasiology, 21*(5), 448–458.

Kohen, F. P., McCluskey, M., Kalinyak-Fliszar, M., & Martin, N. (in preparation). Treatment of word processing and verbal shortterm memory impairments in a case of Wernicke's aphasia.

Kreutzer, J., Wehman, P., Conder, R., & Morrison, C. (1989). Compensatory strategies for enhancing living and vocational outcome following traumatic brain injury. *Cognitive Rehabilitation, 7,* 30–35.

Lambon Ralph, M. A., Graham, K., Patterson, K., & Hodges, J. (1999). Is a picture worth a thousand words? Evidence from concept definitions by patients with semantic dementia. *Brain and Language, 70*, 309–335.

Landis, J., Hanten, G., Levin, X., Li, L., Ewing-Cobbs, J., Duron, W., & High, W. Jr. (2006). Evaluation of the errorless learning technique in children with traumatic brain injury. *Archives of Physical Medicine and Rehabilitation, 87*(6), 799–805.

Levin, H. S., Grossman, R. G., & Kelly, P. J. (1976). Aphasic disorder in patients with closed head injury. *Journal of Neurology, Neurosurgery, and Psychiatry, 39*, 1062–1070.

Majerus, S., Van der Kaa, M. A., Renard, C., Van der Linden, M., & Poncelet, P. (2005). Treating verbal short-term memory deficits by increasing the duration of temporary phonological representations: A case study. *Brain and Language, 95*(1), 174–175.

Martin, A., & Fedio, P. (1983). Word production and comprehension in Alzheimer's disease: The breakdown of semantic knowledge. *Brain and Language, 19*, 124–141.

Martin, N. (2000). Word processing and verbal short-term memory: How are they connected and why do we want to know? *Brain and Language, 71*, 149–153.

Martin, N. (2005). Verbal and nonverbal semantic impairment in aphasia: An activation deficit hypothesis. *Brain and Language, 95*, 251–252.

Martin, N. (2008). The role of semantic processing in short-term memory and learning: Evidence from aphasia. In A. Thorn & M. Page (Eds.), *Interactions between short-term and long-term memory in the verbal domain* (chap. 11, pp. 220–243). Hove and New York: Psychology Press.

Martin, N., & Ayala, J. (2004). Measurements of auditory-verbal STM in aphasia: Effects of task, item and word processing impairment. *Brain and Language, 89*, 464–483.

Martin, N., & Bunta, F. (2007). Effects of lexical processing on primacy effects in repetition of words and nonwords: Evidence from aphasia. *Brain and Language, 103,* 183–184.

Martin, N., & Gupta, P. (2004). Exploring the relationship between word processing and verbal STM: Evidence from associations and dissociations. *Cognitive Neuropsychology, 21*, 213–228.

Martin, N., Kohen, F. P., & Kalinyak-Fliszar, M. (2008). *A diagnostic battery to assess language and short-term memory deficits in aphasia*. Presented at Clinical Aphasiology Conference, Jackson Hole, WY, June 24–28, 2008.

Martin, N., Kohen, F. P., & Kalinyak-Fliszar, M. (May 23–27, 2010). A processing approach to the assessment of language and verbal short-term memory abilities in aphasia. Presented at Clinical Aphasiology Conference, Charleston, SC May 23–27, 2010.

Martin, N., Kohen, F. P., & Kalinyak-Fliszar, M. (in preparation). Assessment of language and verbal short-term memory abilities in aphasia.

Martin, N., Kohen, F. P., McCluskey, M., Kalinyak-Fliszar, M., & Gruberg, N. (2009). Treatment of a language activation maintenance deficit in Wernicke's aphasia. Presented at Clinical Aphasiology Conference, Keystone, CO, May 26–31, 2009.

Martin, N., & Saffran, E. M. (1992). A computational account of deep dysphasia: Evidence from a single case study. *Brain and Language*, *43*, 240–274.

Martin, N., & Saffran, E. M. (1997). Language and auditory-verbal short-term memory impairments: Evidence for common underlying processes. *Cognitive Neuropsychology*, *14*(5), 641–682.

Martin, N., & Saffran, E. M. (1999). Effects of word processing and short-term memory deficits on verbal learning: Evidence from aphasia. *International Journal of Psychology*, *34*(5/6), 330–346.

Martin, N., Saffran, E. M., & Dell, G. S. (1996). Recovery in deep dysphasia: Evidence for a relation between auditory-verbal STM and lexical errors in repetition. *Brain and Language*, *52*, 83–113.

Martin, R., & Freedman, M. (2001). Short-term retention of lexical-semantic representations: Implications for speech production. *Memory*, *9*, 261–280.

Martin, R. C., Shelton, J., & Yaffee, L. (1994). Language processing and working memory: Neuropsychological evidence for separate phonological and semantic capacities. *Journal of Memory and Language*, *33*, 83–111.

Martin, R. C., & He, T. (2004). Semantic short-term memory deficit and language processing: A replication. *Brain and Language*, *89*, 76–82.

Mateer, C. A., Kerns, K. A., & Eso, K. L. (1996). Management of attention and memory disorders following traumatic brain injury. *Journal of Learning Disabilities*, *29*(6), 618–632.

Miyake, A., Emerson, M. J., & Friedman, N. P. (2000). Assessment of executive functions in clinical settings: Problems and recommendations. *Seminars in Speech and Language*, *21*(2), 169–185.

Murray, L., Holland, A. L., & Beeson, P. M. (1998). Spoken language of individuals with mild fluent aphasia under focused and divided-attention conditions. *Journal of Speech, Language, and Hearing Research*, *41*, 213–227.

Murray, L. L., Keeton, R. J., & Karcher, L. (2006). Treating attention in mild aphasia: Evaluation of attention process training–II. *Journal of Communication Disorders*, *39*, 37–61.

Nadel, L., & Moscovitch, M. (1997). Memory consolidation, retrograde amnesia and the hippocampal complex. *Current Opinion in Neurobiology*, *7*, 217–227.

O'Carroll, R. E., Russell, H. H., Lawrie, S. M., & Johnstone, E. C. (1999). Errorless learning and the cognitive rehabilitation of memory-impaired schizophrenic patients. *Psychological Medicine*, *29*(1), 105–112.

Page, M., Wilson, B. A., Shiel, A., Carter, G., & Norris, D. (2006). What is the locus of the errorless-learning advantage? *Neuropsychologia*, *44*, 90–100.

Parkin, A. J., Hunkin, N. M., & Squires, E. J. (1998). Unlearning John Major: The use of errorless learning in the reacquisition of proper names following herpes simplex encephalitis. *Cognitive Neuropsychology*, *15*(4), 361–375.

Poirier, M., & Saint Aubin, J. (1995). Memory for related and unrelated words: Further evidence on the influence of semantic factors immediate serial recall. *Quarterly Journal of Experimental Psychology*, *48A*, 384–404.

Randolph, C. (2001). *Repeatable battery for the assessment of neuropsychological status*. San Antonio, TX: Psychological Corporation.

Reilly, J., Martin, N., & Grossman, M. (2005). Verbal learning in semantic dementia: Is repetition priming a useful strategy? *Aphasiology*, *19*, 329–339.

Reilly, J., & Peele, J. E. (2008). Effects of semantic impairment on language processing in semantic dementia. *Seminars in Speech and Language*, *29*(1), 32–43.

Reisberg, B., Ferris, S. H., & Franssen, E. (1985). An ordinal functional assessment tool for Alzheimer's-type dementia. *Hospital and Community Psychiatry*, *36*, 593–595.

Reisberg, B., Ferris, S. H., deLeon, M. J., & Crook, T. (1982). The Global Deterioration Scale for assessment of primary degenerative dementia. *American Journal of Psychiatry*, *139*, 1136–1139.

Rey, A. (1941). Psychological examination of traumatic encephalopathy. *Archives de Psychologie*, *28*, 286–340.

Rey, A. (1964). *L'examen clinique en psychologie*. Paris: Presses Universitaires de France.

Roach, A., Schwartz, M. F., Martin, N., Grewal, R. S., & Brecher, A. (1996). The Philadelphia Naming Test: Scoring and rationale. In *Clinical Aphasiology* (Vol. 24, pp. 121–134). Austin, TX: Pro-Ed.

Ross, K. B., & Wertz, R. T. (2004). Accuracy of formal tests for diagnosing mild aphasia: An application of evidence-based medicine. *Aphasiology*, *18*, 337–355.

Saffran, E. M., Schwartz, M. F., Linebarger, M. L., Martin, N., & Bochetto, P. (1988). *Philadelphia Comprehension Battery*. Unpublished.

Saffran, E. M. (1990). Short-term memory impairment and language processing. In A. Caramazza (Ed.), *Advances in cognitive neuropsychology and neurolinguistics*. Hillsdale, NJ: Erlbaum.

Saffran, E. M., & Martin, N. (1990). Neuropsychological evidence for lexical involvement in short-term memory. In G. Vallar & T. Shallice (Eds.), *Neuropsychological impairments of short-term memory*. Cambridge, UK: Cambridge University Press.

Shallice, T., & Warrington, E. K. (1970). Independent functioning of the verbal memory stores: A neuropsychological study. *Quarterly Journal of Experimental Psychology*, *22*, 261–273.

Shelton, J., Martin, R. C., & Yaffee, L. (1992). Investigating a verbal short-term memory deficit and its consequences for language processing. In D. Margolin (Ed.), *Cognitive neuropsychology in clinical practice*. New York: Cambridge University Press.

Shulman, H. G. (1971). Similarity effects in short-term memory. *Psychological Bulletin*, *75*, 399–415.

Snowden, J. S., Griffiths, H. L., & Neary, D. (1999). Semantic episodic memory interactions in semantic dementia: Implications for retrograde memory function. *Cognitive Neuropsychology*, *13*, 1101–1137.

Snowden, J. S., & Neary, D. (2002). Relearning of verbal labels in semantic dementia. *Neuropsychologia*, *40*, 1715–1728.

Sohlberg, M. M., & Mateer, C. A. (1989). Training use of compensatory memory books: A three stage behavioral approach. *Journal of Clinical and Experimental Neuropsychology*, *11*, 871–891.

Sohlberg, M. M., Ehlhardt, L., & Kennedy, M.

(2005). Instructional techniques in cognitive rehabilitation: A preliminary report. *Seminars in Speech Language Pathology*, *26*, 268–279.

Squires, E. J., Hunkin, N. M., & Parkin, A. J. (1997). Errorless learning condition of novel associations in amnesia. *Neuropsychologia*, *35*, 1103–1111.

Tseng, C–H., McNeil, M., & Milenkovic, P. (1993). An investigation of attention allocation deficits in aphasia. *Brain and Language*, *45*, 276–296.

Turkstra, L. S., Coelho, C., & Ylvisaker, M. (2005). The use of standardized tests for individuals with cognitive-communication disorders. *Seminars in Speech and Language*, *26*(4), 215–222.

Ullman, M. T. (2004). Contributions of memory circuits to language: The declarative/procedural model. *Cognition*, *92*, 231–270.

Ullman, M. T., Corkin, S., Coppola, M., Hickok, G., Growdon, J. H., Koroshetz, W. J., & Pinker, S. (1997). A neural dissociation within language: Evidence that the mental dictionary is part of declarative memory and that grammatical rules are processed by the procedural system. *Journal of Cognitive Neuroscience*, *9*, 266–276.

Watkins, O. C., & Watkins, M. J. (1977). Serial recall and the modality effect. *Journal of Experimental Psychology: Human Learning and Memory*, *3*, 712–718.

Wechsler, D. (1987). *Wechsler Memory Scale—Revised (WMS–R)*. New York: Psychological Corporation.

Ween, J. E., Verfaille, M., & Alexander, M. P. (1996). Verbal memory function in mild aphasia. *Neurology*, *47,* 795–801.

Wiig, E., & Secord, W. (1989). *Test of language competence—expanded edition*. San Antonio, TX: Psychological Corporation.

Williams, J. M. (1991). *Memory assessment scales professional manual*. New York: Psychological Corporation.

Wilson, B. A., Baddeley, A., Evans, J., & Shiel, A. (1994). Errorless learning in the rehabilitation of memory impaired people. *Neuropsychological Rehabilitation*, *4*, 307–326.

Ylvisaker, M., & Feeney, T. J. (1998). *Collaborative brain injury intervention: Positive everyday routines*. San Diego, CA: Singular Publishing Group.

Ylvisaker, M., Szekeres, S. F., & Feeney, T. J. (2008). Communication disorders associated with traumatic brain injury. In R. Chapey, *Language intervention strategies in adult aphasia* (5th ed., chap. 33, pp. 879–962). Baltimore, MD: Lippincott, Williams, & Wilkins.

**제14장**

Abel, S., Schultz, A., Radermacher, I., Willmes, K., & Huber, W. (2005). Decreasing and increasing cues in naming therapy for aphasia. *Aphasiology, 19*(9), 831–848.

Abel, S., Willmes, K., & Huber, W. (2007). Model-oriented naming therapy: Testing predictions of a connectionist model. *Aphasiology, 21*(5), 411–447.

Antonucci, S. M. (2009). Use of semantic feature analysis in group aphasia treatment. *Aphasiology, 23*(7), 854–866.

Baker, J. M., Rorden, C., & Fridriksson, J. (2010). Using transcranial direct-current stimulation to treat stroke patients with aphasia. *Stroke, 41*(6), 1229–1236. doi: STROKEAHA.109.576785 [pii] 10.1161/STROKEAHA.109.576785

Bastiaanse, R., Hurkmans, J., & Links, P. (2006). The training of verb production in Broca's aphasia: A multiple-baseline across-behaviours study. *Aphasiology, 20*(2), 298–311.

Bayles, K. A., Kim, E. S., Chapman, S. B.,

Zientz, J., Rackley, A., Mahendra, N., … Cleary, S. J. (2006). Evidence-based practice recommendations for working with individuals with dementia: Simulated presence therapy. (Academy of Neurologic Communication Disorders and Sciences Bulletin Board)(Clinical report). *Journal of Medical Speech—Language Pathology, 14*(3), xiii(9).

Beeson, P. M. (2004). Remediation of written language. *Topics in Stroke Rehabilitation, 11*(1), 37–48.

Beeson, P. M., & Egnor, H. (2006). Combining treatment for written and spoken naming. *Journal of the International Neuropsychological Society, 12*(6), 816–827. doi: S1355617706061005 [pii] 10.1017/S1355617706061005

Beeson, P. M., Hirsch, F. M., & Rewega, M. A. (2002). Successful single-word writing treatment: Experimental analyses of four cases. *Aphasiology, 16*(4), 473–491.

Beeson, P. M., Magloire, J. G., & Robey, R. R. (2005). Letter-byletter reading: natural recovery and response to treatment. *Behavioral Neuroscience, 16*(4), 191–202.

Beeson, P. M., Rewega, M. A., Vail, S., & Rapcsak, S. Z. (2000). Problem-solving approach to agraphia treatment: Interactive use of lexical and sublexical spelling routes. *Aphasiology, 14*(5), 551–565.

Beeson, P. M., Rising, K., Kim, E. S., & Rapcsak, S. Z. (2008). A novel method for examining response to spelling treatment. *Aphasiology, 22*(7–8), 707–717. doi: 10.1080/02687030701800826

Beeson, P. M., Rising, K., & Volk, J. (2003). Writing treatment for severe aphasia: Who benefits? *Journal of Speech Language and Hearing Research, 46*(5), 1038–1060.

Beeson, P. M., & Robey, R. R. (2008). *Meta-analysis of aphasia treatment outcomes: Examining the evidence*. Paper presented at the Clinical Aphasiology Conference, Jackson Hole, WY.

Berthier, M. L., Green, C., Lara, J. P., Higueras, C., Barbancho, M. A., Davila, G., & Pulvermuller, F. (2009). Memantine and Constraint-Induced Aphasia Therapy in Chronic Poststroke Aphasia. *Annals of Neurology, 65*(5), 577–585. doi: 10.1002/ana.21597

Bhogal, S. K., Teasell, R., & Speechley, M. (2003). Intensity of aphasia therapy, impact on recovery. *Stroke, 34*(4), 987–992. doi: 10.1161/01.str.0000062343.64383.d0

Bowes, K., & Martin, N. (2007). Longitudinal study of reading and writing rehabilitation using a bigraph-biphone correspondence approach. *Aphasiology, 21*(6), 687–701.

Boyle, M. (2004). Semantic feature analysis treatment for anomia in two fluent aphasia syndromes. *American Journal of Speech-Language Pathology*, *13*(3), 236–49.

Boyle, M., & Coelho, C. A. (1995). Application of semantic feature analysis as a treatment for aphasic dysnomia. *American Journal of Speech Language Pathology, 4*(4), 94–98.

Brookshire, R. H., & Nicholas, L. E. (1997). *Discourse Comprehension Test* (2nd ed.). Albuquerque: PICA Programs.

Butterworth, B., & Howard, D. (1987). Paragrammatisms. *Cognition, 26*(1), 1–37.

Byng, S. (1988). Sentence processing deficits: Theory and therapy. *Cognitive Neuropsychology, 5*(6), 629–676. doi: http://dx.doi.org/10.1080/02643298808253277

Cameron, R. M., Wambaugh, J. L., Wright, S. M., & Nessler, C. L. (2006). Effects of a combined semantic/phonologic cueing treatment on word retrieval in discourse. *Aphasiology, 20*(2), 269–285.

Capilouto, G. J., Wright, H. H., & Wagovich, S. A. (2006). Reliability of main event measurement in the discourse of individuals with aphasia. *Aphasiology, 20*(2–4), 205–216.

Caplan, D. (1992). *Language: Structure, processing, and disorders*. Cambridge: The MIT Press.

Caplan, D., Baker, C., & Dehaut, F. (1985). Syntactic determinants of sentence comprehension in aphasia. *Cognition, 21*(2), 117–175. doi: 0010–0277(85)90048–4 [pii] Caplan, D., & Bub, D. (unpublished). *Psycholinguistic Assessment of Language (PAL).*

Cherney, L. R. (2004). Aphasia, alexia, and oral reading. *Topics in Stroke Rehabilitation, 11*(1), 22–36.

Cherney, L. R., Patterson, J. P., Raymer, A., Frymark, T., & Schooling, T. (2008). Evidence-based systematic review: Effects of intensity of treatment and constraint-induced language therapy for individuals with stroke-induced aphasia. *Journal of Speech Language and Hearing Research, 51*(5), 1282–1299. doi: 10.1044/1092–4388(2008/07–0206)

Coelho, C. A., McHugh, R. E., & Boyle, M. (2000). Semantic feature analysis as a treatment for aphasic dysnomia: A replication. *Aphasiology, 14*, 133–142.

Conley, A., & Coelho, C. A. (2003). Treatment of word retrieval impairment in chronic Broca's aphasia. *Aphasiology, 17*(3), 203–211.

Conroy, P., Sage, K., & Lambon Ralph, M. (2009). The effects of decreasing and increasing cue therapy on improving naming speed and accuracy for verbs and nouns in aphasia. *Aphasiology, 23*(6), 707–730.

Cornelissen, K., Laine, M., Tarkiainen, A., Jarvensivu, T., Martin, N., & Salmelin, R. (2003). Adult brain plasticity elicited by anomia treatment. *Journal of Cognitive Neuroscience, 15*(3), 444–461.

Corsten, S., Mende, M., Cholewa, J. R., & Huber, W. (2007). Treatment of input and output phonology in aphasia: A single case study. *Aphasiology, 21*(6), 587–603.

Cunningham, R., & Ward, C. (2003). Evaluation of a training programme to facilitate conversation between people with aphasia and their partners. *Aphasiology, 17*(8), 687–707.

Damico, J. S. (1985). Clinical discourse analysis: A functional approach to language assessment. In C. S. Simon (Ed.), *Communication skills and classroom success: Assessment of language-learning disabled students* (pp. 165–204). San Diego: College-Hill Press.

Davis, A. G. (2005). PACE revisited. *Aphasiology, 19*(1), 21–38. Davis, C., & Harrington, G. (2006). Intensive semantic intervention in fluent aphasia: A pilot study with fMRI. *Aphasiology, 20*(1), 59–83.

DeDe, G., Parris, D., & Waters, G. (2003). Teaching self-cues: A treatment approach for verbal naming. *Aphasiology, 17*(5), 465–480.

Dell, G. S. (1986). A spreading-activation theory of retrieval in sentence production. *Psychological Review, 93*(3), 283–321.

Dell, G. S., & O'Seaghdha, P. G. (1992). Stages of lexical access in language production. *Cognition, 42*(1–3), 287–314.

Dell, G. S., Schwartz, M. F., Martin, N., Saffran, E. M., & Gagnon, D. A. (1997). Lexical access in aphasic and nonaphasic speakers. *Psychological Review, 104*(4), 801–838.

Dickey, M. W., & Thompson, C. K. (2007). The relation between syntactic and morphological recovery in agrammatic aphasia: A case study. *Aphasiology, 21*(6), 604–616.

Doesborgh, S. J. C., van de Sandt-Koenderman, M. W. E., Dippel, D. W. J., van Harskamp, F.,

Koudstaal, P. J., & Visch-Brink, E. G. (2004a). Effects of semantic treatment on verbal communication and linguistic processing in aphasia after stroke: A randomized controlled trial. *Stroke, 35*(1), 141–146. doi: 10.1161/01.str.0000105460.52928.a6

Doesborgh, S. J. C., van de Sandt-Koenderman, M. W. M. E., Dippel, D. W. J., van Harskamp, F., Koudstaal, P. J., & Visch-Brink, E. G. (2004b). Cues on request: The efficacy of Multicue, a computer program for wordfinding therapy. *Aphasiology, 18*(3), 213–222.

Dunn, L. M., & Dunn, D. M. (2007). *Peabody Picture Vocabulary Test—Fourth Edition (PPVT–4)*. San Antonio: AGS Publishing/Pearson Assessments.

Edmonds, L. A., & Kiran, S. (2006). Effect of semantic naming treatment on crosslinguistic generalization in bilingual aphasia. *Journal of Speech Language and Hearing Research, 49*(4), 729–748. doi: 49/4/729 [pii] 10.1044/1092-4388(2006/053)

Edmonds, L. A., Nadeau, S. E., & Kiran, S. (2009). Effect of Verb Network Strengthening Treatment (VNeST) on Lexical Retrieval of Content Words in Sentences in Persons with Aphasia. *Aphasiology, 23*(3), 402–424. doi: 10.1080/ 02687030802291339

Ellis, A. W., & Young, A. W. (1988). *Human Cognitive Neuropsychology* (Augmented ed.). Hove, UK: Erlbaum. Faroqi-Shah, Y. (2008). A comparison of two theoretically driven treatments for verb inflection deficits in aphasia. *Neuropsychologia, 46*(13), 3088–3100.

Faroqi-Shah, Y., & Thompson, C. K. (2003). Effect of lexical cues on the production of active and passive sentences in Broca's and Wernicke's aphasia. *Brain and Language, 85*(3), 409–426.

Ferketic, M., Frattali, C., Holland, A., Thompson, C., & Wohl, C. (2003). *Functional Assessment of Communication Skills for Adults (ASHA FACS)*: American Speech-Language-Hearing Association.

Fillingham, J., Hodgson, C., Sage, K., & Ralph, M. A. L. (2003). The application of errorless learning to aphasic disorders: A review of theory and practice. *Neuropsychological Rehabilitation: An International Journal, 13*(3), 337–363.

Fillingham, J., Sage, K., & Lambon Ralph, M. (2005a). Further explorations and an overview of errorless and errorful therapy for aphasic word-finding difficulties: The number of naming attempts during therapy affects outcome. *Aphasiology, 19*(7), 597–614.

Fillingham, J., Sage, K., & Lambon Ralph, M. (2005b). Treatment of anomia using errorless versus errorful learning: Are frontal executive skills and feedback important? *International Journal of Language & Communication Disorders, 40*(4), 505–523.

Fillingham, J., Sage, K., & Lambon Ralph, M. (2006). The treatment of anomia using errorless learning. *Neuropsychological Rehabilitation, 16*(2), 129–154.

Fink, R., Brecher, A., Schwartz, M. F., & Robey, R. R. (2002). A computer-implemented protocol for treatment of naming disorders: Evaluation of clinician-guided and partially selfguided instruction. *Aphasiology, 16*(10), 1061–1086.

Fisher, C. A., Wilshire, C. E., & Ponsford, J. L. (2009). Word discrimination therapy: A new technique for the treatment of a phonologically based word-finding impairment. *Aphasiology, 23*(6), 676–693.

Fox, S., Armstrong, E., & Boles, L. (2009). Conversational treatment in mild aphasia: A case study. *Aphasiology, 23*(7), 951–964.

Francis, D. R., Clark, N., & Humphreys, G. W. (2002). Circumlocution-induced naming (CIN): A treatment for effecting generalization in anomia? *Aphasiology, 16*(3), 243–259.

Franklin, S., Buerk, F., & Howard, D. (2002). Generalized improvement in speech production for a subject with reproduction conduction aphasia. *Aphasiology, 16*(10), 1087–1114.

Freed, D., Celery, K., & Marshall, R. C. (2004). CASE STUDY—Effectiveness of personalised and phonological cueing on long-term naming performance by aphasic subjects: A clinical investigation. *Aphasiology, 18*(8), 743–757.

Fridriksson, J. (2010). Preservation and modulation of specific left hemisphere regions is vital for treated recovery from anomia in stroke. [Article]. *Journal of Neuroscience, 30*(35), 11558–11564. doi: 10.1523/jneurosci.2227-10.2010

Fridriksson, J., Holland, A. L., Beeson, P., & Morrow, L. (2005). Spaced retrieval treatment of anomia. *Aphasiology, 19*(2), 99–109. doi: 10.1080/02687030444000660

Friedman, R. B., & Lott, S. N. (2002). Successful blending in a phonological reading treatment for deep alexia. *Aphasiology, 16*(3), 355–372.

Friedman, R. B., Sample, D. M., & Lott, S. N. (2002). The role of level of representation in the use of paired associate learning for rehabilitation of alexia. *Neuropsychologia, 40*(2), 223–234.

Garrett, M. F. (Ed.). (1980). *Levels of processing in sentence production* (Vol. 1). London: Academic Press.

German, D. J. (1990). *Test of Adolescent Adult Word Finding (TAWF)*. Austin, TX: Pro-Ed.

Goodglass, H., Kaplan, E., & Barresi, B. (2000). *Boston Diagnostic Aphasia Examination—Third Edition (BDAE–3)*. Austin, TX: Pro-Ed.

Goodglass, H., Kaplan, E., & Weintraub, S. (1983). *Boston Naming Test*. Philadelphia: Lea & Febiger.

Gordon, J. K. (2007). A contextual approach to facilitating word retrieval in agrammatic aphasia. *Aphasiology, 21*(6), 643–657.

Haarbauer-Krupa, J., Moser, L., Smith, G., Sullivan, D., & Szekeres, S. F. (1985). Cognitive rehabilitation therapy: Middle stages of recovery. In M. Yvilsaker (Ed.), *Head injury rehabilitation: Children and adolescents*. San Diego: College Hill Press.

Herbert, R., Best, W., Hickin, J., Howard, D., & Osborne, F. (2001). Phonological and orthographic approaches to the treatment of word retrieval in aphasia. *International Journal of Language & Communication Disorders, 36* Suppl, 7–12.

Herbert, R., Best, W., Hickin, J., Howard, D., & Osborne, F. (2003). Combining lexical and interactional approaches to therapy for word finding deficits in aphasia. *Aphasiology, 17*(12), 1163–1186.

Hickin, J., Best, W., Herbert, R., Howard, D., & Osborne, F. (2002). Phonological therapy for word-finding difficulties: A re-evaluation. *Aphasiology, 16*(10–11), 981–999.

Hillis, A. (2005). Stages and mechanisms of recovery from aphasia. *Japanese Journal of Neuropsychology, 21*(1), 35–43.

Hoen, M., Golembiowski, M., Guyot, E., Deprez, V., Caplan, D., & Dominey, P. F. (2003). Training with cognitive sequences improves syntactic comprehension in agrammatic aphasics. *Neuroreport, 14*(3), 495–499.

Holland, A. L., Frattali, C., & Fromm, D. S. (1999). *CADL–2 Communication Activities of Daily Living* (2nd ed.). Austin: Pro-Ed.

Holland, A. L., & Fridriksson, J. (2001). Aphasia management during the early phases of recovery following stroke. *American Journal of Speech Language Pathology, 10*(1), 19–28. doi: 10.1044/1058-0360(2001/004)

Hopper, T., Holland, A., & Rewega, M. (2002). Conversational coaching: Treatment outcomes and future directions. *Aphasiology, 16*(7), 745–761.

Hopper, T., Mahendra, N., Kim, E. S., Azuma, T., Bayles, K. A., Cleary, S. J., & Tomoeda, C. K. (2005). Evidence-based practice recommendations for working with individuals with dementia: spaced-retrieval training. *Journal of Medical Speech-Language Pathology, 13*(4), xxvii(8).

Howard, D., & Patterson, K. (1992). *The Pyramids and Palm Trees Test*. Bury St. Edmunds: Thames Valley Test Company.

Jacobs, B. J., & Thompson, C. K. (2000). Cross-modal generalization effects of training noncanonical sentence comprehension and production in agrammatic aphasia. *Journal of Speech Language and Hearing Research, 43*(1), 5–20.

Kamhi, A. G. (1997). Three perspectives on comprehension: Implications for assessing and treating comprehension problems. *Topics in Language Disorders, 17*(3), 62–74.

Kay, J., Lesser, R. P., & Coltheart, M. (1992). *The Psycholinguistic Assessment of Language Processing in Aphasia (PALPA)*. Hove, UK: Erlbaum.

Kearns, K. (1985). Response elaboration training for patient initiated utterances. *Clinical Aphasiology, 15*, 196–204.

Kendall, D. L., Conway, T., Rosenbek, J., & Gonzalez-Rothi, L. (2003). Case study—Phonological rehabilitation of acquired phonologic alexia. *Aphasiology, 17*(11), 1073–1095.

Kendall, D. L., Rosenbek, J. C., Heilman, K. M., Conway, T., Klenberg, K., Gonzalez-Rothi, L. J., & Nadeau, S. E. (2008). Phoneme-based rehabilitation of anomia in aphasia. *Brain and Language, 105*(1), 1–17.

Kertesz, A. (2006). *Western Aphasia Battery—Revised (WAB-R)*: Harcourt Assessment, Inc.

Kim, E. S., Cleary, S. J., Hopper, T., Bayles, K. A., Mahendra, N., Azuma, T., & Rackley, A. (2006). Evidence-based practice recommendations for working with individuals with dementia: Group reminiscence therapy (care and treatment of dementia). *Journal of Medical Speech-Language Pathology, 14*(3), xxiii(12).

Kim, M., & Beaudoin-Parsons, D. (2007). Training phonological reading in deep alexia: Does it improve reading words with low imageability? *Clinical Linguistics and Phonetics, 21*(5), 321–351. doi: 777792763 [pii] 10.1080/02699200701245415

Kim, M., & Thompson, C. K. (2000). Patterns of comprehension and production of nouns and verbs in agrammatism: Implications for lexical organization. *Brain and Language, 74*(1), 1–25.

Kiran, S. (2005). Training phoneme to grapheme conversion for patients with written and oral production deficits: A model-based approach. *Aphasiology, 19*(1), 53–76.

Kiran, S. (2007). Complexity in the treatment of naming deficits. *American Journal of Speech Language Pathology, 16*(1), 18–29. doi: 16/1/18 [pii] 10.1044/1058-0360(2007/004)

Kiran, S. (2008). Typicality of inanimate category exemplars in aphasia treatment: Further evidence for semantic complexity. *Journal of Speech Language and Hearing Research, 51*(6),

1550–1568. doi: 10.1044/1092–4388(2008/07–0038)

Kiran, S., & Abbott, K. P. (2007). Effect of abstractness on treatment for generative naming deficits in aphasia. *Brain and Language, 103*(1–2), 92–94. doi: DOI 10.1016/j.bandl.2007.07.060

Kiran, S., & Johnson, L. (2008). Semantic complexity in treatment of naming deficits in aphasia: Evidence from welldefined categories. *American Journal of Speech Language Pathology, 17*(4), 389–400. doi: 10.1044/1058–0360(2008/ 06–0085)

Kiran, S., & Roberts, P. M. (2010). Semantic feature analysis treatment in Spanish-English and French-English bilingual aphasia. *Aphasiology, 24*(2), 231–261.

Kiran, S., Sandberg, C., & Abbott, K. (2009). Treatment for lexical retrieval using abstract and concrete words in persons with aphasia: Effect of complexity. *Aphasiology, 23*, 835–853.

Kiran, S., & Thompson, C. K. (2003a). Effect of typicality on online category verification of animate category exemplars in aphasia. *Brain and Language, 85*(3), 441–450.

Kiran, S., & Thompson, C. K. (2003b). The role of semantic complexity in treatment of naming deficits: Training semantic categories in fluent aphasia by controlling exemplar typicality. *Journal of Speech Language and Hearing Research, 46*(3), 608–622.

Kiran, S., Thompson, C. K., & Hashimoto, N. (2001). Training grapheme to phoneme conversion in patients with oral reading and naming deficits: A model-based approach. *Aphasiology, 15*, 855–876.

Kiran, S., & Viswanathan, M. (2008). Effect of model-based treatment on oral reading abilities in severe alexia: A case study. *Journal of Medical Speech-Language Pathology, 16*(1), 43(17).

Kumar, V. P., & Humphreys, G. W. (2008). The role of semantic knowledge in relearning spellings: Evidence from deep dysgraphia. *Aphasiology, 22*(5), 489–504.

Laganaro, M., Pietro, M. D., & Schnider, A. (2003). Computerised treatment of anomia in chronic and acute aphasia: An exploratory study. *Aphasiology, 17*(8), 709–721.

Laine, M., & Martin, N. (1996). Lexical retrieval deficit in picture naming: implications for word production models. *Brain and Language, 53*(3), 283–314. doi: S0093–934X(96) 90050–4 [pii] 10.1006/brln.1996.0050

LaPointe, L. L., & Horner, J. (1998). *Reading Comprehension Battery for Aphasia (RCBA–2)*. Austin, TX: Pro-Ed.

Lindamood, P. C., & Lindamood, P. D. (1998). *The Lindamood phoneme sequencing program for reading, spelling, and speech*. Austin, TX: Pro-Ed.

Linebarger, M., McCall, D., & Berndt, R. S. (2004). The role of processing support in the remediation of aphasic language production disorders. *Cognitive Neuropsychology, 21*(2–4), 267–282.

Linebarger, M., & Schwartz, M. (2005). AAC for hypothesis testing and treatment of aphasic language production: Lessons from a "processing prosthesis." *Aphasiology, 19*(10), 930–942.

Lott, S. N., Sample, D. M., Oliver, R. T., Lacey, E. H., & Friedman, R. B. (2008). A patient with phonologic alexia can learn to read "much" from "mud pies." *Neuropsychologia, 46*(10), 2515–2523.

Lott, S. N., Sperling, A. J., Watson, N. L., &

Friedman, R. B. (2009). Repetition priming in oral text reading: A therapeutic strategy for phonologic text alexia. *Aphasiology, 23*(6), 659–675.

Luzzatti, C., Colombo, C., Frustaci, M., & Vitolo, F. (2000). Rehabilitation of spelling along the sub-word-level routine. *Neuropsychological Rehabilitation: An International Journal, 10*(3), 249–278.

Luzzatti, C., Raggi, R., Zonca, G., Pistarini, C., Contardi, A., & Pinna, G. D. (2002). Verb-noun double dissociation in aphasic lexical impairments: The role of word frequency and imageability. *Brain and Language, 81*(1–3), 432–444. doi: S0093934X01925362 [pii]

Mahendra, N., Kim, E. S., Bayles, K. A., Hopper, T., Cleary, S. J., & Azuma, T. (2005). Evidence-based practice recommendations for working with individuals with dementia: Computerassisted cognitive interventions (CACIs). *Journal of Medical Speech-Language Pathology, 13*(4), xxxv(10).

Malvern, D., & Richards, B. (2002). Investigating accommodation in language proficiency interviews using a new measure of lexical diversity. *Language Testing, 19*(1), 85–104. doi: 10.1191/0265532202lt221oa

Manheim, L. M., Halper, A. S., & Cherney, L. (2009). Patientreported changes in communication after computer-based script training for aphasia. *Archives of Physical Medicine and Rehabilitation, 90*(4), 623–627.

Marshall, R. C. (1997). Aphasia treatment in the early postonset period: Managing our resources effectively. *American Journal of Speech Language Pathology, 6*(1), 5–11.

Marshall, R. C., Freed, D. B., & Karow, C. M. (2001). Learning of subordinate category names by aphasic subjects: A comparison of deep and surface-level training methods. *Aphasiology, 15*(6), 585–598.

Marshall, R. C., Karow, C. M., Freed, D. B., & Babcock, P. (2002). Effects of personalized cue form on the learning of subordinate category names by aphasic and non-brain-damaged subjects. *Aphasiology, 16*(7), 763–771.

Martin, N., Fink, R., & Laine, M. (2004). Treatment of word retrieval deficits with contextual priming. *Aphasiology, 18*(5), 457–471.

Martin, N., Fink, R. B., Renvall, K., & Laine, M. (2006). Effectiveness of contextual repetition priming treatments for anomia depends on intact access to semantics. *Journal of the International Neuropsychological Society, 12*(6), 853–866. doi: S1355617706061030 [pii] 10.1017/S1355617706061030

Martin, N., & Laine, M. (2000). Effects of contextual priming on impaired word retrieval. *Aphasiology, 14*(1), 53–70.

Mayer, J. F., & Murray, L. L. (2002). Approaches to the treatment of alexia in chronic aphasia. *Aphasiology, 16*(7), 727–743.

McCall, D., Virata, T., Linebarger, M. C., & Berndt, R. S. (2009). Integrating technology and targeted treatment to improve narrative production in aphasia: A case study. *Aphasiology, 23*(4), 438–461.

McNeil, M. R., & Prescott, T. E. (1978). *Revised Token Test*: University Park Press.

Murray, L. L., Ballard, K., & Karcher, L. (2004). Linguistic specific treatment: Just for Broca's aphasia? *Aphasiology, 18*(9), 785–809.

Murray, L. L., & Karcher, L. (2000). A treatment for written verb retrieval and sentence construction skills. *Aphasiology, 14*(5), 585–602.

Murray, L. L., Timberlake, A., & Eberle, R. (2007). Treatment of underlying forms in a discourse context. *Aphasiology, 21*(2), 139–163.

Naeser, M. A., Martin, P. I., Nicholas, M., Baker, E. H., Seekins, H., Kobayashi, M., et al. (2005). Improved picture naming in chronic aphasia after TMS to part of right Broca's area: An open-protocol study. *Brain and Language, 93*(1), 95–105. doi: S0093-934X(04)00227-5 [pii] 10.1016/j.bandl.2004.08.004

Naeser, M. A., Martin, P. I., Treglia, E., Ho, M., Kaplan, E., Bashir, S., et al. (2010). Research with rTMS in the treatment of aphasia. *Restorative Neurology and Neuroscience, 28*(4), 511–529. doi: 10.3233/rnn-2010-0559

Nicholas, L. E., & Brookshire, R. H. (1993). A system for quantifying the informativeness and efficiency of the connected speech of adults. *Journal of Speech & Hearing Research, 36*(2), 338.

Nickels, L. (2002). Improving word finding: Practice makes (closer to) perfect? *Aphasiology, 16*(10–11), 1047–1060.

Nickels, L., & Howard, D. (1995). Aphasic naming: What matters? *Neuropsychologia, 33*(10), 1281–1303. doi: 0028-3932(95) 00102-9 [pii]

Orjada, S., & Beeson, P. l. (2005). Concurrent treatment for reading and spelling in aphasia. *Aphasiology, 19*(3), 341–351.

Peach, R. (2002). Treatment for phonological dyslexia targeting regularity effects. *Aphasiology, 16*(8), 779–789.

Peach, R., & Wong, P. (2004). Integrating the message level into treatment for agrammatism using story retelling. *Aphasiology, 18*(5), 429–441.

Penn, C. (1985). The profile of communicative appropriateness: A clinical tool for the assessment of pragmatics. *South African Journal of Communication Disorders, 32*, 18–23.

Porch, B. A. (2001). *Porch Index of Communicative Ability—Revised (PICA-R)*. Albuquerque: PICA Programs.

Pulvermuller, F., Neininger, B., Elbert, T., Mohr, B., Rockstroh.

B., Koebbel, P., & Taub, E. (2001). Constraint-induced therapy of chronic aphasia after stroke. *Stroke, 32*(7), 1621–1626.

Rapp, B. (2005). The relationship between treatment outcomes and the underlying cognitive deficit: Evidence from the remediation of acquired dysgraphia. *Aphasiology, 19*(10), 994–1008.

Rapp, B., & Kane, A. (2002). Remediation of deficits affecting different components of the spelling process. *Aphasiology, 16*(4), 439–454.

Raymer, A. M., & Ellsworth, T. A. (2002). Response to contrasting verb retrieval treatments: A case study. *Aphasiology, 16*(10), 1031–1045.

Raymer, A. M., Kohen, F. P., & Saffell, D. (2006). Computerized training for impairments of word comprehension and retrieval in aphasia. *Aphasiology, 20*(2–4), 257–268.

Renvall, K., Laine, M., Laakso, M., & Martin, N. (2003). Anomia treatment with contextual priming: A case study. *Aphasiology, 17*(3), 305–328.

Renvall, K., Laine, M., & Martin, N. (2005). Contextual priming in semantic anomia: A case study. *Brain and Language, 95*(2), 327–341. doi: S0093-934X(05)00039-8 [pii] 10.1016/j.bandl.2005.02.003

Renvall, K., Laine, M., & Martin, N. (2007). Treatment of anomia with contextual priming: Exploration of a modified procedure with additional semantic and phonological tasks. *Aphasiology, 21*(5), 499–527.

Rider, J. D., Wright, H. H., Marshall, R. C., & Page, J. L. (2008). Using semantic feature analysis to improve contextual discourse in adults with aphasia. *American Journal of Speech Language*

*Pathology, 17*(2), 161–172. doi: 10.1044/1058-0360 (2008/016)

Robson, J., Marshall, J., Chiat, S., & Pring, T. (2001). Enhancing communication in jargon aphasia: A small group study of writing therapy. *International Journal of Language & Communication Disorders, 36*(4), 471–488.

Rochon, E., Laird, L., Bose, A., & Scofield, J. (2005). Mapping therapy for sentence production impairments in nonfluent aphasia. *Neuropsychological Rehabilitation: An International Journal, 15*(1), 1–36.

Rodriguez, A. D., Raymer, A. M., & Rothi, L. J. G. (2006). Effects of gesture1verbal and semantic-phonologic treatments for verb retrieval in aphasia. *Aphasiology, 20*(2), 286–297.

Rogers, T. T., & McClelland, J. L. (2003). *Semantic cognition: A parallel distributed processing approach*. Cambridge, MA: MIT Press.

Rose, M., & Douglas, J. (2008). Treating a semantic word production deficit in aphasia with verbal and gesture methods. *Aphasiology, 22*(1), 20–41.

Rose, M., Douglas, J., & Matyas, T. (2002). The comparative effectiveness of gesture and verbal treatments for a specific phonologic naming impairment. *Aphasiology, 16*(10), 1001–1030.

Saffran, E. M., Berndt, R. S., & Schwartz, M. F. (1989). The quantitative analysis of agrammatic production: Procedure and data. *Brain and Language, 37*(3), 440–479.

Saffran, E. M., Schwartz, M. F., Linebarger, M. C., Martin, N., & Bochetto, P. (unpublished). *Philadelphia Comprehension Battery.*

Saffran, E. M., Schwartz, M. F., & Marin, O. S. (1980). The word order problem in agrammatism. II. Production. *Brain and Language, 10*(2), 263–280.

Sage, K., & Ellis, A. W. (2006). Using orthographic neighbours to treat a case of graphemic buffer disorder. *Aphasiology, 20*(9), 851–870.

Sage, K., Hesketh, A., & Ralph, M. A. L. (2005). Using errorless learning to treat letter-by-letter reading: Contrasting word versus letter-based therapy. *Neuropsychological Rehabilitation: An International Journal, 15*(5), 619–642.

Saur, D., Lange, R., Baumgartner, A., Schraknepper, V., Willmes, K., Rijntjes, M., & Weiller, C. (2006). Dynamics of language reorganization after stroke. *Brain, 129,* 1371–1384.

Schmalzl, L., & Nickels, L. (2006). Treatment of irregular word spelling in acquired dysgraphia: Selective benefit from visual mnemonics. *Neuropsychological Rehabilitation: An International Journal, 16*(1), 1–37.

Schneider, S., & Thompson, C. (2003). Verb production in agrammatic aphasia: The influence of semantic class and argument structure properties on generalisation. *Aphasiology, 17*(3), 213–241.

Schwartz, M. F., Linebarger, M. C., Saffran, E. M., & Pate, D. S. (1987). Syntactic transparency and sentence interpretation in aphasia. *Language and Cognitive Processes, 2*(2), 85–113.

Shapiro, L. P. (1997). Tutorial: an introduction to syntax. *Journal of Speech Language and Hearing Research, 40*(2), 254–272.

Shapiro, L. P., & Thompson, C. K. (2006). Training language deficits in Broca's aphasia. In Y. Grodzinsky and K. Amunts (Eds.), *Broca's Region*. Oxford University Press, 119–134.

Shelton, J. R., & Caramazza, A. (1999). Deficits in lexical and semantic processing: implications for models of normal language. *Psychonomic Bulletin Review, 6*(1), 5–27.

Shewan, C. M. (1979). *The Auditory Comprehension Test for Sentences*. Chicago: Biolinguistics Clinical Education Center Press.

Ska, B., Garneau-Beaumont, D., Chesneau, S., & Damien, B. (2003). Diagnosis and rehabilitation attempt of a patient with acquired deep dyslexia. *Brain and Cognition, 53*(2), 359–363.

Small, S. L., & Llano, D. A. (2009). Biological approaches to aphasia treatment. *Current Neurology and Neuroscience Reports, 9*(6), 443–450.

Spencer, K. A., Doyle, P. J., McNeil, M. R., Wambaugh, J. L., Park, G., & Carroll, B. (2000). Examining the facilitative effects of rhyme in a patient with output lexicon damage. *Aphasiology, 14*(5), 567–584.

Stadie, N., & Rilling, E. (2006). Evaluation of lexically and nonlexically based reading treatment in a deep dyslexic. *Cognitive Neuropsychology, 23*(4), 643–672.

Stefanatos, G., Gershkoff, A., & Madigan, S. (2005). Computermediated tools for the investigation and rehabilitation of auditory and phonological processing in aphasia. *Aphasiology, 19*(10), 955–964.

Stefanatos, G. A. (2008). Speech perceived through a damaged temporal window: Lessons from word deafness and aphasia. *Seminars in Speech and Language, 29*(3), 239–252. doi: 10.1055/s–0028–1082887

Taub, E., Crago, J. E., Burgio, L. D., Groomes, T. E., Cook, E. W., 3rd, DeLuca, S. C., & Miller, N. E. (1994). An operant approach to rehabilitation medicine: Overcoming learned nonuse by shaping. *Journal of Experimental Analysis of Behavior, 61*(2), 281–293. doi: 10.1901/jeab.1994.61–281

Taub, E., Miller, N. E., Novack, T. A., Cook, E. W., 3rd, Fleming, W. C., Nepomuceno, C. S., ··· Crago, J. E. (1993). Technique to improve chronic motor deficit after stroke. *Archives of Physical Medical Rehabilitation, 74*(4), 347–354.

Tessier, C., Weill-Chounlamountry, A., Michelot, N., & Pradat-Diehl, P. (2007). Rehabilitation of word deafness due to auditory analysis disorder. *Brain Injury, 21*(11), 1165–1174. doi: 781945296 [pii] 10.1080/02699050701559186

Thompson, C. (2007). Complexity in language learning and treatment. *American Journal of Speech-Language Pathology, 16*(1), 3–5. doi: 16/1/3 [pii] 10.1044/1058–0360(2007/002)

Thompson, C. (unpublished-a). *Northwestern Assessment of Verbs and Sentences—Revised*.

Thompson, C. (unpublished-b). *Northwestern Sentence Comprehension Test*.

Thompson, C., & Shapiro, L. (2005). Treating agrammatic aphasia within a linguistic framework: Treatment of underlying forms. *Aphasiology, 19*(10–11), 1021–1036. doi: 10.1080/ 02687030544000227

Thompson, C., Shapiro, L., Kiran, S., & Sobecks, J. (2003). The role of syntactic complexity in treatment of sentence deficits in agrammatic aphasia: The complexity account of treatment efficacy (CATE). *Journal of Speech, Language, and Hearing Research, 46*(3), 591–607.

Thompson, C., Shapiro, L. P., Tait, M. E., Jacobs, B. J., & Schneider, S. L. (1996). Training wh-question production in agrammatic aphasia: Analysis of argument and adjunct movement. *Brain and Language, 52*(1), 175–228. doi: S0093–934X(96)90009–7 [pii] 10.1006/brln.1996.0009

Tyler, L. K., & Moss, H. E. (2001). Towards a distributed account of conceptual knowledge. *Trends in Cognitive Science, 5*(6), 244–252.

van Dijk, T. A. (1987). Episodic models in discourse processing. In R. Horowitz & S. J. Samuels (Eds.), *Comprehending oral and written language* (pp. 161–196). San Diego, CA: Academic Press, Inc.

Wagner, T., Fregni, F., Fecteau, S., Grodzinsky, A., Zahn, M., & Pascual-Leone, A. (2007). Transcranial direct current stimulation: A computer-based human model study. *NeuroImage, 35*(3), 1113–1124. doi: 10.1016/j.neuroimage. 2007.01.027

Wambaugh, J. (2003). A comparison of the relative effects of phonologic and semantic cueing treatments. *Aphasiology, 17*(5), 433–441.

Wambaugh, J., Cameron, R., Kalinyak-Fliszar, M., Nessler, C., & Wright, S. (2004). Retrieval of action names in aphasia: Effects of two cueing treatments. *Aphasiology, 18*(11), 979–1004.

Wambaugh, J., Doyle, P. J., Martinez, A. L., & Kalinyak-Fliszar, M. (2002). Effects of two lexical retrieval cueing treatments on action naming in aphasia. *Journal of Rehabilitation Research and Development, 39*(4), 455–466.

Wambaugh, J., & Ferguson, M. (2007). Application of semantic feature analysis to retrieval of action names in aphasia. *Journal of Rehabilitation Research and Development, 44*(3), 381–394.

Wambaugh, J., Linebaugh, C. W., Doyle, P. J., Martinez, A. L., Kalinyak-Fliszar, M., & Spencer, K. A. (2001). Effects of two cueing treatments on lexical retrieval in aphasic speakers with different levels of deficit. *Aphasiology, 15*(10), 933–950.

Wambaugh, J., & Wright, S. (2007). Improved effects of wordretrieval treatments subsequent to addition of the orthographic form. *Aphasiology, 21*(6), 632–642.

Webster, J., Morris, J., & Franklin, S. (2005). Effects of therapy targeted at verb retrieval and the realization of the predicate argument structure: A case study. *Aphasiology, 19*(8), 748–764.

Weinrich, M., Boser, K. I., McCall, D., & Bishop, V. (2001). Training agrammatic subjects on passive sentences: Implications for syntactic deficit theories. *Brain and Language, 76*(1), 45–61.

WHO. (2001). International Classification of Functioning, Disability, and Health (Vol. WHA54.21). Geneva: World Health Organization.

Wiederholt, J. L., & Bryant, B. R. (2001). *Gray Oral Reading Tests—Fourth Edition (GORT–4)*. Austin, TX: Pro-Ed.

Wierenga, C. E., Maher, L. M., Moore, A. B., White, K. D., McGregor, K., Soltysik, D. A., … Crosson, B. (2006). Neural substrates of syntactic mapping treatment: An fMRI study of two cases. *Journal of the International Neuropsychological Society, 12*(01), 132–146. doi: doi:10.1017/S135561770606019X

Williams, K. T. (2007). *Expressive Vocabulary Test—Second Edition (EVT–2)*: AGS Publishing/Pearson Assessments.

Wright, H. H., Capilouto, G. J., Wagovich, S. A., Cranfill, T. B., & Davis, J. E. (2005). Development and reliability of a quantitative measure of adults' narratives. *Aphasiology, 19*(3–5), 263–273.

Wright, H. H., Marshall, R. C., Wilson, K. B., & Page, J. L. (2008). Using a written cueing hierarchy to improve verbal naming in aphasia. *Aphasiology, 22*(5), 522–536.

Yampolsky, S., & Waters, G. (2002). Treatment of single word oral reading in an individual with deep dyslexia. *Aphasiology, 16*(4), 455–471.

Zientz, J., Rackley, A., Chapman, S. B., Hopper, T., Mahendra, N., & Cleary, S. (2007a). Evidence-based practice recommendations: caregiver-administered active cognitive stimulation for individuals with Alzheimer's disease. (ANCDS

Bulletin Board). *Journal of Medical Speech-Language Pathology, 15*(3), xxvii(8).

Zientz, J., Rackley, A., Chapman, S. B., Hopper, T., Mahendra, N., Kim, E. S., & Cleary, S. J. (2007b). Evidence-based practice recommendations for dementia: educating caregivers on Alzheimer's disease and training communication strategies. (Clinical report). *Journal of Medical Speech-Language Pathology, 15*(1), liii(12).

### 제15장

Alderman, N., Burgess, P. W., Knight, C., & Henman, C. (2003). Ecological validity of a simplified version of the Multiple Errands Shopping Test. *Journal of the International Neuropsychological Society, 9*(1), 31–44.

Alvarez, X. A., Sampedro, C., Perez, P., Laredo, M., Couceiro, V., Hernandez, A., et al. (2003). Positive effects of Cerebrolysin on electroencephalogram slowing, cognition and clinical outcome in patients with postacute traumatic brain injury: an exploratory study. *International Clinical Psychopharmacology, 18*(5), 271–278.

Anderson, C., Bigler, E., & Blatter, D. D. (1995). Frontal lobe lesions, diffuse damage, and neuropsychological functioning in traumatic brain-injured patients. *Journal of Clinical and Experimental Neuropsychology, 17*, 900–908.

Baddeley, A. (1986). *Working memory*. Oxford, UK: Oxford University Press.

Bellack, A., Sayers, M., Mueser, K., & Bennett, M. (1994). Evaluation of social problem-solving in schizophrenia. *Journal of Abnormal Psychology, 103*, 371–378.

Bennett, P., Ong, B., & Ponsford, J. (2005). Measuring executive dysfunction in an acute rehabilitation setting: Using the dysexecutive questionnaire (DEX). *Journal of the International Neuropsychological Society, 11*(04), 376–385.

Bibby, H., & McDonald, S. (2005). Theory of mind after traumatic brain injury. *Neuropsychologia, 43*(1), 99–114.

Body, R., & Perkins, M. (2006). Terminology and methodology in the assessment of cognitive-linguistic disorders. *Brain Impairment, 7*(3), 212–222.

Bond, F., & Godfrey, H. P. D. (1997). Conversation with traumatically brain-injured individuals: a controlled study of behavioural changes and their impact. *Brain Injury, 11*(5), 319–329.

Burgess, P. W., Alderman, N., Forbes, C., Costello, A., Coates, L. M., Dawson, D. R., et al. (2006). The case for the development and use of "ecologically valid" measures of executive function in experimental and clinical neuropsychology. *Journal of the International Neuropsychological Society, 12*(2), 194–209.

Cicerone, K., & Giacino, J. (1992). Remediation of executive function deficits after traumatic brain injury. *NeuroRehabilitation, 2*, 12–22.

Cicerone, K., & Wood, J. (1987). Planning disorder after closed head injury: A case study. *Archives of Physical Medicine and Rehabilitation, 68*, 111–115.

Coelho, C., Ylvisaker, M., & Turkstra, L. S. (2005). Nonstandardized assessment approaches for individuals with traumatic brain injuries. *Seminars in Speech & Language, 4*, 223–241.

Coelho, C. A., Youse, K. M., & Le, K. N. (2002). Conversational discourse in closed-head-injured and non-brain-injured adults. *Aphasiology, 16*(4–6), 659–672.

D'Zurilla, T., & Goldfried, M. (1971). Problem solving and behavior modification. *Journal of Abnormal Psychology, 78*, 107–126.

Ehlhardt, L. A., Sohlberg, M., Glang, A., & Albin,

R. (2005). TEACH-M: A pilot study evaluating an instructional sequence for persons with impaired memory and executive functions. *Brain Injury, 19*(8), 569-583.

Eslinger, P., & Damasio, A. (1985). Severe disturbance of higher cognition following bilateral frontal lobe oblation: Patient EVR. *Neurology, 35*, 1731-1741.

Fasotti, L., Kovacs, F., Eling, P. A. T. M., & Brouwer, W. H. (2000). Time pressure management as a compensatory strategy training after closed head injury. *Neuropsychological Rehabilitation: An International Journal, 10*(1), 47-65.

F. I. M. (1996). *Uniform data set for medical rehabilitation*. Buffalo, NY: University at Buffalo.

Fox, R. M., Martella, R. C., & Marchand-Martella, N. E. (1989). The acquisition, maintenance, and generalization of problemsolving skills by closed head-injured adults. *Behavior Therapy, 20*(1), 61-76.

Frankel, T., & Penn, C. (2007). Perseveration and conversation in TBI: Response to pharmacological intervention. *Aphasiology, 21*(10-11), 1039-1078.

Frattali, C. M., Thompson, C. M., Holland, A. L., Wohl, C. B., & Ferketic, M. M. (1995). ASHA FACS—A functional outcome measure for adults. *ASHA, April,* 40-46.

Gioia, G., Isquith, P., Guy, S., & Kenworthy, L. (2000). *Behavior Rating Inventory of Executive Function*. Odessa, FL: Psychological Assessment Resources.

Godfrey, H., & Shum, D. (2000). Executive functioning and the application of social skills following traumatic brain injury. *Aphasiology, 14*(4), 433-444.

Green, R. E., Colella, B., Hebert, D. A., Bayley, M., Kang, H. S., Till, C., et al. (2008). Prediction of return to productivity after severe traumatic brain injury: Investigations of optimal neuropsychological tests and timing of assessment. [Comparative Study Research Support, Non-U.S. Gov't]. *Archives of Physical Medicine & Rehabilitation, 89*(12 Suppl), S51-60.

Hagen, C. (1984). Language disorders in head trauma. In A. Holland (Ed.), *Language disorders in adults* (pp. 245-281). San Diego, CA: College Hill Press.

Hartley, L. L. (1995). *Cognitive-communicative abilities following brain injury: A functional approach*. San Diego, CA: Singular.

Henry, J. D., Phillips, L. H., Crawford, J. R., Ietswaart, M., & Summers, F. (2006). Theory of mind following traumatic brain injury: The role of emotion recognition and executive dysfunction. *Neuropsychologia, 44*(10), 1623-1628.

Holland, A., Frattali, C., & Fromm, D. (1999). *Communication activities of daily living: Second Edition—CADL-2*. Austin, TX: Pro-Ed.

Holland, A. L. (1982). When is aphasia aphasia? The problem of closed head injury. In R. H. Brookshire (Ed.), *Clinical Aphasiology Conference proceedings* (pp. 345-349). Minneapolis, MN: BRK Publishers.

Isaki, E., & Turkstra, L. (2000). Communication abilities and work re-entry following traumatic brain injury. *Brain Injury, 14*(5), 441-453.

Keil, K., & Kaszniak, A. W. (2002). Examining executive function in individuals with brain injury: A review. *Aphasiology, 16*(3), 305-335.

Kendall, E., Shum, D., Halson, D., Bunning, S., & Teh, M. (1997). The assessment of social problem-solving ability following traumatic brain injury. *Journal of Head Trauma Rehabilitation, 12* (3), 68-78.

Kennedy, M. R. T., Coelho, C., Turkstra, L., Ylvisaker, M., Moore Sohlberg, M., Yorkston, K., et al. (2008). Intervention for executive functions after traumatic brain injury: A systematic review, meta-analysis and clinical recommendations. *Neuropsychological Rehabilitation: An International Journal, 18*(3), 257–299.

Kennedy, M. R. T., & DeRuyter, F. (1991). Cognitive and language bases for communication disorders. In D. R. Beukelman & K. M. Yorkston (Eds.), *Communication disorders following traumatic brain injury: Management of cognitive, language and motor impairments* (pp. 123–190). Austin, TX: Pro-Ed.

Kertesz, A. (2006). *Western Aphasia Battery—Revised (WAB–R)*. Oxford, UK: Pearson PsychCorp.

Kilov, A. M., Togher, L., & Grant, S. (2009). Problem solving with friends: Discourse participation and performance of individuals with and without traumatic brain injury. *Aphasiology, 23*(5), 584–605.

Kipps, C., Nestor, P., Acosta-Cabronero, J., Arnold, R., & Hodges, J. (2009). Understanding social dysfunction in the behavioral variant of frontotemporal dementia: The role of emotion and sarcasm processing. *Brain: A Journal of Neurology, 132*(3), 592–603.

Kiresuk, T., & Sherman, R. (1968). Goal attainment scaling: A general method for evaluating comprehensive community mental health programs. *Community Mental Health Journal, 4*, 443–453.

Kleim, J. A., & Jones, T. A. (2008). Principles of experiencedependent neural plasticity: Implications for rehabilitation

after brain damage. *Journal of Speech, Language, and Hearing Research, 51*(1), S225–S239.

Knight, C., Alderman, N., & Burgess, P. W. (2002). Development of a simplified version of the multiple errands test for use in hospital settings. *Neuropsychological Rehabilitation, 12*(3), 231–256.

Levin, H., Goldstein, F., Williams, D., & Eisenberg, H. (1991). The contribution of frontal lobe lesions to the neurobehavioral outcome of closed head injury. In H. Levin, H. Eisenberg, & A. Benton (Eds.), *Frontal lobe function and dysfunction* (pp. 318–338). New York: Oxford University Press.

Levine, B., Robertson, I. H., Clare, L., Carter, G., Hong, J., Wilson, B. A., et al. (2000). Rehabilitation of executive functioning: An experimental-clinical validation of Goal Management Training. *Journal of the International Neuropsychological Society, 6*(3), 299–312.

Lezak, M. D. (1993). Newer contributions to the neuropsychological assessment of executive functions. *Journal of Head Trauma Rehabilitation, 8* (1), 24–31.

MacDonald, S. (1998). *Functional assessment of verbal reasoning and executive strategies*. Guelph, Canada: Clinical Publishing.

MacDonald, S., & Johnson, C. (2005). Assessment of subtle cognitive-communication deficits following acquired brain injury: A normative study of the functional assessment of verbal reasoning and executive strategies (FAVRES). *Brain Injury, 19*(11), 895–902.

MacDonald, S., & Wiseman-Hakes, C. (2010). Knowledge translation in ABI rehabilitation: A model for consolidating and applying the evidence for cognitive-communication interventions. *Brain Injury, 24*(3), 486–508.

Maher, C., Sherrington, C., Herbert, R., Moseley, A., & Elkins, M. (2003). Reliability of the

PEDro scale for rating quality of randomized controlled trials. *Physical Therapy, 83*, 713–721.

Manchester, D., Priestley, N., & Jackson, H. (2004). The assessment of executive functions: Coming out of the office. *Brain Injury, 18*(11), 1067–1081.

Marshall, R. C., Capilouto, G. J., & McBride, J. M. (2007). Treatment of problem solving in Alzheimer's disease: a short report. *Aphasiology, 21*(2), 235–247.

Marshall, R. C., Karow, C. M., Morelli, C. A., Iden, K. K., Dixon, J., & Cranfill, T. B. (2004). Effects of interactive strategy modelling training on problem-solving by persons with traumatic brain injury. *Aphasiology, 18*(8), 659–673.

Martin, I., & McDonald, S. (2005). Evaluating the causes of impaired irony comprehension following traumatic brain injury. *Aphasiology 19*(8), 712–730.

Martin, I., & McDonald, S. (2006). That can't be right! What causes pragmatic language impairment following right hemisphere damage? *Brain Impairment, 7*(3), 202–211.

McDonald, S. (1992). Communication disorders following closed head injury: New approaches to assessment and rehabilitation. *Brain Injury, 6*, 283–292.

McDonald, S. (1993). Pragmatic skills after closed head injury: Ability to meet the informational needs of the listener. *Brain and Language, 44*(1), 28–46.

McDonald, S. (2000). Neuropsychological studies of sarcasm. *Metaphor and Symbol, 15*(1–2), 85–98.

McDonald, S. (2007). The social and neuropsychological underpinnings of communication disorders after severe traumatic brain injury. In M. Ball & J. Damico (Eds.), *Clinical aphasiology: Future directions—a festschrift for Chris Code* (pp. 42–71). New York: Psychology Press.

McDonald, S., Bornhofen, C., Shum, D., Long, E., Saunders, C., & Neulinger, K. (2006). Reliability and validity of the Awareness of Social Inference Test (TASIT): A clinical test of social perception. *Disability and Rehabilitation: An International, Multidisciplinary Journal, 28*(24), 1529–1542.

McDonald, S., Flanagan, S., & Rollins, J. (2002). *The Awareness of Social Inference Test*. Edmonds, UK: Thames Valley Test Company.

McDonald, S., & Pearce, S. (1996). Clinical insights into pragmatic theory: Frontal lobe deficits and sarcasm. *Brain and Language, 53*(1), 81–104.

McDonald, S., & Pearce, S. (1998). Requests that overcome listener reluctance: Impairment associated with executive dysfunction in brain injury. *Brain and Language, 61*, 88–104.

McDonald, S., & Sommers, P. V. (1993). Differential pragmatic language loss following closed head injury: Ability to negotiate requests. *Cognitive Neuropsychology, 10*, 297–315.

McDonald, S., Tate, R., Togher, L., Bornhofen, C., Long, E., Gertler, P., et al. (2008). Social skills treatment for people with severe, chronic acquired brain injuries: A multicenter trial. *Archives of Physical Medicine & Rehabilitation, 89*, 1648–1659.

McDowell, S., Whyte, J., & D'Esposito, M. (1998). Differential effect of a dopaminergic agonist on prefrontal function in traumatic brain injury patients. *Brain 121*(Pt 6), 1155–1164.

Miotto, E. C., Evans, J. J., Souza de Lucia, M. C., & Scaff, M. (2009). Rehabilitation of executive dysfunction: A controlled trial of an attention and problem solving treatment group. *Neuropsychological Rehabilitation: An International Journal, 19*(4), 517–540.

Meichenbaum, D. (1977). *Cognitive behaviour modification. An integrative approach*. New York: Plenum Press.

Meichenbaum, D. (1980). Self instructional methods. In F. H. Kaufer & A. Goldstein (Eds.), *Helping people change*. New York: Pergamon Press.

O'Brien, A. R., Chiaravalloti, N., Goverover, Y., & DeLuca, J. (Writer). (2008). Evidenced-based cognitive rehabilitation for persons with multiple sclerosis: A review of the literature. doi: DOI: 10.1016/j.apmr.2007.10.019

Pearce, S., McDonald, S., & Coltheart, M. (1998). Interpreting ambiguous advertisements: The effect of frontal lobe damage. *Brain and Cognition, 38*(2), 150-164.

Prigatano, G. P., Roueche, J. R., & Fordyce, D. J. (1985). Nonaphasic language disturbances after closed head injury. *Language Sciences, 7*, 217-229.

Rand, D., Katz, N., & Weiss, P. L. (2007). Evaluation of virtual shopping in the VMall: Comparison of post-stroke participants to healthy control groups. *Disability and Rehabilitation: An International, Multidisciplinary Journal, 29*(22), 1710-1719.

Rand, D., Rukan, S. B.-A., Weiss, P. L., & Katz, N. (2009). Validation of the Virtual MET as an assessment tool for executive functions. *Neuropsychological Rehabilitation: An International Journal, 19*(4), 583-602.

Randolph, C. (2001). *Repeatable battery for the assessment of neuropsychological status*. San Antonio, TX: Psychological Corporation.

Rankin, K. P., Salazar, A., Gorno-Tempini, M. L., Sollberger, M., Wilson, S. M., Pavlic, D., et al. (2009). Detecting sarcasm from paralinguistic cues: Anatomic and cognitive correlates in neurodegenerative disease. *NeuroImage, 47*(4), 2005-2015.

Rath, J. F., Simon, D., Langenbahn, D. M., Sherr, R. L., & Diller, L. (2003). Group treatment of problem-solving deficits in outpatients with traumatic brain injury: A randomised outcome study. *Neuropsychological Rehabilitation, 13*(4), 461-488.

Schlosser, R. W. (2004). Goal attainment scaling as a clinical measurement technique in communication disorders: A critical review. *Journal of Communication Disorders, 37*(3), 217-239.

Schneider, W. N., Drew-Cates, J., Wong, T. M., & Dombovy, M. L. (1999). Cognitive and behavioral efficacy of amantadine in acute traumatic brain injury: An initial double-blind placebo-controlled study. *Brain Injury, 13*(11), 863-872.

Schweizer, T. A., Levine, B., Rewilak, D., O'Connor, C., Turner, G., Alexander, M. P., et al. (2008). Rehabilitation of executive functioning after focal damage to the cerebellum. *Neurorehabilitation & Neural Repair, 22*(1), 72-77.

Shallice, T. (1988). *From neuropsychology to mental structure*. Cambridge, UK: Cambridge University Press.

Shallice, T., & Burgess, P. (1991). Deficits in strategy application following frontal lobe damage in man. *Brain 114*, 727-741.

Speech, T. J., Rao, S. M., Osmon, D. C., & Sperry, L. T. (1993). A double-blind controlled study of methylphenidate treatment in closed head injury. *Brain Injury, 7*(4), 333-338.

Stuss, D. T., & Benson, D. F. (1984). Neuropsychological studies of the frontal lobes. *Psychological Bulletin, 95*(1), 3-28.

Tate, R. (1999). Executive dysfunction and characterological changes after traumatic brain injury: Two sides of the same coin? *Cortex, 35*(1), 39–55.

Tate, R., McDonald, S., Perdices, M., Togher, L., Schultz, R., & Savage, S. (2008). Rating the methodological quality of single-subject designs and n-of-1 trials: Introducing the Single-Case Experimental Design (SCED) Scale. *Neuropsychological rehabilitation, 18*(4), 385–401.

Tate, R., Perdices, M., McDonald, S., Togher, L., Schultz, R., & Savage, S. (2007). *PsycBITE rehabilitation summaries*. Sydney, AU: Psychologist's Registration Board of NSW.

Tate, R. L., Lulham, J. M., Broe, G. A., Strettles, B., & Pfaff, A. (1989). Psychosocial outcome for the survivors of severe blunt head injury: The results from a consecutive series of 100 patients. *Journal of Neurology, Neurosurgery, and Psychiatry, 52*, 1128–1134.

Togher, L., Hand, L., & Code, C. (1997). Analyzing discourse in the traumatic brain injury population:telephone interactions with different communication partners. *Brain Injury, 11*(3), 169–189.

Turkstra, L., Ylvisaker, M., Coelho, C., Kennedy, M., Sohlberg, M. M., Avery, J., et al. (2005). Practice guidelines for standardized assessment for persons with traumatic brain injury. *Journal of Medical Speech-Language Pathology, 13*(2), ix–xxxviii.

Turkstra, L. S., Coelho, C., & Ylvisaker, M. (2005). The use of standardized tests for individuals with cognitivecommunication disorders. *Seminars in Speech & Language, 26*(4), 215–222.

Turkstra, L. S., & Flora, T. L. (2002). Compensating for executive function impairments after TBI: A single case study of functional intervention. *Journal of Communication Disorders, 35*(6), 467–482.

Turkstra, L. S., McDonald, S., & Kaufman, P. M. (1995). Assessment of pragmatic skills in adolescents after traumatic brain injury. *Brain Injury, 10*(5), 329–345.

von Cramon, D. Y., Matthes-von Cramon, G., & Mai, N. (1991). Problem-solving deficits in brain-injured patients: A therapeutic approach. *Neuropsychological Rehabilitation, 1*(1), 45–64.

Webb, P. M., & Glueckauf, R. L. (1994). The effects of direct involvement in goal setting on rehabilitation outcome for persons with traumatic brain injuries. *Rehabilitation Psychology Fall, 39*(3), 179–188.

Wiig, E., & Secord, W. (1989). *Test of Language Competence—Expanded Edition*. San Antonio, TX: Psychological Corporation.

Wilson, B., Alderman, N., Burgess, P., Emslie, H., & Evans, J. (1996). *Behavioural assessment of the dysexecutive syndrome: Test manual*. Cambridge, England: Thames Valley Test Company.

Ylvisaker, M., & Feeney, T. (1998). *Collaborative brain injury intervention: Positive everyday routines*. San Diego: Singular Publishing Group.

Ylvisaker, M., & Szekeres, S. F. (1994). Communication Disorders Associated with Closed Head Injury. In R. Chapey (Ed.), *Language Intervention Strategies in Adult Aphasia* (3rd ed., pp. 546–568). Baltimore, Maryland: Williams & Wilkins.

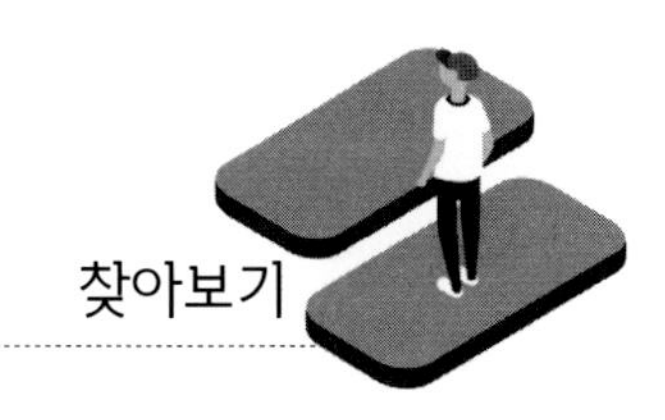

# 찾아보기

## 인명



## 내용

## 저자 소개


**Richard K. Peach**, PhD
Rush 대학교, 의사소통과학과, 교수
Chicago, Illinois

**Lewis P. Shapiro**, PhD
San Diego State 대학교, 보건 · 인간서비스대학,
말 · 언어 · 청각학과, 교수
San Diego, California

## 기여자 소개


**Alfredo Ardila**, PhD, ABPN
Florida International 대학교,
의사소통과학 · 장애학과, 교수
Miami, Florida

**Kathleen Brumm**, PhD(예정)
San Diego State 대학교, 말 · 언어 · 청각학과,
SDSU/UCSD Joint 박사과정
San Diego, California

**Michael Cannizzaro**, PhD, CCC-SLP
Vermont 대학교, 의사소통과학 · 장애학과,
조교수
Burlington, Vermont

**Thomas H. Carr**, PhD, MS
Michigan State 대학교, 심리학과, 교수
East Lansing, Michigan

**Carl Coelho**, PhD
Connecticut 대학교, 의사소통과학과, 교수/
학과장
Storrs, Connecticut

**Matthew L. Cohen**, MS
Florida 대학교, 공중위생 · 보건대학,
임상보건심리학과, 교수
Gainesville, Florida

**Bruce Crosson**, PhD
Florida 대학교, 공중위생 · 보건대학,
임상보건심리학과, 교수
Gainesville, Florida

**G. Albyn Davis**, PhD
New York 대학교, 의사소통과학 · 장애학과
New York, New York

**Argye E. Hillis**, MD, MA
Johns Hopkins 대학교, 약학대학, 신경과,
대뇌혈관팀 공동팀장
Baltimore, Maryland

**Jacqueline J. Hinckley**, PhD, CCC-SLP
South Florida 대학교, 의사소통과학 · 장애학과,
명예부교수
Tampa, Florida

**Susan Kemper**, PhD
Kansas 대학교, 심리학과, Roberts 석좌교수
Lawrence, Kansas

**Swathi Kiran**, PhD, CCC-SLP
Boston 대학교, 보건 · 재활학 Sargent 대학,
말 · 언어 · 청각학과 부교수
Boston, Massachusetts

**Tracy Love**, PhD
San Diego State 대학교, 말 · 언어 · 청각학과/
California 대학교 언어연구센터, 교수
San Diego, California

**Nadine Martin**, PhD, CCC-SLP
Temple 대학교, 보건 · 사회사업대학,
의사소통과학 · 장애학과 교수
Philadelphia, Pennsylvania

**Randi Martin**, PhD, MS
Rice 대학교, 심리학과, Elma Schneider 교수
Houston, Texas

**Richard K. Peach**, PhD
Rush 대학교, 보건과학대학, 의사소통장애학과,
교수
Chicago, Illinois

**Josée Poirier**, PhD
San Diego State 대학교, 말 · 언어 · 청각학과,
연구원
San Diego, California

**Liana S. Rosenthal**, MD
Johns Hopkins 대학교, 약학대학, 신경과
Baltimore, Maryland

**Chaleece Sandberg**, PhD Student
Boston 대학교, 보건재활대학,
말 · 언어 · 청각학과,
Boston, Massachusetts

**Lewis P. Shapiro**, PhD
San Diego State 대학교, 보건 · 인간서비스대학,
말 · 언어 · 청각학과, 교수
San Diego, California

**L. Robert Slevc**, PhD
Maryland 대학교, 심리학과/신경인지과학과정,
조교수
College Park, Maryland

**Leanne Togher,** B App Sc (Speech Path),
PhD
Sydney 대학교, 언어병리학과, 부교수/
선임연구원
Sydney, Australia

**Julie A. Van Dyke**, MSc, PhD
Haskins 연구소, 선임연구원
New Haven, Connecticut

## 역자 소개

**이미숙**(Lee Mi Sook)

고려대학교 불어불문학 학사

연세대학교 언어병리학 석사

연세대학교 언어병리학 박사

**전** 우송대학교 언어치료 · 청각재활학부 초빙교수

공주대학교 특수교육대학원 언어재활전공 객원교수

**현** 한림국제대학원대학교 청각언어치료학과 교수

**김수련**(Kim Soo Ryon)

연세대학교 영어영문학 학사

연세대학교 언어병리학 석사

연세대학교 언어병리학 박사

**전** 부산가톨릭대학교 언어청각치료학과 교수

**현** 가천대학교 특수치료대학원 초빙교수

# 인지-의사소통장애

## 정보 처리 접근

**Cognition and Acquired Language Disorders**

An Information Processing Approach

2020년 5월 11일 1판 1쇄 인쇄
2020년 5월 20일 1판 1쇄 발행

지은이 • Richard K. Peach · Lewis P. Shapiro
옮긴이 • 이미숙 · 김수련
펴낸이 • 김진환
펴낸곳 • (주) 학지사
04031 서울특별시 마포구 양화로 15길 20 마인드월드빌딩
대표전화 • 02)330-5114 팩스 • 02)324-2345
등록번호 • 제313-2006-000265호

홈페이지 • http://www.hakjisa.co.kr
페이스북 • https://www.facebook.com/hakjisa

ISBN 978-89-997-2110-6 93370

정가 28,000원

역자와의 협약으로 인지는 생략합니다.
파본은 구입처에서 교환해 드립니다.



이 도서의 국립중앙도서관 출판시도서목록(CIP)은 서지정보유통지원시스템 홈페이지(http://seoji.nl.go.kr)와 국가자료공동목록시스템(http://www.nl.go.kr/kolisnet)에서 이용하실 수 있습니다.
(CIP 제어번호: CIP2020016678)